“도취와 아이러니의 저 놀랍고도 끝없는 변화”
- 독일 낭만주의 작품 이해와 분석

최 문 규

* 이 저서는 2015년 정부(교육부)의 재원으로 한국연구재단의 지원을 받아 수행된 연구임
(2015S1A6A4A01010914)

도취와 아이러니의 저 놀랍고도 끝없는 변화

독일 낭만주의 작품 이해와 분석

최문규 지음

연세대학교 대학출판문화원

도취와 아이러니의 저 놀랍고도 끝없는 변화

- 독일 낭만주의 작품 이해와 분석

지은이 최문규

펴낸곳 연세대학교 대학출판문화원

주　소 서울시 서대문구 연세로 50
ysup@yonsei.ac.kr
http://press.yonsei.ac.kr

전　화 02) 2123-3380~2

팩　스 02) 2123-8673

등　록 1955년 10월 13일 제9-60호

인　쇄 두성칼라

2019년 1월 17일 1판 1쇄　　2019년 12월 5일 1판 2쇄

ISBN 978-89-6850-266-8 (93850)

값 28,000원

서론

책 표지의 그림은 매우 뛰어난 회화적 기법으로 독일 낭만주의의 예술적 이념과 정신을 구현해 낸 카스파 다비드 프리드리히(Caspar David Friedrich, 1774~1840)의 대표작 <뤼겐의 석회암벽>(1818)이다. <안개바다 위의 방랑자>, <바닷가의 수도사>, <빙해> 등 수많은 그의 작품들이 낭만주의를 대표하고 있지만, 독일인들이 가장 좋아하는 <뤼겐의 석회암벽>이야말로 '낭만적'이라는 개념에 완벽하게 부합하는 작품이라고 할 수 있다. 낭만주의 예술의 핵심 주제는 인간과 자연, 오성과 감성, 이성과 충동, 의식과 무의식, 밝음과 어두움, 희망과 절망 같은 소위 '현존재의 이중성'(die Duplizität des Daseins)인데, <뤼겐의 석회암벽>도 매우 뛰어난 형상화 방식으로 그 점을 드러내고 있다.

동생과 함께 독일 북부 발트 해에 위치한 뤼겐 섬으로 신혼여행을 다녀왔던 프리드리히가 완성한 이 작품은 다채로운 독해를 요구한다. 그림은 크게 세 부분으로 나뉜다. 세 사람이 위치한 비교적 적은 면적의 그림 하단은 육지(현재적인 삶)를 나타내며, 저 멀리 푸른색의 광활하고 평화로운 바다(이상적인 미래)는 그림의 넓은 상단을 차지한다. 육지와 바다 사이 공간, 즉 해안의 뾰족하고 하얀색의 거대한 절벽들이 그림의 중간 부분을 형성한다. 육지와 접해 있는 절벽들은 급격히 추락할 수 있는 심연의 낭떠러지를 떠올린다. 이처럼 세 부분으로 형성된 그림 전체에는 또 하나의 시각적 환상이 작동하는데, 즉 육지, 나무들, 석회암벽들은 마치 하나의 커다란 창문을 형성하고 있는 듯이 보이며 그림 전체를 보는 이들은 그 창문을 통해 바깥의 넓고 푸른 바다를 보는 듯한 기분에 사로잡힌다. 양쪽의 하얀색 석회암벽을 통해 볼 수 있는 두 척의 배가 떠있는 바다 풍경이 아름다운 평화를 지시하고 있다면, 양쪽 두 그루의 떡갈나무 아래의 육지가 맞닿은 해안 절벽은 어두운 심연과 절망(나아가 죽음)을 지시하고 있다. 요컨대, 전체적으로 아름다운 풍경처럼 보이지만 세 사람의 행위와 상황에는 전혀 평화롭지 않은, 어떤 위태로움이 내포되어 있다.

아슬아슬하고 위험한 절벽 근처에 있는 세 사람은 산행을 제대로 즐기는 이들이 아니라 잠시 산책을 나온 이들의 옷차림이며 글자 그대로 삼인삼색(三人三色)의 형상을 띠고 있다. 왼쪽의 작고 연약한 떡갈나무 아래에 한 여성이 있고, 오른쪽의 커다랗고 나뭇잎이 무성한 떡갈나무 아래에 두 남성이 있다. 붉은색 드레스를 입은 여인은 그 작은 떡갈나무 옆의, 거의 뿌리가 뽑힐 듯한 덤불나무의 연약한 가지를 붙잡고서 미끄러질 듯한 위태로운 자세로 절벽 아래에 피어 있는 들꽃을 향해 손을 내밀고 있다. 두 남자에게는 그런 여인의 행동이 전혀 안중에 없는 듯하다. 중간에 있는 파란색 옷의 남자는 원통형 모자와 지팡이를 옆에 놓고서 마찬가지로 약간 위태로운 자세로 땅바닥에서 뭔가를 찾고 있다(아니면 풀을 잡고서 위험한 절벽 아래로 조금 기어 내려가는 것일까?). 반면에 오른쪽 커다란 떡갈나무의 그루터기에 등을 기대고 있는, 짙은 녹색의 옷차림에 납작한 모자를 쓴 남자는 작은 나뭇가지에 발을 딛고 팔짱을 낀 채 편안하고 안전한 자세로 먼 바다를 응시하고 있다. 옷과 모자 같은 소도구는 전문적인 의미를 띤다. 붉은색 드레스는 사랑을, 파란색 옷은 믿음을, 짙은 녹색은 희망을 뜻하며, 또한 원통형 모자는 현실에 안주한 속물인간을 뜻한다면 챙 없는 납작한 모자는 19세기 초 혁명을 주도했던 민중선동가를 뜻한다. 작가전기적으로 분석할 경우, 44세의 중년 프리드리히는 1818년에 25세의 젊은 카롤리네 보머(Caroline Bommer)와 결혼하였는데, 두 남자의 모습은 현실과 이상, 절망과 희망 사이에 놓인 프리드리히 자신으로 간주된다. 즉, 땅에서 무엇인가를 찾고 있는 나이든 중년 남자는 현재의 자기 자신으로 해석되고, 나무에 기대고 있는 젊은이는 이상과 미래를 꿈꾸었던 젊은 시절의 자기 자신을 투영한 환상적인 인물이다(물론 이 젊은 남자를 신혼여행에 동반했던 프리드리히의 동생으로 해석하는 이들도 있다). 가파르고 뾰족한 하얀 석회암벽들과 두 떡갈나무는 바다를 보여주는 창문뿐만 아니라 마치 커다란 하트 모양을 떠올려 주기도 하는데, 이는 프리드리히와 보머 간의 사랑을 나타내는 동시에 모든 사랑에는 희망과 절망이 담겨 있음을 말해주기도 한다. 프리드리히의 개인적 삶의 배경에서 벗어나 <뤼겐의 석회암벽>은 문학, 회화, 음악 등 모든 낭만주의 예술작품에 흐르고 있는 '현존재의 이중성'이라는 존재론적 측면을 매우 뛰어나게 형상화하고 있는데, 즉 모든 현존재는 정신적으로는 먼 곳을 향한 동경과 미래로 향해 있을지라도 현실적으로는 위기와 절망적인 심연에 가까이 위치해 있다는 점 말이다.

독일 낭만주의는 1790년부터 1820년까지의 대략 20~30년 동안 존재했던 예술사조이지만 사실 좁은 시대적 틀에 갇혀 있기보다는 현대 예술의 발전에 초석을 놓은 예술운동이다. 그런 의미에서 "낭만주의를 언급하는 자는 현대 예술을 언급하는 것과 같다"는 보들레르의 언술은 매우 정확하고 의미심장하다.

그렇다면 '현대 예술로서의 낭만주의 예술'은 어떤 특징을 지니는 것일까? 슐레겔의 「아테네움」 116번 단편은 낭만적 포에지의 특징을 크게 세 가지 측면에서 서술하고 있다. 첫 번째로 낭만적 포에지는 모든 분리된 장르나 영역 등을 통합하며, 두 번째로 낭만적 포에지는 '시적 성찰의 무한한 배가'를 추구하며, 세 번째로 낭만적 포에지는 결코 완성되지 않은 채 '무한히 발전하는 과정 중'에 있다는 것이다. 이러한 세 가지 측면은 낭만적 포에지의 특징일 뿐만 아니라 사실 예술 자체의 근본적 특징을 이룬다.

첫 번째 특징인 분리된 장르들 간의 통합은 우선 시대사적으로 이해될 수 있다. 18세기 이후의 근대화 과정에서 통합은 한편으로 점점 더 분화되고 전문화되어 가는 사회 현상에 역행하는 것처럼 보일 수 있으며, 다른 한편으로 경계 해체와 융합이 강조되는 탈근대적 성향을 선취하는 것일 수 있다. 18세기 말~19세기 초까지 진행된 낭만주의 예술은 시대별 특징과 특정 장르의 연관성(가령 리얼리즘과 '소설', 자연주의와 '드라마', 표현주의와 '서정시' 등)을 거부하면서 모든 장르의 통합을 꾀했는바, 가령 시, 소설, 드라마, 동화 등 다양한 장르들의 통합을 시도했던 낭만주의는 21세기의 시대적 증후인 '통합과 융합'이라는 문화적 현상을 선취했던 것이다. 다양한 장르들의 통합과 융합은 내용적으로는 현실과 상상(혹은 꿈), 진정성과 허구성 간의 경계가 해체되는 현상을 띠며, 형식적으로는 아이러니, 아라베스크, 그로테스크 등 다양한 '환상적 형식미'를 취한다.

'시적 성찰의 무한한 배가'라는 두 번째 미학적 현상은 낭만주의의 세 가지 특징들 가운데 가장 핵심적이다. 그것은 일차적으로 현실과 이상, 깨어남과 꿈 사이에서 끊임없이 부유하는 시적 운동이면서 동시에 '포에지의 포에지', '포에지의 자기투영성' 같은 메타포에지의 특성을 내포한다. 「아테네움」 238번 단편에서 슐레겔이 밝힌 포에지의 운동성에 관한 언술, 즉 "각각의 서술에서 자기 자신을 함께 서술해야만 하며, 그럼으로써 도처에서 포에지, 그리고 포에지의 포에지로 존재해야만 한다"는 언술은 바로 포에지의 운동성과 자기투영성을 담고 있다. 시적 성찰은 예술작품의 형식적 실험성을 가능하게 하는 '심미적 동인'(das ästhetische

Movens)에 다름 아니다. 흥미로운 점은, 그러한 자기투영적인 시적 성찰은 작품 내에서 구체적으로 드러나기보다는 인물, 사건, 심리 등의 다양한 예술적 형상화 내지는 예술적 서술방식을 통해서 우회적으로 작동된다는 것이다. 예술이 스스로에 대해 끊임없이 성찰적 물음을 제기하는 현상은 '예술 외적인 것'(현실, 역사, 존재, 이념, 진리 등)을 심미적으로 구현하기 위한 것이 아니라 예술 자체의 자율적 특성을 더욱 강력하게 구축하기 위한 것이다.

마지막으로 낭만적 포에지는 완성에서 멈추는 것이 아니라 '무한히 발전하는 과정 중'에 놓여 있다는 점은 사실 모든 예술 자체의 본질적 특징이기도 하다. 고전주의와 낭만주의, 리얼리즘과 표현주의 등으로 서로 구분되는 예술적 현상일지라도 모든 예술은 무한한 발전 과정 중에 놓여 있다. 다만 무한한 발전 과정에서 낭만주의가 현대 예술의 중요한 특징으로 제시한 점은, 예술은 진리와 도덕과 연관된 '아름다움'을 추구하는 것이 아니라 형식미과 연관된 '흥미로움'을 추구한다는 것이며, 이때 그 흥미로움은 '특징적인 것', '개인적인 것' 같은 특징과 밀접한 관계를 맺는다.

본 연구서의 제목인 "도취와 아이러니의 저 놀랍고도 끝없는 변화"(dieser wunderbare ewige Wechsel von Enthusiasmus und Ironie)라는 구절은 프리드리히 슐레겔(F. Schlegel)의 대표적인 글 『포에지에 관한 대화』 내에 실려 있는 「신화에 관한 연설」에서 가져온 것이다. 낭만주의 작품들은 개별적으로 모두 '흥미로운' 특성을 내보이는데, 어쩌면 "도취와 아이러니의 저 놀랍고도 끝없는 변화"라는 슐레겔의 구절이 바로 모든 작품들의 흥미로운 특성을 아우르는 표현이라 할 수 있을 것이다. "도취와 아이러니"는 '도취'라는 감정적 상태와 '아이러니'라는 문학적 용어를 기이하게 결합한 것인데, 이때 아이러니는 성찰로 이해됨으로써 "도취와 아이러니"는 곧 '도취와 성찰'이라고 부연된다. 이는 폴 드 만(Paul de Man)이 자신의 저서 제목으로 사용한 바 있는 "맹목과 통찰"(blindness and insight)이라는 개념과도 연결된다. 대부분의 낭만주의 연구가들은 도취와 아이러니(즉 성찰)가 텍스트 내에서 서로 명확히 구분된다고 주장하지만, 근본적으로 개개 언술과 텍스트 전체에서 도취와 아이러니, 맹목과 통찰은 야누스의 얼굴 내지는 동전의 양면과도 같다. 텍스트 전체 혹은 텍스트 내의 수많은 개개 언술이 도취적이면서 성찰적인 양면성을 띠는 현상을 두고서 메닝하우스(W. Menninghaus)는 매우 적절하게 "성찰적 중단의 황홀한 유희"라고 서술한 바 있는바, 물론 이는 역으로 '황홀한 유희의 성찰적 중단'이라고 부를 수도 있다.

필자는 이미 『독일 낭만주의』(연세대학교 출판부, 2005년)라는 제목으로 낭만주의 문학의 이론적 측면을 살펴본 바 있다. 당시 연구는 이론의 추상성만을 담고 있었기에 낭만주의 문학의 구체적인 양상과 분석이 결여되어 있었다. 그 점을 보완하기 위하여 이번 연구서는 낭만주의 작품들의 미학적 현상을 구체적으로 제시하는 것을 일차 목표로 삼았다. 그런데 솔직히 말하면, 낭만주의 작가들 모두가 강한 개성의 소유자였고 또한 작가들마다 매번 자신의 개개 작품의 내용과 형식에서 항상 새롭고도 흥미로운 실험성을 보여주었기에 그 모든 다양한 미학적 양상을 일목요연하고 일관성 있게 드러낸다는 것은 처음부터 불가능한 일이었다. 그렇지만 비록 빙산의 일각일지라도 가능한 한 낭만주의 문학의 제반 특징을 제시하고 싶었고, 그런 생각에서 오랜 기간 동안 연구와 강의를 바탕으로 틈틈이 열네 편의 글을 집필해왔다. 때론 학생들에게 낭만주의에 관한 기본적인 지식을 주어야 한다는 생각이 들었고, 때론 동료 연구자들에게 낭만주의 문학의 새로운 연구 방향을 제시해야 한다는 생각도 들었기에 본 연구서는, "낭만화"에 대한 노발리스의 규정처럼, 마치 일반적인 것과 특별한 것, 범속한 내용과 진지한 의미 사이를 부유하는 특성을 갖게 되었다.

지난 십 년 동안 책의 집필은 주로 소중한 방학 기간 중에 진행되었는데, '교수는 방학이 있어서 좋겠다'는 주변 지인들의 잘못된 선입견에 말없이 맞서면서, 고통스러운 시간을 보내면서 거둔 결실이다. 귀중한 연구를 지원해 준 한국연구재단과 잘 팔리지 않을 전문서의 출판을 도맡아 준 연세대학교 대학출판문화원에 심심한 감사의 인사를 전한다.

2018년 12월
최 문 규

목차

CHAPTER 01

“우주의 관조”와 낭만주의

– 슐라이어마허의 『종교에 관하여』

CHAPTER 01

"우주의 관조"와 낭만주의 – 슐라이어마허의『종교에 관하여』

해석학자, 종교철학자로서 슐라이어마허는 슐레겔 형제, 노발리스, 티크 등과 함께 독일 초기낭만주의의 태동에 주도적인 역할을 했다. 그의 사상은 크게 두 가지 방향으로 전개된다. 그 하나는 인문학 텍스트 분석의 근본적인 물음인 '해석이란 무엇인가'에 천착하는 해석학자로서의 방향이며, 다른 하나는 '종교란 무엇인가'에 대한 질문과 함께 신과 인간의 관계를 새롭게 정립해봄으로써 현대적인 자유로운 개신교의 길을 열어놓은 신학자로서의 방향이다. 학문으로서의 해석학과 신학은 서로 상이한 영역이지만 슐라이어마허는 두 영역에 모두 공통적으로 작용하는 핵심적인 개념을 제시한다. 그것은 다름 아닌 해석학, 종교뿐만 아니라 문학과 미학에서도 매우 중요한 의미를 지니는 "관조"(Anschauung)라는 개념이다. 관조는 일상적으로 지각, 경험과 비슷한 의미로 사용되지만 독일 관념론 맥락에서는 인식이론적 개념으로 파악된다. 즉, 모든 인식은 '관조와 개념의 상호관계'를 통해 성립되는데, 가령 감각적으로 관조된 다양한 현상은 하나의 개념적 질서로 옮겨져야 하며, 역으로 개념은 다양한 관조와 연관될 때에만 공허해지지 않는다(가령 '민주주의'라는 개념과 그에 부합하는 다양한 경험적, 관조적 현상이 상호 관련을 형성할 때 민주주의에 대한 인식은 정신적, 현실적으로 수용된다). 칸트는 관조를 감각기관에 의해 우리에게 주어지는 '경험적 관조'와 모든 경험 이전에 주어진 '순수한 관조'(시간과 공간)로 구분한 바 있다. 한 가지 명확한 점은, 관조란 사물에 주어진 것이 아니라 수용자의 심정(마음, Gemüt)과 관련된 것이다. 그런 점에서 슐라이어마허가 종교를 "우주의 관조"(Anschauung des Universums)로 정의할 경우 그 관조는 분명 인간의 수용적 감정 구역인 "심정"에 근본을 두고 있는 것이다.

종교와 관련된 슐라이어마허의 대표작은 1799년에 발표된 『종교에 관하여. 종교를 멸시하는 교양인들을 위한 강연』(Über die Religion. Reden an die Gebildeten unter ihren Verächtern)라는 글이다. 부제에서도 암시되어 있지만, 보편적이고 메마른 이성에만 의존한 계몽주의의 "교양인들"이 종교를 멸시하는 경향을 띠자 그들을 향해 심정, 사랑, 예술, 정신 등과 연관된 종교의 새로운 이해를 강조하는 강연문 형식의 글이다. 1797년부터 베를린에서 목사로 활동하던 슐라이어마허는 프리드리히 슐레겔과 같은 집에 머무르면서 함께 독서를 했으며 또한 슐레겔의 소개로 여러 문인과 교류하기도 했다. 1798년 초기낭만주의 미학의 산실로 간주되는 잡지 「아테네움」(Athenäum)의 발행에 그는 슐레겔, 노발리스, 티크 등과 함께 적극 참여하였으며, 따라서 이듬해 발표된 『종교에 관하여』가 상당히 초기낭만주의의 영향하에 놓여 있음은 쉽게 가늠된다. 이 밖에도 충격과 논란을 불러일으킨 슐레겔의 소설 『루친데』(1799)를 위해 슐라이어마허가 특별히 『루친데에 대한 편지』(1801년)라는 글을 발표하였다는 점도 그가 낭만주의 미학과 얼마나 깊은 관계를 맺고 있는지를 잘 보여주고 있다.

총 5장으로 구성되어 있는 『종교에 관하여』의 핵심은 무엇보다 <종교의 본질에 관하여>라는 소제목의 2장에 있다. 여기서 슐라이어마허는

'종교란 무엇인가'라는 질문을 던지면서 종교란 근본적으로 도덕이나 형이상학과는 무관한 것임을 강조한다. 흔히 도덕과 형이상학은 종교와 밀접한 관계를 맺는 것으로 여겨진다. 가령 종교가 도덕과 형이상학에 의존하거나 혹은 도덕과 형이상학이 종교에 의존하는 등 그 상호관계는 매우 밀접하다. 그러나 슐라이어마허는 종교, 형이상학, 도덕이라는 세 영역이 근본적으로 다르다는 입장을 취한다. 형이상학은 우주를 분류하고 실제적인 것의 필연성을 연역해낸다면, 도덕은 자연과 인간 혹은 인간들의 상호관계를 인간의 관점에서 파악하면서 행동의 의무 체계를 만들어낸다. 슐라이어마허에게 종교는 인간의 공동생활을 위한 도덕적 기반을 제공하지 않으며, 사유를 통해 연역적 명제를 도출해내는 형이상학(즉 사변적, 성찰적 행위)의 특성을 지니지도 않는다.[1] 또한 종교, 형이상학, 도덕 등이 철학 내에서 차지하는 위상도 다르다. 형이상학과 도덕이 철학에 종속된 분과학문이라고 한다면, 종교는 철학 내에서 "최고의 것"으로 간주된다. 어쨌든 그는 종교를 형이상학, 도덕과는 무관한, 무엇보다도 "우주의 관조"에 그 본질을 두고 있다고 정의하며, 이 때 "우주는 무단한 활동 속에 있으며 매 순간 스스로를 계시한다"[2]고 밝힌다.

이처럼 형이상학과 도덕으로부터 종교를 분리하면서 슐라이어마허는 "종교의 본질은 사유나 행위가 아니라 감정과 관조"[3](Gefühl und

1) 슐라이어마허의 경우 종교, 철학, 윤리 간의 차이점은 다음과 같이 서술될 수 있다. "개개인간은 자신의 고유한 종교를 지니는데, 이는 철학과 윤리와는 달리 종교에서는 우주의 보편적인 서술 내지는 재현이 없음을 뜻한다"(Ernst Müller, Religion/Religiosität, in: Ästhetische Grundbegriffe, Bd. 5, Stuttgart 2010, p. 250). 뮬러에 의하면, 슐라이어마허는 18세기 감각론에 근거하여 종교를 보편적인 심금기관으로서가 아니라 개별성, 즉 '주관적, 심미적' 차원에서의 예술처럼 파악한다. 특정한 예술작품을 염두에 두지 않은 채 예술을 다루는 언술처럼, 종교는 마치 "예술작품 없는 예술"(Kunst ohne Kunstwerk)로 간주되고 있는 셈이다.

2) Friedrich D. E. Schleiermacher, Über die Religion. Reden an die Gebildeten unter ihren Verächtern (1799), in: ders., Kritische Gesamtausgabe, Bd. I/2: Schriften aus der Berliner Zeit 1769-1799, hg. v. Günter Meckenstock, Berlin/New York 1984, p. 214.

3) Ibid., p. 211.

Anschauung)라고 규정하거나 "무한자에 대한 감각과 취향"[4](Sinn und Geschmack für das Unendliche)으로 정의한다. 감정에는 경외심, 순종, 사랑, 애정, 감사, 참회 같은 다양한 상태가 포함되는데, 그런 감정과 관조가 종교의 본질을 이루며 양자는 서로 분리될 수 없는 하나를 형성한다. 즉, 관조 없는 감정이나 감정 없는 관조는 있을 수 없다.

> 감정 없는 관조는 아무 것도 아니고 올바른 근원이나 올바른 힘을 가질 수 없으며, 관조 없는 감정도 마찬가지로 아무 것도 아니다. 양자는 근원적으로 하나이고 분리되지 않은 경우에만 어떤 것이며 그리고 근원적으로 하나이고 분리되지 않기 때문에만 어떤 것이다.[5]

감정과 관조가 서로 긴밀히 얽혀있는 상태를 독일어로 표현하자면 그것은 '심성, 마음, 심정' 등으로 번역되는 "Gemüt"이다. 심정은 요컨대 '외적 우주의 관조'와 '내적 우주의 감정'이 하나를 이룬 상태라고 할 수 있다.

종교를 "우주의 관조"라고 정의하고 있지만, 사실 우주, 관조 두 개념 모두 난해하다. 많은 학자들이 우주와 관조를 명확하게 설명하려 하지만 그 의견들은 모두 상이하다. 우주는 신, 무한한 것, 자연, 세계정신, 삶의 세계의 총합, 다양성 속에서의 통일성, 영원한 사랑 등을 뜻할 수 있다. 이 밖에도 우주는 "신의 이념과 세계의 이념이 서로 교차하는 것"(Ulrich Barth), "영원한 세계 내지는 세계의 총체성"(Maciej Potepa)으로 해석되기도 한다.[6] 그런 우주와 인간은 불가분의 관계를 맺고 있는데, 종교에

---

4) Ibid., p. 212.

5) Ibid., p. 221:"Anschauung ohne Gefühl ist nichts (…), Gefühl ohne Anschauung ist auch nichts: beide sind nur dann und deswegen etwas, wenn und weil sie ursprünglich eins und ungetrennt sind."

6) Cf. Ulrich Barth, Aufgeklärter Protestantismus, Tübingen 2004; Maciej Potepa, Schleiermachers hermeneutische Dialektik, Kampen 1996.

서는 단순히 우주의 존재에 대한 인식뿐만 아니라 우주에 대한 관조와 감정이 요구되는 것이다. 우주에 대한 관조와 감정과 관련하여 사실 슐레겔, 슐라이어마허에게 커다란 영향을 끼친 철학자는 스피노자(Spinoza)이다.[7] 범신론에 기초한 스피노자의 사상은 정통 기독교적 시각에서 보면 무신론으로 오해될 수 있는데, 왜냐하면 그는 우주, 자연, 사랑, 무한성, 신을 동일선상에 놓았기 때문이다.

이와 같은 범신론적 맥락에서 인간 개인이 우주와 사랑하는 교감의 감정을 나누는 순간은 오로지 관조에 의해서만 가능하다. 관조는 매개 없는 직관적이고도 감각적인 능력이기에 철학사적으로 합리주의와 계몽주의에서는 부정적으로 간주되었는바, 그 점은 칸트 철학에서도 찾을 수 있다. 앞서 언급했듯이, 칸트는 모든 인식을 관조와 개념이 서로 어울리는 결과로 간주했다. 즉, 관조에 의해서 다양한 경험적인 것들이 받아들여지고 동시에 관조가 개념(의미화)으로 전환될 경우에만 인식이 싹트게 된다는 것이다. "개념 없는 관조는 맹목적이다(눈이 먼 것이다)"[8]라는 칸트의 설명처럼, 그 자체로만 존재하는 관조는 무의미하며 관조는 반드시 개념화 능력인 성찰 및 합리성과 연결되어야만 한다.

이와 달리 스피노자의 영향을 받은 슐라이어마허는 그런 직관적 능력으로서의 관조를 긍정적으로 강조하고 있다.[9] 우주의 관조는, 다른 말로 표현하자면, 수많은 다채로운 유한자 내에서 무한자(신, 자연 등)

---

7) Schleiermacher, Über die Religion. p. 213: "스피노자! 지고한 세계의 정신이 그를 관통하고 있으며, 무한한 것이 그의 시작이자 끝이다. 우주가 바로 그의 유일무이한 영원한 사랑이다. (…) 그는 완전히 종교와 성스러운 정신으로 가득 차 있다."

8) KrV, B. 75/A48.

9) 최신한, 슐라이어마허와 스피노자 - "직관" 개념을 중심으로, 실린 곳: 동서철학연구(67권 0호), 289-309쪽. "직관을 통해 이루어지는 인간과 우주의 통합은 진정한 종교이다. 슐라이어마허는 이를 스피노자의 직관지와 개념에서 발견한다. 직관지는 상상력과 오성의 범위를 뛰어넘는 최고의 지식이다. 직관지와 종교적 직관은 유한자와 무한자의 통합이라는 점에서 일치한다. 그러나 직관지는 이성적 통합을 가리키는 반면 종교적 직관은 비합리적 통합을 지시한다."

를 감지하는 능력과도 같다. 후에 딜타이(Dilthey)도 지적한 바 있듯이, 슐라이어마허가 관조를 강조했을 때 그것은 합리성을 강조한 철학적 사유와는 대치되는 가운데 노발리스, 셸링 등이 내세운 "지적 관조"와 매우 밀접한 연관성을 구축하고 있다.[10] 슐라이어마허의 관조나 셸링의 지적 관조에서는 모두 현실과 이상, 자연과 인간, 의식과 무의식이 하나가 된다. 노발리스의 경우 지적 관조는 "감정과 성찰"(Gefühl und Reflexion)로 구성된다.[11] 노발리스에게서 성찰이 관조의 한 축을 차지하고 있지만, 슐라이어마허에게서는 성찰보다는 관조와 감정의 관계가 더욱 밀접하다. 그런 의미에서 슐라이어마허는 종교를 "우주의 관조", 즉 "스스로 드러나고 인간을 깊게 감동시키는 우주를 수동적으로 관조하는 것"[12]이라고 언급한다. 다음의 대목은 그 우주의 관조를 더욱 명확하게 부연하고 있다.

> 우주의 관조. 저는 여러분들이 우주의 관조에 친숙해질 것을 부탁드립니다. 우주의 관조, 이것이 바로 제 강연의 핵심이며 종교의 가장 보편적이고 가장 드높은 문구입니다 (…) 모든 관조는 관조된 것이 관조하는 이에게 끼치는 영향력에서 출발하는데, 즉 전자(관조된 것: 역주)의 근원적이고 독자적인 행동에서 출발하며, 관조된 것의 행동은 후자(관조하는 이: 역주)에 의해서 자연 그대로 받아들여지고 한 곳으로 모여져 파악됩니다."[13]

종교의 본질로 정의된 우주의 관조에서 몇 가지 중요한 특성을 엿볼

---

10) Cf. W. Dilthey, Leben Schleiermachers, Zweiter Band, Schleiermachers System als Philosophie und Theologie, hrsg. v. Martin Redeker, Berlin 1966, pp. 580-581.

11) Cf. Novalis, Schriften. Die Werke Friedrich von Hardenbergs, Bd. II, Stuttgart 1960-1977, p. 119 & p. 228(이하 'Schriften'으로 축약하고 권수와 쪽수를 함께 기입함).

12) Schleiermacher, Über die Religion, p. 211.

13) Schleiermacher, Über die Religion, pp. 213-214.

수 있다. 우선 첫 번째로, 관조의 주체는 능동적이면서도 동시에 수동적이며, 특히 후자의 특성이 중요시된다. 우주의 관조란 일단 개별자인 인간이 대상으로서의 우주를 관조하는 능동적인 상태를 말하지만, 동시에 그런 능동적인 상태를 넘어서 오히려 정반대의 상태, 즉 개별자가 우주에 의해서 관조되는 상태를 내포하고 있다. 그 점은 "관조된 것이 관조하는 이에게 끼치는 영향력"이라는 표현에서 읽을 수 있다. 우주를 관조하는 주체는 분명 개별자이지만,[14] 그 관조의 순간에는 우주가 오히려 그 개별자를 동시에 관조한다. 결국 우주와 개별자는 서로 관조의 주체이면서 동시에 관조의 객체로 작용하는 셈이다. 이처럼 서로 주체와 객체의 위치를 바꾸는 순간이 관조에서 동시적으로 일어나는 것이다. 더 정확히 말하면, '관조하는 상태 속에서의 관조되기' 내지는 '관조된 상태 속에서의 관조하기'라고도 할 수 있다. '관조하기와 관조되기'의 순간은 매개 없이 일어나는데, 즉 우주(전체)의 부분이자 우주의 서술로서 개별자는 우주와 비매개적이고도 즉각적인 관계를 맺는다. 설혹 매개자인 인간이 우주를 서술한다고 할지라도 그것은 이미 우주로부터 영향을 받은 "창조적 감성"의 즉각적인 반응일 뿐이다. 이처럼 우주에 의해 이미 관조된 상태, 우주의 힘이 이미 투영된 상태로서의 '우주의 관조'에 대하여 에곤 슈츠(E. Schütz)는 다음과 같이 부연해주고 있다.

> 관조는 지각하는 선택적 행위가 아니라 관조된 상태가 실제화된 것이다. 매개자가 우주를 서술할 수 있는 까닭은, 그 우주가 이미 매개자들의 창조적 감성 속에서 영향을 끼치고 있기 때문이다. 이 창조적 감성은, 서술의 힘으로서, 우주의 힘이 투영된 것인 셈이다.[15]

14) 의심할 나위 없이 관조의 주체란 개개 인간 및 그의 개인성(Individualität), 주관성, 내면성 등을 뜻한다. 관조, 감정, 감각, 취향 같은 개념은 모두 개개 인간의 개인성과 관련된 개념이기 때문이다.

15) Egon Schütz, Schleiermachers "Reden über die Religion an die Gebildeten unter ihren

두 번째 특성으로, 종교는 "무한한 것의 놀라운 관조"(staunende Anschauung des Unendlichen)[16]라는 정의에서 알 수 있듯이, 주체(개별자)가 우주를 관조할 때, 뒤집어서 말하자면 우주에 의해 관조될 때, 주체는 놀라움에 사로잡히게 된다는 것이다. 그것은 바로 주체의 내적 의식에 커다란 변화를 가져오는 놀라움이다. 경탄을 수반하는 놀라움은 '스스로 놀라는 것'(sich wundern)과도 같다. 이러한 '놀라움'의 감성 양식은 탈종교적인 맥락에서 낭만주의를 거쳐 현대 예술(버네트 뉴먼)로 전이되며,[17] 이를 리오타르는 "형상(그림) 속으로 옮겨진 놀라움, 뜻밖의 사건"(ein ins Bild gebrachtes Staunen, eine Überraschung), 즉 "장엄함의 미학"(Ästhetik des Erhabenen)이라고 명명한 바 있다.[18]

세 번째 특성으로, 우주의 관조 혹은 우주에 의해 관조된 상태는 "순간"(Augenblick)이라는 시간성을 띤다는 것이다.

> 우주는 끊임없는 활동 중에 있으며 매 순간 우리에게 자신을 계시한다. 우주가 만들어내는 모든 형식, 우주가 삶의 충만함에 따라 완성된 현존재를 입혀주는 모든 본질, 우주가 자신의 풍성한, 언제나 풍요로운 품안에서 밖으로 떨쳐내는 모든 사건은 우주가 우리에게 향한 행동에 다름 아니다. 모든 개별자를 전체의 부분으로서, 모든 제한된 것을 무한한 것의 서술로서 받아들이는 것, 그것이 종교다.[19]

외적으로는 개별자(관조하는 주체)와 우주(관조된 객체)의 관계, 내적

Verächtern", p. 35(Aus: https://www.erziehungswissenschaften.hu-berlin.de/de/allgemeine/egon-schuetz-archiv/verzeichnis-der-unveroeffentlichten-schriften/40).

16) Schleiermacher, Über die Religion, p. 200.

17) Cf. Nicola Gess/Mireille Schnyder/Hugues Marchal/Johannes Bartuschat(Hg.), Staunen als Grenzphänomen, München 2018.

18) Cf. Jean-François Lyotard, Der Augenblick. Newman, in: ders., Das Inhumane. Plaudereien über die Zeit, Wien 1989, pp. 141~158.

19) Schleiermacher, Über die Religion, p. 214.

으로는 우주(관조하는 주체)와 개별자(관조된 객체)가 서로 합일되는 순간, 혹은 감정과 관조가 거의 구분되지 않는 순간, 의미와 대상이 구분되지 않는 순간, 이러한 순간은 '지고한 철학적이면서도 포에틱한 순간'과도 같으며, 이를 슐라이어마허는 "첫 번째 비밀스런", "서술할 수 없는", "파악할 수 없는", "장엄한" 순간 등으로 표현한다. 그 순간은 다음과 같이 시적으로 묘사된다.

> 그것(저 비밀스런 첫 번째 순간: 역주)은 스쳐지나가며, 막 피어나는 꽃에 이슬이 불어 넣은 저 첫 번째 향기처럼 맑고 깨끗하며, 숫처녀의 입맞춤처럼 수줍고 부드러우며, 신부의 포옹처럼 신성하고 풍요롭다. 아니 그 순간은 '무엇처럼'이 아니라 모두 그런 것 그 자체다. 빠르고 신비롭게 하나의 현상, 하나의 사건이 우주의 형상(Bild)으로 발전한다. (…) 나는 저 무한한 세계의 품 안에 안겨 있다. 나는 이 순간 그 무한한 세계의 영혼이다. 왜냐하면 나는 그 무한한 세계의 모든 힘을 느끼며 그 세계의 무한한 삶을 마치 내 자신의 삶처럼 느낀다.[20]

이러한 비밀스런 순간이라는 시간성과 관련하여 슈토커(W. Stoker)는 순간의 일곱 가지 세부적인 특성을 제시하고 있는데, 그것은 지금까지 언급된 종교 자체의 제반 특성과도 긴밀히 연결되어 있는 것으로 1) 즉각성, 2) 주체와 객체를 구분하는 의식 행위로서의 성찰보다 앞서 있는 특성, 3) 수동성, 4) 순간적인 특성, 5) 에로틱이 적재된 감성적인 경험, 6) 구두 표현이 불가능한 형용할 수 없는 특성, 7) 일반적인 의미에서의 사물의 인식이 아니라 우주의 계시를 받아들이는 인식의 특성이다.[21]

---

20) Schleiermacher, Über die Religion, p. 221.

21) Wessel Stoker, Religion als Ausdruck des gestimmten Gefühls: Schleiermachers Sicht der religiösen Erfahrung in den "Reden", in: "Welche unendliche Fülle offenbart sich da…". Wirkungsgeschichte von Schleiermachers "Reden über die Religion", ed. by Noco F.M. Schreurs, Van Gorcum 2003, pp. 81-83.

이제 네 번째 특성은, 우주의 관조는 특별한 매개자(Mittler)를 요청한다는 것이다. 역설적으로 들리겠지만, 매개 없이 일어나는 순간은 특별한 매개자에게서만 가능하며 그 대표적인 매개자로는 시인, 예언가, 입법자 등을 들 수 있다. 이들은 초감각적인 것을 감각적으로 서술해내는 특별한 능력을 소유한 이들로서 결코 모방적인 서술이 아니라 상징, 알레고리, 은유 같은 창조적인 서술에 몰두한다.

마지막 다섯 번째 특성으로, 슐라이어마허가 우주를 관조하는 방식을 들 수 있다. 관조의 방식은 주로 세 가지로 나뉜다. 첫 번째는 우주를 혼돈(Chaos)으로 관조하는 것이며, 두 번째는 우주를 "통일성이 없는 다양성"으로 관조하는 것이며, 세 번째는 우주를 "다양성 속에서의 통일성"으로 관조하는 것이다. 여기서 슐라이어마허는 특히 세 번째를 강조하고 있으며, 그것은 우주가 스스로를 "총체성으로서, 다양성 속에서의 통일성으로서, 체계로서"(als Totalität, als Einheit in der Vielheit, als System), "하나이자 모든 것"(Eins und Alles)으로서 제시하기 때문이다.[22)]

이상과 같이 관조와 감정에 그 본질을 두고 있는 종교에 대한 슐라이어마허의 시각은 사실 슐라이어마허만의 독창적인 시각은 아니다. 관조와 감정에 대한 강조는 슐라이어마허, 슐레겔 등에 결정적인 영향을 끼친 피히테에게서도 엿볼 수 있는데, 피히테에 따르면 감정 없이는 관조가 있을 수 없고 관조 없이는 감정이 있을 수 없다. 그렇다면 피히테와 슐라이어마허는 어떤 차이점을 지니는 것일까? 각기 '철학과 종교'의 영역에서 관조와 감정을 강조했다는 피상적인 차이점을 넘어서 결정적인 차이점은 다음과 같다. 즉, 피히테의 경우 관조와 감정 간의 상관성은 궁극적으로 "절대적인 자아의 체계" 및 그 자아의 성찰적 행위 내에서만 가능한 것으로 간주되고 있다면, 이와 달리 슐라이어마허를 비롯한 슐레겔, 노발리스

---

22) Cf. Schleiermacher, Über die Religion, p. 245.

등은 스승 피히테의 주관철학적 시각을 넘어서거나 혹은 피히테를 비판하는 시각을 취한다. 그들 시각의 핵심은, 관조와 감정 간의 불가분의 관계는 자아 내에서만 가능한 것이 아니라 비아의 능동성에 의존될 수밖에 없다는 데 있다. 요컨대, "다른 자아 없이 혹은 비아 없이 자아가 자신을 자아로서 규정할 수 있는 것일까?"[23]라는 저 유명한 노발리스의 말처럼, 초기낭만주의자들은 우주를 포함한 모든 비아(즉 객체, 대상, 자연, 신, 언어, 작품/텍스트 등)로부터 영향을 받게 되는 상태(즉 주체로서의 자아가 관조되고 감정에 젖는 상태)를 강조하고 나섰던 것이다. 이 밖에 관조는 예술에서 근원적인 힘으로 작용하는데, 관조로서의 상상력(Einbildungskraft) 내지는 창작력(Dichtungsvermögen)에 대하여 후에 셸링은 다음과 같이 강조하고 나선다.

> 창작력은 첫 번째 능력에서 근원적 관조이며, 역으로 우리가 창작력이라고 명명하는 것은 최고의 능력에서 반복하는 생산적 관조이다. 양자에서 활동하는 것은 동일한 것이며, 이 유일무이한 것을 통해 우리는 모순적인 것을 사유하고 결합할 수 있다. 그것은 바로 상상력이다.[24]

종교, 우주, 감정, 관조 등의 관계에서 슐라이어마허가 어떤 점에서 새로운 종교관을 제시했는지는 신학적으로 매우 중요한 질문이겠지만, '종교란 무엇인가'라는 질문은 예술과 철학에서 그리 중요하지 않다. 물론 18세기 말에도 여전히 종교와 철학, 종교와 예술, 철학과 예술 등이

---

23) Novalis, Schriften, Bd. II, p. 107.

24) F. v. Schelling, System des transzendenten Idealismus, in: Werke, Band 2, Leipzig 1907, p. 300: "Es ist das Dichtungsvermögen, was in der ersten Potenz die ursprüngliche Anschauung ist, und umgekehrt, es ist nur die in der höchsten Potenz sich wiederholende produktive Anschauung, was wir Dichtungsvermögen nennen. Es ist ein und dasselbe, was in beiden tätig ist, das Einzige, wodurch wir fähig sind, auch das Widersprechende zu denken und zusammenzufassen, – die Einbildungskraft."

매우 밀접한 관계를 맺고 있었고, 특히 신학자로서 슐라이어마허는 우주의 관조로서의 종교가 철학 및 예술에서도 발현된다고 보았을 것으로 추측된다. 예술이 종교를 위한 도구적 역할을 더 이상 수행하지 않더라도 최소한 종교의 예술화 차원에서 종교와 상보적 관계를 맺는 것으로 보이는데, 그 점은 다음과 같은 구절에서 엿볼 수 있다.

> 왜냐하면 종교의 예술작품은 언제나, 도처에 진열되어 있으며, 전체 세계는 종교적 그림들을 소장한 하나의 갤러리이다.[25)]

> 예술과 종교는 두 명의 절친한 친구처럼 나란히 서 있으며, 그 상호 내적 근친성이 예술과 종교에 예견되고 있음에 불구하고 아직은 친숙해 있지 않다.[26)]

이 구절을 자세히 읽으면, 종교와 예술의 근친성이 중시되는 "예술종교"(Kunstreligion)라는 개념을 떠올리게 된다. 예술은 다양한 현상을 심미적으로 제시하며 종교는 그 다양성에 특정한 길이나 목표를 부여하며, 따라서 "상호 내적 근친성이 예견되고 있음"이라는 구절을 통해 알 수 있듯이 예술과 종교가 서로 하나가 됨으로써 바로 다양성과 통일성의 종합으로서의 우주가 현존하게 된다. 그런데 후자의 인용 대목과 관련해서는 본래 다른 버전이 있다.

> 예술과 종교는 두 명의 절친한 친구처럼 나란히 서 있으며, 그 상호 내적 근친성이 상호 인식되지 않고 거의 예감되지 않음에도 불구하고 여러 가지 방식으로 분출된다. 두 자석의 각기 다른 양극처럼 종교와 예술은 서로 끌리고 강하게 움직이지만, 그러나 서로 완전히 부딪혀서 하나

25) Schleiermacher, Über die Religion, p. 251.

26) Ibid., p. 263.

가 되기까지는 자신들의 중심을 극복할 수 없다.[27]

이 경우 "서로 완전히 부딪혀서 하나가 되기까지는 자신들의 중심을 극복할 수 없다"는 구절은 묘한 여운을 남긴다. 각각 자신의 중심을 지키려 하기 때문에 내적 근친성을 지니고 있음에도 불구하고 예술과 종교는 하나가 될 수 없음을 말해주는데, 즉 궁극적으로 예술종교의 상태가 어쩌면 불가능한 것처럼 들리는 것이다. 따라서 슐라이어마허에 관한 이차문헌에서 종종 언급되는 예술종교라는 개념은 매우 신중히 검토되어야 하며, 특히 슐라이어마허 자신이 그 개념을 결코 사용하지 않았기 때문에도 더더욱 그렇다.[28]

어쨌든 당시 문인과 철학자들도 대부분 개신교적 시각하에서 종교, 철학, 예술의 상관성을 이해하였고, 우주의 관조로서의 종교에 대한 슐라이어마허의 시각은 슐레겔, 노발리스 등을 비롯한 초기낭만주의자들에게 지대한 영향을 끼쳤을 것으로 보인다. 가령 슐레겔은 1803/04에 씌어진 『종교에 관하여』라는 글에서 우주에 해당되는 '세계영혼'의 발현 공간으로서 철학과 포에지를 들고 있다.

철학과 포에지는 말하자면 모든 과학과 예술의 본래적인 세계영혼이며 공통의 구심점이다. 철학과 포에지는 서로 분리될 수 없을 정도로 연관되어 있으며 하나의 나무와도 같다. 나무의 뿌리는 바로 철학이요, 나무

27) Schleiermacher, Über die Religion: Reden an die Gebildeten unter ihren Verächtern, Berlin 1806, pp. 214-215.

28) 슐라이어마허의 종교와 예술에 관한 연구자들의 시각은 서로 일치하거나 극단적으로 대립하기도 한다. 2015년 독일 뮌스터에서 개최된 슐라이어마허 학술 대회에서 발표된 다양한 글들을 보면, 종교와 예술에 대한 연구가 결코 쉽지 않은 주제임을 시사한다(Der Mensch und seine Seele: Bildung–Frömmigkeit–Ästhetik. Akten des Internationalen Kongresses der Schleiermacher-Gesellschaft in Münster, hrsg. v. Arnulf Scheliha/Jörg Dierken, Berlin/Boston 2017). 또한 다음의 연구 논문집에 실린 다양한 글도 참고할 것(Kunstreligion. Der Ursprung des Konzepts um 1800, Bd. 1, hrsg. v. Albert Meier, Alessandro Costazza, Gérard Laudin, Berlin/New York 2011).

의 아름다운 열매는 포에지다. 철학 없는 포에지는 공허하고 피상적이며, 포에지 없는 철학은 영향력이 없으며 미개하게 남을 뿐이다.29)

셸링 또한 『예술철학』에서 우주를 "사변적 서사시"(ein speculatives Epos), "절대적인 가르침을 주는 시"(ein absolutes Lehrgedicht), "뛰어난 가르침을 주는 시"(ein Lehrgedicht kat exochen)등으로 명명하면서 그에 대한 규정을 다음과 같이 서술하고 있다.

뛰어난 가르침을 주는 시는 우주의 시(ein Gedicht vom Universum) 혹은 사물의 자연(Natur der Dinge)에 관한 시이어야 한다. 그것은 우주가 반사하는 빛을 지식으로 서술해내야 한다. 우주의 완전한 형상은 과학 내에서 도달되어야만 할 것이다. 과학은 그렇게 존재해야 하는 소명을 띠고 있다. 우주와의 동일함에 도달했을 과학이라면 소재 측면에서나 형식에 의해서도 우주의 정체성과 일치할 것이 틀림없다. 우주가 모든 포에지의 원형이라는 점에서, 절대적인 것의 포에지 자체라는 점에서, 우주와의 동일성을 지닌 과학은 소재에서나 형식에서 이미 즉자적, 대자적으로 포에지이며 포에지 속으로 용해될 것이다.30)

과학(즉 철학)과 예술(포에지)이 우주와의 동일성을 간직하고 '지적으로' 서술해내거나 '형상적으로' 제시해준다는 점에서 우주의 관조로서의 종교와 밀접한 관계를 이루고 있음은 자명하다. 슐레겔이 남긴 또 다른 미발표 단편에는 "모든 시는 우주를 서술해야만 한다"(Jedes Gedicht soll das Universum darstellen)31)라고 적혀 있으며, 따라서 우주를 서술해 낸

---

29) F. Schlegel, Geschichte der europäischen Literatur, 1803/04, in: Kritische Friedrich-Schlegel-Ausgabe. Erste Abteilung: Kritische Neuausgabe, Band XI, München/Paderborn/Wien/Zürich 1967, p. 10. 이 글은 보수적인 가톨릭으로 개종하는 시점에 생산된 글이기에 사실 예술의 자율성을 펼쳤던 슐레겔의 초기 관점과는 다른 의미를 지닌다. 이하 슐레겔 전집은 'KA'로 표기하며 권수와 쪽수만을 기입한다.

30) F. Schelling, Philosophie der Kunst, Bd. 13, pp. 317-318.

시에도 어쩌면 관조는 필수적이다. 노발리스 또한 "과제 – 하나의 책에서 우주를 발견하는 것"(Aufgabe – in einem Buche das Universum zu finden)[32]이라고 언급했으며, 이 또한 슐라이어마허, 셸링의 시각을 전적으로 수용한 것처럼 보인다.

그러나 이처럼 종교, 철학, 예술을 여전히 '동일한 다른 것'(서로 다르게 동일한 것을 서술해내는 것)으로 파악하려는 관점은 이미 진행된 근대화 과정, 즉 개별 영역의 분화 과정에 역행하는 사유가 아닐 수 없다. 근대화는 이미 불가역적으로 진행하고 있는바, 특히 18세기 후반 이후 종교, 철학, 예술은 서로 분리되면서 각각의 자율성을 구축하는 과정을 밟는다. 이러한 점은 무엇보다도 철학, 종교와 근본적으로 다른 차원과 방식에서 예술의 자율성을 강조한 초기낭만주의에서 각별히 인지되기도 했다. 따라서 '우주의 관조로서의 종교'와 연관된 맥락에서 예술의 의미를 파악해야만 한다는 시각(물론 연구자들의 시각도 포함하여)은 사실 예술의 자율성에 반하는 것일 뿐만 아니라 근대를 부정하는 퇴행의 길을 걷는다.

다르게 변한 사회적 상황, 그 안에서의 예술의 의미를 새롭게 읽어내고 인식했던 이는 사실 고전적 예술과 근대적 예술을 각기 '아름다움과 흥미로움'으로 분리하였던 슐레겔이었으며, 또한 헤겔도 "예술종교"라는 개념과 관련하여 시대적 구분을 내린 바 있다. 헤겔에 의하면, 그리스로마 시대의 고전적 작품에서는 예술종교라는 개념이 사용될 수 있지만, 기독교 시대로서의 근대에서는 종교적 관조와 예술적 서술 간의 일치가 더 이상 가능하지 않다고 한다. 헤겔이 '예술과 종교가 일치하는 의미에서의 예술종교'를 비판한 까닭은 양자의 속성은 근본적으로 다르기 때문이다. 전자는 "내적 만족과 자유"를, 후자는 "무감각한, 무의식적

---

31) F. Schlegel, KA, Bd. XVI, p. 306.

32) Novalis, Schriften, Bd. II, p. 683.

인 의존성"을 강조하기 마련인데, 따라서 교회가 주장하는 식의 양자 일치로서의 "예술종교"는 근본적으로 잘못된 관점이라는 것이다.[33] 예술이 더 이상 종교(즉 삶, 이념 등)와 하나가 될 수 없다는 관점은 소위 헤겔이 선언한 "예술의 종말"(Ende der Kunst)과 비슷한 맥락을 형성한다. 근대의 예술은 다른 것(종교)에 종속된 타율적 기능에서 해방되어 철저히 자율적 기능을 띠게 되며, 이러한 현상은 곧 "예술종교"의 불가능성을 암시한다.[34] 헤겔은 슐라이어마허가 전통적인 의미에서의 예술종교라는 개념을 고수하고 있다고 비판했지만, 그러나 슐라이어마허도 분명 예술과 관련하여 전통적인 시각을 답습하지 않았을 것이 틀림없다. 종교에서 해방된 예술의 자율성에 대한 계몽주의적 사유는 분명 긍정적으로 여겨졌을 것이며, 종교에 봉사하는 도구적인 기능을 예술에 부여했던 르네상스적 시각은 그와 같은 근대의 계몽화 과정에 역행하는 시각으로 비추어졌을 것이다. 그가 슐레겔의 『루친데』를 철저히 예술의 자율성 측면에서 적극 옹호해주었다는 점을 통해서도 그 점은 간접적으로 입증된다.

그렇다면, 언뜻 종교와의 연관성을 간직하고 있는 듯한 언술들은 어떻게 파악되어야만 좋을까? 이를 위해서는 다음과 같은 시각이 필요한데, 즉 18세기 낭만주의 예술과 문학에서는 종교적 시각과 언어가 차용되면서 예술의 자율성이 더욱 강화되고 있다는 것이다. 그런 점에서 위에서 인용한 "모든 시는 우주를 서술해야만 한다"(Jedes Gedicht soll das Universum darstellen)라는 문장의 경우, 동사 "darstellen"은 한편으로 '…을 서술하다'로 읽히지만 다른 한편으로 거의 주어와 동격으로 작용하는

33) Cf. Hegel, Phänomenologie des Geistes, in: ders., Werke in 20 Bänden, Frankfurt a. M. 1983, Bd. 3, pp. 512-515.

34) 이에 대해서는 다음을 참조할 것(Ernst Müller, Religion/Religiosität, in: Ästhetische Grundbegriffe, hrsg. v. Karlheinz Barck u.a., Stuttgart 2003, Bd. 5, pp. 227-264, esp. p. 254).

'…을 뜻하다, …이다'로 읽을 수도 있다. 후자의 독법을 따르면 '모든 시는 우주이어야만 한다'라고 옮기게 된다. 또한 노발리스가 "소설은 책으로서의 하나의 삶이다"[35]라고 말한 점, 혹은 "가장 작은 공간 속에 많은 사유들이 가득한 가장 거대한 덩어리"로서의 "파편"(Fragment)과도 같은 예술작품[36] - 이를 "파편적 우주"[37]라고 말할 수 있듯이 - 같은 특성이 강조되고 있는 점, 그리고 "거대한 체계조차도 하나의 파편이다"[38]라고 언급했던 슐레겔의 언술 등을 참조하면, 파편적인 예술작품 자체가 곧 하나의 우주로 간주되고 있는 시각을 엿볼 수 있다. 다시 말하면, 모든 개개 문학적 텍스트는 은유적으로 '닫힌 작은 소우주'로 명명되면서 강력한 자율성을 구축하고 있는 것이다. 요컨대, 예술적, 문학적 텍스트는 더 이상 텍스트 바깥의 것(즉 우주, 신, 영혼, 무한 등)을 지시하는 상징물이 아니라 스스로를 지시하는 자율적인, 비밀스러운 우주와도 같은 특성을 지닌다.

종교의 본질로서 "우주의 관조"라는 슐라이어마허의 시각을 예술에 적용한다면 그것은 어떻게 이해될 수 있을까? 위에서 언급했듯이, 우주의 특성으로 언급되었던 "다양성 속에서의 통일성", "하나이자 모든 것" 같은 점은 사실 예술작품의 특성이기도 하다. 즉, 우주의 관조는 종교의 본질이자 동시에 예술의 본질인 셈이다. 그렇다고 예술이 종교와의 '동일성'을 지니면서 '무한자, 우주, 신'을 지시하는 종교적 기능을 수행하는 것은 결코 아니다. '우주'의 특성은 자율적 예술작품의 특성 자체를 강조하는 차원에서 이해되어야 한다. 그리고 관조는 다름 아닌 그러한

---

35) Novalis, Schriften, Bd. II, p. 599.

36) F. Schlegels Briefe an seinen Bruder August Wilhelm, zitiert nach F. Mennemeier, Fragment und Ironie beim jungen Friedirch Schlegel, in: Poetica 2(1968), pp. 348-370, esp. p. 350.

37) Cf. M. Frank, Das fragmentarische Universum der Romantik, in: Fragment und Totalität, hrsg. v. Lucien Dällenbach und Christiaan L. Hart Nibbrig, Frankfurt 1984, pp. 212-224.

38) F. Schlegel, KA, Bd. XVI, p. 163.

'예술작품의 관조(읽기)'에 해당된다. 앞서 분석했듯이, 관조란 "관조된 것이 관조하는 이에게 끼치는 영향력"에서 출발한다는 슐라이어마허의 시각을 예술작품의 읽기에 적용할 경우 다음과 같은 식의 비유적 독법이 가능하다. 즉, '예술작품의 관조'의 경우 읽히는 것으로서의 예술작품(하나의 소우주)이 읽는 이로서의 독자에게 영향력을 끼치는 것이다.

그런데 우주와 개인 간의 영향력과 마찬가지로 예술작품과 독자 간의 영향력도 이중적이다. 예술작품은 읽히는 객체로서 그 자체 수동적이지만 동시에 읽는 이에게 영향을 끼치는 주체로서 능동적이기도 하다. 읽는 이로서의 독자는 역으로 파악된다. 독자는 예술작품을 읽는 주체로서 능동적이지만 동시에 예술작품으로부터 영향을 받는 객체로서 수동적이다. 이는 오늘날의 포스트모더니즘적 사유(바르트, 푸코, 에코, 보르헤스 등)와도 흡사한데, 가령 호르헤 루이스 보르헤스(Jorge Luis Borges)가 도서관과 우주, 즉 텍스트 세계에 대한 은유로서의 '도서관'과 혼돈의 세계로서의 우주를 서로 등가적으로 파악했고 또한 그런 텍스트의 '닫히면서도 열리는 읽기'를 강조했듯이 말이다.[39] 요컨대, 시, 소설, 드라마 등 다양한 예술적 텍스트는 그 자체 하나의 우주로서 수동적, 능동적 관조 차원에서 독자에게 영향을 끼치는 동시에 역으로 그 우주는 독자로부터 영향을 받기도 한다.

슐라이어마허는 종교뿐만 아니라 '읽기의 기예'(Kunst des Lesens)를 논구하는 해석학에서도 사실 관조를 매우 중시하였다. 우선 해석학에서 관조가 중요한 기능과 의미를 갖게 되는 경우는 그가 제시한 두 가지 해석 방식 중 '심리적 해석' 방식에서 찾을 수 있다. 해석학 이론을 현대적으로 정립한 슐라이어마허는 말(Rede)과 글(Schrift)을 모두 해석학의 대상으로 삼았으며, 그런 말과 글에 내재해 있는 잠재적 사유를 일종의 "분

39) Cf. Jorge Luis Borges, Die Bibliothek von Babel, Erzählungen, Stuttgart 1974, pp. 47-57.

출하는 삶의 계기”(hervorbrechender Lebensmoment) 내지는 “행위”(Tat)로 간주하였다.[40] 슐라이어마허는 성경, 희랍 철학서 같은 전통적인 고전적 텍스트뿐만 아니라 문학적 글과 일상어로 씌어진 모든 대상을 해석학적 대상으로 끌어들임으로써 해석학의 근본 지평을 확장하였는데, 가다머에 의하면 슐라이어마허를 비롯한 낭만주의의 해석학은 인간 간의 관계에서 상호 이해를 위한 해석학의 토대를 마련했다고 한다.[41] 이러한 해석학에서 ‘우주로서의 텍스트’, ‘읽기로서의 관조’ 등이 은밀히 강조되고 있는 것이다.

우선 『프리드리히 볼프의 지침과 프리드리히 아스트의 교본과 관련한 해석학 개념에 관하여 Über den Begriff der Hermeneutik mit Bezug auf F. A. Wolf's Andeutungen und F. Ast's Lehrbuch』(1829)에서 슐라이어마허는 말과 글을 해석하기 위한 두 가지 방식을 이론적으로 제시하고 있다. 잘 알려진 대로, 그 하나는 문법적(grammatisch) 해석이며 다른 하나는 심리적(psychologisch) 해석이다. 그 두 가지 해석 방식을 정의하고 있는 대목은 다음과 같다.

> 5. 모든 말은 두 가지 관계를 갖는데, 즉 언어 전체와의 관계이며 그리고 원작자(Urheber)의 전체 사유와의 관계이다. 따라서 모든 이해는 두 가지 동인으로 구성된다. 말을 언어에서 생성된(끄집어낸) 것으로

---

40) F. Schleiermacher, Über den Begriff der Hermeneutik mit Bezug auf F. A. Wolf's Andeutungen und F. Ast's Lehrbuch, in: ders., Hermeneutik und Kritik, hrsg. v. M. Frank, Frankfurt 1999, p. 316: “eine Reihe von Gedanken zugleich als einen hervorbrechenden Lebensmoment, als eine mit vielen anderen auch anderer Art zusammenhängende Tat zu verstehen”(이하 텍스트 인용시 “HuK”로 표기함)

41) 물론 가다머는 슐라이어마허의 해석학에 대해 비판적이다. 슐라이어마허를 비롯한 관념론적 주/객관의 해석학에 거리를 취하면서 가다머는 자신이 제시한 이해의 순환은 “방법론적 순환”이 아니라 “이해의 존재론적 구조동인”이며 또한 “형식적”, “주관적”, “객관적”이 아니라 “전승의 운동과 해석자의 운동이 서로 뒤섞이는 유희”(Ineinanderspiel der Bewegung der Überlieferung und der Bewegung des Interpreten)라고 강조한다(Cf. H.-G. Gadamer, Wahrheit und Methode, Tübingen 1960, p. 250 & p. 275).

이해하는 것이며, 언어를 사유에서 나온 사실로 이해하는 것이다.[42)]

6. 이해는 그와 같은 두 가지 동인(문법적 동인과 심리적 동인)이 서로 융합하는 것이다.

7. 그 두 가지 동인은 서로 대등하다. 따라서 문법적 해석을 낮은 해석으로, 심리적 해석을 한 단계 높은 해석으로 명명하는 것은 부당한 일이다.[43)]

1. 언어가 단지 수단으로 관찰된다면, 그 수단을 통해 개개 인간이 자신의 생각을 전달한다면, 심리적 해석은 한 단계 높은 해석이다. 문법적 해석은 단지 잠정적 어려움의 제거일 뿐이다.

2. 언어가 모든 개개인의 사유를 제한한다고 파악한다면, 그리고 개개인을 언어를 위한 공간으로서, 그의 말을 언어의 구현됨으로 파악한다면, 문법적 해석은 한 단계 높은 해석이다. 그러면 심리적 해석은 모든 개개인의 현존재처럼 완전히 종속되어 있는 것이다.

3. 완전한 동등성은 이러한 이분법에서 저절로 나온다.[44)]

문법적 해석이 언어 이해에 초점을 맞춘다면, 심리적 해석은 작가의 의도에 초점을 맞춘다. 전자는 비교하는 방법(komparative Methode)으로, 후자는 예견적 방법(divinatorische Methode)으로 명명된다.[45)] 두 가지 해

---

42) HuK, p. 77.

43) Ibid., p. 79.

44) Ibid.

45) Ibid., p. 169. 해석학을 학문적으로 정립하려는 노력에도 불구하고 슐라이어마허는 예견적 방식을 "여성적 강점"으로, "비교하는 방식"을 "남성적 강점"으로 부연 설명함으로써 전통적인 이분법(분석적=남성적, 관조적=여성적)에 의존하는 시각을 취한다. 이는 '여성은 분석적이고 남성은 관조적이어야 한다'고 요청한 친구 슐레겔의 시각에 비하면 훨씬 시대에 뒤처진 시각이 아닐 수 없다.

석 방법은 고유한 특징을 지닌다. 전자는 텍스트의 생성 배경과 원인이 될 수 있는 원자료와 생성된 텍스트를 상호 비교한다는 점에서 일종의 고전적 문헌학의 작업 방식을 가리키며, 후자는 저자의 의도를 관조적이고 자발적으로 파악하는 방식을 가리킨다. 다르게 말하자면, 문법적 해석이 언어의 총체성 내에서 말과 글이 어떤 관계를 맺고 있는지를 비교해보는 방식이라면, 심리적 해석은 말과 글이 저자(원작가)의 의도, 삶, 심리, 사유 등과 어떤 관계를 맺고 있는지를 직관적으로 파악해내는 방식이다.

그런데 흥미로운 점은 두 가지 해석 방식에서 언어는 각기 다른 기능을 수행한다는 것이다. 문법적 해석에서 언어는 인간 개개인의 사유를 조건 짓는 상급심급인 바, 이 경우 인간 개개인은 단지 "언어를 위한 공간"으로 작용할 뿐이다. 이처럼 문법적 해석에서는 언어가 개인의 존재 방식을 결정짓는다는 점에서 한층 더 우월한 위상을 차지하고 있다. 그러나 심리적 해석의 경우 전세는 완전히 역전된다. 심리적 해석에서 언어는 단지 인간이 자신의 생각을 전달하기 위한 도구로 기능할 뿐이다. 그렇기 때문에 언어의 이면, 즉 인간의 사유, 저자의 의도 등을 파헤치는 것이 심리적 해석의 주된 목적이 된다. 이렇듯 한편으로는 언어 자체가 강조되고, 다른 한편으로는 인간의 사유와 의도가 강조되고 있지만, 양자 중 무엇이 최종적으로 우위를 차지하는 것인지는 확실치 않은 듯이 보인다. 위에 인용한 대목을 보면, 슐라이어마허는 "두 가지 동인은 서로 대등하다. 따라서 문법적 해석을 낮은 해석으로, 심리적 해석을 한 단계 높은 해석으로 명명하는 것은 부당한 일이다"고 밝히고 있기 때문에 더더욱 그렇다. 그러나 자세히 살펴보면, 사실 두 가지 해석 방식 가운데 슐라이어마허는 심리적 해석을 더욱 중시하고 있는데. 그 점은 "자기 자신을 타자 속으로 변화시키고 개인적인 것을 즉각적으로 포착하려는 비평"[46]으로서의 예견적 방법을 더

46) Ibid., p. 169.

욱 강조하는 대목에서 엿볼 수 있다. 다른 대목에서도 슐라이어마허는 “해석자가 자기 자신을 저자의 심리 상태 속으로 가능한 한 옮겨 놓음으로써 발생하는 아주 독특한 확신의 방식이야말로 (…) 훨씬 더 예견적이다”[47]라고 언급하고 있다. 독자가 저자의 심리 상태 속으로 자신을 옮겨 놓는 능력, 즉 딜타이가 후에 언급한 ‘감정이입의 능력’이 강조되고 있는 셈이다. 또한 작품을 분석할 때 흔히 저자의 의도 내지는 “한 인간의 작가적 총체성을 보편적으로 관조하는 것(allgemeine Anschauung der schriftstellerischen Totalität eines Menschen)”[48]이 중요하다고 언급되고 있는데, 이렇듯 예견적 관조를 취하는 심리적 해석은 딜타이로 이어지는 정신사적 해석학의 핵심을 이루며 나아가 이후 정신분석학적 방식에서도 중시된다. 가령 정신분석학적 방식도 작품 밖에 있는 저자의 삶을 토대로 작품을 분석하는 방법(extrinsic approach/exopoetische Interpretation)과 작품 자체에 대한 꼼꼼한 독서로부터 저자의 삶을 도출해내야 한다는 방법(intrinsic approach/endopoetische Interpretation)으로 나뉘지만,[49] 안에서 밖으로든지 혹은 밖에서 안으로든지 간에 두 방법 모두 저자의 삶과 의도를 분석의 핵심으로 설정하고 있음은 두말할 나위 없다. 이것이 근본적으로 ‘저자주체’를 강조한 슐라이어마허 식의 낭만주의적 해석학의 특징이다.

다시 강조하지만, 텍스트 해석에서 비교하는 방식으로서의 문법적 해석과 관조하는 방식으로서의 심리적(즉 예견적) 해석은 언뜻 보기에 서로 불가분의 관계를 맺는 것으로 보임에도 불구하고 사실은 후자가 더욱 강조되고 있다. 다음의 대목도 일차적으로는 양자 간의 상보적인

47) Ibid., p. 318.

48) Ibid., p. 171.

49) “endopoetsich”와 “exopoetisch”는 콜린스 H. Collins, 아이슬러 R. Eisler 등이 도입한 개념이며, 이와 유사하게 웰렉 Wellek과 워렌 Warren은 “intrinsic”과 “extirinsic”을 사용한 바 있다(Cf. W. Schönau, Einführung in die psychoanalytische Literaturwissenschaft, Stuttgart 1991; R. Wellek/A. Warren, Theory of Literature, New York 1942).

관계를 강조하는 듯이 보인다.

> 직접적인 관조의 길이 있고, 다른 것과 비교하는 길이 있다. 둘 중의 그 어떤 것도 혼자서 유지될 수 없다. 직접적인 관조는 전달가능성으로 나아가지 못한다. 비교는 진실한 개성으로 나아가지 못한다. 우리는 가능한 것의 총체성과의 관계를 통해서 그 두 가지를 서로 결합해야만 한다.[50)]

직접적인 관조로서의 예견은 결코 담론적이지 않기에 자칫 개성을 강조하는 신비주의로 흐를 수 있으며, 슐라이어마허는 이를 극복하기 위해 객관적인 전달가능성을 가능케 하는 차원에서 비교하는 방식을 요구하고 있다. 그러나 비교하는 문헌학적 방식도 문제점을 지닌다. 비교하는 방식은 그 어떤 통일성을 갖지 못하고 또한 자칫 언어 체계에 얽매이거나 객관적인 틀에만 갇혀 있을 수 있으며, 슐라이어마허는 이를 극복하기 위해 진실한 개성, 부분과 전체의 연관성을 관조할 수 있는 예견능력을 요구하고 있는 것이다. 그러한 점을 슐라이어마허는 다음과 같이 설명하고 있다.

> 양자는 서로 분리되어서는 안 된다. 왜냐하면 예견은 확증적인 비교를 통해서만 확실함을 얻을 수 있기 때문이다. 확증적인 비교 없이는 예견은 항상 광적인 것이 될 수 있다. 그러나 비교하는 방식은 그 어떤 통일성을 담보해주지 못한다. 보편자와 개별자는 서로 관통해야 하는데, 이것은 언제나 예견을 통해서만 일어난다.[51)]

각각의 해석 방식의 문제점이 서술되고 있고 그런 각각의 문제점을 극복하기 위해서 문법적 해석과 심리적 해석은 결코 분리되어서는 안

---

50) HuK, p. 119

51) HuK, p. 109.

되고 "서로 뒤섞인"(Ineinander) 상태를 이루거나 순환 상태를 이룬다. 그런데 자세히 들여다보면 슐라이어마허는 '직접적 관조로서의 예견', 즉 심리적 해석을 문법적 해석보다 더 우위에 두고 있는 점이 재차 입증되는데, 앞서 종교의 본질로서 요구된 "감정과 관조"는 사실 심리적 해석 방식의 본질인 예견(Divination), 예감(Ahndung)의 특성을 다르게 표현한 기표에 다름 아니기 때문이다. 슐라이어마허 해석학에서는 직접성, 감정, 관조 등과 관련된 예견이 일종의 이론적 정률(Theorem)로 설정되어 있으며, 이때 슐라이어마허가 자주 사용한 "인식활동"으로서의 예견(Divination)과 "인식방식"으로서의 관조(Anschauung)는 비록 기능적으로는 서로 다를지라도 사실상 동일한 의미를 지닌다.[52] 또한 예견은 다름 아닌 "마음에 맞는, 정신적으로 동등한 특성"(Kongenialität)을 전제로 하고 있는데, 이는 곧 "다른 이의 최소한 점을 누구나 자신 속에 지니고 있는"[53] 특성을 뜻한다. 우주와 개인, 텍스트와 독자 등의 관계에서 상호 동등한 특성을 슐라이어마허는 해석학과 종교에서 강조하고 있으며, 양자의 관계를 파악하기 위해서 활자(언어)보다는 예견(혹은 관조) 같은 능력을 더 우선시하고 있는 것이다.

슐라이어마허가 종교와 해석학에서 강조한 관조, 예견 등이 초기낭만주의 문학이론에 적극 수용되었음은 두말할 나위 없으며 그 대표적인 예로 비평 영역을 들 수 있다. 가령 낭만주의 시학에서 "예견적 비평"(divinatorische Kritik)은 최고의 비평 방식으로 간주되는데, 그 점은 슐레겔의 「아테네움」 116번 단편에서 엿볼 수 있다.

> 낭만적 창작 방식은 아직도 형성 중에 있다. 그것이 결코 완성될 수 있

---

52) Cf. R. Daube-Schackat, Schleiermacher und Peirce, in: Internationaler Schleiermacher-Kongress 1984, hrsg. v. Kurt-Victor Selge, Berlin 1985, p. 269.

53) HuK, p. 109.

> 는 것이 아니라 영원히 생성되고 있다는 것, 이것이 바로 낭만적 창작 방식의 고유한 본질이다. 낭만적 창작 방식은 그 어떤 이론에 의해서 파헤쳐질 수 없으며, 오로지 예견적 비평만이 포에지의 이상적 특성을 밝혀내려고 해도 좋다.[54]

18세기 예술과 문학 비평 영역에서는 주로 과거의 미학적 전범과 규칙의 준수 여부를 중시하는 규칙시학적, 의고전주의적 비평이 통용되었고, 또한 인간과 삶을 위한 도덕적, 합리적 인식을 중시하는 계몽적 비평도 성행하였다. 낭만주의 시학은 그러한 규칙시학적, 계몽적 비평에서 벗어나 수용자 개인의 독특한 능력(관조, 감정, 예견)과 언어에 초점을 둔 작품 이해를 주창하고 나섰는데, 특히 예견적 비평은 주로 비합리주의적, 신비주의적인 능력에 의존한 방식으로 간주된다. 규칙시학적 비평이 보수적인 엄숙주의를 표방하는 위험을 안고 있다면, 마찬가지로 합리성과 도덕성을 추구하는 계몽적 비평이 사회의 특정한 계층 및 계급의 이데올로기만을 반영하는 경향을 띨 수 있다면, 개인의 독특한 능력을 중시한 비평은 그러한 위험성에서 벗어날 수 있다. 관조와 밀접한 관계를 맺는 예견은 주관적, 객관적 차원에서 파악될 수 있다. 슐라이어마허에 따르면 "객관적 예견적"(objektiv divinatorisch)이란 "말 자체가 어떻게 언어의 발전 요점이 될지를 예견하는 것"으로, "주관적 예견적"(subjektiv divinatiorisch)이란 "말 속에 담겨 있는 생각이 어떻게 말하는 자의 내부에서 그리고 말하는 자를 향해서 계속 발전하게 되는지를 예견하는 것"으로 정의되어 있다.[55] 이러한 예견에 대한 슐라이어마허의 정의를 비평 영역으로 옮기면, '주객관적 차원에서의 예견적 비평'은 말이 작품 전체의 언어 구조 내에서, 그리고 저자의 사유 내에서 어떻게 작용하는지를

---

54) F. Schlegel, KA, Bd. II, p. 183.

55) HuK, pp. 93-94.

밝혀내는 데 초점을 두며, 이는 규칙시학적 비평이나 계몽적 비평이 결코 밝혀낼 수 없는 측면을 드러내는 장점을 지닌다.

슐라이어마허는 관조, 감정, 예견뿐만 아니라 우주를 자연과 동일시하는 범신론적 사상, 그리고 개별자와 우주 간의 낭만적 사랑이 작동하는 신비로운 순간을 강조하였다. 이러한 특성은 모두 "주관적 경험", 부분으로서 인간의 "분리와 고립", 작품 생산 주체로서의 예술가의 내면성) 등과 관계하며, 이는 바로 낭만주의의 대표적인 철학적, 미학적 특성을 이룬다.[56] 특히 내면성의 경우 슐라이어마허 및 낭만주의 작가들 모두가 강조한 공통점을 형성하는데, 이와 관련해서는 두 가지 측면이 조심스럽게 지적될 수 있다. 한 가지 측면은, 비합리적인 감성으로서의 내면성이 과도하게 강조될 경우 그것은 자칫 비합리적인 공동체(가령 파시즘적 공동체)의 위험한 이데올로기로 작용할 수 있다는 것이다. 그렇지만 – 이것이 또 다른 측면인데 – 종교뿐만 아니라[57] 예술에서 내면성은 필수적인 전제조건(conditio sine qua non)과도 같다는 것이다. 성찰적, 담론적 능력 같은 합리적인 능력 이전에 선험적으로 작동하는 내면성은 종교적, 예술적 차원에서 우주 내지는 예술작품의 생산과 수용 과정에서 전제될 수밖에 없는 어떤 능력이다. 물론 헤겔의 이상주의적 철

56) 이에 대해서는 다음을 참조할 것(Ernst Müller, Religion/Religiosität, in: Ästhetische Grundbegriffe, Bd, 5, pp. 250-252).

57) "감정, 마음 내로 종교적 의미가 안착된 것, 즉 정신적으로 '우주의 관조'라는 '내면성'은 종교의 경우 모든 합리적인 실행, 즉 인간의 의식적 삶에서 상호주관적으로 실행될 수 있는 것들로부터 거리를 취한다. 물론 슐라이어마허는 이것을 (…) '비합리성'이라는 의미에서 초점을 맞추고 극적으로 표현해내지는 않았다. (…) 그 대신에 사회적인 전이 문제는 슐라이어마허의 경우 '무한성'에서 나왔으며, 종교적인 의미는 그런 무한성과 관계를 맺기 마련이다. 그런 무한성을 향한 과정에서는 누군가 일찍이 자신이 가진, 그리고 다른 이가 갖고 있는 저 '관조들'이 서로 결코 일치될 수 없으며, 결코 하나의 '체계'를 형성할 수 없다. 소재, 형식, 존재, 바라봄과 앎 모두가 무한하다. 진실로 종교를 갖고 있는 모든 이들을 그런 감정을 가져야만 한다"(Hartmann Tyrell, "Das Gesellige in der Religion" - Soziologische Überlegungen im Anschluß an Schleiermachers <Vierte Rede>, in: Reden über die Religion – 200 Jahre nach Schleiermacher, hrsg. v. Friedrich Huber, Wuppertal 2000, p. 32).

학에서처럼 "정신적 내면성" 같은 식으로 내면성을 긍정적으로 파악할 수 있지만, 근본적으로 내면성은 정신과는 별개의 특성이다. 관조, 감정, 예견 등을 '정신적 내면성'으로보다는 '감각적 내면성'으로 파악할 때 그 본래의 의미가 간직될 수 있다.

또 한 가지 중요한 점은, '감각적 내면성'을 반드시 주체(작가, 독자)의 절대적 능력으로만 파악해서는 안 된다는 것이다. 우주를 대상으로 관조하는 주체(인간 개별자)보다는 비아로서의 우주 자체에 의해서 오히려 주체가 관조되는 상태가 강조되었듯이, 이를 예술과 미학의 영역으로 전이할 경우 주체(작가, 독자)가 객체인 작품에 의해서 관조되는 일종의 '탈주체적 내면성'이 작동하게 된다. 가령 "인간만이 혼자 말하는 것이 아니다 - 우주도 말한다 - 모든 것이 말한다 - 무한한 언어들이."[58]라고 노발리스가 언급했을 때, 우주는 인간과 생물의 종합체인 세계 전체를 뜻할 뿐만 아니라 예술(혹은 개별자로서의 예술작품) 자체로도 이해될 수 있다.[59] 그럴 경우 '우주의 말하기'는 곧 예술작품 내에서 언어 자체의 무한한 말하기, 나아가 그런 예술적 언어의 끝없는 내면적 자기성찰성을 시사한다. 이러한 맥락에서 슐레겔도 "활자가 없으면 그 어떤 정신도 있을 수 없다"[60]고 강조하거나 "말은 종종 말을 사용하는 사람들보다 더욱 자신을 잘 이해한다"[61]고 밝힌 바 있다. 이 점은 신비로운 내면성을 간직한 절대적 인식주체가 언어를 관장하고 지배한다는 관념론적, 도구적 사유에서 벗어나 언어 자체가 "오로지 첫 번째의 것

---

58) Novalis, Schriften, Bd. III, pp. 267-268.

59) 2장에서 다룰 예정인 신화라는 개념은 초기낭만주의의 경우 역사 이전의 전래되어 온 신화적 내용이나 혹은 역사적인 특정 시기(예컨대 중세 시대)의 신화화를 뜻하는 것이 아니라 새로운 형식의 "예술작품" 생산을 뜻한다. 이에 관해서는 다음을 참조할 것(Karl Heinz Bohrer, Friedrich Schlegels "Rede über die Mythologie", in: Mythos und Moderne, hrsg. v. K. H. Bohrer, Frankfurt a.M. 1983, pp. 52-82).

60) Cf. F. Schlegel, KA, Bd. XVIII, p. 344.

61) Cf. F. Schlegel, KA, Bd. II, p. 364.

das schlechthin Erste"[62]으로 강조되는 가운데 탈주체적인 차원에서 언어 자체의 절대성이 싹트게 된다. 여기서 "첫 번째의 것"은 물 자체나 본질을 뜻하는 것이 결코 아니라 정립과 반정립, 생산과 파괴 사이에서 끊임없이 부유하는 언어 자체의 특성(즉 아이러니의 특성)을 말한다. 이처럼 낭만주의는 언어와 그 사용자(혹은 사물) 간의 차이뿐만 아니라 언어 자체의 내적 운동을 감지해 냄으로써 전통적인 재현이론의 미학 및 언어관과 결별하고 있는 것이다[63].

---

62) Cf. F. Schlegel, KA, Bd. XIX, p. 100.

63) 이 책의 11장을 참조할 것.

CHAPTER 02

“새로운 신화”로서의 낭만주의 예술

– 슐레겔의 「신화에 관한 연설」

CHAPTER 02

"새로운 신화"로서의 낭만주의 예술 – 슐레겔의 「신화에 관한 연설」

1. 신화의 의미

18세기 말 독일 예술과 문학에서는 '새로운 종교', '새로운 성경', '새로운 교회', '예술종교' 같은 기독교적 요청뿐만 아니라 이교도적 개념을 차용하여 '새로운 신화' 라는 요청도 자주 제시된다. 새로운 종교는 기존 정통 기독교의 계시종교(Offenbarungsreligion)에서 해방되어 계몽주의 시대에 부합하는 자연종교(Natürliche Religion) 혹은 이성종교(Vernunftreligion)를 뜻하는 의미로 이해될 수 있지만, 좀 더 엄격히 고찰해보면 새로운 종교는 계시종교나 이성종교를 뛰어넘어 더욱 자유롭고 관용적인 종교를 내포한다. 가령 앞서 살펴본 바 있는 『종교에 관하여』에서 슐라이어마허가 제시한 "감정과 관조"로서의 종교도 기존 계시종교와 이성종교와는 질적으로 다른 '새로운 종교'의 요청 선상에서 이해된다.

본래 신화란 복수, 질투, 거짓, 증오, 사랑 같은 감정들에 종속된 신들과 인간 간의 다채로운 사건의 전개를 담은 이야기, 그것도 논리적, 과학적 근거보다는 비논리적으로 전개되고 기괴한 감각적 이미지(형상)의 중첩과 비약 등이 작동하는 비합리적인 이야기를 뜻한다. 수용 차원에서도 신화는 대체로 과학적인 검증에 의한 수용보다는 맹목적인 믿음의 강요와 결합된다. 그렇기 때문에, 롤랑 바르트의 분석처럼, 신화의 이면에는 기존 현실을 자연스럽게 받아들이도록 만드는 기호학적, 이데올로기가 작동하고 있다.[1] 그렇다고 신화가 무조건 부정적인 의미만을 취하지는 않는다. 아도르노, 레비-스트로스, 블루멘베르크 같은 학자들은 신화의 이성, 이성의 신화 같은 변증법적 가능성을 제기하면서 신화와 이성 간의 경계에 대해 불신한 바 있다. "신화와 이성 간의 경계선은 상상적이기 때문에, 현실의 전제주의를 없애는 데 있어서 신화의 이성에 대해 묻는 것은 결코 완전히 해결된 일이 아니다. 신화 자체는 이성이 수행해야 할 하나의 아주 탁월한 일인 셈이다."[2]

이성중심주의에 대한 비판으로 신화를 요청한 예는 니체의 사유에서도 엿볼 수 있다. 『비극의 탄생』에서 니체는 과학적, 분석적, 이성적 사유만을 중시하는 "소크라테스주의적" 세계관에 의해 신화가 추방된 상황을 분석하면서 다시금 신화적 세계로서의 비극을 요청한 바 있다. 그는 신화를 "압축된 세계상"(das zusammengezogene Weltbild), "현상의 축약"(Abbreviatur der Erscheinung) 같은 예술적 특성을 지닌 것으로 정의하고 있다. 그러나 이성적이고 역사적인 정신으로 무장한 소크라테스주의적 근대인들은 그와 같은 신화를 없애버렸으며 그로 인한 공허하고 추상적이고 메마른 상황이 지배하고 있으며, 이를 극복할 수 있게끔 해주는 것은 다름 아닌 문화적 상상력으로서의 신화라고 니체는 역설한다.

> 그러나 신화가 없다면 모든 문화는 자신의 건강하고 창조적인 자연력을 상실하게 된다. 신화로 둘러싸인 지평 안에서 비로소 모든 문화 운동이 통일성으로 완결된다. 상상력과 아폴론적인 꿈의 모든 힘들은 신화를

---

1) Cf. R. Barthes, Mythen des Alltags, Frankfurt a. M. 1964(2003).
2) H. Blumenberg, Arbeit am Mythos, Frankfurt a. M. 1979, p. 18.

통해서만 비로소 정처 없는 방랑을 끝내고 구원된다. 신화의 현상들은 보이지 않게 모든 곳에 산재해 있는 마신적 파수꾼으로 있어야만 하며, 그러한 형상들의 보호 아래 젊은 영혼들이 성장하고 그러한 형상의 기호 하에 성인들은 자신의 삶과 투쟁을 이해하게 된다. 그리고 국가조차도 종교와의 관계와 신화적 관념으로부터의 자신의 성장을 보증하는 신화적 기초보다 더 위력 있는 불문율을 알지 못한다.[3]

이와 같은 신화에 대한 니체의 시각에 의존하여 독일의 사회학자이자 매체학자인 노르베어트 볼츠(N. Bolz)도 "신화는 세계상의 매트릭스인바, 즉 신화는 세계의 형상을 만들어 낸 후 다양한 형상들의 세계로 치환시킨다"[4]고 정의하고 있다. 분석적이고 추상적인 이성을 중시하는 근대성을 비판하면서 니체는 "현상의 축약"으로서의 형상적, 비유적 신화를 통해 세계와 인간을 이해할 수 있는 가능성을 다시 주장하고 있지만, 사실 신화에 대한 니체 식의 시각에는 매우 복잡한 문제점이 내포되어 있다. 신화와 비극을 통해 이성적 인간을 비판하려는 의도는 충분히 이해되지만, 과연 복잡한 세계를 애매모호한 비유적 형상으로 치환시켜도 좋은 것인지, 분석적 이성보다는 상상력과 꿈이 정말 필수적인 것인지, 그리고 실체(실상)가 아닌 형상(이미지)에 의해서 인간이 성장해도 좋은 것인지, 국가/종교/신화가 상호 긴밀한 관계를 맺어도 좋은 것인지 등이 그것이다.

예술이 비이성적, 반도덕적, 비인간적 행위가 난무하는 신화를 소재로 취할 경우, 그것은 한편으로 자유로운 시적 유희(Spiel)로 간주될 수 있지만, 다른 한편으로 이데올로기적, 폭력적 테러(Terror)의 위험성을 지닐 수 있다.[5] 그와 같은 신화의 양면적 특성은 소위 '위대한' 괴테의

---

3) 니체, 비극의 탄생, 박찬국 옮김, 아카넷 2007, 273~274쪽.

4) Norbert Bolz, Eine kurze Geschichte des Scheins, München 1991, p. 20.

5) 이에 대한 학제적 토론에 대해서는 다음을 참조할 것(Terror und Spiel. Probleme der

작품에서도 발견된다. 아름다운 영혼을 구현한 고전주의의 백미로 손꼽히는 『타우리스 섬에서의 이피게니에』(Iphigenie auf Tauris)에서 이피게니에는 토아스 왕에게 '진실 고백'이라는 전대미문의 행동을 실천함으로써 인간의 아름다운 소통적 행위를 구현하고 있지만, 그러나 그리스 신화를 소재로 삼은 그 작품은 사실 매우 끔찍한 폭력적인 장면을 담아내고 있다. 작품 초반부에 이피게니에는 신들의 저주 속에서 탄탈루스 가문이 저지른 끔찍한 범죄 행위를 언급하고 있는데, 특히 펠롭스의 두 아들 튀에스트(Thyest)와 아트레우스(Atreus)가 서로에게 행한 사악한 행위를 들고 있다. 서로 번갈아 가며 미케네를 통치하기로 약속했지만, 튀에스트의 차례가 되었을 때 아트레우스는 약속을 어기고 왕권을 양도하지 않는다. 이에 분노한 튀에스트는 아트레우스의 아내를 유혹하고 왕권의 상징인 황금 털을 가진 양을 훔치게 되는데, 결국 아트레우스에 의해 미케네에서 추방되고 만다. 분이 풀리지 않은 아트레우스는 그를 다시 불러들여 그의 자식들을 죽여 고기 음식을 만들어 대접한다. 이피게니에는 그 장면에 대한 상상을 다음과 같이 토아스 왕에게 언급한다.

> 그(아트레우스)는 태연하고 / 무관심하게 화해한 듯이 보였으며 / 그의 형과 두 조카를 왕국으로 유혹하여 / 그 조카들을 잡아 살해했다 / 그리곤 그 역겹고도 끔찍한 음식을 / 첫 식사 때 튀에스트에게 제공했다. 고기를 배불리 먹은 튀에스트가 슬픔에 사로잡혔고 / 홀의 문에서 아이들의 목소리와 발소리를 들은 것처럼 생각되어 / 자기 자식들에 대해 묻자 / 아트레우스는 입을 비죽이면서 그에게 죽은 자식들의 머리와 발을 내던졌다.[6]

Mythenrezeption, Poetik und Hermeneutik, Bd. 4, hrsg. v. Manfred Fuhrmann, München 1971).

6) J. W. v. Goethe, Iphigenie auf Tauris, in: Werke, Hamburger Ausgabe, München 1981, Bd. 5, p. 17.

인육의 범죄 행위는 직접적인 창작이라기보다는 그리스 신화에서 발견된 소재이고 괴테는 그 소재를 자신의 상상력으로 형상화해내고 있다. “홀의 문에서 아이들의 목소리와 발소리를 들은 것처럼 생각되어서”, “이미 죽은 자식들의 머리와 발가락을 내던졌다” 같은 식의 과장적, 비사실적인 표현은 현실 속에서의 잔인한 행위를 지칭하기보다는 문학작품의 유희적 언술로서만 가능하지만, 어쨌든 자식을 죽여 요리를 만들어 내는 행위는 현실에서는 매우 잔인한 폭력성으로 간주될 수 있다. 한편으로 문학적 유희일 수 있지만 다른 한편으로 반인륜적 폭력일 수 있는 그런 양면성이 위의 장면에서 읽혀지는 것이다. 여기서 딜레마가 발생한다. 즉 그 언술이 지나치게 폭력적이라는 이유로 예술의 유희적 가능성을 제한할 수는 없으며, 유희적 자유를 허용한다고 해서 모든 폭력적 서술이 용인될 수 없다는 데에 풀리지 않은 난제가 있다. 물론 신화적 소재의 예술적 형상화는 곧 현실과 상상, 진리와 거짓 같은 이분법에서 벗어난 자유로운 상태와 연관되어 있으며, 예술의 자율성 측면에서 그런 신화적 소재의 양면성은 어쩌면 필연적일 수밖에 없을지도 모른다. 그 점에 대해 블루멘베르크는 다음과 같이 부연해주고 있다.

> 낭만주의가 동화와 구전 전설을 재발견하였을 때 낭만주의는 계몽주의를 따르는 듯한 동시에 계몽주의에 대항하는 듯한 반항적인 제스추어로 다음과 같이 말했다. 즉 이성의 통제에 의해 허용되지 않았던 모든 것이 결코 거짓은 아니라고 말이다. 그것과 결부되어 있던 점은, 비코(Vico)와 헤르더(Herder)에서 시작된 동화적, 전설적 소재와 형상의 근원적 상황을 새롭게 평가하는 관점이었다. 고대 그리스로마 예술의 이야기 이전에는 태고적 여러 민족에 대한 암흑과 전율뿐만 아니라 또한 무엇보다도 진리와 거짓, 현실과 꿈을 구분할 수 없는 상태의 소박함이 있었다.7)

7) Hans Blumenberg, Arbeit am Mythos, p. 69.

어쨌든 서구 예술사의 경우, 감각적 형상화의 유희를 취하는 고대 그리스 신화는 18세기부터 철저히 억제되어 왔으며, 그 억압과 배제를 주도했던 예술사조는 근대성 이념과 결합된 계몽주의이다. 흔히 신화적 세계로부터의 해방이라는 의미에서 '탈신화화'의 운동이라 불리는 계몽주의는 합리적, 이성적 사유를 내세우면서 정치적으로는 절대 군주의 지배로부터 벗어난 민주적 공화국 이념을 실현하려 했고, 생활세계에서는 신과 교회 중심의 종교적 지배로부터 벗어나 개인의 독자적이고 자율적인 판단을 중시하였다. '계몽이란 무엇인가'라는 질문에 대한 답변에서 칸트가 후견인에 의존하는 미성숙한 상태에서 벗어나 독자적으로 판단하라는 정언적 명령을 주장한 것도 바로 군주의 정치적 지배, 교회의 종교적 지배로부터의 해방이라는 의미를 내포하고 있다. 계몽주의는 전통적인 신화적 세계, 신화적 형상에 대한 믿음 등을 추방하고 이성적이고 합리적인 사유를 바탕으로 근대의 새로운 기획으로 부상하게 되었다. 이러한 배경에는 사실 고대 그리스/로마 시대의 다신론적 이교도와 서구 유럽의 유일신적 기독교의 대립이 작용하고 있는데, 요컨대 다신론에 근거한 그리스 고대의 아름다운 형상 세계가 이성적 계몽성을 표방하는 유일신의 기독교 문화에 의해서 추방되었다고 할 수 있다.

그렇지만 이러한 근대로서의 계몽화 과정이 진행되는 가운데 특이한 현상은, 18세기 후반기에 다수의 시인과 미학자들이 기이하게도 새로운 신화를 강력하게 요구하고 나선다는 것이다. 그것은 현상적으로는 고대 그리스 신화를 다시금 불러들이는 시각이다. 가령 1788년에 발표된 실러의 「그리스의 신들」이라는 시에서는 "아름다운 세계여, 그대 어디에 있는가? 다시 돌아오렴, 자연의 고상한 황금시대여!"라고 비가적으로 읊어져 있으며, 아울러 1800년에 씌어진 횔덜린의 저 유명한 「빵과 포도주」에서는 "그러나 친구여! 우리는 너무 늦었네. 신들이 살아 있기는 하지만, 그러나 그들은 우리 머리 위 저편의 세계 속에서 살고 있네"라고 서술된 바 있다. 그리스로 대변되는 신화적 세계, 즉 기독교 유일신의 세계가 아닌 '신들'이라는 다신론의 세계가 현재에 사라져 버렸음을 애처롭게 진단하면서 과거의 신화적 세계가 다시 돌아오기를 바라는 소원이 읊어지고 있으며, 이것이 소위 '새로운 신화'에 대한 요청과 연관성을 이룬다. 물론 많은 연구가들의 해석에 의하면, 18세기에 요청된 새로운 신화적 세계는 글자 그대로 과거 그리스/로마의 신화를 지칭하는 것이 아니라 미래의 새로운 유토피아적 세계에 대한 은유적 표현이라고 한다.[8)]

그렇다면 사라진 그리스 신들을 불러들이는 방식으로 새로운 신화를 읊조리는 이유는 무엇일까? 그 원인은 무엇보다도 계몽주의에 대한 저항에서 찾을 수 있다. 18세기 말에 사실 계몽주의는 스스로 퇴행적인 경향을 띠게 되는데, 그것은 20세기 초엽 아도르노와 호르크하이머가 <계몽의 변증법>에서 적절하게 비판했던 것처럼 '계몽 스스로 이미 신화로 전락되는' 경향이라고 할 수 있다. 즉, 인간의 비판적이고 합리적 사유가 스스로 절대화되거나 혹은 합리적 사유가 도구적, 지배적 사유로 전락함으로써 계몽주의가 스스로 표방했던 인간의 자유로운 근본 감정까지도 스스로 억누르는 반계몽적 성향을 띠고 있었던 것이다. 그러한 경향은 1774년에 출간된 괴테의 『젊은 베르테르의 슬픔』에서도 엿볼 수 있는데, 로테의 약혼자 알버트와 베르테르 간의 다음과 같은 대화 장면은 이성이 감정을 얼마나 부정적으로 간주하고 있는지를 쉽게 알 수 있다.

> 알버트는 대답하였다. <그건 완전히 다릅니다. 왜냐하면 열정에 넋이 나간 사람은 모든 분별력을 잃고 술 취한 사람, 미친 사람으로 보이기 때문이지요> <당신들, 이성적인 사람들!> 하고 나는 웃으면서 외쳤다. <열

8) 대표적인 연구로는 다음을 참조할 것(Manfred Frank, Der kommende Gott. Vorlesungen über die Neue Mythologie, Frankfurt a. M. 1982).

정, 술에 취한 상태, 광기! 당신들은 무관심하게 그렇게 태연하게 있지요, 그대 도덕적인 인간들은 술 취한 이들을 꾸짖고 제정신이 아닌 이들을 멸시하며, 목사처럼 지나가면서 신이 그대들을 술 취한 이들처럼 만들지 않은 것에 대해 바리새인처럼 신에게 감사를 드리곤 하지요…>[9]

1770년 전후에 독일에서 일어난 질풍노도(Sturm und Drang) 운동에 속하는『젊은 베르테르의 슬픔』에서 베르테르가 열정, 감성, 자연, 천재성, 개성 등을 옹호했던 까닭은, 합리성의 이름하에 규범, 구속, 윤리, 절제 등을 내세운 계몽주의가 점차 개개인을 심각하게 억압하는 성향을 띠고 있었기 때문이었다. 따라서 질풍노도 운동은 낭만주의의 태동에 어느 정도 영향을 끼친 셈이다.

여기서 계몽주의가 스스로 신화화(혹은 신격화)되는 경향 내지는 계몽주의의 억압적 경향에 대한 비판적인 시각과, 그런 계몽주의의 대안으로 신화를 요청하는 시각은 서로 구분되어야만 한다. 특히 후자의 경우 매우 복잡한 의미를 지닌다. 새로운 신화는 계몽주의의 비판적 연장선상에서 새로운 사회 내지는 새로운 공동체 구축의 유토피아라는 의미를 지닐 수 있지만, 정치적, 역사적으로 볼 때 – 특히 독일의 경우 – 악용될 위험성을 내포한다. 그것은 앞서 언급한 넓은 의미에서 신화 자체가 안고 있는 내적 문제점이기도 한데, 즉 하나의 유기체적이고 통일된 공동체라는 의미에서의 민족과 국가의 신화로 이해될 경우 새로운 신화는 곧 국수주의, 민족주의 등을 표방한 파시즘과 연결될 수 있기 때문이다. 그런 맥락에서 독일 문학사의 경우, 낭만주의에서의 새로운 신화 요청을 흔히 중세 독일 신화, 나아가 독일 민족성에 대한 옹호 등으로 간주하면서 낭만주의와 독일 파시즘의 관계를 도출해내기도 한다. 물론 이러한 점은 사실은 반쪽 진리에 가깝다. 한편으로 정치적으로 보수적

9) Goethe, Die Leiden des jungen Werthers, Brief vom 12. August 1771.

인, 민족적인 입장을 취한 후기 낭만주의가 독일 중세 신화와 전래 동화 등을 정립하는 역사적인 작업을 취했고 이것이 후에 파시즘 이데올로기와 연결되었다는 점은 부인할 수 없는 사실이지만, 다른 한편 계몽주의와 대립하는 차원에서 초기낭만주의가 신화를 요청했었을 때 그것은 '독일적', '신화적'이라는 정치적 의미와는 전혀 관계가 없다.

이 장에서는 18세기 말에 제시된 그와 같은 새로운 신화에 대한 요청을 정확하게 파악해 봄으로써 낭만주의와 신화의 관계에 대한 그릇된 이해를 극복하고자 한다. 이를 위하여 '새로운 신화'를 요청하고 있는 두 개의 글을 비교 검토할 수 있는데, 그 하나는 횔덜린, 헤겔, 셸링으로 알려져 있을 뿐 그 저자가 최종적으로 밝혀지지 않은 「독일 관념론의 가장 오래된 체계 강령」(1796/97, 이하 「체계 강령」으로 축약함)이며, 다른 하나는 슐레겔의 『포에지에 관한 대화 Gespräch über die Poesie』(1800)라는 글에 담겨 있는 「신화에 관한 연설」이다. 이 두 글을 자세하게 읽어볼 경우, 한편으로는 관념론과 낭만주의가 서로 구분될 수 있는 단초를 발견할 수 있으며, 다른 한편으로는 존재론적, 사회철학적 사유의 독법과 자율적 예술의 독법 간의 차이를 발견할 수 있다.[10)]

10) 낭만주의를 관념론적 사유에 종속시키려 했던 과거의 연구는 두 글의 차이점을 간과한 채 관념론 내에서만 파악하려는 경향을 내보였지만, 최근 연구에서는 오히려 관념론과 낭만주의의 미세한 차이점(즉 철학적 의식과 자율적 예술에 대한 성찰 간의 차이)을 강조하는 경향을 띠고 있다. 「체계 강령」과 「신화에 관한 연설」은 바로 그 점을 명확히 인식할 수 있는 대표적인 글들이다. 이러한 경향과는 달리 국내에 발표된 다음의 글(김윤상, 새로운 신화와 미의 이상, 실린 곳: 독일어문화권연구, Volume 16, 2007, 7-33쪽)은, 물론 관념론의 좁은 의미를 벗어나고 있음에도 불구하고, "관념-실재론"이라는 주제 하에 낭만주의의 신화론을 "인간 삶의 실제적 작용공간을 드러내주는 정신과 삶의 기본적인 구조"(같은 글, 26쪽)로 읽고 있다. 그러나 신화의 의미를 관념론에서 벗어나 "실재론"으로 확장시킬 경우 바로 유기체적 사유를 바탕으로 한 파시즘적 삶의 방식과 예술(신화) 간의 '위험한 근친성'이 발생할 수 있다. 또한 슐레겔의 신화론은 「체계 강령」의 논조와는 전혀 다른바, 낭만주의의 예술론을 천명하는 글에 다름 아니다. 즉, 신화의 '실재'는 '인간의 삶', '정신과 삶' 등과 관계하기보다는 오히려 스스로의 특성에 대한 성찰해보는 자율적 미학, 예술작품 자체의 구조적 작동 논리 등과 관계한다.

2. "감각적 종교"로서의 새로운 신화

위에서 언급했듯이 신화는 그리스/로마 신화, 북유럽 신화, 중세 신화 등처럼 지역, 나라, 종교 등 지역적, 민족적 배경하에 생성된 문화적 이야기로 이해된다. 그렇다면 새로운 종교와 마찬가지로 새로운 신화가 18세기 말에 요청되었을 때 그것은 무엇을 뜻하는 것일까? 18세기 말에 요청된 새로운 신화를 들여다보면, 신화는 특정한 지역적, 종교적, 민족적 담론과 관계하기보다는 매우 폭넓고 보편적인 담론의 형태를 지칭하는 용어로 사용된다. 요컨대, 그것은 과거의 특정한 어떤 신화를 가리키기보다는 다만 글자 그대로 '새로운' 신화만을 지칭한다. 그렇다면 왜, 어떤 의미에서 새로운 신화가 요청되었던 것일까?

우선 비교적 이해하기 쉬운 저자미상의 「체계 강령」이라는 글을 살펴보기로 하자. 글의 저자성과 관련하여 연구자들은 주로 헤겔이라고 주장하는 입장(Otto Pöggeler), 셸링이라고 주장하는 입장(Franz Rosenzweig)으로 나뉘는데, 물론 셸링과 횔덜린을 공동 저자로 간주하는 주장도 제기된 바 있다. 흥미롭게도 최근의 경우 젊은 헤겔 연구자들은 푀겔러의 시각에서 점차 멀어지고 있는 상황이다. 사실 「체계 강령」은 하나의 완성된 학문적 글이라기보다는 일종의 선언문 내지는 팜플렛 같은 짧은 글이며 앞부분이 손실된 상태로 발견되었다. 「체계 강령」의 저자는 일단 "첫번째 이념은 바로 절대적으로 자유로운 본질로서의 나 자신에 대한 표상이다"[11]라고 전제함으로써 자아를 절대시하는, 제목 그대로 "독일 관념론"의 핵심 테제를 따르고 있는 듯이 보이며, 또한 형이상학과 도덕을 연결하였던 칸트를 받아들이고 있으며, 나아가 물리학의 발전도 중시하는 듯한 모습을 보인다. 그러나 「신화에 관한 연설」에서 슐레겔이 물리학과 프랑스 혁명을 간접적인 신화로 삼았던 것과는 달리, 「체계 강령」의 저

11) Hegel, Werke, Bd 1, p. 234(이하 텍스트 인용 시 "Systemprogramm"으로 표기함).

자는 “현재의 물리학은 우리의 정신인, 우리의 정신이어야만 하는 저 창조적인 정신을 충분히 만족시키지 않은 것처럼 보인다”라고 말함으로써 글자 그대로 자연과학으로서의 물리학에 대해 약간 거리를 취한다. “창조적인 정신”을 가장 우선시하는 것은 독일 관념론의 특징인데, 「체계강령」은 그 점을 첫 번째 특징으로 강조하고 나선다.

> 본래 나는 인간들이 만든 제도적 장치들을 언급하려고 했다. 무엇보다도 인류의 이념이 중요하며 국가의 이념이란 존재하지 않는다고 나는 밝힌다. 왜냐하면 국가란 어떤 기계적인 것이며 기계의 이념이란 존재하지 않기 때문이다. 자유의 대상인 것, 그것은 곧 이념이라고 불린다. 우리는 국가를 넘어서야만 한다! - 모든 국가는 자유로운 인간을 기계적인 수레바퀴로 취급할 게 틀림없다. 국가는 그래서는 안 되며, 국가는 폐지되어야만 한다. 그대들 스스로 잘 알고 있듯이, 영원한 평화 같은 모든 이념들은 오로지 하나의 보다 지고한 이념의 하위 이념들일 뿐이다. 동시에 여기서 나는 인류사를 위한 원칙을 제시하고자 하며 국가, 헌법, 정부, 입법 등 모든 비참한 인간이 만든 제도적 장치들을 완전히 폭로하고 싶다. 마침내 도덕적인 세계, 신성, 불멸 같은 이념들이 도래하게 된다. - 모든 미신을 전복시키고 이성에 아부하는 성직자 계급을 추방하는 것이다. 이성 자체를 통해서 말이다. 지적 세계를 자신 속에 지니고 있는, 자신 바깥에 있는 신성이나 불멸을 추구하지 않는 모든 정신의 절대적인 자유.[12]

논리적인 서술이기보다는 선언문의 강령처럼 들리는 구절이다. 글의 핵심은 놀랍게도 인간이 만든 모든 사회적, 공동체적 장치(국가, 헌법, 정부, 입법 등)를 폐지하는 데 있으며, 더욱이 놀랍게도 19세기 극단적인 아나키즘(무정부주의) 사상과 연관된 정치적 언술처럼 읽힌다.[13] 물

12) Systemprogramm, pp. 234-235.

13) 이 글의 저자를 횔덜린으로 볼 수 있는 중요한 근거는, 피에르 베르토(P. Bertaux)의 시각

론 국가에 대한 비판은 이미 18세기의 사상가(루소, 칸트 등)에 의해서 자주 제시된 바 있다. 가령 『판단력 비판』에서 칸트는 상징의 유사성과 관련된 대목에서 군주제 국가, 특히 개인의 절대적 의지에 의해서만 지배되는 군주제 국가를 "단순한 기계"(가령 "손절구 Handmühle")라고 비판하였고 그 대신 "내적인 민중의 법"에 따라 움직이는 국가를 "영혼이 깃든 육체"라고 긍정시하였다.14) 칸트가 민중에 의해 움직이는 국가를 옹호하고 있다면, 「체계 강령」의 저자들은 칸트를 넘어서 더욱 극단적으로 국가 자체를 폐지할 것을 주장하고 나선다. 흥미로운 점은, 폐지의 대상에는 일차적으로 절대군주제 같은 구체제의 통치 형태뿐만 아니라 동시에 계몽주의와 프랑스 혁명 등을 통해 이룩했던 근대적인 공화국 및 그것의 제도적 장치(국가, 헌법, 정부, 입법 등)까지도 포함되어 있다는 것이다. 즉, 인간을 거대한 기계의 "수레바퀴"로 만드는 모든 형태의 국가 및 그것의 모든 제도적 기관의 반인간적 폐해가 이미 직시되고 있는 것이다. 그렇게 국가 및 제도 같은 모든 인위적인 장치를 거부하고 오로지 인류 전체를 위해 존재하는 "자유로운 인간", "정신의 절대적인 자유" 같은 이념을 주장함으로써 「체계 강령」의 저자는 극단적인 관념론적 정치관을 대표하고 있는 것이다.

이와 같은 독일 관념론의 근본인 자유로운 정신, 자유로운 인간을 강조하는 가운데 또 다른 핵심적인 특징이 제시되는데, 그것은 다름 아닌

처럼, 횔덜린을 급진적 혁명주의자로 해석할 수 있는 가능성에 있다. 국가를 급진적으로 부정하는 아나키즘 사상은 푸리에, 프르동에서 시작하여 바쿠닌으로 이어지는 데, 횔덜린의 『휘페리온』의 저 유명한 대목은 그와 같은 '국가 없는 유토피아'를 꿈꾸는 아나키즘을 상기시킨다. "그대는 국가에 너무 많은 힘을 위임하고 있어. 억지로 빼앗을 수 없는 것을 국가는 요구해서는 안 되지. (…) 어쨌든 인간이 국가를 하늘로 떠받들고 싶어 하는 점, 이것이 국가를 지옥으로 만들고 말았어. Du räumst dem Staate denn doch zu viel Gewalt ein. Er darf nicht fordern, was er nicht erzwingen kann. (…) Immerhin hat das den Staat zur Hölle gemacht, daß ihn der Mensch zu seinem Himmel machen wollte."(F. Hölderlin, Sämtliche Werke, Bd. 3, a.a.O., p. 32).

14) Cf. Kant, Kritik der Urteilskraft, § 59(Von der Schönheit als Symbol der Sittlichkeit).

이성과 예술의 관계를 논하는 다음과 같은 대목에서다.

> 마지막으로 모든 것을 통합하는 이념은 바로 미의 이념(Idee der Schönheit)인데, 이 말은 보다 더 높은 플라톤적 의미에서 받아들여진다. 나는 확신하건데, 모든 이념들을 포괄하는 이성의 가장 드높은 행위는 다름 아닌 심미적 행위이며 진과 선은 바로 미 속에서 서로 결합된다. 시인과 마찬가지로 철학자도 심미적 힘을 지녀야만 한다. 글자에만 얽매이는 우리의 철학자는 심미적 감각이 없는 인간이다. 정신의 철학은 심미적 철학이다. 심미적 감각이 없을 경우 우리는 어떤 일에서도 기지가 넘칠 수 없으며, 심미적 감각이 없을 경우 우리는 역사에 대해서도 재치 있게 사유할 수 없다. 여기서 그 어떤 이념을 이해하지 못하는 인간에게 본래 무엇이 부족한지가 명확해진다. 이들은 일람표와 목록에서 벗어나면 모든 것이 자신들에게는 이해가 되지 않는다고 그나마 솔직하게 고백하는 이들이다.[15]

"미의 이념", "심미성" 등이 강조되고 있음을 쉽게 알 수 있다. 그런데 이 글의 필자보다 앞서 독일의 시인, 역사학자, 철학자인 헤르더(J. G. Herder)는 이미 1770년에 발표한 글에서 근대인들에게 결핍되어 있는 것은 다름 아닌 "포에틱한 정신", "포에틱한 감각"이라고 언급한 바 있으며,[16] 그와 같은 맥락에서 「체계 강령」의 화자도 시인뿐만 아니라 철학자, 역사가 등을 비롯한 모든 근대적 인간에게 "심미적 행위", "심미적 힘", "심미적 감각" 등을 역설하고 있다. 이는 동시대의 근대적 인간들에게 심미성이 결핍되어 있음을 암시하는 것이다. 또한 글의 저자는 전통적인 플라톤주의처럼 단순히 진선미의 동등함과 상호 유기적인

15) Systemprogramm, p. 235.

16) Johann Gottfried Herder, Über die neuere deutsche Literatur. Fragmente, in: Herders Werke in fünf Bänden, hrsg. v. den Nationalen Forschungs- und Gedenkstätten der klassischen deutschen Literatur in Weimar. Berlin 1982, Bd. 2, p. 57.

조화 관계를 서술하고 있는 것이 아니라, "이성의 가장 드높은 행위는 다름 아닌 심미적 행위", "진과 선은 바로 미 속에서 하나가 된다"라는 대목에서 알 수 있듯이, 예술적(美) 영역이 진과 선, 인식적(순수이성) 영역과 윤리적(실천이성) 영역보다 한 단계 더 높은 곳에 위치해 있음을 강변하고 있다. 다시 말하면, 근대에 싹튼 인식과 윤리 간의 분리를 지양하고 양자까지도 통합해 낼 수 있는 힘이 예술에 부여되어 있는 것이다. 이는 순수이성과 실천이성 간의 매개적 역할을 예술에 부여했던 칸트 미학의 정신을 계승하는 것처럼 보이지만 실은 칸트를 넘어서고 있는 것이다. 삶과 세계 자체를 파악하고 이해하려는 모든 작업(철학, 역사, 예술 등)에는 반드시 "심미성"(예술적 감각)이 필수적이며 또한 심미적 행위야말로 이성의 최고 행위가 된다고 역설되고 있는 점은, 칸트가 설정한(내지는 전제한) 과학, 도덕, 예술 간의 경계까지도 근본적으로 극복(해체)하고 있기 때문이다. 이는 칸트를 넘어서 "거대한 예술적 역량"(eine große künstlerische Potenz)[17]이 역사 서술을 가능하게 만든다고 보았던, 근본적으로 "현존재와 세계는 미학적 현상으로 옹호되어야 한다"[18]고 주장한 니체의 시각을 선취하는 것과도 같다.

경계를 해체하는 듯한 위 대목, 특히 "시인과 마찬가지로 철학자도 심미적 힘을 지녀야만 한다. (…) 정신의 철학은 심미적 철학이다. (…) 심미적 감각이 없을 경우 우리는 역사에 대해서도 재치 있게 사유할 수 없다" 같은 구절은 동시대의 맥락에서나 현대적인 맥락에서 매우 흥미롭고 급진적으로 다가온다. 우선 동시대의 배경에서 위 구절은 흥미롭게도 슐레겔의 저 유명한 『그리스 포에지에 관한 연구』(1795/97)라는 글의 구절과 비슷한 의미를 담고 있는데, 그것은 다음과 같다.

---

17) F. Nietzsche, Vom Nutzen und Nachteil der Historie für das Leben, in: Werke in drei Bänden, Bd. I, München 1977, p. 249.

18) Ibid., p. 40.

과학과 예술, 옳은 것과 아름다운 것의 경계가 헝클어져 있으며, 그 결과 경계는 영원 불변하다는 확신은 아주 보편적으로 흔들리게 되어 버렸다. 철학은 문학화되고 문학은 철학화된다. 역사는 문학으로, 문학은 역사로 다루어진다."[19]

근대의 무질서한 상황에 대한 관찰자적 시선인데, 이것이 근대에 대한 슐레겔의 부정적인 시선인지 긍정적인 시선인지는 슐레겔 연구자들 사이에서 여전히 논란을 불러일으키고 있다. 그 최종적 판단은 차치하고 여기서 중요한 점은, 오성(지성)의 힘으로 분석하는 철학과 상상력으로 분리된 것을 종합해 내는 문학, 즉 장르 간의 경계 해체가 이미 당시 만연되고 있다는 것이다. 그런 슐레겔을 뛰어넘어 「체계 강령」의 저자들은 더욱 급진적인데, 왜냐하면 단순한 경계 해체에 대한 진단이 아니라 다양한 영역으로 분리된 삶의 세계에 "심미적 행위", "심미적 감각"이 근본적인 힘으로 작동함으로써 분리의 해체와 통합이 이루어져야만 한다는 당위성이 요청되고 있기 때문이다. 시인, 철학자, 역사가 등은 모두 심미적 감각을 지녀야 한다는 것은 매우 파격적인 언술이 아닐 수 없다.

그렇다면 글의 저자가 말하고 있는 '심미적'이라는 개념은 어떤 의미일까? 그 '심미적'이란 다름 아닌 예술, 즉 포에지(Poesie)의 특성인 주관성, 감각성, 상상력, 유희성 등을 가리킨다. 이와 같은 심미적 감각 없이는 역사나 철학이 불가능하다는 것은, 그 두 영역도 주관적 상상력과 허구적 유희 등에 의존해야 한다는 것을 뜻한다. 그런데 엄밀히 말하면, 심미성에 대한 요청은 예술에서나 가능한 것이지 예술 이외의 다른 분과학문에서는 도저히 용인될 수 없는 것이다. 왜냐하면 지나간 사실의

---

19) F. Schlegel, Über das Studium der griechischen Poesie, in: Kritische Schriften, hrsg. v. W. Rasch, München 1964, p. 123.

복원과 재현을 추구하는 역사가 허구적으로 창작된 '심미적 역사'로 변할 경우, 마찬가지로 사실과 현상에 대한 과학적 인식을 바탕으로 진리를 추구하는 철학이 허구적, 수사적 비유를 사용하는 '심미적 철학'으로 흐를 경우, 역사와 철학은 무의미해지며 오로지 예술만이 남게 될 뿐이다. 가령 아리스토텔레스의 『시학』에서 제시된 저 기본적인 구분, 즉 '있는 그대로'의 서술로서의 역사와 '있을 수 있는' 가능성의 서술로서의 예술 간의 차이까지도 해체되고 만다. 「체계 강령」에서 강조된 점은 마치 포스트모더니즘과 해체론의 시각을 선취하는 것처럼 보이는데, 즉 은유(Metapher), 환유(Metonymie), 제유(Synekdoche), 아이러니(Ironie) 같은 예술적 수사를 통해 역사적 사건과 담론을 들여다보려는 헤이든 화이트(Hayden White)의 '역사의 문학화'(『역사의 수호신도 창작한다 혹은 사실적인 것의 허구 Auch Klio dichtet oder die Fiktion des Faktischen』), 아이러니컬한 글쓰기, 열정적이고 수사적인 언술, 유희적인 감각 등에 의한 철학적 텍스트의 읽기와 쓰기를 강조한 리차드 로티(Richard Rorty)의 '철학의 문학화'(『우연성, 아이러니, 연대성 Kontingenz, Ironie und Solidarität』), 그리고 철학적 텍스트와 심미적 텍스트 간의 장르적 차이를 거부하는 데리다(J. Derrida)와 폴 드 만(Paul de Man) 등의 해체론을 들 수 있다. 이들은 모든 텍스트에는 심미적으로 생산 및 관찰하는 시각이 내재되어 있음을 제시하고 있으며, 그 결과 예술, 철학, 역사 등의 경계가 모두 해체되고 있는 것이다.

"심미적 힘", "심미적 감각"을 강조한 「체계 강령」은 계속하여 '삶의 심미화' 같은 논리를 펼쳐 나간다.

> 그럼으로써 포에지는 더욱 지고한 품위를 갖게 된다. 포에지는 최초의 모습 그대로 미래에 다시금 존재할 것이다. 즉, 인류를 이끄는 스승으로 말이다. 왜냐하면 더 이상 철학은 존재하지 않으며 역사도 존재하지 않

고 창작예술만이 여타 학문과 인위적 기교를 극복하면서 생존하게 되기 때문이다.
동시에 우리는 종종 거대한 대중은 감각적 종교를 가져야만 한다고 듣고 있다. 거대한 대중뿐만 아니라 철학자도 그런 감각적 종교를 필요로 한다. 이성과 마음의 유일신, 상상력과 예술의 다신론, 이것이 바로 우리가 필요로 하는 것이다![20]

궁극적으로 인류를 이끌어 나가는 힘은 철학과 역사가 아니라 바로 포에지(문학과 예술)라는 점, 그렇기에 대중이나 학문에 종사하는 이들도 궁극적으로는 "감각적 종교"로서의 예술에 심취해야만 한다는 점이 강조되는바, 이는 세계와 삶의 심미화를 선언하고 있는 것과도 같다. 최고의 숭고한 능력으로 예술적 감각과 상상력만이 남아 인간을 이끌어 가게 된다는 것은 예술을 절대화하는 셸링, 니체 식의 시각과 더욱 가깝다. 전반부에는 "심미적 힘", "심미적 감각"이라는 표현이 사용되다가 글의 중간 부분에서는 "감각적 종교"라는 표현이 등장하는데, 이는 종교의 보편적 특성을 빌려오면서 심미성을 더욱 강조하기 위한 것으로 보인다. 그런데 "이성과 마음의 유일신, 상상력과 예술의 다신론"으로 감각적 종교에 대해 부연 설명하는 언술의 경우, 이는 상상력과 이성, 다신론과 유일신, 고대와 현대, 이교도와 기독교 같은 문화적, 시대적, 종교적 대립이 지양된 상태를 내포하고 있다. 사실 18세기 중반까지만 해도 서구에서는 유일신을 표방하는 기독교적 세계관과 여러 신들을 섬기는 고대 희랍의 세계관이 서로 첨예하게 대립해 있었으며, 또한 고대가 전범인가 아니면 시대에 부합하는 새로운 정신이 필요한가에 대한 신구(新舊) 논쟁도 이미 17세기부터 제기된 바 있다. 그런 대립을 극복하기 위해 고대 희랍의 세계관과 기독교의 세계관을 통합하려는 사유가 싹트

20) Systemprogramm, pp. 235~236.

게 되는데, 「체계 강령」의 저자도 '감각적 종교'에 대한 요청을 통해서 종래의 이분법적 사유를 극복하려는 의지를 피력하고 있는 것이다.

> 무엇보다 나는 여기서 하나의 이념에 대해 언급하고자 하는데, 내가 알기로는 아직까지 그 누구도 그 이념을 언급하지 않았다. - 즉, 우리는 새로운 신화를 가져야만 한다는 것이다. 그 신화는 이념들에 헌신해야만 하며, 이성의 신화가 되어야만 한다. 우리가 이념들을 심미적으로, 즉 신화적으로 만들기 전까지는 이념들은 민중에 관심을 갖지 못한다. 그리고 역으로 신화가 이성적으로 되기 전까지는 철학자는 신화를 수치스러워할 게 틀림없다. 결국 마침내 계몽된 이들과 계몽되지 않은 이들이 서로 화해를 위해 손을 내밀어야만 하며, 신화는 철학적으로 되어야만 하며 민중은 이성적으로 되어야만 하고, 철학은 철학자들을 감성적으로 만들기 위해서 신화적으로 되어야만 한다. 그러면 우리들 가운데 영원한 통일성이 지배하게 될 것이다. 결코 업신여기는 시선이 있어서는 안 되며, 현자들과 사제들 앞에서 민중이 벌벌 떠는 일이 있어서는 안 된다. 그 때 비로소 모든 힘들, 즉 개인과 전체 개체들이 동등하게 육성되는 날이 우리를 기다릴 것이다. 그 어떤 힘도 더 이상 억압되지 않을 것이다. 그러면 모든 정신의 보편적인 자유와 평등이 지배하게 될 것이다 - 하늘에서 내려온 한 층 더 고상한 정신이 우리들 가운데 저 새로운 종교를 세우게 될 것이며, 그 종교가 곧 인류의 마지막 거대한 공적으로 남게 될 것이다.[21]

이 마지막 대목을 좀 더 자세히 살펴보기로 하자. 글의 초반부에는 "심미적 힘", "심미적 감각"이라는 용어가 제시되더니, 중반부에는 "감각적 종교"로 부연되고, 마지막 부분에서는 "신화적", "새로운 신화", "이성의 신화" 같은 개념이 등장하고 있다. 앞서 사용된 심미적, 감각적이라는 개념과 더불어 "신화적"이라는 개념이 함께 사용된 것은, 신화

21) Systemprogramm, p. 236.

자체에 대한 은유적인 이해의 차원에서 충분히 수긍되는 점이기도 하다. 왜냐하면 희랍 신화에서 쉽게 알 수 있듯이, 고대 신화는 존재와 삶의 얽히고설킨 관계를 이성적이고 체계적으로 서술하기보다는 감각적이고 심미적으로 그려 놓은 이야기이기 때문이다. 따라서 「체계 강령」의 화자가 처음에 제시한 테제, 즉 "우리는 새로운 신화를 가져야만 한다"라는 구절과 '새로운 감각적이고 심미적인 종교를 가져야만 한다'라는 구절은 서로 등가적인 의미를 지닌다.

그런데 한 걸음 더 나가서 화자는 그 신화가 단순한 신화라기보다는 "이성의 신화"이어야만 한다고 주장한다. 글의 화자가 사용하고 있는 개념들과 그 의미를 분석해 보면 다음과 같은 대립이 성립하는데, 즉 한편에는 '신화, 심미적(=신화적), 민중, 계몽되지 않은 이들'이 있고, 다른 한편에는 '이념, 이성적, 철학자, 계몽된 이들'이 있다. 이 이분법적 대립이 지양되어 통일을 이루는 상태는 다름 아닌 "이성의 신화" 혹은 "신화는 철학적으로 되어야만 한다"라고 표현되고 있다. 신화와 이념, 감각과 이성, 예술(포에지)과 철학 등의 대립이 지양된 상태는 말하자면 "이성의 신화"로 지칭되고 있는 것이다. 그런데 이분법적 대립이 지양된 '이성의 신화'는 어떻게 가능한 것일까? 그것은 신화와 이념, 감각과 이성이 서로를 지양하는 방식을 통해서만 가능하다. "우리가 이념들을 심미적으로, 즉 신화적으로 만들기 전까지는 이념들은 민중에 관심을 갖지 못한다"라는 구절의 경우, 이념들(철학, 이성)을 심미적으로 만들 때 비로소 그 이념들은 추상적인 개념성에서 벗어나 감각적인 민중과 소통하고 교감을 나눌 수 있음을 암시한다. 그리고 "역으로 신화가 이성적으로 되기 전까지는 철학자는 신화를 수치스러워 할 게 틀림없다"라는 구절의 경우, 신화(예술, 심미성)를 이성적으로 만들 때 비로소 그 신화는 감각적인 상태에서 벗어나 지적이고 이성적인 이들에 의해 수용될 수 있음을 암시한다. 요컨대, "신화는 철학적으로 되어야만 하며 민중은 이성적으로 되어야만 하고"라는 구절은 신화의 철학화(심미성의 이성화), 철학의 신화화(이성의 심미화) 같은 식의 동시적인 상호지양을 뜻하는 것이다. 예술과 철학, 감각과 이성이 변증법적 지양과 통일을 이루는 것은 곧 사회적 유토피아의 도래와도 같은데, 즉 프랑스 혁명의 이념인 "보편적인 자유와 평등"이 진정으로 구현되는 것이다. 현실과 이상, 감각과 이성, 민중과 지성인, 예술과 철학 등 다양한 이분법을 지양하는 것, 이것이 바로 전형적인 독일 관념론(이상주의)의 논리와 목표를 이루며, 매우 짧은 글임에도 불구하고 「체계 강령」은 그와 같은 독일 관념론의 근원과 목표에 철저히 부합하고 있다.

이처럼 관념론적 맥락에서 분석되는 가운데 「체계 강령」의 핵심은 예술의 위상에 있다. 요컨대, 「체계 강령」의 화자는 "분석적 이성과 그것의 자기 서술이 대중적 삶에서 정당성 위기"를 겪고 있는 상황에서 이를 극복하기 위해 새로운 신화로서의 예술적 감각을 요구하고 있는 것이다.[22] 그런데 자세히 들여다보면, 예술과 관련하여 「체계 강령」은 묘한 딜레마를 내포하고 있다. 글의 초반부와 중반부에서는 삶의 모든 영역에서 심미적 감각, 감각적 종교 등이 강력히 요구되고 그런 심미적 감각의 본래적 영역인 예술(즉 포에지)이 인류의 스승으로 언급됨으로써 일종의 예술의 절대화가 추구되고 있다. 근대 이전 종교가 구현해냈던 세계의 통일성과 객관적 믿음을 마치 예술이 다시 창출해낼 수 있다는 식의 사유는 예술을 절대적인 것으로 간주했던 자연철학자 셸링의 담론과 유사하며, 그런 점에서 셸링을 「체계 강령」의 저자로 파악하는 시각이 유효한 듯 보인다(프랑크 M. Frank가 대표적이다).[23] 셸링은 지적 관조의 객관성이 철학보다는 예술에 의해

22) M. Frank, Der kommende Gott, p. 185.

23) 셸링을 저자로 보는 이들은 바로 예술의 절대화를 근거로 제시하면서 헤겔이 저자로 될 수 없다고 주장한다. 왜냐하면 헤겔은 "예술의 종말"을 선언하고 정신의 지고한 발현 가능성을 철학에서 찾았기 때문이다.

서 구현될 수 있다고 믿었다. "이 보편적으로 인정된, 그 어떤 방식으로도 부인될 수 없는 지적 관조의 객관성은 바로 예술 자체이다. 왜냐하면 심미적 관조야말로 객관적으로 된 지적 관조이기 때문이다."[24] 주관과 객관으로 분리되기 이전의 근원적인 조화 상태, 무의식적 활동과 의식적 활동 간의 동일성으로서의 "절대적인 것"은 오로지 예술적인 지적 관조를 통해서만 가능하며, 그렇기에 셸링은 지적 관조의 다른 이름으로 "심미적 관조"라는 개념을 사용하였던 것이다.[25]

그런데 자세히 읽어보면 흥미로운 논조가 발견된다. 예술의 절대화를 지시하는 셸링 식의 논조를 담은 글의 전반부와는 다르게 점차 후반부로 갈수록 헤겔 식의 논리가 더욱 두드러지게 전개되고 있다. 즉, 글의 후반부는 심미성, 감각성, 신화에 대한 요청이 아니라 사실은 이성과 감각이 변증법적으로 지양된 의미에서의 "이성의 신화"를 목적으로 삼고 있으며 그 방점을 '이성'에 두고 있다. 논리적으로나 내용적으로도 헤겔의 변증법적 사유를 따르고 있으며, 나아가 예술(심미적 감각)도 이성적으로 되기를 원했던 헤겔 미학의 흔적이 은연중에 드러나고 있다. 「체계 강령」의 저자를 헤겔로 간주하는 대표적인 연구자도 그 점을 강조하고 있다.

> 성경을 상상의 대상으로 삼을 수 없으며 또한 게르만 신화 (…) 혹은 직접적으로 그리스 신화와 연관 지을 수도 없다는 시각은 헤겔의 경우 튀빙엔 시절의 이념적 구상으로 되돌아갈 수 있다. 즉, 이성과 상상이 서로 짝을 이루고 있는 것이다. 종교는 이성의 종교, 상상의 종교, 민중의

---

24) Schelling, System des transzendentalen Idealismus, Tübingen 1800, p. 472.

25) 신화 개념에 대한 셸링의 시각은 『선험적 관념론의 체계』(1800)와 『예술철학』1802-03)에서 약간 다르게 사용된다. 『선험적 관념론의 체계』에서 신화는 자유와 필연, 의식과 무의식 간의 동일성으로서의 절대자를 객관적으로 서술해 내는 예술 자체를 가리키지만, 『예술철학』의 경우 "신화는 모든 예술의 필연적 조건이자 첫 번째 소재이다"라는 언술에서처럼 신화는 일종의 신화적 소재를 뜻하고 있다.

종교로서 '이성의 신화'이어야 하는 것이다. 이것이 「독일 관념론의 가장 오래된 체계 강령」의 이념적 구상이며, 정말로 나는 이 체계 강령의 신화 개념은 바로 헤겔의 신화 개념이라고 생각한다.[26)]

이렇듯 전체적으로 보면 「체계 강령」에는 셸링과 헤겔의 시각이 뒤섞여 있기에 그 논조의 일관성 차원에서 적지 않은 문제가 야기되지만, 삶의 전체를 심미적으로 보려는 셸링의 시각이든 혹은 "이성의 신화"(즉 철학과 예술의 변증법적 통일)를 통해 자유와 평등 사회를 구현할 수 있다는 헤겔의 시각이든, 양자의 공통점은 예술 영역에 과도한 사회적 역할, 믿음, 힘을 부여하고 있다는 것이다.

사실 이러한 예술에 대한 과도한 믿음(혹은 기대)이 「체계 강령」에서 주장된 "새로운 신화"의 결정적인 문제점이기도 하다. 근대 이전에는 세계의 통일성과 객관성에 대한 형이상학적, 종교적 믿음이 지배하고 있었다면, 17세기 이후부터는 합리성과 주관적 이성을 토대로 삼은 근대(즉 계몽주의)가 시작하면서 그 전통적인 통일성과 객관성에 대한 믿음은 의심되고 상실되고 말았다. 흔히 철학적으로 근대는 주관성의 지배로 해석되고 있지만, 사회학적으로 근대는 정치, 경제, 예술, 종교 등 수많은 개별 영역들의 합리적인 분화로 파악될 수 있다. 물론 이러한 분화를 극복할 수 있는 대안으로 관념론은 다시금 정신적 통일성을, 유물론은 물질적 통일성을 강조하고 나선다. 다르게 말하면, 분화를 극복하고 통일성을 다시 가져오기 위해 개별 영역이 스스로 보편적인 역할을 자

26) Rezension von O. Pöggeler, in: Hegel-Studien, 7, 1972, Bonn, pp. 327-334, esp. p. 331. 이 글은 한스-오토 렙슈톡(Hans-Otto Rebstock)의 연구서(Hegels Auffassung des Mythos in seinen Frühschriften)에 대한 서평이다. 본래 헤겔을 「체계 강령」의 저자로 여기는 푀겔러의 글은 1965년도 헤겔에 관한 모임(Hegel-Tage, Urbino)에서 발표된 바 있으며, 그 글은 추후 헤겔 연구(Hegel-Studien)에 실렸다(O. Pöggeler, Hegel, der Verfasser des ältesten Systemprogramms des deutschen Idealismus, in: Hegel-Studien, Beiheft 4, 1969, pp. 17-32).

청하거나 혹은 그 개별 영역에 과대한 믿음이 부여되는데, 예를 들면 '사회는 정치적으로 되어야 한다', '사회는 경제적으로 되어야 한다', '사회는 예술적으로 되어야 한다' 같은 언술이다. 예술적 관점에서 사회(세계, 삶) 전체를 파악하려는 「체계 강령」도 그 대표적인 예가 된다. "새로운 신화"로서의 이성적 예술을 강조한다거나, 혹은 「체계 강령」의 저자로 알려진 셸링이 『선험적 관념론의 체계』에서 "철학자가 주관적으로 서술할 수 있는 것을 보편타당하게 객관적으로 만들어 내는 데 성공할 수 있는 유일한 것은 바로 예술이다"고 파악하는 경우가 그렇다. 셸링은 예술을 두고서 "과학이 포에지로 다시 돌아가도록 만드는 매개체가 무엇인가는 대체로 어렵지 않게 답변될 수 있는데, 그것은 지금처럼 저 소멸하지 않는 분리가 일어나고 있기 전까지는 그 매개체가 바로 신화에서만 존재해 있었기 때문이다"[27]라고 덧붙임으로써 신화로서의 예술에 '분리의 극복과 새로운 통일성'을 창출해낼 수 있다는 과도한 믿음을 부여하고 있는 것이다. 마찬가지로 앞서 분석한 바 있는 슐라이어마허의 『종교에 관하여』에서도 그렇다. 18~19세기는 이미 분화가 작동하는 시기이며, 슐라이어마허 또한 종교, 형이상학, 도덕, 예술 등의 분화를 인정하고 있다. 그럼에도 분화 과정을 극복하려는 차원에서 슐라이어마허는 궁극적으로 종교와 예술의 융합으로서 "예술종교"를 강조하고 있으며, 그 점은 다음과 같은 식의 해석에서 나타난다.

> 슐라이어마허가 예술과 종교의 공생을 자신의 시대의 프로젝트로서 서술했을 때, 여기서 유념해야할 점은 그에게는 예술과 종교의 단순한 추상적 관계가 중시된 것이 아니라 그의 희망은 정확히 초기낭만주의의 예술과 포에지에 초점을 두고 있었다는 것이다. 즉, 박물관적 예술, 예술의 개개 작품이 아니라 삶의 전체 영역을 관통하는 예술, 주체와 객

27) Schelling, System des transzendentalen Idealismus, p, 477.

체를 화해시키는 예술을 말하며 (…) 일신론(자기관조)와 다신론(세계관조)의 통합이라는 슐라이어마허의 프로젝트와 일치하는 예술을 말한다.[28)]

그러나 분화를 극복해주는 예술종교에 대한 요청은 다시금 전통적인 관점으로의 회귀로 해석될 수 있는바, 즉 종교에 봉사하는 예술의 도구적 기능을 강조하는 관점 말이다. 슐라이어마허가 염두에 둔 예술종교에서는 일차적으로 종교가 "근본적인 것"이고 예술은 부차적으로 그것을 "표현해내는 기관"(Artikulationsorgan)으로 간주되는바,[29)] 즉 『종교에 관하여』에서 예술종교는 예술적으로 표현된 종교적 감정에 다름 아니다. 이와 같은 종교와 예술의 통일, 혹은 '종교적 예술'을 통해서만 분화된 삶을 극복할 수 있다는 관점은 그러나 종교에서만 가능할 뿐이며, 아쉽게도 이미 예술은 더 이상 종교에 종속되지 않는 자율적 상태에 접어든 상태다.

다시 강조하지만, 이와 같은 통일화 내지는 전체화의 논조는, 개별 영역이 자신의 관점에서 사회 전체를 관찰하고 서술한 희망의 수사적 언술에 지나지 않는다. 근대와 함께 시작된 사회의 분화 현상과 개별 영역의 독자성은 더 이상 되돌릴 수 없는 불가역성에 놓여 있으며, 따라서 실제 사회 전체는 부분영역들에 의해 점유될 수 없다. 개별 영역이 자신의 시각으로 사회 전체를 관찰하고 서술하는 방식으로 보편적인 요청을 내세울지라도, 다른 영역들은 그와 같은 요청을 결코 받아들이지 않는다.

---

28) Ernst Müller, Ästhetische Religiosität und Kunstreligion. In den Philosophien von der Aufklärung bis zum Ausgang des deutschen Idealismus, Berlin 2004, pp. 203~208, esp. p. 206.

29) Gunther Scholtz, Schleiermacher und die Kunstreligion, in: 200 Jahre "Reden über die Religion": Akten des 1. Internationalen Kongresses der Schleiermacher-Gesellschaft, hrsg. v. Ulrich Barth/Claus-Dieter Osthövener, Berlin/New York 2000, pp. 515~533, esp. p. 531.

「체계 강령」이 내세우고 있는 "새로운 신화"와 "예술종교"에 대한 요청도 마찬가지인데, 즉 사회 전체가 예술적으로 구원될 수 있기를 바라는 믿음은 정치, 경제 같은 다른 부분 영역에서는 더 이상 수용될 수 없는 예술적, 종교적 요청일 뿐이다. "하늘에서 내려온 한층 더 고상한 정신이 우리들 가운데 저 새로운 종교를 세우게 될 것이며, 그 종교가 곧 인류의 마지막 거대한 공적으로 남게 될 것이다" 같은 새로운 신화적, 예술종교적 언술은 단지 수사적인 요청으로 그칠 뿐 그 이상도, 그 이하도 아니다. 다른 개별 영역은 더 이상 그런 보편적인 요청에 종속되지 않은 채 오로지 자기 영역의 자율성만을 강화할 뿐이다. 이는 어쩌면 개별 영역의 아집(Eigensinn)이자 동시에 불가피한 고유한 자각(Eigener Sinn)의 실행이다.

3. 예술작품의 형식미로서의 "새로운 신화"

위에서 살펴보았듯이 「체계 강령」에는 신화 자체의 정치철학적, 자연철학적, 종교적, 예술철학적 담론 등과 연관될 수 있는 다양한 담론과 복잡한 의미가 내재해 있다. 그런 「체계 강령」의 새로운 신화와 관련하여 비교될 수 있는 글이 있는데, 그것은 바로 슐레겔의 『포에지에 관한 대화 Gespräch über die Poesie』(1800)에 들어 있는 「신화에 관한 연설」이다. 두 글의 의미를 결론적으로 요약하자면, 전자가 예술에 의한 정치사회적 유토피아의 구현에 대한 희망을 담고 있다면 후자는 전자에 대한 응답으로서 '개별 영역으로서의 예술 자체의 독자적 의미'를 더욱 강조하고 나선다. 다시 말하자면, 전자의 경우 억압적인 상황에서 삶과 사회를 해방시키는 의미에서의 역사철학적 유토피아가 핵심적이라면, 후자의 경우 그와 같은 역사철학적 유토피아는 단지 포장이고 실제 강력히 요청되고 있는 것은 예술이라는 영역(체계)의 독자성 및 그 안에 작동하는 자율적 예술작품의 특성이다. 따라서 "삶이야말로 새로운 신화의 핵심개념인바, 즉 '자아'의 신화, 노발리스의 경우 무엇보다도 '그대'의 신화, 요컨대 아름다운 '사회'를 말한다"[30]라는 관점은 전자의 경우에만 타당할 뿐 후자에는 적용될 수 없다.

『포에지에 관한 대화』는 살롱 참석자들이 각자 자신의 글을 발표하고 각각의 글마다 참석자들이 서로 토론을 전개하는 형식을 취하고 있는데, 사실 이 글은 동시대 특정 살롱 모임의 재현과는 전혀 상관없는, 슐레겔 자신의 미학을 천명하는 텍스트다. 전기적, 역사적 배경은 글을 포장하고 있을 뿐 그 핵심은 낭만주의 미학과 시학을 탐색하고 공표하는 데 있다. 모두 네 개의 작은 글이 발표되고 있으며 그 가운데 「소설에 관한 편지」라는 편지 형식의 안토니오의 글과, 로타리오라는 인물이 연설 형식으로 발표한 「신화에 관한 연설」이라는 글이 전체 텍스트의 핵심을 이루고 있다. 「신화에 관한 연설」에서는 문화사회적 파편화 현상, 현대 문학의 구심점으로서의 새로운 신화, 정신에서 만들어진 신화, 혼돈의 미로서의 새로운 신화에 대한 간접적인 예로서의 물리학과 프랑스 혁명, "자연의 예술작품"으로서의 신화, 낭만적 위트와 아라베스크 같은 특성의 신화, 개성과 오리지널, 피히테와 스피노자 등 다양한 현상들이 신화와 관련된 특징으로 언급되고 있다.

우선 「체계 강령」이 개인을 국가의 부속품으로 만드는 사회적 상황을 비판하고 있듯이, 「신화에 관한 연설」도 동시대의 사회적 상황을 우회적으로 비판하는 듯한 목소리로 다음과 같이 애처롭게 시작한다.

진지하게 예술을 숭배하는 친구들이여, 그대들 스스로에게 자문해 보기

30) H. Schanze, "Leben, als Buch", in: E. Behler/J. Hörisch, Die Aktualität der Frühromantik, Paderborn u.a., 1987, pp. 236-250, esp. p. 236.

를 나는 요청하고 싶습니다. 영감의 힘이 예술에서도 언제나 개별적으로 파편적으로 있어야 하는지, 그런 역겨운 환경에 대해 힘겹게 싸운 후에 결국 고독하게 침묵해야만 하는 것인지 말입니다.[31]

“역겨운 환경”에 대해 개별적으로 싸워야 하는 상황과 고독한 침묵으로 머물지 말아야 할 것이라는 언술은, 정치적으로 읽을 경우, 개개인의 고독한 싸움을 넘어서 집단적인 연대성을 형성하자는 요청으로 읽힌다. 즉, 모든 이들이 개별적으로 머무는 사회적 상황을 극복하고 총체적인 차원에서 사회적 연대를 꾀하자는 욕망의 표출처럼 말이다. 그렇지만 그러한 사회적, 정치적 요청 속에서도 포에지(문학과 예술의 창작)와 관련된 언술이 제시되는데, 다음의 두 대목은 “굳건한 지지대”로서의 “새로운 신화”를 요청하고 있다.

여러분들은 스스로 창작하고 계시며 창작 중에 종종 느끼셨을 것입니다. 즉 여러분들의 활동을 위한 굳건한 지지대, 어머니와도 같은 대지, 하늘, 생동성 있는 대기가 결핍해 있다는 점을 말입니다. 현대적 시인들은 내면에서부터 모든 것을 만들어내야만 하는데, 모두 멋지게 잘 해왔지만 지금까지 오로지 개인적으로만 그래 왔습니다. 마치 모든 개개 작품이 처음부터 무에서 만들어진 새로운 창조물이듯 말입니다.[32]

즉각 제 목적을 말씀 드리겠습니다. 제가 주장하고 싶은 점은, 고대인에게 신화가 있었던 것과는 달리 우리의 포에지에는 하나의 구심점이 결핍해 있다는 것입니다. 현대인이 고대인에 뒤져 있는 본질적인 점은 다음과 같은 말로 요약될 수 있는데, 즉 우리에게는 신화가 없다는 것입니다. 그러나 저는 덧붙이고자 합니다. 우리는 하나의 신화를 얻을 수 있는 데까지 거의 와 있으며, 아니 오히려 하나의 신화를 창조할 수 있는

31) F. Schlegel, KA, Bd. II, pp. 311-312.
32) Ibid., p. 312.

것에 우리 모두가 진지하게 함께 영향을 끼칠 수 있는 시점이 왔다고 말입니다.[33)]

고대와는 달리 신화가 결여되어 있는 현재적 상황이 진단되고 있다. 언뜻 "구심점"으로서의 신화 결여에 대한 언술이 정치적 상황에 대한 비유로 읽힐 수 있겠지만, 「체계 강령」에서처럼 사회나 국가에 대한 구체적인 언술은 전혀 발견되지 않는다. 구심점으로서의 새로운 신화에 대한 요청은 무엇보다도 예술의 창작 차원에만 제기되고 있다. 그렇다면 개별적 창작을 위해 "굳건한 지지대" 역할을 하는 신화가 요청될 경우, 이때 신화는 무엇을 지칭하는 것일까? 지금 결여되어 있는, 앞으로 창조되어야만 하는 신화는 도대체 무엇을 뜻하는 것일까? 자세히 살펴보면, 일반적인 의미에서 민족 구성원의 정체성과 총체적인 연대성을 꾀하는 그런 집단적 힘으로서의 신화(예, 그리스 신화, 독일 신화 등)에 대한 언급은 전혀 찾을 수 없다. 오히려 「신화에 관한 연설」의 핵심 주제는 다음과 같이 요약될 수 있는데, 즉 이 글에서 요청된 새로운 신화는 일종의 '근대에 적합한 새로운 시학' 내지는 낭만적(=근대적) 시인들이 취해야만 하는 '새로운 창작 방식'을 뜻한다. 다시 말하자면, 새로운 신화란 낭만적 시인들이 창작 활동에서 염두에 두어야만 하는 원칙, 즉 새로운 형식미를 갖춘 예술작품의 생산과 관계된 시학적, 미학적 지침에 다름 아니다. 새로운 신화는 넓은 의미로는 창작 정신과 시학 등을 포괄하는 낭만적 포에지 개념을 지칭하며, 좁은 의미로는 "감성적 소재를 환상적 형식으로 서술하는" 모든 형태의 낭만적 문학 작품을 가리킨다. 그렇기 때문에 "신화와 포에지, 이 양자는 하나이며 분리될 수 없습니다"[34)]라고 언급되고 있는 것이다.

---

33) Ibid.

34) Ibid., p. 313.

새로운 창작 정신, 새로운 창작물로서의 '새로운 신화'에 대한 주장은 그 새로운 신화가 취해야만 하는 몇 가지 특징을 통해 구체화된다. 우선 가장 중요한 특징으로 새로운 신화는 자연의 모방이 아니라 관념론적 맥락에서 일종의 정신의 작업이라는 데서 출발한다.

> 왜냐하면 과거의 이전 신화가 도처에서 젊은 상상력의 첫 번째 개화로서 직접적으로 동화하고 변형하면서 감각 세계의 가장 가깝고 생동성 있는 것에 다가왔다면, 그 신화(새로운 신화: 역주)는 아주 정반대의 도상에서 우리에게 다가올 것이기 때문입니다. 새로운 신화는 정반대로 정신의 심오한 심연에서 생성되어야만 합니다. 새로운 신화는 모든 예술 작품 가운데 가장 인위적인 예술작품이어야한 합니다. 왜냐하면 새로운 신화는 모든 다른 것을 포함하고 있기 때문입니다. 즉 포에지의 오랜 영원한 원천들을 위해서뿐만 아니라 모든 다른 시의 맹아를 감싸고 있는 저 무한한 시를 위해서도 그것은 새로운 온상이자 그릇이어야만 합니다.[35)]

새로운 신화는 기본적으로 자연, 즉 감각적 본능과 충동에 근거하는 것이 아니라 정신에서 싹트는 것이기 때문에 독일 관념론의 맥락과 궤를 같이 하고 있다. 이를 시학에 적용하면, 문학이란 감각적 본능에서 나온 자연적 아름다움(자연미, das Naturschöne)의 모방이 아니라 인위적으로 만들어진 아름다움(인공미, das Kunstschöne)이라는 것인데, 이렇듯 인공미의 특성을 지닌 새로운 신화에 대해서는 슐레겔, 헤겔 모두 비슷한 시각을 공유하고 있다. 그렇지만 정신에 의해서 만들어진 인공미로서의 신화가 부분과 전체 간의 조화롭고 체계적인 질서를 지닌 아름다움이 아니라 혼돈의 아름다움이라는 점에서 슐레겔과 헤겔은 근본적으로 다르다. "그러나 최고의 아름다움, 최고의 질서

35) Ibid., p. 312.

는 다름 아닌 혼돈의 아름다움입니다."[36]

정신에서 만들어진 새로운 신화, 즉 새로운 예술작품의 창작은 두 가지 철학적, 과학적 현상의 비유를 통해서, 간접적으로 옹호된다. 그 하나는 관념론이고, 다른 하나는 물리학이다. 양자는 모두 정신의 혁명이 작동하는 새로운 신화에 대한 예로 작용하고 있다. 관념론과 물리학이 새로운 신화에 대한 간접적인 예로 언급된 후 이제 새로운 신화의 형식적 특징이 점차 구체적으로 제시되는데, 그 점은 다음과 같은 대목에서 엿볼 수 있다.

> 신화는 자연의 예술작품입니다. 그 내부 조직체 내에 가장 최고의 것이 정말로 만들어져 있습니다. 모든 것이 관계이고 변신이고, 동화되고 변형되어 있습니다. 이러한 동화와 변형이 신화의 고유한 방식이며, 신화의 내적인 삶이며, 신화의 방법이라고 나는 감히 말하고자 합니다.[37]

"자연의 예술작품"처럼 보이는 정신에서 만들어진 신화와 관련하여 마치 20세기의 구조주의 방법론에서 강조되는 "관계(Beziehung), 변신(Verwandlung), 동화(Anbilden), 변형(Umbilden)" 등 다양한 개념들이 사용되고 있다.[38] 이러한 개념들은 무엇을 암시하는 것일까? "관계"와 "변신"은 주로 텍스트 내의 개별 부분들이 서로 상관관계를 맺는 측면을 가리키는데, 여기에는 아이러니, 위트, 도취 등이 작동하게 된다. 신화의 내적인 삶과 방법으로 특히 강조되고 있는 "동화"와 "변형"의 경우는 단순히 희랍 신화에서처럼 소재상의 서로 얽히고설킴 등을 가리키는 것이

36) Ibid., p. 313.

37) Ibid., p. 318.

38) 가령 1932년에 문학을 "형식적 신화"(formaler Mythos)라고 명명한 클레멘스 루고브스키(Clemens Lugowski)의 구조주의적 이론을 떠올릴 수 있다(C. Lugowski, Die Form der Individualität im Roman, Frankfurt am Main 1994).

아니라 여기서는 텍스트 자체의 관계, 즉 기존의 씌어진 것과 새롭게 씌어지는 것이 서로 관계를 맺는, 일종의 상호텍스트성의 측면을 가리킨다. 이처럼 다양한 관계와 변신, 동화와 변형이 작동하는 신화는 곧 텍스트(예술작품) 자체의 자기활동성, 즉 내외적으로 끊임없이 상호연관성을 구축하는 형식적 특성을 가리킨다. 사실 슐레겔의 시각에 앞서 필립 모리츠(K. Ph. Moritz)는 1790/91년 발표한 『신화학 혹은 고대인들의 신화문학』이라는 책에서 이미 그와 같은 예술작품의 내적인 고유한 특성으로서의 신화, 상상력의 유희로서의 신화 등을 힘주어 강조한 바 있다.

> 신화적 문학은 상상의 언어로서 고찰되어야만 한다. 그 자체로 보면 신화적 문학은 흡사 자신의 세계를 형성하고 있으며 현실적인 사물의 연관성에서 벗어나 있다. 상상력은 자기 취향에 따라 고유한 영역에서만 지배하며 그 어떤 곳을 향해 건드리지 않는다. 상상력의 본질은 형식과 모양을 만들어내는 것이다. 이를 위해 상상력은 자신의 형성물을 방해할 수도 있는 모든 추상적이고 형이상학적 개념을 세심하게 피함으로써 스스로 폭넓은 유희 공간을 만들어낸다.[39]

여기서 강조된 ‘상상의 언어’, ‘고유한 자기 영역에서만의 지배’, ‘추상적 형이상학적 개념으로부터의 탈피’, ‘독자적인 유희 공간’ 등은 모두 슐레겔도 강조하고 있는 신화의 특성과 거의 흡사하며, 아마도 슐레겔이 모리츠의 글로부터 상당히 영향을 받았을 것으로 추측된다. 다만 모리츠가 “신화적 문학에는 지나간 가장 오래된 역사에 대한 비밀스런 흔적이 숨겨 있다”[40]라는 측면을 강조함으로써 신화와 (국가 및 민족의) 지나간 역사 간의 내말한 연관성이 여전히 강조되고 있다면, 슐레겔은

39) K. Ph. Moritz, Görtterlehre oder mythologische Dichtungen der Alten, in: Schriften zur Ästhetik und Poetik, hrsg. v. H. J. Schrimpf, Tübingen 1962, p. 195.

40) Ibid.

그와 같은 민족주의적, 정치사회적 연관성의 가능성을 신화에서 완전히 배제하고 예술작품으로서의 신화의 특성만을 더욱 공고히 하고 있다.

이제 새로운 신화가 무엇을 가리키는지를 정리해보자. 정신에 의해 만들어진 신화가 "자연의 예술작품"처럼 존재한다는 것은 언뜻 모순적으로 읽힐 수 있지만 실은 다음과 같이 이해된다. 즉, 정신의 소유자인 예술가가 특정한 의도와 계획, 고도의 계산된 사유 등을 통해 합리적으로 작품을 생산할지라도, 결국 작가에 의해 생산된 예술작품은, 언어가 언어 사용자로부터 분리된 언어의 자율적 운동을 통하여,[41] 스스로 자연스럽게 끊임없이 내적 구조와 관계 등을 구축함으로써 독자적으로 존재하게 된다. 이는 마치 오늘날의 텍스트 이론이 주장하는 텍스트 자체의 내적인 열린 역동적 특성과도 유사하다. 관계와 변신, 동화와 변형의 내적 구조의 형식과 관련하여 「신화에 관한 연설」에서는 "아라베스크"(Arabeske)도 언급된다. 아라베스크 개념은 『포에지에 관한 대화』 내에 실려 있는 두 개의 글, 즉 「소설에 관한 편지」와 「신화에 관한 연설」에서도 낭만주의 미학의 핵심 개념으로 작용하는데,[42] 여기서는 낭만적 포에지의 "위트"(Witz)와 유사성을 지닌다는 점과 함께 "간접적인 신화"로서 다음과 같이 서술되고 있다.

> 이와 같은 인위적으로 잘 정돈된 혼돈, 이러한 모순의 매혹적인 균형, 도취와 아이러니의 저 놀랍고도 끝없는 변화, [···] 이것이 나 자신에게도 하나의 간접적인 신화로 비추어집니다. 그 조직체가 바로 신화이며, 아라베스크야말로 인간 상상력의 가장 오래된, 가장 근원적인 형식일 것입니다.[43]

---

41) 이 점에 대해서는 이 책의 11장을 참조할 것.

42) 「소설에 관한 편지」에서의 아라베스크 개념에 대해서는 이 책의 5장을 참조할 것. 또한 슐레겔의 "아라베스크" 개념에 대한 대표적인 연구서로는 다음을 참고할 것(K. K. Pohlheim, Die Arabeske. Ansichten und Ideen aus F. Schlegels Poetik, Padeborn 1966).

43) F. Schlegel, KA, Bd. II, pp. 318-319.

"도취와 아이러니의 저 놀랍고도 끝없는 변화"는 넓게는 포에틱한 텍스트의 특성을 말하며, 좁게는 개개 언어의 특징을 말하며, 이를 메닝하우스는 "성찰적 중단의 황홀한 유희"(das ekstatische Spiel reflexiven Brechens)라는 모순성으로 규정한 바 있다. 다르게 말하자면, 포에틱한 텍스트 전체에서나 혹은 포에틱한 개개 언어에서 "성찰적 중단"과 "황홀한 유희"는 서로 명확히 구분될 수 없는 상태 속에서 무한히 배가되는데, 이것이 바로 새로운 신화로서의 예술작품 내지는 포에지의 근본 특징을 이룬다.[44] 이 밖에 "인위적으로 잘 정돈된 혼돈", "모순의 매혹적인 균형" 등과 같은 특징을 지닌 아라베스크는 슐레겔의 다른 단편에서 제시된 "무한성"(Unendlichkeit)이라는 개념과도 밀접한 연관성을 맺는다.

> 무한성에 대한 감각을 갖고 있는 자, 그리고 자신이 무한성으로 무엇을 하려는지 알고 있는 자는 무한성에서 바로 서로 영원히 분리시키고 결합시키는 힘들의 생산물을 보게 되며, 자신의 이상들을 적어도 화학적으로 생각하게 되며, 또한 스스로 단호하게 자신을 표현할 경우 그는 모순에 따라서 말한다.[45]

이처럼 모순적 결합으로서의 아라베스크와 무한성을 철학적, 종교적 차원에서가 아니라 예술적 차원에서 파악할 경우 그것은 어떤 의미를 지니는 것일까? 그것은 무엇보다도 예기치 않은 '화학적 결합' 등을 통해 그로테스크하고 기괴한 모습을 취하는 현대 예술 - 이에 대한 예로는 티크, 브렌타노 등이 서정시에서 시도한 '여러 감각의 동시적 결합'이라는 '공감각'(Synästhesie)의 문체나 혹은 20세기 현대 회화에서 엿볼 수 있는 몽타주, 콜라주 같은 방식을 들 수 있는데 - 의 '흥미로운' 특성과

44) Winfried Menninghaus, Unendliche Verdopplung. Die frühromantische Grundlegung der Kunsttheorie Im Begriff Absoluter Selbstreflexion, Frankfurt am Main 1987.

45) F. Schlegel, KA, Bd. II, p. 243.

관계하며, 또한 이성적 사유가 물러나고 무한한 상상력이 허용되는 새로운 예술작품의 다채로운 형식미와도 관계하는 의미를 지닌다. 그 점은 자주 인용되는 다음과 같은 대목을 통해서도 읽어낼 수 있다.

> 왜냐하면 이성적으로 사유하는 이성의 진행과정과 법칙을 지양하고 다시금 우리를 상상력의 아름다운 혼돈 속으로, 인간 자연의 근원적인 카오스 - 이 카오스에 대해 나는 과거 신들의 다채로운 혼잡보다 더 아름다운 상징을 지금까지 발견하지 못하고 있는데 - 속으로 옮겨놓은 것이야말로 모든 포에지의 시작인 것입니다.[46]

신들과 인간들이 서로 다투거나 애정을 나누는 그런 집단적 삶을 담은 신화, 그리고 그런 신화 내에서 인간과 삶의 존재론적 의미가 중시되고 있는 것이 아니라 신화의 형식적 특성, 즉 이성적인 형식이 아닌 "다채로운 혼잡"으로서의 카오스라는 형식적 특성이 중시되고 있다. 특히 이성과 법칙보다 상상력이 강조된다는 점은 신화가 무엇을 지칭하는지를 잘 암시해주고 있다. 요컨대, 신화란 상상력에서 만들어진 아름다운 혼돈, 다채로운 혼잡 같은 형식을 띤 예술작품에 다름 아니다. 그런 점에서 새로운 신화는 "모든 예술작품들 가운데 가장 인위적인"(das künstlichste aller Kunstwerke)[47] 예술작품이라고 명명된다.

4. 글쓰기의 공동실천과 새로운 신화

앞서 언급한 바 있듯이, 예술적 영감을 지닌 이들이 개인적 차원에서 각자의 예술적 실천을 행한 후 끝내 침묵하고 혼자 남아 버리는 상황이

46) Ibid., p. 319.
47) Ibid., p. 312.

제시되었고 이를 극복하기 위해 "구심점"으로서의 새로운 신화가 요청되었다. 지금까지 다루었듯이, 새로운 신화의 의미를 일차적으로 주체로서의 개개 시인이 자신의 상상력으로 새로운 예술작품의 독특한 형식미를 창조해내야만 한다는 의미로 파악해보았다면, 새로운 신화의 또 다른 의미는 신화의 외연적 차원, 즉 집단적, 공동체적 맥락에서 찾아볼 수 있다. 그런데 그 의미는 「체계 강령」에서 파악된 정치사회적 의미가 결코 아니다. 「신화에 관한 연설」의 집단적, 공동체적 맥락도 철저히 예술적, 학문적 차원에서 파악될 수 있는데, 즉 흩어져 있는 여러 다른 장르나 학문에 종사하는 이들이 모여 함께 글쓰기의 실천적 작업을 해나간다는 일종의 "공동실천"(Sympraxis)의 의미가 그것이다. 「아테네움」 116번 단편에서 요구된 "점진적 보편포에지"가 지금까지 분리되어 있던 기존의 장르들 간의 경계를 해체하면서 모든 장르들을 한 자리로 불러들이는 포에지의 의미로 파악되듯이, 새로운 신화 또한 서로 다른 예술과 학문에 몸담고 있던 이들이 함께 모여 작업을 수행해나가는 그런 의식과 실천으로 파악될 수 있다. 이 점과 관련하여 노발리스는 공동실천이라는 개념을 사용한 바 있다.

> 정신적 물리학. 우리의 사유는 단연코 오로지 생물 전기 실험(Galvanization)과도 같다. 즉 세속적인 정신 - 정신적인 분위기 - 이 천상의 비세속적인 정신과 접촉하는 것이다. 모든 사유하기는 그 자체로 이미 한 단계 높은 의미에서의 공동실천이다.48)

"정신적 물리학"이라는 개념 자체는 넓은 의미에서 정신과학과 자연과학 간의 결합을 함의한다. 이탈리아 해부학자 갈바니(1737~1798)가 발견한 실험적 결과로서 '생물전기실험'이라고 명명되는 갈바니 전기란

48) Novalis, Schriften, Bd. III, p. 263.

가까운 곳에 있는 기전기의 방전에 부응하여 개구리 다리의 근육이 경련을 일으키는 현상을 말한다. 당시 전기가 개구리 근육과 한 종류의 금속 간의 접촉을 통해 발생한 것인지(갈바니) 아니면 두 금속 간의 접촉에서 발생한 것인지(볼타)는 과학적으로 매우 논쟁적이었지만, 이러한 과학적 발견을 언어적 은유('갈바니즘')로 명명하면서 노발리스가 강조하고 있는 점은 이질적인 여러 사유들의 상호 교류와 예기치 않은 발견이라는 집단적, 공동체적 실천의 긍정적 측면이다. 특히 세속적인 것과 비세속적인 것, 지상의 것과 천상의 것, 정신적인 것과 물질적인 것 등이 상호 충돌하는 식으로 표현되어 있지만, 이를 오늘날의 용어로 표현하자면 서로 이질적인 사유의 교류, 즉 '사유의 협업'(Kollaboration des Denkens) 같은 실천 행위가 내포되어 있다. 요컨대, 천부적인 개인의 자기중심적 사유보다는 다양하고 이질적인 개인들(그리고 그들의 사유)이 서로 충돌하고 융합하는 협업이 강조되고 있는 것이다. 그리고 협업의 예로는 무엇보다도 공동의 철학적, 예술적 글쓰기를 들 수 있다. 이러한 협업에 대한 생각은 노발리스뿐만 아니라 프리드리히 슐레겔에게서도 발견된다. 형 아우구스트 슐레겔에 보낸 편지에서 그는 공동으로 철학(과학)과 예술을 생산하는 작업의 의미에서 공동철학(Symphilosophie), 공동포에지(Sympoesie) 같은 협업을 강조하고 있다.

> 아마도 과학과 예술의 새로운 시대는 다음과 같은 경우에만 열리게 될 것입니다. 가령 공동철학과 공동예술 형태가 보편화되고 친밀해져서 서로를 보완해주는 서너 명의 이들이 모여 공동의 작품을 행하는 일이 더 이상 희귀하게 여겨지지 않을 때 말입니다.[49)]

---

49) Friedrich Schlegel in einem Brief an seinen Bruder August Wilhelm(Aus: Friedrich Schleiermacher. Schriften auf der Berliner Zeit 1798-1799, in: Kritische Gesamtausgabe Bd. 2, Berlin 1984, p. XXXII).

그런데 이러한 공동실천의 공동체를 '하나의 목소리'만을 강조하는 잘못된 집단적, 파시즘적 공동체와 동일시되어서는 안 된다. 그런 위험에서 벗어나기 위해 낭만주의는 '전체'(Ganzheit)의 이름하에 개인의 독창성과 이질성이 지양되거나 부정되어서는 안 된다고 강조한다. 낭만주의자들이 공동실천의 정신으로 발행한 잡지 「아테네움」의 서문에는 결코 지양될 수 없는 "정신의 독립성"이 바로 제일의 원칙으로 선언되고 있다.

> 우리는 서로 많은 의견을 나눈다. 그렇지만 우리는 각자가 다른 이의 의견을 자신의 것으로 만들려고 하는 것을 목표로 삼지 않는다. 누구나 자신의 고유한 주장을 제시한다. 정신의 독립성 – 이를 통해서만 사유하는 작가의 일이 가능할 수 있기 마련인데 – 은 추호도 단조로운 만장일치에 희생되어서는 안 된다. 따라서 이 잡지의 진행 과정에서는 종종 편차 있는 판단이 제시될 수 있다.[50]

대단히 놀라운 선언이 아닐 수 없다. 의견 교환은 다른 이들의 의견을 자신의 생각에 종속시키는 과정이 아니라는 점, 누구나 자신의 생각과 의견을 고수할 수밖에 없으며, 이러한 정신의 독립성과 자립성만이 개개인의 기질을 완성시킬 수 있다는 점, 그렇기 때문에 공동실천의 결과인 잡지 「아테네움」도 궁극적으로 다양하고 이질적인 목소리로 채워질 수밖에 없다는 점 등이 전제되고 있는 것이다. 이는 소위 집단적, 패거리 의식의 특징인 "단조로운 만장일치"에 대해 엄격하게 경계하는 목소리이기도 하다. 독일어 "Einstimmigkeit"는 '하나의 목소리', '조화'라는 뜻을 지니기도 하지만, '조화로운 만장일치'는 자칫 공동정신의 해악적 요소로 작용할 수 있다. 공동실천의 정신으로 철학, 문학, 종교학 등을

50) Athenaeum, Eine Zeitschrift von Wilhelm und Friedrich Schlegel, Berlin 1798, p. IV.

결합시키고자 했던 슐라이어마허도 슐레겔, 노발리스와 비슷한 의도에서 '함께하는 개인의 정신'을 강조한 바 있다.

> 다음과 같은 점이 바로 사회의 진실한 특성이다. (…) 즉, 사회는 모든 참여자들을 통해 지나가면서 휘감는 상호 영향력으로 존재하지만, 그렇지만 동시에 사회는 모든 참여자들에 의해서 완전히 규정되고 완성되는 상호 영향력으로 존재해야만 한다. (…) 그 어떤 특정한 행위가 공동으로 실행되는 것이 아니며, 그 어떤 작품도 일치하여 성립되는 것도 아니며, 그 어떤 견해도 방법론적으로 획득되는 것이 아니다. 사회의 목적은 사회 밖에 놓여 있는 것으로 사유되지 않는다. 모든 개개인의 영향은 다른 이들의 활동에 관여하는 것이며, 모든 개인의 활동은 다른 이들에 대한 영향으로 남아있어야 한다. 그러나 이제 자유로운 본질에 대해서는 오로지 다음과 같은 방식으로만 영향을 끼칠 수밖에 없다. 즉, 자유로운 본질은 자신의 활동을 위해서만 자극되고, 자신의 활동에만 대상을 제시하는 것 말이다. (…) 자유로운 본질은 사유와 감성의 자유로운 유희만을 추구해야만 하며, 이에 의해서만 모든 구성원들은 서로서로 상반된 자극과 활기를 주게 된다.[51]

사회는 능동적인 영향력이면서 수동적인 영향력을 지니며, 그런 사회에서는 '하나의' 특정한 행위나 활동이 존재하지 않는다. 서로 영향을 주고받는 개인들이 모여 있는 '혼돈스런 공동체'로서의 사회가 형성되어야 하다. 그런 공동체에서 궁극적으로 보장되는 것은 바로 "자유로운 본질", "사유와 감성의 자유로운 유희"이며, 이런 자유와 유희가 완전히 펼쳐지는 공간은 다름 아닌 사유와 글쓰기다.

51) Friedrich Schleiermacher, Kritische Gesamtausgabe, Bd. 2, p. 167.

5. 새로운 신화와 예술의 자율성

위에서 살펴보았듯이, 「체계 강령」과 「신화에 관한 연설」 간의 차이는 명백하다. 전자가 기계적이고 억압적인 사회로부터 해방된 새로운 사회, 즉 분리로 인해 잃어버린 사회적 통합을 다시 회복시켜 줄 예술의 사회적, 정치적 역할을 강조하고 있다면, 이와 달리 후자는 현대에 부합하는 독창적인 형식미를 창조해내는 예술작품의 의미에서 새로운 신화를 요청하고 있다. 전자는 통합을 위한 예술의 사회적 역할을 중시하는 반면, 후자는 예술의 내적 자율성을 강조하고 있는 셈이다.[52] 특히 신화와 예술의 자율성 간의 밀접한 관계는 슐레겔이 남긴 다음의 간결하고 결정적인 단편에서 읽어낼 수 있다.

> 스스로의 근거를 만들어내는 포에틱한 포에지 = 신화. 포에지의 역사는 스스로 포에지로 존재해야 하지 않을까?(Eine sich selbst begründende poetische Poesie = Mythologie. Die Geschichte der Poesie muß selbst Poesie seyn?)[53]

"스스로의 근거를 만들어내는 포에틱한 포에지"가 곧 신화라고 서술되고 있는바, 이제 신화의 의미가 더욱 명확하게 드러난 셈이다. 이러한 맥락에서 「신화에 관한 연설」은 모든 시인과 예술작품은 각각의 개성대로 독특한 형식을 자유롭게 창조해야만 한다는 예술의 자율성에 대한 낭만주의의 강령을 담고 있는 셈이다. 이성에 의해서 억압되거나 통제될 수 없는 예술의 자율성에 대해서 이미 슐레겔 형제는 명확하게 의식

---

52) 이 글과 비슷한 시각으로 다음의 두 글도 새로운 신화에 대한 요청을 예술의 자율성 맥락에서 파악하고 있다(K. H. Bohrer, "Friedrich Schlegels Rede über die Mythologie", pp. 52-82; Stefan Matuschek, "Doch Homeride zu sein, auch nur als letzter, ist schön." Zur Bedeutung der Mythologie bei Friedrich Schlegel, in: DVJS, 1998, Heft 1, pp. 115-125).

53) F. Schlegel, KA, Bd. XVIII, p. 380.

하고 있었고, 그 점은 여러 글에 서술되어 있다. 가령 아우구스트 슐레겔은 "예술의 법칙은 자율적이며, 예술은 스스로 자신의 법칙을 만들어 간다. 진실한 것, 선한 것, 아름다운 것은 서로 다르며 동등한 권한을 지니며, 그 어떤 것도 다른 것에 따라서 자신의 방향을 정하지 않는다"[54] 고 밝힌 바 있으며, 동생 프리드리히 슐레겔도 비슷한 사유와 서술을 제시하고 있다. "그러나 포에지의 철학은 바로 아름다운 것의 독자성에서 출발해야 할 것이리라. 즉, 아름다운 것은 진실한 것과 윤리적인 것과 분리되어 있다는 명제, 그리고 아름다운 것은 그것들(진실한 것과 윤리적인 것 : 역주)과 동등한 권리를 지닌다는 명제에서 출발해야 하리라. 아름다운 것을 파악할 수 있는 자는 그 점이 '자아는 자아이다'라는 명제에서 추론된 것임을 알 수 있다."[55] 이 밖에도 다음과 같은 단편들도 우회적으로 예술의 자율성을 암시하고 있다.

> 낭만적 포에지는 무한하며, 이는 낭만적 포에지만이 자유롭다는 것과 같으며 또한 시인의 자의성은 자신을 누르는 그 어떤 법칙을 용인하지 않는 점을 자신의 유일한 법칙으로 삼는 것과도 같다.[56]

> 포에지는 공화국적 담론, 즉 그 자체 자신의 고유한 법과 고유한 목적인 담론이며, 그 안에서 모든 부분들은 자유로운 시민이며 공동결정을 내려도 좋다.[57]

> 문학은 오로지 문학에 의해서만 비평될 수 있다. 그 자체 예술작품이 아닌 예술비평은 (…) 예술 영역에서 그 어떤 시민권을 갖지 못한다.[58]

---

54) A. W. Schlegel, Vorlesungen über philosophische Kunstlehre 1798-1799, München/Paderborn/Wien/Zürich 1962, p. 129, § 262.

55) F. Schlegel, KA, Bd. II, p. 208.

56) Ibid., p. 183.

57) Ibid., p. 155.

이러한 자기준거적이고 자율적인 예술의 논리 내에서 새로운 신화가 파악될 때 비로소 사회적, 정치적 차원의 "위험한" 이데올로기적 함의(파시즘)에서 벗어날 수 있다. 그런데 하버마스는 이성의 맥락에서 벗어난 자율적 예술로서 신화를 주장한 슐레겔의 시각을 여전히 비합리적인 파시즘적 맥락과 연관될 수 있는 위험한 시각이라고 비판한다.

> 슐레겔은 새로운 신화를 더 이상 이성의 감각화, 즉 그 도정 위에서 민중의 관심과 결합되어야 하는 이념들의 미학화로 파악하지 않고 있다. 이론적 이성과 실천적 이성의 혼합으로부터 벗어난, 오로지 자율적으로 된 포에지만이 신화적 근원의 힘들의 세계로 가는 문을 열어 주고 있다.[59]

하버마스는 예술의 자율성과 "신화적 근원의 힘들"(가령 게르만 민족의 근원적 힘)이 서로 결합될 수 있는 위험을 경고하고 있는데, 이는 낭만주의가 주장한 예술의 자율성이 사실 "신화적 근원의 힘들"과 전혀 관계 없음을 완전히 간과한 독서의 결과다. 새로운 신화에 관한 슐레겔의 논의는 상상력에 의해 자유롭게 독창적인 형식을 창조해야만 한다는 근대 예술의 새로운 방향에만 집중되어 있음에도 불구하고 하버마스는 그런 논의를 파시즘적 맥락("신화적 근원의 힘들")과 연결 짓고 있는 것이다.[60] 그러나 하버마스가 중시한 예술관, 즉 이론적 이성과 실천적 이성을 상징적으로 매개하는 아름다운 예술, 이를 "민중의 관심"과 연결시키는 「체계 강령」의 관점 혹은 실러 식의 미적 교육론이 실은 더욱 위험한 결과를 초래할 수 있는바,[61] 그 점은 "이성의 신화", "이성의 감각화"

---

58) Ibid., p. 162.

59) J. Habermas, Der philosophische Diskurs der Moderne, Frankfurt a. M. 1985, pp. 112~113.

60) 하머마스에 대한 비판은 다음을 참조할 것(Hauke Brunkhorst, Romantik und Kulturkritik: Zerstörung der dialektischen Vernunft?, in: Merkur, Heft 436, 1985, pp. 484~496).

라는 미명하에 예술의 기능과 역할을 강조한 고전주의가 공교롭게도 20세기 독일 파시즘 시대에 예술적 전범(典範)으로 적극 수용되었던 역사적 사례에서 찾을 수 있다. '민중을 위한 예술의 아름다운 유희'가 파시즘의 억압적인 테러로 전환하였다는 점, 이는 관념론적 예술의 역사적 아이러니가 아닐 수 없다. 이와 달리 「신화에 관한 연설」은 특정 종교적 가르침을 설파하거나 혹은 정치적 통합을 위한 새로운 실천(이성의 신화)을 요청하고 있는 것이 아니라 오히려 예술 자체의 내적인 특성과 운동성, 즉 스스로 자율성을 의식하면서 공시적, 통시적 차원에서 어떻게 새로운 형식미가 창출되어야만 하는지를 성찰하고 있는 것이다. 정신에서 만들어진 '현대의 신화'와 자연에 근거하고 있는 '고대의 신화'가 서로 명확하게 다르듯이, 현대적(낭만적) 예술작품은 혼돈의 미, 인공적인 미, 개성 있는 미, 상상력이 분출하는 미를 끊임없이 추구해야만 한다는 것, 이것이 새로운 신화의 본래적 의미인 것이다.

---

61) 고전주의와 낭만주의는 예술과 관련하여 유희(Spiel) 개념을 중시하고 있지만 유희가 지향하는 목적과 관련하여 양자는 커다란 차이점을 내보인다. 『인간의 미적 교육에 관한 서신』에서 고전주의자 실러는 예술적 창조에서 자유와 밀접한 관계를 맺는 유희("인간은 미와 유희해야만 하며 그리고 오로지 미와 유희해야 한다")를 강조하고 있지만 그 유희는 현실의 제한을 넘어서 실현될 수 있는 어떤 '진지한 목적'(유토피아적 사회)을 지향하고 있기에 정치적인 함의를 지닌다. 반면에 낭만주의자들의 유희 개념은 세계 자체가 유희로 파악되는 가운데 "스스로를 형성해내는 유희"로서의 "절대적인 유희", "자기준거적인 유희"를 뜻하며, 그런 유희로서의 예술은 그 어떤 다른 예술외적인 목적을 지향하지 않는다(cf. Almut-Barbara Renger, Zwischen Märchen und Mythos, Stuttgart/Weimar 2006, pp. 138~139).

CHAPTER 03

예술동화의 "낭만화" 방식

– 노발리스의 〈히아신스와 로젠블뤼트헨〉

CHAPTER 03

예술동화의 "낭만화" 방식 – 노발리스의 〈히아신스와 로젠블뤼트헨〉

《1》 노발리스의 본명은 게오르크 필립 프리드리히 폰 하르덴베르크(Georg Philipp Friedrich von Hardenberg, 1772~1801)이다. 그는 스물아홉 살로 단명했기에 그리 많은 작품을 남기지 못했다. 잘 알려진 대표적인 작품으로는 일명 "푸른 꽃"이라고 불리는 예술적 소설 『하인리히 폰 오프터딩엔』(Heinrich von Ofterdingen, 1802), 미완성 철학적 소설로 간주되는 『자이스의 제자들』(Die Lehrlinge zu Saïs, 1802), 어둠, 죽음, 사랑 등을 예찬하는 낭만주의의 기념비적 시 「밤의 찬가」(Hymen an die Nacht, 1799/1800) 등이 있고, 그 이외에 「기독교 혹은 유럽」을 비롯한 짧은 산문들과 수많은 파편적인 단편들이 있다.

독일 문학사에서 『하인리히 폰 오프터딩엔』은 고전주의와는 다른 차원에서의 낭만주의 소설로, 「밤의 찬가」는 죽은 어린 연인을 그리워하며 밤과 죽음을 동경하는 최고의 낭만주의 서정시로 자주 언급되고 있지만, 미완성 철학적 소설 『자이스의 제자들』은 낭만주의 문외한들에게는 거의 알려져 있지 않은 소설이다. 소설의 특징인 스토리와 서사적 구조가 완전히 부재해 있기 때문에 『자이스의 제자들』을 소설로 명명할 경우 어쩌면 부적합할지도 모른다. 스토리를 기대하고 읽다가는 낭패를 볼 수밖에 없는, 지독히 지루하고 머리가 아플 정도로 난해한 철학서와도 같기 때문이다. 이집트 신화에서 출생의 여신이라 불리는 이시스(Isis) 여신을 모시는 신전이 있는 이집트 남부 근처의 작은 도시 자이스에 스승과 제자들 – 이들은 모두 익명으로 처리되고 있는데 – 이 모여 서로의 자연관을 주고받는 철학적 에세이 형식을 띠고 있기에 이 소설은 '철학적 소설'로 불린다. 소설은 총 2부로 구성된 채 미완성으로 남는데, 1부는 스승과 제자들 간의 관계, 인식에 대한 욕구 등에 대한 한 젊은 제자의 서술을 담고 있으며, 2부는 사제들과 스승이 인간과 자연의 관계를 논하는 대화를 담고 있다.

『자이스의 제자들』은 자연과 인간, 이상과 현실 간의 다양한 관계를 묻는다는 점에서 슐레겔이 언급한 "선험적 포에지"(Transzendetalpoesie)의 유형에 속하는 소설이다. 선험철학이라는 칸트 철학의 용어를 차용한, 나아가 대부분의 낭만주의 문학을 지칭하는 선험적 포에지는 어떤 뜻을 지니는 것일까? 칸트 철학에서 선험적이라는 개념은 인식 대상을 묻는 것이 아니라 인식을 가능케 하는 경험 이전의 조건을 묻는 사유를 뜻한다. 이러한 의미를 근거로 삼을 경우 선험적 포에지란 포에지의 대상과 관련된 것이 아니라 포에지를 가능케 하는 경험 이전의 "생산조건"(Produktionsbedingung)을 묻는 유형의 포에지를 뜻할 것이다. 포에지를 가능케 하는 생산조건에 대한 답변은 슐레겔의 「아테네움」 238번 단편에 제시되어 있는데, 거기서 선험적 포에지의 조건으로서 "그 하나이자 전부는 다름 아닌 이상과 현실의 관계"라고 언급되고 있다. 즉, 현실과 이상 간의 관계가 선험적 포에지의 생산조건이며, 그에 따라 선험적 포에지는 세 가지 하부 장르를 갖게 된다.

선험적 포에지는 풍자(Satire)로서 이상과 현실의 절대적인 차이로 시작하며, 비가(Elegie)로서 그 양자의 사이에서 부유하며, 마침내 목가(Idylle)로서 그 양자의 절대적인 동일성으로 끝난다.[1]

잘 알려져 있듯이, 『소박문학과 성찰문학에 관하여』에서 실러는 이미 이상과 현실 간의 관계를 분류하면서 풍자, 비가, 목가를 논한 바 있다.[2] 선험적 포에지의 하부 장르를 언급하는 가운데 낭만주의자 슐레겔은 고전주의자 실러의 미학적 성찰에 의존해 있는데, 이는 흔히 문학사에서 범해지는 고전주의와 낭만주의 간의 확고한 경계 긋기가 얼마나 불안정한 도식성에 사로잡혀 있는 것인지를 암시해 주는 점이기도 하다.[3] 어쨌든 실러의 도식대로, 슐레겔은 이상과 현실의 차이/대립/동일성을 토대로 선험적 포에지의 특성을 규정하고 있으며, 또 다른 단편에서 선험적 포에지는 "모든 시공간에서, 혹은 특정한 시공간에서"[4] 유희를 펼친다고 밝히고 있다. 이것은 현실과 이상의 관계를 다루는 선험적 포에지가 보편성과 특수성 사이에서 움직이고 있음을 말해 준다. 그렇지만, 선험적 포에지가 반드시 선험적이라는 철학적 개념의 의미에만 제한되어 있는 것은 결코 아니다. 그것은 선험적 포에지가 "예언적"이라거나 "절대적(absolut)" 혹은 "사변적(spekulativ)"이라는 속성을 띤다고도 언급되어 있기 때문이다.[5] 마찬가지로 노발리스도 "선험적 포에지는 철학과 포에지의 결합"이라고 언급하고 있는데, 이 경우 선험적이란 인식

---

1) F. Schlegel, KA, Bd. II, p. 204.

2) 세 장르의 차이점에 관한 실러의 논의는 다음을 참조할 것(F. Schiller, Über naive und sentimentalische Dichtung, Nationalausgabe. Weimar 1986, Bd. 20, pp. 441-468).

3) 물론 이러한 영향사적 상호관계로 인해 고전주의와 낭만주의의 차이점이 사라지는 것은 결코 아니다. 슐레겔은 포에지의 다양한 유형들 중 한 가지로 "선험적 포에지"를 명명했으며 그 이외에도 "보편적 포에지", "포에지의 포에지"를 논함으로써 낭만주의의 미학적 성찰을 한층 더 심도있게 전개하고 있다. 이에 대해서는 다음을 참조할 것(최문규, 독일 낭만주의, 연세대학교 출판부, 2005년, 70-96쪽).

4) F. Schlegel, KA, Bd. XVI, p. 144 & p. 704.

5) F. Schlegel, KA, Bd. XVI, p. 131.

과 상상력의 결합이라는 의미를 지닌다.

선험적 포에지로서의 『자이스의 제자들』에서 이상과 현실의 관계는 다름 아닌 자연과 인간의 관계를 뜻한다. 소설 내 인물들의 다양한 인간적 관점에 따라 자연은 자연과학적, 주관철학적, 자연철학적 대상 등으로 상이하게 파악되고 있다. 물론 소설이 추구하는 핵심은, 이상과 현실, 인간과 자연, 주체와 객체 간의 괴리를 극복한 유토피아적 상태를 추구하는 데 있다. 자연과학의 발달 시기에 싹튼 계몽주의에서 자연은 인간의 분석적이고 합리적인 사유에 의해 착취되고 종속됨으로써 결국 인간과 자연, 주체와 객체는 서로 분리되고 말았다면, 계몽주의를 비판하는 관념론과 낭만주의의 시각은 그런 "분리와 분해"를 점차 지양하고 다시금 "자연의 내적 지성"(innerer Verstand der Natur)과 인간 인식이 하나가 되는 상태를 요구하게 되는데, 이때 자연은 "다채로운 결합"의 자유로움을 지닌다.[6)]

통상적인 의미에서의 스토리가 부재하고 그 대신 자연과 인간 간의 이상적인 관계에 관한 철학적 성찰의 대화가 진행된다. 제자들 중 어떤 젊은이가 갑자기 작은 이야기를 들려주게 되는데, 노발리스 연구자들은 이 소설 내의 작은 이야기를 흔히 <히아신스와 로젠블뤼트헨 동화>(Märchen von Hyazinth und Rosenblütchen)라고 명명한다. 우선 동화의 가장 눈에 띄는 현상은, 매우 이질적인 이름들의 결합을 통해 다양한 문화적 통합이 모색되고 있다는 것이다. 가령 로젠블뤼트헨는 독일어이며, 히아신스는 희랍어이며, 이시스는 이집트 신화의 여신 이름이지만 동시에 작품 내에서는 기독교에서의 마리아(동정녀)와 동일시되기도 한다. 본래 이집트 신화에서 이시스는 수호신, 자연의 신, 출산의 여신으로 간주되지만 유럽 18세기 문학(계몽주의, 고전주의, 낭만주의)에서는 신의 전일성

---

6) Cf. Novalis, Schriften, Bd. I, pp. 82-84.

(Allheit), 은닉성(Verborgenheit) 같은 의미를 암시하는 이름으로 사용되었다.[7] 이질적인 문화에 근거한 이름들의 기이한 결합은 일종의 문화적 통합을 암시하는데, 넓은 의미로는 출산의 여신을 뜻하는 이집트 문화와 신적인 자연, 신의 완성, 자아 인식 등을 뜻하는 기독교 문화가 서로 결합되는 것으로 볼 수 있다. 이처럼 종교와 신화 등에서 차용된 이름과 그 의미를 서로 뒤섞거나 또한 본래의 의미에 새로운 의미를 덧붙이는 등 다양한 방식을 엿볼 수 있는데, 이는 한편으로 스스로를 확장시켜 나가는 낭만주의의 점진적 보편시학(progressive Universalpoesie)의 특징이기도 하며, 다른 한편으로 경계를 넘어서 이질적 문화들의 상호 결합을 추구하려 했던 낭만주의의 문화적 특성으로 해석될 수 있다.

소설 전체를 보면, 동화 전후에 전개되는 자연과 인간의 관계에 관한 무겁고 진지한 철학적 성찰과 경쾌하고 가벼운 문학적 동화 간의 상호 관계는 마치 노발리스가 주창했던 '낭만화 방식'의 작동을 상기시킨다.

> 세계는 낭만화되어야만 한다. 그렇게 우리는 근원적 의미를 다시 발견하게 된다. 낭만화라는 것은 질적 강화에 다름 아니다. 그런 작동 속에서 비속한 자아는 고상한 자아와 동일시된다. 우리 자신이 일련의 질적인 강화인 것처럼 말이다. 이러한 작동은 여전히 잘 알려져 있지 않고 있다. 범속한 것에 고상한 의미를, 관습적인 것에 비밀스러운 외양을, 잘 알려진 것에 미지의 것의 품위를, 유한한 것에 무한한 외양을 부여함으로써 나는 그것을 낭만화하는 것이다.[8]

자연에 대한 철학적, 추상적 논의로 이루어진 소설 전체의 한 가운데 어린 소년소녀의 사랑 이야기를 다룬 '유치한 듯한' 동화가 위치해 있으

7) 이집트 신화에서 지하세계의 신 오시리스(Osiris)는 이시스와 결혼하여 아들 호루스(Horus)는 낳으며, 이 세 신들은 신성한 가족을 이룬다.

8) Novalis, Schriften, Bd. II, p. 545.

며, 이러한 무거운 전체(소설)와 가벼운 부분(동화) 간의 구조적 관계는 어쩌면 낭만화 방식의 변형에 속해 있는 셈이다. 수사법적으로 표현하자면, 이 짧은 동화는 사실 부분이 전체를 대변하는(pars pro toto) 의미에서 제유법(Synecdoche)의 기능을 수행한다.

물론 이와 같은 시각은 사실 약간의 문제점을 지닌다. 왜냐하면 동화를 자세히 분석해보면 동화가 전혀 가볍지만은 않기 때문이다. 표면적으로 가볍고 쉬운 내용을 지닌 듯이 보이지만 사실 동화의 이면에는 놀라운 깊이와 성찰적 의미가 내포되어 있다. 어린 소년소녀의 사랑 이야기라는 아주 단순하고 유치한 내용을 담고 있는 동화는 바로 자연에 대한 동시대의 선험적, 관념론적 철학적 성찰과 논의를 지시하고 있는 것이다. 그럴 경우 동화 자체에도 이미 낭만화 방식, 즉 아주 단순한 일상적인 외양과 비밀스럽고 심각한 철학적 의미 간의 결합이 작동하고 있는 셈이다. 요컨대, 주제적인 측면에서나 형식적인 측면에서 낭만화 방식은 이중적으로 작동한다. 한편으로 동화 전후에 전개되는 철학적 성찰(진지함)과 예술적 동화(가벼움) 간의 관계가 소설의 외면적인 낭만화 방식을 이룬다면, 다른 한편 가벼운 이야기와 진지한 의미 사이를 오가는 동화 자체가 소설의 내면적인 낭만화 방식의 한 측면을 수행한다.

이제 동화가 소년소녀의 평범한 사랑 이야기를 넘어서 자연과 인간, 인간과 인간 간의 관계에 대하여 어떤 철학적 의미를 암시하는지를 밝혀보기로 하며, 이를 위해 동화의 중요한 몇 가지 측면을 분석해보기로 하자.

《2》 히아신스와 로젠블뤼트헨은 각기 꽃 이름이지만 동화에서는 소년과 소녀의 이름을 나타낸다. 이 간단한 짧은 동화는 크게 세 단계로 구분된다. 첫 번째 단계는 인간과 인간, 인간과 자연이 완전히 하나로 통합된 상태다. 개인의 발달 상태로 비유하자면 일종의 유년시절에 히아신스와 로젠블뤼트헨이 서로 사랑을 나누고 자연 또한 이들의 사랑과 하나를 이루는 상태다. 히아신스는 자연과 이야기를 나누며 로젠블뤼트헨과의 사랑에 대해서 자연도 기뻐한다. 인간과 자연 간의 분열이 일어나지 않은 상태다. 두 번째 단계는 먼 곳을 방랑하는 노인이 어느 날 찾아와 세상에 관한 이야기를 들려주고 떠나자 심각한 고민에 젖어 있던 히아신스 또한 부모와 이별을 고하고 "사물의 어머니, 베일에 감싸인 동정녀(마리아)가 있는 곳"을 찾아 방랑하게 된다. 이러한 방랑에 결정적인 계기를 준 이는 요정으로 추정되는 숲속에 사는 늙은 여인이다. 그녀는 늙은 방랑자가 떠나면서 히아신스에게 주었던 책을 불속에 내던져버리고는 집을 떠나도록 권유했던 것이다. 히아신스는 여러 지역을 방랑하면서 "사물의 어머니"가 거주하는 곳을 찾아 나선다. 세 번째 단계는 자이스의 신비로운 신전에 도착하여 절대 진리(이시스, Isis)와 마주하는 상태이다. 이 단계는 인간과 자연이 다시금 합일을 이루는 상태이며, 이후 히아신스는 다시 로젠블뤼트헨와 결혼하여 자자손손 잘 살았다는 식의 흔하고 흔한 동화의 결말 방식으로 서술된다. 이러한 삼 단계를 도식화하면 다음과 같다.

첫 번째 단계: 자연과의 통일성, 충만한 사랑, 유년기.
두 번째 단계: 유년기의 통일성이 사라짐. 의식과 성찰이 시작되고 그로 인한 불안과 소외의 상태. 결국 집(세속적인 시민세계, 고향)을 떠나 절대 진리(내지는 사물의 본질)를 찾아 나서는 방랑의 시기. 청년기.
세 번째 단계: 한 단계 더 높은 상태에. 인간과 자연, 인간과 인간 간의 새로운 조화를 되찾은 시기. 이상의 구현. 성숙기.

삼 단계적 전개는 본래 기독교적 삼 단계 사유(1. 낙원, 2. 원죄로 인해 역사적인 세계로의 추방, 3. 신의 왕국으로 복귀)에서 차용된 것이지만, 심리학적 사유 및 근대의 역사철학적 사유 차원의 특징을 이루며, 아울러 계몽주의/낭만주의/고전주의 및 독일 관념론에 내재해 있던 <과거-현재-미래>라는 시간화의 구조와 밀접하게 연결된다. 이러한 단계화 및 시간화의 구조는 개인의 발전 단계뿐만 아니라 인류 전체의 발전 단계에도 동시에 적용된다. 역사철학적 사유는 동화 전체의 구조(행복한 유년기 – 방랑과 고난의 시기 – 미래의 행복)에서뿐만 아니라 아주 사소한 대목에서도 읽을 수 있다. 가령 집을 떠나기 위해 히아신스가 부모님을 설득하는 다음과 같은 대목이다.

> 제가 옛 시절을 돌이켜 생각하려 하면 즉각 더욱 강력한 사유가 비집고 들어오며, 평온, 마음, 사랑이 모두 없어지고 말았습니다. 저는 그것들을 찾아 나서야만 할 것 같아요. 제가 어디로 가는지 두 분께 말씀드리고 싶지만, 저 자신도 사물의 어머니, 베일에 가려진 동정녀가 살고 있는 곳이 어디인지 모릅니다. 저의 마음은 그곳을 향해 들떠 있습니다. 안녕히 계세요.[9)]

과거, 현재, 미래의 도식이 쉽게 그려진다. 즉, "옛 시절"이란 자연과 인간이 조화로웠던 과거의 황금시대를 말하며, "더욱 강력한 사유"가 들어선 시기는 분석적 지성이 작동함으로써 불안, 고독, 소외 등에 시달리는 현재 시대를 말하며, 다시 찾으려하는 "평온, 마음, 사랑"은 절대 진리(인간과 자연간의 새로운 조화)를 되찾는 미래 시대를 뜻한다. 개인적 차원에서뿐만 아니라 인류 전체 차원에서도 역사철학적 삼 단계의 진행을 읽을 수 있는 대목이다.

9) Novalis, Schriften, Bd. I, p. 93.

《3》 히아신스가 자연과 하나가 되었던 유년기는 그 자체 동화적 세계로 간주될 수 있다. 그러나 어느 날 먼 곳에서 온 노인이 히아신스의 집에 잠시 머물면서 그러한 동화적 세계는 사라진다. 노인이 들려준 이야기, 그가 떠나면서 남겨준 "책" - 활자의 세계인 책은 곧 지식과 지성의 세계를 뜻하는데 -이 잠시 히아신스의 사유를 지배한다. 이를 계몽화, 자연과학, 문명화 등을 뜻하는 남성적 지배(노인과 책)로 인해 히아신스가 소외, 분리, 고독을 겪게 된다는 해석은 언뜻 설득력을 지닌다. 동화적 세계가 사라지고 시민적, 현실적 세계가 들어선 것이며, 그런 상태에서 벗어나기 위해 히아신스는 "평온, 마음, 사랑"(Ruhe, Herz, Liebe) 내지는 "사물의 어머니"를 찾아 나서고자 한다. "사물의 어머니"는 잃어버린 조화의 부활, 그러나 과거의 황금시대와는 다른 의미에서의 조화의 새로운 부활을 뜻한다.

그러나 "사물의 어머니"를 찾아 나선 히아신스의 내면은 처음에 결코 평탄치가 않다. 고향을 등지고 방랑하는 시절에는 두려움과 고독이 그의 내면을 지배하고, 그런 히아신스의 내면 상태는 주로 거칠고 황량한 자연 묘사를 통해 암시된다. 오랫동안 방랑하는 가운데 히아신스는 서서히 어두운 자연에서 벗어나 부드럽고 평온한 자연을 마주하게 되는데, 이는 그의 평온한 내면 상태뿐만 아니라 그가 곧 사물의 어머니가 거주하는 자이스의 성지에 도달하게 되었음을 암시한다. 이러한 과정은 다음의 서술에 단계별로 제시되고 있다.

> 그는 성스런 여신(이시스)에 대하여 사람, 동물, 암석, 꽃들에게 물어보았다. 많은 사물들이 웃기도 했고 침묵하기도 했을 뿐, 그는 어디에서도 답변을 듣지 못했다. 처음에 그는 황량하고 거친 땅을 지나갔으며 그가 가는 길에 안개와 구름이 깔려 있었고 줄곧 폭풍우가 몰아쳐 왔다. 이윽고 황량한 사막과 이글거리는 먼지를 지나왔으며 그가 방랑하는 만큼 그의 마음도 변화하기 시작하였다. 시간이 그에게 길게 여겨졌고 내적

불안감은 식었으며 그는 더욱 부드럽게 변했으며 자신 속에 있던 강력한 표류하는 마음이 점차 평온해지면서 강력하게 되었고, 그 안에서 그의 온 심성은 사그라졌다. 마치 몇 해가 흐른 것 같았다.
이제 근처 지역이 다시금 풍요롭고 다채롭게 되었고 대기는 포근하고 푸르렀으며 길은 평탄해졌고 녹색의 덤불이 아늑한 그림자를 던지면서 그를 유혹하였다. 그러나 그는 온갖 사물의 언어를 이해하지 못했다. 아니 그것들은 이야기를 하지 않는 듯 보였다. 하지만 그것들은 그의 마음을 푸르고 상쾌하고 나직한 본성으로 가득 채워 주었다. 그의 마음속에 있던 저 달콤한 동경이 더욱더 드높아졌고, 나뭇잎들은 더욱더 넓어지고 물기가 많아졌으며, 새들과 동물은 더욱더 큰소리로 신이 났으며, 과실은 더욱더 향기로웠고, 하늘은 어두워졌고 대기는 더욱더 따뜻해졌으며 그의 사랑은 뜨거워졌고, 시간은 마치 목표에 더욱 다가간 양 더욱더 빠르게 지나갔다.
어느 날 그는 수정과도 맑은 샘물과 엄청난 꽃들을 만나게 되었는데, 이것들은 마침 하늘로 높이 솟아 오른 기둥들 사이에서 계곡 아래로 향하고 있었다. 꽃들은 잘 알려진 말로써 그에게 반갑게 인사를 했다. 그는 <사랑스런 친구들, 제가 어디에서 이시스의 신성한 거주지를 발견할 수 있을까요? 여러분들이 저보다 이곳을 더 잘 알고 있겠지요.> 꽃들이 대답하였다. <우리는 막 이쪽을 지나가고 있는 중입니다. 여행 중인 한 유령 가족에게 우리는 길과 숙소를 마련해 주고 있습니다. 우리는 얼마 전 한 지역을 통과했는데, 그곳에서 사람들이 그 여신의 이름을 말하는 것을 들었습니다. 우리가 내려왔던 저 위쪽을 향해 가보세요. 그 곳에서 당신은 아마 더 많은 것을 경험할 것입니다.> 꽃들과 샘물은 그런 것을 말하면서 웃었으며 그에게 신선한 마실 물을 제공하고는 계속 걸어 나갔다.[10)]

절대 진리를 향한 방랑의 길, 그에 더욱더 가까이 다가가는 과정은 흔히 내면의 성숙 내지는 자아의 완성 과정이라고 해석되는데, 곳곳에

10) Novalis, Schriften, Bd. I, p. 94.

서 마주하고 경험하는 자연에 대한 서술은 그런 자아의 내면 상태를 우회적으로 서술해 준다. 방랑의 과정을 네 단계로 정리하면 다음과 같다.

A. 방랑 초기에 히아신스의 내면은 매우 불안한 상태이고, 그 내면의 심리적 상태는 "처음에 그는 황량하고 거친 땅을 지나갔으며 그가 가는 길에 안개와 구름이 깔려 있었고 줄곧 폭풍우가 몰아쳐 왔다" 식으로 자연 묘사를 통해 표현되어 있다.
B. 그러나 점차 그의 내면이 서서히 안정을 되찾고 성숙의 단계로 접어들게 되는데, 이는 "이제 근처 지역이 다시금 풍요롭고 다채롭게 되었고 대기는 포근하고 푸르렀으며 길은 평탄해졌고 녹색의 덤불이 아늑한 그림자를 던지면서 그를 유혹하였다"라고 표현되어 있다.
C. 나아가 히아신스의 내면은 한 단계 더 발전하게 되는데, 그런 긍정적이고 밝은 내면의 상태는 "나뭇잎들은 더욱더 넓어지고 물기가 많아졌으며, 새들과 동물은 더욱더 큰소리로 신이 났으며, 과실은 더욱더 향기로웠고, 하늘은 어두워졌고 대기는 더욱더 따뜻해졌으며"로 표현되고 있다.
D. 이제 히아신스의 내면은 서서히 성숙해지고 절대 진리를 받아들이는 순간에 접어드는데, 그것은 자연(꽃들과 샘물)의 언어를 듣고 대화를 나누는 모습을 통해 표현되어 있다. "어느 날 그는 수정과도 맑은 샘물과 엄청난 꽃들을 만나게 되었는데, 이것들은 마침 하늘로 높이 솟아 오른 기둥들 사이에서 계곡 아래로 향하고 있었다. 꽃들은 잘 알려진 말로써 그에게 반갑게 인사를 했다."

그런데 사물의 어머니가 있는 성전에 도달한 히아신스는 달콤한 잠에 취하며 꿈속에서 그가 사물의 어머니를 감싸고 있는 베일을 벗기는 순간은 다음과 같이 서술되어 있다.

천상의 기분 좋은 향기 하에서 그는 선잠에 들었는데, 그것은 꿈만이 그를 가장 신성한 곳으로 안내하도록 허용되어 있기 때문이었다. (…) 그는 천상의 동정녀 앞에 서 있었고 거기서 빛이 나는 가벼운 베일을 들었다. 그러자 로젠블뤼트헨이 그의 팔에 안겼다.[11]

천상의 동정녀(=사물의 어머니, 절대 진리) 앞에 서서 베일을 벗기는 행동은 분명 꿈속에서 일어난 것 같지만, 문제는 베일이 벗겨진 순간 거기에는 사물의 어머니가 아니라 뜻밖에도 "로젠블뤼트헨이 그의 팔에 안겼다"라고 서술되어 있다. 이러한 장면은 『하인리히 폰 오프터딩엔』의 3장에서 이야기된 아틀란티스 동화에서 젊은이가 자신의 아내인 공주가 쓴 베일을 왕 앞에서 벗겨내는 장면을 상기시킨다. 흔히 베일의 벗김은 꿈과 현실, 내면과 외면 간의 경계가 해체되는 순간을 뜻하는데, <히아신스와 로젠블뤼트헨 동화>의 경우에도 그 순간은 매우 모호하고 초현실주의적으로 서술되고 있다. 사물의 어머니와 히아신스 간의 조우가 꿈속에서 일어난 것인지 아니면 현실에서 일어난 것인지 지극히 모호하며, 또한 사물의 어머니 대신에 로젠블뤼트헨이 나타나 그의 팔에 안긴 것이 실제 현실적 현상인지 아니면 꿈속의 현상인지 마찬가지로 애매할 뿐이다. 만약 사물의 어머니를 감싸고 있는 베일을 벗기는 순간까지만 꿈속에서 일어난 일이고 베일을 벗기는 순간 히아신스가 깨어나고 로젠블뤼트헨을 보게 된 것이 현실이라면, 이는 히아신스가 그동안 방랑의 길을 걷고 사물의 어머니가 있는 신전에 도달한 과정 자체는 모두 자신이 살고 있는 현실 속에서 히아신스가 잠시 꿈에 젖어 있었음을 뜻할 것이다. 만일 그렇다면 그는 도대체 언제부터 꿈을 꾸고 있었던 것일까? 다양한 정황에 대한 여러 가지 논리적인 추론이 가능할 뿐 궁극적인 대답은 불가능하다. 한 가지 분명한 점은, 이 동화의 마지막 장면은 <히아신스와 로젠블뤼트헨 동화> 자체의 특성, 즉 현실과 상상, 삶과 꿈의 경계는 무의미하다는 동화 자체의 특성을 암시하고 있다는 것이다.

11) Ibid., pp. 94-95.

요컨대, 동화에는 스스로의 특성을 시사하는, 일종의 '동화의 동화' 같은 자기준거적 특성이 작동하고 있는 셈이다. 꿈과 현실이 동시적으로 공존하는 상태는 "꿈-현실"(Traum-Realität)이라고 명명될 수 있으며, 이런 상태에 대해 마리안느 탈만(M. Thalmann)은 다음과 같이 밝힌 바 있다.

> 꿈과 현실, 유희와 정확성 사이에서 소위 '예술동화'는 시간과 공간의 피안에 있는 초-현실에 도달한다. 이는 동화란 비진리가 아니라는 점, 동화에서는 '낯설게 하기'가 중시된다는 점을 뜻한다. 즉, 그 낯설게 하기를 통해 새로운 차원에서의 현실이 구축되며, 이 현실은 어떤 주의(主義)가 되지 않는, 전적으로 현대적이라 간주될 뿐이다.[12)]

베일을 벗기는 순간 사물의 어머니가 아니라 로젠블뤼트헨이 나타났다는 이 기이하고도 비현실적인 대목과 관련된 한 가지 흥미로운 점은, 『자이스의 제자들』을 위해 노발리스가 준비한 다음과 같은 메모의 한 대목(1978년 5월에 씌어진 것으로 추정됨)이다.

> 그는 자이스 여신의 베일을 들어올렸다. 그러나 그는 무엇을 보았는가 - 놀랍고도 놀랍다 - 그는 자기 자신을 보았다.[13)]

사물의 어머니를 감싸고 있는 베일을 벗기는 순간 "자기 자신을 보았다"라는 본래의 구상과 "로젠블뤼트이 그의 팔에 안겼다"라는 수정된 서술은 각기 어떤 의미를 지니는 것일까? 우선 이러한 서술의 변형과 그 의미를 밝히기 위해 낭만주의 연구가들은 흔히 동일성 사유, 즉 "자기 자신"과 "로젠블뤼트헨" 간의 차이를 지양하고 주체와 객체를 동일하게

---

12) M. Thalmann, Das Märchen und die Moderne. Zum Begriff der Surrealität im Märchen der Moderne, Stuttgart 1966, p. 23.

13) Novalis, Schriften, Bd. I, p. 110.

파악하려는 사유의 논리를 통해 그 대답을 찾는다. 즉, "자기 자신"과 "로젠블뤼트헨"은 기표상의 차이가 있을지라도 양자의 의미는 동일하다고 보는 것이 대부분 연구자의 시각이다. 가령 헤르만 쿠르츠케(H. Kurzke)의 시각이 대표적인데, 그는 그 두 개념의 의미상 차이를 다음과 같이 지양한다.

> 제2장의 한 가운데 히아신스와 로젠블뤼트헨 동화가 담겨 있으며, 이 동화를 소설의 핵심으로 간주해도 매우 정당하다. 여기서 젊은 소년은 자이스의 성지를 찾아 나서고 마침내 그 성지를 발견한다. 그는 성지 안으로 들어가서는 잠에 들고 만다! '꿈만이 그를 가장 성스러운 곳으로 인도해야하기 때문에!'라고 텍스트에는 적혀 있다. 신비한 이상주의의 지고한 깨어난 상태가 아니라 동화, 기적, 꿈이 올바른 길을 인도한다. 꿈속에서 그는 '자기 자신'을 발견한 것이 아니라 로젠블뤼트헨, 즉 자신의 연인을 발견한다. 이것은 이론적 프로그램과 정확히 부합한다. 왜냐하면 연인은 우주를 표현하는 축소된 언어이기에, 그리고 우주는 다른 한편 자아와 마찬가지로 동일한 플랜에 따라 만들어져 있기에, 연인과 자아는 그 어떤 차이점을 갖지 않는다. 모든 것이 선험적인 자아 인식의 '거대한' 자아 내에 존재한다. 연인에게서 히아신스는 자기 자신을 발견하고 있다.[14)]

자기 자신, 연인(로젠블뤼트헨), 우주, 자연 등은 모두 "선험적 자아 인식"이라는 틀 내에 있으며, 이는 칸트를 거쳐 피히테에서 극대화되어 완성되는 자아 철학의 핵심을 이룬다. 따라서 "로젠블뤼트헨이 그의 품에 안겼다"는 서술은 곧 히아신스의 자아 발견을 다른 방식으로 표현해 낸 것일 뿐이라고 한다. 이와 같은 관점을 낭만주의 연구가인 로타르 피쿨릭(L. Pikulik)도 강조하고 있는데, 그의 관점은 한 걸음 더 나아가 자

14) Hermann Kurzke, Novalis, München 2001, p. 51.

아 인식과 자연 인식을 동일한 것으로 간주하고 있다.[15] 즉, 사물의 어머니로 대변되는 자연, 로젠블뤼트헨, 히아신스 자기 자신 등이 모두 동일한 의미로 해석될 수 있다는 것이다. 이렇듯 "모든 것이 선험적인 자아 인식의 '거대한 자아' 내에 존재한다"는 선험철학적 관점은 소설『하인리히 폰 오프터딩엔』의 2부에서 서술된 저 유명한 대목, 즉 "우리는 도대체 어디로 가는 것인가?"(Wo gehn wir denn hin?)라는 질문에 대한 "언제나 고향으로"(Immer nach Hause)[16]라는 대답, 그리고 노발리스의 단편에서 강조된 "우리는 세계 전체를 지나가는 여행을 꿈꾼다. 그렇지만 그 세계 전체가 우리 안에 존재해 있는 것이 아닌가? (…) 비밀스런 길은 내면을 향한다"(Nach Innen geht der geheimnisvolle Weg)[17] 같은 대목을 상기시킨다. 이 밖에도 다음과 같은 단편에서 노발리스는 칸트, 피히테로 대변되는 선험철학의 핵심을 스스로 잘 정리해 놓고 있다.

> 가장 놀라운, 영원한 현상은 자기자신의 현존재다. 가장 거대한 비밀은 인간의 자기 스스로다.[18]

> 교양의 가장 지고한 과제는, 선험적 자기 자신을 스스로 점유하는 것, 즉 자기 자아의 자아로 존재하는 것이다.[19]

이처럼 절대적 자아 내지는 자아 인식을 모든 경험의 근본으로 강조하는 선험철학은 다시금 위에서 언급한 바 있는 역사철학적 사유 내지

---

15) L. Pikulik, Frühromantik: Epoche-Werke-Wirkung, München 1992, pp. 252-253.

16) Novalis, Schriften, Bd. I, p. 325.

17) Novalis, Schriften, Bd. II, pp. 417-418.

18) Novalis, Schriften, Bd. II, pp. 301-302:"Das wunderbarste, das ewige Phänomen, ist das eigene Dasein. Das größeste Geheimnis ist der Mensch sich selbst."

19) Ibid., p. 425:"Die höchste Aufgabe der Bildung ist, sich seines transzendentalen Selbst zu bemächtigen, das Ich seines Ich's zugleich zu sein."

는 이상주의적 사유와 연결되는데, 특히 그 새롭게 찾은 심급(자아 인식, 로젠블뤼트헨, 자연 등)은 과거의 것과 동일하지 않은 새로운 이상의 구현으로 해석된다.

> 이 동화는 종족 발생학적으로, 개체 발생학적으로 해석될 수 있다. 동화는 인류가 예전에 낙원에서, 자연과 그리고 종족들 간에 조화와 통일 속에서 살았다는 낭만적 확신을 표현하고 있다. 그러나 '문명화', 자연과학, 계몽을 뜻하는 남성적 원칙의 등장(책을 남긴 노인)에 의해서 소외, 분리, 고독이 생겨난다. 개인이든 인간 전체이든 삶의 목표는 과거보다 더 높은 - 왜냐하면 의식적이고 성찰적이기 때문에 - 단계로의 귀환인데, 이는 오로지 사랑을 통해서만 실현될 수 있다. 개체 발생학적인 독서 방식은 프로이트가 분석한 <그라디바>(1907년에 출간된 <빌헬름 엔젠의 『그라디바』에 나타난 망상과 꿈>이라는 프로이트의 글: 역주)를 상기시킨다. 행복한 유년시절에서의 사랑은 억압되고 그 대신 무의식적인 사랑의 이상(Ideal)이 만들어지고 나중에는 다시 대상선택(Objektwahl: 본래의 대상을 대체하여 만들어진 대상. 가령 남편 대신 신을 찾는 행위 등을 가리킴: 역자의 주석)으로 귀환한다. 대상 발견은 언제나 재-발견이지만, 그렇지만 낭만주의의 본질적인 것은 발견이 아니라 찾아 나섬(Suche)과 방랑이다. 찾아 나섬과 방랑이란 곧 삶, 자아 실현, 자아 완성을 위한 은유에 다름 아니다. 따라서 히아신스는 과거의 로젠블뤼트헨을 발견한 것이 아니라 형이상학적으로 승화된 연인, 즉 구원과 평온을 선사해주는 여신을 발견한 것인데, 결국 로젠블뤼트헨은 이상의 구성물에 다름 아니다.[20]

이처럼 집을 떠나 사물의 어머니를 찾아 나서는 방랑의 과정은 곧 "자아 완성을 위한 은유"로 해석되고, 그 방랑 끝에 찾은 사물의 어머니의 자리에 로젠블뤼트헨가 들어선 것 - 여기서 로젠빌뤼트헨의 의미는

---

20) Irma Gleiss, Der romantische Liebesentwurf, in: Journal für Psychologie, Jg. 15(2007), Ausgabe 1, p. 22.

어린 시절 사랑을 나누었던 현실의 '그' 소녀라기보다는 그녀를 대체하여 만들어진 환상적인 '대상선택'이라고 강조될 수 있는바 – 도 모두 상상적으로 구축된 이상(Ideal)의 구현, 즉 "구원과 평온"이라는 일종의 새로운 행복을 뜻한다. 요컨대, 주체와 객체를 동일시하는 관념론적 논리 내에서는 자신이나 로젠블뤼트헨을 다시 찾았다는 것이 모두 이상의 구현, 새로운 유토피아의 도래로 해석되는 셈이다.

《4》 약간의 차이에도 불구하고 여러 연구자들은 낭만주의의 문학적 성찰을 항상 선험철학, 관념론(이상주의) 맥락에서만 파악하려는 관습에 젖어 있다 18-19세기의 텍스트 외적인 맥락으로서 '선험철학, 동일성 철학, 관념론, 역사철학' 등은 항상 절대적인 맥락처럼 낭만주의 텍스트 해석에 적용되고 있는 것이다. 이러한 기존 해석의 관습에 저항하여 텍스트 자체만을 들여다 볼 경우 그런 선험철학, 동일성 철학, 관념론, 역사철학 등과는 완전히 배치되는 의미가 도출될 수 있으며, 여기서는 그런 시도를 전개해 볼 것이다.

선험철학 및 관념론의 맥락에서 노발리스의 철학적, 미학적 사유를 파악하려는 관점은 노발리스 연구 경향에서 매우 보편적인데, 그러나 피히테와 노발리스, 선험철학과 낭만주의, 관념론과 낭만주의 간의 관계는 그리 간단치 않다. 가령 피히테와 노발리스의 관계를 조명해보는 작업은 대체로 여섯 가지 입장으로 나뉠 수 있는데, 1) 신비적 관념론자로서의 노발리스, 즉 피히테를 극대화한 노발리스, 2) 종교적 비합리주의자로서의 노발리스, 즉 피히테와 '낭만주의적으로' 결별한 노발리스, 3) 헤겔을 선취한 자로서의 노발리스, 즉 피히테를 변증법적으로 지양한 노발리스, 4) 피히테 추종자와 해석자로서의 노발리스, 5) 자아 의식의 이론가로서의 노발리스, 즉 피히테의 본래 관점을 반피히테적 방식으로 완성한 노발리스, 6) 포스트모더니스트로서의 노발리스, 즉 피히테를 해체한 노발리스 등으로 구분된다.[21)]

노발리스 연구는 대체로 1), 4), 5) 의 경향을 띠고 있으며, 앞서 분석한 바 있듯이 <히아신스와 로젠블뤼트헨 동화>의 분석도 대체로 노발리스를 피히테 추종자로서 간주하는 4)번의 시각 내에서 진행되어 왔다. 여기서는 그와 같은 시각에 대항하여 반/탈피히테적 노발리스를 끄집어내는 시도가 중요할 듯 싶으며 이를 위해서 2), 5), 6) 등을 종합적으로 고려해 볼 필요가 있다. 다시 말하면, 자신만의 고유한 낭만주의적 방식으로, 피히테의 자아 이론을 극복하는 차원에서 노발리스는 우주, 연인, 신, 자연, 언어 같은 비아(타자, 사물, 대상 등)를 더욱 중시하는 입장을 취했으며, 이것이 곧 타자에 대한 포스트모더니즘적 시각과도 연관된다.

피히테 철학의 연장선상에서 혹은 피히테를 극복하는 차원에서 노발리스를 논하는 것은 모두 가능하며, 이러한 상반적인 접근이 가능한 원인은 노발리스에게서 찾을 수 있다. 일명 "피히테-연구"라는 수많은 단상에서 노발리스는 피히테의 사유 방식을 따르는 듯한 상당수의 메모를 남기고 있다. 가령 "자아=비아 - 모든 학문과 예술에 있어서 최고의 명제"[22)]라든가 혹은 "비아는 자아의 상징이며 오로지 자아의 자기 이해를 위해서만 기여한다"[23)]라는 서술 등은 철저히 피히테적이다. 이러한 단편을 동화에 적용하면 '로젠블뤼트헨'이라는 이름은 비아로서 자연을 대체하는 기표인 동시에 히아신스의 자아에 대한 기표로도 간주될 수 있다. 그러나 "피히테-연구"가 피히테 사유의 핵심을 정리한 것이라고 한다면, 이때 그 정리 작업의 글쓰기가 완전한 긍정적 수용을 뜻하는 것인

21) Violetta L. Waibel, Fichte und Novalis. Transzendentalphilosophisches Denken im romantisierenden Diskurs by Bernward Loheide, in: Athenäum. Jahrbuch für Romantik Vol. 12 (2002), pp. 203-211, esp. p. 207.

22) Novalis, Schriften, Bd. II, p. 331.

23) Novalis, Schriften, Bd. III, p. 246.

지 아니면 다른 관점의 싹틈과 연관된 일종의 '자기 인식에 도움을 주는 방식(das selbst heuristische Verfahren)'인지는 명확하게 알 수 없다.

그러나 노발리스가 텍스트 생산 과정에서 수정을 가했다는 것, 즉 사물의 어머니의 베일을 벗기는 순간 – 설혹 그것이 꿈속에서 일지라도 - "자기 자신을 보았다"에서 "로젠블뤼트헨이 그의 팔에 안겼다"라고 일종의 서술의 변형을 시도했다는 점은, 자아와 비아의 대립이 모두 거대하고 숭고한 자아 안에서 지양된다는 피히테 식의 사유보다는 오히려 자아와 비아의 철저한 구분(차이!) 속에서 비아를 더욱 중시하려는 노발리스의 독특한 사유를 드러내준다. 즉, 노발리스는 자아를 중시하는 피히테 철학에서 벗어나 타자를 중시하는 반피히테적 관점, 내지는 자아와 비아를 동등하게 파악하는 셸링 식의 관점을 취하고 있는 것이다. 자아를 중시하는 피히테의 선험철학을 연구하면서 피히테를 극복하고 있는 측면은 피히테를 노골적으로 비판하고 있는 몇몇 단편에서 명확해진다.

> 우리는 자아라는 말로 무엇을 이해하고 있는가? 피히테는 정말 너무 자의적으로 모든 것을 자아 속으로 집어넣고 있지 않은가? 무슨 권한으로? 다른 자아 없이 혹은 비아 없이 자아가 자신을 자아로서 규정할 수 있는 것일까?[24]

> 자아는 오로지 비아를 통해서만 생각될 수 있다. 자아란 그것이 비아인 점에서만 하나의 자아일 뿐이다.[25]
> 나는 나 자신을 정립함으로써 존재하는 것이 아니라 나 자신을 지양함으로써 존재한다.[26]

---

24) Novalis, Schriften, Bd. II, p. 107.
25) Ibid., p. 268.
26) Ibid., p. 196.

비아란 우주, 신, 자연, 대상, 무의식 등 타자 전체를 가리키며, 그러한 비아는 결코 자아에 의해서 자의적으로 규정될 수 없다는 것이 노발리스의 반피히테적 입장이다. 자아는 오히려 비아에 종속되고 마는데, 이는 "모든 것은 다른 것들에 의해 존재하는 것으로만 단지 제자리에 놓여 있다"[27]라는 대목을 통해서도 뒷받침된다. 즉, 자아의 존재가 선험적으로 규정되는 것이 아니라 오히려 "다른 것", 즉 타자에서만 확인되고 규정될 수 있다는 것을 뜻한다. 이처럼 비아를 더욱 중시하는 노발리스의 시각은 "우리는 도처에서 절대적인 것을 찾으려 하지만 언제나 단지 물만을 발견한다"[28]라는 구절에서 다시 강조된다. 피히테의 절대적 자아가 붕괴되고, 그 결과 경험적 자아와 경험적 비아 간의 대립과 분리 자체만이 중시된다.

이처럼 노발리스의 반피히테적 시각을 강조할 경우 <히아신스와 로젠블뤼트헨 동화>는 기존의 독법과는 정반대로 읽혀질 수 있는데, 즉 절대적 자아를 정립하려 했던 피히테 식의 선험철학에 대한 비판적 아이러니 혹은 알레고리로 파악될 수 있다. "사물의 어머니, 베일에 감싸인 동정녀"를 찾아 나선 히아신스의 오랜 방랑은 자아를 찾으려는 선험철학에 대한 알레고리이며, 신전에 도착하여 꿈속에서 여신상의 베일을 벗기는 순간 절대적인 존재가 아닌 로젠블뤼트헨이 나타나는 현상도 바로 선험철학에 대한 비판적 알레고리인 셈이다. 이와 관련하여 페터 파프(P. Pfaff)는 다음과 같은 흥미로운 해석을 제시하고 있다.

> 히아신스는 형이상학적 차원, 즉 '지적 관조' 저 너머에 있는 무표상(Vorstellungslosigkeit)의 영역 안으로 도달한 것이다. 그러나 존재의 근원적 어머니가 기대된 곳에서 그는 자신의 실제 연인을 만나게 되고 만

27) Ibid., p. 109.

28) Ibid., p. 412.

다. 이와 같은 이명(異名) 동음적인 차원에서 절대적인 자와 구체적인 자가 혼동되는 것을 통해 다음과 같은 점이 입증되고 있는데, 즉 현실에 대한 충동이야말로 곧 우리가 내려가 도달할 수 있는 궁극적인 실재라는 것이라고 말이다.[29]

요컨대, "절대적인 것"을 찾아 나섰지만 아이러니컬하게도 그 절대적인 것의 자리에 들어선 것은 로젠블뤼트헨이라는 "구체적인 것"이며, 파프에 의하면 <히아신스와 로젠블뤼트헨 동화>는 자아라는 심급기관보다는 "궁극적인 실재"로서의 경험적 현실, 경험적 타자를 더욱 중시한다는 것이다. 요컨대, 동화는 자아의 선험철학에 대한 비판적 의미를 담고 있는 것이다. 신전에 도착하여 히아신스가 사물의 어머니의 베일을 벗기는 순간, 즉 절대 진리를 획득함으로써 자신의 내면이 완성되는 듯한 순간 "로젠블뤼트헨이 그의 팔에 안겼다"라는 서술은, 위에서 강조한 바 있듯이, 역설적으로 자아 완성의 신비로운 순간을 아이러니컬하게 약화시키는 것이다. 이는 자아 상승의 신비로운 베일과 자아 하강의 세속적인 모습이 순간적으로 서로 겹치는 일종의 낭만화 방식에 다름 아니다. 위에서 인용한 바 있던 "우리는 도처에서 절대적인 것을 찾으려 하지만 언제나 단지 물만을 발견한다"[30]는 단편에서는 바로 선험철학에 대한 아이러니가 담겨 있는 셈이다.[31]

---

29) Cf. P. Pfaff, Natur-Poesie. Zu den Lehrlingen zu Sais des Novalis, in: Was aber bleibet stiften die Dichter? Zur Dichter-Theologie der Goethezeit, hrsg. v. Gerhard vom Hofe, Peter Pfaff, Hermann Timm, München 1986, pp. 89~103, esp. p. 98.

30) Novalis, Schriften, Bd. II, p. 412.

31) 계몽주의(1750)와 낭만주의(1800)가 진행하던 시기에 서구의 문학적, 철학적 담론에서는 이집트의 신비롭고 비밀스런 문화가 자주 언급되는데, 특히 이집트의 자이스에 있는 '이시스 신전'이 '사물의 비밀', '절대 진리', '어머니 자연' 등을 구현한 상태에 대한 은유적 표현으로 사용되었다. 가령 칸트는 『판단력 비판』 에서 "(자연이라는 어머니의) 이시스 신전에 새겨 있는 '나는 존재하는, 존재했던, 존재할 모든 것이며, 그 어떤 사람도 나의 베일을 벗겨내지 못했다'이라는 비문보다 더욱 숭고한 것, 혹은 어떤 사유가 더욱 숭고하게 표현된 적은 아마도 없을 것이다"(KdU, A. 195)라고 서술한 바 있다. "나는 존재하는,

위와 같은 시각은 다음과 같은 새로운 해석을 통해서도 강화될 수 있다. 즉, 사물의 어머니(즉 절대 진리, 절대 자아)를 찾아 방랑하고 신전에 도착하여 성스러운 상의 베일을 벗겨내는 지점까지의 이야기가 한 편의 꿈과 같은 내용일 수도 있다. 물론 꿈을 꾸게 된 시점은 애매하다. 히아신스와 로젠블뤼트헨이 정겹게 지내는 동안 가끔은 히아신스가 혼자서 명상에 잠길 때였는지, 혹은 먼 곳에서 온 늙은 이방인이 떠난 후 고독하게 지내던 히아신스가 어느 날 숲 속에서 잠들었던 때였는지, 등등 그 시점을 정하기는 모호하다. 다만 전체는 하나의 동화이고, 히아신스가 꾸는 또 하나의 작은 동화(꿈) 같은 이야기가 동화 내에서 펼쳐 있는 것과도 같다. 사물의 어머니를 찾아 나선 것 자체가 한바탕의 꿈, 일종의 덧없는 사라짐과도 같은 셈이며, 이는 장자에서 나오는 '일장춘몽'(一場春夢)과도 같다. 따라서 사물의 어머니를 감싸고 있는 베일을 벗기자 "로젠블뤼트헨이 그의 팔에 안겼다"는 순간은 바로 꿈을 꾼 상태에서 깨어난 본래의 시간을 말하며, 꿈에서 깨어나면서 히아신스는 로젠블뤼트헨과 다시 사랑을 나누는 일상의 시간으로 되돌아온 것이다. 이

존재했던, 존재할 모든 것이며, 그 어떤 사람도 나의 베일을 벗겨내지 못했다'라는 비문은 단지 전승된 구절일 뿐 누가 쓴 것인지 알 수 없다. 이러한 구절은 『판단력 비판』과 같은 해인 1790년에 발표된 실러의 <모세의 소명>(Die Sendung Moses)에서도 마찬가지로 인용되고 있다. 그런데 절대 진리에 대한 표상으로서의 이시스 신전에 새겨져 있었다는 비문은 실러의 다른 작품에서는 흥미롭게도 전율과 공포와 연관된 예로 간주되는데, 1795년에 씌어진 <자이스의 베일에 싸인 형상>(Das verschleierte Bild zu Sais)이라는 실러의 시는 절대 진리에 대한 호기심으로 가득한 젊은이가 마침내 여신상의 베일(절대 진리)을 벗긴 이후 아무 말 없이 비탄과 원망에 젖어 결국 죽고 말았다는 비극적인 내용을 담고 있다. 실러와 노발리스는 각각 고전주의와 낭만주의를 대변하는 작가인데, 이들은 이시스 여신상의 베일을 벗겨내는 행위 및 그와 관련된 형상화와 의미를 서로 상이하게 다루고 있다. 즉, 적어도 형상화 차원의 경우 절대 진리(여신상의 베일을 벗김)를 알게 되는 순간 각기 불행한 죽음(실러)과 행복한 삶(노발리스)이 제시되고 있는 셈이다. 어쩌면 고전주의가 더욱 낭만적일 수 있고 낭만주의가 더욱 고전적일 수 있는, 매우 역설적인 결과가 도출될 수 있을지도 모른다. 물론 문학적 형상화의 의미는 그렇게 간단히 파악될 수 없다. 가령 노발리스의 문학적 언어에서는 '절대 진리' 및'행복한 삶'에 대한 회의를 불러일으키는 낭만적 아이러니가 작동하고 있지만, 이와 달리 실러의 비극적 서술에서는 선험철학의 근원적이고도 궁극적인 토대, 즉 절대 건드릴 수 없는 진리에 대한 고전주의적 관점이 더욱 중시되고 있는 것이다.

상을 찾은 꿈의 상태와 현실의 일상적 시간이 뜻밖에 서로 어그러져 동떨어지는 현상은 노발리스의 소설 『하인리히 폰 오프터딩엔』에서도 자주 엿볼 수 있는 낭만화 방식에 다름 아니다.[32]

결국 이 소설의 핵심 주제는 절대적인 자아 혹은 이성적인 자아(혹은 그런 자아와 하나가 되는 이성적인 자연)에 대한 예찬이 아니라 '자아와 타자 간의 상호 감정', 즉 에로틱을 매개로 서술되고 있는 자연, 욕망, 사랑이며, 이 때 중요한 것은 무엇보다도 곧 타자라는 점이다. 여기서 타자와의 감정에 대해서도 정확한 이해가 필요한데, 피히테의 경우 철저히 '자기 자신과의 감정'이 우선적으로 전제된 후에 자아 안에서 만들어진(상상화된) 타자와의 감정이 가능한 것으로 서술되고 있다. 보다 정확히 말하면, 피히테의 경우 '자아와 비아 간의 상호 감정'보다는 '자기 자신과의 감정'이 선행한다. 그 점은 1795년에 씌어진 『이론적 능력을 고려한 지식학의 고유 특성에 대한 개론』에 명확하게 규정되고 있는데, "감정은 자아와 자기 자신 간의 매우 근원적인 상호 작용이며, 이때 비아 – 물론 비아는 자아 속에서 그리고 자아를 위해서 관계하는데 – 는 아직 나타나지 않는다."[33] 이와 달리 노발리스의 경우 자아의 의미는 더 이상 칸트나 피히테의 맥락에 위치될 수 없는 다른 특성을 지닌다. 즉, 타자를 관장하고 점유하려는 절대적 자아가 아니라 타자와의 만남을 경험하는 가운데 자아는 피히테적 사유와는 정반대로 자신의 사유 주체로서의 절대성을 상실하고 다양하게 분열된 모습을 띠게 된다. 타자와의 만남을 통해 다양하게 분열되는 자아의 모습은 때론 경제적으로 "나는 소유한다"로, 때론 정신분석학적으로 "나는 욕망한다"로, 때론 시간 존재론적으로 "나는 유한하게 존재한다"로, 때론 문학적으로 "나는

32) 이 책의 12장을 참조할 것.

33) Fichte, Grundriß des Eigentümlichen der Wissenschaftslehre in Rücksicht auf das theoretische Vermögen, a.a.O., Bd. I, p. 561).

창작한다 내지는 나는 해석한다" 등으로 서술될 수 있다.[34] 소유의 문제와 대면하는 주체, 무의식(에로틱한 욕망, 사랑, 허무, 죽음)과 대면하는 주체, 초월적인 시간이 아니라 현세적인 시간 속에 존재하는 주체는 더 이상 사유하는 절대적인 자아 내지는 의식 주체로 환원될 수 없다. 그런 분열된 주체는 순간적으로 "사유란 느낌의 꿈일 뿐이며, 즉 생기 없는 느낌이며, 잿빛으로 바랜 연약한 삶이다"[35]라는 관조를 경험하는 주체일 수도 있다. 이와 같이 의식 주체의 해체 모습은 슐레겔의 『루친데』 뿐만 아니라 노발리스의 『하인리히 폰 오프터딩엔』, 그리고 후에는 호프만의 소설에서 다양하게 형상화된다.

자아를 중시하는 선험철학에 대한 회의와 반성을 통해서 노발리스는 셸링의 자연철학으로 나가는 경향을 띠고 있다. 피히테나 셸링 모두 자아와 자연의 관계를 중시하였지만, 자연을 바라보는 방식에서 양자는 현격한 차이를 형성한다. 피히테의 경우 비아(대상, 자연, 신 등)는 자아에 의해 만들어지는데, 다시 말하면 자연은 자아의 생산물로 간주되는 반면 셸링의 경우 그 관계는 전도된다. 셸링의 자연철학에서는 자연이 오히려 생산 주체로 여겨지며, 그럼으로써 자아(혹은 정신 등)는 자연의 생산물로 간주된다. 범신론을 제시한 스피노자의 철학은 인간 정신보다 자연을 더욱 우선시하는 방식으로 셸링에게서 완성된다. 히아신스가 사물의 어머니를 감싼 베일을 벗기는 순간 로젠블뤼트헨(자연)이 자신에게 안기는 장면을 놓고서 셸링의 철학적 관점도 제시될 수 있는데, 즉 히아신스와 로젠블뤼트헨는 주체와 객체, 현실과 이상, 정신과 자연을 대변하고 양자는 대등한 차원에서 동일한 관계를 형성한다는 식의 자연철학적 단초를 엿볼 수 있다. 이러한 해석은 '선험적인 자아 내에서' 대

---

34) Cf. J. Hörisch, "Übergang zum Endlichen". Zur Modernität des "Heinrich von Ofterdingen", in: Novalis, Heinrich von Ofterdingen, Frankfurt a.M. 1982, pp. 221-242, esp. p. 227.

35) Novalis, Schriften, Bd. I, p. 96.

상을 점유하려는 피히테 철학에 대한 비판적 대안이 될 수 있다.

그런데 <히아신스와 로젠블뤼트헨 동화>가 과연 실제와 이상, 자연과 인간 간의 상관관계를 논하는 소위 '진지한 의미에서의 철학적 텍스트'인지는 사실 분명치가 않다. 가령 로젠블뤼트헨을 자아 혹은 자연에 대한 알레고리로 해석하지 않고 히아신스의 연인으로만 받아들일 경우, 이 동화는 피히테의 주관 철학이나 셸링의 자연철학(혹은 동일성 철학)에서 파악되는 '진지한 의미에서의 철학적 텍스트'가 결코 아니다. 그것은 '낭만적 포에지'로서의 동화가 '진지한 의미에서의 철학적 텍스트'의 가능성을 유치한 방식으로 반전시키는 유희적 측면을 간직하고 있기 때문인데, 특히 히아신스와 로젠블뤼트헨이 결혼하여 자자손손 행복하게 살았다는 대단히 범속하고 코믹한 결말 때문에 더욱 그렇다. 소위 민속동화 식의 해피 앤딩과도 같은 코믹하고 식상한 결말이 주체철학 또는 동일성 철학을 아이러니컬하게 해체하고 있는 것이다. 앞서 언급했듯이, 『자이스의 제자들』은 전체적으로 자연과 인간에 대한 진지한 철학적 대화가 전개되고 있으며, 그 한가운데에 포에틱한 특성을 지닌 동화가 자리하고 있다. 전체적으로 보면 포에지와 철학의 결합처럼 보이고 또한 포에지로서의 동화가 진지한 철학적 담론을 입증해주는 가벼운 사례로서 기능하는 것처럼 보이지만, 그러나 동화 자체의 범속하고 일상적인 결말은 철학적 담론의 관념론적 진지함을 낯설게 하고 그 대신 '작고 소소한 현실'의 중요성을 일깨우는 듯하다. 결국 <히아신스와 로젠블뤼트헨 동화>는 "도취와 아이러니의 저 놀랍고도 끝없는 변화"의 가능성을 담고 있는 셈이다. 선험철학에 대한 성찰적이고 비판적인 동화와 도취적이고 유희적인 동화 사이에서 끊임없이 부유하는 텍스트로서 말이다.

CHAPTER 04

"예술종교"로서의 예술의 절대화
– 바켄로더의 『어느 예술을 사랑하는 수도승의 심정토로』

CHAPTER 04

“예술종교”로서의 예술의 절대화 – 바켄로더의 『어느 예술을 사랑하는 수도승의 심정토로』

1. 낭만주의적 선언문

『어느 예술을 사랑하는 수도승의 심정토로』(이하 『심정토로』로 축약)는 바켄로더(W. H. Wackenroder)가 집필하고 티크(L. Tieck)가 보완하여 익명으로 1796년에 출간된 것으로 추정된다.[1] 글의 발표 시점인 1796년은 독일 낭만주의가 태동한 시기이다. 바켄로더는 1798년 장티푸스에 걸려 24살의 젊은 나이로 요절하였기에 오랫동안 활동하지 못했지만, 그가 남긴 글은 독일 낭만주의의 이념적 기틀로 매우 중요한 의미를 지닌다. 특히 음악사에서 바켄로더는 낭만주의 음악미학의 정립자로 인정되기도 한다. 바켄로더는 절친한 친구 티크(L. Tieck)와 주로 서신 교환을 통해 예술관을 주고받았으며 ‘공동실천’의 글쓰기 결과로는 함께 집

1) W. H. Wackenroder, Herzensergießungen eines kunstliebenden Klosterbruders, in: Werke und Briefe, München/Wien 1984(빌헬름 바켄로더/루드비히 티크, 예술을 사랑하는 어느 수도사의 심정 토로, 임우영 역, 지식을만드는지식, 2014). 이하 인용은 “Herzensergießungen”으로 표기하고, 독일어본의 쪽수를 먼저 표시한 후 괄호 안에 번역본 쪽수를 병기한다. 대체로 번역본을 취하지만 필자가 부분적으로 수정을 가했다.

필한 『심정토로』뿐만 아니라 『예술에 관한 상상들 Phantasien über die Kunst』이라는 글 – 물론 서문에서 티크는 친구 바켄로더가 남긴 글이라고 밝히고 있지만 – 이 있다. 흔히 추측하기를 『심정토로』 중 4개의 글, 『예술에 관한 상상들』 중 12개의 글을 티크가 담당하였고 나머지는 모두 바켄로더가 집필한 것으로 알려져 있다.[2)] 바켄로더와 티크가 염두에 둔 예술의 세 가지 영역은 음악, 회화, 문학인데, 세 장르는 각기 음조, 색채, 언어라는 상이한 매체로 작품을 생산하지만 '이성적으로 파헤쳐질 수 없는 신적인 독특성'을 공통점으로 취하고 있다. 『심정토로』, 『예술에 관한 상상들』에서는 회화와 음악이 예찬되고 있지만, 그 글들이 모두 언어로 기술되어 있다는 점은 결국 우회적으로 '언어예술작품으로서의 문학'의 중요성에 대해서도 간접적으로 시사되어 있는 것이다. 그런 맥락에서 요스트 슈나이더(J. Schneider)에 의하면, 두 글에서 제시된 문제점, 가령 음악의 문제점(그 자체 닫혀 있는 탈기능성의 문제점)과 회화의 문제점(종교에 봉사하는 기능성의 문제점)을 직시하면서 바켄로더와 티크는 18세기에서 19세기로 전환하는 시점에 자율적 예술 자체의 정당성을 새롭게 구축하기 위하여 다름 아닌 '문학'을 염두에 두고 있었다고 한다.[3)]

『심정토로』의 성격은 예술적 장르들 중 회화에 관한 에세이 모음집 같은 글이다. 글자 그대로 예술을 사랑하는 수도승이 에세이 형식으로 예술에 대한 자신의 유미주의적 예술관을 밝히고 있다. 그런데 글의 제목은 이미 몇 가지 파격적인 측면을 담고 있다. 첫 번째로, 본래 수도승

---

2) 글의 저자와 관련된 문제점에 대해서는 다음을 참고할 것(Richard Alewyn, Wackenroders Anteil, in: The Gemanic Review 19, 1944(1), pp. 48-58; W. H. Wackenroder, Sämtliche Werke und Briefe, hrsg. v. S. Vietta und R. Littlejohs, Heidelberg 1991, Bd. I, pp. 283-288, 368-371).

3) Cf. Jost Schneider, Autonomie, Heteronomie und Literarizität in den "Herzensergießungen eines kunstliebenden Klosterbruders" und den "Phantasien über die Kunst", in: Zeitschrift für deutsche Philologie, 117(1998), H. 2, pp. 161-172.

을 뜻하는 독일어로는 'Mönch', 'Klosterbruder'라는 두 개의 단어가 있는데 글은 흥미롭게도 후자를 사용하고 있다. 사실 'Klosterbruder'는 수도승을 비하하는 품위 없는 개념이지만 저자들은 그 단어를 과감히 사용함으로써 글의 서술자가 종교에만 헌신하는 숭고한 종교인이 아님을 우회적으로 밝히고 있는 것이다. 두 번째로, 어쨌든 일반적으로 수도승은 주로 '기도하고 일하는'(ora et labora) 자세를 자신의 구도적 생활원칙으로 삼기 마련이지만, 글의 서술자인 수도승은 그런 종교적 생활 대신 한가롭게도 예술을 향유하는 모습을 취하고 있다. 세 번째로 "심정토로"라는 표현은 18세기 경건주의에서 주로 신을 향한 마음과 행위를 지칭하는 종교적인 용어로 사용되었지만, 글의 서술자인 수도승은 일반 독자를 향해 자신의 예술관을 토로하는 식으로 사용하고 있다. 본래 종교라는 신성한 영역에서 사용되어야만 하는 "심정토로"라는 개념이 예술이라는 세속적 영역으로 전환한 셈이다. <이 책을 읽는 독자에게> 바치는 서문에서 글의 서술자인 수도승은 젊은 시절부터 "나의 가장 큰 갈망은 예술에 있었습니다. 그래서 내 삶과 보잘것없는 재능을 모두 예술에 바치고 싶었습니다"[4]라고 밝히는데, 이는 종교보다는 예술에 대한 심정토로를 독자로 하여금 매우 자연스럽게 받아들이도록 유도한다. 이상과 같은 세 가지 의미를 종합하면, 『심정토로』는 서술자가 신성하게 종교적 명상과 묵도를 행하는 책이 아니라 스스로를 수도승으로 비하하는 가운데 예술에 대한 생각과 의견을 일반 독자에게 전달하는 '숭고한 예술서' 내지는 '미학서'라고 할 수 있다.

이 글의 또 다른 중요한 의미는 예술의 역사성과 현대성 간의 연관성 내에서 파악될 수 있다. 즉, 역사적으로 고대인(그리스/로마)을 예술의 전형으로 삼았던 17세기 프랑스 신고전주의 및 18세기 독일 고전주의와는

---

4) Herzensergießungen, p. 141(5쪽).

달리 『심정토로』는 라파엘로(Raffael), 뒤러(Dürer), 미켈란젤로(Michelangelo) 등으로 대변되는 르네상스 시기의 화가와 작품을 예술적 전형으로 삼고 있다. 이는 슐레겔, 노발리스 등의 독일 초기낭만주의가 중세와 르네상스 시기를 낭만주의 현대성의 원형으로 삼았던 맥락과도 같다. 그런데 자세히 읽어보면, '르네상스 시기와 이탈리아라는 공간'은 역사적으로만 파악된 15-16세기의 시공간을 넘어서 사실 일종의 18-19세기 자신들이 살아가는 공간을 투입해 놓은 상상적 시공간, 즉 '시뮬레이션화된 시공간'으로 파악될 수도 있다. 그렇기에 라파엘로, 뒤러, 미켈란젤로는 역사적인 실존 인물을 넘어서 18세기 말에 활동하는 집필자(바켄로더/티크)를 포함한 낭만주의자들에 대한 암호처럼 작동한다. 요컨대, 『심정토로』는 초기 낭만주의의 철학적, 예술적 시각(슐라이어마허, 슐레겔, 노발리스 등)과 분명하고도 직접적인 연관성을 구축하고 있지 않음에도 불구하고 독일 낭만주의의 선언문처럼 읽히는 매우 중요한 글인 셈이다.

이 책의 의미와 관련해서는 20세기 독일 노벨문학상 수상 작가인 헤르만 헤세의 평이 자주 인용되곤 한다. 그에 의하면, 『심정토로』에서는 "이성의 자리에 감정이, 예술론의 자리에 사랑스런 관조의 감격이 들어서고 있다. 오늘날 우리에게 결핍되어 있는 모든 것, 즉 믿음, 도덕, 질서, 영혼의 문화를 이 책에서 우리는 발견하게 된다"[5]고 말한 바 있다. "믿음, 도덕, 질서, 영혼 예찬"에 대한 헤세의 강조는 20세기 중후반의 방향을 상실한 사회적 상태와 관련된 '일종의 요청 내지는 기대'로 이해될 수 있지만, 더 중요한 점은 바로 "감정과 관조"에 대한 강조에 있다. 슐라이어마허가 『종교에 관하여』에서 종교의 본질로서 언급한 감정과 관조를 다름 아닌 예술에서도 발견할 수 있다는 점을 헤세는 짚어내고 있다. 헤세가 언급한 것처럼, 전통적인 종교로부터 해방을 꾀했던 두 가

5) Geschichte aus dem Mittelalter, hrsg.. v. Hermann Hessen, Frankfurt am Main 1976, p. 219.

지 계몽적 심급기관(이성과 예술)이 물러나고 『심정토로』에서는 종교(즉 감정과 관조)가 다시 들어서고 있음을 지적하고 있는바, 바로 이러한 점이 '예술종교'와 연관되어 『심정토로』를 어떻게 해석할지에 대한 핵심적 물음을 야기하게 된다. 즉, 중세에서 엿볼 수 있었던 예술과 종교 간의 밀접한 관계가 정말 다시 복원되는 것일까, 아니면 그러한 밀접한 외적인 관계 속에서도 사실은 예술 자체의 자율성이 내적으로 더욱 강화되는 것은 아닐까?

슐라이어마허가 감정과 관조를 종교의 본질로 주장했듯이, 바켄로더 또한 『심정토로』에서 예술의 본질을 그와 같은 감정과 관조로 정의해냄으로써 종교와 예술을 거의 동일한 본질로서 규정하거나 혹은 양자에 동등한 위상을 부여하고 있는 듯이 보인다. 종교와 예술의 친근성을 나타내는 말로써 동시대 낭만주의를 이끌었던 슐라이어마허, 노발리스는 예술종교(Kunstreligion)의 개념을 사용한 바 있는데, 가령 19세기 말 예술지상주의의 유미주의적 관점을 선취하듯 노발리스는 "예술종교 - 이것은 미와 이상을 경외하는 예술가의 종교처럼 거의 종교와 같다"[6]라고 언급한 바 있다. 예술종교라는 개념을 염두에 두고 있는 듯이 『심정토로』의 저자들도 예술을 마치 종교처럼 신성시하고 있거나 혹은 예술과 종교의 친화적 관계를 강조하고 있는데, 다음과 같은 몇몇 대목을 보면 더욱 그렇다.

> 예술은 예술가의 더욱 고상한 연인이어야 하네. 왜냐하면 예술의 근원은 하늘에 있기 때문이네. 따라서 종교 바로 다음으로 예술은 예술가에게 소중해야만 한다네. 예술은 하나의 종교적 사랑이 되거나, 내가 이렇게 말해도 될지 모르겠지만, 하나의 사랑하는 종교가 되어야 하네.[7]

---

6) Novalis, Schriften, Bd. III, p. 562.

7) Herzensergießungen, p. 162(46쪽).

예술은 인간 감정의 꽃이라고 부를 수 있다. 예술은 영원히 변하는 모습으로 지상의 다양한 지역에서 하늘로 올라간다. 모든 것을 주관하시는 하느님 아버지에게로.[8)]

그러니까 보편적이고 근본적인 아름다움은 우리가 단지 성스러운 관조의 순간에만 부를 수 있지 말로 표현할 수는 없다. 그래서 그런 아름다움은 무지개와 그 무지개를 보는 눈을 만드신 그분에게만 보이는 것이다.[9)]

"종교적 사랑", "사랑하는 종교", "하늘", "하느님", "성스러운 관조의 순간" 등 종교와 예술의 근친성을 나타내는 다양한 어휘와 표현이 제시되고 있으며, 특정 대목은 마치 슐라이어마허의 『종교에 관하여』를 상기시키고 또 다른 대목은 예술 자체의 신성함을 강조한 노발리스를 상기시킨다. 슐라이어마허가 제시한 "예술종교"의 경우, 예술은 내적이고 직접적인 방식으로 우주의 심오한 의미에 대한 감각을 갖게 해주는 종교적 목적을 지니는데, 즉 예술은 일종의 "종교에 대한 입문"(Propädeutik der Religion)과도 같다.[10)] 그와 같은 예술과 종교의 근친성이 마치 『심정토로』에도 적용될 수 있는 듯이 보이며, 더욱이 '수도승'의 종교적 관점에서 보면 그런 양자 간의 근친성은 언뜻 당연한 것처럼 해석될 수 있다.

그러나 『심정토로』를 세심하게 분석해 볼 경우, 단순히 종교적인 헌신을 위한 예술보다는 노발리스에서처럼 거의 종교와 같은 대등한 위치에 있는 예술, 그리고 그런 예술의 절대적 자율성이 강조되고 있음을 알 수 있다. 물론 단순히 분석될 수 없는 『심정토로』에서의 종교와 예술의 관계와 관련해서는 대체로 두 가지 견해가 서로 대척하고 있다. 그 하나

---

8) Ibid., p. 178(81쪽).

9) Ibid., p. 181(86쪽).

10) Cf. Heinrich Detering, Religion, in: Handbuch Literaturwissenschaft. Gegenstände-Konzepte-Institutionen, Bd.1, Stuttgart/Weimar 2007, pp. 382~395, esp. p. 392.

는 예술과 종교(그리고 계몽적 삶)가 서로 연관되어 있다고 보는 견해이며, 다른 하나는 양자가 극단적으로 분리되어 있다는 견해다. 전자의 경우 『심정토로』를 '계몽적 이념을 위한 예술'이라는 소위 계몽주의적 관점에서 해석하는 관점인데, 다음과 같은 시각이 대표적이다.

> '예술에서의 보편성, 관용, 인간애를 위한 몇 마디'라는 소제목이 가리키듯, 바켄로더는 완전히 계몽적 이념과 유럽 세계주의에 얽매어 있다. 계몽주의의 이상이 예술의 영역에서 실현될 수 있는 것처럼 보인다. 인간들 가운데서 예술 감정은 항상 동일한 것이지만, 보편적으로 구속력 있는 규칙과 체계는 불관용을 낳는다. 칸트에게서가 아니라 『심정토로』에서 예술과 자연철학 간의 연관성이 정립되고 있는데, 이를 마르크바르트(O. Marquardt)는 실망을 야기한 역사철학의 표시로 해석하고 있다. 하만과 헤르더에게서 중시되었던 문화사는 종교적으로 과도하게 서술된 주제로만 남게 되다가 결국 예술사에로 그 입지가 좁혀지고 말았다.[11]

위 인용문이 보여주듯, 인간의 이성적 사유와 행동만을 중시하는 역사철학과 계몽주의가 좌절되었지만 '예술사'라는 제한된 영역에서 『심정토로』는 자연철학적, 종교적으로 채색된 방식으로 그 계몽적 이념을 여전히 간직하고 있는 것으로 해석되고 있다. 이러한 해석이 틀린 것은 아닌데, 가령 『심정토로』의 1부에서 관찰된 르네상스 시기의 회화와 그 글의 2부에 실린 「음악가 요셉 베르크링거의 이상한 음악적 삶」에서 거론된 음악 간의 차이는 계몽주의적 시각에서 다음과 같이 설명되고 있다.

> 『심정토로』가 회화에서 예술과 종교의 융합이라는 지나간 화해 시대 -

11) Ernst Müller, Ästhetische Religiosität und Kunstreligion in den Philosophien von der Aufklärung bis zum Ausgang des deutschen Idealismus, Oldenbourg 2004, p. 189.

> 당시에는 화가가 자신의 예술과 행복한 삶을 결합시켰는데 - 를 제시하고 있다면, 음악가는 비극적인 종말을 맞이한다. 회화가 (슐레겔에서부터 19세기 독일 회화의 나자레파까지) 항상 동일한 예술 형태, 즉 화해 상태가 건강한 과거로서 나타나고 드물지 않게 가톨릭과 연관되는 그런 예술 형태를 유지한다면, 이와 달리 음악의 경우 예술과 삶의 대립은 극도의 긴장 관계를 맺는다. 음악은 근대의 분열 상태의 표현이자 화해를 향한 불만족스런 동경의 표현이며 개신교에 가깝다.[12)]

『심정토로』에서 중시된 회화, 그리고 다른 글에서 중시된 음악, 이 두 장르 간의 차이를 '계몽적 근대'를 둘러싼 두 가지 시각, 즉 고전주의와 낭만주의, 화해와 분열 같은 식으로 해석하는 것은 일면 매우 흥미로운 관점처럼 보이지만, '계몽적 근대'를 분석의 핵심으로 설정하고 있는 것 자체가 매우 문제적이다. 화해와 분열이라는 이분법적 논거에서 벗어나『심정토로』의 저자들은 매우 세밀한 방식으로 예술 자체의 특성을 중시하고 있는데, 위에서 인용된 연구서는 그 점을 간과하고 있다.『심정토로』의 저자들이 계몽주의 이념보다 더욱 중시하고 있는 점은 낭만주의 예술관이며, 이에 대해서는 다음과 같이 설명될 수 있다. 가령 계몽주의가 도덕적 함양을 위해 예술의 수용적, 영향적 측면을 강조하였고 이를 위해 취향(Geschmack)과 영향(Affekt)의 미학을 강조하였다면, 이와 달리『심정토로』의 저자들은 예술의 생산적 측면(즉 천재로서의 예술가 등)과 관련된 영감(Begeisterung), 도취(Enthusiasmus) 등을 강조함으로써 낭만주의의 미학을 선취하고 있는 것이다.[13)] 더 정확히 말하자면,『심정토로』는 "계몽주의와 낭만주의 사이의 전환기에서 변화하는 새로운 세계관을 찾고 있으며, 이것이 전체 작품의 중심을 이룬다."[14)] 또한『심정토

---

12) Ibid., p. 191.

13) Dirk Kemper, Sprache der Dichtung. Wilhelm Heinrich Wackenroder im Kontext der Spätaufklärung, Stuttgart/Weimar 1993, p. 4.

14) Ibid., p. 8.

로』를 계몽주의 이념의 실현으로 읽으려는 관점은 텍스트에서 다루어진 르네상스와 그 시기의 화가들을 글자 그대로만 읽음으로써 예술과 삶, 예술과 종교 간의 르네상스식 화해를 일종의 계몽주의적 이념으로 변형시키려고 하는데, 이러한 독해 방식은 사실 수정되어야만 한다. 왜냐하면 회화가 맹위를 떨쳤던 르네상스 시기 및 그 시기의 화가들에게서 엿보이는 예술과 삶, 예술과 종교 간의 화해적인 모습은 『심정토로』에서는 단지 표면적인 내용을 구성하고 있기 때문이다. 자세히 분석해보면, 『심정토로』의 이면적 핵심은 바로 삶으로부터 이탈된 예술의 절대성을 주장한 낭만주의적 예술관임을 알 수 있다.

결국 예술과 종교 간의 근친성 차원에서 예술종교라는 개념을 자주 사용할 경우 그것의 의미를 정확히 규정할 필요가 있다. 가장 중요한 질문은 다음과 같다. 근대 이전의 예술처럼 종교적 계시, 종교적 교화를 위해서 예술이 일종의 도구적(혹은 보조적) 역할을 다시금 수행해야 하는 것일까? 아니면 모든 사회적 개별 영역들(정치, 경제, 예술 등)이 종교의 지배로부터 벗어난 18세기 근대 이후 예술은 더 이상 종교의 도구로 작동하지 않으며, 나아가 자신의 자율성을 의식한 예술은 급진적인 경우 종교의 자리까지도 차지함으로써 절대적인 위상을 획득하는 것이 아닐까? 다르게 말하자면, 예술종교라는 개념이 종교를 위한 예술의 제식적 기능을 강조하는 '종교의 예술화'라는 의미를 지니는지 아니면 종교와도 같은 위상에서의 예술 자체의 절대성을 강조하는 '예술의 종교화'라는 의미를 지니는지에 대한 질문이 선행되고, 그에 대한 답변으로서 후자의 측면이 역설될 필요가 있다.

18세기는 사실 예술과 종교의 관계가 매우 복잡했던 시기라고 할 수 있다. 계몽주의, 질풍노도, 감상주의 등이 동시다발적으로 형성되어 있던 1750-70년까지도 예술은 비록 전통적인 종교적 지배(소위 '후견인')에서는 벗어나고자 했음에도 불구하고 여전히 종교의 그림자에서 완전히 벗어나지 못했으며, 낭만주의가 태동한 18세기 말기에야 비로소 예술은 종교로부터 완전히 분리되는 길을 걷게 된다. 물론 낭만주의자들 가운데에도 두 부류가 형성되는데, 한 부류는 예술과 종교 간의 분리를 관찰하는 가운데 다시금 양자의 통합을 추구하려 했고 다른 부류는 양자 간의 통합을 인식하는 가운데 다시금 분리 선상에서 예술의 자율성을 더욱 강력하게 주장하였다. 그와 같은 두 부류의 흐름 속에서 예술종교라는 개념은 언뜻 예술과 종교의 근친성을 뜻하는 동시에 종교적으로 채색된 예술의 자율성을 뜻할 수도 있는 애매성을 띤다. 이와 관련하여 안네테 길베르트(A. Gilbert)는 '교회(성당)로서의 미술관'이라는 은유적 언어의 의미에 대하여 다음과 같이 정리해주고 있다.

> 예술공간에서의 미적 경험을 묘사하기 위해 종교적으로 채색된 언어가 현재까지 널리 팽배해 있다. 가령 현재에도 미술관을 사원, '심미적 교회', '성당' 등으로 반복적으로 사용하는 말이 그 점을 입증한다. 많은 경우 예술과 예술체험에 관한 종교적으로 지나치게 채색된 말은 예술의 특별한 중요성을 강조하기 위해 사용되지만, 그러나 1800년경에는 예술과 종교, 예술박물관과 교회 간의 유사성이 특별한 비중을 차지한다. 당시 생겨난 미술관이라는 기관은 당시에 있던 두 가지 영향력 있는 담론에서 발전되었다. 미술관은 한편으로 18세기 예술의 해방과 자율성의 역사와 밀접한 관계를 맺는다. 다른 한편으로 미술관은 18세기 초엽에 일어난 '종교적 욕구, 예술적/문학이론적 성찰, 종교비판적 견해가 기이하게 동시다발적으로 산재해 있는 상태'에 근거하는데, 이는 소위 '예술종교'라는 담론으로 수렴된다.[15)]

'예술종교'가 결코 단순히 파악될 수 없는 개념임을 말해주는 매우 설득력 있는 의견이다. 그러나 길버트의 분석에서 아쉬운 점은, 초기낭

15) Annette Gilbert, Die 'ästhetische Kirche'. Zur Entstehung des Museums am Schnittpunkt von Kunstautonomie und -religion, in: Athenäum 19(2011), pp. 45-85, esp. p. 46.

만주의가 예술의 자율성을 강조했다면 바켄로더/티크는 예술과 종교의 근친성(혹은 종교적 욕구를 위한 예술)을 취한 것으로 단순히 나누고 있다는 것이다. 점점 더 심화되는 예술과 종교 간의 분리와 대립을 관찰하면서 바켄로더/티크는 슐라이어마허와 비슷하게 '예술종교'를 펼치고 있다고 주장되며, 이는 더욱 강력하게 구축되는 예술의 자율성을 간과한 시각이 아닐 수 없다. 그 점은 다음과 같은 대목에서 엿볼 수 있다.

> 예술 경배를 예술 수용의 모델로 제시하고 있는 그(바켄로더)의 『어느 예술을 사랑하는 수도승의 심정토로』(1797)야말로 '예술종교의 천명'에 대한 가장 초기의, 가장 영향력 있는 문학적 사례인 셈이다. 슐레겔의 친구들 사이에서는 예술종교가 프로그램으로서 입안되고 철학적으로 규명하려는 시도가 있었지만, 바켄로더는 수도승이라는 인물을 통해 (…) 예술적 경건함이 무엇인지를 보여주고 있다.[16]

예술 경배는 일종의 종교 경배에서 생성된 것이고 이는 예술과 종교가 하나가 된다는 신념에 근거하는 논리다. 그러나 바켄로더/티크의 『심정토로』와 관련해서 '예술종교'는 길버트의 시각과는 정반대의 의미로 이해될 수 있다. 즉, '예술종교'라는 개념은 종교적 메시지 전달을 위한 예술의 도구적 역할을 수행하는 일종의 '종교예술'(Religionskunst)이 아니라 낭만주의 예술론 및 미학에서처럼 예술의 자율성 및 절대성을 강조하는 맥락에서 이해된다. 이와 관련하여 다음과 같은 분석은 『심정토로』의 의미를 매우 타당성 있게 서술해 주고 있다.

> 빌헬름 하인리히 바켄로더와 루트비히 티크의 『어느 예술을 사랑하는 수도승의 심정토로』와 『예술에 관한 상상들』에서는 초기 낭만주의의 미학적 담론에서 실행된 전환이 명확하게 읽혀질 수 있다. 예술과 문학

16) Ibid., p. 50.

> 은 오로지 자신들만의 미학적 법칙을 따르는 의무를 가진 심급이며 다른 여타 심급들이 넘겨받을 수 없는 기능만을 수행한다. 자의식을 지닌 예술과 문학은 이제 철학 및 학문과 경쟁 관계에 있으며, 그 관계가 약간 다르지만 어떤 의미에서는 종교와도 그렇다. 철학과 학문에 대하여 미학적 매체들은 자신의 고유한 진리를 주장하는데, 그 진리는 오성의 진리에 대해 논쟁적인 역할을 수행한다. 종교적, 신학적 차원에서 모티브, 주제와 사상적 토포스, 이미지 장치와 비유 장치가 차용되고 또한 감성적이고 유한한 차원을 초월해야 한다는 요청이 차용되기도 한다. 그렇지만 종교는 일종의 경쟁 상대라기보다는 오히려 의상 소품이다. 바켄로더와 티크의 미학적 컨셉은 예술종교라는 특징을 지니지만 그 종교의 세속적인 기본 특성을 잘 의식하고 있는데, 즉 종교적 담론에서 '신적인 것'이라고 불리는 것에 더욱 가까이 가도록 하는 방식에서 오히려 미적 생산성을 높이는 것이 중시되는 그런 종교적 특성 말이다."[17]

예술에서의 종교적 배경은 종교를 위한 것이 아니라 예술의 인위적인 생산력을 공고히 하기 위해 차용된 것일 뿐이다. 예술은 더 이상 종교적, 학문적 의미를 위해서 존재하는 것이 아니며 그 핵심은 예술이 어떻게 자신의 "미적 생산성"의 효과를 높일 수 있는지에 놓여 있다는 것이다. 다시 말하면, 회화와 문학 등에서 흔히 엿볼 수 있는 종교적 소재, 모티브, 종교적 인물 등은 모두 차용된 "의상 소품"에 지나지 않다. 그 종교적 소재를 차용하는 가운데 예술작품은 자신의 고유한 방식으로 심미성을 강화하는 데 목적을 두고 있는 것이다. 『심정토로』의 서술자인 수도승이 "예술은 우리에게 인간이 할 수 있는 최고의 완성을 묘사해 낸다"[18]고 밝힌 대목도 그와 같은 "미적 생산성"만을 추구하는 자율적 예술의 맥락에서 이해될 필요가 있다.

---

17) Monika Schmitz-Emans, Engel in der Krise. Zum Engelmotiv in der romantischen Ästhetik und in Jean Pauls Roman <Der Komet>, in: Jahrbuch der Jean-Paul-Gesellschaft, 38(2003), pp. 111-138, esp. p. 111.

18) Herzensergießungen, p. 194(114쪽).

사실 『심정토로』에서 엿보이는 예술관은 계몽주의적 예술관에서 크게 벗어나 있으며 또한 예술 자체를 신성시하기 위해 종교적 메타포를 자주 빌리고 있다. 이는 과거처럼 종교를 위해 도구적 기능을 수행하는 예술에 대한 이해와는 전혀 다르다. 가령 미술관, 박물관 등 예술작품이 간직되고 전시되는 공간을 사원(Tempel)으로 비유하는 언술, 작품 감상을 계몽적이고 비판적인 분석으로 여기기보다는 명상과 기도로 간주하는 언술, 작가와 독자(감상자), 생산자와 수용자를 신(혹은 신이 만든 천재)과 신앙인의 관계로 묘사하는 언술, 그리고 예술작품을 신이 만든 자연물에 상응할 정도로 지고한 아름다움 그 자체로 간주하는 언술 등등, 이러한 모든 시각과 언술은 예술의 절대성, 예술의 자율성을 정립한 낭만주의 미학과 깊은 관계를 맺는다. 그렇다면 이제 예술 내적인 차원에서 어떻게 예술의 절대성이 강조되고 있는지, 그리고 예술 외적인 차원에서 어떻게 예술의 자율성이 강화되고 있는지를 보다 구체적으로 살펴보기로 하자.

2. 예술의 대중화 및 이성적 체계에 대한 비판

『심정토로』는 다양한 측면에서 계몽주의적 예술관과 극단적으로 대치한다. 예술과 공공성, 예술과 일상, 예술과 도덕 간의 밀접한 관계를 중시하는 것이 계몽주의적 예술관이라면, 『심정토로』의 서술자인 수도승은 그와 같은 예술관과 거리를 취하면서 오로지 신성한 예술 자체만을 중시한다. 예술 외적인 것(도덕, 일상, 대중)과의 관계를 끊어버리는 극단적인 예술관이 제시되고 있으며 그 양상은 다양하게 표출되고 있다.

우선 서술자(수도승)는 동시대의 자본주의적 관점에 의해 예술이 수용되고 있는 상황에 대해 대단히 비판적인데, 그 점은 예술 전시관을 찾는 관객의 반응을 서술하는 대목에 잘 드러나고 있다.

> 그림이 걸려 있는 화랑 내의 방들은 사람들이 걸어가면서 마치 새로운 상품을 평가하고 칭찬하고 경멸하는 그런 장터로 간주되고 있다. 그러나 화랑은 사원이어야만 한다. 즉 사람들이 조용히 침묵하는 존경심으로, 마음을 고양시키는 고독함으로, 예술가들을 지상의 사람들 중에서 가장 위대한 이들로 감탄하고, 오랫동안 시선을 고정해 작품을 바라보면서 가장 황홀한 생각과 느낌의 찬란한 햇빛 속에서 자신을 따뜻하게 만들고 싶어하는 그런 사원이어야 한다.[19]

> 보다 고상한 예술작품을 감상하는 것을 나는 기도에 비교한다. 그러나 매일의 의무만을 수행하기 위해 하늘에 대해 말하고 아무 생각 없이 말만 늘어놓고 자신의 신앙심을 자랑하면서 묵주알만 세는 그런 기도는 하늘의 마음에 들지 않는 법이다.[20]

가장 눈에 띄는 점은 예술(작품)을 하나의 상품처럼 취급하는 경향에 대한 비판이다. 화랑을 "새로운 상품을 평가하고 칭찬하고 경멸하는 그런 장터"처럼 취급하고 있는 현재적 상황에 대한 비판적인 구절을 보면, 이미 18세기 말에 돈과 상품 논리가 지배하는 자본주의가 예술 세계에도 침투하여 성행하고 있음을 알 수 있다. 그와 같은 경향을 비판하면서 서술자는 화랑을 마치 "사원"처럼, 그리고 그림 감상을 사원 내에서의 "기도" 행위처럼 받아들일 것을 권한다. 이처럼 상품처럼 취급되는 그림, 그림 감상에 대한 무의미한 담론적 행위("아무 생각 없이 말만 늘어놓고")와 자만적인 자동화된 평가("자신의 신앙심을 자랑하면서 묵주알만 세는 그런 기도") 등은 사실 낭만주의에서도 적극 비판된 바 있는데,

---

19) Ibid., p. 201(127쪽).
20) Ibid., p. 128(128쪽).

가령 슐레겔은 자본주의적 논리 및 일상적 담론화에 의해 예술이 대중화되는 경향을 다음과 같이 서술한 바 있다.

> 많은 이들이 대중을 마치 자기가 라이프치히 서적 시장에 있는 호텔 드 작세(Hotel de Saxe)에서 점심을 같이 했던 어떤 이들인 양 말하고 있다. 대중이란 무엇인가? 대중은 그 어떤 물체가 아니라 마치 교회처럼 하나의 사변이자 요청이다.[21)]

서적 시장에서 자본의 힘으로 대중(독자)을 좌지우지하는 이들을 비판하면서 슐레겔은 명상적이고 성찰적인 심급으로서의 독자를 강조하기 위해 "교회", "사변", "요청" 같은 개념을 내세우고 있다. 이처럼 독자, 대중 등을 정신적인 심급으로 파악하고자 하는 낭만주의적 사유와 비슷한 맥락에서 바겐로더도 작품과 독자(관객)의 관계를 '사원과 기도'로 비유하고 있는 것이다.

예술에 관한 계몽주의적 담론을 비판하는 시각은 가령 이성, 체계, 방법 등을 예술에 적용하려는 경향을 거부하는 대목에서도 읽어낼 수 있는데, 그 점은 글의 도입부에 강렬하게 제시되고 있다.

> 시인과 예술가의 감흥(시흥)은 예로부터 세인의 논쟁 대상이자 커다란 자극이 되어 왔다. 일반 사람들은 그것이 어떤 사정을 담고 있는지를 전혀 이해할 수 없으며 또한 그에 대한 잘못되거나 전도된 생각을 갖고 있다. 그래서 우리의 신성한 종교의 신비로움에 관해서와 마찬가지로 천재 예술가의 내적 계시에 관해서도 상당히 많은 몰상식함이 체계 내외적으로, 방법적으로나 비방법적으로 다루어져 왔고 떠들어져 왔다. 소위 이론과 체계를 만드는 이들은 남의 이야기를 듣고서 예술가의 감흥을 우리에게 묘사해 준다. 이들은 어떤 것에 대하여 말로 파악될 수 없

---

21) F. Schlegel, KA, Bd. II, p. 150.

는 정신과 그 의미를 모르면서도 공허하고 천박한 사이비 철학과 함께 우회적으로 바꾼 말들을 주워 모아 사용하는 가운데 스스로 매우 만족해한다. 이들은 예술가의 감흥을 마치 자신의 눈 앞에 놓인 사물처럼 말하며 그것을 설명하며 많은 이야기를 늘어놓는다. 이들은 신성한 말을 너무 하찮게 내뱉는 것에 부끄러워야만 하는데, 왜냐하면 그들은 자신들이 무슨 말을 하는지 모르고 있기 때문이다.[22]

예술가의 시적 감흥(Begeisterung)은 이론적, 방법론적, 체계적으로 논의될 수 있는 성질이 아니라는 것이다. "내적 계시"와도 같은 시적 감흥 – 이는 '도취'라고도 부를 수 있는데 – 은 보편타당한 것이 아니라 무엇보다도 개인적이고 내면적인 것이며, 그렇기 때문에 시적 감흥에 젖은 예술적 천재는 결코 획일적이고 보편적인 담론에 의해 파악될 수 없다. "말로 파악될 수 없는 정신과 그 의미"를 지닌 시적 감흥을 이론적으로, 체계적으로 담론화하는 비평 행위는 궁극적으로 "공허하고 천박한 사이비 철학" 내지는 "우회적으로 바꾼 말들"에 지나지 않는다. 요컨대, 예술가의 시적 감흥 자체는 "눈앞에 놓인 사물"이 아니라 보이지 않는, 담론화될 수 없는 어떤 상태이다. 이처럼 명확하고 체계적인 언술의 행위를 부정하고 그 대신 도취, 열정, 감성 같은 시적 감흥의 비담론적인 상태를 강조하고 있는 서술자의 관점은 거의 낭만주의의 미학과 일치하고 있다. 시적 감흥에 대척하는 개념은 바로 이성(Vernunft)인데, 『심정토로』의 수도승은 다음과 같이 이성을 거부하고 나선다.

이성의 기본 상식은 세상의 모든 나라에서 동일한 법칙을 따르며, 단지 여기서는 대상의 무한한 큰 영역에, 저기서는 대상의 아주 작은 영역에 적용된다. 이와 비슷하게 예술적 감정도 어디서나 동일한 하늘의 빛이다. 그러나 그 빛은 여러 지역에서 다양하게 갈고 닦은 감성의 유리를

---

22) Herzensergießungen, p. 142(9쪽).

통해 수천 가지의 각양각색으로 굴절된다.
아름다움이란 신기할 정도로 이상한 말이다! 각각의 개별 예술적 감정에 따라, 각각의 예술작품에 따라 새로운 말을 발견한다. 각각의 예술작품에서는 다른 색이 역할을 하며, 각각의 예술작품을 위하여 인간의 몸 안에서는 새로운 신경계가 만들어진다.
그러나 그대들은 이 단어에서, 이성의 술책으로, 하나의 엄격한 시스템을 만들어 모든 사람들에게 그대들의 규정과 법칙에 따라 느끼라고 강요하려 든다. 그대들 스스로는 느끼지 못한 채 말이다.
하나의 시스템을 믿는 사람은 자기 가슴에서 보편적인 사랑을 몰아낸다. 지성의 배타심보다 감성의 배타심이 그래도 참을 만하며, 시스템에 대한 믿음보다는 미신이 훨씬 낫다.[23)]

이성과 예술(아름다움) 간의 차이점이 명확하게 제시되어 있다. 이성에서는 획일성, 하나의 시스템, 규정과 법칙, 감각적 테크닉, 이론화 등이 중시된다면, 예술에서는 다양성, 개별성, 사랑과 느낌, 관조 등이 중시된다. 이성의 시스템이란 합리적인 체계화 내지는 과거부터 내려온 규칙을 준수하는 의미에서의 규칙시학(Regelpoetik)의 체계화 등을 뜻할 수 있으며, 여기에는 예술 생산 및 수용 방식을 체계화하려 했던 18세기 계몽주의적 미학(바움가르텐, 칸트 미학)이 해당된다. 그와 같은 체계화 작업에서는 언제나 보편적인 규정과 법칙의 강제성이 지배적이다. 『심정토로』의 서술자(수도승)는 그와 같은 이성적 작업, 체계화 및 이론화 작업 등에 저항하면서 다양성, 개별성, 감성, 느낌 등을 더욱 강조함으로써 낭만주의의 미학에 가깝다. "이론주의자들과 체계론자들에 대항하는 바켄로더의 논쟁은 특히 계몽주의 철학의 세 가지 측면을 겨냥하고 있다. 그 하나는 구성적이고, 자의적이고, 가설적인 성향을 겨냥하고 있으며, 다른 하나는 유물론에 근접하는 성향을 겨냥하고 있으며, 세 번째는

23) Ibid., pp. 180-181(84-85쪽).

이성 자체에서만 세계를 해석하고 세계를 이성에 적합한 원칙들과 파생 체계 속에 용해하려는 성향을 겨냥하고 있다."[24] 계몽주의와 낭만주의 간의 대립에서 바켄로더는 분명 후자의 입장을 취하고 있으며, 그와 같은 이성, 체계, 이론 등에 대한 저항과 관련하여 바켄로더와 슐레겔은 비슷한 인식을 공유하고 있다. 그 점은 이성과 상상력 간의 차이를 강조한 슐레겔의 다음과 같은 단편을 통해 간접적으로 읽어낼 수 있다. "상상력은 사물이나 객관적인 세계의 법칙에 구속되지 않으며 이성과 극단적으로 대치한다. 형식에 있어서도 이성과 상상력은 다르다. 이성은 형상적인 것을 피하고 추상적인 것을 추구하지만, 이와 반대로 상상력은 추상적인 것을 피하고 형상적인 것을 추구한다."[25] 이와 같은 이성과 상상력 간의 대립이 『심정토로』에서는 "이성과 마술거울" 간의 대립으로 설명된다.

> 우리에게 떠오르는 그와 같은 환상들은 종종 이상한 방법으로 이성의 종결짓는 말보다 훨씬 더 밝은 빛을 대상 위에 비추어준다. 그리고 소위 '보다 고상한 인식력' 옆에는 하나의 마술거울이 우리 영혼 속에 있는데, 그 마술거울은 우리들에게 사물의 모습을 종종 아주 강렬하게 서술하여 보여 준다.[26]

예술과 관계하는 이들은 이성, 인식 등과 관계하는 것이 아니라 '환상', '마술거울'과 관계하며 이를 통해서 사물을 들여다본다. 예술적 생산과 수용은 이성적 행위와 무관할 뿐만 아니라 각종 기준으로 좋음과 나쁨, 선과 악을 비교하는 도덕적 시각에서도 벗어나 있어야 한다. 고유함, 개인성, 독특함만이 중시되는 예술 영역에서는 그 어떤 기준에 따른

24) Dirk Kemper, Sprache der Dichtung, p. 18.
25) F. Schlegel, KA, Bd. XII, p. 359.
26) Herzensergießungen, p. 173(69쪽).

상대적 판단과 비교 행위가 통용될 수 없기 때문이다.

> 그러나 주제넘게도 오만하고 엄격한 심판자가 되어 예술가들을 그 업적의 정도와 무게에 따라 줄과 열을 세울 수 있을까? 마치 도덕론자들이 감히 착실한 사람과 방탕한 사람을 엄격한 서열의 법칙에 따라 포개어 세우거나 나란히 세우는 짓을 하듯 말이다.[27]

> 비교하는 것은 즐김의 위험한 적이다. 또한 예술에서 최고의 아름다움은 당연히 우리 눈이 옆에 있는 다른 아름다움을 주시하지 않을 때 그 완전한 위력을 행사한다. 하늘은 지상의 위대한 예술가들에게 재능을 골고루 나눠주었기 때문에, 우리는 개별 화가의 그림 앞에 가만히 서서 각각에게 그에 합당한 우리의 존경심만을 바칠 필요가 있다.[28]

> 예술의 천재는 진지한 미네르바(지혜와 기술의 여신)와 억지로 짝을 이루지 않는다는 사실을 이러한 예들이 가르쳐 준다.[29]

개개 예술가 혹은 그가 생산한 개개의 예술작품은 모두 독창적이고 개성적이기 때문에 비교의 대상이 될 수 없다는 것이며, 또한 궁극적으로 예술은 지식(기술)의 산물이 아님이 강조되고 있다. 따라서 『심정토로』에서 라파엘로, 뒤러, 다빈치, 코시모 같은 여러 화가들이 다양하고 대등한 방식으로 언급되고 있는 것도, 개개 예술가의 독특한 작품 성향, 각각의 절대적 예술성과 비교불가능성을 보여주기 위한 것일 뿐 상호 비교를 통해 '더욱 뛰어난 화가'를 도출하려는 것이 결코 아니다.

---

27) Ibid., p. 172(68쪽).

28) Ibid., p. 190(104쪽).

29) Ibid., p. 163(48쪽).

3. 예술가와 예술의 독창적 창조성

이성적 체계, 도덕적 판단, 인식과 지식 등과 관계없는 예술의 독창성, 자율성, 절대성 등의 측면을 좀 더 세밀히 살펴보기로 하자. 우선 서두에서 인간을 비롯한 만물의 창조자인 신의 능력이 언급되었듯이, 예술가에게도 그와 같은 능력이 부여되고 있다. 또한 <두 가지 언어와 그것의 신비에 가득한 힘>이라는 소제목하에서는 두 가지 언어, 즉 "그 하나는 단지 신만이 말씀하시고, 다른 한 언어는 사람들 중에서 신이 총애하셔서 향유를 발라 주신 극소수의 선택받은 사람들만 말한다. 내가 말하는 것은 자연과 예술이다"(108쪽)라고 제시되고 있다. 그러나 자연의 언어와 예술의 언어는 비슷하지만 결코 동일하지 않은데, 특히 예술의 언어는 다음과 같이 상세하게 서술되어 있다.

> 예술은 자연과는 완전히 다른 종류의 언어다. 물론 자연과 비슷하게 모호하고 신비스런 방법으로 인간의 마음에 끼치는 놀라운 힘이 예술의 고유함이다. 예술은 인간의 형상을 통해 말하는, 말하자면 상형문자를 이용하는데, 그 기호를 우리는 외형적인 모습에 따라 인식하고 이해한다. 그러나 그 문자는 감동적이면서도 감탄을 자아내는 방법으로 정신적인 것과 비감각적인 것을 가시적인 형상 안에 녹여 넣어, 그 결과 우리 존재 전체와 우리가 본래 가지고 있는 모든 것은 근본적으로 감동되고 동요된다.[30]

> 예술은 채색된 흙과 습기 있는 어떤 것을 재치 있게 혼합하여 인간적 형상을 모방하여 만들어내며, 그 만들어진 인간은 좁고 제한된 공간 안에서 자신의 내적 완성을 위해 노력하는 모습을 보인다(이것도 유한한 운명의 존재들을 만들어 낼 수 있도록 베풀어진 것도 일종의 창조다). 예술은 인간의 마음 속에 들어 있는 보물들을 우리에게 드러내주며, 우

30) Ibid., p. 192(111쪽).

> 리의 시선을 우리 자신에게 돌리게 해서 우리가 눈으로 볼 수 없는 것들, 다시 말해서 고귀하고 위대하고 신적인 모든 것을 인간적 형상으로 보여 준다.[31)]

프로메테우스가 진흙과 물로 인간을 창조해 냈듯이, 그와 비슷하게 인간의 형상을 만들어 내는 예술은 일종의 '창조적 모방'으로 정의되고 있다. 특히 창조물을 "인간의 형상"을 빌려 상형문자로 표현해 낸다는 의미에서 예술은 소위 인간중심주의(Anthropomorphismus) 방식을 취한다. 모방과 창조라는 전통적인 예술 생산의 대립적인 문제와 관련하여 『심정토로』의 서술자(수도승)는 예술은 일차적으로 감각적, 물질적, 가시적 방식으로 만들어낸다는 의미에서 모방일 수 있지만 동시에 정신적, 비물질적, 신적인 것을 지시한다는 의미에서 창조임을 강조한다. 『심정토로』의 서술자는 계몽주의적 미학에서 옹호되었던 모방론과 완전히 결별하지 못한 상태에서 낭만주의 미학의 핵심인 창조론을 선취하고 있는 것이다. 이와 같은 서술자의 시각은 곳곳에 노출되어 있는데, 가령 미켈란젤로와 그의 동시대 화가들과 관련하여 낭만주의적 독창성은 다음과 같이 강조되고 있다.

> 이탈리아 회화 초기인 미켈란젤로 시대는 전적으로 독창적인 화가들의 시대였다. 코레조보다 앞서 코레조처럼 그린 사람이 있었는가? 라파엘로보다 앞서 라파엘로처럼? 그에 비해 요즘 시대에는 잘 베푸는 자연이 예술 천재들을 부족하게 보내고 있는 것 같다. 왜냐하면 르네상스 이후 등장한 가장 뛰어난 대가들은, 최근에 이르기까지도, 거의 모두 초기 표준 예술가 중 한 사람이나 여러 사람을 모방하려는 목표만을 갖고 있는데, 결국 훌륭하게 모방하는 것 이외에는 위대해지는 방법이 없는 것 같다. (…) 그렇다면 그 선대 화가들 자신은 누구를 모방한 것일까? 그들

---

31) Ibid., p. 193(113-114쪽).

은 그 모든 새롭고 훌륭한 작품 전체를 자기 자신으로부터 창조해 냈다.[32)]

예술 영역에서의 현재 상황이 독창적인 창조가 사라진 일종의 모방의 시대로 접어들었음을 간접적으로 시사하는 대목이 아닐 수 없다. 그러한 시대적 상황은 다음과 같은 대목에 더욱 적나라하게 비판되고 있다.

> 슬픈 사이비 지혜여! 세계 모든 위대한 예술가의 각종 아름다움과 각각의 장점을 합칠 수 있고, 그리고 이 모든 예술가들을 관찰하고 이들 정신의 다양하고 위대한 재능을 구걸해서 그것을 하나로 통일하면 그들보다 더 나을 수 있다고 이 시대는 맹목적으로 믿고 있다! 자기 자신의 힘으로 이루어내던 시대는 사라졌다. 그래서 사람들은 한심한 모방으로 약삭빠르게 장점들을 합쳐서 자신에게 부족한 재능을 짜내려고 한다. 그러나 차갑고 말쑥한 특성 없는 작품들이 곧 그 결과일일 뿐이다.[33)]

합성적 모방과 독특한 개성이 서로 대비되고 있다. 특히 "약삭빠르게 장점들을 합쳐서 자신에게 부족한 재능을 짜내려고"하는 교활한 합성적 모방이 냉소적으로 비판되고 있는데, 이처럼 모방에서 만들어진 작품은 근본적으로 자신의 독창적 힘을 결핍한 "특성 없는 작품"일 뿐 결코 '창조적 모방' 같은 식으로 합리화될 수 없다. 이와 달리 르네상스의 대표적인 예술가들, 가령 미켈란젤로, 코레조, 라파엘로 등은 이전 시대의 예술가 혹은 이미 주어진 것(자연 등)을 모방하지 않지 않고 오로지 "자기 자신으로부터" 각자의 모든 작품을 만들어 낸 예술가로 예찬된다. 이는 '모방적 재현'을 중시한 고전주의 미학에서 벗어나 '창조적 표현'을 선언

32) Ibid., p. 208(143쪽).
33) Ibid., p. 187(99쪽).

한 낭만주의 미학으로 전환하는 현상처럼 읽힌다. 물론 자신의 창조성을 강조한다고 해서 다른 시대와 다른 이들의 경험을 부정하는 것은 결코 아니다. 슐레겔, 노발리스 등이 강조한 정신의 창조성이 "자신 밖으로 나와서 자신 안으로 되돌아오는 영원한 변화 속에"(im ewigen Wechsel aus sich heraus zu gehn und in sich zurückzukehren)[34] 놓여 있듯이, 서술자는 르네상스 시기의 예술가들에게서 '외부에서 내부(자신 속)로 회귀하는 현상'을 강조하고 나선다.

> 레오나르도는 예술 정신(Kunstgeist)이 시인의 열정과는 완전히 다른 성격의 불꽃이라는 사실을 알고 있었다. 그것은 자신의 감각에서 어떤 것을 탄생시키려는 것을 목적으로 삼지 않는다. 예술 감각은 오히려 자신 밖으로 부지런히 떠돌아다녀야 하고, 창조된 모든 형상들을 민첩하고 능숙하게 주워 모아 그 형태와 각인된 것들을 정신의 창고에 보관해야 한다. 그 결과 예술가가 작업을 시작할 때면 그는 모든 것이 들어 있는 하나의 세계를 자신 속에서 발견하게 된다.[35]

이렇듯 모방 대신에 창조를, 더욱이 '자기 자신'에서 창조해 내는 르네상스 예술가들의 특징을 서술자는 다름 아닌 독창성, 오리지널이라고 부르기도 한다. 신의 언어와 대등한 차원에서 예술의 언어가 강조되었듯이, "오리지널"을 창조한 예술가는 신과도 같다.

> 예술가의 세계에서 처음 시도한 오리지널보다 더 존경의 대상이 되는 것은 없다. 열심히 연습하고 하나하나 모방해서 현명한 평가를 받는 것은 인간적이지만, 그러나 예술의 본질 전체를 완전히 새로운 눈으로 통찰하고 마치 완전히 새로운 계기로 그 본질 전체를 움켜쥐는 것은 신과

---

34) F. Schlegel, KA, Bd. II, p. 314.

35) Herzensergießungen, p. 166(55쪽).

도 같다.[36]

모방적인 예술가이든 창조적인 예술가이든 '예술가'의 개별 능력이 곳곳에서 중시되고 있지만, 더욱 자세히 들여다보면 사실 개인보다는 예술작품, 나아가 예술 자체의 영원 불멸성이 더욱 중시된다. 『심정토로』에서는 예술, 예술가, 신 등이 비슷한 의미망을 형성하고 있지만, 그 글의 2부 「음악가 요셉 베르크링거의 이상한 음악적 삶」에서는 예술가라는 유한한 개인보다는 예술, 예술작품 자체의 영원성이 강변되고 있다.

> 사실 사람들은 예술을 존경해야지 예술가를 존경할 필요가 없습니다. 예술가는 하나의 연약한 도구에 불과합니다.[37]

요컨대, 신적인 예술은 특정한 개인과 시대의 제한된 틀을 넘어서 존재하는 것이다. 그런 예술에 대한 수용적 자세는 다음과 같이 서술되어 있다.

> 가장 중요한 점은 무모한 용기로 훌륭한 예술가들의 정신을 감히 그냥 지나쳐 가거나, 예술가들을 무시하면서 판단해서는 안 된다는 것이다. 이런 짓은 인간의 쓸데없는 자만심이 저지르는 어리석은 행동이다. 예술은 그 사람 위에 존재한다. 우리는 그 신성한 사람들의 훌륭한 작품들을 단지 감탄하고 존경할 수만 있으며, 그리고 우리의 모든 감정들을 녹여서 정화하기 위해 우리 마음 전체를 그 작품들 앞에서 열어 놓을 수 있다.[38]
> 우리는 각각의 위대한 예술가에 동화되어 그의 감각 기관으로 자연과 사물을 바라보고 파악해야 하며, 그의 영혼 속에서 '이 작품은 정말 진

36) Ibid., pp. 207-208(140-141쪽).

37) Ibid., p. 243(217쪽).

38) Ibid., p. 203(132쪽).

짜 그의 풍이다'라고 말할 수 있어야 한다.[39]

"예술은 그 사람 위에 존재한다"라는 언술을 통해 알 수 있듯이 예술과 예술 정신은 예술가라는 특정 개인을 뛰어 넘어 절대화되고 있으며, 이러한 예술과 마주하는 순간에 "감탄", "존경", "예술가에 대한 감정 동화" 같은 수동적인 수용 자세가 요구된다. 수동적 수용, 감정 동화 같은 요청은 자칫 무비판적인 보수적 예술관의 특징처럼 여겨질 수 있지만, 그런 특성은 이미 언급한 바 있듯이 계몽의 분석적, 체계적 접근 방식의 한계를 비판하는 간접적인 의미를 지닌다. 일상성, 체계성, 시대성에 갇혀 있지 않은 예술(작품)의 영원성은 다음과 같이 강변되고 있는데, 이는 『심정토로』가 일상적 삶 및 대중과의 교감을 강변하는 계몽주의적 예술관과 매우 동떨어져 있음을 시사하고 있다.

> 그 속성상 신에 대한 생각과 마찬가지로 예술작품들은 거칠게 흘러가는 일상생활과 별로 어울리지 않는다. 예술작품들은 질서 있고 익숙한 것들을 뛰어넘는다. 그래서 주위의 안개로 침침해진 눈으로 우리는 그 예술 작품의 고귀한 특성에 따른 참된 가치를 파악하기 위해서 온 마음으로 우리 자신을 그 예술 작품들 수준까지 고양해야 한다.[40]

예술의 영원성과 아름다움에 대한 강조는 후에 맑스가 던진 질문, 즉 '역사적으로 시간이 상당히 흘렀음에도 불구하고 위대한 고전적 예술작품은 왜 항상 감동과 새로움을 주는가'라는 질문에 대한 답변처럼 들리는 다음과 같은 몇몇 대목으로 이어진다.

> 아주 귀중한 그림은 내가 조금 노력을 기울여 그 단어들의 뜻을 파악하

39) Ibid., p. 206(138쪽).

40) Ibid., p. 202(129쪽).

고 나면 쓸모없는 껍질처럼 내버려 두는 그런 교과서의 한 단락이 아니다. 오히려 뛰어난 작품을 바라볼 때면 언제나 즐거움이 끊임없이 계속 지속한다. 우리는 그 작품 안으로 점점 더 깊이 빠져 들어간다고 생각하지만, 그 작품들은 감각을 항상 새롭게 자극해서, 우리 영혼이 언제 그 작품에 지치게 될지 그 한계를 예측할 수 없다. 그 작품들 속에는 영원히 타오르는 생명의 기름이 불타고 있으며 우리 눈앞에서 결코 꺼지지 않는다.[41]

예술에서 미(美)는 한 사람의 삶이 다 써 버릴 수 있을 만큼 그렇게 보잘 것 없거나 볼품없는 것이 아니다. 그리고 그 보상은 선택받은 한 사람에게만 주어지는 운명도 아니다. 그 빛은 오히려 수천가지로 나뉘어 반사되는 빛으로, 하늘이 지상에 보내신 위대한 예술가들에 의해 다양한 방법으로 우리의 황홀해하는 눈으로 되돌아오기 때문이다.[42]

영원하지만 언제나 새로움과 다채로움을 불러일으키는 예술(작품)이 일차적으로 존재하며, 그와 같은 작품을 독자가 대할 때면 언제나 평온한 마음, 감동을 받아들일 줄 아는 마음이 요구된다. 그런 마음으로 예술을 감상하는 시간은 "내적인 감동"으로 가득한 날, 마치 "신성한 축일처럼" 여겨지는 것이다.

초조한 마음에 내가 예술작품을 처음 바라 볼 때를 간과했다. 왜냐하면 항상 기분 전환의 즐거움을 얻으려는 몇몇 사람들은 새로운 것을 보고 놀라는 것을 예술의 주된 역할이라고 말하고 싶어 하지만, 내게는 예전부터 이 놀라움이 (작품을) 처음 봤을 때의 필요악처럼 보였기 때문이었다. 그러나 진정한 즐거움은 마음이 평온하고 편안한 상태를 요구하며, 소리를 지르거나 손뼉을 치는 것이 아니라 오직 내적인 감동을 통해서 드러난다.[43]

---

41) Ibid., pp. 202-203(130쪽).

42) Ibid., p. 150(25쪽).

내게는 진지하게 마음의 준비를 하고 고귀한 예술 작품을 보러 가는 날이 신성한 축일이 되었다. 나는 자주 그리고 계속해서 그 작품들을 보러 가서 그 작품들이 내 뇌리에 꽉 박혀서 남아 있다. 그래서 이 세상을 떠돌아다니는 동안 나는 그것들을 내 영혼에 위로와 자극이 될 수 있도록 내 상상력 안에 품고 다닐 것이며, 마치 정신적인 부적처럼 지니고 있다가 함께 무덤으로 갖고 갈 것이다.[44]

이는 마치 횔덜리의 저 유명한 두 개의 시 구절, 즉 "그러나 머무는 것은, / 시인이 건립해낸다"(Was bleibet aber, stiften die Dichter)라는 <회상>에서의 마지막 행과 예술작품은 나와 너, 작품과 독자의 "합창"과도 같은 대화가 이루어지는 <마치 축제일처럼>(Wie wenn am Feiertage) 이라는 시의 외침을 상기시켜 준다.

물론 『심정토로』의 서술자인 수도승이 아름다운 예술만을 강조하고 있는 것은 결코 아니다. 낭만주의 예술의 또 다른 중요한 특징인 무시무시한 것, 광기, 죽음 등을 형상화한 소위 '어두운 낭만주의'(schwarze Romantik)의 경향도 서술자는 충분히 직시하고 있는데, 그것은 다빈치로부터 영향을 받은 피렌체 출신의 기인 피에로 디 코시모(Piero di Cosimo, 1462-1521)에 대한 언급을 통해서 암시되고 있다. 예술사에서 디 코시모는 고대의 신화적 세계에서 다양한 기괴하고 어두운 형상을 끄집어내어 기이한 선과 색채를 입혀낸 특이한 화가로 잘 알려져 있으며, 이러한 회화적 성향은 곧 무의식을 건드린 낭만주의와 초현실주의를 선취해 낸 것과도 같다. 『심정토로』의 서술자도 마찬가지로 그를 전형적인 낭만주의적 작가처럼 서술하고 나선다. 코시모는 "항상 불안한 일을 하는 것 같았고, 무절제한 모습으로 정처 없이 떠돌아다녀서 한 번도 밝고 분명한 아름다움을 보여 준 적이 없었다."[45] 그의 회화적 특징을 서술하는 몇몇 대

---

43) Ibid., p. 203(130-131쪽).

44) Ibid., p. 203(131쪽).

목에서는 낭만주의의 '추의 미학'과 연관된 표현까지도 발견되는데, 즉 "과도한 것과 엄청난 것"[46]을 즐기는, "낯설고 이상한 생각들이 떠돌고 있어 현실에 사는 사람 같지 않았으며,"[47] "언제나 자기도 모르게 저 멀리 떨어진 산꼭대기까지 올라가는 바람에, 갑자기 말문이 막히고 현실과의 연관 관계도 불분명하게 흐트러져 버려 이야기를 다시 시작해야 하는 상황이 벌어지기도 했다."[48] 자연 내에서 그는 기형적이고 혐오스러운 대상만을 찾아 다녔으며, 또한 카니발 축제에서 그는 가장 무섭고 어두운 현상인 죽음의 행진을 연출해 내기도 했던 것이다. 이와 같은 기인 코시모의 화풍과 관련하여 서술자는 "바쿠스 신의 무절제한 비밀 술잔치나 끔찍한 괴물들 아니면 무시무시한 생각이 드는 것들이었다"[49]라고 말함으로써 정확히 추의 미학, 디오니소스적 도취, 어두운 낭만주의, 초현실주의 등과의 상관성을 짚어 내고 있는 것이다. 물론 서술자인 수도승이 코시모의 추한 예술을 무조건 예찬하고 있지는 않은데, 다음과 같은 대목에서는 그 애증 섞인 관점을 읽을 수 있다.

> 내 말은 예술가의 정신은 자신 안에 자연 전체를 받아들일 수 있는 유용한 도구여야 한다는 것이다. 그리고 인간의 정신에 완전히 몰입해서 아름답게 변신시키는 데에 그 정신을 다시 쏟아 부어야 한다. 그러나 코시모가 본능적으로 과도하고 거칠고 넘치는 힘 때문에 언제나 자기 자신만을 위해 불안정하게 작업했다면 그는 쓸모 있는 도구가 아닐 때도 종종 있었을 것이다. 그래서 나는 오히려 그 자신을 일종의 신이 창조하신 예술 작품이라고 부르고 싶다.[50]

---

45) Ibid., p. 195(116쪽).
46) Ibid.
47) Ibid.
48) Ibid.
49) Ibid., p. 199(124쪽).
50) Ibid., p. 200(126쪽).

거칠고 불안한 과도함을 제어할 줄 아는 예술가의 "아름다운 정신"이 강조되고 있지만, 그럼에도 불구하고 코시모라는 예술가를 "신이 창조하신 예술작품"으로 간주함으로써 서술자는 천재미학적, 생산미학적 관점을 견지하는 가운데 어두운 작가와 작품의 가치를 일정 정도 인정하고 있다.

이상과 같은 점을 종합해보면, 『심정토로』의 서술자와 그의 예술론은 르네상스 시대의 회화와 관련하여 라파엘로, 다빈치, 뒤러뿐만 아니라 피에로 디 코시모를 다루고 있다는 점에서 낭만주의의 양면성, 즉 미와 추를 모두 아우르고 있는 것이다. 르네상스 시기의 양면성은 곧 낭만주의의 양면성을 시사하는바, 즉 한편으로 조화와 통일에 대해 꿈꾸는 아름다운 특성을, 다른 한편으로 부조화, 기괴함, 죽음 등을 그려내는 어두운 특성을 모두 포함하고 있는 것이다.

4. 예술의 절대성에 대한 비판적 성찰?

『심정토로』의 서술자인 수도승은 여러 대목에서 예술의 절대성을 더욱더 절절하게 외치고 있다. 이는 예술의 효용성과 현실성을 주장하는 이들의 비판을 어느 정도 인식하는 가운데 스스로를 옹호하려는 선제적 방어일 수 있다. 서술자는 현실에서 예술을 "감각의 기계 장치"로 이용하려는 경향, 나아가 인간을 등한시하고 기교만이 팽배한 예술의 세속화 경향 등을 비판하고 나선다.

> 나는 우리 시대가 예술을 경박한 감각의 기계 장치로만 이용한다고 말해야 하는 것이 괴롭다. 왜냐하면 예술은 정말로 뭔가 아주 진지하고 고상한 것이기 때문이다. 사람들이 인간을 더 이상 존중하지 않아서 그 결과 예술에서도 인간을 등한시하고, 촛불로 비춰보는 점잖은 색과 온갖

기교를 더욱 우아하다고 생각하고 있는 것인가?[51)]

물론 현실에서 예술이 상업적으로, 세속적으로 악용되는 경향에 대항하여 예술의 '절대적 비의성'(absolute Esoterik)만을 강조할 수는 없다. 그와 같은 점을 의식해서였을까? 서술자는 예술에만 침잠하는 것이 결코 현실적인 해결책이 될 수 없음을 스스로 인정한다. 그렇다고 해서 예술의 거대 담론화, 가령 예술이 인간에게 세계 평화를, 세계에 대한 완전히 지식을 가져다준다는 소위 '휴머니즘적, 계몽주의적 대서사시'의 경향을 서술자가 견지하려는 것은 결코 아니다. 오히려 예술에 거대한 책무와 소명을 부여하려는 시각은 바켄로더의 다른 글에서 다음과 같이 비판되고 있다.

> 예술 감정 속에 완전히 녹아 있는 인간이 인간에게 확고한 평화를 준다고 하는 이성과 세상의 지혜를 완전히 멸시함으로써 스스로 전혀 적응할 수 없게 되는 현상은 불행한 일이다. 세계의 현자는 자신의 영혼을 하나의 체계적인 책으로 간주하며 시작과 끝, 진리와 허위를 단호한 말로써 분리해 낸다. 예술가는 자신의 영혼을 하나의 그림이나 악보처럼 간주하며, 그 어떤 확신을 알지 못하며 제각각 속해 있는 것 모두를 아름답다고 본다.[52)]

스스로 닫혀 있는 예술가의 상황도 불행한 일이지만, 그렇다고 예술가를 세계와 우주에 대한 철학적 능력을 소유한 현자(賢者)처럼 대우할 수도 없다. 확신과 지식을 결여한 예술가는 다만 모든 형상을 아름답게 받아들일 뿐이다. 이처럼 현자와 예술가를 철저히 구분하는 시각은, 곧 예술에 대한 계몽주의적 시각과 낭만주의적 시각 간의 대립을 내포하고

---

51) Ibid., pp. 184~185(93~94쪽).

52) Wackenroder, Phantasien über die Kunst für Freunde der Kunst, p. 335.

있다.

물론 예술이 무조건 찬양되는 것은 아니다. 바켄로더의 다른 글에는 예술의 양면성이 언급되어 있는데, 그 하나는 수용자를 무기력하고 비활동적으로 만드는 측면이고 다른 하나는 환상에 사로잡힌 이기적인 사람으로 만드는 측면이다. 물론 이러한 양면성은 어쩌면 동일한 특성일 수도 있다. 왜냐하면 비활동적인 인간은 자신의 환상에 사로 잡혀 있는 이기적인 인간이 될 수 있기 때문이다. 다음과 같은 대목에서는 그와 같은 예술의 양면성을 한편으로는 "달콤한 과즙"의 열매로, 다른 한편으로 "기만하고 허위적인 미신"으로 부연하고 있다.

> 예술은 유혹적인 금지된 열매와도 같다. 그 열매의 가장 안쪽에 있는 아주 달콤한 과즙을 한 번 먹어본 사람은 활동적인 생활 세계에서 버림받게 되며, 이는 돌이킬 수 없는 일이다. 그는 자기 고유한 향유 속으로 점점 더 기어 들어가며, 자신의 손은 동료 인간에 이롭게 작용할 수 있는 힘을 완전히 잃게 된다. - 예술은 기만하고 허위적인 미신과도 같다. 우리는 예술에서 가장 궁극적이고 내면적인 인륜성을 우리 앞에 두고 있다고 생각하지만, 예술은 이기적이고 스스로에만 만족하는 생각과 감성 – 이것들은 생활 세계에는 무익하고 아무 쓸모도 없을 뿐인데 - 이 녹아 있는 그런 인간의 아름다운 작품만을 우리에게 밀어 넣어줄 뿐이다. 나 같은 바보 멍청이는 그런 작품을 신이 만들어 놓은 인간들보다 훨씬 지고한 것으로 높이 간주하고 있구나.[53]

예술이 기본적으로 무용한 향유만을 조장하고 또한 "허위적인 미신"과도 같은 환상 세계 – 이는 플라톤이 비판한 예술의 가상(Schein) 특성과 관계하는데 – 를 펼친다는 것인데, 이는 흡사 현실주의자와 실용주의자들이 흔히 예술에 가하는 비판의 목소리와 너무 닮았다. 그런데 이러

53) Ibid., p. 332.

한 대목은 예술 자체의 냉소적인 자기비판적 성찰이며 동시에 예술 자체를 보호하려는 선제적 자기 방어일 수도 있다. 다음과 같은 대목에서는 예술에 대한 비난이 더욱 혹독하게 가해지고 있다.

> 예술적 감정의 순진무구한 열매 속에 내적으로 숨겨 있는 것은 바로 치명적인 독이다. 그것은 다음과 같은 것이다. 즉 예술이 영혼에서 굳건하게 성장해 온 인간 감정을 – 가장 신성한 내면에서 벗어나 대담하게도 – 어머니 같은 토대에게서 빼앗아 내고는, 그 낚아챈 인공적으로 만들어진 감정들로써 파렴치한 상공업을 행하며, 인간의 본래적인 자연 본성을 파렴치하게 놓쳐 버린다는 것이다. 이는 곧 다음과 같은 식인데, 즉 예술가가 배우가 된다는 것이다. 가령 자신의 무대를 진실한 전형 및 표준 세계로, 세계의 옹골찬 열매로 간주하고, 일상적인 실제의 삶은 단지 쓸모없는 짜깁기된 모방으로서, 나쁜 껍데기로만 간주하는 그런 배우 말이다.[54)]

"치명적인 독"으로 작용하는 예술, 즉 "인공적으로 만들어진 감정들로써 파렴치한 상공업을 행하며, 인간의 본래적인 자연 본성을 파렴치하게 놓쳐 버린다"는 대목은 근대 이후 더욱더 횡행하는 현상, 즉 인공미와 상업성이 예술 내로 침투하여 서로 결합하는 경향을 말한다. 이러한 예술은 잘못된 이분법을 낳는다. 즉, 자신의 인공적 예술 세계만이 진정성을 지니고 일상 세계는 "쓸모없는 짜깁기된 모방"이라는 식의 이분법이 그것이다. 결국 "유미주의로까지 상승된 예술의 자율성의 애매성과 낭만적 예술종교의 좌절"을 선취하는 가운데 "이 세상의 비열한 천박함과 타고난 심미적 도취 사이에서의 모순"[55)]에 시달리는 예술가의 모습을 엿볼 수 있다.

---

54) Ibid., p. 334.

55) E. Müller, Religion/Religiosität, in: Ästhetische Grundbegriffe, p. 249.

이와 같은 예술과 예술을 둘러싼 사회적 환경 등에 대한 회의적 성찰과 비교해 보면, 『심정토로』에서 파악된 르네상스 시대의 아름다운 예술미야말로 현재적 경향과는 전혀 다른, 꾸밈없는 진정한 완전성을 지닌 것으로 해석될 수 있다. 비록 서술자 수도승이 음악가 베르크링거의 목소리를 통해서 다음과 같이 예술에 대한 비관적 회의를 간접적으로 제시했음에도 말이다.

> 왜 예술은 그렇게 기묘하고 특이한가? 예술은 아마도 나에게만 그렇게 신비한 힘을 끼치고 다른 사람들에게는 단지 감각적인 즐거움을 일으키고 기분 좋은 시간을 보내도록 하는 것이 아닐까? 만약 예술이 모든 사람들에게는 아무 것도 아니고 나한테만 뭔가 중요한 것이라면, 도대체 예술은 실제 무엇이란 말인가? 이 예술을 자신의 목적 전체이자 가장 중요한 일로 삼아서, 그 예술이 인간의 감성에 위대하게 작용하는 수천 가지의 아름다운 것들에 자부심을 느끼는 것은 너무 불행한 생각이 아닐까? 현실 생활에서 카드놀이나 각종 심심풀이와 다름없는 역할을 하는 그런 예술에?[56]

다시금 예술에 대한 이중적인 관념이 펼쳐지고 있다. 즉, 예술은 예술가 같은 소수의 특정한 이들에게만 특별한 것으로 여겨질 뿐, 일반 대중에게는 일종의 기분전환, 여가 소비의 수단으로 여겨지고 있는 현상 말이다. 예술은 그 자체로 특별한 것이지만, 그렇다고 해서 보편적인 것(사회, 대중, 현실)으로부터 벗어날 수 없다. 그러나 예술이 보편적인 것이 되는 순간 예술은 자신의 특별한 고유성 및 자율성을 상실할 수 있게 된다. 앞서 언급한 바 있듯이, 『심정토로』에서는 '르네상스'라는 지나간 시대를 통해 예술이 자신의 특별함을 간직할 수 가능성이 강조되고 있다면, 이와 달리 글의 2부 「음악가 요셉 베르크링거의 이상한 음악적 삶」

---

56) Herzensergießungen, p. 244(218쪽).

과 『심정토로』의 속편 『예술에 관한 상상들』 등에서는 예술의 특별함에 대한 회의적인 시선과 함께 예술과 현실 간의 모순적 연계성이 모색되고 있다. 사실 수도승과 베르크링거는 각기 그림을 바라보는 '수동적 관찰자'와 음악을 작곡하고 지휘하는 '능동적 생산자'라는 서로 다른 위치에서 예술을 찬양하는 시각과 현실 세계에서의 예술의 무력함(혹은 치명적인 독)을 드러내는 부정적인 시각을 취하고 있는데,[57] 이러한 양면성은 예술의 자율성, 절망과 고독에 사로잡힌 생산주체로서의 예술가 등과 관련하여 종합적으로 다음과 같이 설명될 수 있다.

> 종교와 관련하여 종교의 사적인 심미화에 해당되는 것이 예술과 관련해서는 자기 자신을 위한 예술적 생산을 뜻하며, 이는 자기목적으로서의 비의적 전문성과 관심으로까지 나아간다. '신적인 것' 대신에 이제 예술에서는 고통 받는 예술적 주관성이 표현되며, 이는 그 자신에서 자신을 소진시킨다. (…) 바켄로더는 예술을 경배하는 길을 걸어가다가 다음과 같은 점을 발견하게 되는데, 즉 소망된 고양과 구원이 그 정반대로서, 즉 비극적 고독과 좌절로서 현실화되고 있는 것이다. 신을 찾았던 곳에서 그는 고독한 인간으로서의 자기 자신을 발견한 것이다.[58]

예술의 자율성과 고독한 주체로서의 예술가 사이에서의 부유라고 할 수 있는데, 이를 다르게 표현하자면 『심정토로』와 『예술에 관한 상상들』 등의 서술자들, 그리고 글의 저자인 바켄로더, 티크 같은 낭만주의 예술가들은, 후에 보들레르가 규정한 예술의 양면성인 '영원성과 시대성' 사이에서 부유하는 모습을 취했던 것이다. 이러한 양상은 한편으

---

57) 두 인물의 차이점에 대한 분석은 다음을 참조할 것(Marco Rispoli, Kunstreligion und künstlerische Atheismus. Zum Zusammenhang von Glaube und Skepsis am Beispiel Wilhelm Heinrich Wackenroders, in: Kunstreligion, Bd. I: Der Ursprung des Konzepts um 1800, hrsg. v. Albert Meier u.a., Berlin/New York 2011, pp. 115-134).

58) Wolfgang Heise, Weltanschauliche Aspekte der Frühromantik, in: ders., Realistik und Utopie. Aufsätze zur deutschen Literatur zwischen Lessing und Heine, Berlin 1982, p. 245.

로 '예술에 대한 도취와 성찰'이라는 모순적 특성 자체를 예술적으로 연출해내고 있고 있다는 의미로, 다른 한편으로 아직은 그 모순적 특성을 극복하지 못한 인식의 딜레마에 머물고 있다는 의미로 부연된다. 낭만주의 작품 내의 서술자들 내지는 글의 저자들은 '특별한 것으로 존재하는 예술이 곧 사회적이다' 내지는 '자율적으로 존재하는 예술이 곧 참여적이다' 라는 식의 변증법적 인식을 토대로 예술의 특성을 규정했던 아도르노의 시각에는 아직 도달하지 못했던 셈이다.

CHAPTER 05

"소설의 이론은 그 자체 하나의 소설이어야만 합니다"

– 프리드리히 슐레겔의 『루친데』

CHAPTER 05

"소설의 이론은 그 자체 하나의 소설이어야만 합니다"
– 프리드리히 슐레겔의 『루친데』

1. 들어가는 말

독일 초기낭만주의를 주도했던 프리드리히 슐레겔은 수많은 이론적 글을 발표했음에도 불구하고 문학작품으로는 소설 『루친데』(Lucinde, 1799)와 비극 『알라르코스』(Alarcos, 1802)만을 남겼다. 물론 창작과 이론, 작품과 비평 간의 경계를 해체시킨 슐레겔의 관점에서는 작품, 이론, 창작, 비평 등 모든 것이 포에지로 간주된다. 그렇기 때문에 흔히 말하는 '순수한 문학작품'의 존재 여부에 따른 작가의 자질 논의는 그리 중요하지 않은 셈이다. 예를 들면 「아테네움」의 수많은 단편들이나 『포에지에 관한 대화』(1800) 같은 글은 포에지에 관한 다양한 이론적 단초들을 담고 있지만 동시에 "단편은 작은 예술작품처럼 주변 세계와는 완전히 분리되어 있어야 하며 하나의 고슴도치처럼 그 자체 완성되어 있어야만 한다"[1]는 슐레겔의 언술이 말해주듯이 이미 그 자체 포에틱한 작

1) F. Schlegel, KA, Bd. II, p. 197.

품이기도 하다. 어쨌든 전통적인 의미에서의 완결된 창작 작품으로는 단지 한 편의 소설밖에 없는데, 그렇지만 그 한 편의 소설마저도 '소설적'이라기보다는 이론적인 글이라고 판단될 경우 슐레겔은 결국 예술 이론 및 평론을 즐긴 문학비평가 및 문학이론가로 간주되어야 함이 더욱 적절할 듯싶다. 낭만주의 작가들이 대체로 포에지에 대한 새로운 이론을 정립하는 데 주력했던 까닭은, 고전주의 작가들과는 다른 의미에서의 포에지를 염두에 두고 있었고 이를 위해서는 새로운 이론적 정당성을 구축할 필요가 있었다고 보았기 때문이다. 그런 점에서 대부분의 작품은 새로운 문학 이론의 시각에서 집필되었다고 해도 과언은 아니다. 사실 18세기 말엽에는 괴테, 실러 같은 고전주의 작가들이 소위 '문단 권력'을 장악하고 있었고 그러한 상황에서 새로운 형식의 낭만주의적 작품(즉 이론과 창작)을 발표하기가 쉽지 않았을 것으로 짐작된다. 당시 「호렌」(Horen)이라는 문학잡지를 주도했던 실러는 막강한 편집 권한으로 모든 작가의 원고 게재 여부를 판정하는 권력을 쥐고 있었으며, 그 결과 그의 취향을 따르지 않은 신인 작가들은 새로운 성향의 글을 발표할 기회를 전혀 갖지 못했다. 따라서 현대적이고 논쟁적 문체를 선호한 젊은 낭만주의자들은 자신들의 새로운 관점과 포에지에 대한 글을 자유롭게 발표할 수 있는 지면이 필요했으며, 이것이 곧 낭만주의의 산실인 잡지 「아테네움」의 창간 배경으로 작용한다.[2] 슐레겔의 『루친데』도 그런 맥락에서 포에지의 새로운 이론, 새로운 형식적 실험 등에 대한 욕구에서 만들어진 작품이라고 할 수 있다.

소설 『루친데』의 제목과 부제는 서로 어긋나 있다. 소설 제목은 율리우스와 결혼하여 가정을 꾸리는 여인 루친데를 주인공을 삼고 있지만,

---

2) 실러와 낭만주의, 「호렌」과 「아테네움」 간의 대립에 관해서는 다음을 참조할 것(Günther Oesterle, Schiller und Romantik. Eine kontroverse Konstellation zwischen klassizistischer Sympoesie und romantischer Sympolemik, in; F. Schiller und der Weg in die Moderne, hrsg. v. Walter Hinderer, Würzburg 2006, pp. 401-420).

프롤로그 이후의 소설 내 전체 제목은 "어느 미숙한 남자의 고백"이라고 씌어 있다. 즉, 남성 작가인 율리우스라는 화자에 의해 전개되는 소설이다. 전체 제목의 "여성 이름"과 세부 내용의 주인공을 암시하는 "남자의 고백"은 언뜻 모순을 이루고 있는 셈이다. 이처럼 제목과 내용 간의 모순적 형식과 마찬가지로, 루친데(Lucinde)라는 이름의 기표도 모순적 의미를 띤다. 루친데라는 말의 어근은 빛이라는 뜻을 지닌 라틴어 "lux"이다. 그렇다면 소설 『루친데』는 빛과 어떤 관련을 맺고 있는 것일까? 17-18세기 학문적 담론에서 빛은 계몽주의 담론과 밀접한 관계를 맺는데, 즉 빛은 무엇보다도 정신, 진리, 계몽 등에 대한 은유로서 사용된다.[3] 따라서 빛의 의미를 지닌 여성 이름의 소설 『루친데』는 언뜻 계몽주의적 소설처럼 여겨질 수도 있다. 그러나 소설은 계몽주의와는 정반대의 내용을 담고 있다. 가령 진리, 이성, 정신을 중시하는 18세기 계몽주의 담론에서는 육체적, 감각적, 감성적 사랑은 철저히 부정적으로 인식되었다. 이러한 맥락하에서 『루친데』는 계몽주의적 담론에서 빗겨나 있는 소설일 뿐만 아니라 루친데의 빛은 다른 측면을 조명하고 있다. 그 새로운 조명은 두 가지 의미로 파악된다. 그 하나는, 육체, 감각, 감성 등과 관련하여 "쾌락의 더욱 드높은 감상력"(jenen höhern Kunstsinn der Wollust) 내지는 "감정의 전류"(Elektrizität des Gefühls) 등으로 부연되는 소위 "육체의 느낌"(Empfindung des Fleisches)으로의 전환이다.[4] 물론 감성, 육체, 감각의 해방은 남성과 여성의 구분 없이 모든 인간들에게 적용되는 측면이다. 다른 하나는, '육체의 느낌' 이외에, 남성과 여성에 대한 종래의 이분법적 구분을 지양하는 것이다. 가령 오성과 이성의 능력을 오로지 남성의 지적 능력으로만 파악하는 계몽주의적 사유에

---

3) H. Blumenberg, Licht als Metapher der Wahrheit. Im Vorfeld der philosophischen Begriffsbildung(1957), in: ders., Ästhetische und metaphorologische Schriften, Frankfurt am Main 2001, pp. 139-171.

4) F. Schlegel, Lucinde, in: KA, Bd. V, p. 21(이하 'Lucinde'로 축약하고 쪽수를 기입함).

서 벗어나 오히려 여성의 지적인 능력이 더욱 강조되는데, 바로 그런 점에서 빛을 뜻하는 '루친데'라는 여성은 감성적 느낌뿐만 아니라 지성, 포에지와 관계된 형상으로 작용한다.

이렇듯 패러다임 전환을 꾀하는 『루친데』는 그 파격적이고 급진적인 내용으로 인해 발표 당시 온당하게 평가받지 못했으며 또한 이후의 수용 과정에서도 기구한 운명을 맞이하였다. 『루친데』를 통해 슐레겔은 기존 소설 장르의 규범을 파괴하고, 도덕적 의식보다는 "육체의 느낌"을 예찬하고, 남성보다는 여성을, 결혼보다는 사랑을 더욱 중시하는 가치전도를 꾀하고 있다. 그런 연유에서 그는 생존 당시 자신의 고향 하노버를 방문했을 때에도 격렬한 반대 여론에 부딪쳤는데, 그 이유는 소설 『루친데』의 작가라는 연유에서였다. 뿐만 아니라 이후 문학사에서도 『루친데』는 거의 언급되지 않거나 고작해야 슐레겔의 유일한 작품이라는 식으로 짧게 거론되곤 하였다. 다른 낭만주의자(노발리스, 티크 등)의 작품들과 비교해서 『루친데』는 전혀 수용의 대상으로 고려되지 않았던 셈이다.

20세기 이후 현대 작가들이 소설의 다양한 형식적 실험을 전개하는 가운데 『루친데』는 부정적인 수용에서 벗어나 새롭게 재평가됨으로써 일종의 소설적 명성, 즉 '사후의 삶'(das Nachleben)을 뒤늦게 얻게 되었으며, 최근에는 소설 장르사에서 아방가르드적 위상을 갖는 소설로서 높이 평가되고 있다. 형식적인 측면에서 『루친데』는 몽타주 수법으로 만들어진 일종의 초현실주의적 작품과도 같으며, 내용적인 측면에서 기존의 도덕적 가치관을 완전히 전복하는 매우 파격적인 소설이다.[5] 이후

5) J. Körner, Neues vom Dichter der 『Lucinde』. Mitteilungen aus F. Schlegels jüngst entdecktem handschriftlichem Nachlaß, in: H. Schanze(Hg.), F. Schlegel und die Kunsttheorie seiner Zeit, Darmstadt 1985, pp. 7~33; H.A. Korff, Geist der Goethezeit, Bd. III, 3. Aufl. Leipzig 1959, pp. 84~96; W. Paulsen, F. Schlegels 'Lucinde' als Roman, in: German Review, 21(1946), pp. 173~190; H. Eichner, Einleitung, in: Kritische Ausgabe in 35 Bänden, hrsg. v. E. Behler u.a., München/Paderborn/Wien 1958~1991, Bd. V; K. K. Polheim, Nachwort zu F. Schlegels 'Lucinde', Stuttgart 1985; Ders., F. Schlegels

1970년대에 들어서 맑시즘적 연구자들도 초기낭만주의의 문학이론을 재해석하는 가운데 맑시즘과 페미니즘 간의 밀접한 연관성을 『루친데』에서 찾아내기도 했다. 양자는 공통적으로 『루친데』를 전통적인 부르주아적, 자본주의적 덕목이었던 윤리, 도덕, 이성, 형식 등을 전복하려 했던 혁명적인 소설로 평가하고 있다. 물론 맑시즘, 페미니즘 같은 정치적 입장과는 별개로 이미 슐레겔 전문가들도 1980년대에 들어서 다음과 같은 분석을 제시하고 있는데, 가령 『루친데』는 "'시민' 사회의 (…) 발전에 대한 저항인바, 즉 인간에게 필연적으로 완전한 정신적, 감각적 자기향유를 앗아가고 나아가 인간의 본질을 분절된 본질로 경험하게끔 하는, 즉 사회의 기계적 작동의 기능적 일부분으로 경험하도록 강요하는 그런 '시민' 사회 말이다"[6] 라는 식으로 소설을 재평가하고 있다. 이러한 사회비판적 측면 이외에도 이 글에서 우선적으로 분석하고자 하는 점은, 『루친데』가 다양한 삶의 편린들을 담은 단순한 교양작품이 아니라 다름 아닌 '소설이론으로서의 소설', 즉 포에지가 자신의 포에틱한 근거를 모색하고 제시하는 '포에지의 포에지'(Poesie der Poesie)라는 메타 차원에서 이해되어야만 하는 혁신적인 소설이라는 측면이다.

2. 부정과 긍정의 수용사

이미 암시한 것처럼, 『루친데』의 수용사를 일견해 보면 긍정적인 수용은 극히 드물고 대체로 부정적인 수용이 지배적이다. 소설 출간시 절친 노발리스조차도 『루친데』에 대해 애매한 평가를 내린 바 있다. 그는

'Lucinde', in: F. Schlegel und die Romantik, ZfdP(Sonderheft) 1969, pp. 61-89.

6) Franz Norbert Mennemeier, Friedrich Schlegels frühromantisches Literatur-Programm, in: Idealismus und Aufklärung. Kontinuität und Kritik der Aufklärung in Philosophie und Poesie um 1800, hrsg. v. Christoph Jamme, Stuttgart 1988, pp. 283-295, esp. p. 284.

당시의 사회적 관습에 비추어보면 소설이 너무 앞서가고 있기에 동시대에는 수용되지 못할 것이라고 예언한 바 있는데, 그 점은 1799년 2월 27일 아우구스트 슐레겔(프리드리히 슐레겔의 형)의 아내 카롤리네 슐레겔(Caroline Schlegel)에게 보낸 편지에서 읽을 수 있다.

> 낭만적 울림에 있어선 부족한 점이 없습니다. 그러나 전체적인 것과 개개의 것이 쉽거나 간단치가 않으며 규범적 잣대에서 정말이지 상당히 벗어나 있습니다. 저는 수용이 원만치 않을 것이라고 예언합니다. 이 소설이 […] 그렇게 앞서가지 않았더라면, - 시민 제도에 따르면 약간 너무 일찍 - 세상의 빛을 보지 않았더라면 좋았을 텐데 말입니다. 10년 안에 사람들은 아마 그 미숙한 자의 고백을, 작가를 위하여 따뜻하고 관대한 마음으로 수용할 것 같지만 지금은 아직 그럴 만한 시기가 아닌 것 같습니다. 젊은이의 가슴을 토로하는 일은 젊은 사람이 아닌 성숙한 남자의 몫이어야만 합니다.[7]

노발리스는 소설이 아직은 긍정적으로 수용되기 어렵다고 조심스럽게 진단하고 있으며, 청년기를 넘어 성숙한 중년이 되는 10년 후쯤에야 작가적 차원에서, 문학적 차원에서 소설의 가치가 인정될 것이라고 예언하고 있다. 노발리스는 낭만주의의 형식미학적 관점에서 소설을 세심하게 평가하고 있는 것이 아니라 시간의 흐름, 다시 말하면 슐레겔과 대중 간의 성숙한 관계가 싹트는 미래 시기에 내맡기고 있는데, 그러나 안타깝게도 10년 후에도 긍정적인 수용은 전혀 일어나지 않았다.

절친의 조심스러운 평가와는 달리 슐레겔에 적대적인 이들은 대단히 과격한 비판의 칼날을 들이댔다. 대표적인 예로는 고전주의 미학을 대변하는 실러의 비판을 들 수 있다. 사실 실러는 당시 젊은이들로 구성된

7) Novalis, Werke, Tagebücher und Briefe, hrsg. v. R. Samuel, München 1978, Bd. I, pp. 689-690.

낭만주의 그룹에 대해 매우 적대적이었고 낭만주의자들 또한 실러에 대해 냉소적이었다. 실러와 낭만주의자들 간의 불편한 관계를 시사하는 유명한 일화로는 실러가 총 425행, 30개 연으로 구성된 「종의 노래 Das Lied von der Glocke」(1799)라는 장시를 발표한 사건을 들 수 있다.[8] 실러의 시에 대하여 낭만주의자들은 그 시에는 소시민적 가정의 가부장적 의식, 즉 남자는 바깥일을, 여자는 가정 일을 담당해야 한다는 식의 전통적인 역할 분담 등이 예찬되어 있다고 조롱하였으며, 그런 반응을 듣고서 실러는 자신이 상당히 모욕당했다는 감정을 갖게 되었다. 그런 맥락을 염두에 두면 슐레겔의 『루친데』에 대한 실러의 부정적 평가는 지극히 사적인 감정에서 촉발된 것으로 추측된다. 그러나 어쨌든 실러의 혹독한 평가는 향후 소설의 수용 과정에서 결정적인 영향을 끼치게 되는데, 실러가 1799년 7월 19일 괴테에게 보낸 편지의 한 대목은 다음과 같다.

> 자신을 더욱 **기괴한 것**으로 그려낸다고 작가가 평소 주장한 것보다 훨씬 더, 모든 서술과 마찬가지로 [...] 그것은(슐레겔의 작품: 역주)은 작가의 특성을 드러내고 있습니다. 여기서도 **영원히 형식 없는 것과 파편적인 것, 그리고 애매한 것과 특성적인 것이 아주 기이하게 결합한 모습**을 볼 수 있는데, 그러한 결합을 당신은 분명 결코 가능하지 않은 것으로 여기실 것입니다. 자신이 문학적인 것에서 얼마나 실패하고 있는지를 느끼고 있기 때문에 그는 사랑과 위트에서 나온 자신의 이상을 스스로에게 부여하고 있습니다. 그는 뜨거운 무한한 사랑의 능력과 끔찍스런 위트를 결합시켰다고 자부하고 있습니다. 그렇게 스스로 구성해 냄으로써 그는 자신에게 모든 것을 허용하고 있습니다. 그리곤 파렴치함을 자신의 여신이라고 천명하고 있지요. [...] **파렴치함은 현대적인 비형식과 비자연의 절정**이며, 볼데마르(1776~1796년 동안 작업한 야코비의

8) 이정희, 실러의 「종의 노래」에 나타난 보수적 시민상, 실린 곳: 인문학지, 충북대학교 인문학연구소, 2012년, 44집, 217~235쪽 참조.

소설 『볼데마르: 자연사의 희귀물』을 가리킴: 역주), 슈테른발트(1798년에 발표된 티크의 소설 『프란츠 슈테른발트의 방랑』을 가리킴: 역주), 뻔뻔한 어떤 프랑스 소설에서 나온 것들이 서로 뒤섞인 혼합물을 읽는 듯한 생각을 갖게 됩니다.[9)]

실러가 사용한 거의 모든 개념은 슐레겔 문학 이론의 핵심 개념을 패러디화한 것임을 한 눈에 알 수 있다. 가령 슐레겔은 포에지란 "형식 없는, 의식 없는"(die formlose und bewußtlose)[10)] 것이라고 정의한 바 있고 또한 "파편적인 것"(das Fragmentarische), "특성적인 것"(das Charakteristische) 같은 개념도 슐레겔이 여러 글에서 낭만주의 – 즉 새로운 현대 문학 – 의 특징으로 사용한 것인데, 실러는 그런 개념들을 노골적으로 차용하면서 『루친데』에 대해 비아냥거리고 있다. 또한 "파렴치함"이라는 개념은 『루친데』 내의 <파렴치함의 알레고리>라는 장의 제목을 염두에 둔 것이며, 이 작품을 프리드리히 야코비(『볼데마르』), 티크(『프란츠 스테른발트의 방랑』), 프랑스 작가들(라 퐁텐, 디드로 등)의 혼합물이라고 실러가 언급한 까닭은 슐레겔이 평소 그 작가들을 긍정적으로 예찬했기 때문이다.

『루친데』에 대한 실러의 비판은 한편으로 거의 인신공격에 가까운 냉소적인 어투를 띠고 있지만, 다른 한편 역설적인 차원에서 향후 현대 미학의 쟁점이 되는 몇 가지 주요 개념과 의미를 건드리고 있다. 사실 현대 미학에서는 완전하고 통일성 있는 예술보다는 형식 없는, 파편적인 예술의 특성이 훨씬 더 강조되고 있는데, 실러의 비판은 그러한 특성을 『루친데』가 선취하고 있음을 우회적으로 알려주고 있는 셈이다. 현대 예술과 미학의 핵심 개념인 '무형식성'(das Formlose) 내지는 '무정형성'(das Amorphe)은 실러, 헤겔, 루카치로 이어지는 소위 이성적이고 합

---

9) Der Briefwechsel zwischen Goethe und Schiller, hrsg. v. E. Staiger, Frankfurt a. M. 1977, p. 781.

10) F. Schlegel, KA, Bd. II, p. 285.

리적인 형식을 내세운 계몽주의적 사유 선상에서는 부정적으로 평가되지만, 바로크에서 시작하여 낭만주의, 상징주의, 표현주의, 아방가르드에 이르는 예술사의 흐름에서는 예술의 새로운 혁신을 알리는 매우 중요한 특성이다. 형식 없는, 의식 없는, 파편적인 형식은 특히 초현실주의 예술이 강조했던 무의식적 글쓰기(소위 '자동기술법'에 의한 글쓰기) 방식과도 긴밀한 관계를 맺는다. 또한 『루친데』 내에서 파렴치함이 예찬되고 있는 점을 들면서 "파렴치함은 현대적인 비형식과 비자연의 절정"으로 나타나고 있다는 실러의 비판은 두 가지 의미를 갖는다. 그 하나는, 실러의 작품에서는 대체로 시민 사회의 문화보수적이고도 현실옹호적인 이념과 도덕관이 우세해 있었다면 이와 달리 『루친데』에서는 시민 사회의 여러 가지 덕성들(아름다움, 예절, 근면 등)을 전복하기 위해 반사회적인, 반도덕적 가치로서 파렴치함이 옹호되고 있는 것이다. 다른 하나는 파렴치함을 예술의 형식적인 측면과 연관 지어 생각해 볼 수 있는데, 고전주의적 형식을 중시했던 실러에게는 『루친데』의 전위적이고 파격적인 형식 자체가 '파렴치하게' 여겨진 것이다.

노발리스의 조심스러운 진단과 실러의 부정적인 단호한 비판이 제시된 18세기 말 이후 『루친데』의 수용사를 보면 거의 실러 식의 수용이 반복되어 왔다. 『루친데』에 대한 헤겔의 비판은 거의 냉소와 비아냥으로 가득하며,[11] 이후 19세기의 문학사에서도 마찬가지다. 가령 청년 헤겔파는 『루친데』를 단호하게 거부하였는데, 거기에는 루게(A. Ruge), 에히터마이어(Th. Echtermeyer), 마이엔(E. Meyen), 프루츠(R. E. Prutz), 벨만(A. Wellmann) 등이 속한다. 이들은 『루친데』에는 "실제적인 것의 파괴"(Zerstörung des Wirklichen), 다시 말하면 현실적이고 실제적인 것을 도외시한 채 예민한 지성인의 감수성만으로 가득하다고 비판하였다. 뒤

11) Hegel, Grundlinien der Philosophie des Rechts, in: Werke, Bd. 7, § 158, § 161, § 164, § 167, Zusatz des § 164.

집어 말하면, 그들에겐 "현실적인 것은 이성적이요, 이성적인 것은 현실적이다"라는 헤겔의 시각이 중시되었으며 이러한 시각은 20세기 초 루카치에게도 지속한다. 이념적, 철학적으로 현실 개혁을 외쳤던 독일의 좌파적 비평가들은 아이러니컬하게도 급진적인 예술작품에 대해 전혀 긍정적인 모습을 보이지 않았던 것이다. 이는 머리로만 좌파적일 뿐 실재 현실에서는 철저히 현실순응적일 수밖에 없었던 독일 교양계급의 아이러니라고 할 수 있다.

실러와 헤겔이 소설의 비윤리적이고 파렴치한 내용에 대해 부정적인 반응을 취했다면, 보수적인 비평가인 빌헬름 딜타이(W. Dilthey)는 형식적인 차원에서 부정적인 평가를 내렸다. 그는 『루친데』를 "비윤리적이고 문학적으로 형식 없는"[12] 소설로 간주하였으며, 또한 루돌프 하임(R. Haym)도 슐레겔의 소설에 대해 "미학적 기괴함 ästhetische Ungeheuerlichkeit" 내지는 "미학적 모독행위 ein ästhetischer Frevel"라고 비판한 바 있다.[13] 파격적인 미학적 실험성을 용납하지 않는 보수적인 문학사가들도 소설의 비윤리적인 내용을 비판했던 좌파적 비평가들과 궤를 같이 하고 있었던 셈이다.

이와 같은 부정적인 수용의 역사에도 불구하고 긍정적인 수용이 없지는 않았다. 초기낭만주의를 주도했던 이들로는 노발리스, 슐레겔 이외에도 슐라이어마허가 있는데, 바로 개성, 감성, 관조 등의 종교철학적 관점을 내세운 슐라이어마허는 소설 출간 당시 짧은 단행본 분량으로 『루친데』를 적극 변호해 주었다. 가령 슐라이어마허는 『루친데』에는 육체와 정신, 몸과 마음이 하나가 되는 "거대한 힘의 순간"이 녹아 있다고 예찬하였던 것이다.[14] 슐라이어마허 이외에 하이네도, 다소 이중적인

12) W. Dilthey, Leben Schleiermachers, 2. Aufl., Berlin/Leipzig 1922, p. 530.

13) R. Haym, Die romantische Schule, 4. Aufl,, Berlin 1920, p. 554 & p. 559.

14) Cf. F. Schleiermacher, Vertraute Briefe über die <Lucinde>, in: Schriften aus der Berliner

잣대이지만, 소설의 핵심을 정확하게 짚어낸 바 있다.

> 『루친데』는 하나의 소설로서, 여러 시들과 스페인 작품을 모방한 『알라르코스』라고 불리는 드라마 이외에 프리드리히 슐레겔이 남긴 유일한 오리지널한 창작물이다. [...] 루친데는 소설의 여주인공 이름이다. 그녀는 감성적인 위트 있는 여성이다. 아니 오히려 감성과 위트의 혼합이다. 그녀가 여성이 아니라 위트와 감성이라는 두 개의 추상을 달갑지 않게 결합시킨 것이라는 점, 이것이 그녀의 약점이다. 성모 마리아는 작가가 그런 책을 쓴 것을 용서해 줄지 몰라도, 뮤즈들은 결코 그 점에서 그를 용서하지 않을 것이다.[15)]

『루친데』에 대한 하이네의 평가는 매우 의미심장한 측면을 담고 있다. 물론 부정적인 시각에서였지만 하이네는 무엇보다도 '루친데'라는 여인을 동시대 현실 속의 실제 여성으로 읽지 않고 문학적, 미학적 개념인 '위트와 감성'의 의인화로서 읽어냈던 것이다(물론 "달갑지 않게 결합시킨 것"이라는 말은 하이네의 뛰어난 위트 있는 표현이 아닐 수 없다). 하이네의 '알레고리컬한' 독법은 지금까지 여성 루친데를 포함하여 소설 『루친데』를 오로지 사회적, 현실적인 의미에서만 읽어낸 많은 이들과 차별되는 시각이며, 사실 이 글의 주된 논조도 바로 하이네의 시각에 상당히 빚지고 있다. 『루친데』에 등장하는 인물들이 현실 속의 인물이라기보다는 실은 소설과 관련된 다양한 개념과 이론을 의인화한 형상들로 볼 수 있기 때문이다.

Zeit(1800-1802), hg. v. Günter Meckenstock, Berlin/New York 1988, pp. 139-217.

15) H. Heine, Die romantische Schule, in: ders., Werke, hrsg. v. H. Schanze, Frankfurt am Main 1968, Bd. 4, pp. 210-211.

3. 아라베스크 형식의 소설

이미 시사한 바 있듯이, 소설 『루친데』는 사실 100년 후에 발생한 초현실주의, 그리고 초현실주의를 대표하는 앙드레 브르통의 소설 『나쟈』(Nadja, 1920)와 비슷한 특성을 지닌다. 브르통의 『나쟈』에 대하여 벤야민이 언급한 저 두 가지 특성, 즉 인위적인 "예술소설"(Kunstroman)과 현실적인 "실화소설"(Schlüsselroman)이라는 이중적 특성은 『루친데』에도 그대로 적용될 수 있다.[16] 율리우스, 루친데 등을 비롯한 소설에 등장하는 여러 젊은이들은 슐레겔 자신, 도로테아 바이트(후에 슐레겔과 결혼함), 카롤리네 슐레겔, 노발리스, 슐레겔의 친형 아우구스트 슐레겔 같은 실존 작가들의 삶과 관계된 듯이 보이며, 따라서 소설은 일단 실화소설처럼 읽혀진다. 그러나 철저히 인위적인 예술소설로서 소설의 핵심적인 내용은 포에지의 특성을 논하는 데 있다. 삶의 실화소설과 인위적인 창작물로서의 예술소설이라는 특성은 안과 밖, 허구와 현실이 동시에 존재하는 '문지방'의 양면적 특성을 이룬다. 삶과 문학이 하나가 되는 현상은 특히 낭만주의 여성작가들이 자주 이용했던 '서신 교환' 같은 장르에서 절정에 도달하는데, 즉 서신 교환도 자전적 기록과 문학적 허구 간의 경계가 해체된 불분명한 형식에 다름 아니다.[17] 요컨대, 『루친데』 소설 자체는 허구와 실제 사이의 경계선상에 놓여 있다. 실화적 측면이 표면이고 예술적 측면이 내용인지, 아니면 실화적 측면이 내용이고 예술적 측면이 표면인지 거의 구분할 수 없을 정도로 양자는 오버랩되어 있는 것이다.

---

16) W. Benjamin, Der Surrealismus, in: ders., Angelus Novus. Ausgewählte Schriften 2, Frankfurt a.. M. 1988, p. 203.

17) 낭만주의 여류작가들의 편지 장르에 관한 연구서로는 다음을 참조할 것(Christa Bürger, Leben Schreiben. Die Klassik, die Romantik und der Ort der Frauen, Stuttgart 1990; K. H. Bohrer, Der romantische Brief. Die Entstehung ästhetischer Subjektivität, Frankfurt am Main 1989).

우선 『루친데』의 가장 중요한 문학사적 의미는, 이 소설이 괴테의 『빌헬름 마이스터』에서 시작된 독일 교양소설(Bildungsroman)의 범주에 편입될 수 없다는 것이다. 다시 말하면, 『루친데』는 계몽과 교양의 길을 걷는 특정 주인공을 중심으로 하는 소위 '대서사시'의 전통과는 관계없는 고유한 특성을 지니고 있다. 주인공을 거부하고 소설의 논리적, 체계적 형식을 거부하는 "형식 없는" 반교양소설(Anti-Bildungsroman)의 특성이 제대로 인식될 때 비로소 『루친데』의 가치가 인정될 수 있다. 영웅 같은 주인공 중심의 성장과 발전 과정이 아니라 다양한 작은 형식들이 파편적으로 모여 있는 특성은 마치 주인 없는 상태를 뜻하는 무질서(Anarchie)와 혼돈(Chaos)의 상태와도 같으며, 이것이 곧 문학 이론과 창작에서 초기낭만주의의 미학적 핵심을 이룬다.

『루친데』를 적절하게 이해하기 위해서는 슐레겔의 수많은 단편들 이외에도 그의 소설이론이 가장 잘 드러나는 『포에지에 관한 대화』라는 글을 우선적으로 살펴볼 필요가 있다. 초기낭만주의의 문예잡지 「아테네움」에 발표된 그 글은 모두 4개의 서로 다른 제목과 형식의 글, 그리고 각 글에 대한 중간 토론 등으로 구성되어 있는데, 마치 이질적인 글의 모자이크 같은 인상을 불러일으킨다. 네 명의 친구들이 모여 각자 글을 발표하고 토론을 하는 『포에지에 관한 대화』는 상호텍스트 차원에서 열 명의 청춘 남녀가 모여 십일 동안 각자 매일 한 가지씩의 이야기를 다양한 내용과 형식으로 발표하는 보카치오의 『데카메론』을 상기시킨다. 물론 『포에지에 관한 대화』는 단순한 허구적 이야기의 모음을 보여주는 것이 아니라 마치 슐레겔을 포함한 여러 문인들이 문학 살롱에 모여 자신의 글을 발표했던 당시의 역사적인 사실을 반영하는 듯한 실화소설의 인상을 야기한다. 그렇지만 이러한 역사적인 사실의 진정성은 단지 외적인 것일 뿐 내적으로는 문학적, 유희적 허구와 결합된다. 또한 이론적인 글임에도 불구하고 등장인물이 설정되어 있고 각자 각기 다른 형식과 주제의 글을 발표한 후 서로 토론을 행하고 있기에, 글 전체는 글 자체 내에서 자주 거론되는 소위 아라베스크 형식을 취하고 있는 셈이다. 결국 『포에지에 관한 대화』와 『루친데』는 실화성과 예술성이 서로 결합되어 있다는 점에서 비슷하다.

『포에지에 관한 대화』 내에 실려 있는 「소설에 관한 편지 Brief über den Roman」는 『루친데』의 이해를 위해 매우 중요한 단초를 제공하고 있다. 그 글은 대화 참석자인 '안토니오'라는 인물이 다른 참석자 '아말리아'라는 여성에게 보내는 일종의 편지 형식을 취하고 있다. 발신자와 수신자가 있는 편지 형식이지만 글의 내용은 사적인 감정 전달이나 일상의 경험 전달 같은 통속적인 편지가 아니라 현대, 즉 동시대의 낭만주의 작가가 소설을 어떻게 이해하고 어떤 유형의 소설을 중시해야 하는지를 선언하는 미학적 단상과도 같다.

「소설에 관한 편지」의 핵심 내용은 세 가지로 정리된다. 우선 첫 번째로, 병적인 위트와 개인적인 고백을 늘어놓는 듯한 장 파울(Jean Paul)의 작품을 두고서 안토니오는 "그러한 그로테스크와 고백이야말로 사실 비낭만적인 우리 시대의 유일무이한 낭만적 자연물"[18]이라고 옹호한다. 또한 재치와 유머러스한 기질을 보이는 스턴과 디드로의 작품을 두고서도 "저는 아라베스크를 포에지의 확고하고도 본질적인 형식 혹은 표현 방식으로 간주하고 있다"[19]고 주장한다. 그로테스크, 아라베스크 같은 예술적 형식을 강조하는 가운데 낭만주의가 어떤 작가들로부터 영향을 받고 있는지를 밝혀주는 언술이기도 하다.

두 번째로 '낭만적'이라는 개념 정의를 들 수 있다. 자주 인용되는 유명한 대목, 즉 "제 견해와 언어 사용에 의하면, 낭만적이란 바로 우리에게 감성적 소재를 환상적인 형식으로 서술해주는 것을 말합니다"[20]라는

18) F. Schlegel, KA, Bd. II, p. 330.

19) Ibid., p. 510.

구절을 통해서 낭만적이라는 개념이 정의되고 있다. 낭만적이란 감성적 소재와 환상적 형식의 결합을 뜻하며, 다시금 '감성적'과 '환상적'이라는 형용사의 의미가 구체적으로 규정된다. 감성적이란 일종의 "정신적인 감정"이며, 그런 감정 가운데 가장 근본적인 것은 다름 아닌 사랑이라고 서술된다. 사랑의 개념은 『루친데』의 경우 율리우스와 루친데, 그리고 노발리스의 『하인리히 폰 오프터딩엔』의 경우 하인리히와 마틸데 등을 통해 제시되고 있는데, 여기서 '낭만적 사랑'은 인간 간의 사랑뿐만 아니라 작가와 포에지, 이성과 상상력 간의 관계 등 다양한 주제와 연관된다.[21] 또한 환상적이란 다름 아닌 아라베스크 형식을 뜻한다. 결국 사랑의 소재를 아라베스크 같은 환상적인 형식으로 서술해 내는 것, 그것이 낭만적이며 모든 포에지의 기본 특성으로 정의된다.

> 그렇다면, 감성적이란 도대체 무엇일까요? 그것은 감정이 지배하는 곳에서, 더욱이 감각적인 감정이 아니라 정신적인 감정이 지배하는 곳에서 우리에게 말을 건네는 것을 뜻합니다. 모든 감각적 흥분의 근원이자 영혼은 바로 사랑이며, 낭만적 포에지에서는 그러한 사랑의 정신이 도처에 보이지 않는 모습과 보이는 모습 사이에서 부유해야만 합니다.[22]

세 번째는 소설에 대한 정의다. 낭만주의에서 가장 중요한 점은, 소설 개념이 결코 시, 드라마 같은 장르 개념만을 뜻하지 않는다는 것이다. 「아테네움」 116번 단편에서 제시된 "점진적 보편포에지"(progressive Universalpoesie)가 그렇듯이, 소설도 모든 분리된 장르들을 서로 뒤섞는 포괄적인 포에지 개념과 동일시되고 있다. 안토니오는 "저는 소설이란

---

20) Ibid., p. 512.

21) 낭만적 사랑은 단순히 남녀 간의 사랑에 제한되는 것이 아니라 시인과 포에지 간의 관계로 확장될 수 있다. 이 점에 대해서는 특히 이 책의 <낭만주의와 페미니즘>, <하인리히 폰 오프터딩엔> 등을 참조할 것.

22) F. Schlegel, KA, Bd. II, p. 513.

이야기, 노래 그리고 다른 형식들이 혼합되어 있는 것에 다름 아니라고 생각합니다"[23]라고 언급한다. 다양한 작은 형식의 이야기들이 공존하는 소설 속에서 고백이나 역사적 사실은 마치 진정성을 담보하는 듯이 보이지만, 사실 그것은 오히려 허구를 강화시키는 소설의 포장일 뿐이다. "좋은 소설들의 가장 뛰어난 점은 다름 아닌 작가가 많든 적든 자신을 위장하면서 고백하는 방식이며, 이것이야말로 경험의 이득이며 그의 독창성의 핵심입니다."[24] "위장"과 "고백"의 동시적 작동은 곧 예술(창작)소설과 실화소설이 결합된 것과도 비슷하다. 그렇다면 다양한 형식의 글들이 함께 어우러지는 소설을 두고서 어떤 식의 명명이 가능할까? 이에 대해서 안토니오는 다시금 아라베스크라는 개념을 끌어들인다. "이런 것이 곧 진실한 아라베스크이며, 제가 편지 서두에서 주장한 바 있듯이 고백과 마찬가지로 아라베스크는 우리 시대의 유일무이한 낭만적 자연물이 될 것입니다."[25] 넓은 의미에서 포에지 혹은 소설의 근본 형식은 아라베스크이며, 이러한 점이 『루친데』에도 적용된다. 이 점은 "소설에서 본질적인 것은 바로 혼돈스러운 형식이다 - 아라베스크, 동화 -"[26]라는 슐레겔의 단상을 통해서 뒷받침된다.

이상과 같은 짧은 분석을 염두에 둘 때 『루친데』는 아라베스크 형식의 소설, 다채로운 혼잡으로서의 카오스를 강조하는 소설이론의 맥락에서만 이해되어야만 하는 소설이다. 요컨대, 『루친데』는 '소설 자체의 특성을 논하는 소설', 위에서 언급한 바 있듯이 소설이론을 그 내용으로 삼고 있는 메타소설이다. 이에 대한 결정적인 대목은 「소설에 관한 편지」에서 안토니오가 언급한 "그와 같은 소설의 이론은 그 자체 하나의 소

23) Ibid., p. 515.
24) Ibid., p. 517.
25) Ibid., pp. 516~517.
26) F. Schlegel, KA, Bd. XVI, p. 276.

설이어야만 합니다"[27]라는 언술이다. '소설의 이론 자체도 하나의 소설'이라는 매우 특이한 언술은 『루친데』를 '소설이론의 소설'로서 받아들이도록 우회적인 지침을 내리고 있는 셈이다. 소설이론을 소설 '내에서', 소설을 '통해서' 스스로 성찰해보려는 것, 이와 같은 메타포에틱한, 자기준거적인 소설의 특성은 소설 내에서 율리우스가 향유, 즐김 같은 감각적 쾌락과 관련하여 "나는 향유했을 뿐만 아니라 […] 향유를 향유했다 Ich genoß nicht bloß, sondern […] genoß auch den Genuß"[28]라는 메타성찰적 구절을 통해서도 입증된다. 그것은 '나는 성찰했을 뿐만 아니라 성찰을 성찰한다'라는 패러프레이즈를 가능케 해준다. 이와 같은 다양한 언술은, 슐레겔의 「아테네움」 238번 단상에서 제시된 원칙, 즉 포에지는 모든 질료나 이론적 작업을 예술적 성찰 및 자기 반영과 결합시키고 그 결과 포에지는 다채로운 서술 속에서 자기 자신을 서술해냄으로써 '포에지의 포에지'가 된다는 원칙과 정확히 부합한다.[29]

4. 소설이론의 형상화

『루친데』는 위에서 언급한 '낭만적', '아라베스크' 같은 소설이론의 다양한 양상을 주제화하고 동시에 형상화한 소설이다. 다시 말하면, 다양한 작은 형식들이 서로 공존하고 혼돈스럽게 응집되어 있는 상태는 곧 소설이론의 형상화에 다름 아니다. 그렇다면 『루친데』는 도대체 어떤 맥락과 연유에서 새로운 의미를 획득하는 것일까? 이를 이해하기 위해서는 우선 아리스토텔레스적 시학이론 및 계몽주의적 문학이론이 전제되어야만 한다. 이들 전통적인 시문학에서는 특정 주인공(가령 비극

27) Ibid., p. 516.
28) Lucinde, p. 8.
29) F. Schlegel, KA, Bd. II, p. 204.

이론의 경우 영웅, 귀족 등)을 중심으로 다양한 사건을 일관성 있게, 순차적인 시공간 내에서 서술해내는 방식이 중시된다. 특히 18세기 이후 시민사회의 핵심 장르로 부각한 소설에서도 그러한 전통을 따르는 원칙이 제시되고 있다. 가령 프리드리히 폰 블랑켄부르크(Friedrich von Blankenburg)가 1774년에 발표한 『소설에 관한 시도 Versuch über den Roman』라는 이론서에서는 여성과 여성적 감성이 지배하는 소설이 비판되고 그 대신 남성을 주인공으로 하는 소설이 권장되고 있으며, 또한 주인공의 심리와 교양 과정의 전개는 반드시 원인과 결과(Ursache-Wirkung)의 원칙에 따라 일관되게 서술되어야만 한다고 강변되고 있다. 또한 주제에서 벗어난 여담이나 줄거리에서 벗어나는 성찰 등은 과도한 이상 발육이라고 비판되기도 한다. 블랑켄부르크는 합리적, 논리적 사유에서 중시되는 인과론을 소설의 서술원칙으로 천명하고 있으며 또한 소설의 수용에서도 마찬가지로 유용하다고 밝힌다. "시인이 결과에 대한 특정한 원인을 가리키면서 인물의 내면성을 내게 보여준다면, 그는 여러 오류로부터 나를 보호해 줄 수 있을 것이다."[30] 이와 같은 인과론에 근거한 서술과 수용의 방식은 계몽주의 이후 교양소설을 포함한 근대적 소설 형식(예를 들면 리얼리즘과 자연주의 등의 소설)의 기본 원칙으로 자리잡게 된다.

이러한 소설이론의 전통과 발전을 인지할 때 비로소 슐레겔의 소설이론에서 제시된 '카오스' 내지는 '혼돈'이 얼마나 파격적이고 급진적인지를 이해할 수 있다. 우선 『루친데』는 계몽주의적, 합리주의적 소설 원칙으로서의 인과론을 거부하고 기존 가치를 전도시키는데, 그 점은 연인과의 관계에서 느낀 감정과 경험을 기술하기 위해 화자이자 주인공인

30) F. v. Blanckenburg, Versuch über den Roman, Faksimiledruck der Originalausgabe von 1774, Stuttgart 1965, p. 282. 이에 대한 연구서로는 다음을 참조할 것(Wilhelm Voßkamp, Romantheorie in Deutschland von Martin Opitz bis Friedrich von Blankenburg. Stuttgart 1973).

율리우스가 - 우연을 가능한 한 합목적적으로 제어할 수도 있겠지만 - 근본적으로 '질서에서 벗어나 혼돈 자체'를 있는 그대로 보여주는 것이 가장 합목적적인 것임을 시인하는 대목에 잘 드러나 있다.

> 하지만 교양 있는 애호가이자 작가로서 저는 자연 그대로의 우연을 닦아내어 우연을 목적을 위해 형성해내려 합니다. 그렇지만 나에게 있어, 이 글을 위해서, 그리고 이 글에 대한 나의 사랑을 위해서, 글 자체의 형성을 위해서, 다음과 같은 목적보다 더 합목적적인 목적은 없을 것 같습니다. 즉 우리가 질서라고 명명하는 것을 내가 즉각 파괴하고, 그것을 질서로부터 떼어 놓고 유혹적인 혼돈의 권한을 내 스스로 취하고 행동으로 주장하는 것 말입니다. 우리의 삶과 사랑이 내 정신과 펜에 부여하는 저 소재가 지속적으로 점진적이고 요지부동으로 체계적이기 때문에 그것은 더욱 더 필요합니다.[31]

삶과 사랑을 읊는 소재와 내용을 순차적으로 서술할 수 있겠지만, 그런 줄거리가 형성되면 될수록 형식은 더욱더 혼돈스러울 수밖에 없다는 것, 그렇기 때문에 차라리 혼돈 자체를 보여주는 것이 곧 "나의 의심할 나위 없는 혼돈의 권한"[32]이라고 화자는 강변하고 있다. 이는 『포에지에 관한 대화』에 실려 있는 「소설에 관한 편지」에서 이미 주장되었던 저 테제, 즉 '감성적 소재를 환상적인 형식으로 서술해주는 것이 곧 낭만적'이라고 밝혔던 원칙과 정확히 부합된다. 다시 말하면, 단순히 낭만적 사랑을 담아냈다는 점에서가 아니라 사랑과 관련된 다채로운 감성적 소재를 상상력에서 만들어진 아라베스크한 형식으로 서술해낸다는 점에서 『루친데』는 '낭만적 소설'인 것이다. 물론 낭만적 사랑은 표면적인 것에 머물고 그 이면에는 소설이론이 자리 잡고 있다. 사실 율리우스와

31) Lucinde, p. 9.
32) Ibid.

루친데 간의 낭만적 사랑에 대한 서술도 자세히 살펴보면, 소설의 전반부와 후반부가 변형되어 서술되고 있다. 전반부의 경우 남성과 여성의 차이를 지양하는 가운데 인간 간의 사랑이 강조되고 있다면, 이와는 완전히 다르게 후반부에서는 율리우스와 루친데의 성적, 생물학적 차이를 바탕으로 가령 율리우스는 루친데에게서 '소녀, 여성, 어머니' 같은 역할을 기대하는 등 전통적인 진부한 가부장적 시각을 답습하면서 남녀 역할 분담의 담론을 펼치고 있다.[33] 이러한 소설 전반부와 후반부 간의 대조적인 모습은 마치 슐레겔 자신의 모습, 즉 초기의 진보적인 개신교 입장을 버리고 1808년에 보수적인 가톨릭으로 개종하는 모습을 상기시키는데, 다르게 말하면 1800년 초기 '혼돈'을 중시했던 진보적인 초기낭만주의가 끝나고 '질서', '조화' 등을 내세운 보수적인 후기낭만주의가 태동하는 시대적 정황 등을 암시하는 듯하다. 혹은 형식미학적으로 보면, 전반부와 후반부는 상호 아이러니컬한 관계를 이룸으로써 양쪽이 상반된 대조의 문양을 취하는 아라베스크 양식을 상기시킨다.

이와 같은 소설 내에서 언급된 서술 원칙에 따라 『루친데』 자체는 혼돈의 형식을 취하고 있는데, 그 점은 편지, 에세이, 서사적 이야기, 대화, 메모, 성찰 등 다양한 형식들로 구성된 목차를 통해서 쉽게 알 수 있다.

프롤로그
율리우스가 루친데에게 보내는 편지
가장 아름다운 상황에 대한 열광적 상상
어린 빌헬미네의 특성
파렴치함의 알레고리
한가로움에 대한 전원시
신뢰와 농담

33) 낭만적 사랑 담론의 페미니즘적 단초에 대해서는 이 책의 <낭만주의와 페미니즘>을 참조할 것.

남성의 수업시대

변형

두 개의 편지

하나의 성찰

율리우스가 안토니오에게 보내는 편지

동경과 평온

환상의 애교짓거리

『루친데』가 이처럼 다채로운 형식의 단상들이 모여 있는 혼돈처럼 보이는 까닭은 무엇보다도 전체를 이끌어가는 시간성의 부재 때문이다. 편지가 언제 씌어진 것인지, 언제 성찰과 대화가 전개된 것인지, 그리고 개개 단편들을 연결시켜 줄 시간적 연결 고리 등이 『루친데』에는 부재해 있다. 마치 개개의 단상이 무시간 속에 내던져 있는 듯하다. 소위 순차적이고 연대기적인 시간이 현실의 관습적인 시간 구조라고 할 때, 그러한 "관습적인 시간 구조의 부재 a absence of a conventional temporal structure"[34]로 인해 『루친데』는 혼돈의 모습을 띤다. 소설 형식 내의 시간성 부재는 형식적 차원을 넘어서 역사 의식과도 관계되는데, 즉 낭만주의자들에게는 직선적(단선적) 시간에서 진행하는 삶과 역사가 부정되고 있는 것이다.

그런 혼돈 속에서 흥미로운 점은, 유일하게 <남성의 수업시대>라는 소제목의 글이 율리우스의 발전 과정을 순차적으로 그려내면서 내용과 형식에서 교양소설의 수법을 취하고 있다는 것이다. 물론 혹자는 <서론>을 제외할 경우, <남성의 수업시대>를 중심으로 그 앞과 뒤에 각각 여섯 개의 단편들이 놓여 있기 때문에 은밀한 체계적인 구성이 소설 내에 존재한다고 밝히면서 "혼돈스런 체계" 혹은 "비체계적인 체계"라는

34) L. C. Nygaard, Time in Friedrich Schlegel's 『Lucinde』, in: Colloquia Germanica, 13(1980), pp. 334-349, esp. pp. 343-344.

모순적 특성을 강조하기도 한다.[35] 그러나 <남성의 수업시대>는 다른 열 세 개의 단편 및 소설 전체와 아무런 연관성이 없이 독자적으로 존재하고 있을 뿐이며 소설 전체의 혼돈스런 형식에 비하면 사실 큰 의미가 없다. 어쩌면 직선적 시간과 완결한 형식을 띤 <남성의 수업시대>는 그러한 혼돈 속에서 아이러니컬한 대상으로 여겨질 수도 있다. 사실 율리우스는 소설의 화자와 주인공으로 간주될 수 있지만, 소설의 제목은 '루친데'이다. 그리고 남성 주인공에 관한 서사적 이야기는 다양한 단편들 가운데 단지 하나의 단편으로 서술되고 있을 뿐이다. 그것도 앞뒤 다양한 파편적 단상들로 둘러싸인 채 말이다. 소설 전체의 혼돈스런 구성은 슐레겔 자신이 『포에지에 관한 대화』 중에서 「신화에 관한 연설」에서 요청된 저 이성적 체계의 지양 상태를 문학적으로 보여준 것과도 같다. "이성적이라고 생각하는 이성의 진행과 법칙을 지양하고 우리를 다시금 상상의 아름다운 혼돈 속으로, 즉 인간 본성의 본래적인 혼돈 속으로 옮겨 놓는 것이 바로 모든 포에지의 시작이기 때문이지요."[36]

'소설이론도 곧 소설'이라는 특징은 여러 가지 측면에서 읽혀지는데, 무엇보다도 알레고리의 기본 형태인 의인화를 살펴봄으로써 가능하다. 율리우스와 루친데 사이에서 태어난 딸로 짐작되는 빌헬미네의 자유 분망한 특성을 담은 <어린 빌헬미네의 특성>이라는 세 번째 단편의 경우, 그 서술된 언어를 자세히 살펴보면 대부분의 언어가 단순한 아이의 행동 묘사라기보다는 포에지, 소설 등의 특성과 관련된 것임을 알 수 있다. 가령 "그 아이의 밝은 자기만족감"(ihre heitere Selbstzufriedenheit), "아이러니의 아주 활기찬 표현과 함께"(mit dem lebhaftesten Ausdrucke von Ironie), "대단한 익살 그리고 익살에 대한 상당한 감각"(viel Bouffonerie und viel Sinn für Bouffonerie), "서술 예술의 상형문자로"(in den Hieroglyphen der

35) Cf. W. Paulsen, F. Schlegels『Lucinde』als Roman, a.a.O.; H. Eichner, Einleitung, a.a.O.
36) F. Schlegel, KA, Bd. II, p. 319.

darstellenden Kunst), "그 아이는 철학보다는 포에지에 더 많은 소질을 가지고 있다고 나는 생각한다"(Zur Poesie glaube ich hat sie weit mehr Neigung als zur Philosophie), "모든 것을 뒤죽박죽 섞은 낭만적 혼돈 속에서"(alles durcheinander in romantischer Verwirrung), "그렇게 많은 어휘와 형상들, 그것은 모든 부가적 규정이나 인위적인 전환 없이"(so viel Worte so viel Bilder; und das ohne alle Nebenbestimmungen und künstlichen Übergänge), "상상력의 과감한 비약"(jeden kühneren Schwung der Fantasie), "정신, 위트, 독창성"(Geist, Witz und Originalität), "아름다운 무질서 속에 흩뜨려 놓으며"(in schöner Anarchie umherstreute)[37] 같은 다양한 어휘와 표현은 모두 아이러니, 위트, 포에지 등을 규정하기 위해 슐레겔이 「아테네움」 단편에서 빈번하게 사용한 것들이다. 이는 곧 어린아이의 특성 묘사를 넘어서 예술이론 내지는 포에지 이론, 소설이론과 관계하고 있음을 시사한다.[38] 따라서 그러한 특성을 지닌 '빌헬미네'라는 어린아이 이름의 기표가 무엇을 뜻하는지는 쉽게 알 수 있으며, 그에 대한 결정적인 암시는 다음과 같은 대목에 주어져 있다.

> 그래서 나의 삶을 담은 이 작은 소설이 당신에게는 너무 절제 없는 것으로 비추어질지도 모르겠어. 그렇지만 이 소설을 한 어린아이라고 생각해 주길 바래. 그리고 어머니의 참을성 많은 마음으로 이 소설의 방종을 견디어 주길 바래. 또한 소설에 의해 너 자신을 달래 보렴.[39]

---

37) Cf. Lucinde, p. 15.

38) 어린아이의 무해하고 순진한 상태는 고전주의, 낭만주의에서 뿐만 아니라 현재의 철학적 사유에서도 다양한 은유로 사용되고 있다. 『소박문학과 성찰문학에 관하여』에서 실러는 아이와 성인의 대립으로 소박과 성찰, 자연과 문명, 고대와 현대의 차이를 설명한 바 있으며, 『짜라투스트라는 이렇게 말했다』에서 니체는 인간 정신의 세 가지 발전 단계를 낙타, 사자, 아이를 통해서 설명하였고, 데리다도 해체론의 특성을 마치 어린아이의 유희처럼 설명한 바 있다.

39) Lucinde, p. 15.

어떤 선입견에도 구속되지 않는 자유분방한 빌헬미네는 결국 글자 그대로 율리우스의 딸이 아니라 소설(즉 포에지) 자체를 가리키며, 구체적으로는 다양한 형식의 글들이 자유롭게 모여 있는 『루친데』라는 소설 자체를 가리킨다. 이 점은 사실 소설의 <프롤로그>에서도 '아버지와 아들'이라는 은유적 관계를 통해서 작가와 작품의 관계를 서술해주는 구절을 통해 이미 시사되고 있다. "그러나 나의 정신은 나처럼 사랑에서는 넘쳐나지만 포에지에서는 빈약한 나의 아들에게 무엇을 주어야만 할까?"[40] 소설 내의 인물이 단순한 인물이 아니라 소설 자체의 특성임을 말해주는 소설이론의 한 대목으로 작동하고 있다.

생물체나 인간을 통해 추상 개념을 구체적으로 그려내는 의인화가 알레고리의 대표적인 수법에 속한다면, 『루친데』 내의 <파렴치함의 알레고리>라는 제목의 단편은 소설이론의 알레고리적 특성 자체를 드러내주고 있다. 자신을 위트(Witz)라고 명명하는 이는 네 명의 젊은이를 통해 "숫자에 있어서 네 개이며 우리처럼 불멸하는 순수한 소설"[41]을 보여주겠다고 밝힌다. 요컨대, 네 명의 젊은이는 글자 그대로 젊은이의 유형이 아니라 네 가지 소설 형태의 의인화에 다름 아니다. 이미 한스 아이히너(H. Eichner)와 폴하임(K. K. Polheim)도 분석한 바 있듯이, 옷을 입지 않은 채 들판을 뛰어다니다가 나중에 옷을 입고서 강물 속에 뛰어 들어 파도치기를 즐기는 아름다운 젊은이는 "환상적인 소설"(fantastischer Roman)을 뜻하며, 근엄하고 교양을 갖춘 듯한 기사는 "감상적인 소설"(sentimentaler Roman)을, 그리스 식의 옷을 입은 채 잃어버린 재물을 땅에서 찾고 한숨과 함께 부드러운 미소와 입술을 지닌 젊은이는 "철학적인 소설"(philosophischer Roman)을, 마지막으로 우아하고 매력적이며 아주 모던한 듯이 보이는 젊은이는 "심리적인 소설"(psychologischer Roman)을 뜻한다. 슐레겔 전집

---

40) Ibid., p. 3.

41) Ibid., p. 16.

에 실려 있는 수많은 단상적 글을 보면, 슐레겔은 그와 같은 네 가지 형태의 소설에 대한 특징들을 자주 거론한 바 있으며, 바로 거기서 사용된 언어와 네 명의 젊은이를 묘사하는 언어는 기표 차원에서 밀접한 상관관계를 형성하고 있다.

의인화가 소설이론을 시사하고 있다는 점은 이 밖에도 <남성의 수업시대>에 등장하는 다양한 여성 묘사를 통해서도 도출해 낼 수 있다. 율리우스가 다양한 경험과 여성 편력을 경험하고 마침내 루친데를 만나서 아름다운 사랑의 관계에 도달하는 과정을 그려주는 <남성의 수업시대>는, 앞서 언급한 바 있듯이, 슐레겔이 사귀었던 여러 여성들(Caroline Schlegel, Charlotte Ernst, Rahel Levin, Minna Körner, Dorothea Schlegel)을 연상시킨다고 하지만 확실한 증거는 없다. 오히려 특이한 점은, 그 다양한 여상들을 묘사하는 다채로운 언어를 통해 슐레겔의 포에지 이론, 소설이론 등이 암시되고 있다는 것이다. 우선 율리우스가 누이처럼 경외시하고 그녀와는 시민적 관계 속에서 살았다고 하는 여성을 보자. 그녀에게서 질서의 정신이나 일관성을 엿볼 수 있지만, 그럼에도 불구하고 그녀가 이야기를 이끌어 나가는 대화적 능력에서 다름 아닌 "매혹적인 혼돈"을 찾을 수 있다고 한다. "그것은 개개의 착상들과 보편적인 관심, 지속적인 환기와 갑작스런 분산의 매혹적인 혼돈이었다."[42) 『포에지에 관한 대화』뿐만 아니라 이 소설 자체에서도 자주 언급되는 혼돈의 미학이 다시금 그녀의 특성으로 언급되고 있는 것이다. 또한 창녀 리제테(Lisette)를 언급하는 대목에서는 그녀가 현실 이외에 다른 어떤 것에는 전혀 주의를 기울이지 않으며 또한 모든 포에지를 우스꽝스럽게 여긴다고 하는데, 마치 현실주의자인 것처럼 묘사된 그녀에게서 발견되는 중요한 특징은 그녀의 서술 화법이다.

42) Ibid., p. 51.

그녀의 여러 가지 특징 가운데 하나는, 그녀가 그런 경우에는 3인칭으로 자신에 대해 말한다는 것이었다. 이야기할 때도 그녀는 자신을 단지 리제테라고 명명했으며, 글을 쓸 수 있을 때, 자기 자신의 이야기를 쓰고 싶을 때, 마치 그것이 다른 사람인 것처럼 종종 말했다.[43]

이것은 리제테라는 여성의 독특한 화법에 대한 서술을 넘어서 사실 『루친데』 전체에 흐르는 서술 화법과 관계한다. 왜냐하면 소설 전체는 율리우스의 일인칭 화법처럼 읽히지만, 때론 율리우스가 자신을 삼인칭으로 쓰거나 혹은 마치 다른 사람인 것처럼 말하고 있기 때문이다. 또한 <남성의 수업시대>도 그렇다. 율리우스가 자신의 성장 과정을 말하고 있지만 사실은 자신을 삼인칭으로 서술하고 있는데, 결국 리제테의 화법에 대한 서술은 『루친데』 소설 자체의 서술 화법을 이론적으로 시사하고 셈이다.

마지막으로 루친데를 묘사하는 데 있어서도 '낭만적'이라는 언어가 그대로 사용되고 있다. 루친데와 율리우스가 나누는 사랑이 소설의 주된 내용임은 부인될 수 없으며, 또한 이들이 주고받는 소위 낭만적 사랑은 계층이나 남녀 간의 성적 차이가 해체된 진정한 인간의 사랑, "나와 너"의 관계가 수직적인 관계보다는 "타원형적"[44] 관계를 맺는 사랑으로 향해 있으면서 해방적 의미를 지닌다.[45] 그러나 루친데를 특정한 여성 인물로만 파악하는 것은 소박한 시각이며, 이를 뛰어넘는 다른 의미의 가능성이 모색되어야만 한다. 그 점은 다음과 같은 대목에서 찾을 수 있다.

---

43) Ibid., p. 42.

44) E. Behler, Friedrich Schlegel: Lucinde(1799), in: Romane und Erzählungen der deutschen Romantik, hrsg. v. P. M. Lützler, Stuttgart 1981, p. 118.

45) 이에 대해서는 이 책의 6장 <낭만주의와 페미니즘>을 참조할 것.

루친데는 단호하게 낭만적인 것의 성향을 띠고 있었다. 율리우스는 새로운 유사성과 맞닥뜨린 듯 느꼈고 언제나 여러 가지 유사성을 발견하였다. 그녀 또한 일반적인 세계가 아닌 자신만의, 스스로 사유된, 스스로 만들어진 세계 속에 살고 있는 이들 가운데 하나였다. 자신이 진심으로 사랑하고 경외한 것만이 정말로 그녀에게선 실제적이었을 뿐, 다른 모든 것은 아무 것도 아니었다. 그녀는 무엇이 가치를 갖고 있는지 알고 있었다. 그녀 또한 아주 단호하게 모든 고려 사항이나 끈들을 끊어버렸으며 완전히 자유롭고 독자적으로 지냈다.[46)]

단순히 보면 자유롭게 홀로 사는 고독한 여성에 대한 묘사처럼 읽힌다. 그러나 루친데를 묘사하는 언술을 보면, 그 언술은 자율적인 문학에 대한 묘사임을 알 수 있다. 특히 “자신만의, 스스로 사유된, 스스로 만들어진 세계 속에”(in einer eignen selbstgedachten und selbstgebildeten Welt)라는 구절이나 “자유롭고 독자적으로”(frei und unabhängig) 같은 표현은 모두 슐레겔이 낭만적 포에지의 자율성을 논할 때 자주 사용했던 수사적 어법과 동일하다. 결국 루친데는 포에지와 소설에 대한 의인화에 다름 아니다. 이러한 점을 종합해보면, 궁극적으로 율리우스가 여러 명의 독특한 여성들을 만나면서 성장한다는 것은 곧 다양한 형식의 글들이 결합되어 하나의 혼돈스런 작품이 만들어지는 예술적 과정을 비유적으로 설명한 것이다. 이러한 알레고리컬한 서술과 독법의 가능성에 대해서는 슐레겔 전집을 발행하는 에른스트 벨러(E. Behler)가 적절한 분석을 제시하고 있다.

소설 『루친데』는 평소 형용할 수 없는 상태들의 알레고리컬한 서술을 제공하려는 단순한 시도라기보다는 알레고리컬한 예술 형식과 오히려 더욱 밀접하게 연관되어 있다. 왜냐하면 이론과 실제를 아주 밀접하게

46) F. Schlegel, KA, Bd. V, p. 53.

결합해 놓은 이 소설은 바로 알레고리컬한 소설의 이론을 포함하고 있으며 실제 슐레겔 시학의 알레고리컬한 서술로서 해석될 수 있기 때문이다.[47]

슐레겔 시학은 곧 "점진적 보편포에지"로서의 낭만적 포에지를 가리키며, 이 점을 염두에 두면 소설 『루친데』는 그와 같은 낭만적 포에지의 시학을 알레고리컬하게 드러낸 '포에지 자기반영'(Selbstspiegelung der Poesie)의 결과물에 다름 아니다. 혹은 <새로운 신화>에서 요청된 잘 알려진 테제, 즉 "인간 상상력의 근원적 형식"으로서, "인위적으로 잘 정돈된 혼돈"으로서의 "진실한 아라베스크"의 이론이 『루친데』라는 소설 형식을 통해 구체화되고 있는 것이다.[48]

루친데라는 여성으로 자율적 문학의 특성을 서술하는 것 이외에도 문학(포에지) 자체를 이끌어 가는 두 가지 요소인 위트와 아이러니에 대한 서술도 곳곳에서 엿볼 수 있다. 예를 들면 "내적 세계의 여러 정신들을 놀라운 결합을 통해 하나로 융합하는 갑작스럽고 보편적인 투명함의 순간"[49]이라고 언급되고 있는데, 슐레겔의 단편을 잘 알고 있는 독자라면 그러한 언술이 곧 위트의 속성을 가리키고 있음을 알 수 있다. 또한 "모든 삶이 그에게 떠오르고 서로 섞이고 분리되는 아주 심오하고도 완전한 의식의 순간"[50]에 대한 언급도 마찬가지로 아이러니의 속성을 가리키고 있음을 알 수 있다. 그리고 포에지는 바로 그 두 가지 형태(위트와 아이러니), 즉 통합과 분리, 도취와 성찰이 작동하는 것이기도 하다.

47) E. Behler, Friedrich Schlegels <Lucinde>, p. 113. 좀 더 자세히 말하자면, 여성 편력자로서의 율리우스가 다양한 여성을 만나는 과정은 곧 작가로서의 율리우스가 다양한 예술형식을 실험적으로 시도하는 현상을 뜻한다(F. Schlegel, KA, Bd. V, p. 9 & p. 20).

48) 이 책의 2장을 참고할 것. 『루친데』와 새로운 신화의 관계에 대해서는 다음의 논문을 참조할 것(K. K. Pohlheim, Friedrich Schlegels <Lucinde>, Zeitschrift für Philologie 88, 1980, Sonderheft, pp. 73-74).

49) Lucinde, p. 12.

50) Ibid.

이를 소설이론으로서의 소설 『루친데』에 적용하자면, 이 소설에서도 사유의 단편들이 나뉘고 분리되는 순간과 갑작스럽게 서로 섞여 결합하는 순간이 동시에 작동하고 있는 것이다.

5. 현대적인 반교양소설로서의 『루친데』

고전적 형식을 취하지 않는 새로운 전위적인 실험성의 소설은 과거 독일 문학사에서 그리 높이 평가되지 않았으며 현재도 그렇다. 그것은 예술적 결과물이 미학적 기준에 의해서가 아니라 언제나 계몽과 반계몽, 사회와 개인 같은 사회학적, 이념사적, 이데올로기적 시각에 의해서 평가되어 왔기 때문이다. 형식적인 차원에서 현실을 앞서가는 미래 선취적인 소설인 『루친데』가 적합한 평가를 받을 수 없었던 것은 바로 그런 전통적인 관습에 기인한다.

그러한 관습적 시각에서 벗어나 냉정하게 평가할 경우, 『루친데』의 의미는 두 가지로 정리된다. 그 하나는 슐레겔의 『루친데』와 괴테의 『빌헬름 마이스터』라는 두 소설의 형식을 통해서 고전주의와 낭만주의의 차이를 되짚어볼 수 있다는 것이다. 비록 최근 연구에서는 두 사조가 계몽의 이념 선상에서는 서로 동일한 목적을 갖고 있었다고 강조되지만, 두 사조의 차이는 형식적인 차원에서 명확히 존재한다. 어쩌면 완성과 무한성, 닫힘과 열림 같은 식으로 두 사조의 근본적 차이를 밝힌 프리츠 슈트리히(F. Strich) 식의 시각이 여전히 타당성을 지닌다고 할 수 있다.

다른 하나는 좁은 의미에서의 교양소설을 거부하고 새로운 파격적인 형식을 취함으로써 『루친데』는 반교양소설로서 소설 장르의 지평을 넓혀준 획기적인 소설로 평가될 수 있다. 물론 『루친데』뿐만 아니라 노발리스의 『하인리히 폰 오프터딩엔』도 반교양소설에 속하지만, 적어도 형식적인 측면에서 보면 『루친데』는 더욱 명확하게 반교양소설로 분류될 수 있다. 슐레겔 전문가인 폴하임도 지적한 바 있듯이, 슐레겔의 『루친데』는 『빌헬름 마이스터』의 소설 형식보다는 호프만의 『수고양이 무르의 인생관』, 제임스 조이스의 『율리시즈』, 버지니아 울프의 『댈러웨이 부인』, 헤르만 브로흐의 『베르길의 죽음』 같은 소설 형식에 더욱 가깝다.[51] 물론 출판된 시점, 그리고 향후 수용 과정에서 『루친데』가 좀 더 일찍 인정을 받았더라면 아마도 이 소설은 20세기 초 아방가르드적 소설의 형식적 실험을 위한 중요한 근간이 되었을지도 모른다. 뷔히너의 『보이체크』가 개방극(Offenes Drama)의 효시로 간주되듯 말이다. 그럴 경우 『루친데』가 현대 소설들과 유사하기보다는 오히려 그 다양한 현대 소설들이 『루친데』에 빚지고 있다는 식으로 평가되었을 것이다. 이 밖에도 소설이 소설이론을 자신의 내용으로 삼고 있는 메타소설적 방식이 1799년에 시도되었다는 점은 대단히 혁신적인 측면이 아닐 수 없다.

51) F. Schlegel, Lucinde, hrsg. v. und mit einem Nachwort versehen von K. K. Polheim, Stuttgart 1985, p. 112.

CHAPTER 06

"남자인지 여자인지 물어보지 않으면서 사람들이 서로 말을 나눌 수는 없을까?"

– 낭만주의와 페미니즘

CHAPTER 06

"남자인지 여자인지 물어보지 않으면서 사람들이 서로 말을 나눌 수는 없을까?" – 낭만주의와 페미니즘

1. 계몽주의와 남성중심주의

서구 근대 사상의 근원이 18세기 계몽주의라면, 그리고 계몽주의의 목표가 모든 인간 개개인의 자유와 평등을 추구하는 것이라면, 이는 단지 이상(理想)에 불과했을 뿐 실제 역사적 현실에서 계몽주의는 스스로 내세운 이념과 목표와는 완전히 다른 정반대의 길을 걷고 말았다. 인간이라는 보편적인 종(種) 개념과 관련하여 자유와 평등 같은 이상적인 요구가 가능했지만, 구체적인 개개인, 그것도 남성과 여성이라는 생물학적 특성을 지닌 개개인들의 사회적 역할과 관련해서 계몽주의는 여전히 전통적인 위계와 남성중심의 사유에 머물고 있었다. 그런 현상은 프랑스 혁명을 낳은 계몽주의의 영향권 하에 놓여 있던 독일에서 특히 심했다. 1797년 인간의 자연권을 다루는 글에서 피히테는 남성과 여성을 모두 이성과 자유를 소유한 동등한 인간으로 정의하고 있음에도 불구하고 현실적으로 결혼이라는 사회적 제도 내에서는 여성이 남성에게 종속될 수밖에 없다는 견해를 제시하고 있다. "여성이 남성의 의지에 무제한적으로 종속되어 있다는 점이 결혼이라는 개념에는 들어 있다. 이는 법률적인 근거가 아닌 도덕적인 근거에서 그렇다. 여성은 자신의 고유한 명예를 위해서 스스로를 종속시켜야 한다. 여성은 자기 자신에게 속해 있는 것이 아니라 남성에게 속해 있다."[1] 요컨대, 여성은 자유와 평등이라는 계몽주의의 해방적 이념에서 철저히 배제되었던 것이다. '인간적인 것'의 평등을 외쳤지만 결국 그 '인간적인 것'의 현실에서는 여전히 불평등의 원리가 작동하고 있었다. 타자(여성, 유태인, 자연 등)에 대한 억압과 박해를 전혀 극복하지 못한 채 근대의 주도 이념으로서 계몽주의와 '주체의 자기주장'은 현실적으로 반유태주의, 여성에 대한 억압, 자본주의 체제 등과 연관되었고, 나아가 정치적, 심리적인 차원에서 20세기 파시즘적 체제와도 밀접한 연관성을 갖게 되고 말았다.[2]

계몽주의가 현실적으로 여성에 대해 얼마나 무관심했는지를 드러내는 대표적인 예는 칸트에게서도 발견할 수 있다. 「계몽이란 무엇인가」라는 칸트의 저 유명한 글에서 제시된 계몽에 대한 정의를 보면, 무릇 '미성숙'에서 해방된 인간으로서의 자율적, 계몽적 개인은 공적 이성과 사적 이성을 명확하게 구분할 줄 아는 자율적이고 지성적 능력을 지녀야 한다. 그런데 계몽적 인간에 대한 사례로서 그는 오로지 군인, 재무관리인, 목사 등 남성만을 들고 있는데, 그런 남성들만이 "원하는 만큼 합리적으로 사유하라 (…) 그러나 복종하라"라는 명제를 따르는 자율적 인간에 속하는 셈이다. 또 다른 글에서 칸트는 남성의 활동을 공적 영역에, 여성의 활동을 사적 영역에 귀속시키려 했던 사유의 흔적을 남기고

---

1) J. G. Fichte, Grundlage des Naturrechts nach Principien der Wissenschaftslehre, Zweiter Teil oder Angewandtes Naturrecht, Irena & Leipzig 1797, p. 188:"In dem Begriffe der Ehe liegt die unbegrenzteste Unterwerfung der Frau unter den Willen des Mannes; nicht aus einem juridischen sondern aus einem moralischen Grunde. Sie muss sich unterwerfen um ihrer eignen Ehre willen. - Die Frau gehört nicht sich selbst an, sondern dem Manne."

2) Cf. Th. W. Adorno, Dialektik der Aufklärung, Frankfurt am Main 1988(특히 5장 "반유태주의적 요소들: 계몽의 한계"를 참조할 것).

있으며, 나아가 "판단력 비판"이라는 미학적 능력과 관련해서도 여성은 자율적, 심미적 능력을 소유한 주체로 인정되지 않고 있다.[3] 요컨대, 남녀평등 같은 주제에는 전혀 관심을 두지 않은 채 칸트는 단지 "해방 없는 계몽"[4]에 대해 사유하고 있었다. 18세기 수많은 계몽주의의 철학적, 문학적 담론에서는 이 밖에도 다양한 이분법적 구분이 작동하고 있는데, 가령 남성과 여성의 구분에는 지적/감각적, 능동적/수동적, 합리적/감성적, 성찰적/충동적, 밖/안, 필연/우연, 머리/가슴 같은 구분이 함께 했다. 이러한 이분법적 구분은 인간의 자연적 특성이나 능력을 논하는 것처럼 보이지만, 그러한 그와 같은 추상적 개념의 이분화를 근거로 하는 학문적 담론은 동시대의 현실 속에서 남성과 여성 간의 차별화를 정당화하는 이데올로기로 작동한다. 더욱이 대립의 설정 자체 내에는 하나의 중심(능동, 합리, 성찰, 머리 등)이 이미 우월한 위치를 점유하고 있으며, 요컨대 사회적 삶의 영역에서 남성의 우위는 언제나 은밀히 전제되고 정당화되고 있었다. "**자연적인** 여성의 미성숙"을 전제함으로써 "해방의 프로그램에서 여성을 배제"하는 것이 곧 계몽주의의 기본적인 논리였던 셈이다.[5] 다르게 말하자면, 이성의 주체, 자아의 해방은 모두 남성적 주체를 향해 있었을 뿐이었다.

칸트, 피히테와는 달리 동시대 계몽주의의 대표적 작가 레싱(Lessing)은 『에밀리아 갈로티』에서 그와 같은 여성에 대한 동시대의 차별을 비판하는 언술을 제시하고 있다. 매우 복잡한 해석을 요구하는 『에밀리아 갈로티』에서 주인공 에밀리아가 아버지의 명령과 자율적 결단 사이에서

---

3) 이에 대해서는 다음의 연구를 참고할 것(S. Bovenschen, Die imaginierte Weiblichkeit. Exemplarische Untersuchungen zu kulturgeschichtlichen und literarischen Präsentationsformen des Weiblichen, Frankfurt am Main 1979, pp. 220-244).

4) Bernhard J. Dotzler, "Seht doch wie ihr vor Eifer schäumet …". Zum männlichen Diskurs über die Weiblichkeit um 1800, in: Jahrbuch der deutschen Schillergesellschaft, 30. Jg.(1986), pp. 339-382, esp. p. 347.

5) S. Bovenschen, Die imaginierte Weiblichkeit, p. 76.

매우 애매한 모습을 취하고 있다면, 이와 달리 백작 부인 오르시나는 완전히 다른 모습을 취한다. 사실 레싱은 18세기 계몽화된 군주를 이상으로 삼은 동시대 계몽 절대주의를 비판하는 시인으로 해석될 수 있는데, 그런 맥락에서 오르시아는 에밀리아보다 훨씬 더 혁명적인 여인으로 해석될 수 있다. 가령 왕자의 시종장 마리넬리와의 대화에서 오르시나는 "어떤 남자가 자신에게 맞서 독자적으로 사고하려는 여자를 과연 사랑할 수 있겠습니까? 화장하는 남자와 마찬가지로 사유하는 여자도 역겨움을 불러일으키기 마련이겠지요. 여자는 만물의 지배자인 준엄하신 남자 분의 기분을 항상 즐겁게 해주기 위해서 오로지 웃어야만, 그저 웃어야만하겠지요."[6]라고 시니컬하게 비꼬면서 '남성=사유, 여성=화장' 같은 식의 이분법을 해체하는 의미에서 "사유하는 여자", "화장하는 남자"를 외친다. 레싱 작품 내에서 엿볼 수 있는 이러한 급진적인 언술은, 강인함과 부드러움을 각기 남성과 여성에게 부여하던 전통적인 관습적 언술을 전복하면서 '부드러운 남성', '강인한 여성' 같은 언술을 통해 현실사회에서의 '인간의 의미'를 새롭게 모색하고자 했던 낭만주의의 여성관을 선취하고 있다.

계몽주의의 이분법 및 남성중심주의적 사유를 극복하는 차원에서 18세기 독일 고전주의는 여성을 이상화하는 담론과 사유를 제시한다. '이상화된 여성성'의 형상화는 독일 고전주의를 대표하는 괴테와 실러에게 공통적이다. 예컨대 괴테의 『타우리스 섬에서의 이피게니에』에서 이피게니에는 드라마 말미에서 '전대미문의 방식으로' 진리를 고백함으로써 남성들 간의 정치적 투쟁 양상을 포기하도록 만드는 아름답고 순수한 영혼의 소유자로 이상화된다. 그러나 실제 현실에서 괴테는 매우 보수적인 성구분의 역할 분리의 시각을 갖고 있었는데, 가령 여성들의 교육

6) G. E. Lessing, Emilia Galotti, Stuttgart 1984, pp. 55-56.

과 관련된 질문을 받았을 때 그는 '오로지 살림살이에서만 교육시키지요. 당신의 딸들을 요리사로 키우십시오. 그것이 나중에 자신들의 남편을 위해 가장 좋은 일이지요'[7]라고 말했다고 전해진다. 문학적 상상력으로 이상화된 여성상을 창조해 낸 괴테가 현실에서는 정반대의 모습을 보여주었다는 점은 흥미로운 사실이 아닐 수 없다. 또한 소설 『빌헬름 마이스터의 수업시대』에서도 괴테는 동시대의 여성에 관한 담론을 제시하고 있는데, 당시 여성에 대한 인식은 "우리 여성들이 불공평한 대우를 받고 있다. 남자들은 모든 고급 문화를 독점하려 들고, 우리 여성들에게는 학문의 길로 통하는 모든 문을 봉쇄하려 하며, 우리 여성들에게는 노리개 인형이나 가정부 역할로서 만족할 것을 요구한다"[8]라는 식으로 비판적으로 전달되고 있다. 그런데 이러한 새로운 경향에 대항하여 로타리오는 다음과 같이 자신의 의견을 피력한다.

> 남자들은 여성이 차지할 수 있는 최고의 지위에 여성을 모시려 하고 있는 것입니다. 즉, 가정을 다스리는 것보다 더 높은 지위가 어디 있겠습니까? 남편은 집안 바깥의 여러 사정으로 괴로워하고 재산을 만들고 또 그것을 지켜나가야 합니다. (…) 가정 안에 있지 않다면 우리의 가장 가까운 목표들이 대체 어디에 있을까요? 아니, 또 어디에 있을 수 있을까요? (…) 한 여성이 일단 이와 같은 집안의 지배권을 쥐었을 때, 그것을 통해서야 비로소 그녀는 자기가 사랑하는 남편을 주인으로 만드는 것입니다.[9]

이와 같은 로타리오의 시각은 남성의 보수적인 시각을 대변하고 있다. 가정과 여성의 역할을 이상화하는 듯한 시각은 사실 남성을 중심으

---

7) Goethe, Gedenkausgabe der Werke, Briefe und Gespräche, 24 Bde., hrsg. v. Ernst Beutler, Zürich/Stuttgart 1949ff., Bd. 22, p. 16.

8) 괴테, 빌헬름 마이스터의 수업시대 2권, 안삼환 역, 민음사 1996, 645쪽.

9) 같은 책, 646쪽.

로 구축된 가부장적 질서를 강화시키는 것에 다름 아니다. 그런데 여기서 더욱 흥미로운 점은 그러한 로타리오의 시각을 긍정적으로 수용하고 있는 테레제의 이상화된 모습이다. 그녀는 로타리오의 남성적 시각에 대해 다음과 같이 자신의 심경을 밝히고 있다. "제가 그렇게도 존경하는 한 남자의 입에서 저라는 개인이 아니라 제가 타고난 가장 본질적인 성격을 찬양하는 말을 들었다는 것이야말로 제 일생에서 가장 유쾌한 추억이 아닐 수 없죠. 이로 인해 저는 큰 보상감을 느꼈답니다."[10] 여성에 대한 로타리오의 시각은 분명 동시대의 가부장적 담론을 대변하는 것임에도 불구하고 테레제는 자신의 "가장 본질적인 성격"을 발견해 낸 로타리오를 감탄하고 있는 것이다. 물론 이처럼 자신이 그려낸 인물 로타리오, 테레제 등의 모습과 관련하여 괴테의 최종 입장은 정확히 알 수 없지만, 어쨌든 작품에서 인물들은 남성중심주의적 시각을 직간접으로 옹호하고 있는 셈이다.

고전주의 미학에서 여성은 주로 '아름다운 영혼'이나 '우아함'(Anmut)의 소유자로서 형상화되고, 예술은 아름다운 영혼이나 우아함을 담보해 준다. 그 점은 이론적인 글에서도 우회적으로 제시되고 있는데, 가령 실러의 미학적인 글 『소박문학과 성찰문학』, 『인간의 미적 교육에 관한 서신』 등에서는 감성과 지성, 충동과 이성, 자연과 문화, 물질과 형식 간의 상호 대립과 분열을 극복하기 위한 대안으로서 '아름다움'으로서의 '예술적 유희'가 강조되고 있다. 요컨대, 독일 고전주의 미학에서 아름다움(예술), 여성, 자연 등은 이상화 방식을 통해 상호 등가적인 의미를 교환할 정도로 서로 긴밀한 관계를 맺고 있다. 여기서 결정적인 문제점은, 자연과 여성이 지나간 순수한 상태에 대한 기억으로서 혹은 소박함의 이미지로서만 추상적으로 설정되고 있다는 것이며, 또한 "그 자체로 존

10) 같은 책, 647쪽.

재하는" 식의 언술을 통해 초역사적, 초시공간적 의미를 획득하고 있다는 것이다.[11] 그러나 자연과 여성이 동시대의 사회적, 문화적, 역사적 발전에서 어떻게 새로운 역할과 의미를 지니는지에 대한 구체적인 모색 없이 이상화의 논리가 고전주의 미학에서처럼 무조건 관철될 경우, 자연과 여성이 현실 속에서 더욱 소외되고 마는 역설적 현상이 뒤따른다. 또한 자연과 여성을 예술을 통해 이상화하는 관점은 언뜻 긍정적으로 비추어질 수도 있지만, 다른 시각에서 보면 현실 세계에서 능동적이고도 역동적인 역할과 행동을 수행해낼 수 있는 가능성을 사전에 차단하는 일종의 '길들이기'(Domestizierung) 이데올로기로 작용할 수 있다. 그와 같은 이상화에 의한 길들이기 방식에 종속된 예술, 여성, 자연은 결과적으로 스스로 무력해지고, 남성중심적, 가부장적 제도는 정반대로 현실사회에서 더욱더 공고해진다.[12]

독일 고전주의의 정신적 토대인 관념론은 이분법을 해체하고 조화와 통일을 강조하는 것처럼 보이지만 사실은 이분법의 논리를 더욱 강화하고 있음을 곳곳에서 발견할 수 있다. 이에 관한 대표적인 예로는 헤겔의 시각을 들 수 있다. 정신 개념은 철학적으로 이상적인 통일과 조화를 뜻하지만 사실은 남성적 담론의 성격을 띠고 있는데, 그 점은 숭고하고 위대한 정신을 주창한 철학자(헤겔)가 현실적으로는 대단히 보수적인 가부장적인 입장을 취했던 이율배반적인 사실을 통해서도 알 수 있다. 그의 『법철학』에서는 18세기 계몽주의 이후의 근대화 과정을 거치면서 20세기 중반까지 지속된 남녀의 명확한 역할 분담의 담론이 다음과 같이 서술되어 있다.

11) S. Bovenschen, Die imaginierte Weiblichkeit, pp. 244-256.

12) Barbara Becker-Catarino(Hg.), Schriftstellerinnen der Romantik. Epoche-Werke-Wirkung, München 2000, p. 52.

> 여성은 교양을 갖출 수 있지만, 그러나 여성은 고도의 과학과 철학, 그리고 보편성을 요구하는 예술적 생산 등에 적합하지 않다. 여성은 단순한 착상, 취향, 우아함을 가질 수 있지만 이상(理想)을 갖지는 못한다. 남성과 여성의 차이는 동물과 식물의 차이이다. 동물은 남성의 특성에 적합하며, 식물은 여성의 특성에 적합한데, 왜냐하면 여성이란 감성의 불투명한 통일성을 그 원칙으로 삼고 있는 조용한 움직임이기 때문이다. 만일 여성이 국가 정부의 수반의 자리를 오를 경우 국가는 위험에 처하게 되는데, 왜냐하면 여성은 보편성의 요구에 따라 행동하는 것이 아니라 우연한 애정과 생각에 따라 행동하기 때문이다.[13)]

철저한 이분법적 역할 분담의 논리, 즉 과학적인 것(철학, 예술)과 비과학적인 것, 동물과 식물, 보편성과 우연성 같은 이분법을 통해 남성과 여성을 철저하게 분리하는 헤겔의 시각에는 남성을 중심으로 한 가부장적 사유가 '이미' 전제되어 있다. 벤하빕(S. Benhabib)은 헤겔 철학의 특징을 다음과 같이 정리하고 있는데, 요컨대 "플라톤과 아리스토텔레스처럼 헤겔은 개별성, 관조, 소극성을 여성에게, 보편성, 개념적 사유, '자의식적 힘' 같은 능동적 행위를 남성에게 귀속시키고 있을 뿐만 아니라 그 점을 넘어서 다른 여타 종과는 구분되는 인간의 모든 특성을 남성에게서 찾고 있다."[14)] 이러한 이분법이 정치 영역에서 작동할 경우 가령 애국주의, 보편성, 이상 같은 개념들이 남성의 역할과 활동을 보장해 주는 중요한 장치로 작동하게 된다. 이러한 전제로 인해, 헤겔은 여성이 정치 영역에서 지도력을 발휘할 경우 국가가 위기에 처할 수 있다는 어처구니없는 남성중심주의적 시각을 내보이게 된다(여성이 수상과 대통령 등으로 정부를 이끌어나가는 현대의 국가의 수반으로 활동하는 점을

---

13) Hegel, Grundlinien der Philosophie des Rechts, in: Werke, Bd. 7, pp. 319-320.

14) 헤겔 철학을 페미니즘적 시각 하에서 비판적으로 읽어 낸 흥미로운 글은 다음을 참조할 것(Seyla Benhabib, Selbst im Kontext. Kommunikative Ethik im Spannungsfeld von Feminismus, Kommunitarismus und Postmoderne, Frankfurt am Main 1995, p. 265).

떠올려보면 헤겔의 시각이 얼마나 전근대적인지를 쉽게 알 수 있다). 또한 사랑과 결혼의 관계에서도 헤겔은 주관적인 사랑 자체보다는 그 사랑이 현실의 객관적인 제도화(결혼)로 전환될 때 비로소 사회적으로 정당화될 수 있다고(즉 주관과 객관이 하나가 될 수 있다고) 강조하는데, 그렇기에 사회의 객관적 제도로서의 결혼은 곧 "국가의 신적인 혹은 영웅적인 건립 계기 중 하나"[15]로 해석되고 옹호되고 있는 것이다. 요컨대, '결혼-국가-남성' 간의 밀접한 연관성이 형성된다. '이성적인 것으로서의 현실적인 것, 현실적인 것으로서의 이성적인 것'을 중시하는 헤겔의 시각은 결혼이라는 사회 현실적 제도의 승인 없이 오로지 상호 주관적인 사랑하는 마음으로만 함께 살아가는 이들을 용인하지 않았던 것이다. 이러한 헤겔식의 시각은 후진성에서 벗어나지 못한 19세기 독일의 생활 세계와 학문 세계에 지배적이었고, 그로 인해 독일은 일찍이 헬무트 플레스너(Helmuth Plessner)가 명명했듯이 정치, 사회, 문화 차원에서 "지체된 국가"(verspätete Nation)로 머물고 만다.

2. 계몽주의와 낭만주의

이상과 같이 지성, 정신 등을 중시하는 계몽주의적-관념론적 담론이 남성중심주의적, 가부장적 이데올로기와 결탁되어 있었다면, 18세기 후반에 형성된 낭만주의는 그와 같은 지배 담론에 대항하는 정반대의 사유와 실천적 요청을 내세웠다. 이를 위해서 낭만주의는 무엇보다도 남성과 여성에 대한 전통적인 시각, 즉 남성을 국가, 정치, 지성(이성), 정신, 동물성, 능동성 같은 맥락에, 여성을 가정, 교육, 감성, 육체, 자연, 식물성, 수동성 같은 맥락에 위치시키는 기존의 이분법적 관점을 전복

15) Hegel, Grundlinien der Philosophie des Rechts, p. 320.

시킨다. 특히 슐레겔을 비롯한 낭만주의자들은 칸트, 실러, 헤겔 등으로 이어지는 독일 계몽주의와 관념론에서 엿보이는 남녀구분, 역할구분 같은 보수적인 시각, 즉 '여성은 가정과 유아 교육의 일에 충실하고 남성은 사회적 영역에서 자신의 힘과 능력을 펼쳐야 한다는 시각'에 매우 적대적이었으며, 이는 「여성의 품위」, 「종의 노래」 같은 실러의 시에 대한 낭만주의자들의 강력한 비판에서 도출된다.

계몽주의를 비판하는 낭만주의에 관한 아주 간단하고도 눈에 띄는 예로는 '프로메테우스'라는 신화적 형상에 대한 재해석이다. 르네상스 이후 18세기까지의 학문적, 예술적 담론에서 프로메테우스는 빛(즉 진리)의 전달자로, 계몽의 형상으로서 긍정적으로 수용되었지만, 낭만주의는 프로메테우스를 부정적으로 해석하고 나선다. 슐레겔의 소설 『루친데』에서 프로메테우스는 '노동의 화신'으로 비추어진다.

> 교육과 계몽을 만들어낸 프로메테우스가 아니다. 그에 의해서 그대들은 스스로를 결코 평온할 수 없게끔, 그대들 자신을 항상 재촉하게 되었다. 그 결과 평소 해야 할 일이 없을 때에도 그대들은 진부한 방식으로 인물들을 찾으려 하거나 혹은 그대들 누구나 다른 이를 목격하거나 탐구하고 싶어 하지. 그런 시작의 행위는 비열하다. 어쨌든 프로메테우스는 인간을 노동으로 유혹했기에 그는 자신이 원하든 원치 않든 일을 해야만 한다. 그도 지루함을 갖고 있을 터이지만 결코 자신의 구속에서 벗어나 자유로워지지 않았을 것이다.[16]

빛의 은유에 함의된 계몽, 교육, 진리 등을 넘어서 빛과 노동(자본) 간의 연관성 속에서 지칠 줄 모르게 일하는 형상이 프로메테우스이며, 이는 곧 진보의 역사 담론과 연관된다. 아도르노, 벤야민 등이 후에 밝혔듯이, 계몽, 노동, 억압 간의 상관 논리가 신화적 형상(가령 오디세우

16) Lucinde, p. 29.

스)[17]에도 이미 드리워져 있다는 관점은 이미 낭만주의에서도 제시된 것이다. 위에서 서술된 "인간을 노동으로 유혹했기에 자신이 원하든 원치 않든 일을 해야만 하는"[18] 프로메테우스 형상에 대한 슐레겔의 비판적 인식은 곧 자본주의적 구조에 대한 비판과 연관된다. 또한 소설 내의 다음과 같은 대목에서는 프로테메우스가 "북극의 괴물"로 파악된다. "정지와 중심이 없는 저 절대적인 추구와 진보가 도대체 무엇이란 말인가? [···] 그 공허한 불안한 활동은 사실 북극의 괴물에 다름 아니며, 타자의 지루함이든 자신의 지루함이든 지루함 이외에 그 어떤 것도 야기하지 못한다."[19] 완전한 이상(理想)에 도달하기 위해 끊임없이 노동하는 파우스트적 인간의 기형적인 모습에 대한 근원을 슐레겔은 다름 아닌 프로메테우스 형상에서 발견하고 있다.

이 밖에도 고대 그리스의 문화와 공동체적 삶을 살피는 가운데 슐레겔은 흔히 사적인 보금자리, 유토피아적 공동체로 간주된 가정 내에서도 공적인 권력 관계, 즉 사회적이고도 정치적인 권력 싸움이 작동하고 있음을 보았다.

> 가족결합은 정치적 가족결합과 분리될 수 없었다. 가정 살림을 이끌어나가는 사람은 공적인 살림을 포기할 수 없었다. 그리고 그들은 결혼을 통해서 공적이고 상업적인 삶의 암울한 소용돌이 속에 휩쓸렸으며, 거기에는 사리사욕과 욕망, 시기 행각과 불화가 끝없이 순환되고 있었다.[20]

---

17) 가령 사이렌 섬을 통과할 때 자연의 파괴적 힘(사이렌)을 피하려는 오디세우스의 계몽적 기지는 결코 긍정적이지만은 않다. 사실 자신의 몸을 돛대에 묶고 예술을 즐기는 오디세우스는 지배 계급을 대변하고, 예술에 대한 향유의 권리가 원천적으로 박탈된 부하들, 즉 밀랍으로 귀를 막고서 노를 젓는 부하들은 피지배 계급을 대변한다. 오디세우스 신화에는 이처럼 계몽, 노동, 지배 간의 내밀한 관계가 이미 작동하고 있다. 오디세우스의 기지를 무의식적으로 긍정적으로 내면화하는 독자들은 결국 '계몽의 이름하에 강요되는 지배/피지배의 논리'를 따르게 되는 셈이다.

18) Lucinde, p. 29.

19) Ibid., pp. 26-27.

여성을 이상화하는 소박한 사유에서 벗어나 슐레겔은 고대뿐만 아니라 동시대의 남녀에 의해 구축된 가정 내에도 자본주의적 생산관계가 작동하고 있음을 보았던 것이다. 또한 실러 식의 고전주의 미학이 어린아이(혹은 유년시절)의 형상을 이상화된 자연과 여성 담론과 함께 '순수성을 간직한 상태'로 예찬하고 있다면, 낭만주의는 남녀 관계 및 어린아이의 형상을 적나라한 현실적 의미로 읽어내고 있었다.

> 남자는 여성에게서 단지 종(種)을 보며, 여자는 남자에게서 그의 자연적 특성과 그의 시민사회적 존재의 정도만을 보며, 그 두 사람은 어린아이를 보면서 자신들의 생산물과 소유물을 본다.[21]

계몽주의에 대한 비판적 저항의 목소리는 사실 낭만주의의 남성 작가들과 함께 활동했던 동시대 여성작가들로부터 더욱 강렬히 들려온다. 낭만주의 여성 작가들의 공통된 목소리는 이분법적 성의 구분에서 벗어나 현실에서 그 누구도 자기 자신을 구속할 수 없는, '자유로운 개체로서의 인간'을 요청하는 식으로 제시되는데, 그 대표적인 예로는 라헬 파른하겐(Rahel Varnhagen, 1771~1833)의 다음과 같은 급진적인 대목을 들 수 있다.

> 나는 이 세상에서 가장 지고한 현상으로서 유일하다. 그 어떤 위대한 예술가, 철학가, 문인도 내 위에 서 있지 못한다. 우리 모두 동일한 요소를 갖고 있으며 동일한 지위에 놓여 있으며 서로 속해 있다. 다른 이를 배제하려는 자는 결국 자신을 배제하게 된다.[22]

---

20) F. Schlegel, KA, Bd. I, p. 77.

21) Lucinde, p. 33.

22) R. Varnhagen, Ein Buch des Andenkens für ihre Freunde, Dritter Theil, Nachdruck der Ausgabe v. 1834, Bern 1972, p. 266(Zitiert nach S. Bovenschen, Die imaginierte Weiblichkeit, pp. 263~264).

어쩌면 유아독존 식의 서술로 여겨질 수 있지만, 그러나 이와 같은 강력한 자기중심주의적인 목소리를 내던질 수밖에 없는 사회적 배경을 이해해야만 한다. 이러한 언술은 당시 여성이 처해 있던 사회적, 문화적 상태가 얼마나 억압적이었는지를, 그리고 그러한 억압에서 벗어나고 싶은 해방적 욕망이 얼마나 강렬했는지를 우회적으로 시사하고 있다. 존재 변화가 구현된 새로운 현실에 대한 동경은 "낯선 곳"(das Fremde)이라는 공간적 유토피아를 통해서 표현되는데, 그 어떤 성의 차이와 억압이 존재하는 않는 미지의 세계에 대한 동경은 파른하겐의 다른 사적인 편지에서 다시 읽을 수 있다.

> 네가 새로운 대상, 언어, 인간과 접촉하게 되는 곳으로 가렴. 너의 피와 인생, 감각과 사유를 새롭게 해주는 곳으로 가렴. 우리 여성은 그런 것을 두 배나 더 필요로 하지.[23]

새로운 대상과 언어에 대한 갈망은 파른하겐뿐만 아니라 카롤리네 셸링-슐레겔(Caroline Schelling-Schlegel, 1763~1809), 소피 라 로쉐(Sophie La Roche, 1730~1807), 베티나 폰 아르님(Bettina von Arnim, 1785~1859), 카롤리네 폰 귄더로데(Karoline von G nderrode, 1780~1806) 등 여러 여류작가들에게서도 표출된다.[24] 이들은 정식 교육기관에서 교육을 받지 못했음에도 불구하고 자신들만의 고유하고 독자적인 글쓰기를 전개하였는데, 그들의 글쓰기 특징으로는 논리적 사유보다는 연상과 착상, 하나의 주제보다는 다채로운 주제, 수사적이고 인위적인 문장보다는 상대방과 마치 자연스럽게 이야기하는 대화체 어법 등을 들 수 있다. 이러한 특징은 모두 논리적이고 체계적인 남성적 글쓰기를 전복하면서 동시

---

23) F. Kemp(Hg.), Rahel Varnhagen und ihre Zeit, München 1968, p. 188.

24) Cf. Barbara Becker-Cantarino, Leben als Text, in: Schreibende Frauen, hrsg. v. H. Gnüg und R. Möhrmann, Frankfurt am Main 1989, pp. 83-103.

에 그러한 남성적 글쓰기에 비해 전혀 손색이 없는 새로운 형태의 혁신적인 글쓰기를 이룬다. 그 어떤 거대 이념을 향한 통일적인 글쓰기를 추구하지 않는다는 점, 아울러 재현이론이나 주체이론 내에서 설명되지 않는 글쓰기라는 점 등은 오늘날 페미니즘을 대표하는 프랑스 여성문화이론가 이리가라이(Luce Irigaray)의 제안, 즉 "여성들은 말하면서/글을 쓰며, 짧게, 스스로를 토로해야만 한다"는 여성적 글쓰기와 상통하며, 그러한 여성적 글쓰기는 "개념의 이중성"과 유희하며 "은유"와 "물질적인 다층적 함의"를 꾀한다.[25] 그런 점에서 낭만주의 여성작가들은 바로 여성적 글쓰기를 실험적으로 최초로 전개했던 이들에 속한다. 낭만주의 여성작가들이 주로 취한 글쓰기 형식은 언뜻 보기에 사적인 감정을 토로하는 '서신 교환'(Briefwechsel)처럼 보이지만 사실 그 의미는 완전히 다르다. 종래의 서신 교환의 형식은 17세기까지만 해도 대체로 가정, 친척, 친구와 관련된 사적인 내용의 교환에 한정되었지만, 18세기 말부터 19세기 중반까지의 낭만주의 여성작가들은 서신 교환을 정치, 경제, 학문, 예술 등과 관련하여 자아를 찾으려는 대화 형식으로 확대시킨다. 요컨대, 서신 교환은 새로운 의사소통적 방식과 자기표현의 새로운 매체로서 인식되었던 셈이다. 이러한 글쓰기 형식은 일종의 대항적 의미도 지니는데, 즉 서신교환은 넓은 의미에서 '서간소설'이라는 기존 장르와 질서에 순응하는 듯한 경향 속에서 실제로는 남성중심주의의 글쓰기 문화를 은밀히 전복하고자 했던 일종의 "트로이 목마"처럼 작용하고 있었다.[26]

프랑스 혁명은 계몽의 정신없이는 불가능했지만, 자유, 평등, 박애라는 세 가지 이념 중 평등 이념은 동시대의 사회적 현실 내에서 전혀 실현되지 않았으며, 특히 남녀평등은 전혀 이루어지지 않았다. 앞서 말

25) Cf. Luce Irigaray, Wenn unsere Lippen sich sprechen, Berlin 1972, pp. 25-41

26) Cf. S. Bovenschen, Die imaginierte Weiblichkeit, pp. 200-201.

한 것처럼, 계몽과 해방의 이념은 시민사회의 남성들에게만 해당되었을 뿐 18세기 여성들(특히 여성작가들)에게 평등의 길은 처음부터 차단되어 있었던 것이다. 낭만주의의 여성 작가들은 그와 같은 동시대의 억압적 현실을 비판적으로 목도하고 있었는데, 가령 당시 왕정에서 공화정으로 전환한 프랑스 혁명을 적극 지지했던 카롤리네 슐레겔(Caroline Schlegel, 1763~1809)은 친구에게 보낸 편지에서 사회의 급진적 변혁에 대한 소망을 다음과 같이 피력한 바 있다.

> 우리는 자랑스러운 거지예요. (…) 이제 결사체를 구성해 봅시다. 사물의 질서를 전복시키는 비밀스런 결사체 말입니다. 광명회(1776년에 결성된 과격한 비밀 결사대: 역주)가 바보들을 물리치고 영리한 사람들을 내세웠듯이, 부자들이 물러나고 가난한 백성들이 세계를 통치할 것입니다. 나는 시민과 결혼하려는 당신의 생각을 매우 좋다고 생각합니다.[27]

18~19세기 독일 남성작가들이 대부분 실제의 정치적 행동보다는 관념적 차원에서 '미적 교육'(실러)에 몰두해 있었다면, 카롤리네 셸링-슐레겔은 실제 삶에서도 혁명적이었다. 프랑스 혁명을 지지한 독일 내의 정치적 그룹이 여성 당원을 받아들이지 않았기에 카롤리네는 당원이 될 수 없었지만, 그녀는 민중의 삶을 위한 과격한 혁명을 꾀했던 독일 마인츠 자코뱅당 지도부와 지속적인 관계를 맺고 있었고 그것이 발각되어 결국 체포 및 가택구금을 당하기도 했다. 위의 인용 구절에서 "사물의 질서"를 전복시키고 싶은 충동은 곧 민중을 위한 혁명을 뜻하며, 그리고 신분 차이를 제거하려는 차원에서 시민(가난한 백성)과 귀족 간의 결혼 등을 옹호하는 언술은 19세기 중반 이후에 형성된 맑시즘의 정치적 이념과 강령보다도 훨씬 더 급진적이다. 혁명적인 여성작가에 대한 또 다른

27) Caroline-Schelling Schlegel in ihren Briefen, hrsg. v. S. Damm, Darmstadt u. Neuwied 1984, p. 96.

예로는 카롤리네 폰 귄더로데(Karoline von Günderrode, 1780~1806)가 1801년 8월 29일에 군다 브렌타노(Gunda Brentano)에게 보낸 편지에서 자신의 자존감을 밝히고 있는 다음과 같은 구절을 들 수 있다.

> 종종 저는 거친 싸움의 소용돌이 속에 저 자신을 내던지고 죽고 싶은 비여성적인 충동을 느낍니다. 어째서 저는 남자가 되지 못하는 것인가요! 저는 여성의 덕성, 행복에 넘친 여성들 같은 것에 대해 아무런 생각이 없습니다. 저의 마음속에는 불행한, 그렇지만 나아질 수 없는 불균형이 있는데, 어쩔 수 없이 그렇게 있을 수밖에 없습니다. 왜냐하면 저는 여성이면서도, 남성의 힘이 없는, 남성 같은 욕망을 갖고 있기 때문입니다. 그렇기 때문에 저는 바뀌는 가운데 나 자신과 하나가 되지 못합니다.28)

생물학적으로는 여성이지만 남성적 욕망을 감출 수 없는 자신의 기질, 즉 "나 자신과 하나가 되지 못하는" 일종의 "불균형"의 존재로 살아갈 수밖에 없음을 밝히는 귄더로데의 파격적이고 과격한 언술은 단순히 육체의 생물학적 면과 정신의 심리적 면간의 불균형을 말하는 것이 아니다. 이러한 언술의 이면에는 남성성과 여성성의 구분을 초월하는, 인간 개인의 존재 변화에 대한 강렬한 요청이 담겨 있다. 여성들이 억압되어 있는 사회적 상황을 비판적으로 거부하는 가운데("저는 여성의 덕성, 행복에 넘친 여성들 같은 것에 대해서 아무런 생각이 없습니다") 남성과 동등한 위치에서 자아를 실현하고자 하는 소망은 기존의 남녀 차이뿐만 아니라 빈부차이, 계급차이 등을 극복하고 싶은 욕망과 밀접하게 연관되어 있는 것이다.

---

28) Karoline von Günderrode, Sämtliche Werke und ausgewählte Studien in 3 Bänden, Historisch-kritische Ausgabe, hrsg. v. Walter Morgenthaler unter Mitarbeit von Karin Obermeier und Marianne Graf, Basel u. Frankfurt am Main, 1990 u. 1991, Bd. 3, p. 70.

3. 낭만적 사랑과 양성성

여성에게 '가정과 양육'이라는 제한된 역할만을 부여하고자 했던 계몽주의에 대항하여 낭만주의는 여성의 자율적 능력과 사회적 지위 향상을 한층 더 강조한다. 그와 같은 시도는 20세기 중후반에 싹튼 페미니즘적 사유까지도 선취하는 측면을 내포하는데, 슐레겔의 몇몇 이론적인 글과 소설 『루친데』에서는 낭만주의와 페미니즘 간의 연관성에 대한 단초를 읽어낼 수 있다. 우선 「고대 그리스 시인들에게서의 여성적 인물에 관하여」(1794), 「디오티마에 관하여」(1795) 같은 슐레겔의 글에는 남성중심주의 및 계몽주의 담론이 부정되고 있는데, 무엇보다도 남성과 여성, 공적인 것과 사적인 것, 학문적(내지는 예술적) 능력과 가정적 양육 같은 이분법적 구분이 해체된다. 가령 「디오티마에 관하여」에서는 계몽주의 사상가 루소가 지녔던 수동적 여성관이 다음과 같이 비판되고 있다.

> 사포와 그리스 여류 시인들의 예를 보면, 루소가 매우 설득력 있게 피력한 그 생각, 즉 여성들에게는 진실한 영감과 지고한 예술을 감당할 수 있는 능력이 없다는 의견은 반박될 수 있다. 그런 생각은 이성적인 근거로 입증될 수 없으며, 불완전한 경험은 결코 완전한 증거를 제시할 수 없을 뿐더러 그 어떤 경험도 비호해주지 못한다.[29)]

인류를 위한 비판적 계몽의 입장을 취했던 철학자들이 여성을 바라보는 데 있어서는 전혀 계몽적이지 못했다는 점이 지적되듯이, 슐레겔은 여성의 예술적 능력 결핍을 주장한 루소의 입장을 비판하고 나선다. 학문과 예술 분야에서 여성의 능력은 낭만주의에서 매우 높이 평가되는데, 1799년 자신의 연인이자 아내인 도로테아 슐레겔(Dorothea Schlegel,

---

29) F. Schlegel, KA, Bd. I, p. 97.

1764~1839)에게 보낸 편지 – 이 편지는 일명 <철학에 관하여>(Über die Philosophie)라고 불리는데 – 에서 슐레겔은 그녀로 하여금 여성에 부과된 가정의 일과 역할로부터 해방되어 "정신적인 능력"(철학과 예술)에 전념할 수 있기를 바라는 소망을 다음과 같이 피력한다.

> 저는 확신하여 희망컨대, 여러 우아한 여성들에게 학문, 예술, 그리고 학식과 관련된 많은 점에 대해 은밀한 두려움을 불어 넣은 그런 생각에 당신이 감염되지 않기를 바랍니다. 그런 정신적 교육을 받음으로써 혹시 윤리적인 순결, 특히 여성성에 있어서 손해를 입는 것이 아닌가 하는 그런 걱정 말입니다. 이는 사람들이 말하듯이 민족 전체를 여성적으로 만들 경우 그것이 여성들을 너무 남성적으로 만드는 것 아닌가 하는 걱정과도 같습니다. 비남성적으로 존재하는 것과 마찬가지로 그것은 근거 없는 걱정일 뿐입니다. (…) 저는 아직도 생경하게 저의 과감한 주장을 기억하고 있습니다. 즉 철학은 여성들에게 필수적이며 철학을 통해서만 여성은 바로 종교라는 유일무이한 덕성에 도달할 수 있다고 저는 주장한 바 있습니다.[30]

루소, 실러, 칸트, 헤겔 등 계몽주의와 고전주의를 대변하던 이들이 철학과 예술 같은 정신적인 영역에서 여성을 배제하고 오로지 남성에게만 그것의 학습 능력을 부여하였다는 점을 염두에 두고 보면, 슐레겔의 시각이 얼마나 전복적이고 혁신적인지를 알 수 있다. 학문(철학), 예술 등에 전념했던 고대의 여류 시인들을 예로 들면서, 또한 자신의 연인으로 하여금 여성에게 부과된 소위 '순결하고 고귀한 가정적인 일'에서 벗어나 학문과 예술에 적극 매진하도록 권하는 언술은 여성의 위치를 새롭게 자리매김하려는 시도였던 것이다. 그와 같은 여성에 대한 각별한 이해는 낭만주의 시인 클레멘스 브렌타노(C. Brentano, 1778~1842)의 경

30) F. Schlegel, KA, Bd. VIII, p. 41.

우에도 마찬가지다. 연인 소피 메로(Sophie Mereau, 1770~1806)에게 보낸 1803년 1월 10일자 편지에서 그는 "여성이 글을 쓴다는 것은 매우 위험한 일입니다"(Es ist für ein Weib sehr gefährlich zu dichten)[31]라고 언급하고 있다. 이 언술은 브렌타노가 연인 메로의 창작 능력을 과소평가하거나 글쓰기 자유를 억압하려는 듯한 언술로 종종 잘못 이해된 바 있는데, 사실 편지의 전체 맥락에서 보면 그것은 오히려 여성이 작가로서 적극 활동할 수 없는 동시대의 사회적 상황을 익살스럽게 비판했던 언술로 읽힌다. 메로와 결혼하여 작가로서의 삶과 활동을 함께 펼쳐나가고 싶어 했던 그의 마음은 1803년 9월 9일자 편지에서 강렬하게 드러나는데, 소위 사회적으로 성공한 이들에 섞일 수 없는 멜랑콜리한 자신의 상태를 밝히면서 세계와 단절하고 그 대신 오로지 메로와 함께 하는, 삶과 문학이 하나가 된 '포에틱한 삶'에 대한 소망을 브렌타노는 다음과 같이 밝힌다. "… 제 소망은, 사랑스러운 낭만적 여성과 문학적 동맹을 결성하여 이 비루한 현실적 삶 한 가운데서 자유롭고, 포에틱한, 환상적인 삶을 시작하는 것입니다…"[32]

여성의 사회적, 정신적 능력을 강변하는 시각은 결혼이라는 제도적 인정보다는 "삶의 지적인 관조"(die intellektuelle Anschauung des Lebens)[33]로서의 사랑을 더욱 중시하는 시각과도 밀접하게 연관된다. 사랑은 타자를 '나의 대상'으로 점유하는 자기중심적인 의미보다는 나와 타자가 구분되지 않는 상태를 뜻한다. 소설 『루친데』에서 사랑은 그 자체로 결혼과 동일시되는데, 그것은 완전한 합일로서의 "순수한 사랑"은 사회적, 관습적 인정으로서의 결혼을 더 이상 필요로 하지 않기 때문이다.

---

31) Briefwechsel zwischen Clemens Brentano und Sophie Mereau. Hrsg. v. Heinz Amelung, Bremen 2013, p. 51.

32) Ibid., p. 118.

33) F. Schlegel, KA, Bd. XVI, p. 218.

나의 사랑, 너의 사랑이라고 나는 더 이상 말할 수 없습니다. 사랑과 그에 대한 보답으로서의 사랑, 두 사랑은 모두 같으며 완전히 하나입니다. 이것이 곧 결혼이며 영원한 합일이고 우리 정신의 결합입니다. 우리가 이 세계, 저 세계라고 명명하는 것을 위해서뿐만 아니라 하나의 진실한, 분리될 수 없는, 이름 없는, 무한한 세계를 위한, 우리의 모든 영원한 존재와 삶을 위한 것입니다.[34]

사랑은 무한한 것에 대한 나직한 갈망일 뿐만 아니다. 그것은 또한 아름다운 현재의 신성한 향유이다. 사랑은 무한한 것과 유한한 것이 섞이는 것, 유한한 것이 무한한 것으로 전환하는 것일 뿐만 아니라 양자의 완전한 합일이다. 순수한 사랑, 즉 불안하게 노력하는 아주 나직한 방해조차 없는 나누어지지 않는 소박한 감정이 있다.[35]

남성과 여성에 대한 기존의 이분법을 전복하고 '남성과 여성 간의 새로운 평등 관계로서의 사랑'을 위해서 낭만주의는 무엇보다도 각각의 성에 일정한 특성을 부여하려는 시각과 결별한다. 가령 계몽주의와 고전주의에서 작동되었던 '남성=강인함과 독자성, 여성=순박함과 부드러움' 같은 이분법적 도식이 낭만주의에서는 완전히 해체되는데, 「디오티마에 관하여」에서는 남성과 여성에게 부여된 전통적인 특성이 과감히 전도된다.

지배욕이 가득한 남성의 횡포, 사리사욕 없는 여성의 헌신이란 이미 과장된 것이며 추악한 것이다. 자립적인 여성만이, 부드러운 남성만이 선하며 아름답다.[36]

---

34) Lucinde, p. 11.

35) Ibid., p. 60.

36) F. Schlegel, KA, Bd. I, p. 93.

남성=문명=자립성=지배, 여성=자연=부드러움=헌신 같은 도식 대신에 자립성은 여성에게, 부드러움은 남성에게 부여되는데, 이와 같은 "대담한 결합을 통해 문화의 선입견과 시민적 관습에서 벗어나는"[37] 시도가 낭만주의의 특징을 이룬다. 남성적, 여성적 특성뿐만이 아니라 남자, 여자 같은 생물학적 구분까지도 해체하려는 급진성도 『루친데』의 다음과 같은 구절에서 제시된다.

> 남자인지 여자인지 물어보지 않으면서 사람들이 서로 말을 나눌 수는 없을까?(Können die Menschen nicht miteinander reden, ohne danach zu fragen, ob sie Männer oder Frauen sind?)[38]

> 인간의 생동성 있는 통일성이란 견고한 불변성을 띨 수 없으며 원만한 변화 속에 있는 것이다(Die lebendige Einheit des Menschen kann keine starre Unveränderlichkeit sein, sie besteht im freundschaftlichen Wechsel.)[39]

이는 대단히 급진적인 언술이 아닐 수 없다. 대화적, 의사소통적 관계에서는 생물학적 이분법도 해체되어야 한다는 것이며, 또한 성의 차이를 설정하는 것 자체가 인간의 불평등을 야기한다는 식의 사유와도 일맥상통한다. 또한 인간은 남성, 여성으로 불변적으로 고착되는 것이 아니라 개개인에게 존재하고 있는 양성성의 끝없는 변화를 통해서만 진정한 통일성을 도달할 수 있다는 것이다. 사회적, 생물학적 성의 불평등을 극복하는 차원에서 율리우스는 루친데에게 성의 역할 교환을 익살스럽게 제시하기도 한다.

---

37) Lucinde, p. 20.

38) Ibid., p. 34.

39) F. Schlegel, KA, Bd. VIII, p. 52.

우리가 서로 역할을 교환하고 어린애 같은 즐거운 기분으로 누가 다른 사람을 더 잘 교묘하게 흉내 낼 수 있는지 내기해보면 어떨까. 예컨대 남성의 보호적인 강렬함을 당신이 훌륭히 해낼 수 있는지, 아니면 내가 여성의 매력적인 헌신을 해낼 수 있는지 말이야 (…) 여기서 나는 전체 인류를 위해 남성적인 것과 여성적인 것이 완성되는 것에 대한 놀라운 의미심장한 알레고리를 본다.[40)]

성의 생물학적 차이까지도 부정하고 지양하려는 언술은 모든 인간 개개인의 평등을 실현하고 싶은 욕망에서 나오며, 이러한 언술은 독일의 보수적인 삶과 문화적 전통 내에서 대단히 파격적인 언술로 여겨진다. 이와 같은 슐레겔의 언술과 의식은 단순히 "남성 작가에 의해 상상화된 여성성"(S. Bovenschen)으로 볼 수 없으며 오히려 성의 구분, 계층 구분 없이 모든 개인이 동등하게 존재할 수 있는 공동체에 대한 소망, 즉 '낭만적 사랑의 유토피아'의 핵심을 이룬다. 이러한 낭만적 사랑의 유토피아를 현실을 외면한 공허한 꿈이라고 비판할 경우 그런 시각이야말로 남녀 간의 현실적 차이를 인정하려는 보수적인 사유의 유산이 아닐 수 없다. 낭만적 유토피아의 급진성을 맑시즘적, 페미니즘적 사유에서 재해석하는 기젤라 디슈너(G. Dischner)는 남녀 간의 성적 차이를 전도시킴으로써 기존 질서와 선입견을 극복하고자 했던 슐레겔의 언술을 다음과 같이 설명해 주고 있다.

여성은 계몽이 요구하는 식대로 남자와 동등해지기 위해 남자를 향해 해방되는 것이 아니라, 남성과 여성 두 사람은 (특권화된 그리고 덜 특권화된) 불완전한 본질로서 사유된다. 즉, (루친데에서 묘사된) 역할 교환 속에서 그리고 사랑 속에서 성적인 것을 초월함으로써 자신의 자유를 획득하는 그런 본질 말이다.[41)]

---

40) Ibid., pp. 12~13.

물론 남자와 여자라는 생물학적 차이를 전면적으로 부정할 수는 없지만 낭만주의는 그러한 차이를 극복할 수 있는 대안적 사유로서 모든 개개인은 남성성과 여성성을 동시에 소유하고 있다는 양성성(Androgynität)의 시각을 펼친다. 여기서 양성성은 생물학적 차이를 극복하기 위한 사유일 뿐만 아니라 사회적 차원에서 평등성(Gleichheit) 이념의 토대가 되며, 나아가 지배 없는 공동체에 대한 은유적 표현으로 작동한다.[42) 『루친데』 내의 <성찰>이라는 소제목의 짧은 글에는 그와 같은 양성성 이념이 철학적으로 다음과 같이 서술되고 있다.

> 우선적으로 사유가 무한히 사유하는 것에 대해 스스로 사유하는 것을 가장 즐긴다는 것이 곧 사유의 특성이다. 그렇기 때문에 교육을 받고 사려 깊은 인간의 삶이란 그러한 자신의 규정이라는 아름다운 수수께끼에 대해 끊임없이 계발하고 생각해 보는 것이다. 그는 규정을 언제나 새롭게 규정해 보는데, 바로 규정되고 규정하는 것이 바로 그의 완전한 규정이기 때문이다. 그러한 탐색 자체에서만 인간의 정신은 자신이 찾고자 하는 저 비밀을 찾게 된다.
> 그렇다면 규정하는 것 혹은 규정된 것 자체는 무엇인가? 남성의 경우 그것은 이름 없는 것이다. 여성의 경우 이름 없는 것은 무엇인가? - 그것은 규정되지 않은 것이다.

---

41) G, Dischner, F. Schlegels 『Lucinde』 und Materialien zu einer Theorie des Müßiggangs, Hildesheim 1980, p. 26.

42) Cf. Sara Friedrichsmeyer, The Androgyne in Early German Romanticism: Friedrich Schlegel, Novalis and the Metaphysics of Love, Bern 1983. 낭만주의에서의 양성성, 페미니즘, 혁명 간의 관계에 대해서는 다음의 연구를 참조할 것(Kurt Lüthi, Feminismus und Romantik. Sprache, Gesellschaft, Symbole, Religion, Wien/Köln 1985). 물론 한 개인이 두 가지 성을 동시에 지닌다는 양성성 사유는 한 개인의 완결성과 완전성을 전제로 하는데, 이는 현실성을 도외시한 상상에 지나지 않는다고 비판될 수 있다. 양성성 이념을 펼친 슐레겔에 대하여 도로테아 슐레겔도 그런 비판적인 입장을 취했다(Cf. In. Stephan, Weiblich und männliche Autorschaft. Zum <*Florentin*> von Dorothea Schlegel und zur <*Lucinde*> von Friedrich Schlegel, in: dies., Inszenierte Weiblichkeit, Codierung der Geschlechter in der Literatur des 18. Jahrhunderts, Köln/Weimar/Wien 2004, pp. 233-252).

규정되지 않은 것이 더욱 비밀스럽다면, 규정된 것은 더 많은 신통력을 갖고 있다. 규정되지 않은 것의 매력적인 혼돈은 더욱 낭만적이지만, 규정된 것의 고상한 형성은 더욱 천부적이다. 규정되지 않은 것의 아름다움은 꽃의 삶처럼, 유한한 감정의 영원한 청춘처럼 허무적이다. 반면에 규정된 것의 에너지는 순수한 뇌우와 영감처럼 잠정적이다.

모든 결점을 메꾸고 남성적, 여성적 개인과 무한한 인류 사이의 중재자로 존재하도록 규정되어 있는 저 진실한 규정 속에 그 두 가지(규정된 것과 규정되지 않은 것: 역주)가 서로 연관되어 있을 경우, 누가 과연 그 하나는 다른 하나와 마찬가지로 무한한 가치를 갖고 있음을 헤아리고 가늠할 수 있겠는가?

규정된 것과 규정되지 않은 것, 규정되고 규정되지 않은 그것들의 관계들의 충만함, 이것이 하나이자 전체이며, 놀라운 것이자 소박한 것이며, 가장 소박한 것이며 가장 지고한 것이다. 우주 자체는 바로 규정된 것과 규정되지 않은 것의 장치이며, 규정될 수 있는 것을 실질적으로 규정하는 것은 영원히 흘러나오는 피조물의 삶과 영위를 가리키는 하나의 알레고리컬한 축소판일 뿐이다.

영원히 변하지 않는 균형으로써 양자는 서로 대립하는 길 위에서 무한한 것을 향해 가까워지려 하고 동시에 그것으로부터 멀어지려 한다. 나직하지만 확실한, 진보적인 걸음걸이로써 규정되지 않은 것은 유한성의 아름다운 중심에서 저 무한성으로 가고자 하는 타고난 소망을 확장시킨다. 이와 달리 완성된 규정된 것은 무한한 소망의 행복한 꿈에서 나와 유한한 행위의 제한 속으로 대담하게 뛰어들려 하며 자기 자신을 세련되게, 언제나 멋진 자기 제한과 아름다운 자족감을 취하려 한다.[43)]

제법 긴 인용문은 마치 남성과 여성의 이분법적 구분을 제시하고 있는 듯이 보인다. 특히 규정된 것, 규정되지 않은 것 같은 용어는 절대적 주체를 내세운 피히테적 사유까지도 상기시킨다. 인용 대목을 정리해 보면, 하나는 "규정된 것 = 남성적 = 고상한 형성 = 에너지 = 천부적 =

---

43) Lucinde, pp. 72-73.

잠정적 = 무한함에서 유한함으로 나감"이며, 다른 하나는 "규정되지 않은 것 = 여성적 = 매력적인 혼돈 = 아름다움 = 낭만적 = 허무적 = 유한함에서 무한함으로 나감"이다. 그런데 자세히 읽어 볼 경우, 그와 같은 이분법적 구분이 중요한 것이 아니라 궁극적으로 두 가지 특성이 하나를 이룬 상태에 대한 "알레고리컬한 축소판"(eine allegorische Miniatur)으로서의 "우주", "무한한 것"이 더욱 중시되고 있음을 알 수 있다. 여기서 우주는 남성성과 여성성을 동시에 지닌 개개 인간을 뜻하며, 나아가 '포에지'를 뜻하기도 한다. 즉, 규정된 것과 규정되지 않은 것의 결합, 남성성과 여성성의 결합으로서의 양성성은 개개인 모두에게 내재해있으며, 이는 곧 사랑의 상태를 뜻한다. 인류, 우주, 개인, 사랑, 포에지 등은 모두 남성성과 여성성, 유한한 것과 무한한 것이 하나를 이룬 상태로서의 양성성을 나타내는 동일한 기표에 다름 아니다.

4. 낭만적 사랑과 비판적 아이러니

낭만주의가 남성보다는 여성을, 사회적 제도로서의 결혼보다는 순수한 사랑을, 그리고 궁극적으로 남성과 여성 간의 구분이 지양된 상태 혹은 양성이 동시적으로 존재하는 상태를 중시하였다는 점에 대해서는 의심할 여지가 없다. 물론 파격적이고 급진적인 관점과 언술에도 불구하고 『루친데』의 곳곳에는 여전히 보수적인 시각의 흔적이 남아 있는 듯이 보이는데, 가령 <율리우스가 루친데에게>라는 제목의 편지에는 다음과 같이 여성을 이상화하는 대목이 눈에 띈다.

> 내 정신의 눈으로써 나는 여러 모습에서 때로는 귀여운 소녀로서의 연인, 활짝 만개하고 사랑과 여성성의 에너지가 가득한 여성으로의 연인, 그리고 팔에 진지한 소년을 안고 있는 품위 있는 어머니로서의 연인을

보았지만, 그러나 이는 모두 하나의 동일한 영원하고 유일무이한 연인의 모습입니다.[44]

율리우스는 루친데의 모습에서 소녀, 연인, 어머니 같은 여성의 세 가지 모습을 찾고 있다. 율리우스와 슐레겔을 동일시할 경우, 슐레겔과 율리우스는 정반대의 모습을 이룬다. 왜냐하면 실제 현실에서 연인 도로테아에게 가정을 벗어나 학문과 예술 영역에서 전념할 수 있는 적극성과 능동성을 권했던 슐레겔의 모습과는 정반대로 주인공 율리우스는 보수적인 모습을 띠고 있기 때문이다(물론 율리우스와 슐레겔이 동일시되지 않는다면 전혀 문제가 되지 않을 수도 있다). 어쨌든 소설 내의 여타 대목이 매우 파격적인 언술을 제시하고 있는 점과는 대조적으로 위에 인용한 구절의 경우 남녀 구분과 그에 기초한 보수적인 남성적 시각의 율리우스 모습인 셈이다. 또한 『루친데』는 또 다른 모순을 제시하는데, 가령 어느 대목에서는 사랑과 우정(Freundschaft)이 동등한 가치를 지닌 개념으로 서술되는 반면에 다른 대목에서는 우정은 여성으로부터 기대될 수 없고 오로지 남성에게서만 찾을 수 있다고 서술된다. 우정을 남성의 덕목으로만 간주하는 것은 전형적인 남성중심주의의 보수적 사유에 속하며 20세기의 경우 파시즘적 사유와도 연관된다. 이렇듯 한편으로 남성과 여성의 동등함에 대한 급진적인 사유가, 다른 한편으로 여성에 대한 전통적인 남성의 보수적 사유가 동시에 읽혀짐으로써 『루친데』에서의 여성 모습은 흔히 고전주의적 작가들에서 엿볼 수 있는 소위 "분열된 여성상"(gespaltenes Frauenbild), 즉 이상적으로는 남성과 동등한 '정신적 여성'이지만 현실적으로는 남성에 종속된 '감각적 여인'으로 나뉘는 것처럼 보인다.[45] 그러나 바로 그와 같은 "분열된 여성상"에 대해

44) Lucinde, p. 7.

45) 새로운 문학사는 다행히 이와 같은 측면을 정확히 담아내고 있다(Wolfgang Beutin u.a.,

슐레겔은 비판적이었고 오히려 남성이나 여성 모두 “감각적 연인이자 정신적 파트너” 내지는 양성성의 인격체로 간주하였다. 따라서 소설을 자세히 들여다보면, 루친데를 비롯한 여성에 대한 이상화된 형상화(“소녀, 연인, 어머니”), 그리고 율리우스와 루친데의 결혼 생활 등의 묘사는 매우 진부하게 여겨진다. 여기서 중요한 점은, 결혼 생활의 진부한 서술은 현실 상태의 옹호로 읽히기보다는 다른 의미, 즉 “썩고 병든 상태”의 현재적 상황을 극복하고 “보편적 형제애”를 암시하는 낭만적 아이러니로 읽힌다는 것이다.

> 이것(낭만적 유토피아)은 가족 구성과 가정생활의 품위에서 구현되는 것이 결코 아니라 결혼은 여기서 무엇보다도 계층과 계급의 공동체, 그리고 이들 가운데서의 ‘보편적인 형제애’를 가리킨다. 율리우스와 루친데의 가정생활은 다음과 같은 지상의 상태와 관계한다. 즉, 현재의 도시에서 엿볼 수 있는 썩고 병든 상태를 대체하는, ‘아름다운 거주지와 사랑스런 초가집’ 이 세계를 장식하는 그런 상태 말이다. 소설 말미에 제시된 <동경과 평온>이라는 찬가식 사랑의 대화에서 소설은 사랑, 밤, 죽음을 서로 결합하는 가운데 낭만적 혁명이라는 유토피아적 이념을 넘어서 하나의 상징적 차원, 즉 노발리스의 <밤의 찬가>를 가리키는 그런 상징적 차원을 지니고 있다.[46]

물론 몇몇 연구자들은 낭만주의의 여성관 및 사랑에 대해 여전히 문제점을 제기하고 있다. 대표적인 문제점은, 여성과 사랑에 대한 강조가 이념적으로 타당할 수 있지만 18세기 말부터 19세기 중반까지의 현실에서 여성의 지위를 전혀 개선시켜주지 못한 채 단순히 유토피아적 구호

Deutsche Literaturgeschichte: Von den Anfängen bis zur Gegenwart, 8. Aufl., Stuttgart 2013, p. 209).

46) E. Behler, Friedrich Schlegel: Lucinde(1799), in: Romane und Erzählungen der deutschen Romantik, hrsg. v. P. M. Lützler, Stuttgart 1981, p. 120.

로만 그치고 말았다는 것이다.[47] 다르게 표현하자면, 낭만적 사랑의 유토피아는 실제 현실에서 여성의 지위와 위상 개선 없이 단지 남성에 의해 구축된 환상에 불과하다는 식으로 비판되고 있다. 가령 사회학자 루만(N. Luhmann)은 낭만주의가 펼친 사랑의 담론에 대해 회의적인데, 그것은 남성의 사랑은 자기준거적이고 여성은 여전히 남성에 의존하는 식으로 일종의 불균형을 형성하고 있기 때문이라고 한다. "남성은 사랑 행위를 사랑하고, 여성은 남성을 사랑한다. 그럼으로써 여성은 한편으로 더욱 심오하게, 더욱 근원적으로 사랑하며, 다른 한편으로 더욱 종속적으로, 더욱 비성찰적으로 사랑한다."[48] 마찬가지로 1800년 전후의 글쓰기 매체를 분석한 키틀러(F. Kittler)도 다음과 같이 언급한 바 있다. "남성들이 인간 자체와 남성으로 존재한다면, 여성들은 담론의 실증성(diskursive Positivität)이 정착하는 데 있어서 절대적인 전제 조건의 역할과 보조 기능을 수행한다."[49]

그러나 이러한 비판과는 정반대의 해석도 여전히 가능하다. 요컨대, 『루친데』는 이상화 내지는 '상상화된 여성상'에 대한 비판적 성찰까지도 제시하고 있다. 가령 <남성의 수업시대>라는 소제목의 장에서 율리우스는 여덟 명의 여성을 만나는 자신의 성장 과정을 서술하고 있다. 소박한 순결함을 지닌 "고상한 어린애"(첫 번째 여인), 사유능력 없는 감성만을 지닌 "자유롭고 아름다운 여인"(두 번째 여인), 감성의 모든 기술과 지적 능력을 지닌 "대중적인 여인"(세 번째 여인), 다른 사람의 연인이기

---

47) 이 점에 대해서는 다음의 논문을 참고할 것(Sigrid Weigel, Wider die romantische Mode. Zur ästhetischen Funktion des Weiblichen in Friedrich Schlegels <Lucinde>, in: Die verborgene Frau, hrsg. v. Inge Stephan u. Sigrid Weigel, Berlin 1983, pp. 67-82).

48) N. Luhmann, Liebe als Passion. Zur Codierung von Intimität. Frankfurt am Main 1983, p. 172. 루만과 비슷한 시각을 취한 호르스트코테의 분석에 의하면, 남성 작가 율리우스는 자기 자신을 완성하려는 나르시시즘적 목적을 위해 양성성을 '위험한 타자'로 취한다고 분석하고 있다(Silke Horstkotte, Androgyne Autorschaft. Poesie und Geschlecht im Prosawerk Clemens Brentanos, Tübingen 2004, pp. 58-61).

49) F. Kittler, Aufschreibesysteme, p. 87.

에 근접할 수 없는 "유일무이한 여인"(네 번째 여인), 세련된 정신과 온화함을 지닌 "고귀한 여인"(다섯 번째 여인), 어머니와도 같은 마음과 친절한 질서 의식을 지닌 "누이로서 경외할 만한 여인"(여섯 번째 여인), 감성을 피하는 "교양 있는 여인"(일곱 번째 여인)을 만나게 되고, 그리고 최종 여덟 번째 여인으로서의 루친데를 만난다. 루친데와의 만남에 대해 율리우스는 "자신이 평소 개별적으로 사랑했던 모든 것이 그녀에게서 하나가 되어 소유하게 되었다고 믿었다"라고 밝힌다. 여기서 <남성의 수업시대>는 글자 그대로 읽을 경우 '성장'이라는 이름하에 남성의 사회적 성숙 과정을 나타내는데, 이를 좀 더 과격하게 읽을 경우 루친데를 이상화하는 가운데 모든 여인을 '소유'하고 싶은 남성적 욕망화의 과정으로 간주할 수 있다. 그러나 여기서 결코 간과될 수 없는 중요한 점은, 바로 <남성의 수업시대>는 율리우스의 수업시대를 예찬하는 것이 아니라 오히려 괴테의 『빌헬름 마이스터의 수업시대』를 의식적으로 패러디함으로써 바로 남성 중심의 성장 과정을 비판하고 있는 바, 즉 '율리우스의 수업시대'는 긍정적인 대상이 아니라 바로 아이러니컬한 비판적 자기대상화에 다름 아니라는 것이다. 그 점은 소설의 형식적, 미학적 구조를 통해서 우회적으로 시사되고 있다. 즉, 교양소설의 순차적 전개 과정을 띤 <남성의 수업시대> 앞뒤에는 다양한 형태의 파편적 글쓰기들이 혼돈스럽게 산재해 있는데, 이는 <남성의 수업시대>가 결코 소설의 중심될 수 없고 오히려 '혼돈스런 전체 속에 파묻혀 있는 하나의 요소'라는 점을 시사한다. 이상과 같이 보면, 소설 『루친데』는 남성 작가에 의해 상상화된 여성상을 부각하는 소설이 아니라 오히려 정반대로 여성을 이상적으로 상상화하는 남성의 모습을 비판하는 메타소설인 것이다. 자신의 상상력으로 여성을 이상화하는 남성 작가(율리우스)가 소설을 통해 비판되고 있는 현상은 『루친데』 내의 여러 대목에서 입증될 수 있다. 가령 소설 말미의 <동경과 평온>라는 제목하의 서로 주고받는 대화에서 루친데는 자신을 이상화하려는 율리우스에게 노골적으로 다음과 같이 비판적인 성찰을 가한다.

> 율리우스, 저는 당신이 신성하게 색칠해 놓은 것처럼 그런 사람이 아닙니다. 밤꾀고리처럼 아름답게 울고 싶지만 나는 내적으로 느끼는 그대로 밤에 바쳐 있을 뿐입니다. 신성한 사람은 바로 당신입니다. 생활의 분망함이 감추어져 있을 때, 그 어떤 비열함이 당신의 고귀한 정신을 혼란스럽게 하지 않을 때, 당신이 내게서 보고 싶은 것, 영원히 당신 것이라는 것, 이는 바로 당신의 상상에서 만들어진 경이로운 꽃일 뿐입니다.[50)]

연인으로서, 부인으로서 루친데를 바라보려는 율리우스의 시각을 비판하면서 루친데는 이상화된 자신의 모습은 "당신의 상상에서 만들어진 경이로운 꽃일 뿐"이라고 지적한다. 이는 낭만적 사랑을 흔히 남성이 상상적으로 만들어낸 여성과의 교감으로만 해석하려는 시각에 대해서도 비판의 경종을 울린다. 또한 소설 후반부에 "아름다운 소유", "정감 있는 절제", "가정생활의 품위", "순수한 부부생활", "쓸모 있는", "자신의 부엌" 같은 언어들로 치장되는 가운데 소시민적 가정을 꾸리고 자식을 낳아 기르며 이상적인 생활을 해나가는 듯한 모습 - 소설 내에서 율리우스와 루친데가 결혼하여 부부의 연을 맺었다는 말은 전혀 언급되고 있지 않지만 - 은 사실 낭만적 사랑의 유토피아와 전혀 관계없는 것이다. 그런 묘사는 오히려 정반대로 아이러니컬한 대상일 수 있는바, 즉 매우 진부하게 서술된 남녀의 역할 구분 및 소시민적 가정생활의 예찬 장면은 초기낭만주의가 서서히 막을 내리는 다가오는 19세기 초중반의 시대적 상황, 즉 소시민적 삶을 예찬하는 비더마이어(Biedermeier) 시대

---

50) Lucinde, pp. 78-79.

를 예견하는 비판적 아이러니로 읽힌다.

이 밖에도 소설 『루친데』가 단순히 전통적인 남녀 역할 및 성의 구분을 뛰어넘고 있다는 점은, 자주 언급되는 식물(Pflanze) 내지는 식물처럼 존재하는 방식(Vegetieren)을 주시할 경우 더욱 명확해진다. 전통적으로 식물성과 동물성은, 각기 수동성과 능동성의 특성으로 부연되고 이는 다시금 여성과 남성의 특성으로 적용되어 왔지만, 슐레겔의 경우 완전히 다르다. 슐레겔에게서 식물성은 결코 여성의 특성으로 제한되어 있는 것이 아니라 성의 차이 없이 모든 인간이 추구해야 하는 존재적 특성으로 확장된다. 성의 구분 없는 인간의 존재와 관련하여 “우리는 한 식물의 만발이자 한 나무의 꽃”[51]이라고 강조되며, ‘인간이 추구해야 할 식물성의 존재’는 다음과 같은 구절에서 신적인 존재로도 부각된다.

> 요약해서 말하자면, 한 인간 혹은 한 인간의 활동이 더욱더 신적일수록, 그들은 더욱더 식물과 비슷해진다. 자연의 모든 형태들 가운데 식물이 야말로 가장 윤리적이고 가장 아름답다. 즉, 지고로 완성된 삶은 다름 아닌 순수한 무성 생식 상태이다.[52]

『루친데』에서는 진보와 끊임없는 활동이 부정되고 그 대신 비활동적인 권태(Müßiggang)가 예찬되고 있으며, 이와 관련된 인간의 다양한 심적 상태인 고독(Einsamkeit), 한가로움(Muße), 근심 없음(Sorglosigkeit) 등이 긍정시된다. 이러한 상태를 총체적으로 나타내는 비유적 언어가 바로 “식물성”으로서의 비활동적 삶이며, 이는 소설에서 “순수한 무성 생식 상태”(ein reines Vegetieren)[53]라고도 명명된다. 모든 인류가 취해야만 하는 수동적 존재 상태로서의 식물성의 상태는 프로메테우스, 노동, 자

51) Lucinde, p. 12.

52) Ibid., p. 27.

53) Ibid.

본주의 등으로 대변되는 근대에 대한 저항의 의미를 지니며, 이러한 낭만주의를 현실도피 내지 보수적인 현실인식 등으로 간주했던 보수적인 문학사의 시각을 지양하고 소위 '생태학적 관점'에서 『루친데』의 새로운 의미를 재평가하기까지는 거의 200년 이상의 시간이 걸렸다.

CHAPTER 07

“아주 놀라운 것은 아주 평범한 것과 뒤섞인다”

– 티크의 『금발의 에크베르트』

CHAPTER 07

"아주 놀라운 것은 아주 평범한 것과 뒤섞인다"

– 티크의 『금발의 에크베르트』

1. 낭만주의 소설의 전형(典型)

문학이론을 정립한 슐레겔 형제, 노발리스, 슐라이어마허 등과는 다르게 루트비히 티크(Ludwig Tieck)는 이론적 사유보다는 창작 차원에서 수많은 주옥같은 '낭만적' 문학작품을 남겼다. 베를린의 김나지움 시절에 바켄로더를 만나 문학도의 꿈을 키웠던 티크는 1799~1800년 낭만주의의 산실인 예나(Jena)에 머무르면서 슐레겔 형제, 노발리스, 브렌타노, 피히테, 셸링 등과 친분 관계를 맺었다. 이들의 문학적, 철학적 교류는 일종의 공동실천(Sympraxis), 공동포에지(Sympoesie) 차원에서 이루어졌고 서로 간의 상호영향은 매우 깊었다. 혹자는 슐레겔과 노발리스 등의 낭만주의 문학이론을 티크가 문학작품에서 구체화시켰다고 말하지만, 역으로 티크의 작품을 대하면서 슐레겔과 노발리스가 낭만주의 문학이론의 특징과 방향을 도출해 냈다고 말할 수 있다.

티크의 작품에는 소설, 시, 드라마 등 상당수가 있지만 그 가운데 단편소설 『금발의 에크베르트』는 단연코 낭만적 문학작품의 백미로 손꼽힌다. 1797년 티크가 '페터 레브레히트'(Peter Lebrecht)라는 필명으로 발간한 『민속동화』라는 단행본 내에 수록된 그 작품은 민속동화(Volksmärchen)라는 제목과는 정반대로 예술동화(Kunstmärchen), 즉 창작동화로 평가되는 작품이다. 또한 그 작품은 근본적으로 동화라는 장르에 속한다기보다는 '동화적 요소를 지닌 단편소설'로 간주되기도 한다. 그러나 동화, 소설, 포에지라는 개념은 낭만주의에서 거의 동일한 의미를 지니기에 그 차이를 논하는 것은 불필요하다. 어쨌든 『금발의 에크베르트』는 낭만주의의 양면성, 즉 낮과 밤, 합리성과 비합리성, 선과 악, 고독과 전율, 의식과 무의식 등과 같은 '존재의 이중성'을 매우 뛰어난 방식으로 형상화한 낭만주의의 정전으로 간주될 수 있는데, 낭만주의 연구자인 크레머(D. Kremer)는 이 작품을 두고 "낭만주의 문학의 핵심적 아카이브"(zentrales Archiv der romantischen Literatur)[1] 내지는 "문학적 해석의 본격적인 연습장"(regenrechte Exerzierplätze für literarisches Interpretieren)[2]라고 명명한 바 있다. 이처럼 '아카이브' 내지는 "연습장"이라고 명명될 수 있는 까닭은, 이 짧은 소설은 발표 당시 동료 작가들에게 커다란 반향을 일으켰을 뿐만 아니라 이후 수많은 작가와 연구가들에 의해서도 다양하게 해석되는 매우 흥미로운 수용사를 형성해 왔기 때문이다. 1960년에 발표한 글에서 에밀 슈타이어거(E. Staiger)가 『금발의 에크베르트』와 관련하여 "우리는 읽기 시작하고 마지막까지 읽지만 완전히 혼란에 빠진다. 혼란스럽지만 완전히 매혹된 채 말이다"[3]라고 지시했듯이, 혼란과 도취를 야기하는 소설

1) Detlef Kremer, Einsamkeit und Schrecken. Psychosemiotische Aspekte von Tiecks Phantasus-Märchen, in: ders.(Hrsg.), Die Prosa Ludwig Tiecks, Bielefeld 2005, pp. 53~68, esp. p. 53.

2) Gerhard Schulz, Die deutsche Literatur zwischen Französischer Revolution und Restauration. Erster Teil: Das Zeitalter der Französischen Revolution 1789~1806, München 1983, p. 387.

3) E. Staiger, Ludwig Tieck und der Urspung der deutschen Romantik, in: Wulf Segebrecht, Ludwig Tieck, Darmstadt 1976, pp. 322~351, esp. p. 334.

의 기이한 특성을 밝히기 위해 수많은 독자들이 끊임없는 해석의 가능성을 부단히 제시하고 있는 중이다. 최근에 한 연구자는 해체론의 영향하에 "텍스트 현기증"(Texttaumel)이라는 개념으로 티크 소설의 매력을 채색하고 있다.[4)]

좁은 의미의 장르적 차원에서 『금발의 에크베르트』는 노벨레와 동화라는 두 가지 형식의 결합이라는 의미로 흔히 '노벨레동화'(Novellenmärchen)[5)] 혹은 '동화노벨레'(Märchennovelle)[6)]라고도 불린다. 이 소설은 몇 가지 점에서 전통적인 민속동화와는 확연히 다른 특징을 지닌다. 우선 시간과 장소가 불명확한 전통적인 동화의 시작('옛날 옛적에 누가 살고 있었다')이 아니라 사실적인 공간의 언급과 함께 "하르츠의 어느 지역에 금발의 에크베르트라 불리는 한 기사가 살고 있었다"라고 시작한다. 더욱 흥미로운 점은, 주인공 에크베르트가 민속동화에서처럼 - 그리고 베르타가 동화책에서 꿈꾸었던 것처럼 - 모험적이고 영웅적인 행동을 취하는 기사로 묘사되기보다는 고독을 즐기는 은둔자 내지는 아웃사이더에 가깝게 묘사되고 있다는 것이다. "그는 자신만을 위해 조용히 살고 있었으며 이웃과의 반목에는 결코 휩쓸리지 않았으며, 사람들은 자신의 성 바깥에 나가 있는 그의 모습을 거의 본 적이 없을 정도였다."[7)] 기사와 중세적 배경 등은 전혀 떠오르지 않는 분위기에서 서술은 마치 사회 현실에 전혀 적응하지 못한 나머지 한적한 시골에서 조용한 삶을 살아가는 근대의 소심한 소시민의 묘사에 가깝다. 또한 전통적인 동화의 경우 인물들은 권선징악에 따른 대가를 치루지만, 이 소설의 인물(에크베르트, 베르타)은

4) Cf. Jörg Bong, Texttaumel. Poetologische Inversionen von "Spätaufklärung" und "Frühromantik" bei Ludwig Tieck, Heidelberg 2000.

5) Cf. Dieter Arendt, Der poetische Nihilismus, Bd. 2, Tübingen 1972, pp. 268-269.

6) Cf. Benno von Wiese, Novelle, Stuttgart 1982, p. 53.

7) L. Tieck, Der blonde Eckbert, in: Erzählungen der deutschen Romantik, hrsg. v. Albert Meiner u.a., München 1985, p. 7(이하 'Der blonde Eckbert'로 축약하고 쪽수를 기입함).

종교적, 도덕적 선악 의식과는 관계없이 자신의 죄책감으로 인해 심리적 질병(추적망상, 과대망상, 정신분열 등)을 앓고서 죽음을 맞이한다. 특히 에크베르트와 베르타는 동화 세계 속의 비현실적인 인물이 아니라 자아와 세계, 의식과 무의식, 도덕과 충동, 순수한 마음과 지성(지적인 계산적 행위), 신뢰와 배신, 믿음과 의심 같은 다양한 심리적, 도덕적 갈등에 노출되어 있는 현대적 인물로 비추어진다. 이 밖에도 전통적인 민속동화가 단선적인 시간으로 전개된다면, 이 '동화노벨레' 같은 소설은 과거, 현재, 미래가 거대한 원 속에서 반복적으로 순환하는 듯한 형식을 취한다. 마지막으로 동화가 주로 해피엔딩으로 끝난다면, 소설은 새드엔딩의 심리스릴러 같은 현대적 양상을 취한다.

『금발의 에크베르트』는 슐레겔이 규정한 '낭만적'이라는 개념 정의, 즉 "감성적 소재를 환상적 형식으로 서술하는 것"이라는 정의에 정확히 부합하는 소설이다. 소재로는 고독, 인간의 소통, 죄와 벌, 정체성 상실, 광기, 살인, 근친상간 등이 다양하게 제시되고 있으며, 이러한 소재가 "액자소설"(Rahmenerzählung)이라는 환상적이고 현대적인 형식에 담겨 있다. 또한 이 소설은 슐레겔이 천명한 "점진적 보편포에지"의 특성, 즉 여러 장르의 혼합 내지는 다양한 양상의 혼합 같은 특성도 지닌다. 즉, 노벨레, 동화, 시, 환상문학, 공포문학 같은 다양한 장르들이 혼합되어 있으며, 현실적인 것, 환상적인 것, 일상적인 것, 무시무시한 것, 비극적인 것, 전원적인 것, 놀라운 것 같은 다양한 양상들이 혼합되어 있다.[8] 그러나 슐레겔의 "점진적 포에지"뿐만 아니라 노발리스의 "낭만화 방식"이 사실 『금발의 에크베르트』의 특성에 한층 더 부합한다. 즉, "내가 평범한 것에 고귀한 의미를, 일반적인 것에 비밀스런 외양을, 잘 알려진 것에 잘 알려지지 않은 것의 품위를, 유한한 것에 무한한 것의 외양을

8) Winfried Freund, Ludwig Tieck: Der blonde Eckbert. Lektüreschlüssel, Stuttgart 2005, p. 24.

부여함으로써 나는 낭만화하는 것이다"라는 노발리스의 낭만화 방식이 『금발의 에크베르트』에서는 "아주 놀라운 것은 아주 평범한 것과 뒤섞인다"(das Wunderbarste vermischte sich mit dem Gewöhnlichsten)"[9]라는 구절로써 함축되고 있다. 이처럼 슐레겔, 노발리스가 천명한 '낭만적', '낭만화'에 대한 요청과 비슷한 맥락에서 티크 스스로도 자신의 시학적 사유를 제시한 바 있는데, 그것은 기 발표 작품들을 세 권의 책으로 묶어 편찬한 『판타수스』(1812~1815)의 서문에서 찾을 수 있다.

> 더욱 기이한 점은, 아주 소수의 사람들만이 자주 자연이 우리 마음에 불러일으키는 저 놀라운 전율과 불안을 느끼거나 혹은 고백한다는 것이다. (…) 아주 아름다운 지역도 우리 마음속을 지나가는 유령을 갖고 있으며 또한 우리의 상상을 통해 기이한 예감과 혼란스런 환영들을 만들어내며, 그로 인해 우리는 그것에서부터 도망쳐서 세상의 혼잡 속으로 들어가 모면하고 싶어 한다. 이런 방식으로 우리 내면에서 시와 동화가 탄생하게 된다. 이때 우리는 무시무시한 공허, 전율스런 혼돈을 다채로운 형상으로 채우며 예술적인 방식으로 그 불쾌한 공간을 치장하게 된다. 그러나 다양한 형상들은 그 생산자의 특성을 결코 부인할 수 없다. 사랑스러운 것과 무서운 것, 기이한 것과 유치한 것이 이러한 자연동화 내에서 서로 혼합되며, 우리의 상상력은 시적인 광기로까지 어지럽혀지는데 이는 그 광기를 우리 내면에서만 풀어 놓음으로써 광기를 쫓아내기 위해서다.[10]

이 인용문에서는 몇 가지 점이 눈에 띈다. 우선 자연은 아름다운 측면과 어둡고 무서운 측면을 동시에 지닌다는 것이며, 이를 인간 개인에게 적용하면 의식의 아름다운 측면과 무의식의 어두운 측면의 혼합이라고 부연될 수 있다. "우리의 상상을 통해 기이한 예감과 혼란스런 환영

9) Der blonde Eckbert, p. 22,

10) L. Tieck, Phantasus, Frankfurt a.M. 1985, pp. 112~113.

들을 만들어" 내고, 이를 극복하기 위해 "세상의 혼잡 속으로 들어가 모면하고" 싶어 하는 행동 등은 한편으로는 무의식, 꿈 등의 꿈틀거림이, 다른 한편으로는 현실의 평화로움이 서로 대치하는 것과도 같다. 혹은 내면과 외면의 불일치를 뜻하기도 한다. 그런데 예술(시와 동화)은 그 양면을 동시적으로 작동시키는데, 즉 "무시무시한 공허, 전율스런 혼돈을 다채로운 형상으로 채우며 예술적인 방식으로 그 불쾌한 공간을 치장하게" 한다. 요컨대, "사랑스러운 것과 무서운 것, 기이한 것과 유치한 것이 이러한 자연동화 내에서 서로 혼합되는" 방식은 곧 노발리스의 낭만화 방식과 너무나 흡사하다. 그러한 노발리스의 낭만화 방식은 예나 대학에서 피히테의 강의를 수강하는 등 뛰어난 학문적, 예술적 능력을 지닌 독일 낭만주의 여성작가 소피 메로(Sophie Mereau)의 서간체 소설 『아만다와 에두아르트』(Amanda und Eduard, 1803)에서도 비슷하게 발화되고 있다. 소설은 연인들 간의 사랑, 파트너십, 결혼 등을 다루고 있지만, 주인공 아만다가 율리엔에게 보내는 소설 2부 18번째 편지에서는 시인과 예술작품에 관한 문학이론적 언술이 다음과 같이 제시되고 있다.

> 문학의 마술 같은 옷으로 감싼 고유한 감성을 통하여 시인이 낯선 운명에 접하고 비슷하게 느끼는 마음으로 일련의 아름다운 형상들, 즉 광기와 현실의 신비로운 혼합을 불러일으킬 수 있는 것, 이것이 바로 시인의 권능이다.[11)]

시인에 의해 "광기와 현실의 신비로운 혼합"으로 만들어진 인공적 생산물로서의 예술작품과 관련하여 추후 편집자이자 저자는 소설이란 '일

---

11) Sophie Mereau, Amanda und Eduard. Ein Roman in Briefen, Frankfurt a. M. 1803, p. 160.

종의 문학적 유희'라고 덧붙이기도 한다.

이상과 같은 노발리스, 티크의 시학에 부합하는 작품이 바로 『금발의 에크베르트』이다. 세 인물(에크베르트, 베르타, 발터)의 평범하고도 일상적인 삶에는 은연중 비밀스럽고 무시무시한 전율과 공포가 드리우고 되며, 또한 낙원 같은 공간 속에서 노파와 베르타가 잠시 함께 했던 이상적 삶에도 마찬가지로 서서히 비극적 요인이 내재하게 되며, 그 결말은 발터, 후고, 노파의 동일한 모습(Triple-Gänger, 삼중자아, 트리플갱어)을 통해 절정에 도달한다. 텍스트 내의 구절 그대로, '아주 놀라운 것이 아주 평범한 것과 뒤섞여 있는 것이다.'

소설에서 낭만주의의 핵심 용어인 "놀라운 것"(das Wunderbare)은 어떤 의미를 지니는 것일까? 이 개념은 사실 작가들마다 상이하게 사용된다. 가령 티크의 경우 '예기치 않은'이라는 의미로 '놀라운 것'이 강조되고 있지만, 호프만의 경우 '무시무시한 것, 전율스러운 것'이라는 의미로 '놀라운 것'이 강조되고 있다. 혹은 소재와는 별개로 그 개념은 독자 내지는 수용자의 지각과 관련하여 어떤 초현실적인 대상 및 무시무시한 현상을 받아들이는 주관적 지각으로 파악된다. 호프만의 단편 「황량한 집」(Das öde Haus)의 서두에는 이야기 서술자로 등장하는 렐리오, 프란츠, 테오도르가 각기 서사에 관한 관점을 제시하기 직전 서사적 이야기의 대원칙으로 "삶의 실제 현상들이 종종 활발한 상상력이 만들어 내려고 했던 것들보다도 훨씬 더 놀랍게 형성된다는 데 우리는 일치했다"[12] 라고 언급되어 있다. 어떤 경우에, 어떤 방식으로 "삶의 실제 현상들"이 놀라운 모습을 띠는 것일까에 대한 질문이 가능한데, 이에 대하여 『모래인간』을 비롯한 호프만의 여러 소설뿐만 아니라 티크의 『금발의 에크베르트』도 그 답을 준다. 즉, 우리가 실제라고 여기는 삶의 모습이 평범하

12) E.T.A. Hoffmann, Das öde Haus, in: Sämtliche Werke in 6 Bänden, hg. v. Wulf Segebrecht u. Hartmut Steinecke, Frankfurt a. M. 1985, Bd. 3, p. 163.

고 일반적인 것이라고 하지만서도 어느 순간 다른 보이지 않는 삶의 모습이 슬며시 '놀라운 것'으로 나타난다. 무시무시함과 전율을 수반하는 놀라운 것은, 현대적인 용어로 말하자면, 무의식 속에 배제되어 있거나 숨겨져 있는 것을 말한다. 따라서 "삶의 실제 현상들이 … 훨씬 더 놀랍게 형성된다"는 언술은 어느 순간 보이지 않는 삶(놀라운 것)이 더욱 실제적인 것으로 다가오는 경우를 뜻한다. 놀라운 것은 또한 '기이한 것, 기묘한 것'(das Wunderliche)의 근원으로서 일종의 상위 개념이기도 한데, 호프만의 「황량한 집」에서 서술자 테오도르는 '놀라운 것'과 '기이한 것'을 다음과 같이 구분하고 있다.

> 에버하르트의 동의어 사전[13]에서 자네는 다음과 같은 점을 알아야만 할 걸세. 즉 그 어떤 이성적인 근거에 의해서도 변호될 수 없는 인식과 욕망의 표현들을 '기이한 wunderlich'이라고 명명할 수 있다면, 이와 달리 우리가 불가능하다고, 파악할 수 없다고 여기는 것, 자연의 잘 알려진 힘을 초월하거나 - 이렇게 부연해도 좋다면 - 즉 자연의 평범한 진행 과정과 정반대로 대치해 있는 것처럼 보이는 것, 이런 것이 바로 '놀라운 wunderbar'이라고 명명될 수 있다고 말이네. 이런 구분을 바탕으로 자네는 좀 전에 나의 소위 예언가적 능력과 관련하여 자네 스스로 기이한 것과 놀라운 것을 혼동하고 있었음을 알게 될 걸세. 물론 확실한 점은, 언뜻 보기에 기이한 것도 놀라운 것에서 발현된다는 것이며, 꽃잎과 함께 만발하면서 저 기이한 가지들은 저 놀라운 줄기에서 싹트기 마련인데, 우리는 바로 그 줄기를 종종 놓치고 있는 것이네. 내가 지금 전달하려고 하는 모험적인 이야기에도 기이한 것과 놀라운 것, 이 두 가지가 섞여 있네. 내가 보기엔 정말이지 무시무시한 방식으로 말일세.[14]

---

13) 1795~1802년 동안 총 6권으로 발행된 요한 아우구스트 에버하르트(Johann August Eberhard)의 『독일어 상용 동의어 작업』을 말함.

14) E.T.A. Hoffmann, Das öde Haus, p. 165.

이성적으로 설명될 수 없는 인식과 욕망을 '기이한' 것으로 명명할 수 있다면, 일반적이고 평범한 것 저편에 놓여 있는 초자연적 현상은 '놀라운' 것으로 명명될 수 있다. 놀라운 것은 '나무 줄기'로, 그리고 '기이한 것'은 그 나무 줄기에서 파생된 나무 가지로 구분되고 있지만, 궁극적으로 양자는 서로 뒤섞여 있다는 것이다. 호프만의 환상 개념을 연구하는 가운데 라흐만(R. Lachmann)은 두 개념의 차이를 다음과 같이 구분한 바 있다.

> 기이한 것은 그것을 이해하고자 하는 이성으로부터 벗어나 있는 듯이 보이기 때문에 설명 불가능하다. 놀라운 것은 이성 밖에서 일어나기 때문에 설명 자체가 필요치 않다.[15)]

개념적으로는 두 개념을 위와 같이 구분할 수 있지만, 문학적 현상과 관련하여 두 개념을 구분하기란 쉽지 않다. 그것은 「황량한 집」에서 언급된 것처럼 "기이한 것은 불가사의하고도 전율스러운 방식으로 놀라운 것과 서로 뒤섞여 있기"[16)] 때문이다. 굳이 문학적 현현의 방식 차원에서 구분하자면, '놀라운 것'이 '평범한 것'으로 넘어가는 전환 단계에 바로 '기이한 것'이 나타나는데, 다시 말하면 후자는 표면적으로 글자 그대로 기이하게 다가온다.[17)] 이처럼 '놀라운 것'과 '기이한 것'이라는 두 개념 간의 차이에도 불구하고 한 가지 분명한 점은, '놀라운 것'/'기이한 것'과 '평범한 것' 간의 보이지 않는 혼합과 대립이 티크, 호프만를 비롯한 모든 낭만주의 소설의 주된 특성을 이룬다는 것이다.

---

15) Renate Lachmann, E.T.A. Hoffmanns Phantastikbegriff, in: Hoffmanneske Geschichte. Zu einer Literaturwissenschaft als Kulturwissenschaft, hg. v. Gerhard Neumann, Würzburg 2005, p. 143.

16) E.T.A. Hoffmann, Das öde Haus, p. 168.

17) Cf. L. Pikulik, Romantik als Ungenügen an der Normalität. Am Beispiel Tiecks, Hoffmanns, Eichendorffs, Frankfurt a.M. 1979, p. 430.

이제 『금발의 에크베르트』를 다양하게 분석하기에 앞서 그 내용을 간단히 정리해보기로 하자.

하르츠 산맥 근처의 작은 성에 에크베르트와 베르타라는 부부가 살고 있었다. 그들은 이웃과의 소통이 거의 없이 고독한 삶을 살아가고 있었으며 발터라는 단 한 사람만의 친구를 두고 있었다. 어느 날 부부는 발터를 저녁 식사에 초대하고 저녁 식사 후 셋이 모인 자리에서 발터는 베르타로부터 그녀의 유년시절에 관한 이야기를 듣게 된다. 일종의 내부이야기가 시작되며 그 이야기는 다음과 같다. '어린 시절 그녀는 목동인 아버지로부터 심하게 학대를 받는 상황에서 여덟 살 때 가출했다. 집에서 나와 이곳저곳을 방황하다가 우연히 숲속에서 한 노파를 만나게 되고, 그 노파는 어린 베르타를 자신의 집으로 데려 갔다. 낙원과도 같은 곳의 숲속 오두막에서 노파는 한 마리 개와 한 마리 새를 기르고 있었다. 4년이 지난 어느 날 노파는 새장 안의 새가 매일 같이 진귀한 보석과 진주를 알로 낳는다는 비밀을 베르타에게 알려 준다. 노파가 외출해 있는 동안 베르타는 오두막 살림을 도맡아 하며, 더욱이 노파로부터 물레 짜는 법을 배우고 글자까지도 배워서 책을 읽는 능력도 갖추게 된다. 노파 집에서 거의 6년 동안 행복하게 지내던 베르타는 점차 책을 통해 바깥 세계를 동경하게 되는데, 특히 젊은 기사에 사랑에 빠지는 소망과 충동을 갖게 된다. 결국 노파가 장기간 외출해 있었을 때 베르타는 개는 내버려 둔 채 각종 보석과 새장을 갖고서 노파의 집에서 도망쳐 나오고, 부모가 살던 고향 마을에 도착한 베르타는 부모가 이미 세상을 떠났음을 알게 된다. 도시에서 집을 구입하고 혼자 살게 된 그녀는 기이하고도 불안한 노래를 부르는 새를 결국 죽이고, 이후 지금의 남편 에크베르트를 만나 결혼하게 되었다.'
이상과 같이 베르타의 유년시절, 에크베르트와의 만남, 결혼까지의 내부이야기는 그렇게 끝난다. 그런데 과거 노파 집에서 지냈던 이야기를 들려주면서 베르타 자신은 개의 이름을 전혀 언급하지 않았음에도 발터는 그 이야기를 듣고 나서 개의 이름이 '슈트로미안'이 아니었냐고 되물으며, 다음 날부터 베르타는 심하게 앓게 된다.

발터가 어떻게 그 개의 이름을 알게 되었는지, 발터가 자신의 과거를 혹시 알고 있는 것이 아닌지에 대한 불안과 근심을 베르타는 에크베르트에게 털어 놓았고 이후 그녀의 병은 더욱 악화되었다. 결국 에크베르트는 부인의 유년시절을 알고 있는 발터를 우연히 산속에서 총을 쏴서 죽이게 되고, 그가 집으로 돌아오자마자 부인 베르타도 죽고 만다.

고통, 번민, 죄책감 속에서 여러 나날을 보낸 에크베르트는 후고라는 불리는 젊은 기사를 사귀게 되고 그에게 자신의 모든 이야기를 털어놓게 된다. 그러나 자기 마음속에 숨겨 둔 죄책감을 털어 놓은 이후 에크베르트는 후고가 자신을 멀리 하는 듯한 불안에 사로잡히며, 또한 어느 사교모임에서는 그의 모습에서 죽은 발터를 발견하게 되는 등 일종의 정신착란을 겪게 된다. 스스로 충격과 전율에 사로 잡혀 에크베르트는 방황하게 되는데, 그 방황 도중에 어느 숲속에서 새의 노래가 들려오고 한 노파를 만나게 된다. 그녀는 그에게 개, 새, 보석 등을 돌려 줄 것을 요구한다. 그리고 발터, 후고는 바로 노파 자신이었다고 말한다. 또한 자신이 베르타를 숲속의 오두막에서 키웠던 까닭은 베르타가 극복해야만 하는 시험 때문이었는데, 베르타가 그 시험을 이겨내지 못하고 배신하고 말았다고 말한다. 또한 노파는 더욱더 충격적인 비밀을 알려 준다. 즉, 베르타는 어느 고상한 기사가 불륜으로 낳은 딸로서 목동에게 맡겨졌었고, 그 기사는 바로 에크베르트의 아버지라는 것이다. 결국 에크베르트와 베르타는 이복남매였으며, 이들의 결혼은 근친상간이었음이 밝혀진다. 노파로부터 그와 같은 비밀을 듣게 된 순간 에크베르트는 완전히 미쳐서 죽게 된다.

이와 같이 소설은 글자 그대로 한 편의 동화 같은, 그러나 전혀 동화 같지 않은 비극으로 끝난다. 그 점은 소설 첫 시작의 "하르츠 산맥 근처에"(In einer Gegend des Harzes)라는 아주 간단한 공간적 언어 구절을 통해서도 암시되고 있는데, 즉 평화롭고 아름다운 공간의 사실성 속에는 바로 공포와 전율의 미학적 범주인 "장엄함의 문학적 상상력"(literarische Imagination des Erhabenen)과 관련된 언어가 작동하고 있는 것이다.[18)]

작은 성에서 고독하지만 평화롭게 지내는 한 중년 부부의 삶은 갑자기 그들의 지난 삶의 여정에 관한 이야기와 오랫동안 내면에 은닉되어 있던 죄책감의 발발과 죽음(베르타), 현재적 불안과 살인 행위 및 그로 인한 정신이상(에크베르트), 그리고 '노파, 발터, 후고'의 소위 트리플갱어 등의 경험으로 인해 마침내 비극적 죽음을 맞이하는 것이다. 이처럼 엄청난 반전과 파국을 담고 있다는 점에서 『금발의 에크베르트』는 일종의 공포소설(Schauerroman, Horror Story)로도 간주된다. 그러나 단순한 공포소설 같은 내용에도 불구하고 티크 특유의 포에틱한 방식, 즉 뛰어난 구조화 및 언어화 방식이 더욱 두드러지는데, 이와 관련하여 이미 19세기 말 독문학자 루돌프 하임(Rudolf Haym)은 낭만주의의 다른 소설들에 대한 강력한 비판적 어조와는 대조적으로 『금발의 에크베르트』에 대해서만은 예외적인 시선으로 "문학적 형식이 암울한 내용을 일정 정도 집어삼키고 기화시킬 만큼 대단한 포에틱한 변형"[19]이 작동하는 소설이라고 극찬한 바 있다.

2. 소설의 형식적 특성

소설은 내용적 측면에서 충격적이고 놀라운 점을 불러일으키고 있을 뿐만 아니라 형식적인 측면에서도 예상치 못한 미학적 방식 등을 통해 놀라움과 시적 탄성을 불러일으킨다. 노발리스의 다음과 같은 단상은 티크 소설의 이해를 위한 중요한 지침이 될 수 있다.

---

18) Cord-Friedrich Berghahn, Flucht in die Bilder – Ludwig Tiecks Bildpoetik(William Lovell – Der blonde Eckbert – Franz Sternbald), in: Annette Simonis(Hg.), Intermedialität und Kulturaustausch: Beobachtungen im Spannungsfeld von Künsten und Medien, Bielefeld 2009, pp. 167-196, esp. p. 176.

19) Rudolf Haym, Die romantische Schule, Berlin 1870, p. 86.

> 정말이지 자연의 모방이 아니다. 포에지는 아주 정반대다. 자연과 현실의 모방은 기껏해야 단지 알레고리컬하게 사용될 수 있거나 혹은 정반대이거나, 아니면 비극적이고 재미있는 효과를 위해 여기저기 사용될 수 있다. 모든 것이 포에틱해야만 한다.[20]

자연적이고 현실적인 것의 서술이 사실은 놀라운 것(das Wunderbare)을 위해서 사용된 알레고리라는 점은, 예술 자체의 인위적인 특성을 말해준다. 또한 포에지의 인위적 효과와 관련해서는 현대 문예학에서 흔히 '액자소설'(Rahmemerzählung)이라고 명명되는 형식의 작동을 들 수 있다. 액자소설의 형식은 티크의 새로운 착상에서 나온 것이 아니다. 액자소설의 문학적 전통은 천일하고도 하룻밤 동안 셰헤라자데가 샤리아왕에게 들려준 이야기 모음 형식의 『천일야화』(6~8세기), 보카치오의 『데카메론』 등으로 거슬러 올라가며, 국내 소설로는 이청춘의 『병신과 머저리』도 액자소설의 형식을 취하고 있다. 액자소설의 형식은 결코 특정한 방식으로 고정되어 있지 않으며 작가들마다 나름대로 혁신을 더함으로써 끊임없이 새롭게 발전되어 왔다. 액자소설은 다층적인 서사 층위라는 구조적 형식을 지니는데, 이것의 기본적인 형태는 외부이야기(바깥 혹은 틀이야기, 핵심적 이야기 등으로 불림)와 내부이야기(안 혹은 속이야기, 부차적 이야기 등으로 불림)라는 두 가지 서술 층위의 결합이다. 대체로 외부이야기 내의 한 인물이 또 다른 이야기(내부이야기)를 꺼내는 방식의 액자소설과 관련해서는 다음과 같은 기본적인 정의를 참조할 수 있다.

> 액자소설은 다층적 서사의 특별한 형태다. 아주 간단한 형식의 액자소설은 이야기 구조를 지배하는 특징 있는 이중 층위를 지닌 서사 텍스트

20) Novalis, Schriften, Bd. IV, p. 327.

> 의 모습을 띤다. 이중 층위는 다음과 같다. 즉, 첫 번째 텍스트 층위(액자 이야기)가 두 번째 층위(내부이야기)를 감싸거나 혹은 앞서 위치하며, 그리고 구두식의 이야기 상황을 만들어 낸다. 구두로 전개되는 이야기 상황에서는 외부이야기의 서술자와 동일하지 않은 다른 한 명의 화자 혹은 다수의 서술자가 한 명의 청자 혹은 다수의 청자에게 하나의 사건 혹은 다수의 지나간 사건을 자유롭게 이야기해준다.[21]

『금발의 에크베르트』는 이러한 액자소설의 정의를 정확히 준수하고 있다. 즉, 에크베르트와 베르타의 삶, 그들과 발터 간의 친분 관계 등이 서술자에 의해 관찰되고 서술되는 식으로 외부이야기가 제시되고, 어느 가을날 저녁 베르타가 자신의 성장과정을 구두로 들려주는 부분이 내부이야기를 형성한다. 외부이야기에는 별도의 서술자가 있다면, 내부이야기에서는 인물 중 한 사람인 베르타가 화자(서술자)로 기능하고 있다. 양자는 각기 다른 청자를 두고 있는바, 외부이야기의 서술자는 독자를, 내부이야기의 화자는 에크베르트와 발터를 청자로 두고 있다.

액자소설에서 외부이야기와 내부이야기는 흔히 교차됨으로써 놀라움과 전율이 배가되는데, 『금발의 에크베르트』도 두 이야기 간의 상호교차를 다양한 측면에서 꾀하고 있다. 그것은 대체로 세 가지 측면으로 논의될 수 있다. 우선 첫 번째로, 내부이야기에서의 노파가 외부이야기에서의 발터(및 후고)와 동일시되는 도플갱어 내지는 트리플갱어의 전율적인 측면을 통해서 두 이야기의 교차가 이루어진다. 흔히 동화에서 선한 요정(gute Fee)과 악한 마녀(böse Hexe)의 양면성이 존재하듯, 이 소설에서 숲속의 노파도 양면성을 띤다. 선악이 공존하는 인물로서 노파는 한편으로 베르타를 자신의 낙원 같은 공간 속으로 받아들여 보살펴주지만, 다른 한편으로 그곳에서 글자와 살림(즉 문명화 과정)을 가르쳐 준

21) Andreas Jäggi, Die Rahmenerzählung im 19. Jahrhundert. Untersuchungen zur Technik und Funktion einer Sonderform der fingierten Wirklichkeitsaussage, Bern 1994, p. 62.

다. 또한 근친상간에 대한 앎(지식)의 매개자로서 노파는 베르타와 에크베르트를 분리시켜 놓았지만, 그러나 결국 두 사람의 깊은 곳(무의식)을 건드림으로써 양자를 모두 죽음으로 내몬다. 즉, 노파는 발터로 변신하여 '슈트로미안'이라는 이름을 발설하고 이를 통해 베르타의 무의식에 숨어 있던 과거의 범죄 행위에 대한 죄책감을 의식하게 함으로써 베르타를 죽게 만들며, 마찬가지로 발터 살해로 인한 추적 망상증, 아버지의 과거, 베르타와의 이복남매 등을 알려줌으로써 노파는 에크베르트도 죽음으로 내몬다. 노파는 외부이야기와 내부이야기의 결합요소이면서 동시에 에크베르트와 베르타의 (무)의식을 건드리는 작용을 한다.

두 번째로는 노파가 사는 숲속의 오두막이라는 공간적 요소를 통해서 내부이야기와 외부이야기는 서로 교차한다. 앞서 언급한 것처럼 가정 내에서 아버지의 학대와 억압에서 벗어나 베르타가 방황 끝에 찾게 된 숲속의 오두막은 언뜻 현실에 존재하지 않은 유토피아적 공간처럼 보이지만 실은 푸코가 정의한 대로, "대항 질서의 공간으로서의 헤테로토피아(Heterotopie)", 즉 현실(숲속)에 존재하지만 모든 장소의 바깥에 있는 공간과도 같다. 이 공간에는 일상성과 신비로움, 평범함과 낯섦, 현실성과 상상성 등이 공존하는데, 그 모순성은 신비로움을 띠다가 일상성을 띠거나 혹은 일상성을 띠다가 신비로움을 띠는 식으로 변화한다. 가령 숲속의 오두막은 현실로부터 차단된 밀폐된 신비로움을 지니지만 일상성(베르타의 경제적, 문화적 행위)이 작동되는 공간이며, 또한 그런 일상성의 반복적 행위 속에서 베르타가 다시금 신비로운 세계를 꿈꾸는, 일종의 외부공간과의 이항적 준거(독서 행위를 통한 베르타의 동경)가 나타난다. 현실과 비현실, 일상과 비일상 간의 모순성으로서의 헤테로토피아라는 공간성과, 베르타가 깨어남과 꿈, 의식과 무의식 간의 '문지방'에서 부유하는 상태는 서로 부합한다. 다시 말하면, "언제나 깨어났다고만 생각되는 것이 아니라 다른 기이한 꿈속에도 있는 듯했다"는 베르타의 이중적 상태(깨어남과 꿈)처럼, 숲속의 오두막도 상상적인 것만이 존재하는 공간이 아니라 현실적인 것과 상상적인 것이 동시에 공존하는 모순성을 간직한다.

> '현실화된 유토피아'로서의 헤테로토피아는 바로 혼종의 상태를 나타낸다. 혼종의 상태란 상상적인 것('놀라운 표상들')이 현실적인 것('귀부인들은 언제나 새처럼 여겨졌다')으로써 서술됨으로써 상상적인 것과 현실적인 것이 서로 접해 있는 공간에서의 현존재를 말한다.[22]

소설 말미에 에크베르트가 베르타의 내부이야기 안에서만 거론되었던 숲속의 오두막 근처로 가는 것도, 베르타의 내부이야기(혹은 상상) 속에 있었던 숲속의 오두막이 현실 세계에서 입증되는 것과도 같다. 혹은 역으로 에크베르트가 현실에서 상상 속으로 들어가는 것과도 같다.

세 번째 요소는 "슈트로미안"(Strohmian)이라는 개의 이름이다. 베르타로부터 그녀의 성장과정부터 에크베르트와의 결혼까지의 모든 이야기를 듣고 난 발터는 베르타도 잊고 있었던 개의 이름인 "슈트로미안"을 꺼내게 되며, 순간 베르타는 커다란 심리적 충격을 받게 되고 이내 병을 앓게 된다. 표면적으로는 발터가 개의 이름을 어떻게 알고 있는지에 대한 충격이지만, 개의 이름에 대한 발터의 호명은 베르타의 무의식을 건드린 것과도 같다. 베르타가 무의식 속으로 밀어 넣어 두었던 것(배제되고 억압된 것), 즉 개를 방치하고 새와 보석 등을 훔쳐서 노파 집으로부터 도망쳐 나온 일, 그리고 새를 죽인 일 등 과거의 범죄 행위에 대한 죄책감과 후회 등이 그 이름에 의해서 무의식 세계에서 의식 세계로 귀환하고 있는 것이다. 다르게 말하면, "슈트로미안"이라는 개의 이름은 내부이야기와 외부이야기를 연결하는 결정적인 고리로서 매우 홍

---

22) Stefan Tetzlaff, Heterotopie als Textverfahren, Berlin/Boston 2016, pp. 94-96, esp. p. 96.

미로운 기표로 작용하고 있는 것이다. 그 이름은 마치 "잘못된 장소에 놓인 기표"(einen Signifikanten am falschen Ort)[23]와도 같은데, 즉 개의 이름은 본래 내부 이야기에서 존재하고 있는 대상이지만 실은 내부 이야기 내에서 한 번도 언급되지 않았다가 내부이야기가 끝난 후 외부이야기에서 호명되고 있다. 그리고 흥미롭게도 내부이야기를 단순히 듣고만 있던 청자인 발터가 개의 이름을 말함으로써 정작 이야기를 꺼냈던 화자인 베르타를 놀라게 한다. 이는 이야기를 주도하는 화자가 듣고 있는 청자를 놀라게 하는 전통적인 공포소설의 수법을 완전히 전도시키는 방식인데, 이와 같은 점에 대해 코쇼르케는 다음과 같이 분석하고 있다.

> 서사의 테크닉 차원에서 한 단어의 전치(轉置), 즉 잘못된 장소에 놓인 기표가 중시된다. 결코 동화이야기가 아니라고 하는 베르타의 동화이야기 내에서 슈트로미안(초고에서는 '슈트로미'로 되어 있음)은 사라져 있다. 즉, 그 동화이야기 내에서는 빈자리로 표시되어 있는데, 이는 외부이야기에서 나타나기 위해서다. 그 이름은 흡사 이야기 테두리를 뛰어넘어 그녀가 보호된 비밀로 감싸여 있는 듯한 공간에서 벗어난 경계성(Liminalität)을 띠고 있다. 그 자체로만 보면, 이름은 우선 (대부분의 고유명사가 그렇듯이) 그 어떤 해독 가능한 의미를 갖고 있지 않은 것처럼 보인다. 그러나 정반대로 그 이름은 전체 텍스트의 핵심 키워드로서 영향력을 간직하는데, 바로 잘못된 장소에 놓인 기표와 소리 모양(내지는 자모순 그 자체)의 무의미성 간의 대조를 통해서 그렇다. - 덧붙여 언급할만한 점은, 티크의 동화는 공포문학의 고전적 상황을 아이러니컬하게 뒤집어 놓고 있다. 세 명의 친구가 자정에 가물가물 타오르는 난롯가에 앉아 있지만, (…) 그러나 화자가 청자를 무섭게 만드는 것이 아니라 청자가 화자에게 치명적인 전율을 가하고 있다. 양자는 서로 입장을 바꾼 것이다. 화자(베르타)가 이야기된 세계의 주인이라고 느꼈을 때 청

23) Albrecht Koschorke, Imaginationen der Kulturgrenze. Zu Ludwig Tiecks Erzählung <Der blonde Eckbert>, in: Kultur-Schreiben als romantisches Projekt, hrsg. v. David. E. Wellbery, Würzburg 2012, p. 148.

자(발터)는 이야기된 세계 속으로 들어와서 자기 쪽에서 비밀의 문을 그녀에게 차단하고 만다.[24)]

개의 이름은 정확히 내부이야기와 외부이야기의 경계선상에 있는 셈이다. 아놀드 판 쥬넵(Arnold van Gennep)의 문화인류학적, 종교학적 사유를 발전시킨 빅토르 터너(Victor Turner)는 성인식, 순례 같은 통과 의례, 지배적인 전통적 사회질서로부터 벗어나려는 개인과 집단의 의식 및 행위 구조를 분석하면서 세 가지 단계, 즉 결별(격리)단계, 접경(이행, 경계)단계, 동화(통합)단계를 진단한 바 있다. 여기서 중요한 단계는 바로 중간 상태인 접경(이행, 경계, Liminality) 단계인데, 이 단계는 개인 심리적으로 "이것도 저것도 아닌 갈팡질팡한 상태"(betwixt and between)이며 사회문화적으로는 완전한 결별이나 완전한 전환이 이루어지지 않은 과도기적 상태다. 즉, 과거적인 것과 미래적인 것이 동시적으로 존재하는 상태, 지나간 것과의 완전한 결별이 이루어지지 않았고 동시에 새로운 것에 아직 완전히 동화되지 않은 상태다. 이러한 이론을 문화 연구에 받아들인 러시아 문예학자 로트만(J. Lotman)은 문화의 기호학적 공간으로서의 "세미오스피어"(semiosphere, 기호계)에 관한 연구를 진행하면서 '경계'(Grenze)를 문화의 역동적 근원으로 강조한 바 있다. 이 경계는 안과 밖, 중심과 주변이 서로 동시적으로 작동하고 양자 간의 활발한 '문화적 번역'이 이루어지는 영역이다.[25)] 사실 1930년대에 발터 벤야민도 '문지방'(Schwelle)이라는 개념을 사용하였으며, 이와 비슷한 의미에서 푸코는 '헤테로토피아로서의 이행공간'(Transiträume als Heterotopien)을, 데리다는 코라(Chora)를 제안한 바 있다. 이러한 사유를 『금발의 에크베르트

24) Ibid., pp. 148-149.

25) Jurij M. Lotman, Die Innenwelt des Denkens. Eine semiotische Theorie der Kultur, Teil 2, Frankfurt am Main 2010, pp. 163-173.

』에 적용할 경우 바로 '슈트로미안'이라는 이름은 외부이야기와 내부이야기, 중심과 주변, 안과 밖이 동시적으로 존재하는 경계성의 기표로 작용하면서 텍스트 전체를 뒤흔들고 이끌어가는 역동적 근원이 된다. 다르게 말하자면, '슈트로미안'이라는 이름의 발화는, '에크베르트/베르타'에 내재되어 있는 "활자들의 단일한 소리"(Homophonie der Buchstaben)가 깨지는 순간이며 동시에 그러한 분열된 정체성의 파편 조각들이 모여서 "정신의 분열 소리"(Polyphrenie des Geistes)를 만들어내고 광기와 죽음을 야기하는 순간이기도 하다.26) 이처럼 '슈트로미안'이라는 기표는 두 이야기의 중간 영역에 위치하지만, 좀 더 확대할 경우 소설 자체의 특성, 즉 현실적인 것과 상상적인 것이라는 두 가지 층위가 모순적으로 겹쳐 있는 『금발의 에크베르트』 자체의 특성이기도 하다. 에크베르트, 베르타, 발터가 하르츠의 산속에서 평화롭게 함께 지내고 있는 외부이야기의 층위는 매우 현실적이며, 베르타가 전해주는 내부이야기의 층위는 노파의 낙원, 매일 같이 보석을 낳는 새 등과 같은 비현실적이고 동화적인 요소들로 가득하다는 점에서 상상적이다. '슈트로미안'은 그런 두 이야기 층위의 경계선상에 놓여 있으며, 이런 경계 공간에 놓인 '슈트로미안'이라는 기표가 곧 포에틱한 텍스트 전체를 이끌어가는 핵심 요소로 작용하는 것이다.

3. 소설의 반역사철학적 특징

소설은 크게 삼 단계로 나뉘는데, 그 삼 단계는 18세기에 팽배했던 기독교적, 역사철학적 삼 단계적 사유를 계승하면서도 비껴나고 있다.

---

26) Cf. Sandra Kluwe, "Strohmian". Über den Namen des Hundes in Tiecks Märchen-Novelle <Der blonde Eckbert>, in: Wirkendes Wort, 54(2004), pp. 191-204, esp. p. 195.

기독교적, 역사철학적 사유의 전형적인 삼 단계는 행복했던 과거(역사 이전의 낙원 상태), 불행한 현재(역사적 상태), 다시 찾은 행복한 미래(유토피아적 구원의 상태)로 구성되는데, 『금발의 에크베르트』도 내용적으로 삼 단계로 나뉘지만 행복한 현재, 불행한 과거, 파국적 미래 같은 식의 완전히 다른 얼개를 갖고 있다. 또한 역사철학적 사유가 행복, 조화, 통일 같은 이념을 지향하는 희망적인 목적론(Teleologie)과 현재, 과거, 미래가 명확히 구분되는 단선적 시간을 갖고 있다면, 『금발의 에크베르트』의 경우 개인의 삶은 처음부터 끝까지 비극적인 길 위에 내던져 있으며 또한 삶의 진행도 순환적이고 반복적인 시간성에 놓여 있다. 가령 에크베르트와 베르타가 행복하게 사는 듯한 현재의 모습에는 과거와 미래의 보이지 않는 어떤 불행의 그림자가 드리워 있는데, 그 점은 "과묵한 폐쇄성"이나 "멜랑콜리"에 젖어 있는 에크베르트의 모습을 통해 암시된다. 또한 베르타가 꺼낸 자신의 과거(부모와 노파), 그리고 외부이야기와 내부이야기가 만나는 시점에서 야기된 베르타의 죽음, 그리고 에크베르트의 죽음 등도 전체적으로 불행의 순환을 이룬다.

베르타의 자전적 삶의 유형을 담은 내부이야기와 새가 부르는 <숲고독>이라는 노래는 역사철학적 삼 단계와 반역사철학적 삼 단계가 뒤섞이는 기이한 형태를 띤다. 우선 베르타의 자전적 삶은 크게 '부모 집에서의 불행한 시절 - 노파 집에서의 행복한 시절 - 에크베르트와의 행복한 시절'이라는 삼 단계로 구성된다. 그런데 각각의 단계를 좀 더 자세히 살펴보면, 각 단계는 불행과 행복을 동시에 담고 있다. 아버지의 가혹한 학대와 억압에 시달리던 불행한 시절에도 불구하고 베르타는 이따금 "유령들이 출현하여 내게 지하의 보물을 발견해주거나 보석으로 변하는 자갈들을 건네주는 장면을 그려보던", 요컨대 "아름다운 상상력에 나는 몰두해 있었다"[27]라는 언술처럼, 자기몰입적인 상상의 세계 속에서 나름 행복한 시간을 이따금 보내기도 했다. 반면에 숲속의 노파 집에서 거주하던 여덟 살부터 열네 살까지의 시기는 글자 그대로 낙원 속에서의 행복한 시절처럼 보임에도 불구하고 마찬가지로 불행이 잉태되어 있다. 왜냐하면 아담과 이브가 뱀의 유혹에 의해 선악과를 따먹는 죄를 짓게 되어 낙원에서 추방되듯이, 베르타 또한 행복한 시기에 문명화(살림, 글자, 책) 과정을 밟아나가고 바깥세계에 대한 소망으로 결국 새와 보석을 훔쳐 나오는 불행한 범죄를 범하게 되기 때문이다. 그렇게 낙원과도 같은 숲속의 오두막에서 나온 베르타는 꿈에 그리던 젊은 기사 에크베르트를 현실에서 만나 행복한 결혼 생활을 하게 되지만, 이 또한 가상행복이었을 뿐 실제로는 근친상간이라는 불행 속에 놓인 셈이다. 이처럼 베르타가 지내온 각각의 단계에는 모두 행복과 불행이 동시적으로 존재하고 있으며, 넓은 의미에서 행복과 불행, 가상과 존재 간의 순환 내지는 뒤바뀜이 소설의 전체를 지배하고 있다.

그와 같은 순환의 흐름 속에서 흥미롭게도 새가 읊는 서정적인 노래 <숲고독 Waldeinsamkeit>은 역사철학적으로 구성되고 있다. 새의 노래는 본래 『금발의 에크베르트』가 발표되기 1년 전 <숲고독>이라는 제목으로 삼연으로 구성된 서정시 형태로 발표되었으나 이듬해 『금발의 에크베르트』에 개개 연으로 분리되어 세 군데로 삽입되었다.[28] '숲의 고독'이라는 일반적인 결합 방식을 피하고 숲과 고독을 각기 결합한 '숲고독'이라는 표현 자체를 사용함으로써 티크는 어떤 의미를 담아내려 했던 것일까? 주로 '숲의 고독'은 자연의 안전하고 은닉된 공간을 나타낼 뿐만 아니라

27) Der blonde Eckbert, p. 8.

28) 일반적인 독일어 사용법에서는 '숲 Wald'과 '고독 Einsamkeit'을 결합할 경우 두 단어 사이에 '(e)s'를 넣어 'Waldeseinsamkeit'로 표시해야 하며, 이 경우 숲이 고독의 주체가 되는 의미에서 '숲의 고독'으로 번역될 수 있다. 숲이라는 공간이 글자 그대로 고독을 간직하는 주체이다. 잘 알려진 것처럼, 'Waldeinsamkeit'이라는 단어는 티크의 신조어이며, 바켄로더를 비롯한 티크의 친구들은 그 신조어에 대해 '비독일어'라는 비판을 가한 바 있다. 그러나 티크는 일종의 문학의 창작 권리 차원에서 그 신조어를 고집하였다. '(e)s'없이 'Waldeinsamkeit'라는 식으로 명명한 티크의 의도를 고려하여 여기서는 '숲고독'이라고 번역하기로 한다.

자신만의 고독한 상태를 향유하는 낭만적 개인의 '내향성'에 대한 은유로 해석되곤 한다.[29] 그러나 여기서 '숲고독'이라는 노래는 단순한 자연적 상태나 심리적 상태에서 벗어나 텍스트 내에서 각각 독립된 형태를 띠면서 각각의 다른 의미를 지닌다. 즉, 첫 번째 노래는 행복했던 시절이고, 두 번째 노래는 낙원에서 벗어난 불행한 시절, 세 번째는 베르타, 에크베르트가 모두 죽음으로써 다시 찾은 낙원에서의 행복한 시절이다. 『금발의 에크베르트』의 전체 텍스트는 반역사철학적인 순환적 시간을 띠고 있지만, 새가 부른 세 번의 노래는 '행복(과거)-불행(현재)-행복(미래)'라는 역사철학적인 단선적 시간으로 구성되어 있는 셈이다.

역사철학적인 단선적 시간성을 띠는 '숲고독' 자체에서는 사실상 '낭만적 무시간성'이 예찬되고 있다. 우선 노파의 집에 도착하기 직전 멀리서 들려오는 첫 번째 새의 노래는 일상적인 시간의 흐름이 정지된 무시간성의 흐름("오늘이나 내일 / 영원한 시간 내내") 속에의 고독과 행복이 강조된다. 여섯 행으로 구성된 시 자체의 내적 구조를 보면, 숲고독을 이야기하는 1~2행과 5~6행이 바로 3~4행의 무시간성으로서의 "영원한 시간"을 둘러싸고 있다. 다르게 말하면, 숲고독의 비현실적인 공간성이 무시간성, 즉 물리적 시간에서 벗어난 "영원한 시간"을 감싸고 있는 식이다.[30]

숲고독은,
나를 기쁘게 해준다,
오늘이나 내일
영원한 시간 내내,

29) 이에 대해 보러는 색다른 해석을 제시한 바 있는데, 즉 일반적인 시간에서 떨어져 나온 상태로서의 '숲고독'은 문학 자체의 폐쇄성, 즉 심미적인 것의 절대성에 대한 알레고리컬한 기표로서 파악될 수 있다고 한다(Karl Heinz Bohrer, Das absolute Präsens. Die Semantik ästhetischer Zeit, Frankfurt a. M. 1994, p. 144).

30) Carl Scheibe, Aspekte des Zeitproblems in Tiecks frühromantischer Dichtung, in: Germanisch-romanische Monatsschrift, N. F. 15 [1965], pp. 50~63, esp. p. 54.

오, 얼마나 나를 기쁘게 해주나
숲고독은.[31)]

일반적인 물리적 시간이 완전히 정지하거나 부재할 경우 '시간이 영원히 지속한다'고 말한다. 이처럼 낙원과도 같은 숲고독의 공간 속에서 무시간성의 행복을 누리는 베르타는 그러나 서서히 문명화의 여러 도구적 행위를 습득하게 되고 결국 새와 보석을 훔친 후 노파의 집에서 도망쳐 나온다. 도시에서 작은 집을 얻어 홀로 외롭게 지내는 베르타는 새가 부르는 다음과 같은 두 번째 노래를 듣는다.

숲고독
그대는 얼마나 멀리 놓여 있나!
그대를 회오한다
저 옛 시간과 더불어 -
아, 유일한 친구
숲고독이여![32)]

두 번째 노래는 비가적(elegisch)이다. 즉, '숲고독' 내에서의 행복한 무시간성을 상실한 현재의 상태를 새는 읊고 있다. 심리적 차원에서 새의 노래는 마치 베르타의 마음을 읽는 것처럼 들린다. 죄책감과 상실감을 꿰뚫고 노래하는 새로부터 벗어나기 위해 베르타는 이튿날 새를 죽이고 만다.

세 번째 '숲고독'의 노래는 다시 찾은 행복을 담고 있다. 그런데 흥미로운 점은 '숲고독'이 베르타의 내부이야기가 아니라 외부이야기에 위치해 있다는 것이며, 또한 노래를 듣는 주체는 베르타가 아니라 에크베르트라는 것이다. 발터를 죽인 후 추적 망상증에 시달리는 에크베르트는

31) Der blonde Eckbert, p. 12.
32) Ibid., p. 17.

기사 후고를 만나게 되고, 그 후고의 모습에서 다시금 살해된 발터의 도플갱어를 보게 됨으로써 거의 미친 상태로 방황하다가 노파가 살고 있는 구릉 근처에 도착하게 된다. 그 때 저 멀리서 들려오는 '숲고독'를 에크베르트는 듣게 된다. 노래를 부르는 주체가 누구인지는 매우 애매한데, 새는 베르타에 의해 이미 죽었기 때문이다.

숲고독이
나를 다시 기쁘게 해준다,
나에게는 그 어떤 고통이 없으며,
여기서는 그 어떤 시기가 없다,
새로이 나를 기쁘게 해준다
숲고독이.[33]

이 세 번째 노래는 숲고독에서의 행복을 다시 찾은 듯한 기쁜 상태다. 그 상태는 현재가 지양된 상태, 즉 '고통'과 '시기'가 사라진 무시간성의 상태를 되찾은 듯하다. 앞서 말했듯이, 세 개의 노래로 구성된 '숲고독' 전체는 '행복-불행-행복'이라는 전형적인 역사철학적, 기독교적 사유의 도식을 따르고 있는 듯하다. 특히 기독교적 맥락이 덧붙여지는 까닭은, 에크베르트가 노파가 사는 언덕을 오르면서 개 짖는 소리와 함께 "자작나무들이 살랑거리는" 소리를 듣게 되기 때문이다. 자작나무는 "하늘과 하늘의 신과 관련된" 상징이며 또한 "봄의 상징", "생명을 소생시키는 힘의 상징"[34]으로서 기독교적인 의미론 내에서 파악된다.

그런데 이러한 역사철학적, 기독교적 맥락에 완전히 부합하지 않는 결정적인 점은, 자아와 자연의 일치라는 숲고독에서의 기쁨을 다시 알리는 행복한 노래의 내용과는 극히 대조적으로 이야기의 현실에서는 대단

33) Ibid., p. 22.

34) Manfred Lurker, Wörterbuch der Symbolik, Stuttgart 1979, p. 93.

히 비극적인 결말이 뒤따른다는 것이다. 즉, 노파, 발터, 후고의 트리플갱어가 밝혀지고 또한 근친상간의 비밀이 드러나게 되면서 에크베르트는 광기의 상태에서 죽음을 맞이하게 된다. 따라서 세 번째 노래가 지시하는 점은, '행복의 유토피아'의 이면에는 실존의 어두운 종말(분열, 광기, 죽음 등)이 함께 자리하고 있다는 것, 아름다운 자연과 어두운 자연은 함께 존재한다는 것이다. 이는 낭만주의가 예술에서 그려내고자 한 내면과 외면, 환상과 일상, 의식과 무의식 같은 '존재의 이중성'(Duplizität des Seins)에 다름 아니다. 그런 점에서 티크의 '숲고독'은 전원에서의 평화와 행복만을 그려낸 아이헨도르프의 <숲고독>과는 다른 의미를 지닌다.

아이헨도르프의 시 〈숲과 고독, 그대 푸른 청정지역이여〉에
대한 루트비히 리히터(Ludwig Richter)의 동판화(1860)

4. 메타포에틱한 소설

슐레겔이 제안한 '포에지의 포에지' - 이는 슐레겔의 문학 메모집에서는 "절대적 포에지"라고도 명명되는데 – 란 포에지 자체의 '메타포에틱한' 특성을 일컫는다. 가령 어휘의 뜻을 언어로 풀이해놓은 국어사전의 특성을 '메타언어적' 특성이라고 간주하듯이, 포에지가 스스로에 대해 서술할 경우 이를 메타포에틱한 특성이라고 한다. 포에지의 포에지('메타포에지')에 대하여 슐레겔은 '포에지가 자신 속에서 자신을 서술하고/투영하는 방식'(Selbstdarstellung/ Selbstspiegelung der Poesie in sich selbst)이라고 말한다.[35] 이러한 서술 방식은 수사적, 서사적 기법의 도움으로 작동하는데, 그 대표적인 기법으로 '메타렙시스(metalepsis/metalepse)를 들 수 있다. 수사학에서 '메타렙시스'란 본래적인 것을 비본래적인 것으로 표현해내는 비유법의 형식으로서 환유, 대유, 알레고리, 미사어법, 곡언법, 활사법 등을 포함한다. 반면에 현대의 서사이론(예를 들면 주네트 Gérard Genette)에서는 두 개의 이야기 층위 사이의 경계를 넘나드는 서술기법을 '메타렙시스(경계 전이, 전유법)라고 부르기도 한다. 또한 이야기 내의 인물에서 나온 말과 구절 등이 다른 서사적 맥락(서사층위), 가령 시학적, 미학적 맥락에서 파악될 경우에도 이를 '메타렙시스'라고 부른다. '메타렙시스'의 대표적인 기법은, 이 책에서도 분석되고 있듯이, 샤미소의 『페터 슐레밀의 놀라운 이야기』의 서론이나 호프만의 『숫고양이 무르의 인생관』의 서론 등에서 엿볼 수 있다. 즉, 허구적 인물이 자신의 이야기 범위에서 벗어나서 작가의 실제 세계 속으로 나가거나 혹은 정반대로 작가 스스로(혹은 서술적 화자)가 자신이 만든 이야기 속으로 들어오는 기법이 '메타렙시스' 해당된다. 본래는 서술하는 자와 서술

35) F. Schlegel, KA, Bd. II, p. 204:"so sollte wohl auch jene Poesie (…) in jeder ihrer Darstellungen sich selbst mit darstellen, und überall zugleich Poesie und Poesie der Poesie sein."

된 자가 구분되어야 함에도 불구하고 양자의 경계를 해체시키는 기법을 통해 스스로를 포에지 내에서 투영해내는 '포에지의 포에지'는 궁극적으로 허구적 세계로서의 포에지 자체의 자기준거적 특성을 한층 더 강화하는 방식으로 작용한다.[36)]

그와 같은 '포에지의 포에지'와 연관된 '메타렙시스'의 특성은 주로 매우 은밀한 방식으로 제시된다. 즉, 추상적인 시학이론 및 미학이론이 텍스트 내에서 직접적으로 제시되는 것이 아니라 인물들이 주고받는 대화나 인물의 심리상태 묘사 등을 통해서 우회적으로 지시된다. 그런데 '메타렙시스'의 언술이 특히 낭만주의 문학 텍스트에서 자주 발견되는 까닭은, 낭만주의자들이 스스로 주장한 '낭만화' 방식 때문이다. 즉 낭만주의 작품에서는 자연스럽고 평범한 일상의 외양에 일종의 추상적이고 시학적인 이론의 의미가 은밀히 부여되어 있는 것이다. 이제 '메타렙시스'로 간주될 수 있는 몇 가지 측면을 살펴보기로 하자.

4-1) 위에서 언급한 바 있듯이 『금발의 에크베르트』는 외부이야기와 내부이야기가 결합된 액자소설이라는 형식적 특성을 지니고 있다. 여기서 베르타가 서술하는 내부이야기의 도입과 작동은 매우 흥미롭다. 이 내부이야기는 두 가지 측면을 지니는데, 그 하나는 외부이야기와의 연관성을 갖는 측면이며 다른 하나는 이야기 자체의 진정성과 직접성 등을 내적으로 강화하는 측면이다. 언뜻 보기에 후자의 측면은 사실 텍스트 전체의 특성과는 대립한다. 왜냐하면 텍스트 전체 이야기가 하나의 허구임을 모든 독자들은 잘 알고 있지만, 그런 텍스트 자체의 특성과는 정반대로 내부이야기의 서술 주체인 베르타는 자신의 이야기에 강력한 진정성을 부여하려 들기 때문이다. 그 언술은 다음과 같다.

---

36) 환상문학에서의 메타렙시스 기능에 관한 최근 연구로는 다음을 참조할 것(Sonja Klimek, Paradoxes Erzählen. Die Metalepse in der phantatstischen Literatur, Paderborn 2010).

기이하게 들릴 수 있을지라도 제 이야기를 동화로 간주하지 말아주세요.[37)]

텍스트 내에서 자연스럽게 발화된 베르타의 이 언술은 사실 소설의 내적, 외적 관점에서 특이한 환기를 불러일으킨다. 소설의 내적 관점에서 베르타의 언술은 자신이 말하고자 하는 이야기의 진정성을 보장하는 듯이 읽히지만, 소설 바깥에 위치한 독자의 외적 관점에서는 그 진정성에 의심을 갖게 되는, 오히려 정반대로 이야기의 환상적, 허구적 강도를 증폭시키는 서술 수법으로 읽힌다. 독자는 소설 전체를 동화(허구적 소설)로 수용하는 위치에 있는데, 정작 허구적 인물인 베르타는 청자인 발터에게(혹은 독자에게도) 자신의 이야기를 동화 같은 이야기로 받아들이지 말 것을 부탁하는 청유적 수행성의 화법을 던지고 있다. 베르타의 언술은 이야기의 진정성을 요구하고 있지만 사실은 진정성을 방해하는 일종의 낯설게 하기(이화, 소외)의 언술과도 같다. 그런 모순성은 베르타의 언술 자체에 내재해 있는데, 즉 "기이하게 들릴 수 있을지라도"라는 동화적 특성을 스스로 지시하는 문장이 "제 이야기를 동화로 간주하지 말아주세요"라는 청유적 문장과 부딪히고 있다. 특별한 청유가 없을 경우 베르타의 이야기는 '기이하게 들려서 동화 같은' 셈이다. 진정성과 현실성을 부탁하는 문장은 "기이하게 들릴 수 있을지라도"라는 점을 인정하고 있으며, 따라서 독자의 수용적 차원의 경우 정반대로 '이야기 전체를 하나의 동화로 받아들여주세요'라는 또 다른 청유적 의미에서 '허구성의 강화'(Potenzierung der Fiktionalität)로 읽혀지게 된다. 요컨대, 텍스트 전체의 차원에서 '동화 같은 현실'로 비추어지는 내부이야기 자체는 실은 현실과 상상의 결합, "아주 놀라운 것은 아주 평범한 것과 뒤섞

37) Der blonde Eckbert, p. 8.

인다"라는 포에지 자체의 특성을 암시하는 일종의 메타포에틱한 언술로 작동하는 것이다. 그런 점에서 다음과 같은 분석은 바로 위의 대목과 관련하여 설득력 있는 시각을 제시하고 있다.

> 왜냐하면 19세기의 경우 전지전능한 서술자 없는 내면성의 주제화는, 개인이 체험하는 자아로서 자신의 이전 체험들에 대해 이야기하는 것으로만 생각될 수밖에 없었다. 때문에 모든 내부이야기에서는 – 내부이야기의 도입부에서일지라도 – 이야기하는 자아의 차원이 직접성의 환상을 방해해야만 했다.[38)]

액자소설의 특징인 내부이야기와 이야기하는 자아의 도입은 결코 진정성의 강화에 도움을 주기 위한 수단이 아니라 오히려 "직접성의 환상을 방해해야만" 수단이며, 그럼으로써 허구가 더욱 강화되는 셈이다. 그러나 20세기로 접어들면서 액자소설 양식은 서서히 쇠퇴하고 마는데, 그것은 작가들이 내부이야기보다는 다양한 방식(예, 신문기사, 르포르타주, 다큐멘터리 등)을 통해서 직접성의 효과를 꾀하려 했기 때문이다. 그렇지만 더욱 흥미로운 점은, 그러한 방식들까지도 마찬가지로 진정성과 현실성보다는 미학적 유희 효과를 강화하는 요소로 작동한다는 것인바, 사실성의 강화를 통해 오히려 허구성이 더욱 강화되는 역설적 결과가 나타나게 된다.

4–2) 외부이야기의 서술자, 즉 에크베르트, 베르타, 발터 등의 심리와 생각 등을 관찰하고 서술하는 서술자(화자)의 언술에서도 '포에지의 포에지'와 관련된 측면을 찾을 수 있다. 그 대표적인 예는 다음과 같은 대목이다.

---

38) A. Jäggi, Die Rahmenerzählung im 19. Jahrhundert, p. 249.

지금 두 사람(베르타와 발터)이 그렇게 갑자기 죽어 버렸고, 많은 순간 그에게는 자신의 인생이 어떤 실제의 인생행로라기보다는 오히려 마치 하나의 기이한 동화처럼 여겨졌다.[39]

이 구절은 일차적으로 친구를 살해하고 아내를 잃게 된 전혀 예기치 않은 상황에 처한 에크베르트의 심리 상태를 서술자가 설명해주는 구절로 읽힌다. 그러나 심리상태의 단순한 서술을 넘어서 이 구절은 매우 놀라운 메타포에틱한 기능을 수행한다. "기이하게 들릴 수 있을지라도 제 이야기를 동화로 간주하지 말아주세요"라는 베르타의 언술과는 정반대로, 바깥이야기의 서술자는 - 에크베르트의 심정을 전해주는 서술임에도 불구하고 - 지금까지 일어난 모든 상황이 "하나의 기이한 동화처럼 여겨질" 수 있다고 환기한다. 즉, 서술자는 독자로 하여금 에크베르트, 베르타, 발터에 관한 삶(이야기) 전체를 "하나의 기이한 동화"로 받아들이도록 권하고 있는 것이다. 에크베르트의 심리 상태에 대한 서술자의 언술은 마치 '동화로서의 『금발의 에크베르트』'의 특성, 나아가 "동화는 흡사 포에지의 표본이다. - 모든 포에틱한 것은 동화적이어야만 한다"[40]라는 노발리스의 시학 및 이를 수용한 티크의 시학적, 미학적 입장을 대변하고 있는 것과 같다. 이처럼 에크베르트의 심리 상태를 단순히 서술해주는 수준을 넘어서 텍스트 자체의 메타포에틱한 특성을 우회적으로 지시하고 암시해주는 대목은 도처에 깔려 있는데, 다음과 같은 언술이 대표적인 예들이다.

그는 자신이 미쳤다고 생각했으며 자신의 상상을 통해 모든 것을 스스로 만들어 낸 것이라고 생각했다. (…) 모든 것이 그에게는 더욱 더 하

39) Der blonde Eckbert, p. 20.

40) Novalis, Schriften, Bd. III, p. 449.

나의 수수께끼처럼 여겨졌다.41)

이제 에크베르트는 의식과 감각을 잃었다. 그는 자신이 꿈을 꾸고 있는지 혹은 이전에 베르타라는 여인에 대해 꿈을 꾸었던 것인지 수수께끼로부터 벗어날 수가 없었다. 아주 놀라운 것은 아주 평범한 것과 뒤섞이며, 그의 주변 세계는 마법에 걸렸고, 그는 그 더 이상 어떤 것을 사유하거나 기억할 수 없었다.42)

이 대목은 두 가지 점을 뜻한다. 그 하나는 글자 그대로의 독법에 의한 것인데, 즉 서술자의 언어("상상", "수수께끼", "꿈" 등) 의미를 그대로 받아들여서 현실과 가상을 전혀 구분하지 못하는 에크베르트의 심리 상태를 나타내 준다. "그는 자신이 꿈을 꾸고 있는지 혹은 이전에 베르타라는 여인에 대해 꿈을 꾸었던 것인지 수수께끼로부터 벗어날 수가 없었다"라는 구절은 마치 자아의 몰아적, 해체적 경험 속에서 자신이 나비인지 나비가 자신인지를 구분할 수 없는 듯한 상태를 서술한 장자의 <호접몽> 장면과도 비슷하다. 베르타라는 아내와 발터라는 친구의 살해는 텍스트 내에서 분명 실제 현실임에도 불구하고 그 모든 일이 에크베르트에게는 한 바탕의 "꿈"이나 "수수께끼"로 여겨진다고 서술자는 주석을 가하고 있다. 더욱 흥미로운 점은, 그러한 꿈같은 순간의 경험이 에크베르트에게만 일어나고 있는 것이 아니라는 것이다. 노파의 집에 도착한 후 베르타도 자신의 당시 상태를 두고서 "내가 마치 깨어나 있는 것이 아니라 내가 어떤 다른 기이한 꿈속에 있는 것처럼 여겨졌다"43)라고 말한다. 이는 일차적으로 베르타와 에크베르트의 근친성, 즉 두 사람이 꿈같은 상태에 젖는 아비투스(Habitus)를 지녔다는 점을 암시

41) Der blonde Eckbert, p. 21.

42) Ibid., p. 22.

43) Ibid., p. 13.

해주는 서술이지만, 나아가 두 인물 모두 꿈같은 텍스트 내에 존재하는 허구적 인물임을 말해준다.

그러나 다른 관점에서 보면, 에크베르트와 베르타의 심리와 생각을 서술한 대목은 바로 포에지의 특성을 암시하는 메타포에틱한, 자기준거적인 언술로도 작용한다. 요컨대, 포에틱한 언어로써 포에지의 특성(꿈, 가상 등)이 서술되고 있는 것이다. "자신의 상상을 통해 모든 것을 스스로 만들어"내는 것은 곧 작가의 상상적 작업을 지시하며, 현실과 상상을 구분하지 못하는 수수께끼, 꿈 같은 상태는 곧 문학적 텍스트 및 그와 같은 텍스트를 읽을 때의 독자의 독서 경험과도 관계한다. "아주 놀라운 것은 아주 평범한 것과 뒤섞인다"라는 구절은, 이미 언급했듯이, 낭만화 원칙이 작동하는 포에지의 특성을 말해주고 있다. 마찬가지로 꿈과 깨어남을 구분하지 못하는 인지 상태의 애매성 내지는 '수수께끼 같았다'라는 언술도 에크베르트와 베르타의 단순한 심리 상태의 묘사를 넘어서 예술 자체의 특성, 오늘날의 매체 용어로 표현하자면 가상현실적 특성을 지닌 예술 및 그러한 예술을 경험하는 독자의 상태까지도 지시하고 있다. 슐레겔은 "포에틱한 가상은 표상의 유희이며, 여기서 유희란 행동의 가상이다"[44]라고 언급한 바 있는데, 표상(꿈)과 행동(현실)이 동시적으로 작동하는 매체가 바로 예술이다. 이와 같은 예술의 가상현실적 특성을 다르게 표현하자면, 그것은 일어남과 일어나지 않음 사이에서 부유하는 특성을 말한다. "포에지에서 일어나는 것은 결코 일어나지 않거나 언제나 일어난다. 그렇지 않으면 그것은 제대로 된 포에지가 아니다. 지금 일어난다고 우리는 믿지 말아야만 한다."[45] 이와 같은 가능성과 불가능성, 현실과 꿈 사이에서 부유하는 '유희로서의 포에지'의 특성은 텍스트 내의 인물을 통해서 혹은 서술자의 주석적 서술을 통해서 도처

44) F. Schlegel, KA, Bd. II, p. 180.

45) Ibid.

에 암시되고 있는 것이다.

4-3) 포에지의 메타포에틱한 특성은 위에서 언급했던 심리 상태의 묘사 방식뿐만 아니라 상황 묘사의 방식을 통해서도 제시되고 있다. 이 점은 텍스트 자체 내에 직접적으로 제시되기보다는 다른 읽기의 방식에 의해서 밝혀질 수 있는데, 그것은 텍스트를 비유적으로 읽는 방식이다. 그 대표적인 예로는 『금발의 에크베르트』의 마지막 구절을 들 수 있다.

> 에크베르트는 미친 상태로 죽어 있었다. 둔중하고 혼란한 상태에서 그는 노파가 말하고 있는 소리, 개가 짖어대는 소리, 새가 반복하여 노래하는 소리를 들었다.

에크베르트가 죽어가는 순간의 묘사에는 마치 스릴러 영화의 마지막 장면처럼 노파, 개, 새가 동시적으로 소리를 내는 일종의 다중적인 청각성이 작동하고 있다. 그러나 이 평범하고 단순한 결말의 서술 대목은 다음과 같이 비유적으로 읽을 수 있다.

> **독자는** 미친 상태로 죽어 있었다. 둔중하고 혼란한 상태에서 그는 **텍스트가** 말하고 있는 소리, 개가 짖어대는 소리, 새가 반복하여 노래하는 소리를 들었다.[46)]

에크베르트를 '독자'로, 노파를 '텍스트'로 비유적으로 읽고 있는 횔터(Hölter)의 관점은 매우 설득력 있다. 그에 의하면, 에크베르트의 상태를

---

46) Achim Hölter, Über Weichen geschickt und im Kreis gejagt. Wie Tiecks <Blonder Eckbert> den modernen Leser kreiert, in: D. Kremer(Hrsg.), Die Prosa Ludwig Tiecks, Bielefeld 2005, pp. 69-94, esp. p. 91.

서술하는 마지막 문장은 독자와 텍스트의 관계를 설명해주는 메타포에틱한 언술이라는 것이다. 평범한 배경과 인물관계에서 시작된 이야기가 액자소설, 놀랍고 기이한 반전, 트리플갱어, 시간의 순환, 꿈과 현실의 애매한 상태 등을 거치면서 독자를 글자 그대로 혼란으로 몰아가고 있으며, 그 결과 '하나의' 분명한 해석과 의미 행위를 찾으려는 독자는 거의 현기증 나는 상태에 젖어 있게 된다.『금발의 에크베르트』의 마지막 문장은 바로 희미하고 불명확한 의미로 가득한 텍스트를 미학적으로 경험한 독자의 상태를 대변해주는 메타포에틱한 언술인 셈이다.

이 밖에도 메타포에틱한 특성은 유년기 시절의 베르타를 통해서도 암시되고 있다. 베르타는 소설 내에서 에크베르트의 아내로 등장하지만 사실은 유년시절부터 '상상과 창작에 심취한 예술적 인간'의 형상을 띠고 있다. 부모의 학대 속에서도 "종종 나는 구석에 앉아 내 생각을 가득 채웠으며 (…) 놀라운 환상에 몰두하였다"는 구절에서는 자신의 예술적 상상만을 즐기는 멜랑콜리한 아웃사이더로서의 예술가의 형상이 암시되고 있다. 또한 노파의 오두막에서 그녀는 책을 통해 멋진 기사를 만나기를 꿈꾸는 예술적 상상을 즐기는데, 그러나 현실 속에서 그 꿈(에크베르트와의 결혼)은 비극적 종말로 귀착된다. 이는 곧 예술(꿈, 포에지)과 현실, 예술가와 시민은 결코 조화롭게 일치될 수 없음을 암시해주는데, 즉 삶(현실)과의 관계에서 예술은 언제나 비극적일 수밖에 없음을 말해주고 있다.

5. 낭만주의와 무의식

티크의『금발의 에크베르트』, 호프만의『모래인간』등을 비롯한 낭만주의의 작품들이 현대 예술의 발전에 지대한 영향을 미친 특징으로는 무엇보다도 '무의식'의 발견 및 형상화를 들 수 있다. 20세기 초 프로이트를 비롯한 정신분석학자들이 이론적으로 정립한 무의식을 무려 100년 전에 낭만주의는 어렴풋이 발견해냈고 문학, 미술, 음악 등 다양한 예술적 장르에서 적극 형상화했다. 물론 고대부터 18세기 말까지도 무의식은 '보이지 않는, 알 수 없는 영혼' 내지는 '신비스런 힘'에서부터 '병든 상상', '어두운 상념', '동물적 충동', '악마적 힘' 등에 이르기까지 다양하게 언급되었고 주로 쓸모없는 꿈, 병든 영혼, 광란 등의 상태로 치부되어 왔다. '기이하고 전율스런 힘'으로서의 무의식은 가능한 한 의식과 이성의 힘에 의해 배제되거나 통제되어야만 하는 대상으로 간주되었지만, 18세기 중반부터 서서히 여러 의사와 철학자들(Franz Anton Mesmer, Marquis de Puységur, Carl Gustav Carus 등) 등에 의해 적극적으로 성찰되었고, 그와 동시에 낭만주의 예술가들은 '그것(Es)/무의식(Das Unbewußte)'을 적극 예술적으로 형상화해 냈다. 무의식을 그려낸 예술작품은 당연히 추하고 어둡거나 사악한 모습을 띨 수밖에 없었고, 그런 의미에서 낭만주의는 흔히 '괴기 낭만주의'(Schauerromantik), '암흑 낭만주의, 어두운/사악한 낭만주의'(schwarze Romantik, dark romanticism), '허무주의적-니힐리즘적 낭만주의'(pessimistisch-nihilistische Romantimk)로 명명되기도 했다. 이때 무의식과 어두운 자연은 예술적 형상화 차원에서 상호 유사성을 구축하는데, 가령 명확한 지성과 의식으로 조화와 유토피아를 실현하고 싶은 소망이 주로 아름답고 밝은 자연 묘사를 통해서 지시된다면, 충동과 무의식에서 싹트는 부조화와 혼돈, 나아가 파괴와 죽음은 무시무시하고 어두운 자연 묘사를 통해서 암시된다. 왼쪽 그림이 계몽주의적 시각에서 아름다운 자연과 진리 발견 간의 불안한 상관성을 담은 동판화라면, 오른쪽 그림은 낭만주의적 시각에서 거대한 어두운 자연(구름과 안개 등)과 소멸 상태에 처한 개인(검은색 점처럼 보이는 개인) 간의 연관성을 그려내고 있다.

Camille Flammarion,
L'Atmosphère: Météorologie Populaire
(Paris, 1888)

Caspar David Friedrich,
Der Mönch am Meer(1808~1810)

물론 18세기 말에서 19세기 초엽까지의 낭만주의는 단지 느낌과 예감을 바탕으로 '무시무시한 것의 귀환'으로서의 무의식적인 것을 형상화하였을 뿐 20세기 초의 프로이트처럼 무의식을 과학적이고 체계적으로 정립하지 못했다. 무의식이라는 개념과 관련해서도 낭만주의는 그 개념을 명징하게 사용했다기보다는 다만 '의식과는 다른 무엇' 혹은 '의식 이전의 무엇(Es)' 등에 대한 어렴풋한 느낌만을 지녔고 이를 주로 어두운 미학적 현상으로 표현해 냈을 뿐이다. 낭만주의가 본격적으로 태동하기 직전에 삶을 마감한 독일 작가 리히텐베르크(G. Ch. Lichtenberg, 1742~1799)는 자신의 메모집에서 "'나는 생각한다'고 말하지 않아야 하며, 흔히 '번개가 친다'(es blitzt)라고 말하듯 '생각이 든다'(es denkt)라고 말해야만 한다"[47]라고 언급함으로써 사유하는 의식적인 자아를 중시하는 데카르트 전통에 반기를 들었으며, 또한 "이전에는 나의 머리(나의 뇌)가 내가 듣고 보았던 모든 것을 기록했지만, 지금은 나의 머리가 더 이상 기록하는 것이 아니라 그것을 '나에게'(mir) 맡겨버린다. 이 '나'란 누구

47) Georg Christoph Lichtenberg, Sudelbuch-Notiz, L 806, in: Schriften und Briefe, herausgegeben und kommentiert von Wolfgang Promies, München 1991, Bd. 2, p. 501.

인가? 나와 글쓰는 자는 동일한 이가 아닌가?"[48]라는 회의적인 언술을 통해 존재하는 자아와 글 쓰는 자아 간의 동일성이 붕괴되는 현상을 거론한 바 있다. 리히텐베르크와 비슷한 맥락에서 낭만주의 시기에 의사와 화가로 활동했던 자연철학자 카루스(C. G. Carus, 1789~1869)는 의식이 무의식을 통제하는 것이 아니라 그 관계를 전도시키면서 "의식적 정신생활의 본질을 인식해내는 열쇠는 바로 무의식적인 존재 영역에 근거를 둔다"[49]고 강조한 바 있다. 마찬가지로 의사이자 자연철학자였던 슈베르트(Gotthilf Heinrich Schubert, 1780~1860)도 1814년에 발표한 『꿈의 상징성』에서 언어, 무의식, 꿈 간의 상관성을 강조하고 나섰다. 특히 언어의 경우 두 가지 유형이 구분되는데, 그 하나는 담론적인 사유(의식적 사유)를 가능하게 하는 이차적으로 습득한 "깨어 있는 상태의 언어"(Sprache des Wachens)이고 다른 하나는 무의식을 표현해내는 "꿈의 언어"(Sprache des Traums)이다.[50] 그에 의하면, 언어, 꿈, 자연, 계시, 시인은 서로 연관성을 맺고 있는데, 가령 꿈에서는 "축약과 상형문자언어"(Abbreviaturen und Hieroglyphensprache)로써 무엇인가가 표현되고 시인만이 우리 내면 안에 있는 그 무엇을 꿈의 언어로 끄집어낼 수 있다고 한다. 요컨대, 문학텍스트는 다양한 언어적 질료들이 상호 '압축되고'(verdichten) '전이되는'(verschieben) 과정이 일어나는 꿈의 특성을 지닌다.

억압되고 배제되어 있던 무의식이 의식 세계로 올라온다는 것은 결국 의식 주체의 붕괴를 말하며, 무의식과 관련된 우울, 불안, 광기 등 다양한 징후적 양상을 예술적으로 뛰어나게 형상화한 낭만주의 작가는 바

---

48) Ibid., Sudelbuch-Notiz, K 38, p. 403.

49) Carl Gustav Carus, Psyche – Zur Entwicklungsgeschichte der Seele, Pforzheim 1846, p. 1.

50) Cf. Gotthilf Heinrich von Schubert, Die Symbolik des Traumes, Heidelberg 1968(=Reprint der Originalausgabe 1814) p. 1~3.

로 에.테.아. 호프만이다. 그는 무시무시한 심미적 현상을 그려냈을 뿐만 아니라 무의식 및 자아의 해체 현상에 대한 이론적 단상도 슬며시 작품 속에 집어넣기도 했다.

> 나는 내가 비쳐지는 것으로 존재할 뿐 내가 존재하는 것으로 비쳐지지 않으며, 나는 나 자신에게 하나의 설명될 수 없는 수수께끼이며, 나는 나의 자아와 분열되어 있다.[51]

> 내가 경악할 정도로 내가 말하는 것은 결코 내가 생각하고 말하고 싶었던 것이 아니다. 후회하는 진지한 고백 대신에 나는 불합리하고 연관성 없는 말 속에 침잠해 있었다.[52]

무의식과 의식, 가상과 존재 간의 괴리와 분열, 그럼으로써 자아는 '수수께끼'처럼 여겨지고 극단적으로는 죽음을 맞이하게 된다. 이처럼 호프만이 무의식을 형상화해 낸 최고의 작가임이 분명하지만, 그런 호프만보다 조금 앞서 무의식의 문제를 건드린 작가가 바로 티크이다. 앞서 언급했듯이, 『금발의 에크베르트』는 정신분석학적으로 트리플갱어, 추적망상증, 광기, 죽음 등 다양한 현상을 야기하는 무의식을 그려내고 있으며, 이와 관련된 징후적 서술과 현상은 텍스트 곳곳에 내밀히 탑재되어 있다. 우선 아주 간단한 예이지만 에크베르트는 베르타의 이야기가 끝난 후 결혼 당시를 기억하면서 그녀와의 만남을 "하나의 기적"이라고 표현하고 있다.

> 그녀는 내게 하나의 기적처럼 여겨졌으며, 나는 세상의 무엇보다도 그

---

51) E.T.A. Hoffmann, Die Elixiere des Teufels, in: ders., Die Elixiere des Teufels/ Lebensansichten des Katers Murr, Darmstadt 1984, p. 59.

52) Ibid., p. 174.

녀를 사랑했어요. 나는 재산이 없었지만, 그녀의 사랑 때문에 지금 행복하게 살고 있으며, 우리는 여기로 이사를 해왔지요. 우리의 결합을 지금까지 한순간도 우리는 후회한 적이 없어요.53)

언뜻 보기에 사랑하는 연인들의 언술처럼 보인다. 그러나 "기적"(Wunder)이라는 기표는 무의식적 차원에서 자신들의 운명에 대한 기이한 예견처럼 들리는데, 즉 이복동생과의 결혼이 사실은 근친상간으로 밝혀지게 되는 전율스럽고도 '기이한'(wunderlich), '놀라운'(wunderbar) 결말 말이다. 또한 굳이 결혼의 타당성을 논할 필요가 없는 맥락임데도 불구하고 그는 "우리의 결합을 지금까지 한 순간도 우리는 후회한 적이 없어요"라고 덧붙이는데, 이러한 강한 부정은 사실 후회와 불안의 마음이 무의식 속에 자리하고 있음을 암시하고 있다. 그 점은 다음과 같은 대목에서도 쉽게 입증된다.

에크베르트는 이제 오랫동안 크나큰 고독 속에서 살고 있었고, 이미 평소에도 자기 부인의 불가사의한 이야기가 약간 그를 불안하게 만들었기에 항상 우울한 상태였었다. 그는 일어날 수 있는 어떤 불행한 사건에 대한 두려움을 언제나 갖고 있었다. 이제 그는 완전히 자기 자신과 분열되어 있었다. 친구를 살해한 일이 그의 눈앞에 계속 떠올랐고, 그는 항상 내적인 질책 속에서 살고 있었다.54)

표면적으로는 온전하고 평온하게 보일지라도 에크베르트가 오래 전부터 의식 이전의 무엇("어떤 불행한 사건에 대한 두려움")에 시달리고 있었음이 서술자에 의해 밝혀지며, 그로 인해 정신분열적 상태에 놓여 있었던 것으로 추측된다.55) 아내의 이야기가 끊임없이 자신을 불안하게

---

53) Der blonde Eckbert, p. 18.

54) Ibid., p. 20.

했다는 점, 즉 "어떤 불행한 사건"(근친상간의 비밀)이 찾아올 것이라는 두려움, 이와 같은 불안과 두려움의 그림자가 평소 베르타와의 평화로운 부부생활에도 불구하고 그의 마음 한구석(무의식)에 짙게 드리워져 있었음이 서술자의 목소리에 의해서 입증되고 있는 것이다. 불안과 두려움을 야기하는 무의식의 꿈틀거림은 사실 소설 시작 부분에서도 제시되어 있다. 가령 "에크베르트는 명랑하고 쾌활했으나, 그가 혼자 있을 때면 그에게서는 어떤 폐쇄성, 나직이 억눌러 있는 듯한 멜랑콜리를 엿볼 수 있었다"[56]라는 소설 시작의 대목도 잠재되어 있는 무의식을 암시하며, 그리고 이를 확인하는 듯 소설 말미에서 노파로부터 베르타가 자신의 이복동생이라는 말을 들은 에크베르트는 "어째서 나는 그런 무시무시한 생각을 언제나 예감해 왔던 것일까?"[57]라고 고백한다. 이는 행복한 결혼은 단지 표면적일 뿐 그가 오래 전부터 불길한 예감(동생 베르타와 근친상간의 관계에 놓여 있다는 어렴풋한 느낌)에 시달려왔음을 입증해준다. 에크베르트는 결코 평탄하고 행복하게 지냈던 것이 아니라 "지금껏 나는 얼마나 무시무시한 고독 속에서 삶을 지내왔던 것일까?"[58]라고 마침내 스스로 내뱉게 된다. 이처럼 소설은 무시무시하고 경악스러운 소재를 다루고 있다는 점에서 영국의 고딕 소설(gothic novel) 전통에 놓여 있지만, 그러나 그 불안감, 두려움, 경악스러움은 단순히 중세적 소재 자체와 관련되기보다는 현대적 정신병리학(Psychopathologie)의 징후, 즉 "이제 그는 완전히 자기 자신과 분열되어 있었다"라는 구절

55) 발렌티네 훕스는 광기의 원인을 "사악한 악령"에서 찾지만 이것 또한 근친상간의 원인이 된다. 그에 의하면, 에크베르트는 "사악한 악령의 힘에 의해서 (…) 광기로 내몰리게 되었는데, 그것은 그가 무의식적으로, 자신도 모르게 근친상간의 부부 관계를 맺었기 때문이다. 즉, 악령에 의해 야기된 그런 부부 관계 말이다"(Cf. Valentine C. Hubbs, Tieck. Eckbert und das kollektive Unbewußte, in: PMLA, 81, 1956, pp. 686-693, esp. p. 686).

56) Der blonde Eckbert, p. 7.

57) Ibid., p. 23.

58) Ibid., p. 22.

이 암시하듯, 의식과 무의식 간의 분열, 그로 인한 자기정체성의 상실 같은 현대적 정신병리학의 현상과 연관되어 있는 것이다.

의식적으로 배제되어 있었을 뿐 모든 상황과 문제의 근원이 무의식에 자리 잡고 있었고, 그 정신분석학적 징후군을 예술적으로 형상화한 대목은 다양하게 발견된다. 앞서 언급했듯이, 베르타가 자신의 성장 이야기를 꺼낸 후 발터로부터 '슈트로미안'이라는 개의 이름을 들었을 때 그 이름은 과거의 행위(노파에게서 보석과 새를 훔쳐 달아났고 또한 새를 죽인 자신의 과거 행동)에 대한 죄의식이 무의식에서 다시 의식의 수면 위로 올라오는 결정적인 계기가 된다. 또한 생물학적 차원에서 에크베르트와 베르타가 소설 말미에서 이복남매라는 사실이 밝혀지지만 두 사람은 시기/질투, 소유욕, 의심 등 다양한 공통적인 감정을 무의식적으로 분출하기도 한다. 가령 보물을 훔친 후 도시에서 지내는 동안 베르타는 자신의 하녀를 점차 의심하게 되는데, 그런 의심은 스스로 그와 같은 범죄를 이미 저질렀던 자신의 과거 행적에 기인한다.

> 이제 하녀에 대한 두려움이 나에게 엄습해 왔으며, 나는 나 자신을 돌이켜 생각해 보았고 그녀가 언젠가 내게서 무엇인가를 훔쳐갈 수 있거나 혹은 나를 살해할 수도 있다고 믿었다.[59)]

비슷한 맥락에서 에크베르트 또한 베르타의 지나온 삶에 관한 이야기를 들은 발터가 그러한 비밀을 이용하여 자신들을 협박하여 재산을 강탈할 것 같은 의심에 사로잡히는데, 이는 베르타와 더불어 에크베르트 또한 소유욕과 타인에 대한 강한 의심을 무의식적으로 드러내는 인물임을 나타내준다.

---

59) Ibid., p. 18.

> 나의 부인으로 하여금 이야기하도록 한 계기가 바로 나 자신이지만 지금 나는 그런 친밀감에 대해 후회한다 - 그가 그 이야기를 악용하지는 않을까? 그가 다른 사람들에게 그 이야기를 전달하지는 않을까? 그는 아마도 그러지 않을까? 왜냐하면 우리가 갖고 있는 보석에 대한 불행한 소유욕을 갖게 되어 시치미를 떼면서 범행을 계획하는 것은 인간의 본성 때문이 아닌가?[60)]

이미 언급했듯이, 주인공의 내면과 관련된 무의식의 꿈틀거림은 문학과 예술의 경우 주로 자연 풍경의 묘사를 통해서도 제시되는바, 어두운 자연 풍경은 일종의 소망, 꿈, 전율 등이 자리하는 무의식에 대한 우회적인 묘사다. 외적인 행복과 내적인 불행, 의식과 무의식은 자연 묘사의 양면성을 통해서 가능하다. 베르타의 내부이야기가 시작하기 직전 평온함과 불안감이 동시에 작동하는 주변 분위기는 다음과 같이 서술된다.

> 어느 가을날 에크베르트는 안개 낀 저녁에 그의 친구와 부인 베르타와 함께 벽난로 불가에 앉아 있었다. 난롯불은 온 방안에 밝은 빛을 던져 주고 있었고 위 천정에 하늘거리고 있었으며, 밤은 어두운 모습으로 창문을 통해 안으로 들여다보고 있었고 나무들은 차가운 추위에 떨고 있었다.[61)]

위 인용문에는 난롯불, 밤, 나무 등의 환상적인 분위기가 제시된다. 지나온 삶의 여정을 베르타 자신은 전혀 동화가 아니라고 강조하지만, 그녀의 이야기를 감싸는 주변 분위기는 이미 환상적이고 동화적이다. 그런데 "밤은 어두운 모습으로 창문을 통해 안으로 들여다보고 있었고

---

60) Ibid.

61) Ibid., pp. 7-8.

나무들은 차가운 추위에 떨고 있었다"는 환상적, 동화적 묘사는 베르타의 어두운 삶과 무의식이 곧 열리게 될 것임을 암시하는 듯하다. 노을, 여명, 황혼 등 동화 같은 아름다운 자연의 순간에는 어두운 자연의 도래, 즉 무의식의 갑작스러운 발현이 동시에 자리하고 있다. 텍스트 자체는 현실과 동화, 의식과 무의식 간의 경계가 해체되는 듯한 분위기를 자아내는데, 이때 그 계절과 시간이 '가을'과 '저녁'으로 동시에 언급되고 있는 점도 의미심장하다. 그것은 각기 '겨울'과 '밤'으로 전환하는 경계 시점이면서 동시에 행복한 시절에서 비극적 결말로의 전환을 암시한다. 이러한 점은 베르타 스스로 꺼낸 내부이야기 안에서도 쉽게 찾을 수 있다. 가령 가출한 베르타가 노파의 집에 도착하는 과정은 "지옥에서 낙원으로"[62] 들어가는 것, 즉 무시무시하고 어두운 자연을 지나 아름다운 숲속으로 들어서는 것처럼 묘사된다. 그런데 지옥 같은 산악 지대에서 비옥하고 아름다운 낙원으로의 전환은, 언제든 낙원에서 다시 지옥으로 전환하게 되는 완전히 정반대의 상황이 가능함을 암시하고, 실제 그와 같은 전환은 몇 년 후 현실화되고 만다. 즉, 아름다운 낙원 같은 숲속의 오두막에서 도망쳐 나와 도시적, 세속적 삶을 찾아 나선 베르타는 에크베르트를 만나 행복한 결혼에 이르게 되지만, 이는 결국 '가상 행복'(Scheinglück, illusionary happiness)으로 드러나고 두 사람 모두 비극적 결말을 맞이하고 만다.

이름의 기표에도 무의식의 열림이 탑재되어 있다. 에크베르트와 베르타는 부부이지만 소설의 결말에서 드러나듯이 이복남매지간이다. 두 사람의 근친상간적 운명은 두 사람의 이름 기표 상의 유사성에서도 드러난다. 즉, 에크베르트(Eck<u>bert</u>)와 베르타(<u>Bert</u>ha)라는 두 이름에서 'bert'라는 기표의 공통점은 그들의 이복남매 관계를 무의식적으로 암시하고

62) Ibid., p. 11.

있다. 물론 이것이 작가의 의식적 착상에서 혹은 무의식적 언어 사용에서 나온 것인지는 중요하지 않으며, 텍스트는 다만 그렇게 에크베르트와 베르타 간의 내밀한 관계를 기표를 통해 암시해주고 있다. 이름과 마찬가지 선상에서 소설 서두의 기이한 단어도 두 주인공의 불행한 운명을 무의식적으로 드러내고 있다. "둘은 진심으로 서로 사랑하고 있는 것처럼 보였지만, 다만 그들은 하늘이 자신들의 결혼 생활에 아이를 축복하지 않으려는 점에 대해 이따금 하소연하곤 했다"[63]라는 대목의 경우, "것처럼 보였지만"이라는 단어(scheinen)는 행복한 삶이 전혀 행복하지 않은 가상적 삶임을 암시하며, 또한 하늘이 아이를 허락하지 않았다는 것도 두 사람의 결혼이 근친상간적 삶임을 암시하고 있다. 흥미롭게도 'scheinen'에서 '가상(Schein)'이라는 명사가 파생된다. 가상과 존재, 행복과 불행이 평행선을 이루게 되는 현상, 표면적인 가상과 숨겨진 진실이 서로 하나가 되는 현상은 텍스트 곳곳에 다양한 방식으로 제시되고 있는 것이다.

낭만주의 문학에서 주제화되고 형상화된 가상과 존재, 의식과 무의식, 삶과 죽음의 대립은 100년 후 프로이트가 제시한 정신분석학적이고 문명사적인 시각을 선취하고 있다. 1923년에 발표한 『쾌락원칙의 저편에서』 프로이트는 개인, 문명, 사회의 모든 발전 과정은 삶의 충동인 에로스(Eros)와 죽음의 충동인 타나토스(Thanatos) 간의 대립 내지는 길항작용의 결과라고 해석한 바 있다. 에로스는 삶의 첫 번째 주된 추동력으로 종족의 지속적인 생존, 번성, 증식 같은 목표를 지니며, 그런 목표 실현을 위해 작동하는 추동적인 심리적 에너지가 바로 리비도(Libido)이다. 반면에 죽음의 충동인 타나토스의 목표는 인간의 삶을 소멸시키는데 있으며, 주로 공격, 자기증오, 자기파괴, 증오심 같은 다른 이들을 거

63) Ibid., p. 7.

부하고 파괴하는 데스트루도(Destrudo)가 작동한다. 이처럼 에로스와 타나토스, 리비도와 데스트루도는 서로 대립적이면서 동시에 전체를 형성한다. 비록 프로이트처럼 정교한 정신분석학적 관점과 이론을 정립하지는 못했지만 티크는 『금발의 에크베르트』에서 어렴풋이 "모든 존재의 이중성"(Duplizität allen Seins) 내지는 "존재의 이원론에 대한 인식"(Einsicht in den Dualismus des Seins)[64]을 직감하고 있었던 것이다.

6. 자연과 문명의 대립

잘 알려져 있듯이, 자연과 문명의 대립과 관계하여 낭만주의는 흔히 문명을 거부하고 자연 속에서 고독한 삶을 추구한 예술사조로 간주된다. 그렇다면 자연과 문명의 대립이 『금발의 에크베르트』에서는 어떻게 그려져 있을까? 우선 자연과 문명의 대립은 무엇보다도 베르타의 성장과정에서 엿볼 수 있다. 사실 베르타는 두 단계에서 자연과 문명의 대립을 겪으며 그 대립은 서로 다른 결과를 낳는다. 첫 번째 단계는 부모 집에서 보냈던 유년 시절이다. 양치기 부모 밑에서 성장할 때 베르타는 글자, 물레, 바느질 같은 소위 사회화(혹은 문명화) 학습을 강요받는다. 그러나 아버지의 학대 속에서 이루어진 사회화 학습은 실패하며 그녀는 자신의 '자연스런' 기질, 즉 혼자만의 상상적 유희만을 즐기는 데 익숙해 있다. '현실원칙'을 대변하는 부모에 의해 강요된 문명화(Zivilisation) 내

64) 『세라피온의 형제들』에서 호프만이 "세라피온 원칙"의 명제라고 명명한 외부 세계와 내부 세계, 공공적인 세계와 비의적인 세계 같은 식의 '존재의 이중성'은 호프만을 비롯한 슐레겔, 노발리스, 티크, 푸케, 샤미소 등 모든 낭만주의자들에게도 마찬가지로 적용될 수 있다. 호프만과 관련해서는 다음을 참조할 것(Helmut Pfotenhauer, Exoterische und Esoterische Poetik in E.T.A. Hoffmanns Erzählungen, in: Jahrbuch der Jean Paul-Gesellschaft 17, 1982, pp. 129~144, esp. p. 135; Wulf Segebrecht, Heterogenität und Integration. Studien zu Leben, Werk und Wirkung E.T.A. Hoffmanns, Frankfurt am Main u.a. 1996, esp. pp. 45~60 & pp. 61~90).

지는 사회화(Sozialisation)는 실패하는 반면에, 베르타의 자연적 본성은 그대로 간직된다.

두 번째 단계는 베르타가 집에서 가출한 후 노파가 사는 숲속 공간에서 지내는 시기다. 한적하고 은밀한 자연 속에 위치한 노파의 오두막은 일단 문명으로부터 차단된 세계를 나타내며, 서술자 또한 "낙원"이라는 표현을 사용한다. 베르타의 자연적 본성과 낙원과도 같은 자연은 언뜻 서로 완전히 조화를 이루는 듯이 보인다. 그러나 문명 세계로부터 차단된 자연적인 공간 안에서도 다시금 두 번째 사회화 과정이 일어나는데, 즉 부모 집에서와는 달리 베르타는 노파로부터 글자, 물레, 바느질 등을 적극 습득함으로써 거부감 없이 문명화 및 사회화의 길을 걷는다. 그녀 스스로 밝히듯이 "경제적인 일"을 해냈던 것이다.

> 아침에 노파는 나를 깨우더니 나에게 일을 하도록 지시하였다. 나는 물레를 짜야 했는데, 그것을 쉽게 배울 수 있었다. 그리고 나는 개와 새를 돌봐주어야만 했다. 나는 쉽게 경제적인 일을 해나가는 나 자신을 보았다.[65]

> 저녁 시간 그녀는 나에게 읽는 법을 가르쳐 주었고 나는 그것을 쉽게 이해했으며, 후에 몹시 쓸쓸했었음에도 불구하고 책읽기는 엄청난 즐거움의 근원이 되었다. 왜냐하면 노파는 기이한 이야기를 담고 있는 오래된 몇 권의 책을 갖고 있었기 때문이었다.[66]

부모 집에서 모든 문명화 및 사회화 과정을 거부했던 모습과는 완전히 대조적으로 베르타는 노파가 제시한 학습 과정에 매우 적극적이다. 자연 속에서 '문명화 과정'(지식, 경제관 등)이 은밀히 작동하지만, 그러

---

65) Der blonde Eckbert, p. 13.

66) Ibid.

나 이러한 문명화 과정이 결국은 파괴의 근원으로 작용하고 만다. 기독교적, 역사철학적 인식을 상기시키는 언술로 베르타도 스스로 자연과 문명, 순수한 상태와 지적인 상태 간의 대립 관계를 언급하고 나선다. "저는 막 열 네 살이었는데, 인간이 자신의 지성만을 꾀하다가 결국 자기 영혼의 순수함을 잃게 될 경우 이는 인간에게는 불행한 일이지요."[67] 경제적인 행위, 책읽기 행위 등 지적인 일(사회화 내지는 문명화 과정)의 학습은 곧 베르타가 간직한 자연적인 순수성을 상실하게 만드는데, 즉 새와 보석을 훔쳐 바깥세상으로 도망가도록 하는 결정적인 원인이 된다. 그 점은 다음과 같이 서술되고 있다.

> 내가 읽은 몇몇 책으로부터 나는 세상과 인간에 대한 놀라운 생각을 만들어내곤 했는데, 그 모든 것은 나와 내 주변의 것들로 채워졌다. 흥겨운 사람들이 언급될 경우 나는 그것들은 마치 작은 스피츠 개처럼 생각하였고, 우아한 부인들은 언제나 새처럼 보였으며, 늙은 부인들은 마치 저 기이한 노파처럼 여겨졌다. 나는 사랑에 관해서도 무엇인가를 읽었는데, 나는 나와 관계된 기이한 이야기를 상상적으로 엮어냈다. 나는 세상에서 가장 멋진 기사를 상상해보았고 그를 아주 멋지게 장식해냈다. 물론 내가 그렇게 노력하여 그가 어떻게 보이게 될지를 생각하지 않으면서 말이다.[68]

어린 시절 아버지의 학대와 훈육에도 불구하고 베르타는 문자와 경제 행위 습득을 거부하면서 돌이 진귀한 보석으로 바뀌는 등의 상상을 즐겼지만, 노파의 오두막에서 실제적인 문명적 삶을 위한 학습화 과정 속에서 꿈꾸는 행위, 즉 "세상과 인간에 대한 놀라운 생각"은 자신의 순수함을 상실하게 되는 결과를 초래한다. 즉, 책에서 상상했던 멋진 기사

67) Ibid., p. 15.
68) Ibid., p. 14.

를 현실에서 찾으려는 생각에서, 동화(허구)를 그 자체로 받아들이지 않고 현실 속에 그 실체를 찾아내려는 생각에서 결국 자연에서의 아름다운 삶, 소위 "영혼의 순수함"을 상실하고 마는 것이다. 이는 곧 기독교적 원죄를 상기시킨다. 뱀의 유혹으로 선악과를 따먹는 인간의 행위는 일종의 지적 능력의 획득이라는 원죄를 뜻하며, 그로 인해 지적이고 성찰적인 인간은 낙원에서 추방되어 역사의 세계 속으로 진입한다. 문자와 경제적 능력 등을 습득한 순간부터 지적인 베르타도 자신의 순수한 마음을 저버리고 역사적, 문명적 세상에서의 행복을 찾아 나서게 된다.

계몽과 문명의 세계에서 인간은 인간애, 진실한 소통 등을 실현하고자 하지만, 『금발의 에크베르트』의 놀라운 점은 그러한 계몽적 요청이 자칫 전율과 공포를 야기할 수 있음을 보여준다. 에크베르트는 자신의 비밀을 친구에게 털어 놓지 않은 점을 후회하면서 진실 고백을 통해 진정한 인간애를 실현하고자 하지만 그 순간 서술자는 에크베르트의 내면에서 꿈틀거리는 기이한 불안과 충동에 대해 다음과 같이 비판적 성찰을 가한다.

> 인간을 불안하게 만드는 시간이 있다. 가령 친구 앞에서 어떤 비밀을 아주 조심스럽게 품고 있을 때인데, 그럴 경우 완전히 모든 것을 전달하고 싶은 저항키 어려운 충동, 정말 진정한 친구가 되기 위해 가장 내적인 것을 고백하려는 그런 충동을 누구나 마음속에 느끼게 된다. 그 순간 두 친구의 부드러운 마음은 서로를 알게 되었다고 자부하지만, 때때로는 다른 이가 알게 되었다는 것에 대해 놀라 주춤거리는 일이 일어나곤 한다.[69]

괴테의 『타우리스 섬에서의 이피게니에』의 경우 아름답고 순수한 영

69) Ibid., p. 7.

혼의 진실 고백이 '인간애' 같은 계몽적, 고전주의적 이념의 구현으로 해석된다면, 티크의 『금발의 에크베르트』의 경우 진솔하게 고백하는 행위가 부메랑이 되어 자신에게 해를 끼치지 않을까 하는 불안 및 두려움과 연결되고 있다. 무의식적으로 그런 두려움을 갖고 있었기에 에크베르트는 결국 발터를 살해하게 되고, 그 결과로서 추적망상증에 시달리는 가운데 스스로도 죽음을 맞이하게 된다. 이처럼 진실 고백과 전율(불안, 공포, 죽음) 간의 패러독스는 결국 이기적일 수밖에 없는 문명적 삶에 기인하는 것이다.

7. 맺음말

티크의 『금발의 에크베르트』는 독일어 원서로는 15쪽 정도의 짧은 단편소설이지만 이상과 같이 매우 복잡하고, 흥미롭고, 다층적인 의미망을 형성하고 있다. 서술 형식과 내용 등에서 매우 현대적인 『금발의 에크베르트』가 발표 당시부터 얼마나 뛰어난 작품으로 인정받았는지에 대해서는 19세기 초엽의 즉각적인 반응을 통해 알 수 있다. 『의상철학』, 『프랑스 혁명사』, 『영웅 숭배론』, 『과거와 현재』 등의 저서로 유명한 영국의 역사가 토마스 카알라일(Thomas Carlyle, 1795~1881)은 평론가, 번역가로도 활동한 바 있는데, 1827년에 그는 4권으로 묶은 독일소설 모음집을 번역, 출간한 바 있다. 그 독일소설 모음집에는 티크의 『금발의 에크베르트』가 괴테의 『젊은 베르테르의 슬픔』과 나란히 실려 있었으며 이는 발표 후 고작 30년 정도 지난 시점에 이미 그 작품이 독일 낭만주의를 대표하는 고전의 반열에 올라섰음을 말해주고 있다. 지금도 독일 낭만주의 선집에서 티크의 『금발의 에크베르트』가 맨 앞의 자리를 차지하고 있음은 그 작품의 현재적 가치를 충분히 입증해주고 있다.

CHAPTER 08

“그 주머니를 주고 내 그림자를 가져가시오”

– 샤미소의 『페터 슐레밀의 놀라운 이야기』

CHAPTER 08

"그 주머니를 주고 내 그림자를 가져가시오"
– 샤미소의 『페터 슐레밀의 놀라운 이야기』

1. 다문화 교류의 선구자로서의 샤미소

독일 중/후기 낭만주의 작가로 분류되는 아델베르트 폰 샤미소(Adelbert von Chamisso)는 괴테, 하이네, 릴케, 카프카, 토마스 만, 헤세 등 독일이 낳은 걸출한 작가들에 비하면 국내에 거의 알려지지 않은 작가다. 그러나 흔히 『그림자를 판 사나이』로 의역되기도 하는 그의 대표작 『페터 슐레밀의 놀라운 이야기』(Peter Schlemihls wundersame Geschichte, 이하 『페터 슐레밀』로 표기함)는 전 세계적으로 번역되었고 지금도 뛰어난 문학적 가치를 지닌 고전으로 손꼽힌다.[1)] 창작 차원에서 대부분의 후대 작가들이 『페터 슐레밀』의 문학사적 의미를 중시해 왔으며, 또한 수많은 저명한 연구자들도 이 소설의 해석에 참여함으로써 단순한 내용의 소설에 매우 복잡하고 다양한 의미가 부여되는 양상이다.[2)]

---

1) A. v. Chamisso, Peter Schlemihl's wundersame Geschichte, München 1999(이하 "Peter Schlemihl"로 축약함). 번역본은 다음을 참고하였음(그림자를 판 사나이, 최문규 역, 열림원, 2002년).

2) 인터넷상에 올려진 다음의 두 글은 다양한 연구자들의 시각을 비판적으로 잘 정리해 놓은

우선 샤미소의 생애를 짧게 살펴보자. 샤미소는 1781년 프랑스 북부 샹파뉴(Champagne)에서 태어났다. 프랑스 혁명이 발발하자 귀족 가문이었던 그의 집안은 조국을 등지고 망명길에 오른다. 처음에 오스트리아로 도피하였으나 다시 룩셈부르크를 거쳐 1796년에 샤미소 가족은 독일 베를린에 정착하게 된다. 샤미소는 베를린에서 고등학교를 다녔으며 라틴어, 그리스어, 자연과학, 역사, 독일어, 철학 등을 공부하였고 특히 클롭슈톡(Friedrich Gottlieb Klopstock, 1724~1803: 독일 계몽주의 및 감상주의 시인)과 실러(Schiller)의 작품을 애독했다. 1801년 샤미소 가족은 조국 프랑스로부터 귀국 허가를 받지만, 그러나 샤미소는 베를린에 머물기로 결심하고 계속 그곳에서 학업과 문인 활동을 해나갔다. 독일어와 불어에 능통한 그는 완벽한 이중언어 구사자로서 프랑스 작품을 독일어로 번역하거나 역으로 독일 작품을 프랑스어로 번역하는 일에 몰두했다. 1802년 조국 프랑스를 잠시 방문했지만 1803년 초 다시 베를린으로 돌아온 그는 수많은 문인들과 교류하면서 왕성한 창작 활동을 펼쳤다. 이 시기의 친구들로는 출판업자인 율리우스 히치히(Julius Eduard Hitzig), 빌헬름 노이만(Wilhelm Neumann), 아우구스트 베른하르디(August F. Bernhardi) 등을 들 수 있다. 프리드리히 슐레겔의 형으로 독일 낭만주의를 학문적으로 이끌었던 아우구스트 슐레겔(August W. Schlegel)이 베를린 대학에서 1804년 겨울학기에 독일 낭만주의에 관한 강의를 개설했을 때 샤미소는 그 수업을 수강하면서 상당한 영향을 받았다. 1804년부터 샤미소는 본격적으로 독일어로 창작 활동을 전개하였으며, 1806년 『아델레어트의 우화』를 시작으로 미완성 희곡 『행운의 보따리와 마법의 모

바 있다. Peter Tepe/Tanja Semlow: Interpretationskonflikte am Beispiel von Adelbert von Chamissos Peter Schlemihls wundersame Geschichte 2(http://www.mythos-magazin.de/erklaerendehermeneutik/ pt-ts_schlemihl2.pdf). Peter Tepe/Tanja Semlow: Interpretationskonflikte am Beispiel von Adelbert von Chamissos Peter Schlemihls wundersame Geschichte 3(http://www.mythos- magazin.de/erklaerendehermeneutik/pt-ts_schlemihl3.pdf).

자』를 집필하였다. 하노버를 방문한 샤미소는 그곳에서 친구 프리드리히 드 라 모트 푸케(Friedrich de la Motte Fouqué)를 만나게 된다. 1808년 그는 라헬 파른하겐, 노이만, 푸케, 베른하르디와 함께 공동포에지(Sympoesie)의 일환으로서 소설 『카를의 시도와 방해. 신시대의 독일 이야기』(Die Versuche und Hindernisse Karls. Eine deutsche Geschichte aus neuerer Zeit)를 공동 집필하기도 했다. 1809년에는 농학을 공부하기로 결심했지만 재정상 이유로 그 계획은 실행되지 않는다.

프랑스 파리의 대학으로부터 초빙교수 자리를 제공받았지만 성사되지 않았기에 샤미소는 계속 베를린에 남게 되어 1810년 아우구스트 슐레겔의 『희곡 예술과 문학에 관한 빈에서의 강연』이라는 글을 프랑스어로 번역하였고 또한 프랑스 민속노래를 독일어로 번역하였다. 스위스에 잠시 머무는 동안 영국 작품과 스페인 작품에 심취하지만 1812년에 다시 베를린으로 돌아와 베를린 대학의 의학생으로 등록하였다. 이듬해 1813년 샤미소는 자신의 대표작 『페터 슐레밀』을 집필하고 푸케의 도움으로 1814년에 출간하게 되는데, 이 소설은 1838년에 불어판으로도 발간된다. 출생지상으로 프랑스인이지만 독일어로 작품을 쓰고 발표하면서 평생을 독일 작가로 보낸 샤미소는 여러 가지 측면에서 소위 '낭만적' 삶을 살았다. 여기서 낭만적이란 무엇보다도 독일 낭만주의가 내세운 '다양한 문화들 간의 자유로운 교류'라는 정신적 맥락을 뜻한다. 모든 장르 간의 경계 해체를 주창한 낭만주의의 "점진적 보편포에지"(progressive Universalpoesie)라는 개념은 '다문화 간의 교류'라는 문화적 이념을 내포하고 있다. '세계문학'을 표방한 괴테와 더불어 낭만주의자들은 다문화적 교류의 실현 가능성을 무엇보다도 '번역'에서 찾았는데, 셰익스피어 작품을 번역한 티크, 그리스어로 씌어진 플라톤 전집을 번역한 슐라이어마허 등과 마찬가지로, 독일어와 불어를 완벽하게 구사할 수 있었던 샤미소는 번역을 통해 양국 간의 문화 교류에서 앞장섰던 것이다.

『페터 슐레밀』에서 주인공 슐레밀은 소설 후반부에 세계의 이곳저곳을 돌아다니면서 자연과학자로서 여생을 보낸다. 흥미로운 점은, 마치 자기 소설의 허구적 인물 슐레밀의 삶을 모방하듯 그는 잠시 외유의 시간을 보낸다는 것이다. 1815~1818년 동안 샤미소는 자연탐구자로서 브라질, 칠레, 하와이, 필리핀, 러시아 등 세계 각지를 여행하면서 삶의 전환기를 맞이하였다. 소설 『페터 슐레밀』의 첫 구절은 "나로서는 매우 힘들었던 항해를 다행스럽게 마친 후 우리는 마침내 항구에 닿았다"[3]로 시작하는데, 이는 향후 작가 스스로가 밟게 될 삶의 여정과 귀국 등을 마치 예견한 듯이 읽힌다. 그렇게 삼년 동안의 여행을 끝내고 1818년 베를린으로 돌아온 샤미소는 여행에서 얻은 많은 경험담을 잡지에 발표하였고, 이 시기에 자연철학자 셸링(Schelling)과 바더(Baader)로부터 많은 영향을 받기도 했다. 1819년 샤미소는 베를린 대학의 철학과에서 명예박사학위를 받았고 여러 아카데미와 학술단체의 회원으로 활동하였다. 그러나 다시 문학에 전념하면서 1827년 희극 『놀라운 치료』를 발표하였고 1827년 『페터 슐레밀』의 2판 부록에 시를 덧붙이면서 재출간하였다. 1831년 자신의 시 전집을 발행하였고 1832년에는 구스타브 슈바브(G. Schwab)와 함께 잡지 「독일 문학연감」의 편집위원 일을 맡았다. 이후 일기 형식의 여행기와 논문 집필 및 창작을 병행하다가 1838년 8월 21일 57세의 나이로 샤미소는 세상을 떠났다.

1815년부터 1818년까지의 세계 탐구 여행 기간을 제외하면 샤미소는 1838년까지 베를린을 떠난 적이 없었다. 독일과 베를린은 그에게 제 2의 조국 내지는 고향과도 같았으며, 그에게 망명지 독일이 출생지 프랑스보다 얼마나 소중했는지는 1805년 3월 1일자 친구 드 라 포예(de la Foye)에게 보낸 편지에서 엿볼 수 있다. 두 사람 모두 프랑스로부터 귀

3) Peter Schlemihl, p. 13.

국 허가를 받은 상황에서 포예는 프랑스로 돌아갔고 샤미소는 베를린에 남았는데, 고향으로 돌아간 포예에게 샤미소는 다음과 같이 자신의 마음을 전한 바 있다. "출생지인 프랑스로 돌아가더라도 동이 트면 한 번쯤은 구원의 나라인 우리의 독일로 시선을 돌리고 서로를 그리워하자꾸나. 북극성의 영원한 빛을 바라보듯 말이야. 우리는 독일 사람이잖니."[4) 이 편지 대목은 두 가지 점을 시사해 주고 있다. 그 하나는 샤미소가 프랑스인임에도 불구하고 자신을 독일인으로 지칭하고 있다는 점이며, 다른 하나는 독일을 단순한 망명지가 아니라 "구원의 나라"로 명명하고 있다는 점이다. 독일은 어떤 연유에서 "구원의 나라"로 명명되었을까? 물론 일차적으로 망명자를 받아준 나라의 의미로 읽힐 수 있지만 사실 또 다른 중요한 의미가 내포되어 있다. 그것은 정치적 의미보다는 자신에게 새로운 정신적 삶, 즉 문학적, 철학적 삶을 심어준 나라라는 문화적 의미일 수 있다.

그런데 구원의 나라인 독일에서의 삶이 과연 항상 언제나 아름답고 행복했었을까? 독일에서의 삶은 샤미소에게 어쩌면 양가적이었을지도 모른다. 이중언어를 완벽하게 구사함으로써 창작과 번역을 통해 일종의 '다문화 교류의 선구자'[5)]로 활동한 샤미소의 행복한 삶의 이면에는 끊임없이 방황하고 부유하는 어둡고 흔들리는 삶의 고통, 즉 두 국가, 두 문화 사이에 놓인 '경계인'으로서, 영원한 '이방인'으로서, 영원한 '아웃사이더'로서 존재할 수밖에 없는 슬픔이 흐르고 있었을지도 모른다.

---

4) 1805년 3월 1일자 불어/독일어 편지(http://www.berliner-intellektuelle.eu/pdf/Brief011ChamissoandeLaFoye.fr.pdf, p. 9).

5) 1985년 뮌헨 대학 '외국어로서의 독일어' 학과 교수인 하랄트 바인리히(Harald Weinrich)의 주도하에 로베르트 보쉬 재단(Robert Bosch Stiftung)의 지원으로 제정된 "아델베르트 폰 샤미소 문학상"은 독일어로 우수한 작품을 발표한 비독일어권 출생 작가에게 수상되며, 이 문학상이 표방하는 "다양한 문화들 - 하나의 언어"라는 모토는 소위 다문화 교류의 이해와 증진에 있다. 이에 대해서는 다음을 참조할 것(H. Weinrich, Chamisso, die Chamisso-Autoren und die Globalisierung: Viele Kulturen-eine Sprache., Stuttgart/Robert-Bosch-Stiftung, 2002).

『페터 슐레밀』을 집필한 후인 1814년에 씌어진 한 편지는 그 점을 명확하게 드러내 준다. "여기서는(즉 독일) 이방인이기 때문에, 저기서는(즉 프랑스) 폭정에 대한 증오심 때문에 내가 대중적인 삶으로부터 배제되어 있음을 인식하면서 나는 자연 연구에 헌신하기로 결심했다."6) 그림자 없이 자연과학자로서 고독하지만 행복한 노년을 보내는 슐레밀의 형상화는 바로 '견고한 것'(정체성, 고향, 조국 등)으로서의 그림자를 상실한 '경계인' 내지는 '이방인'의 고통과 슬픔을 역설적으로 반증해주고 있는 셈이다. 이와 같은 점을 작품 해석을 통해 좀 더 구체적으로 살펴보기로 하자.

2. "환상적 노벨레"와 "낭만적"

『페터 슐레밀의 놀라운 이야기』(Peter Schlemihls wundersame Geschichte)라는 제목에서 독일어 'wundersam'은 독일 낭만주의를 나타내는 대표적인 개념이다. 물론 이 개념 이외에도 독일 낭만주의 작가들은 'wunderbar', 'wunderlich' 같은 개념을 사용한 바 있으며 그 세 개념들은 번역과 의미 차원에서 미묘한 차이를 띤다. 물론 낭만주의 작가들마다 자신만의 독특한 의미를 염두에 두면서 동일한 개념을 다르게 사용했기에 각 개념을 일관된 의미로 규정하는 것은 결코 쉬운 일이 아니다. 더욱이 한국어로 세 개념을 상이하게 번역해야만 하는 것도 난감한 일이다. 'wundersam'은 '기이한, 놀라운, 기적 같은'으로 번역될 수 있고, 'wunderbar'는 '놀라운, 신기한', 'wunderlich'는 '기묘한, 기이한, 특별한' 등으로 번역될 수

6) "Ich beschloß, mich dem Studium der Natur zu widmen, sobald ich erkannt hatte, daß ich hier(scil. in Deutschland), weil ich ein Fremder bin, dort(scil. in Frankreich) durch meinen Haß gegen die Tyrannei vom öffentlichen Leben ausgeschlossen bin."(Werner Feudel, Adelbert von Chamisso, Leipzig 1988, pp. 86-87)

있을 것 같다. 외국어와 모국어 간의 완벽한 등가성을 제시하는 것은 쉽지 않으며 번역자마다 해당 개념과 텍스트를 의미적, 해석적 차원에서 상이하게 파악하기 때문에 정확한 번역은 더더욱 불가능한 것처럼 보인다. 어쨌든 세 개념 사이에서 최소한의 등가적 의미 맥락을 찾는다면, 'wundersam'과 'wunderbar'의 경우 일상적인 것과 신비로운 것이 서로 결합된다는 점에서 '놀라운'이라는 공통된 의미를 지닌다면, 'wunderlich'의 경우 이성적으로 설명될 수 없는 것 그 자체만을 강조한다는 점에서 '기이한'이라는 의미가 가능하다.[7] 어쨌든 'wundersam'(샤미소)과 'wunderbar'(티크, 호프만)는 '놀라운, 신기한, 환상적인, 기적 같은, 이해할 수 없는" 라는 식의 번역과 의미가 가능하다. 다만 티크, 호프만의 경우 그와 같은 의미에 '무시무시한, 비밀스러운' 같은 의미가 덧붙여지는 반면에, 샤미소의 개념과 그 의미에서는 그와 같은 전율과 공포 등이 부재한다. 따라서 『Peter Schlemihls wundersame Geschichte』이라는 제목의 경우 전율과 공포가 없는 내용적 차원을 고려하여 '페터 슐레밀의 놀라운 이야기', '페터 슐레밀의 신기한 이야기' 같은 식의 번역이 가능하다.

호프만의 작품들과 마찬가지로 샤미소의 『페터 슐레밀』은 흔히 독일문학사에서 후기낭만주의 작품으로 간주되거나 혹은 낭만주의와 사실주의 경계선상에 놓인 작품으로 파악되기도 한다. 그것은 소설이 동화적이면서도 또한 현실적인 내용을 지니고 있기 때문이다. 가령 영혼을 지키지만 일단 악마에게 자신의 그림자를 건네고 그 대가로 금화가 무한히 쏟아지는 마술주머니를 얻었다는 소재 자체나 투명인간으로 만들어주는 새집과 마술 두건 같은 여러 요소는 대단히 동화적이지만, 풍족한 경제적 부를 누리고 있음에도 불구하고 사회 내에서 개인이 겪는 심리적 고통 등은 매우 현실적으로 그려져 있다. 비현실적인 동화적 요소

7) 티크의 『금발의 에크베르트』를 다룬 이 책의 7장에서 'wunderbar'와 'wunderlich'의 차이점을 짧게 제시한 바 있다.

인 '그림자 상실' – 엄격히 말하면 잃어버린 상실보다는 '자발적인 매도'가 더욱 정확한데 – 이라는 모티브는 히치히, 푸케 등과의 만남에서 샤미소가 몇 번 거론했던 배경에서 짐작할 수 있다. 여행 중 모자, 외투를 넣어 둔 가방, 장갑 등 거의 모든 물건을 잃어 버렸던 경험을 샤미소가 밝히자 이에 대해 푸케는 "자네의 그림자는 잃어버리지 않았나?"라고 되물었다고 하며, 그와 함께 "우리 둘이는 그 불행을 떠올려 보았다"라고 말했다고 전해진다. 또한 히치히에게 보낸 편지에서 "우리들 중 누군가가 자신의 그림자를, 아니 모든 이들이 각자 자신의 그림자를 잃어버렸다면 어쩌지?"라는 구절, 다시금 푸케에게 보낸 편지에게 "내가 자네(푸케)의 그림자를 말아 올려 갖는다면, 그로인해 자네가 그림자 없이 내 옆에서 걸어 다녀야 한다면?"[8]이라고 물었던 구절 등을 참조하면 샤미소가 그림자를 우연히 모티브로 취했다기보다는 소설적 서사를 이끌어가는 중요한 형상으로 오랫동안 성찰해왔던 것으로 짐작된다.[9] 특히 그림자 상실을 "불행"으로 표현하거나, 그림자가 없을 경우 당사자와 주변 반응 등에 대하여 다각도로 사유했던 것으로 보인다.

『페터 슐레밀』의 장르적 특성과 관련해서는 티크의 『금발의 에크베르트』와 비슷하게 동화와 노벨레가 결합된 '노벨레동화'(Märchennovelle)로 불릴 수 있으며, 희극적인 것과 비극적인 것이 결합되어 있기에 '희비극'(Tragikomödie)의 특성을 지닌 소설이라고도 할 수 있다. 『페터 슐레밀』과 관련해서는 1879년 샤보치(F. Chabozy)가 밝힌 "전체로서 슐레

8) 이와 같은 작품 생성 배경에 대해서는 다음을 참조할 것(Gero von Wilpert, Der verlorene Schatten. Varianten eines literarischen Motivs, Stuttgart 1978, pp. 29-30).

9) 아르네 클라비터(Arne Klawitter)는 실루엣 같은 무대에서의 표현 기능으로서의 "연출된 그림자"(inszenierter Schatten)에서 벗어나 상징적 의미의 서술 형상으로서의 "서사된 그림자"(erzählter Schatten)로 전환하는 차원에서 『페터 슐레밀』의 그림자 의미를 해석하고 있다(A. Klawitter, Inszenierte Schatten. Das Schattenspiel als theatralisches Genre in der deutschen Literatur zwischen Empfindsamkeit und Romantik, in: 2014 Athenäum, Heft 24, 2014, pp. 73-98).

밀 이야기는 동화이지만, 개개 사항에서 슐레밀 이야기는 하나의 알레고리다"[10]라는 언술이 의미심장하다. 즉, 이야기 전체는 낭만주의가 추구했던 인위적으로 창작된 예술동화(Kunstmärchen)일 수 있지만 그러한 동화적 분위기를 뛰어넘어 그림자, 그림자의 상실, 사회적 반응과 개인의 고통 등 '돈'이 지배하는 19세기 자본주의의 사회 현실의 상황(당시 그리고 현재의 사회적, 문화적 상황 등)에 대한 알레고리로 해석될 수 있다는 것이다. 또한 예술동화라는 장르적 특성에 대해 이의를 제기하는 시각이 없지는 않았는데, 대표적인 예로는 『페터 슐레밀』을 동화보다는 소설적 특성을 지닌 "환상적 노벨레"(phantastische Novelle)로 간주해야만 한다는 토마스 만의 시각이다.

> 사람들은 『페터 슐레밀』을 동화로 간주하고, 더욱이 (…) 어린이 동화라고도 한다. 『슐레밀』은 그렇지 않으며 (…) 오히려 대단히 소설적 특성을 지니고 있다. 아주 그로테스크한 포장에도 불구하고 대단히 진지하고 현대적이고 열정적인 특성을 지니기에 동화의 범주에 속할 수 없다. (…) 이야기는 아주 사실적이고 시민적으로 시작하며, 소설 끝까지 집필자)가 (…) 사실주의적, 시민적 태도를 유지할 줄 안다는 점에서 (…) 그의 본래 예술적 능력을 엿볼 수 있다. 자전적이고도 고백 같은 형식의 힘 때문에 진실성과 현실에 대한 요청이, 비개인적이고 꾸며낸 듯한 동화에서보다 훨씬 더 엄격히 강조되고 있다. 그런 형식을 한 가지 장르 이름으로 규정하는 것이 중시된다면 (…) 일종의 '환상적 노벨레'라는 이름을 택할 수 있을 것이다.[11]

이처럼 토마스 만은 동화, 예술동화 같은 개념 대신에 "환상적인 노벨

10) F. Chabozy, Über das Jugendleben Adelberts von Chamisso zur Beurteilung seiner Dichtung Peter Schlemihl, München 1879, p. 20.

11) Thomas Mann, Reden und Aufsätze 1, in: Gesammelte Werke in 13 Bänden, Bd. 9, Frankfurt am Main 1990, p. 48.

레" 같은 개념으로써 『페터 슐레밀』의 소설적 속성을 더욱 부각하고 있다. 자세히 들여다보면, 토마스 만의 "환상적 노벨레"라는 용어는 낭만주의와 사실주의를 결합시키려는 의도에서 만들어진 것이다. 본래 노벨레는 단편소설(short story)보다는 길고 일반적인 장편 소설보다는 짧은 형식의 독일식 소설이며, 시작과 결말의 일관적인 흐름 속에서 일회적인 사건을 담아내는 소설 형식으로 주로 독일 사실주의 작가들이 애용하였다. 토마스 만은 집필자(저자로서의 샤미소)의 "사실주의적, 시민적 태도"를 강조함으로써 『페터 슐레밀』의 소설적 특성을 전면에 내세우고 있으며 낭만주의의 "환상적"이라는 특성은 단지 부가적인 것으로만 간주하고 있다. 즉, 사실주의의 근본 형식에 낭만주의적 요소가 가미된 소설이라는 것이다. 그러나 토마스 만의 시각에서 아쉬운 점은, 그가 '환상적', '낭만적', 특히 '예술동화'라는 개념을 매우 협소하게 파악하고 있다는 것이다. 낭만주의의 예술동화 개념은 넓은 의미에서 포에지, 소설 같은 개념과 동일하며, 그 개념에는 이미 현실과 꿈, 사실과 환상 등이 하나로 결합되어 있다. 따라서 토마스 만의 '환상적 노벨레'와 낭만주의자가 사용한 '예술동화'는 사실 서로 동일한 의미망을 형성하고 있는 셈이다.

3. 그림자와 돈의 '잘못된 교환'

기나긴 여행을 끝내고 어느 항구에 도착한 슐레밀은 지인의 편지를 전하기 위하여 부유한 토마스 욘씨를 찾아간다. 욘씨 집에서 슐레밀은 시중드는 회색 옷 입은 남자를 발견하게 되는데, 손님들의 소망에 따라 그 남자가 온갖 물건(망원경, 양탄자, 천막, 세 마리 말 등)을 안주머니에서 꺼내는 신기한 광경을 슐레밀은 목격하게 된다. 황당한 마음에 슐레밀은 욘씨 집에서 서둘러 나오며, 그때 뒤따라온 회색 옷 입은 남자는 슐레밀에게 그림자를 넘겨주면 금화가 언제나 쏟아지는 행운의 마술주머니를 주겠다는 기이한 계약을 제안한다. 행운의 마술주머니가 탐난 나머지 슐레밀은 한순간의 망설임도 없이 자신의 그림자를 그에게 넘기는데, 그 거래 장면은 다음과 같다.

> "좋습니다! 거래하십시다. 내 그림자를 가져가시고 그 주머니를 주세요." 그는 악수를 하고는 지체 없이 내 앞에 무릎을 꿇어앉았다. 나는 그가 놀라운 솜씨로 머리에서 발끝까지 내 그림자를 풀밭에서 살짝 거둬들여 둘둘 말아 접어 몸 안에 집어넣는 것을 보았다. 다시 일어서서 그는 내게 공손히 인사를 건네고는 장미 숲을 향해 되돌아갔다. 그가 나직이 내뱉은 웃음소리를 나는 들었다. 그러나 나는 행운의 자루 끈을 꼭 쥐었다. 내 주변에는 햇빛이 빛나고 있었고, 나는 제정신을 잃었다.[12)]

12) Peter Schlemihl, p. 21.

그는 행운의 마술주머니에서 쏟아지는 재화와 부(富)에 도취하면서도 많은 이들을 도와주지만, 이내 자신의 거래에 대해 후회하게 된다. 다니는 곳곳마다 사람들(특히 어린 아이와 노인들)이 그림자 없는 그의 모습을 보고서 손가락질하거나 조롱했기 때문이다. 그림자를 잃은 그는 사회적 집단에 소속되지 못하는 고통스럽고 서러운 상황을 경험하게 되고, 특히 사랑하는 미나와의 결혼이 좌절되면서 처절한 아픔에 사로잡힌다. 그와 같은 비극적 상황에서 지금까지 그를 몰래 뒤쫓아 다니고 있던 회색 옷 입은 남자가 다시 나타나 슐레밀의 그림자를 펼쳐 보이면서 또 다른 교환의 유혹을 건넨다.

> 그는 즉시 자기 주머니에서 내 그림자를 끄집어내어 유연한 손놀림으로 그림자를 들판 위에 던졌다. 그리고는 그림자를 태양 쪽에서 자기 발밑으로 펼쳤다. 그림자는 자신을 기다리는 두 그림자들 사이를 오갔는데, 즉 내 그림자가 되었다가 그의 그림자가 되기도 했다. 왜냐하면 내 그림자는 그에게도 복종해야만 했고 그의 움직임에 따라 방향을 돌려 순응해야만 했기 때문이다.
> 정말 오랜만에 내 그림자를 다시 보았다. 그렇지만 내 그림자가 터무니없는 일을 하도록 가볍게 취급되고 있는 것을 보니, 또한 내가 저 그림자 때문에 말할 수 없는 곤경에 빠져 있다고 생각하니 내 가슴은 터질 것만 같았다. 나는 쓰디쓴 눈물을 흘렸다. 내게서 앗아간 물건을 자랑하면서 걷고 있는 저 가증스런 녀석이 파렴치하게도 계약서를 다시 내밀었다.
> "펜을 한번 갈기면 당신은 그림자를 소지할 수 있습니다. 그러면 당신은 저 불량배의 손아귀로부터 그 불쌍하고 불행한 미나를 구출하여 당신 팔로 껴안을 수 있습니다. - 이미 말씀드렸듯이 한번만 펜을 갈기면 되는 일입니다." 다시금 울음이 솟구쳤다. 그렇지만 등을 돌리면서 나는 그에게 떠나라고 손짓했다.[13]

13) Ibid., p. 56.

회색 옷 입은 남자가 제시한 조건은 슐레밀의 그림자를 돌려주는 대신 사후 영혼을 넘기라는 것이며, 이를 완강히 거부하는 슐레밀을 설득하려는 그의 말은 영혼을 부정하는 반형이상학적, 반기독교적, 유물론적 언어와 사유로 점철되어 있다.

> 질문을 드려도 좋다면, 도대체 당신의 영혼이란 어떤 물건입니까? 그것을 본 적이나 있습니까? 언젠가 죽을 때 그 영혼을 가지고 도대체 무엇을 할 작정이십니까? 오히려 저 같은 수집가를 만난 것에 대해 기뻐하십시오. 저는 당신에게 X 라는 덩어리, 즉 전기가 흐르고 양극 전자장을 지닌 몸덩어리 – 그 외에 이 쓸모없는 덩어리는 무엇이겠습니까? – 가 남긴 유산(영혼)에 대해 실제적인 것, 즉 당신의 생기 있는 그림자로 으로 그 대가를 지불하려는 것입니다. 이 그림자를 갖게 되면 당신은 애인의 손을 잡게 될 것이고 모든 소원을 성취할 수 있지 않습니까. 당신은 그 불쌍한 젊은 처녀를 그 비열한 불량배 녀석에게 넘기시겠습니까?[14)]

그러나 슐레밀은 이와 같은 유혹을 단호하게 뿌리치며 마술주머니까지도 내버린 채 영혼을 지키면서 은둔자의 삶을 살아나가기로 결심한다. 흔히 이 소설은 사후 영혼을 내주는 소위 '악마와의 협약'(Teufelspakt)으로 감각적 삶의 향유를 얻고자 했던 괴테의 『파우스트』와 연관된 작품으로 해석되지만, 슐레밀이 그림자는 내주었지만 자신의 영혼만은 지킨다는 점에서 '파우스트'와는 결정적인 차이점을 지닌다. 또한 두 작품의 경우 주인공의 신분상의 차이와 각기 처한 경제적 상황도 다르다. 가령 파우스트는 경제적 어려움이 없는 뛰어난 학자로서 사회적 평판을 지닌 채 단지 감각적인 삶의 향유를 원했다면, 젊은 슐레밀은 욘씨로부터 자리를 구하려는 등 근본적으로 경제적인 어려움에 처해 있었고 감각적인

---

14) Ibid., p. 54.

향유보다는 정신적 자유를 지켰다고 할 수 있다. 이 밖에도 속죄나 구원 없이 스스로 모든 것을 내던진 슐레밀은 남은 돈으로 여러 켤레의 장화를 구입하여 고독하게 지내려하며, 우연히 신기하게도 한 걸음에 7마일(약 12킬로미터)을 날아가게 해주는 요술장화의 도움으로 남은 생애동안 세계 각지를 탐구하는 자연과학자로서의 행복한 삶을 살아나간다.

이상과 같이 소설의 내용은 매우 단순하고 소박하다. 소설의 주요 모티브도 돈, 그림자, 자연 등으로 압축될 수 있다. 부와 명예를 얻고 싶은 욕망 때문에 인간으로서의 기본 조건인 그림자를 팔아넘기고 살아가는

삶이 결국 부질없는 짓임을 깨닫고 자연으로 복귀하는 이야기인데, 여러 측면에서 현대를 살아가는 인간의 모습을 건드리고 있다. 작품이 출간된 19세기 초엽은 정치사회적으로 이미 자본주의 사회가 태동한 시기이며, 경제심리학적으로는 부(富)를 맹목적으로 절대시하는 황금만능주의의 심리가 싹트던 시기이다. 샤미소는 회색 옷 입은 남자를 단순히 전통적인 악마(사악하고 무시무시한 인물)로 그려내고 있기보다는 마치 교활한 말의 힘과 돈의 힘으로 모든 것을 소유할 수 있는 '사업가'(Geschäftsmann)의 형상으로 그려내고 있으며,[15] 슐레밀은 자신의 '무용한 그림자'를 일종의 매물처럼 그에게 기꺼이 내주고 있는 것이다. 『페터 슐레밀』은 일차적으로 그와 같은 '자본으로서의 돈', '돈에 의한 교환'이 절대적으로 지배하는 사회 현실에 대하여 날카롭고 통렬한 비판을 가하고 있는 소설이다.

엄밀히 말하면, 본래 교환이란 비슷한 가치를 지닌 사물을 맞바꾸는 행위다. 그렇다면 슐레밀은 정당한 교환 행위를 실행한 것일까? 회색 옷 입은 남자의 제안을 받았을 때 슐레밀은 그림자의 가치를 전혀 인식하지 못한 채 즉각 계약을 실행하는데, 즉 경제적으로 가치 척도가 불가능한 그림자와 '돈'을 쏟아내는 엄청난 경제적 가치의 마술주머니를 맞바

---

15) 회색 옷 입은 남자(der Mann im Grauen, der graue Mann)가 전통적인 의미에서 사악하고 교활한 악마를 대변하는 형상인지, 아니면 "말없고 깡마른, 수척하고 길쭉해 보이는 나이 많은 사내 ein stiller, dünner, hag'rer, länglichter, ältlicher Mann"(Peter Schlehmihl, S. 15)의 모습에, 유혹적인 언술로써 고객을 사로잡으려는 "평범한 사업가"(prosaischer Geschäftsmann)의 형상을 상기하는지(Vgl. W. Freund: Adelbert von Chamisso. Peter Schlemihl. Geld und Geist. Ein bürgerlicher Bewußtseinsspiegel. Paderborn u.a. 1980, S. 31)는 매우 애매하다. 후자가 설득력을 갖지만, 그러나 전자처럼 사악한 악마로 읽힐 수 있는 여지도 여전히 남아 있다. 그것은 슐레밀이 그를 바라볼 때 "그 남자는 조심스럽고 공손하게 굴었고 다른 사람들 또한 그에게 전혀 신경 쓰지 않았지만, 나로서는 그의 모습을 결코 외면할 수 없었고 그의 모습 자체는 내게 무시무시한 기분을 일으켰다. 나는 더 이상 그의 모습을 견딜 수 없었다"(Peter Schlemihl, S. 18)고 서술되어 있으며, 더욱이 회색 옷 입은 남자가 자신을 뒤따라올 때의 상황을 "뱀에 쫓기는 새 같았다"(Ebd., S. 19)고 언급되기 때문이다.

꾸었던 것이다. 그러나 이내 그림자도 가치가 있음을, 그리고 그림자의 가치와 마술주머니의 가치가 서로 다른 것임을 슐레밀은 깨닫게 된다. 마술주머니가 경제적 가치에 대한 기표라고 할 수 있다면, 그림자는 경제적 가치로 환산될 수 없는 인간학적 가치에 대한 기표인 것이다. 상호 대등한 가치를 지닌 것들이 교환될 때 정상적인 거래가 성립하기 마련인데, 그런 관점에서 볼 때 그림자와 마술주머니는 비정상적인 교환이었던 셈이다. 요컨대, 인간학적 가치를 지닌 그림자와 경제적 가치를 지닌 마술주머니 간의 상호 교환은 애초에 '잘못된 교환'이었던 것이다. 이처럼 그림자의 가치에 대한 인식 결핍의 상태에서 슐레밀이 교환 행위에 뛰어든 까닭은, "계급 사회 내에서 탈인간화를 낳게 되는 돈의 영향"[16] 때문이다. 즉, 슐레밀은 이미 무의식적으로 돈에 지배된 상태였고 그로 인해 그림자를 무가치한 것으로 여기면서 거래에 응했던 것이다.

이러한 슐레밀의 모습은 매우 현재적이며 어쩌면 "우리 모두 어느 정도는 '슐레밀'이 아닐까"[17]라고 곱씹어보게 된다. 19세기보다 자본주의가 훨씬 배가된 상황, 흔히 자유 시장경제, 신자유주의 출현 등으로 표현되는 오늘의 현실을 보면, 많은 이들의 마음과 머리에 '돈'만이 최고의 원칙으로 자리하고 있을 게 틀림없다. 돈이 절대원칙 내지는 절대선처럼 여겨지는 경제적 근본주의(economic fundamentalism)에 맹목적으로 복종되어 있는 이들은 아마도 슐레밀처럼 자신의 모든 것(양심, 그림자, 영혼 등)을 기꺼이 팔아넘기려는 충동에 젖어 있을지도 모른다. 아니, 우리 모두의 내면에는 어쩌면 이미 소설 첫 부분에 나오는 욘씨의 모습, 슐레밀의 모습이 자리하고 있을지도 모른다. 이처럼 비현실적인 소재와

16) F. Leschnitzer, Deutung und Bedeutung des <Peter Schlemihl>. Zu Chamissos 115. Todestag, in: Die Weltbühne. Wochenschrift für Politik, Kunst, Wirtschaft 8(1935), pp. 1135-1140.

17) Alexandra Hildebrandt, Sind wir nicht alle ein bisschen "Schlemihl"?, aus: http://www.huffingtonpost. de/alexandra-hildebrandt/sind-wir-nicht-alle-ein-b_b_4885659.html

내용의 『페터 슐레밀』은 낭만주의의 예술동화로서 혹은 "환상적 노벨레"로서 이미 잘못된 방향으로 나아가는 사회 현실과 개개인의 그릇된 충동을 예견하고 그에 대한 경각심을 불러일으키고 있는 작품인 것이다.

그림자와 돈은 서로 다른 가치를 지니기에 상호 교환될 수 없음은 분명하다. 그럼에도 돈(마술주머니) 때문에 그림자를 팔아넘긴 슐레밀의 행위는 돈을 무시하면서 살아갈 수 없는, 녹록치 않은 동시대(혹은 현재)의 사회적 상황을 암시하고 있다. 가령 뷔히너의 『보이체크』(1837)에서도 주인공 보이체크는 박사로부터 돈을 받고서 몇 달 동안 완두콩만을 먹고 지내야만 하는 일종의 실험 대상으로 자신의 몸을 내맡긴다. 돈을 받고 자신의 몸이나 그림자 등을 팔아넘기는 행위에 깔려 있는 공통점은 봉건영주제가 물러나고 자본주의적 시장경제가 횡행하고 있는 시대적 상황이다. 이렇듯 돈이 지배하는 상황을 비판적으로 인식함에도 불구하고 그 상황을 극복할 수 있는 대안이 부재하다는 인식이 1830년대 작가들의 사회적 딜레마였다고 할 수 있다. 분명 '돈의 힘'(Macht des Geldes)이 지배하는 상황은 비판적인데, 그렇다고 '돈의 힘'을 완전히 부정적으로 매도하거나 외면할 수 없는 상황이 도래한 것이다. 왕/영주 같은 절대 권력자의 지배가 아니라 '돈'이라는 피할 수 없는 새로운 지배적 힘의 도래, 그리고 이와 관련된 전통적인 물리적, 정신적 권력의 쇠퇴 등이 19세기 초엽의 매우 중요한 사회적 화두가 되었다. 일례로 1830년 초 <지식인을 위한 조간신문 Morgenblatt für gebildete Stände>에서 빌헬름 바커나겔(Wilhelm Wackernagel)과 칼 짐록(Karl Simrock)은 '펜과 칼, 괴테와 나폴레옹'라는 일종의 문무(文武) 논쟁을 전개한 바 있었는데 이를 관찰하던 샤미소는 스스로 다음과 같은 <판정 Urteil>(1831)이라는 시를 발표한 바 있다.

돈이 힘이자 영광이다,

로트쉴트 남작은 우리 시대의 영웅이지만,
부채만이, 모든 부채가 곧 파멸의 근원이네.

돈이 평화와 전쟁을 가져온다,
돈, 사랑스러운 돈만이 승리를 야기한다,
검과 펜은 돈에 복종하고 인내한다.

저의 판단이 여러분들에게 중요하다면,
저에게 가장 잘 보수를 지급해주는 분,
가장 많은 돈을 저에게 주시는 분이 마땅히
저의 경우 정당함을 지니며, 이는 더욱이 합법적인 이유에서입니다.[18)]

과거 영주제에서는 글과 검 간의 양자의 힘겨루기가 가능했다. 즉, 작가들은 '펜의 힘'(정신적인 힘)을, 왕과 영주를 비롯한 귀족계급은 '검의 힘'(물리적인 힘)을 각기 주장하였지만, 새로운 사회적 상황에서는 양자를 무기력하게 만드는 '돈의 힘'이 출현하고 있는 것이다. 돈의 힘은 전쟁과 평화까지도 결정하며, 더욱이 돈을 많이 지불하는 자만이 옳고 그름의 판단/판정까지도 차지할 수 있다는 식으로 언급되고 있다. 이와 같은 시 구절에는 분명 돈에 대한 샤미소의 아이러니와 조소가 깔려 있다. 그렇지만 그 아이러니컬한 시선은, 회리쉬(J. Hörisch)의 정확한 해석을 빌리자면, 돈의 지배를 일방적으로 부정하기보다는 오히려 "실제적인 규범적 힘"으로서 돈이 사회적 상황을 좌우하는 상황을 냉정하게 관찰하고 있다. 즉, "다른 모든 것들보다 경제적 담론 방식"이 우선권을 쥐는, 더욱이 "합법적인 이유에서"(von Rechtes wegen) 그런 권한을 쥐고 있다는 점이 강조되고 있는바, 이에 대하여 회리쉬(Hörisch)는 다음과

18) Jochen Hörisch, Schlemihls Schatten – Schatten Nietzsches. Eine romantische Apologie des Sekundären. Erschienen in: Athenäum, Jahrbuch für Romantik, Jg. 5(1995), pp. 11-42, esp. p. 26에서 재인용.

같은 해석을 제시한다.

> 돈이 더 높은 권한을 갖는다는 강조를 조소와 냉소로 받아들인다면 그것은 핵심을 놓친 것이다. 오히려 낭만적 위트를 배제하지 않는 진지함으로 샤미소는 돈의 정당성뿐만 아니라 근대의 정당성을 제시하는 것에 관심을 두고 있다. 즉, 괴테 시대의 종말, 나폴레옹 전쟁의 종말과 함께 돈이 권력, 정신, 언어에 대해 기능적 우선권을 쥐는 현상 말이다. (…) 검과 펜, 권력과 정신의 시대가 이제 사라지게 되었기 때문이다. 헤겔의 동시대적 진단처럼 '마음의 운문'(Poesie des Herzens)이 사라지고 '관계의 산문'(Prosa der Verhältnisse)이 들어선 것이다.[19]

돈의 정당성, 근대의 정당성이 서로 연관된 소위 "관계의 산문"이 들어선 상황은 19세기를 넘어 오늘날까지도 더욱 심화되고 있다. 20세기 초의 사회학자 게오르크 짐멜(G. Simmel)이 『돈의 철학』(1900)에서 "그 형식의 추상성이라는 힘으로 돈은 공간과의 모든 특정한 관계를 넘어서 있다. 돈은 아주 먼 곳까지 그 영향력을 넓힐 수 있으며, 말하자면 돈은 매 순간 모든 잠재력 있는 권역 내에서 중심이다"[20]라고 언급한 것처럼, 샤미소 또한 매 순간 인간의 의식 속으로 침투하여 그림자나 영혼까지도 매수할 있는 돈의 힘을 문학적으로 형상화함으로써 그 의미와 영향력에 대한 성찰을 제시하고 있는 것이다. 사실 『페터 슐레밀』에서 돈은 무조건 부정적으로 묘사되어 있지만은 않다. 처음에는 왕으로, 후에는 백작으로 대접 받는 마을에서 슐레밀은 가난한 이들을 위해 돈을 쾌척하는 행동을 보이며, 또한 착한 하인 벤델과 연인 미나도 슐레밀이 남긴 재산으로 병원 재단을 만들어 어려운 이들을 돌본다. 즉, 돈을 절대시하는 것이 아니라 '돈의 의미 있는 사용'이 중시되고 있는 셈이다. 이와 같

19) J. Hörisch, p. 27.

20) Georg Simmel, Philosophie des Geldes, Berlin 1958, p. 575.

은 점들을 고려해본다면, '낭만적 예술동화', '환상적 노벨레'로서의 『페터 슐레밀』은 단순히 그림자 상실을 애처롭게 읊는 "마음의 운문"이 아니라 돈의 지배력과 영향력 등에 의해 엮어지는 "관계의 산문"에 대해 독자로 하여금 성찰하도록 유도하는 작품이다.

4. 그림자, 견고한 것, 가상

『페터 슐레밀』의 불어판은 1838년에 발행되었고 사망 직전에 샤미소는 서문을 실었다고 한다. 샤미소 사후인 1839년에 독일어판 『페터 슐레밀』이 재발간되었고, 이때 친구이자 출판업자 히치히(Hitzig)는 자신의 서문에서 샤미소가 쓴 불어판 서문 중 다음과 같은 문장을 인용하고 있다.

> 교훈을 얻기 위해 독서하시는 분별 있는 분들은 이 이야기를 읽고서 그림자가 무엇을 뜻하는지 불안해합니다. 몇몇 분들은 기묘한 가설을 내놓기도 하고, 어떤 분들은 저를 있는 그대로의 모습보다 훨씬 더 박식하다고 간주하시면서 저에게 과분한 명예를 부여하며, 저를 통해서 자신들의 의구심을 해결했다고 생각하시는 것 같습니다. 그들이 저에게 쏟아 붓는 질문을 보면 저의 무지 때문에 제 얼굴이 빨개질 정도입니다.[21]

위 대목은 자신의 관점이나 의도를 제시하기보다는 독자의 적극적인 해석을 기대하는 모든 작가들의 작가적 아비투스(Habitus)인데, 특히 "저의 무지 때문에 제 얼굴이 빨개질 정도입니다"라는 말과 함께 샤미소는 자신을 낮추고 독자의 다양한 가설과 해석을 중시하는 모습을 내보인다. 어쨌든 한 가지 분명한 점은, 소설 출간 시 그림자의 의미가 동

---

21) A. v. Chamisso, Peter Schlemihls wundersame Geschichte, Nürnberg 1839, p. V.

시대 독자에게 커다란 관심을 불러일으켰고 또한 다양한 해석의 가능성을 열어 주었다는 것이다. 그 가운데 특히 전통적인 선악 구도를 통해 도덕적 교훈을 얻고자 하는 이들이 그림자 상실의 불명확한 의미로 인해 약간 불안해했다는 반응이 샤미소의 입에 의해 전해지고 있는데, 이는 역설적으로 『페터 슐레밀』이 단순히 도덕적 교훈과 잣대로만 해석될 수 없는 작품임을 은밀히 암시해주고 있다. 또한 '계몽주의와 빛(태양)'이라는 17~18세기의 문화적 맥락에서 어두움(그림자)은 소중히 여겨질 수 없는 대상인데, 그런 맥락과 정반대로 소설에서는 그림자의 상실이 애처롭게 그려져 있는 것이다. 결국 그림자를 어떤 맥락에서 파악해야 좋을지가 모든 해석의 관건이 될 수 있다.

우선적으로 고려해볼 수 있는 맥락은, 흔히 '사물의 그림자', '영혼의 그림자' 같은 표현에서 알 수 있듯이, 그림자를 일반적으로 특정한 물질적 실체 내지는 형이상학적 본질(영혼)에 항상 부차적으로 뒤따르는 것으로 파악하는 시각이다. 형이상학적 본질과 그것의 그림자 간의 관계에 대해서는 차치할 경우, 물리학적으로 말하면 그림자는 물리적 덩어리가 빛을 받을 때 형성되는 비물리적인 것이고, 이를 역으로 말하면 비물리적인 그림자 없는 물리적인 사물이란 존재하지 않는다. 이러한 물리적인 법칙과 관련하여 소설은 양면적이다. 즉, 한편으로 그림자 없이도 슐레밀은 존재하지만, 다른 한편 그림자 없는 슐레밀은 '마치 존재하지 않는 이'로 여겨진다. 후자의 경우 그 존재 여부는 물리적인 차원이 아니라 사회적인 차원에서 파악되는바, 즉 그림자 없는 슐레밀은 사회적 존재로서 인정받지 못하며 그로 인해 슐레밀은 고통스러워한다.

결국 그림자와 그것의 상실과 관련된 의미는 사회적 맥락에서 조명될 수밖에 없으며, 그 맥락은 다양하게 파악되고 있다. 지금까지 연구된 결과로는 대체로, 1) 그림자와 마술주머니 간의 거래에서 그림자 상실은 돈만을 숭배하는 자본주의적 의식과 타락을 지시하는 기호이며, 2) 그림자 상실은 잃어버린 고향(조국)에 대한 기호이며, 3) 그림자 상실은 곧 집단적 기억의 상실에 대한 기호이며, 4) 그림자 상실은 정상적인 시민적 연대성의 상실에 대한 기호이며, 5) 그림자 상실은 호모에로틱한 남성을 비정상적인 자로 낙인찍은 사회적 기호이기도 하다.[22] 이 밖에도 최근에 제시된 후기구조주의적 해석도 흥미롭다. 가령 포의 단편소설 「도난당한 편지」에서 '편지'는 실체 없는 기호로 작동한다는 라캉의 해석처럼, 샤미소의 작품에서도 '그림자'는 주체의 다양한 배치를 야기할 뿐, 확고하고 명확한 의미와 내용이 부재한 채, 끊임없이 그 기호적 위치만이 옮겨지는 일종의 "전이된 기표"(der verschobene Signifikant)로 작용한다는 것이다.[23] 마지막으로 그림자의 상실은 곧 흑(어둠)의 상실을 뜻하는데, 이는 일종의 19세기에 본격화된 매체사회로의 전환 현상을 암시한다는 것이다. 가령 백과 흑, 빛과 어둠(그림자)을 이용한 르네상스 이후의 시각기계 매체, 예를 들면 카메라 옵스큐라(Camera obscura), 라테르나 마기카(Laterna magica), 파노라마(Guckkasten) 같은 전통적인 시각기계 매체가 사라지고, 19세기 이후에는 어둠을 밀어내고 오로지 빛과 감광성 재료에 의해서만 영상을 만들어내는 사진(photo: 빛 + graphy: 만들기)이 등장하고 그런 사진의 연속적인 결합으로서의 영화가 출현하는 매체사회로 전환하는 사회문화적 현상을 『페터 슐레밀』는 예고하고 있다는 것이다. 이와 같은 새로운 영상 매체의 등장은 공교롭게도 대도시의 발달

---

22) 집단적 기억으로서의 그림자에 대해서는 다음을 참조(Harald Weinrich, Lethe. Kunst und Kritik des Vergessens, München 2000, pp. 144~154). 그림자의 의미를 호모에로틱한 성향의 맥락에서 분석한 글로는 다음을 참조할 것(Gert Mattenklott, Blindgänger. Physiognomische Essais, Frankfurt am Main 1986; Heinrich Detering, Das offene Geheimnis: Zur literarischen Produktivität eines Tabus von Winckelmann bis zu Thomas Mann, Göttingen 2002, pp. 155~172). 국내 논문으로는 다음을 참조할 것(정윤희, 잃어버린 "그림자"를 찾아서 - 『페터 슐레밀의 기이한 이야기』에 나타난 동성애의 문학적 변용, 실린 곳: 뷔히너와 현대문학, 30권, 2008년, 141~165쪽).

23) Alice A. Kuzniar, "Spurlos … verschwunden": Peter Schlemihl und sein Schatten als der verschobene Signifikant, in: Aurora 45, Tübingen 1985, pp. 189~204.

과 함께 거리 위에 밝은 전등(가로등)을 설치함으로써 어둠(그림자)을 점차 사라지게 만든 기술적 혁신과 함께 하며, 따라서 그림자의 소멸은 그러한 시각 매체 및 기술의 발전과 함께 하는 현상으로 해석될 수 있다.[24)]

이와 같은 다양한 해석에도 불구하고 그림자에 대한 기본적인 해석이 있다. 그것은 소설의 주인공 슐레밀과 작가 샤미소를 동일시하는 전기주의적 관점에서 그림자의 의미를 밝히려는 시도다. 『페터 슐레밀』에 관한 친구 히치히(Hitzig)의 논평에서 시작된 전기주의적 관점에 의하면, 그림자를 잃은 슐레밀의 모습은 곧 조국, 고향을 잃고 타지에서 살아가는 샤미소의 모습을 가리킨다는 것이다. 샤미소는 한편으로 위에서 언급한 것처럼 독일과 프랑스 사이에서 다문화적 교류를 맺어주는 가교 역할을 수행하였지만, 다른 한편으로 독일과 프랑스 중 어느 곳에도 소속하지 못한 채 영원히 떠도는 망명자의 삶을 살았다. 그림자가 없다는 이유로 배척당한 슐레밀이 곳곳을 떠돌다가 자연과학자의 삶을 살아가는 모습은, 특정한 민족 집단에 속하지 못한 채 영원히 이방인으로 존재했던 작가 샤미소의 모습과 흡사하다. 그러나 소설의 주인공과 작가를 동일시하는 전기주의적 관점은 여러 가지 점에서 설득력을 갖지 못한다. 우선 소설의 경우 슐레밀은 '돈' 때문에 자발적으로 자신의 그림자를 팔았다면, 작가 샤미소는 돈과는 관계없이 정치적인 현실로 인해 비자발적으로 조국 프랑스를 등지게 되었다는 점이다. 또한 비자발적으로 조국에서 멀어진(즉 그림자를 상실한) 그의 가족을 포함한 샤미소 - 그림자를 팔아 적어도 경제적으로는 부를 향유했던 슐레밀과는 달리 - 는 매우 심한 경제적인 어려움에 처했다고 한다. 전체적으로 보면, 슐레밀의 텍스트적 상황과 샤미소의 실존적 상황은 서로 정확하게 일치하지

24) Michael Lommel, Peter Schlemihl und die Medien des Schattens, in: Athenäum, Jahrbuch für Romantik, Jg. 17(2007), pp. 33-50.

않는다.

작가 샤미소의 생애를 근거로 슐레밀이 상실한 그림자의 의미를 조국, 고향 등으로 해석하는 전기주의적 해석을 좀 더 확대할 경우, 그림자는 다른 추상적인 개념으로 대체될 수 있다. 즉, 그림자는 인간이 특정 지역에서 태어나는 순간 자연적으로 혹은 사회문화적으로 획득하게 되는 '보편적인 것'(das Allgemeine)을 뜻하며, 그림자의 상실은 그런 '보편적인 것'의 상실을 말한다. 이에 대해서는 칼 바르텔(K. Bartel)이 다음과 같이 오래전에 분석한 바 있다.

> 그림자는 자연적 필연성에 의해 인간에게 주어진 어떤 것이다. 여러 가지 삶의 상황도 마찬가지로 해당되는데, 우리는 신적인 질서와 숙명적인 섭리에 의해 그런 상황 속에서 태어나고 자라나게 된다. 거기서는 혈족, 몸의 형태, 조국, 신앙, 가족, 계층 같은 것이 주어진다. 이것을 많은 이들은 성가시게 혹은 무관심하게 여기는데, 슐레밀이 자신의 그림자를 그렇게 여겼듯이 말이다.[25]

바르텔처럼 보편적인 것으로서의 그림자의 의미와 관련하여 민족적, 종교적 차원에서 인간에게 태생적으로 주어진 것(혈족, 몸과 피부색, 조국, 신앙, 가족, 계층 등)을 과도하게 강조할 경우, 이는 자칫 민족주의 내지는 인종차별주의를 신봉하는 파시즘적 이데올로기와 연결될 수 있다. 가령 특정 개인이 민족적, 종교적 특성을 지니지 않을 경우 그는 '우리와 동일하지 않다'(보편적인 것에 대한 강조)는 이유로 사회적으로 소외되거나 배척될 수 있으며, 이는 1930~40년대 독일 국가사회주의(파시즘)에서 그 실체를 드러낸 바 있었고 21세기 현재에도 폭력으로 작용하는 '극우적 민족주의' 경향에서 엿볼 수 있다.

---

25) Karl Bartel, Vorlesungen über die deutsche Nationalliteratur der Neuzeit, 9. Auflage, Güthersloh 1879, p. 317.

그림자가 '보편적인 것'으로 설명될 수 있다면, 그 개념과 비슷한 의미에서 "견고한 것"(das Solide)이라는 개념도 그림자의 맥락에서 언급된다. "견고한 것"이라는 개념은 사실 작가 샤미소가 앞서 언급된 불어판 소설 서문에서 처음으로 사용했었으며, 그 대목은 다음과 같다.

> 마지막으로 언급된 '견고한 것'은 『페터 슐레밀』에서 중요하게 다루어지고 있다. 경제학은 돈의 중요성을 우리에게 가르쳐주고 있지만, 그림자의 중요성은 일반적으로 그다지 잘 인정되지 않고 있다. 신중치 못한 나의 친구(슐레밀: 역주)는 돈의 가치를 알고 있었기에 돈을 갈망하였지만 견고한 것에 대해서는 전혀 생각하지 못했던 것이다. 그는 결국 자신이 값 비싸게 치룬 수업을 통해 우리에게 도움을 줄 수 있기를 원했고, 그의 경험은 우리에게 '견고한 것에 대해 생각하라!'(獨: Denket an das Solide!, 佛: Songez au solide!)고 말해주고 있는 것이다.[26)]

'견고한 것'(du solide, das Solide: 든든한 것, 확실한 것, 지속적인 것)은 유별나지는 않지만 우리와 함께 지속하는 어떤 것을 말하는데, 그것에는 그림자 같은 자연적인 것뿐만 아니라 사회적이고 문화적인 차원에서도 후천적으로 습득된 다양한 것이 속할 수 있다. 위에서 언급한 국적, 가족, 성별, 종교 등 태어나면서 자연스럽게 획득되는 특성뿐만 아니라 사회적이고 인간적인 공동생활 차원에서 획득되는 연대성, 유대성, 규범, 공통감각 등도 '견고한 것'에 속한다. '견고한 것'에 대한 그와 같은 해석은 『페터 슐레밀』의 열렬한 독자였던 작가 토마스 만이 다음과 같이 제시한 바 있다.

---

26) Josefine Nettesheim, Adalberts Chamissos botanisch-exotische Studien, in: Alois Eder u.a.(Hg.), Marginalien zur poetischen Welt, Festschrift für Robert Mühlher zum 60. Geburtstag, Berlin 1971, p. 202(Anm.15)에서 재인용.

> 『페터 슐레밀』에서 그림자는 모든 시민적 연대성과 인간적 소속성의 상징이 되고 있다. 돈과 마찬지로 그림자는 우리가 사람들 가운데 살고자 할 경우 경외시해야만 하는 것으로 명명되고 있다. 또한 그림자는 우리가 오로지 자기 자신과 보다 나은 자기 자신만을 위해서 살고자 할 경우 단념해도 좋은 것으로 명명되고 있다. '견고한 것에 대해 생각하라!' 라는 아이러니컬한 외침은 바로 우리가 오늘날 말하고 있는 시민들, 즉 낭만주의자들이 '범부들'이라고 지칭한 이들에게 향한 것이다. 그러나 아이러니는 곤경에서 벗어나 우월한 태도를 취하는 것을 뜻하며, 어느 뛰어난 배제된 자의 고통을 진실로 함께 체험하듯 서술함으로써 이 작은 책은 젊은 샤미소가 정상적인 그림자 가치의 소중함을 고통스럽게 인정하고 있음을 입증해 주고 있다.[27)]

이처럼 '견고한 것'으로서의 그림자의 의미를 "시민적 연대성과 인간적 소속성"으로 파악하면서 토마스 만은 『페터 슐레밀』의 의미를 그런 연대성과 소속성을 상실할 수 있는 시대적, 사회적 위기에 대한 경종에서 찾고 있다. 그림자를 팔아버림으로써 슐레밀은 타인과의 유대 관계를 상실함으로써 내적, 외적 고통을 겪게 되며, 그런 점에서 그림자의 가치가 새삼 중시되고 있다는 것이다. 물론 토마스 만의 시각에서 예외적 존재는 있다. 가령 예술가의 경우 그림자의 상실(즉 사회적 연대성과 소속감과의 단절)은 반드시 부정적인 것만은 아니다. 그렇기에 그림자의 상실은 "시민들", "범부들"에게 향한 예술가의 아이러니컬한 외침이라고 해석되고 있는 것이다(물론 그 외침이 예술가에게도 해당될 수 있겠지만 말이다!). "견고한 것"으로서의 그림자에 대한 토마스 만의 시각과 비슷한 선상에서 마찬가지로 샤미소 연구가인 빈프리트 프로인트(W. Freund)도 돈과 정신, 자본과 도덕 간의 조화를 추구하려는 샤미소의 의도를 전제하면서 그림자를 "시민 사회에서 존재하는 (…) 개개인에게 주

27) Thomas Mann, Reden und Aufsätze 1, pp. 56-57.

어진 권한"으로 파악하고 있다. 따라서 그림자 매매는 곧 그런 시민 사회의 도덕적, 인본적 규범의 위반 행위로 비난될 수 있다고 한다.[28] 이 밖에도 그림자는 명예(Ehre), 평판(Ruhm) 등을 뜻할 수도 있다.

이처럼 그림자 및 그것의 상실 의미는 대체로 부정적으로 파악되는데, 여기서는 그 부정적 시각을 완전히 전복해보고자 한다. 우선 토마스 만의 시각처럼 과연 "정상적인 그림자 가치의 소중함"만이 정말 소설에서 강조되고 있는 것일까? 나아가 "견고한 것에 대해 생각하라!"는 샤미소의 언술은 정말 진실일까, 아니면 아이러니컬한 언술은 아닐까? 다르게 서술하자면, '보편적인 것, 견고한 것으로서의 그림자' 상실만이 오로지 비난 받아야만 하는 것인지에 대한 근본적인 질문을 제기해 볼 수 있다. 그림자와 마술주머니를 맞바꾼 슐레밀의 교환 행위는 비난될 수 있지만, 그러나 이후 그림자를 상실한 이에 대한 사회적 반응을 살펴보면 그들의 반응은 거의 '낙인찍기'(Stigmatisierung)에 가깝다. 요컨대, 모든 대중(연인 미나의 부모, 하인 라스칼, 여성들, 아이들, 아낙네, 문지기, 길을 가던 농부 등)은 그를 비난하거나 사회에 소속될 수 없는 이로 여긴다. 그 한 장면을 보자.

> 성문에 도착했을 때 나는 다시금 어느 문지기의 목소리를 들었다.
> "아니 당신은 그림자를 어디다 두고 오셨소?"
> 마찬가지로 몇 명의 아낙네의 목소리도 들렸다.
> "하느님 맙소사! 저 불쌍한 인간에겐 그림자가 없네!"
> 그 말을 듣자 몹시 역겨운 기분이 들기 시작했다. 나는 태양 아래에서

28) Winfried Freund, Die Dämonie des Geldes - Adelbert von Chamisso: Peter Schlemihls wundersame Geschichte, in: ders., Literarische Phantastik. Die phantastische Novelle von Tieck bis Storm, Stuttgart/Berlin/Köln 1990, p. 58. 아울러 다음의 연구도 참고할 것 (Winfried Freund, Adelbert von Chamisso, Peter Schlemihl. Geld und Geist. Ein bürgerlicher Bewußtseinsspiegel. Entstehung-Struktur-Rezeption-Didaktik, Paderborn/München/Wien/Zürich 1980).

> 걸어 다니는 것을 조심스럽게 피했다. 그러나 태양을 받지 않고 다닐 수 있는 곳은 아무 데도 없었다. 우선 나는 당장 브라이테 가를 가로질러 갈 수밖에 없었다. 재수 없게도 아이들이 학교 수업을 마치고 나오는 시간이었다. 그때 아주 등이 굽은 장난꾸러기 녀석이 - 나는 녀석을 아직도 기억하는데 - 내가 그림자를 갖고 있지 않은 사실을 즉각 알아차렸다. 녀석은 큰 소리로 헐뜯기를 좋아하는 도시 주변의 사람들에게 나를 알렸으며, 그들은 즉각 나를 비난하고 혹평하기 시작했다.
> "성실한 사람은 태양 아래에서 걸어가면서 자신의 그림자를 잘 간직하는 법이지."
> 그들을 피하기 위해서 나는 한 줌의 금화를 내던졌고, 동정심 많은 이들이 구해준 임대 마차에 나는 얼른 올라탔다.

이 소설 내의 한 장면은 "견고한 것"으로서의 그림자를 상실한 이를 비난하고 거부하는 목소리를 담고 있다. 특히 한 장난꾸러기 녀석의 행위는 마치 일방적인 이슈화를 통한 주변 세계의 선입견과 동조화("녀석은 큰소리로 헐뜯기를 좋아하는 도시 주변의 사람들에게 나를 알렸으며, 그들은 즉각 나를 비난하고 혹평하기 시작했다") 현상을 이끌어내고 있는 것이다. '보편적인 것, 견고한 것'으로서의 그림자를 상실한 이에 대한 이와 같은 대중적 비난은, 근대적 용어로 말하자면, 사회적 차별 및 배제 행위에 다름 아니다. 그렇다면, 오늘날 어떤 이들이 그림자를 상실한 이들에 해당되는 것일까? 특정 공동체의 보편적이고 견고한 것을 결여한(혹은 그것으로부터 이탈한) 이들로는 예를 들면 다른 피부색의 망명자, 이주노동자, 에이즈 환자, 동성애자 등 사회적 소수자(social minority)를 들 수 있다. 보편적인 것, 견고한 것을 주장하는 이들은 '우리와 같은'이라는 동일성 논리를 통해 무차별적으로 사회적 소수자를 억압하기 마련이다. 따라서 비난의 대상은 사회적 소수자가 아니라 동일성 논리로써 '특별한 이', '다른 이', '낯선 이'를 배제하거나 소외시키는 대중들이다. "견고한 것을 생각하라!"라는 작가 샤미소의 '교훈적' 언술은 어쩌면 "견고한 것"에 대한 무조건적 긍정이라기보다는 슐레밀이 처한 상황, 즉 견고한 것의 결여로 인해 사회적 소수자가 겪는 사회적 배제의 아픔과 고통에 대해서도 함께 생각해보라는 성찰적 환기로 읽힌다. 그와 같은 점은 다음과 같은 묘한 반문의 뉘앙스로 끝을 맺는 소설의 마지막 대목에서 유추된다.

> 친구여, 자네가 만약 사람들 가운데 살고 싶다면, 부디 사람들에게 무엇보다도 그림자를 중시하고 그 다음에 돈을 중시하라고 가르쳐주게나. 물론 자네가 단지 자기 자신, 그리고 더 나은 자기 자신과 함께 살고 싶다면, 자네에게는 그 어떤 충고가 필요 없겠지만. [29)]

앞의 문장은 분명 그림자의 의미를 강조하고 있다. 그것도 사회적인 인간으로서 많은 이들과 함께 살기 위해서는 반드시 보편적인 것(일차적으로 그림자, 이차적으로 돈 등)을 중시하라는 것이다. 그러나 그 다음 문장은 기이하게 들린다. 즉, 사회적 공동체에서 벗어난, 오로지 "더 나은 자기 자신과 함께 살고 싶다면, 자네에서는 그 어떤 충고가 필요 없겠지만"라는 구절은 보편적인 것을 중시하라는 교훈적 충고를 뒤집는 일종의 자기성찰적이고 자기파괴적인 아이러니와도 같다. 역으로 말하면, "더 나은 자기 자신"과 함께 홀로 지내는 고독한 자연과학자로서의 슐레밀의 모습은 나름 의미가 있으며, 이 경우 '보편적이고 견고한 것'은 전혀 필요 없는 것이다. 특히 슐레밀이 자신의 그림자만을 팔았을 뿐 영혼은 팔지 않았다는 점은, 사회적 공동체의 보편성을 결여한 사회적 소수자임에도 불구하고 자기 정체성만을 간직하고 있음을 말해 준다. 따라서 작품 전체는 '사회적 보편성과 개인의 특수성' 간의 대립 관계에 있으며, 특히 후자도 존재론적 차원에서 매우 중요한 의미를 지니고 있

---

29) Peter Schlemihl, p. 96.

음을 암시해준다. 결국 이 작품은 그림자(보편적이고 견고한 것)의 상실을 단순히 경고하는 도덕적이고 교훈적인 측면만을 중시하고 있는 것이 아니라 어쩌면 '사회적 인간'과 '자연적(혹은 낭만적) 개인' 간의 서로 화해할 수 없는 관계에 대한 아이러니를 내포하고 있는 것이다.[30] 한편으로 그림자 상실이 가져온 사회적 고립이 전반부에 부정적으로 서술되고 있지만, 다른 한편으로 그림자 없이 살아가는 고독한 삶이 후반부에는 나름 긍정적으로 제시되고 있는바, 이와 같은 부정과 긍정 사이에서의 부유가 곧 낭만적 아이러니의 양가적 맥락을 형성한다.

마지막으로 지금까지 시도한 해석과는 완전히 다른 맥락에서 그림자 및 그것의 상실에 관한 의미를 짚어볼 수 있다. 서구 신화나 고대 주술적 문화에서 그림자는 흔히 영혼의 거울상, 유령, 자아의 도플갱어, 밤/어둠/죽음 등과 연계된 부정적인 함의로 파악되었으며, 전통적인 서양 철학도 그림자를 실재가 아닌 가상(假象) 혹은 무(無)와도 같은 것으로 부정적으로 폄훼했다. 그 대표적인 예로는 플라톤의 『국가론』에 나오는 유명한 <동굴의 우화>에서의 그림자를 들 수 있으며, 거기서 그림자는 실재가 부재해 있는 상태, 즉 환영(幻影) 내지는 거짓된 세계를 지칭하는 철학적 언어로 사용된다. 맑스의 경우도 마찬가지다. 그림자가 부재해 있는 육체를 지닌 슐레밀을 패러디화하여, 역사의 단면이 잿빛에 잿빛이 더해져 칠해질 경우 "인간과 사건은 '전도된 슐레밀들', 즉 육체가 부재해 있는 그림자로 나타난다"[31]고 맑스가 서술했을 때 여기서도 그림자는 철저히 허상, 왜곡 같은 부정적인 의미를 지닌다.

이처럼 관념론, 유물론 등 전통적인 사유에서 그림자는 실재의 부재, 현혹된 삶, 가상적 삶 같은 부정적인 의미를 지닌다. 진리와 허위, 실재

30) Christine Schlitt, Chamissos Frühwerk: Von den französischsprachigen Rokokodichtungen bis zum <Peter Schlemihl> (1793-1813), Würzburg 2008, p. 212.

31) K. Marx/F. Engels: Der 18. Brumaire des Louis Bonaparte. In: MEW, Bd. 18, Berlin 1960, S. 136.

와 가상, 본질과 환영(그림자) 등은 모두 전통적인 형이상학의 대립 코드에 속하며, 이러한 형이상학적 대립쌍을 바탕으로 보면 그림자 상실은 일종의 '부재해 있는 것의 부재'(Abwesenheit des Abwesenden)와도 같다. 배가된 부재 상태와도 같은 그림자의 상실을 애처롭게 그려냄으로써 샤미소는 언뜻 전통적인 형이상학적 사유 체계를 완전히 전복하는 반플라톤주의자의 모습을 띤다. 즉, 실재(본질)보다는 그림자(가상, 환영)를 더욱 근원적인 것(일종의 영혼의 신체)으로 간주하거나 혹은 양자의 전도된 관계를 불가분의 관계로 설정하는 듯이 보인다. 그런데 샤미소는 사실 가상과도 같은 그림자를 중시하고 있기보다는 다시 한 번 가치 전도를 꾀하고 있다. 즉, 그림자는 일상에서 거의 인식되지 않는 것, 어떻게 보면 하찮은 것, 글자 그대로 부재해 있는 것, 환영(幻影)인 바, 그런 그림자가 일종의 '보편적이고 견고한 것'으로 절대시되고 있는 근대적 상황에 대하여 샤미소는 비판적 입장을 취하고 있는 것이다. 다르게 말하자면, 가상을 본질처럼 받아들이는 오늘날의 매체시대의 증후처럼, 『페터 슐레밀』은 가상, 환영, 그림자 – 여기에는 돈, 민족, 시민적 연대감 등 다양한 견고한 것들이 속하는데 – 를 자신의 인간됨 혹은 자신의 개인성(Persönlichkeit)의 증표로서 해석하는 근대인들에 대한 아이러니컬한 소설에 다름 아니다. 가상을 본질처럼 수용하는 근대적 상황은 그림자를 고수하는 대중들의 모습에서뿐만 아니라 다양한 차원에서도 제시되는데, 가령 여행객으로 위장한 회색 옷 입은 남자가 가상의 철학적 체계를 장황하게 늘어놓는 말을 듣고서 슐레밀이 순간 다음과 같이 긍정적으로 동조하는 8장의 한 장면을 들 수 있다.

> 그런데 언어마술사 같은 내 동행자는 대단한 재능으로 단단하게 지어진 하나의 건축물(형이상학적 체계를 가리킴: 역주)을 내게 보여주는 듯 했다. 그 건축물은 그 자체로 규정되어 솟아오르는 듯이 보였고 어떤 내적

필연성으로 존속하는 것처럼 보였다. 다만 내가 그 안에서 찾고 싶었던 것이 그 건축물 안에는 결여되어 있기에 아쉬웠고 그저 단지 하나의 단순한 예술작품처럼 느껴졌다. 그럴 듯한 완결과 완성을 지닌 예술작품이 흔히 사람들의 눈을 황홀하게 만들 듯이 말이다. 어쨌든 나는 유창하게 떠드는 그 남자의 말을 기꺼이 경청했다. 그는 나로 하여금 자신에게 몰두하도록 했고, 그 덕분에 나는 고통을 잊을 수 있었다. 그가 내 정신과 주의력을 요구했었더라도 나는 기꺼이 그를 받아들였을 것이다.[32)]

철학적 사유 체계나 예술작품이 그 자체로만 "완결과 완성"의 가상을 구축할 뿐 수용자에게 그 어떤 만족을 줄 수 없다("내가 그 안에서 찾고 싶었던 것이 그 건물 안에는 결여되어 있기에")고 비판되고 있음에도 불구하고 슐레밀은 순간 회색 옷 입은 남자가 펼친 형이상학적 체계의 가상에 도취한다. 부분과 전체 간의 조화를 바탕으로 하는 아름다운 "건축물"과도 같은 형이상학적 철학과 예술, 경제적 자본('돈의 형이상학')이 보장해주는 아름답고 행복한 세계, 그리고 동일한 민족성, 동일한 시민성 및 연대성 같은 대중의 보편적 덕목, 이 모든 것들은 19세기 이후 근대 사회에서 상호 연관성을 구축하면서 인간 및 삶의 목표로 설정되고 있지만, 모두 실은 본질을 결여한 가상(그림자) 자체에 지나지 않는다. 요컨대, 전통적인 본질과 가상 간의 대립적 관계가 해체되고 전도된 상황에서 '가상(그림자)이 곧 본질이다'라는 새로운 동일성 논리가 근대 사회에서 관철되고 있는 것이다. 흥미로운 점은, 경제적 권력에 대한 알레고리컬한 인물로서의 회색 옷 입은 남자가 자신의 형이하학적 경제력을 과시하기보다는 오히려 가상(그림자)을 마치 본질처럼 수집하는 "최후의 형이상학자"로 행세하고 있다는 것이다.

32) Peter Schlemihl, S. 73.

> 샤미소의 소설에서 별로 주시되지 않았던 중요한 점들 가운데 하나는, 형이상학적 이분법적 코드에서 경제적인 이분법 코드로 전환하는 근대에 대해 하필이면 '회색 옷' 입은 자가 저항하고 있다는 것이다. 소설에서 그는 악마로서 컴플러지하고 있다. 그는 다만 플라톤의 동굴의 우화에서 나오는 그림자에만 열정적인 관심을 가지고 있을 뿐 돈으로는 아무 것도 얻으려 하지 않는다. 그 악마가 그림자를 사들인 까닭은, 그의 욕망이 플라톤의 지하세계에게만 향해 있기 때문이다. 그 그림자를 위해서 그는 엄청난 금액을 제공한 것이다. 악마가 최후의 형이상학자(사실 형이상학자는 마지못해 악마로 존재하는 것이 아닐까?)라는 점은, 탈형이상학적 시대에 그 불쌍한 악마가 근원적인 형이상학적 요청에 얽매어 있다는 점에서 분명해진다. 즉, '모든 수수께끼들의 해결책인 그 말을 발견하려는' 모습에서 말이다.[33]

회색 옷 입은 남자는 분명 '돈의 물질성'을 제 일의 원칙으로 삼고 있는 초기자본주의적 사회에 대한 의인화이다. 그런 물질의 화신으로서의 회색 옷 입은 남자가 비물질적인 가상(즉 그림자, 영혼)을 수집하는 '형이상학적' 모습을 제시하고 있다면, 이와 달리 본질처럼 간주되는 비물질적인 가상(그림자)을 완전히 포기한 슐레밀은 고독하지만 의연한 마음으로 자연 생물을 탐구하는 '형이하학적' 삶을 살아나간다. 소설의 전체 차원에서 『페터 슐레밀』은 샤미소와 회색 옷 입은 남자, 자연과 그림자, 형이상학과 형이하학, 보편적 사회와 특수한 개인 등 다양한 대립을 그려내고 있는 것이다.

5. 샤미소와 슐레밀, 사실과 허구의 '숨바꼭질' 놀이

근본적으로 『페터 슐레밀』은 19세기에 본격적으로 작동한 경제자본

---

33) J. Hörisch, S. 28.

으로서의 '돈'이 절대원칙으로 자리 잡은 사회 현실을 비판하는 알레고리로 읽히지만, 이러한 내용적 측면 이외에 소설은 형식적 측면에서도 매우 파격적이고 흥미로운 점을 지니고 있다. 그것은 무엇보다도 사실과 허구를 넘나드는 '(탈)근대적인' 유희적 서술 방식의 작동에 있다. 사실과 허구, 작가와 서술자 간의 경계를 해체시키는 현상은 샤미소를 비롯하여 여러 낭만주의 작가들(슐레겔, 티크, 호프만)에 의해 즐겨 사용된 문학적 수법으로서 일종의 '숨바꼭질 놀이'(Versteckspiel) 수법이며, 이는 사실(fact)와 픽션(fiction)의 결합인 팩션(faction)을 더욱더 강화하는 탈근대적(포스트모더니즘적) 서술 수법으로 다시 각광받고 있다. 『페터 슐레밀』이 집필되었을 때 저자 샤미소는 친구이자 출판업자인 히치히에게 글을 보내는데, 그 글은 소설의 서문으로서 흥미로운 내용을 담고 있다. 그 서문에 의하면, 샤미소, 히치히 등과도 교류했다는 슐레밀이란 친구가 자기 원고를 샤미소 자신에게 건네주었다는 것이다.

> 사람을 결코 잊지 않는 자네라면 페터 슐레밀을 아직도 기억하고 있을 걸세. 왜 몇 년 전쯤 자네는 내 집에서 그를 몇 번인가 보지 않았나. 다리가 긴 그 친구를 사람들은 좀 어수룩하다고 생각했을 걸세. 그도 그럴 것이 그는 왼손잡이였고 자신의 굼뜸 때문에 게으르다고 여겨졌기 때문이지. 나는 그런 그를 매우 좋아했네. 에두아르트, 우리가 "푸른 시절"[34]에 서로 소네트를 지으면서 보냈던 시절을 자네는 잊을 수 없을 거야. 당시 차를 마시며 문학을 논하던 모임에 나는 슐레밀을 데리고 간 적이 있었지. 헌데 글이 낭독될 때까지 기다리지 못하여 그는 글짓기 동안 이미 잠에 빠지고 말았었지. 당시 자네가 그를 두고 했던 농담을 나는 아직도 기억하고 있네. 언제 어디서인지는 모르겠지만 자네는 당시 항상 기다란 검은 색 재킷을 입고 있던 슐레밀을 보고서 다음과 같이

34) 1803-1805년까지 샤미소는 베를린에서 칼 아우구스트 파른하겐 폰 엔제(Karl August Varnhagen von Ense), 히치히 등과 함께 겉표지가 푸른 색깔을 띤 문학작품집을 발간하였는데, "푸른 시절"이란 그 시기를 말한다.

말을 했었네. "저 녀석의 마음이 저 재킷의 반만큼이나 영원하다면 녀석은 행복한 사람이라고 평가될 수 있겠지."
녀석은 자네 눈에 그리 띠지 않았었지. 하지만 나는 그를 매우 좋아했네. 그런데 아주 오랫동안 소식이 끊겼던 슐레밀이 작은 노트를 보내 왔고, 그것을 내가 자네에게 전달하고자 하네. - 나의 가장 가깝고 다정한 친구이자, 그 어떤 비밀도 감출 수 없는 더욱 훌륭한 나의 분신과도 같은 자네에게 말이야. 그리고 아주 자명한 일이겠지만, 자네와 마찬가지로 내 마음속 절친인 우리의 푸케에게도 전달하려고 하네. 물론 시인으로서의 푸케보다는 아니라 친구로서의 푸케를 생각하면서 나는 이 책을 전달할 것이네.
(…)
이 노트가 어떻게 내게 주어졌는지에 대해 한 마디만 더 적겠네. 어제 아침 일어났을 때 그 노트가 내게 전해 졌네. 사람들의 말로는, 낡은 검은 색 외투 차림를 입은, 축축하고 비가 내린 날씨인데도 장화 위에 슬리퍼까지 신은 기다란 흰 수염의 괴상한 남자가 내 안부를 묻고는 나를 위해 이 노트를 남기고 갔다고 하네. 그리고 자신은 베를린에서 왔다고 전하면서 말이야.

1813년 9월 27일
쿠네스도르프에서

샤미소

----

* P.S.) 그 때 막 자기 방 창가에 있던 재능 있는 레오폴드[35)]가 그 기인을 스케치했는데, 그 그림을 첨부하겠네. 그림의 가치가 훌륭하다고 평

35) 프란츠 요셉 레오폴드(Franz Joseph Leopold, 1783-1832): 화가이자 동판제작자였으며 샤미소의 초상화를 상당수 소유하였음. 이 소설의 첫 판이 나왔을 때 겉표지를 제작해 주었다.

가했더니 그는 선뜻 그림을 내게 선사했네.[36]

호프만의 장편소설 『수고양이 무르의 인생관』에서도 '편집자로서의 호프만'의 서문이 소설 서두에 실려 있고 그 '호프만'이 '저자로서의 호프만'과 동일시될 수 있는지가 애매해짐으로써 사실과 허구의 경계가 해체되는데,[37] 『페터 슐레밀』의 경우에도 마찬가지로 슐레밀의 원고 수령자이자 원고 전달자로서의 '샤미소'가 실제 '작가 샤미소'와 동일시될 수 있는지 매우 애매해진다. 물론 실제 존재했던 작가 샤미소는 『페터 슐레밀』의 창작 주체로서의 저자임이 틀림없지만, 그러나 위 서문에 등장하는 샤미소는 창작 주체로서의 샤미소가 아니며 슐레밀로부터 원고를 받아 이를 친구 히치히와 푸케에게 건네 준 사람이다. 서문의 샤미소는 일종의 매개자 역할을 수행하는 인물로 제시되고 있다. 이렇듯 원고를 수령하고 전달하는 역할을 하는 샤미소는 도대체 누구일까? 그는 소설의 인물인가 아니면 실제 작가 샤미소인가? 원고의 저자는 누구인가? 샤미소인가 아니면 슐레밀인가?

물론 저자 샤미소는 여러 가지 점에서 슐레밀에게 자신의 삶과 관련된 주변 요소를 부여함으로써 자신과 슐레밀 간의 동일성을 암시하고 있다. 가령 그는 소설에 '벤델'이라는 실제 하인과 자신이 키우던 푸들도 등장시키고 있다. 이 밖에도 다음과 같은 두 가지 장면의 경우를 통해서도 사실 슐레밀과 샤미소 간의 동일성이 유추되기도 한다.

그 때 나는 자네에 대한 꿈을 꿨네. 꿈속에서 내가 마치 자네의 작은 방 유리 문 뒤에 서 있는 듯했고 해골과 한 다발의 말린 꽃 사이에 놓인 책상 위에 자네가 앉아 있는 듯했지. 자네 앞에는 할러, 훔볼트, 리네의

---

36) Peter Schlemihl, pp. 11~12.
37) 이 책에서 다룬 호프만의 『수고양이 무르의 인생관』을 참고할 것.

책이 펼쳐 있었고 소파 위에는 한 권의 괴테 책과 푸케의 소설 <마법의 반지>[38]가 있었네. 나는 자네를 오랫동안 바라봤네. 자네 방안에 있는 모든 물건을 보았고, 그리고는 다시 자네를 바라봤지. 자네는 전혀 움직이지 않았고 숨소리도 내지 않았지. 자네는 죽어 있었던 거야.[39]

기분 좋은 꿈결 속에서 우아한 형상들이 신선한 춤과 함께 뒤섞였다. 머리에 꽃 화환을 쓴 미나가 내 옆으로 지나가면서 다정히 내게 웃음을 지었다. 성실한 벤델도 꽃으로 치장을 했으며 다정스럽게 인사를 하며 서둘러 지나갔다. 많은 것을 보았는데, 내 생각으론 자네 샤미소도 저 멀리 혼잡 속에서 보였던 것 같아. 밝은 빛이 들어 왔고 그 누구도 그림자를 가진 사람이 없었어. 더욱 이상했던 점은 그것이 그리 기분 나쁘지 않았다는 거야. - 꽃, 노래, 사랑, 그리고 종려나무 숲 속에서의 기쁨 --- 나는 움직이는, 가볍게 불어오는 사랑스런 모습들을 붙잡을 수도, 가리킬 수도 없었지. 그러나 내가 그러한 꿈을 기꺼이 꾸고 싶어 했고 깨어나지 않기 위해 나 자신을 붙잡아 두고 있었어. 사실 실제로 나는 깨어 있었지만 눈을 감고 있었다. 그 부드러운 모습들을 오랫동안 내 마음 앞에 두고 싶어서.[40]

두 가지 꿈의 장면이다. 전자의 경우 슐레밀이 그림자를 상실한 후 최초로 겪는 절망적인 상황으로 호텔 방에 숨어 지내다가 잠든 상태에서 죽어 있는 샤미소의 모습을 꿈꾸고 있는 장면이다. 허무를 주제로 삼는 바로크식의 정물화("해골과 한 다발의 말린 꽃 사이에 놓인 책상 위에 자네가 앉아 있는 듯했지") 배경 내에서 친구 샤미소가 죽어 있는 듯한 꿈의 묘사는 사실 슐레밀 자신의 극단적인 절망을 암시해 주는 기능을 한다. 따라서 꿈을 매개로 슐레밀과 샤미소가 동일시되고 있는 셈이

38) 푸케의 소설 <마법의 반지>는 1813년에 출간되었다.

39) Peter Schlemihl, p. 24.

40) Peter Schlemihl, pp. 80~81.

다. 후자는 벤델, 미나, 대중 속에서의 샤미소 등에 대해 슐레밀이 꿈을 꾸는 장면인데, 이는 그림자를 결핍한 자신과 모든 이들이 함께 평화로운 상태를 유지하는 가운데 곧 다가올 자연과학자로서의 삶, 즉 자연과 하나가 된 고독하지만 행복한 삶을 기꺼이 살아가려는 의지가 반영된 꿈이다. 여기서도 샤미소와 슐레밀은 하나가 되고 있는 셈이다. "슐레밀의 절망과 샤미소의 죽음, 슐레밀의 자기 화해와 샤미소의 그림자 없는 행복 간의 유사성"[41]은 곧 저자와 인물(주인공), 실제와 허구 간의 동일성을 충분히 암시하는 셈이다.

그러나 소설 속의 샤미소가 정말 실존 작가 샤미소와 동일한 이일까? 실존 작가로서의 저자 샤미소, 그리고 그가 창작한 『페터 슐레밀』이라는 작품 등에 대한 문학사적 지식이 전제되어 있지 않을 경우, 독자가 서문을 통해 알 수 있는 점은 서문에 등장하는 샤미소라는 인물은 실존 작가 '샤미소'와 허구적 인물 '샤미소' 간의 사이 공간에 애매하게 위치해 있다는 것 뿐이다. 그런 애매함과 불확정성을 더욱 증폭시키고 있는 까닭은, 샤미소의 서문에 의하면, 슐레밀이 샤미소, 에두아르트, 푸케 등을 비롯한 여러 친구들과 함께 문학 살롱에 참석했던 실존하는 자로 설명되고 있기 때문이다. 이처럼 원고를 쓴 자와 그 원고를 건네받은 당시의 상황, 그리고 '추신'에서처럼 샤미소의 친구 레오폴드가 당일 슐레밀의 모습을 순간적으로 그려냈다는 점 - 이 모든 점은 문학사의 지식을 지닌 독자에게 허구적 상황 설정으로 비추어지지만 - 은 실존 인물로서의 슐레밀을 충분히 보장해주고 있는 셈이다. 한 걸음 더 나아가 다른 방식으로 소설은 그 실제적 진정성을 강화하는데, 가령 슐레밀 스스로가 텍스트 내에서 친구 샤미소에게 원고를 건네겠다는 다짐의 말을 적고 있는 것이다.

---

41) Heinrich Detering, Das offene Geheimnis, p. 164.

사랑하는 친구 샤미소, 나의 환상적 이야기를 간직해 줄 사람으로 나는 자네를 선택했네. 물론 내가 이 지상에서 사라질 경우 그 이야기는 많은 이들에게 유용한 가르침으로 작용할 것이라는 목적에서 말이야.[42]

샤미소와 슐레밀, 이 두 인물은 실존과 가상, 사실과 허구 간의 경계가 해체된 공간에 놓여 있으며, 이러한 경계 해체를 한층 더 흥미롭게 강화시키고 있는 점은 다름 아닌 원고를 전달받은 친구 푸케의 반응이다. 허구적 창작물을 사실처럼 보이게 하려 했던 친구 샤미소의 의도를 간파한 푸케는 스스로 슐레밀과의 친분을 재차 확인해주면서 히치히에게 보내는 헌사 형식의 서문을 덧붙이는데, 이는 푸케의 뛰어난 재치이면서도 푸케 자신도 허구의 공간 속으로 발을 디뎌 놓는 것과도 같다.

에두아르트, 이야기를 들여다보지 못하는 눈들로부터 우리는 이 가엾은 슐레밀의 이야기를 발표하지 않은 채 간직해야만 하겠지. 물론 그것이 썩 좋은 책무는 아닐 거야. 이야기를 제대로 들여다보지 못하는 사람들의 눈은 정말 많기 마련이지. 그런데 구두로 표현된 말보다 몰래 간직해 두는 것이 더욱 좋지 않을 수도 있는 그런 원고의 경우, 누가 감히 그 원고의 운명을 결정할 수 있을까. 불안한 마음에 차라리 절벽 밑으로 떨어지는 듯한 현기증을 느낀 사람처럼 나는 그 일을 해야 할 것 같아. 그래, 나는 전체 이야기를 인쇄하도록 하겠네.

(…)

끝으로, 많은 경험을 통해 나는 그 점을 확신하고 있는데, 인쇄된 책들에는 하나의 정신이 있는 법이네. 그 정신이 책들을 올바른 손 안으로 인도되며, 항상 그렇지는 않지만 부당한 손들이 오지 못하도록 해주지. 하여튼 모든 순수한 정신적 일과 마음의 일 앞에서 그 정신은 보이지 않는 커튼의 고리를 쥐고서 그릇됨이 없는 능숙한 솜씨로 그 커튼을 열고 닫는 일을 한다네.

---

42) Peter Schlemihl, p. 96.

나의 사랑스런 친구 슐레밀, 나는 자네의 미소와 눈물을 그런 정신에 맡기려 하네, 신의 가호가 있기를!

푸케[43)]

실은 샤미소의 원고를 읽고 감탄을 금치 못한 푸케였지만, 그는 샤미소의 원고가 아니라 슐레밀의 원고임을 확인해주면서 히치히에게 원고의 발간을 강력히 추천한다고 밝힌다. 더욱이 이러한 출판 과정에서 푸케는 원작자 샤미소에게 알리지도 않으면서 히치히에게 바치는 헌사를 샤미소의 서문 앞에 살짝 집어넣는 기지를 발휘함으로써 소설의 전체 구조적 차원에서 한층 더 재미를 돋우고 있는 것이다. 그러나 문헌학적으로 접근해보면, 이 점도 사실 불확실하다. 왜냐하면 '푸케'라는 이름의 헌사 형식의 서문을 과연 푸케가 스스로 작성한 것인지 아니면 푸케의 이름을 빌려서 샤미소가 작성한 것인지 아직도 문헌학적으로 확실히 밝혀지지 않았기 때문이다.[44)] 이러한 텍스트 생산의 불투명한 과정이 혼재함으로써 실제와 허구 간의 경계는 더욱더 애매해진다.

어쨌든 샤미소와 이 작품의 창작 배경에 관한 지식을 지닌 독자라면, 서문과 그 내용이 소위 허구에 '진정성'을 부여하려는 작가 샤미소의 창작 수법임을 알 수 있다. 그러나 그와 같은 배경 지식을 갖고 있지 못한 일반 독자에게는 사실과 허구의 경계가 매우 애매해진다. 특히 사실과 허구의 경계 해체는 쌍방향적으로 진행된다. 한편으로 허구적 인물 슐레밀이 마치 실존하는 인물로서 표현되고 있다는 점에서 허구가 사실로 전환하고 있으며, 다른 한편으로 작가 자신과 그 작가의 친구(푸

---

43) Peter Schlemihl, pp. 9~10.

44) 이에 대해서는 최근의 학위논문이 잘 정리해 놓고 있다(Volkmar Rummel, Enslerische Phantasmagorien. Intermedialität und Intertextualität in Erzählungen von E.T.A. Hoffmann, Chamisso und Jean Paul, Erlangen 2016, aus: https://www.google.de/?gws_rd=ssl#q=enslerische+Phantasth magorie)

케, 히치히)들도 자신들의 이름을 대고 있지만 사실은 그들 모두 허구적 이야기 공간 속으로 들어온다는 점에서 사실이 허구로 전환하고 있다. 이처럼 사실과 유희의 경계를 유머러스하게 해체하는 방식은 출판 당시의 책 겉표지에도 투영되는데, 그 겉표지는 "아델베르트 폰 샤미소에 의해 전달되고, 프리드리히 드 라 모트 푸케에 의해 출판되었음"이라는 기이한 부제를 지니기 때문이다. 1814년 초판 출판 당시의 겉표지는 다음과 같다.

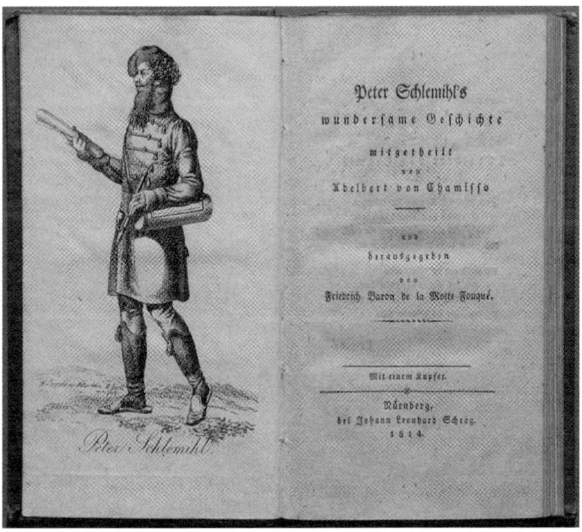

위 겉표지를 보면, 푸케가 히치히에게 출판을 권하는 서문과는 달리, 샤미소의 소설 출판은 히치히가 아닌 푸케에 의해서 진행되었다. 그 이유는 히치히가 아내의 죽음으로 인해 그 사이 출판업을 그만 두고 법조계로 되돌아갔기 때문이었고, 이에 푸케는 1814년 뉘른베르크에 있는 요한 레온하르트 슈락(Johann Leonhard Schrag)이 운영하는 출판사에서 자신의 이름으로 샤미소의 소설을 발행하였다. 그러나 샤미소의 사망

이듬해인 1839년에 소설은 히치히에 의해 정식 판본 형태로 재출간되며, 이 때 히치히도 스스로 서문을 쓰게 된다. 결국 1839년판의 경우 "발행자의 서문(히치히) - 율리우스 에두아르트 히치히에게(샤미소) -"히치히에게(푸케)"라는 세 가지 서문 형식의 글이 모두 들어가게 된다.

이처럼 주인공 슐레밀, 샤미소, 푸케, 히치히 등 여러 인물이 서로 얽히는 출판 과정만이 흥미로운 점은 아니다. 소설의 진행 과정 중에서도 사실과 허구의 경계 해체는 다양하게 제시되고 있는데, 특히 원고의 집필자(혹은 저자)로 자칭하는 슐레밀이 자신의 삶을 서술해 나가는 도중 곳곳에서 샤미소에게 직접 말을 건네는 장면을 들 수 있다. 몇 대목만 인용해 보기로 하자.

> 사랑하는 벗 샤미소여, 자네 판단을 매수하기보다는 오히려 나를 자네 판단에 맡기려 하네.[45)]

> 내가 무엇을 해야 한다고 생각하나? 내 친구 샤미소, 자네에게 이러한 일을 고백하는 것조차도 창피해서 얼굴이 달아오를 지경이야. [46)]

> 착한 벗 샤미소여, 나는 자네가 사랑이 무엇인지 잊지 않았기를 바라네. 나는 자네가 많은 점을 보충하도록 내버려 두겠네.[47)]

슐레밀이 샤미소와 함께 문학 살롱에 함께 참석했었다는 정황, 그리고 샤미소가 슐레밀로부터 원고를 전달받았다는 정황 등에 대해서 독자는 이미 서문을 통해 알고 있다. '원고 집필자 내지는 저자로서 슐레밀'은 그런 정황을 마치 입증하려는 듯, 자신이 평소 샤미소와 친하게 지내

45) Peter Schlemihl, p. 66.
46) Ibid., p. 23.
47) Ibid., p. 43.

왔음을 곳곳에서 밝히고 있는 것이다. 자신이 처한 상황에 대한 판단과 고백, 샤미소를 꿈속에서도 봤다는 친밀감, 그리고 "나의 놀라운 이야기를 간직해 줄 사람"으로 샤미소를 지목하고 있는 구절 등등 모든 대목이 슐레밀이 샤미소에게 건네는 말이다. 문학사적으로 보면 당연히 샤미소는 저자이고 슐레밀은 소설의 주인공이다. 그러나 이 점을 정확히 모르는 독자는 서문과 텍스트 내의 여러 대목에 의해 착각에 사로잡힐 수 있다. 앞서 언급했듯이, 허구의 사실화와 사실의 허구화가 쌍방향에서 작동함으로써 그 착각은 더욱 강화된다. 이와 같은 쌍방향적, 이중적 서술 전략과 관련하여 '저자란 무엇인가'라는 질문이 제기되고 그 답변 또한 모호해진다. 도대체 누가 이야기의 저자이고 또한 이야기의 진정한 서술자인지 모든 점이 불명확하다. 위에서 인용한 대목들의 경우에서도, 슐레밀이 정말 샤미소에게 말을 건네는 것일까 아니면 샤미소는 슐레밀이라는 허구적 인물의 가면을 빌어 자신에게 말하는 것일까, 또한 슐레밀이 소설 속에서 말을 건넨 샤미소가 과연 저자 샤미소를 가리키는 것일까 아니면 그 샤미소라는 이름은 혹시 '독자를 가리키는 이름'이 아닐까, 등등 다양한 질문이 제시된다. 궁극적으로 이 작품과 관련해서도 저자, 허구적 인물, 독자 사이의 경계가 모두 흔들리게 되며, 발자크 소설의 서술 방식과 관련하여 바르트가 던진 질문은 19세기 초엽에 출간된 『페터 슐레밀』에도 마찬가지로 적용될 수 있다.

> 소설 『사라진느』에서 발자크는 여자로 가장한 거세된 자에 관해서 다음과 같이 서술하고 있다. '그녀의 갑작스러운 두려움, 그녀의 이유 없는 변덕, 그녀의 본능적인 불안, 그녀의 까닭 모를 대담함, 그녀의 허세, 그녀의 섬세하고도 부드러운 감수성, 그녀는 분명 여자였다.' 누가 이렇게 말하고 있는 것일까? 그것은 여자 아래 감추어진 그 거세된 자를 모르는 척하기 위한 소설의 주인공인가? 아니면 자신의 개인적 체험에 의해 여성에 대한 철학을 갖게 된 개인 발자크인가? 아니면 여성성에 관한 '문학적' 관

념을 언명하는 저자 발자크인가? 아니면 그것은 보편적 지혜 그 자체인가? 낭만적 심리학인가? 우리가 그것을 영원히 아는 것은 불가능한 일이다. 왜냐하면 글이란 모든 목소리, 모든 근원을 파괴한다는 단순한 이유에서 그렇다. 글이란 우리의 육체가 도주해버린 저 불특정한, 비통일적인, 불고정적인 장소이다. 글이란 글쓰는 육체의 정체성에서 시작된 모든 정체성이 해체되기 시작하는 흑백(중성, 복합체)이기 때문이다.[48]

저자를 근원으로 삼는 전통적인 글읽기가 낭만주의의 포에틱한 텍스트에서는 궁극적으로 불가능하다. 저자 '샤미소', 그리고 그와 동일시되곤 하는 '슐레밀'도 텍스트 내에서 찾을 수 없기 때문이다. 저자의 근원이 부재하고 허구와 사실의 경계가 해체된 텍스트는 무한한 자기 유희만을 전개할 뿐이며, 독자는 '독서의 즐거움'과 함께 사실과 허구를 구분하지 못한 채 그 무한한 유희에 자신을 내맡길 뿐이다. 친구 히치히에 따르면, 그와 같은 텍스트의 유희적 속성 때문에 샤미소 스스로도 궁극적으로는 무엇을, 특정한 어떤 '의도'를 갖지 못했다고 한다.

'슐레밀'이라는 인물로 무엇을 염두에 두고 있는지라는 질문을 던지면서 우리는 샤미소를 괴롭혀왔다. 그런 질문은 그를 가끔은 기쁘게 했지만, 가끔은 화나게 만들기도 했다. 정말이지 그는 아무런 전문적인 의도를 갖고 있지 않았다. 어떤 속물적인 답변을 주기 위한 전문적인 의도를 그는 전혀 의식하고 있지 않았다.[49]

"속물적인 답변"과 관련된 저자의 특정한 의도가 텍스트에는 부재해 있으며, 저자의 의도가 부재해 있는 텍스트는 다만 환희와 성찰, 도취와

---

48) R. Barthes, Der Tod des Autors, in: Jannidis/Lauer/Martinez/Winko(Hg.), Texte zur Theorie der Autorschaft, Stuttgart 2000, p. 185.

49) Peter Schlemihl's wundersame Geschichte, mitgetheilt von Adelbert von Chamisso, Nürberg 1839, p. IV.

냉정 사이에서 자유롭게 부유하고 있을 뿐이다.

* *

<보 론>

『페터 슐레밀』은 동료 작가들뿐만 아니라 특히 회화 영역의 예술가들에게도 상당한 흥미와 호기심을 불러일으킬 정도로 상호텍스트성의 힘을 지니고 있다. 지금까지 독일에서 매번 새롭게 출간될 때마다, 그리고 여러 나라에서 각국의 언어로 번역될 때마다 『페터 슐레밀』의 다채로운 그림이 표지를 장식하거나 텍스트 내의 주요 장면에 대한 흥미로운 삽화가 함께 실려 왔다. 그 가운데 무엇보다도 슐레밀과 회색 옷 입은 남자(악마) 간의 그림자 거래 장면이 회화적 형상화에서 가장 커다란 관심을 불러일으키는데, 여기서는 대표적인 네 가지 삽화를 서로 비교해보기로 하자.

우선 제일 첫 번째 작품으로는 세계적인 풍자삽화가로 잘 알려진 영국의 조지 크룩생크(George Cruikshank, 1792-1878)가 1823년에 제작한 동판화 작품을 들 수 있다. 왼쪽 상단에 저 멀리 큰 건물이 보이고 오른쪽 중앙 상단에는 산등성이도 보인다. 샤미소의 텍스트에서는 주변에 장미를 비롯한 크고 작은 나무가 있는 숲속 공터에서 계약이 체결되는데, 크룩생크의 삽화는 그 점을 충실히 그려내고 있다. 이 삽화 장면의 특징은, 슐레밀이 이미 왼손에 마술주머니를 쥐고 있으며 회색 옷 입은 남자는 그의 그림자를 걷어 올리고 있다는 점이다. 그런데 두 사람의 모습이 흥미롭다. 왼쪽의 슐레밀은 자신의 그림자를 어떻게 앗아가는지에 대해 약간 무관심한 듯 태연자약한 뒷모습을 보이고 있다. 물론 자세히 보면 뒤쪽을 향해 약간 곁눈질을 하고 있는 듯 보이기에 아주 무관심하

조지 크룩생크(1823)

지는 아닌 듯싶다. 회색 옷 입은 남자의 모습은 매우 특이하다. 그의 손과 다리는 마치 거미의 팔다리처럼 매우 가늘어 보이며 사악하고 불길한 느낌을 자아낸다. 회색 옷 입은 남자도 그림자를 갖고 있는데, 그의 그림자와 그가 거두어들이는 슐레밀의 그림자가 서로 마주하는 점이 특이하다. 슐레밀과 회색 옷 입은 남자는 서로 마주하고 있지 않지만, 서로 마주한 두 그림자의 장면을 통해 계약의 원만한 체결과 실행이 암시되고 있다. 또 한 가지 특이한 점은, 슐레밀의 뒷모습이 흰색과 어두운 색으로 각기 나뉘어 그려져 있다면, 다른 세 가지의 모습(슐레밀의 그림자, 회색 옷 입은 남자, 이 남자의 그림자)이 모두 검게 그려져 서로 연관된 하나를 형성하고 있는 것이다. 마지막으로 특이한 점은 회색 옷 입은 남자가 슐레밀의 그림자를 '다리'부터 걷어 올리는 것인데, 이는 사실 샤미소의 원 텍스트와는 어긋난 점이기도 하다. 샤미소의 텍스트에서는 다음과 같이 서술되어 있다.

> 그는 악수를 하고는 지체 없이 내 앞에 무릎을 꿇어앉았다. 나는 그가 놀라운 솜씨로 머리에서 발끝까지 내 그림자를 풀밭에서 살짝 거둬들여 둘둘 말아 접어 몸 안에 집어넣는 것을 보았다. 다시 일어서서 그는 내게 공손히 인사를 건네고는 장미 숲을 향해 되돌아갔다. 그가 나직이 내뱉은 웃음소리를 나는 들었다. 그러나 나는 행운의 자루 끈을 꼭 쥐었다. 내 주변에는 햇빛이 빛나고 있었고, 나는 제정신을 잃었다.[50]

원 텍스트에서 그림자의 머리부터 걷어 올리는 행위와, 삽화에서 다리부터 걷어 올리는 행위 사이에는 뉘앙스의 차이가 있다. 크룩생크는 다리부터 걷어 올리는 점을 부각시킴으로써 슐레밀로부터 그림자를 처음부터 단절시켜내는 효과를 불러일으키고 싶었을지도 모른다. 흔히 일반적인 관점에서 삽화는 텍스트의 보조 수단으로 여겨지지만, 그러나 눈에 띄지 않는 작은 부분에서도 삽화는 이미 스스로 회화적 독자성을 구축하고 있는 것이다.

독일 출신 화가이자 삽화가인 아돌프 멘첼(Adolph Menzel, 1815~1905)은 1839년 재출간된 샤미소의 텍스트 안에 16개의 삽화를 그려 넣었다. 그중 그림자 거래 장면은 비교적 텍스트에 충실하고자 했던 크룩생크의 작품과 비교된다. 멘첼의 이 삽화는 최근 제작된 『페터 슐레밀』의 디지털 CD의 표지에도 사용되고 있다. 주택과 자연 등을 배경으로 넣었던 크룩생크의 작품과는 달리, 멘첼의 작품에서는 뒤편에 큰 건물의 얼개와 작은 덤불 모양만이 그려져 있을 뿐 주변은 텅 비어 있는 듯하다. 다만 주인공 슐레밀의 모습이 커다랗게 그려져 있다. 슐레밀 모습은 크룩생크의 작품에서와는 완전히 다르다. 슐레밀은 회색 옷 입은 남자가 자

50) Peter Schlemihl, p. 21.

9

Schatten, vom Kopf bis zu meinen Füßen, leise von dem Grase lösen, aufheben, zusammenrollen und falten, und zuletzt einstecken.

Er stand auf, verbeugte sich noch einmal vor mir, und zog sich dann nach dem Rosengebüsche zurück. Mich dünkt', ich hörte ihn da leise für sich lachen. Ich aber hielt den Beutel bei den Schnüren fest, rund um mich her war die Erde sonnenhell, und in mir war noch keine Besinnung.

아돌프 멘첼(1839)

신의 그림자를 어떻게 걷어 올리는지를 정면에서 지켜보고 있는데, 이는 위에서 인용한 원 텍스트("나는 그가 놀라운 솜씨로 머리에서 발끝까지 내 그림자를 풀밭에서 살짝 거둬들여 둘둘 말아 접어서 몸 안에 집어넣는 것을 보았다")를 더욱 충실하게 형상화한 것처럼 보인다. 그러나 자세히 들여다보면, 그는 전혀 회색 옷 입은 남자와 그림자를 응시하지 않고 있다. 슐레밀은 거의 수직적이고 정적이고 무감각한 모습으로 자신의 앞을 바라보고 있는데, 마치 정면의 독자를 향해 있듯이 혹은 살짝 다른 쪽을 향해 있는 듯이 보인다. 그런 슐레밀의 수동적이고 무감각한 모습과 대조적으로 회색 옷 입은 남자, 땅바닥에 있는 그의 그림자, 그리고 완전히 슐레밀로부터 분리되어 이미 허공에 놓여 있는 슐레밀의 그림자 등은 모두 동적인 움직임을 띠고 있다. 그림자의 상실은 슐레밀에게 인간적 역동성의 상실을 뜻하는데, 그 역동성이 이제 회색 옷 입은 남자, 그의 그림자, 슐레밀의 그림자에게로 옮겨진 듯한 상황이다. 허공에 있는 슐레밀의 그림자와 땅바닥에 있는 회색 옷 입은 남자의 그림자가 서로 반갑게 마주하는 모양도 멘첼의 매우 독창적인 기법이다.

에밀 프레토리우스(1907)

위의 세 번째 작품은 독일 화가이자 삽화가 에밀 프레토리우스(Emil Preetorius, 1883~1973)가 1907년에 작업한 삽화다. 왼쪽 그림은 요즘 발간되는 샤미소 작품의 표지로 자주 사용되는데, 한 걸음에 7마일(약 11 km)을 날아가는 장화를 신은 슐레밀의 모습이다. 그림자 상실을 담은 오른쪽 삽화에는 19세기의 자연 배경이 사라진 채 흰색의 건조한 바탕하에 단지 슐레밀과 회색 옷 입은 남자만이 그려져 있을 뿐이다. 슐레밀은 머리를 뒤로 돌린 채 회색 옷 입은 남자의 행동을 바라보고 있는데, 물론 놀라워하기보다는 무심코 바라보는 표정이다. 특이한 점은, 회색 옷 입은 남자의 모습 중 한쪽 다리와 엉덩이 부분이 그림 테두리 바깥에 있다는 것이다. 마치 누군가 다른 세계에서 침입하여 슐레밀의 그림자를 가져가는 듯한 인상을 불러일으킨다. 또 한 가지 특이한 점은, 앞서 분석된 두 그림과 달리 프레토리우스의 경우 슐레밀의 그림자는 사람의 모양을 완전히 잃은 채 거의 두루마리 천 조각 모양으로 절반 이상 말아진 상태다. 더더욱 특이한 점은 바닥에 가위가 놓여 있다는 것이다. 샤미소의 텍스트 내에서 전혀 언급되지 않았던 도구를 20세기의 삽화가는 임의적으로 그려 넣은 것이다. 가위가 그림자를 슐레밀의 몸에서 잘라내는 용도도 사용되었을 것으로 추측될 수 있지만, 그림자가 과연 가위에 의해서 그렇게 본래의 실물로부터 잘려질 수 있는 것일까? 터무니없고 불가능한 일이지만, 그러나 그림자를 하나의 사물로, 그리고 그런 사물을 절단하여 가져가는 회색 옷 입은 남자의 단호한 힘(즉 무감각하고 기계적인 '돈의 힘')이 다름 아닌 가위라는 물질적인 수단을 통해 표현된 것이다. 탈인간화되고 사물화된 현대 사회의 삭막한 풍경을 우회적으로 익살스럽게 보여주고 있는 셈이다.

이제 마지막으로 표현주의의 대표적인 화가 에른스트 루트비히 키르히너(Ernst Ludwig Kirchner, 1880~1938)의 작품을 들 수 있다. 사실 키르히너는 『페터 슐레밀』을 가장 애독했던 화가로 손꼽힌다. 샤미소 텍스트의 주요 장면과 관련하여 그는 몇 가지 색을 집어넣은 컬러 목판화를 남긴 바 있는데, 각기 <표지>, <그림자의 판매>, <애인>, <싸움>, <고독한 방 안에서의 슐레밀>, <길거리에서 회색 옷 입은 남자와의 만남>, <자신의 그림자와의 재회>라는 소제목을 달고 있는 총 일곱 개의 삽화들이다.[51] 여기서는 <그림자의 판매>(1915)를 살펴보기로 하자.

---

51) 키르히너의 일곱 개 목판화에 대해서는 다음의 글을 참조할 것(Analyse der Illustrationen zu *Peter Schlemihls wundersame Geschichte* von Adelbert von Chamisso, in: http://theses.cz/id/tnf47y/65861-960202263.pdf)

에른스트 루드비히 키르히너(1915)

신경성, 무관심, 조급증 등 대도시적 환경과 인물의 모습에 부합하는 차원에서 주로 날카로운 사선으로 표현해내는 수법을 취했던 키르히너는『페터 슐레밀』의 삽화와 관련해서도 마찬가지로 그런 방식을 취하고 있다. 키르히너의 목판화는 특이하다. 제목이 <그림자의 판매>임에도 불구하고 위에서 살펴 본 세 작품들과는 달리 슐레밀과 회색 옷 입은 남자 간의 그림자 거래 장면이 선뜻 들어오지 않는다. 과거의 다른 삽화가들이 거래 계약 이후의 장면, 즉 그림자를 걷어 올리는 "비실제적인 행위"를 담고 있다면, 키르히너는 거래 제안의 순간을 그려냄으로써 더욱 개연성 있게 실제적인 내용을 전하고 있다. 또한 이전 삽화가들이 사회(마을)와는 동떨어진 숲속 공터 같은 곳에서 행해진 그림자 거래 장면을

그려내었다면, 키르히너는 계약 제안을 도시 내에서 일어나는 한 장면처럼 그려내고 있다.[52)]

왼쪽에 서 있는 이가 슐레밀이며, 그의 검은 그림자는 정면에 있는 회색 옷 입은 남자의 다리 밑에 검은 색으로 진하게 드리워져 있다. 회색 옷 입은 남자는 전체적으로 회색을 띠고 있지만 얼굴, 손, 그리고 옷의 여기저기는 보랏빛을 띠고 있다. 회색 옷 입은 남자 뒤쪽에 두 명의 여성이 있는데, 그 여성들 간에도 차이를 읽을 수 있다. 앞쪽 여인은 빨간 양산을 들고 있고 그녀 옆의 여성은 그렇지 않다. 그 두 명의 여성 뒤에는 실린더 모양의 모자를 쓴 한 남자의 얼굴이 살짝 엿보인다. 굳이 텍스트와 연결하여 분석하자면 파니를 비롯한 여성들과 욘씨로 추측될 수 있는데, 이와 달리 삽화 장면의 배경을 대도시라고 파악할 경우 거리의 여성들(매춘부)과 그들 뒤편에 있는 남성(건달)으로 파악될 수도 있다. 혹은 텍스트에 충실할 경우 앞의 양산 쓴 여인은 욘씨 집에 있던 파니를 떠올리며, 그녀의 옆의 여인은 슐레밀의 연인 미나를, 그리고 뒤에 있는 남성은 악한 라스칼을 떠올린다.

슐레밀과 회색 옷 입은 남자 간의 거래 장면은 샤미소 텍스트와 어떤 관계를 맺고 있는 것일까? 그림 속 두 사람의 행동을 통해서만 설득력 있는 추론이 가능하다. 슐레밀은 모자를 벗고서 약간 퉁명스러운 표정으로 인사하는 듯이 보이며, 회색 옷 입은 남자는 왼손으로 자기 밑에 있는 슐레밀의 그림자를 가리키고 있다. 앞서 인용한 세 삽화가 모두 계약 체결과 함께 회색 옷 입은 남자가 슐레밀의 그림자를 걷어 올리는 순간을 중시하고 있다면, 키르히너의 경우 그보다 앞선 계약의 성사 장면 자체를 그려낸 것이다. 더욱이 계약을 성사시키는 순간의 행동이 매우

---

52) Günther Gercken, Ernst Ludwig Kirchner, Peter Schlemihls wundersame Geschichte 1915, in: Magdalena M. Moeller / Günther Gercken(Hg.), Ernst Ludwig Kirchner, Peter Schlemihls wundersame Geschichte, München/London/New York 2014, p. 16.

섬세하게 그려져 있는데, 한 순간을 담아낸 그림의 장면에서도 원 텍스트를 가능한 한 충실히 담아내고자 했던 화가의 노력을 엿볼 수 있다. 샤미소 텍스트에서의 계약 성사 장면을 읽어 보면, 키르히너의 회화적 내용도 쉽게 파악된다.

> 나는 다행히 장미 숲을 통해 언덕 아래로 슬며시 나왔고 이미 탁 트인 잔디밭에 나와 있었다. 길옆으로 잔디밭을 지나면서 나는 누군가에 의해 들키지 않을까 하는 공포심으로 주변을 살펴보았다. - 그 때 나는 회색 옷 입은 남자가 바로 내 뒤를 뒤쫓아 오고 있는 것을 보고는 상당히 놀랐다. 그는 즉시 내 앞에서 모자를 벗고는 머리 숙여 공손히 인사를 했다. 나는 지금까지 그런 인사를 받아본 적이 없었다. 정말이지 의심할 나위 없었다. 그는 내게 말을 건네고 싶어 했고 나는 퉁명스럽지 않은 채 그렇게 하도록 했다. 나도 모자를 벗고는 마찬가지로 허리를 굽혔다. 땅에 박힌 듯 미동 없이 나는 모자를 벗은 상태로 햇볕을 받은 채 서 있었다. 두려움이 가득한 마음에서 나는, 마치 뱀에 쫓긴 한 마리의 새처럼, 그를 말없이 쳐다보았다. 그 또한 매우 당황스러운 듯이 보였다. 그는 위로 올려보지 못했고 여러 번 머리를 숙였고 가까이 다가와서는 살며시 불안한 목소리로 내게 말을 건넸다. 그것은 마치 구걸하는 거지의 목소리과도 같았다.
> “아무 면식도 없는데 이런 식으로 댁을 뵙고자 한 저의 무례함을 용서해 주시기 바랍니다. 사실은 한 가지 부탁이 있는데, 부디 제발 허락해 주셨으면 합니다 - ”
> “제발 이러지 마십시오!” 나는 불안한 마음으로 말을 쏟았다. “저 같은 놈이 감히 무엇을 도와드릴 수 있을지요” ---
> 우리 둘은 서로 눈이 마주쳤고 둘 다 얼굴이 붉어졌다.
> 잠시 침묵이 흐른 후 그는 다시 말을 건넸다.
> “저는 운 좋게도 아주 짧은 시간 동안 당신 옆에서 거닐 수 있었는데, 저는 몇 번씩이나 -감히 이런 말을 드려도 괜찮을지 모르겠지만 - 정말 형용키 어려운 감탄하는 마음으로 당신의 아름다운, 너무나 아름다운 그림자를 관찰할 수 있었습니다. 당신 스스로는 그 점을 알고 계시지 못

하겠지만, 빛나는 태양 아래서 당신은 마치 고상하고 당당한 마음에서 아주 멋진 그림자를 자신 발밑에 드리우고 계십니다. 제가 주제넘은 추측을 했다면 용서해 주시기 바랍니다. 혹시 저에게 당신의 그림자를 넘겨주실 의향은 없으신지요?
그러면서 그는 입을 다물었다. 순간 머릿속에 마치 물레바퀴가 돌아가는 듯한 기분이 들었다. 내게서 그림자를 사고 싶다는 이 기이한 부탁에 대해 나는 어떻게 해야 좋을까? 그는 분명 미친 게 틀림없다는 생각이 들었으며, 그의 공손한 자세에 어울리는 변화된 목소리로 나는 대답했다.[53]

요컨대, 키르히너의 작품은 뒤쫓아 온 회색 옷 입은 남자가 슐레밀에게 모자를 벗으면서 공손하게 인사를 하고 그림자를 사고 싶다고 말하는 순간의 정황을 가능한 한 텍스트에 충실하게 담아내고 있다. 다만 키르히너의 삽화가 샤미소 텍스트로부터 살짝 비껴난 점은, 그림자 거래가 둘만이 있는 숲속의 공터에서 은밀히 행해지는 것이 아니라 도시 한가운데서, 더욱이 두 여인이 마치 뒤에서 지켜보는 듯한 상황에서 행해지고 있다는 것이다. 슐레밀(혹은 모든 현대인), 그리고 매춘부처럼 보이는 두 여인의 모습 등을 통해 키르히너는 대도시 도처에 존재하는 모든 이들의 욕망, 즉 경제적인 부를 얻기 위해 자신의 그림자까지도 선뜻 양도할 수 있는 욕망의 꿈틀거림을 과감하게 표출해내고자 했던 것으로 추측된다.

53) Peter Schlemihl, pp. 19-20.

CHAPTER 09

“희미하게 닦인 거울의 어두운 광채”

– 호프만의 『모래인간』

CHAPTER 09

“희미하게 닦인 거울의 어두운 광채”
– 호프만의 『모래인간』

1. 낭만주의 작가로서의 호프만

독일 문학사에서 호프만(1776~1822)은 기이하게 자리매김된다. 시기적으로 그는 후기낭만주의 작가로 분류되거나 혹은 이념적으로 보수적이며 실제 삶에서도 현실순응의 길을 걸어갔던 예술가들을 지칭하는 비더마이어(Biedermeier)라는 사조에 분류되기도 한다. 혹은 한 걸음 더 나아가 막 태동하는 사실주의 문학의 작가로 분류되기도 한다. 가장 일반적인 자리매김은 호프만을 낭만주의에서 사실주의로의 전환기에 올려놓은 관점인데, 그로 인해 호프만은 완전한 낭만주의자가 아닌, 그렇다고 완전한 사실주의자도 아닌 애매한 성향의 작가로 남는다.

이처럼 다양한 관점들과는 다르게 여기서는 호프만을 낭만주의 문학을 완성한 작가로 간주하며, 더욱이 슐레겔과 노발리스의 문학이론을 철저히 문학적으로 실현해낸 작가로 파악하고자 한다. 이미 레나테 라흐만(R. Lachmann), 귄터 외스털레(G. Oesterle), 게르하르트 호프마이스터(G. Hoffmeister) 같은 연구가들은, 낭만주의 미학의 핵심인 슐레겔의 아라베스크(Arabeske) 개념을 가장 문학적으로 다채롭게 구현해 낸 작가는 다름 아닌 호프만이라고 강조한 바 있다.[1] 혹은 호프만의 작품들이야말로 바로 일상적인 것과 비밀스러운 것, 잘 알려진 것과 미지의 것, 즉 현실 세계와 환상 세계의 결합이라는 노발리스의 '낭만화 방식'을 매우 뛰어나게 실천해 낸 것으로 간주될 수 있다. 물론 이때 중요한 예술적 창작의 조건은, 그러한 낭만화 방식에 의한 심미적 형상화는 철저히 호프만 자신의 예술적, 창조적 상상력에서 '인위적으로'(artistisch) 만들어진 것이지 그 어떤 주어진 현실의 진실된 보편적인 모습을 '모방해 낸' 것이 결코 아니라는 점이다. 그런 점에서 호프만은 낭만주의를 더욱 급진적으로 전개하여 포, 보들레르, 랭보 등을 거쳐 초현실주의까지 이어지는 현대예술의 선구자로 평가되고 있다.[2]

호프만은 내용적, 형식적인 차원에서 철저히 낭만주의 작가이다. 주제적인 측면에서 호프만은 낭만주의가 발견한 무의식, 병, 동경, 분열, 광기, 죽음 같은 존재의 어두운 심연을 가장 뛰어나게 문학적으로 형상화하였으며, 이는 후에 프로이트가 문학과 정신분석학을 연결하는 데 있어서 무엇보다도 호프만 작품을 적극 분석하였다는 사실을 통해서도 간접적으로 입증된다. 소설의 형상화 측면에서 호프만은 '감성적 소재를 환상적인 형식으로 서술해낸다'는 슐레겔의 "낭만적"이라는 개념 정의에 정확히 부합하는 의미에서 다양한 소설을 창작하였다. 현실과 상상 사이를 오가는 『황금단지』에서부터 『수고양이 무르의 인생관』까지 환

---

1) 호프만 문학과 '아라베스크' 간의 관계에 대해서는 다음의 연구들을 참조할 것: Cf. Renate Lachmann, Erzählte Phantastik. Zu Phantasiegeschichte und Semantik, Frankfurt am Main 2002; Günter Oesterle, Arabeske, Schrift und Poesie in E.T.A. Hoffmanns Kunstmärchen <Der goldene Topf>, in: Athenäum. Jahrbuch für Romantik 1, 1991, pp. 69-107; Gerhart Hoffmeister, Deutsche und europäische Romantik, in: H. Schanze(Hg.), Romantik-Handbuch, Stuttgar 1994, pp. 130-164; Detlef Kremer, E.T.A. Hoffmann: Leben-Werk-Wirkung, Berlin/New York 2010, pp. 481-484.

2) Cf. Sabine Kleine, Mimesis und Imagination, in: Die Wende von der Aufklärung zur Romantik 1760-1820. Epoche im Überblick. hrsg. v. Horst Glaser/György M. Vajda, Amsterdam 2001, pp. 443-460, esp. pp. 456-457.

상적인 형식미는 타의 추종을 불허한다.

1816년에 발표된 호프만의 단편소설 『모래인간』도 환상적인 형식미로 무의식을 그려낸 작품들 중 대표적인 예로 평가된다. "신들이 존재하지 않는 곳에 유령이 지배한다"[3)]라는 노발리스의 언술에 부합하듯 『모래인간』에서도 유령을 그려내고 있지만, 그 유령은 종교적 산물이 아니라 무의식과 관련된 현대적, 심리적인 산물이다. 소설의 주인공 나타나엘이 어린 시절 겪은 사고의 트라우마에서 벗어나지 못한 채 광기와 정신 분열에 시달리다 죽음으로 치닫게 되는데, 작품은 '모래인간'이라는 무시무시한 존재와 그로부터 발생하는 심리적 고통을 매우 뛰어난 환상적인 형식으로 담아내고 있는 것이다. 환상적인 형식의 특징은 도처에서 발견되는데 무엇보다도 세 개의 편지로 시작하는 소설 도입부가 눈에 띈다. 편지란 일반적으로 사실성, 진정성, 구체성을 보장해주는 글쓰기 형식인데, 그런 편지 형식으로 나타나엘은 자신이 겪은 어린 시절의 경험담을 전해 주고 있다. 그러나 편지라는 형식은 사실의 기록이 아니라 '사실 같은 환상'을 불러일으킬 뿐이다. 안경팔이 코폴라가 자신의 방에 들어온 시점을 나타나엘은 "며칠 전, 즉 10월 30일 12시 정오에"라는 식으로 날짜와 시간을 사실적으로 기록하는 방식을 취하고 있지만 이는 실은 '사실적 환상'을 불러일으키는 장치에 다름 아니다.

등장인물의 이름에서도 호프만은 뛰어난 형식미를 발휘한다. 연인 클라라(Clara)는 소설 내에서 계몽주의적 세계관을 대변하는 여성으로 등장하며 그 이름은 독일어 '명확한, 분명한'이라는 뜻의 '클라르'(klar)와 연관성을 가진다. 나타나엘(Nathanael)은 히브리어로 '신의 선물'(nathan: 주다, el: 강력한 자, 신)이라는 뜻이며, '신의 선물'로서의 나타나엘은 스팔란차니/코폴라가 인공적으로 만들어 낸 자동인형과 동일시된다. 더욱

---

3) Novalis, Schriften, Bd. III, p. 520.

이 그 자동인형은 '올림피아'라는 이름을 갖고 있는데, 그 이름은 고대 그리스 신들의 거주지인 올림포스를 상기시킨다. 인공인간으로서의 자동인형이 마치 신과도 같은 인간이 창조해 낸, 그럼으로써 '신의 선물'처럼 간주되듯 말이다. 인간이 만들어 낸 '올림피아'가 두 제작자의 싸움에 의해 완전히 망가지듯이 '신의 선물'로서의 나타나엘도 소설 말미에서 광기로 인해 죽고 마는데, 이는 신의 자리를 차지한 인간, 그리고 의식적이고 절대적인 자아를 강조했던 독일 관념론의 붕괴 가능성을 지시한다. 이처럼 뛰어난 상상력으로 호프만은 1820년 전후에 씌어진 다양한 형식미를 갖춘 작품들을 통해서 향후 현대문학과 예술 발전에 크게 기여하였다.

2. 무시무시한 것의 귀환

『모래인간』은 '눈'과 관련된 이야기다. 대학생 나타나엘은 어느 날 갑자기 들이닥친 안경팔이 코폴라(Coppola)를 만난다. 그는 물리학 교수인 스팔란차니(Spalanzani) – 이 교수의 이름도 실제 이탈리아 과학자이자 철학자였던 스팔란차니(Lozzaro Spallanzani, 1729~1799)의 이름에서 철자 'l' 하나만을 생략한 채 차용한 것인데 – 와 함께 자동인형 올림피아를 만들어 냈다. 소설에서는 나타나엘의 어린 시절에 두려움의 대상이었던 변호사 코펠리우스(Coppelius)가 다시금 코폴라의 이름으로 재등장한 것으로 서술되고 있다. 여기서 두 이름의 공통인 'coppo'는 이탈리어로 '동공'을 뜻한다. 소설에서 나타나엘은 어린 시절 아버지와 변호사 코펠리우스가 행한 연금술을 몰래 목격하다가 붙잡혀서 코펠리우스로부터 눈을 거세당하는 위협을 경험한 바 있으며, 그렇게 자신을 거세하려 했던 자(코펠리우스)의 이름뿐만 아니라 올림피아를 앗아가려 했던 안경팔이 코폴라의 이름에서도 '동공'이라는 뜻의 철자가 반복하고 있는 것이다. 이와 같은 다양한 이름의 간단한 변형을 통해서도 무의식 속에 '억압된 것, 배제된 것, 망각된 것'이 현실과 의식 세계로 '귀환하는'(Wiederkehr des Verdängten) 현상이 암시되고 있는 것이다.

호프만의 소설 『모래인간』을 분석하면서 프로이트는 "무시무시한 것의 귀환"(Die Wiederkehr des Unheimlichen)이라는 주제를 제시한 바 있다. '무시무시한'은 영어로 '언캐니'(uncanny)인데, 영어는 단지 '기괴한, 이상한, 초자연적인, 으스스한'이라는 뜻만 갖고 있기에 독일어 'unheimlich'의 뜻을 완전히 담아내지 못한다. 독일어 'unheimlich', 'heimlich'는 모두 명사 'Heim'에서 파생된 형용사이며, 'Heim'은 일차적으로 '주거, 집, 고향' 같은 뜻을 지닌다. 그런데 형용사 'heimlich'로 사용될 경우 그 단어는 두 가지 서로 다른, 어쩌면 매우 상반적인 뜻을 지닌다. 'heimlich'는 한편으로 '집 같은, 친숙한'이라는 뜻을, 다른 한편으로 '비밀스런, 잘 알려지지 않는, 내밀한' 같은 뜻을 지닌다. 여기서 'heimlich'를 부정하는 단어는 'unheimlich'인데, 'unheimlich'의 경우 'un-'은 주로 부정을 나타내는 접두어이기에 'heimlich'를 부정할 경우 한편으로 '집 같지 않은, 친숙하지 않은, 섬뜩한'이라는 뜻과, 다른 한편으로 '비밀스럽지 않은, 잘 알려진, 내밀하지 않은'이라는 뜻을 갖기 마련이다. 두 가지 뜻 가운데 'unheimlich'는 주로 '무시무시한, 섬뜩한'으로 사용된다. 어쨌든 'heimlich'와 'unheimlich'라는 단어 자체의 뜻을 보면, 서로 대립적이어야 할 두 단어는 결국 기이하면서도 흥미롭게도 '친숙함'과 '비밀스러움'(무시무시함)이라는 양면적 의미를 동시에 지닌다. 이러한 독일어 'heimlich', 'unheimlich'의 이중적 의미를 잘 간파한 프로이트는 1919년 『모래인간』에 대한 분석을 마치면서 다음과 같이 밝힌다.

> 따라서 'heimlich'라는 단어는 그 양가성에 따라 그 의미를 발전시키는

데, 종국에 그 단어는 정반대인 'unheimlich'와 일치한다. 어쨌든 'unheimlich'는 일종의 'heimlich'이다. (…) 그 단어의 접두어 'un'은 억압의 표시인 것이다.[4)]

Freud und das Unheimliche(The Uncanny)[5)]

heimlich	unheimlich
I. homey(집 같은) familiar(친숙한) comfortable(편안한)	I. un-homey(집 같지 않은) unfamiliar(낯선) eerie(으스스한, 기분 나쁜)
II. secret(비밀스런) hidden(숨겨진) concealed(감추어진)	II. no-longer secret(비밀스럽지 않은) unhidden(숨겨지지 않은) revealed(폭로된)
private	non-private

강조하자면, 'heimlich'와 'unheimlich'의 공통적인 근원은 '집'(Heim)이다. 집이란 가장 친숙하고 비밀스런 공간이지만 동시에 친숙하지 않은 무시무시한 것이 자리하고 있는 공간이기도 하다. 그 '친숙하고 비밀스런 것이 낯설고 무시무시한 것이 되는 곳', 그곳은 외적으로는 집이지만 내적으로는 내면 공간(즉 무의식)이다. 그리고 문학은 그 내면 공간을 끄집어내는 메타공간이 된다. '친숙하면서도 무시무시한 것'을 문학적으로 형상화하는 방식을 연구자들은 "그로테스크"(Groteske)라고 명명한 바 있다.[6)]

4) 프로이트의 『모래인간』에 관한 연구는 "무시무시한 것"이라는 제목을 달고 있다(S. Freud, Das Unheimliche, in: Studienausgabe, Frankfurt am Main 1982, Bd. IV, pp. 241~274, esp. p. 250).

5) Roos Brekelmans: Coming Home to the Homeless: How Freud's Unheimliche Became and Remains(Aus: https://roosdesnaeck.wordpress.com/2012/08/31/coming-home-to-the-homeless-how-freuds-unheimliche-became-and-remains/)

프로이트는 무시무시한 것의 근원을 두 가지로 구분한 바 있다. 그 하나는 이미 극복된 것으로 믿고 있던 것이 다시 귀환하는 경우이다. 가령 애니미즘, 주술, 마술 등에서는 영적인 것이 존속한다고 말하지만 과학의 발달과 함께 영적인 것은 흔히 근거 없는 것, 극복된 것으로 여겨진다. 그럼에도 불구하고 간혹 주술적이고 마술적인 힘에 의해 영적인 것이 다시 귀환하면서 전율과 도취를 야기한다. 과학적이고 합리적인 세계 속에서 살아가는 현대인들이 영적인 것을 다루는 영화, 드라마, 점술 등에 무서워하면서 심취하는 것도 같은 이유에서다. 다른 하나는 – 이것이 바로 정신분석학적 관심사를 말하는데 – 소위 유아기적 콤플렉스의 귀환이다. 모태에 대한 상상, 거세 콤플렉스 같은 심리적 현상이 유아기적 콤플렉스에 해당된다. 이러한 콤플렉스는 대부분 청소년기와 성년기를 거치면서 극복되기 마련이지만, 그러나 어떤 이들에게는 콤플렉스가 전혀 사라지지 않은 채 무의식 속에 억압되어 잠복해 있다가 특정한 계기로 다시 살아나게 된다. 콤플렉스 같은 억압된 것이 다시 귀환하는 경우 무시무시함이 야기된다. 『모래인간』을 정신분석학적 관점에서 "무시무시한 것의 귀환"이라는 주제로 파악한 프로이트의 시각에 부합하듯, 소설의 주인공 나타나엘은 첫 머리에 스스로 다음과 같이 고백한다.

> 어떤 경악스러운 것이 내 삶 속으로 들어 왔다. – 나를 위협하는 무서운 운명의 어두운 예감이 따뜻한 햇살을 꿰뚫고 지나갈 수 없는 듯 마치

6) 볼프강 카이저의 "그로테스크"에 대한 정의는 다음과 같다. "그로테스크는 하나의 구조다. 우리에게 종종 다가오는 일종의 전환을 통해 우리는 그것의 본질적 특성을 명시할 수 있는데, 즉 그로테스크한 것은 낯선 소외된 세계이다. (…) 우리에게 친밀하고 내밀하게 여겨진 것이 갑작스럽게 낯설고 무시무시하게 드러날 경우, 이것이 그로테스크에 속한다. 스스로 변하는 것은 바로 우리의 세계다. 갑작스러움, 놀라움이 그런 그로테스크한 것에 속한다"(Wolfgang Kayser, Das Groteske. Seine Gestaltung in Malerei und Dichtung, Nachdruck der Ausgabe von 1957, Tübingen 2004, pp. 198~199).

검은 구름의 그림자처럼 나에게 드리워져 있었다.[7)]

"어떤 경악스러운 것"이란 지금까지 무의식 속에 억압되어 있던 무시무시한 것을 말하며, 그것이 무의식에서 나와서 마치 "검은 구름"처럼 성인이 된 나타나엘을 다시 위협하고 있는 것이다. 그렇다면 그것은 도대체 무엇을 말하는 것일까? 이에 대한 답변을 찾기 위해서는 그의 어린 시절로 되돌아갈 수밖에 없으며, 특히 어린 시절 저녁마다 모래인간이 오는 시절로 되돌아간다.

무시무시한 모래인간의 형상이 나의 내면 안에 소름끼치듯 그려져 있었다. 저녁마다 그 형상이 계단을 소리 내어 올라올 때면 나는 불안과 공포에 몸을 떨었다.[8)]

어린 나타나엘은 저녁 식사 후 아홉시가 되면 잠자리에 들어가야만 했고, 그에 대해 유모는 '모래인간이 와서 잠자지 않으려는 아이들의 눈에 모래를 뿌리고는 눈을 빼내어 자기가 돌보는 둥지 안의 새끼들에게 눈을 가져가면 새끼들은 부리로 눈을 쪼아먹는다'는 무시무시한 대답을 들려준다.[9)] 그런 유모의 경고에도 불구하고 항상 "호기심으로 가득한" 열 살의 나타나엘은 모래인간이 오는 어느 날 저녁, 그가 누구인지, 그리고 아버지와 함께 무슨 일을 하는지를 염탐하게 된다. 나타나엘은 모

7) E.T.A. Hoffmann, Der Sandmann/Das öde Haus, Stuttgart 1983, p. 3(이하 "Der Sandmann"으로 표기함).

8) Der Sandmann, p. 5.

9) "모래인간은 사악한 인간이지. 어린아이들이 잠자리에 들지 않으려 하면 그는 어린아이들에게 다가와 한 줌의 모래를 아이들의 눈에 뿌리며, 피가 흐르는 상태에서 눈은 머리에서 튀어나오게 되지. 그는 그 눈을 주머니에 담아 반달 빛을 받으며 자기 아이들에게 먹이를 주기 위해 갖고 가지. 보금자리에 앉아 있는 아이들은 부엉이들처럼 작은 부리를 갖고 있는데 그 부리로 품행이 좋지 않은 인간 아이들의 눈을 쪼아 먹는구나"(Der Sandmann, p. 5).

래인간이 다름 아닌 변호사 코펠리우스였음을 알게 되고, 그와 함께 아버지가 연금술을 행하는 장면을 목격하게 된다. 거세 콤플렉스의 근거가 되는 '원초적 장면'(Urszene) 같은 실험 장면을 몰래 훔쳐보던 나타나엘은 코펠리우스에게 발각되고, 어린 나타나엘을 붙잡고서 코펠리우스는 다음과 같이 위협을 가한다.

> 그 순간 코펠리우스는 나를 붙잡았다. "요녀석! - 요녀석!" 하고 그는 이빨을 드러내며 웃으면서 말했다! 그리고 나를 붙잡고는 화덕 위로 들어올렸고 내 머리카락은 불꽃에 그을리기 시작했다. "자, 눈을 갖게 되었군, 눈을, 아주 귀여운 어린아이의 두 눈을." 그렇게 코펠리우스는 중얼거리면서 두 손으로 붉게 달군 곡식알을 불 속에서 꺼내들고는 그것을 내 눈 속에 뿌리려 했다. 그때 아버지는 애원하듯 손을 높이 쳐들고 외쳤다. "스승님! 스승님! 제 아들 나타나엘의 눈을 그냥 놔 주시지요 - 제발 그냥 놔 주십시요." 코펠리우스는 날카롭게 소리를 내며 웃으면서 말했다. "좋습니다. 아이 눈을 그냥 놔두고, 울부짖도록 그냥 놔둡시다. 그렇지만 손과 발의 메커니즘을 한 번 관찰해 보기로 합니다." 그러면서 그는 나의 관절이 부서질 정도로 강압적으로 붙잡더니 손과 발을 돌리고 한 번은 이쪽으로, 다른 한 번은 저쪽으로 비틀어 보았다.[10)]

이 장면은 소설 전체의 내용과 관련하여 매우 중요한 의미를 지닌다. 『모래인간』을 정신분석학적으로 분석한 프로이트에 의하면, 코펠리우스, 나타나엘, 아버지의 관계는 오이디푸스 콤플렉스 모델 내에서 해석된다. 어린 나타나엘은 외적으로는 아버지를 존경하지만 내적으로는 어머니를 두고서 아버지와 경쟁 관계에 있었으며 무의식적으로 아버지를 거세하여 어머니를 차지하려는 욕망을 갖고 있다. 그것은 우회적으로 표현되는데, 가령 아버지와 모래인간(코펠리우스)이 행하는 일에 대한

10) Der Sandmann, pp. 9~10.

서술이 모두 성적인 욕망을 암시하는 언어로 서술되고 있다.[11] 가령 "상상에 더욱더 몰두하기"(meine Fantasie immer mehr und mehr zu beschäftigen) 시작했다거나, 혹은 아버지에게 그에 대해 물어 볼 수 없었던 까닭은 "물리칠 수 없는 수치심"(eine unübewindliche Scheu) 때문이라고 하며, 또한 점점 더 비밀을 캐고 싶은 "욕망이 몇 년 동안 점점 더 내 안에서 솟구치고 있었다"(dazu keimte mit den Jahren immer mehr die Lust in mir empor) 등으로 서술되어 있다.[12] 상상, 수치심, 욕망 등 모두 성적인 욕망을 나타내는 정신분석학적 개념에 다름 아니다.

Der Sandmann, Federzeichnung von E.T.A. Hoffmann

(호프만의 스케치: 코펠리우스와 아버지)

(올림피아를 놓고 싸우는 스팔란차니, 코폴라)

11) 모래인간이 누구인지, 모래인간과 아버지가 무엇을 하는지 등에 관해서는 "호기심"이라는 표현이 두 번 언급된다. "호기심으로 가득하여 모래인간에 대해 더욱 자세한 점과 우리들 아이들과의 관계들을 알기 위해"(Voll Neugierde, Näheres von diesem Sandmann und seiner Beziehung auf uns Kinder zu erfahren), "호기심과 더불어 어떤 방식으로든 모래인간을 알아내기 위한 마음이 한층 더 커져만 갔다"(Immer höher mit der Neugierde wuchs der Mut, auf irgend eine Weise des Sandmanns Bekanntschaft zu machen) (p. 5). 정신분석학적으로 그 호기심은 성적인 호기심을 암시한다.

12) Ibid., p. 6.

연금술 장면은 원초적 장면, 즉, 아버지와 어머니의 성적인 장면을 암시하며, 그 장면을 은밀히 목격하다가 - 이는 "주시쾌락"(Schaulust, 호기심), 관음증(Voyeurism) 등과 관계되는데 – 코펠리우스에 의해 발각된 사건은 어머니를 차지하고 싶은 나타나엘의 욕망이 발각된 것을 시사한다. 또한 아버지와 코펠리우스는 동일 인물로서 선한 아버지(der gute Vater)와 악한 아버지(der böse Vater)를 각기 대변한다. 전자는 외적인 차원에서 합리적이고 이성적인 현실 세계를 대변하는 아버지로서 아들은 그런 아버지(현실원칙의 대변자)에게 대체로 순종하는 반면에, 후자는 내적인 차원에서 어머니를 차지하고 싶은 아들의 성적 욕망에 징벌(성기 제거 위협)을 가하려는 아버지로 비추어진다. 즉, 어린 나타나엘로부터 '눈'을 빼앗으려고 위협하는 코펠리우스는 어머니를 탐하는 아이에게 징벌을 가하는 악한 아버지인 셈이다. 이처럼 아버지와 코펠리우스는 현실과 상상 사이에서 오가는 '다르면서도 동일한' 아버지다. 선한 아버지와 악한 아버지의 동일성은 다음과 같이 우회적으로 테스트 내에서도 서술되어 있다.

> 아 이런, – 나이 드신 아버지가 지금 불 속으로 몸을 굽혀 내려 볼 때 그는 완전히 다르게 보였다. 끔찍한 경련을 일으키는 고통으로 인해 그의 부드럽고 성실한 모습이 추하고 역겨운 악마의 형상으로 변모한 것처럼 보였다. 그는 코펠리우스와 비슷해 보였다.[13)]

"그는 코펠리우스와 비슷해 보였다"라는 표현은 선한 아버지와 악한 아버지의 동일성을 암시해주는 결정적인 구절이다. 두 사람이 행하는 연금술을 몰래 지켜보다가 발각된 나타나엘에게 '눈'의 거세 위협을 가하는 악한 아버지나 그것을 말리는 – 현실에서 존경받는 – 선한 아버지

13) Der Sandmann, p. 9.

는 결국 동일한 "아버지 이마고"(Vater-Imago)에 다름 아니다.

여기서 성기, 눈, 거세의 관계는 쉽게 설명된다. 악한 아버지에 의한 성기 거세의 위협은 현실에서는 실제 물리적으로 이루어지지 않으며 다만 심리적인 차원에서 다른 기표로 처리된다. 요컨대, '주시쾌락'과 밀접한 눈을 없애려는 위협이 가해질 때, 그와 같은 눈의 상실에 대한 불안은 상징적인 차원에서 "거세불안의 대체"(Ersatz für Kastrationsangst)로 작용하는 셈이다.[14] 이에 대한 전형적인 예는 바로 소포클레스의 비극 『오이디푸스』이다. 아버지를 죽이고 어머니를 자신의 아내로 맞이한 사실을 뒤늦게 알게 된 오이디푸스가 자신의 눈을 멀게 만든 것은 바로 스스로 자신을 거세한 행위에 다름 아니다. 『모래인간』에서도 마찬가지다. 거세 위협을 가하는 악한 아버지로서의 코펠리우스는 선한 아버지의 애틋한 간청을 받아들여 나타나엘의 눈 대신에 여러 곳의 관절을 비트는데, 가령 "나의 관절이 부서질 정도로 강압적으로 붙잡더니 손과 발을 돌리고 한 번은 이쪽으로, 다른 한 번은 저쪽으로 비틀어 보았다"[15]는 식으로 나타나엘은 마치 자동인형의 몸처럼 다루어진다. 이처럼 코펠리우스에 의해 나타나엘의 몸이 완전히 장악된 듯이 서술되고 있을지라도, 그것의 효과는 실은 눈이 완전히 거세된 듯한 상태로서 여겨지게 된다. 그 대표적인 대목은 다음과 같다.

> 수많은 인간의 얼굴이 주위에서 볼 수 있는 것처럼 느껴졌다. 눈 없이 - 눈 대신에 끔찍스럽고 심하게 파인 검은 동공만이 -[16]

그런데 이러한 서술은 완전히 다른 장면에서 반복한다. 올림피아의

---

14) Freud, p. 254.

15) Der Sandmann, p. 10.

16) Ibid., p. 9.

눈을 보면서 나타나엘은 순간적으로 눈의 완전한 거세를 느끼는데, 이는 곧 올림피아가 나타나엘의 알터 에고(Alter Ego, 제2의 자아)임을 암시해주기도 한다.

> 정말 너무나 뚜렷하게 나타나엘은 보았다. 죽은 사람처럼 창백한 올림피아의 밀랍 같은 얼굴에는 눈이 없었다. 눈 대신에 검은 동공만이 있었으며, 그녀는 생기 없는 인형이었던 것이다.[17)]

어린 시절 코펠리우스에 의해 무력화된 나타나엘의 상태와, 그런 '아버지 상'을 대체하는 스팔란차니 교수(또는 코폴라)에 의해 거세된 올림피아의 상태는 서로 비슷하게 서술되는데, 즉 '눈이 사라진 검은 동공만이 남은 상태'라는 공통점을 갖는다. 유년시절 악한 아버지 코펠리우스에 의해 거세된 듯한 나타나엘의 상태는 다름 아닌 검은 동공만을 지닌, 무시무시한 "생기 없는 인형"과도 같은 올림피아의 모습으로 다시 귀환하고 있는 것이다.[18)] 그런 올림피아를 놓고서 스팔란차니 교수와 코폴라(코펠리우스)가 서로 싸우고 자동인형에서 튀어 나온 눈을 집어 스팔란차니 교수가 나타나엘의 가슴에 던지는 장면은 거세 콤플렉스의 불안과 그로 인한 광기 상태를 극단으로 몰고 간다.

> 나타나엘은 바닥에 놓인 피투성이의 한 쌍의 눈동자가 자신을 뚫어지게

---

17) Ibid.

18) 독일 초현실주의 화가, 사진작가, 조각가인 한스 벨머(Hans Bellmer, 1902~1975)는 1930년대에 '생기 없는 인형'이라는 시리즈를 발표하였다. 사지가 비틀어져 있는 몸, 머리 없는 몸, 머리 부분에 다리가 달려 몸, 네 개의 다리가 달린 몸, 파편화된 몸 같은 기형적인 형상의 인형 제작 및 사진 작품은 유기적이고 조화로운 아름다운 몸을 강조하는 고전주의 미학과 그것의 정치적 병리현상으로서의 '파시즘적 전체'에 저항하는 의미를 지닌다. 벨머는 호프만으로부터 많은 영향을 받았다고 한다(Cf. Peter Gendolla, Anatomien der Puppe: Zur Geschichte des Maschinenmenschen bei Jean Paul, E.T.A. Hoffmann, Villiers de l'Isle-Adam und Hans Bellmer, Heidelberg 1992).

> 바라보는 것을 보았고, 스팔란차니는 상처를 입지 않은 손으로 그 눈동자를 집어 들고서 나타나엘에게 던졌으며, 그 눈동자는 나타나엘의 가슴에 맞았다. - 그러자 뜨거운 발톱으로 광기가 그를 사로잡았고 그의 내면 속으로 들어가서는 감각과 생각을 갈기갈기 찢어 놓았다.[19]

이 장면은 실제 현실적인 상황이라기보다는 아마도 나타나엘의 '비현실적 환상'일 수 있다. 그러나 분명한 점은, 성기를 대체하는 눈이 자신의 가슴에 부딪히는 장면은, 비록 상상적일지라도, 바로 거세 콤플렉스의 구체화 및 섬뜩함의 극단적 표현에 다름 아니라는 것이다.

나타나엘은 사실 어머니를 향한 욕망이라는 죄를 지었을 뿐만 아니라 그런 자신의 욕망을 채우기 위해 악한 아버지(코펠리우스)를 제거하고 싶은 소망을 지녔을 가능성도 있다.[20] 프로이트에 따르면, 그와 같은 아버지 제거라는 나타나엘의 무의식적인 소망은 실험실 사고로 인한 선한 아버지의 죽음을 통해 충격적으로 현실화된다. 아버지는 사고로 죽었지만 스스로 죄책감을 느낀 나타나엘은 결국 유년 시절의 거세 위협, 아버지의 죽음 등과 같은 충격적 사건과 양심의 가책을 무의식 속으로 밀어 넣었던 것이다. 외적으로는 아버지가 죽고 코펠리우스가 사라짐으로써 거세 위협과 불안이 극복된 것처럼 보이지만, 실상은 전혀 그렇지 않았던 셈이다. 그 거세 불안(그리고 양심의 가책)은 나타나엘의 무의식 속에 잠재되어 있었고, 성인 시절 어느 날 코폴라가 뜻밖에 등장하면서 "무시무시함"이 다시 귀환하고 있는 것이다. 또한 어린 시절에 지녔던 어머니에 대한 성적 욕망도 자기 자신에 대한 사랑으로 대체되는데, 이러한 나르시시즘적 사랑은 스팔란차니 교수와 코폴라 - 이 두 사람은

---

19) Der Sandmann, p. 38.

20) 부자지간의 거세('크로노스와 제우스') 신화처럼, 프로이트는 『토템과 타부』(1913)에서 아버지와 아들 간의 권력 투쟁 관계를 문명사적으로 해석하기도 했으며 카프카의 여러 단편들에서도 그와 같은 주제를 엿볼 수 있다.

선한 아버지와 악한 아버지를 대체하는 형상인바 – 가 만들어 낸 자동인형 올림피아에 대한 사랑을 통해 다시 표현된다.

여기서 프로이트는 선한 아버지와 악한 아버지로 분열된 '아버지 이마고', 그리고 나타나엘과 올림피아의 동일성 관계에 관하여 나름 흥미로운 해석을 제시해주고 있다. 어린 시절 실제 아버지와 변호사 코펠리우스는 각기 선한 아버지와 나쁜 아버지로 분명하게 구분되고, 성인이 된 나타나엘에게 다시금 기계학자인 스팔란차니 교수와 안경팔이 코폴라가 그 두 아버지의 대체 형상으로 나타나게 된다. 어린 시절 자신을 놓고 서로 대립했던 두 아버지처럼, 올림피아를 공동으로 제작했던 스팔란차니 교수와 코폴라가 어느 날 갑자기 올림피아를 놓고서 서로 싸우게 된다. 나타나엘은 코폴라의 모습에서 코펠리우스와의 유사성을 발견하며, 물론 스팔란차니 교수도 자신에게서 올림피아를 빼앗아간 코폴라를 가리키면서 코펠리우스라고 부르기도 한다. 정신분석학적 해석을 빌리지 않더라도 나타나엘과 자동인형 올림피아 간의 동일성은 텍스트 내에서도 분명 읽어낼 수 있다. 가령 올림피아를 대하면서 나타나엘은 "올림피아의 사랑에서만 나는 나 자신을 다시 발견한다"[21]고 밝히는데, 이는 나타나엘과 올림피아 간의 동일성을 가리킨다. 물론 인간과 자동인형의 동일성은 현실적으로 불가능한 일이며, 그 동일성은 단지 환유적으로만 파악될 뿐이다. 그렇다면 나타나엘은 왜 올림피아와의 동일성에 사로잡히는 것일까? 그것은 올림피아는 아버지에 순종하는, 요컨대 (거세된) 여성적 성향의 나타나엘을 상징화하기 때문인데, 이와 관련하여 프로이트는 다음과 같은 뛰어난 해석을 제시해주고 있다.

> 이러한 자동인형은 유년 시절 자기 아버지에 대해 나타나엘이 지녔던 여성적 성향의 물질적 구체화에 다름 아니다. 자동인형의 아버지 – 스

21) Der Sandmann, p. 35.

팔란차니와 코폴라 - 는 나타나엘의 아버지 쌍의 재생이며 다시 등장한 새로운 인물쌍이다. 그렇지 않으면 스팔란차니의 진술은 정말로 이해하기 어렵다. 그는 안경장수가 나타나엘에게서 눈을 빼앗아서 인형에 넣었다고 밝히는데, 그러한 진술은 나타나엘과 올림피아의 동일성에 대한 증거로서 그 의미를 지닌다. 올림피아는 소위 나타나엘에게서 방출된 콤플렉스로서 하나의 인물로 그를 향해 다가간다. 이러한 콤플렉스에 의해 지배되어 왔으며, 그 점은 올림피아에 대한 부자연스럽고 억지스런 사랑에서 표현되고 있다. 그러한 사랑을 나르시시즘적 사랑이라고 부르는 것은 타당하며, 그런 사랑에 빠져 있는 이는 실제 현실적인 사랑의 대상에 자신을 소외시킨다고 우리는 생각한다.[22]

오이디푸스 콤플렉스가 극복된 '거세의 결과'는 주로 아버지에 순종하는 여성화된 경향으로 나타난다. 연금술 장면에서 발각된 후 나타나엘은 비록 현실적으로는 전혀 거세(눈의 상실)되지 않았지만, 정신분석학적으로는 코펠리우스(악한 아버지)에 의해 완전히 거세된 심리 상태에 놓여 있는 것이다. 거세된 나타나엘은 자신의 내면 속에 여성적 성향의 콤플렉스를 갖고 있었고, 그렇기 때문에 그 어떤 "심리적 친화력에 의해"(von psychischer Wahlverwandtschaft)[23] 올림피아에 대한 맹목적 사랑에 빠진다. 이는 자신에 대한 사랑, 즉 나르시시즘이다. 눈의 거세는 곧 의식, 판단의 중지와도 연관된다. 가령 나타나엘은 자신의 문학을 비판하는 클라라를 더 이상 의식하지 못하는데, 이는 그가 눈의 거세로 제대로 상황과 대상을 의식할 수 없는 상태, 즉 판단의 결핍 상태에 빠져 있음을 말해 준다. 또한 다른 이들(가령 친구 지그문트)의 눈에는 올림피아가 기계적인 자동인형처럼 비추어지고 있음에 불구하고, 눈(의식과 판단)을 상실한 나타나엘은 그 점을 전혀 보지 못하는 것이다.

22) Freud, pp. 255-256.

23) Der Sandmann, p. 35.

> 프로이트의 해석에서 자동인형 올림피아는 강력한 힘을 가진 아버지에 대한 거세 불안을 드러내는 기능을 지닌다. 눈의 상실에 대한 불안은 거세 불안에 대한 환유법으로 체험되고 있는바, 거세의 원초적 장면이 떠오르는 무시무시한 병적 망상증의 반복이다. 여기서 거세 위협은 언제나 죽음의 위협을 뜻한다. 도플갱어 상상의 무시무시함은 주체의 소멸이라는 표상과 결합되어 있는데, 즉 명확한 주체의 자리를 잃게 되는 것에 대한 불안과 결합되어 있다. 그런 점에서 기술적, 매개적 특성을 지닌 도플갱어에는 상실불안이라는 주제가 제시되어 있다. 이 상실불안은 역사적으로 매번 새로운 기술적 시뮬레이션의 가능성에 의해 발생된다.[24]

무의식 속에 억압된 것(거세 위협 혹은 완전히 거세된 상태에 대한 콤플렉스)은 언젠가, 갑작스럽게, 뜻하지 않은 계기로 다시 귀환할 수 있는 잠복적인 반복강박과 연결되어 있다. 그런 상태가 강해지면 자아분열, 광기, 나아가 죽음에 이를 수 있으며, 허구적 문학작품인 『모래인간』은 프로이트의 이론화 작업에 훨씬 앞서서 그와 같은 심리적인 거세 콤플렉스와 그 결과를 뛰어나게 형상화냈던 것이다.

나타나엘과 올림피아 간의 동일성에 대한 프로이트의 정신분석학적 관점과는 달리 완전히 새로운 관점도 가능한데, 가령 기계인간, 자동인형 형상을 일종의 '기계와도 같은 예술가'에 대한 알레고리로서 파악하는 관점이다. 괴테의 「프로메테우스」에서 프로메테우스가 단순히 전통, 지배, 권위 등에 대항하는 자율적 인간상뿐만 아니라 "내 모습 그대로의 인간을 만든다"라는 구절을 통해 예술가의 절대성을 주장하고 있듯이, 자동인형 형상은 바로 완벽한 형상과 예술작품을 만들어내고 싶은 '기술자로서의 예술가'와 관계된 의미를 담고 있다. 이 점은 슐레겔, 티크,

24) Sigrid Schade, Die Medien/Spiele der Puppe, in: Der Surrealismus in der Mediengesellschaft - Zwischen Kunst und Kommerz, hrsg. v. Nanette Rißler-Pipka/Michael Lommel/Justyna Cempel, Bielefeld 2010, p. 115.

호프만 등 여러 낭만주의 작가들에게 커다란 영향을 끼친 장 파울(Jean Paul)을 통해서 간접적으로 입증될 수 있다. 가령 그의 소설 『보이지 않는 귀빈석』(Die unsichtbare Loge, 1793)에서 "덕성 있는 의식"과 "기상천외한 신화"를 기꺼이 필요로 "창작하는 작가"들은 "포에틱한 기계"(poetische Maschinen)로 간주된 바 있다.[25] 예술과 기술, 예술가와 기술자는 어원학적으로 동일한 근원을 갖고 있기에 양자의 동일성을 사실 새삼 강조할 필요는 없는데, 『모래인간』에서도 글을 쓰는 작가 나타나엘의 모습은 마치 '기계적으로 창작하는 기계'처럼 다음과 같이 그려져 있다.

> 이것을 창작하는 동안 나타나엘은 매우 차분하고 냉철했으며 그는 모든 행들을 멋지게 갈고 닦아냈고, 그가 운율로부터 억지로 제약을 받아야만 하는 동안에는 모든 것이 순수하고 멋진 울림을 던질 정도로 잘 접합될 때까지 그는 전혀 움직이지 않았다.[26]

이러한 나타나엘의 모습은 그 자체 거의 자동인형, 기계의 형상과 흡사하다. 운율의 기계적인 제약에 구속받아 창작하는 나타나엘의 모습뿐만 아니라 그의 작품도 완벽한 운율을 갖춘, 거의 기계적인 완성품 같은 특성을 띨 것이라고 추측되며, 그런 모습은 친구 지그문트가 나타나엘의 알터 에고인 올림피아를 묘사하는 대목을 통해서도 우회적으로 암시되고 있다. 그에 의하면, "규칙적이고", "경직되어 있고 영혼이 없는", "특이하게 재어진", "태엽이 잘 감겨진 바퀴의 움직임에 의한", "노래하는 기계의 기분 나쁠 정도로 정확한, 흥이 나지 않는 박자"를 자아내는 올림피아의 모습은 "섬뜩하게" 여겨진다는 것이다.[27] 자동인형을 묘사한 지그문트의 언어이지만, 실은 정확하고 완벽한 형식미에만 사로잡힌

25) Jean Paul, Die unsichtbare Loge, in: Jean Paul, Werke, München 1970, Bd. 1, p. 25.
26) Der Sandmann, p. 24.
27) Ibid., p. 34.

예술가 및 그의 기계적인 예술작품에 대한 비판을 암시한다. 자동인형과 "포에틱한 기계"로서의 예술가(혹은 그가 만든 작품) 간의 친근성 말이다.

3. 계몽주의와 낭만주의, 이성과 감성의 대립

프로이트의 정신분석학적 분석도 흥미롭지만 『모래인간』의 가장 기본적인 특징은 예술 및 문학사와 관련된 점이다. 무엇보다도 나타나엘과 클라라는 단순한 인물을 넘어서 동시대의 대립적인 예술사적 흐름인 '계몽주의와 낭만주의'를 지시하는 알레고리로 파악된다. 지성과 감성, 이성과 자연, 밝음과 어두움, 낮과 밤 등 다양한 대립쌍을 통해 계몽주의와 낭만주의의 특징이 언급되는데, 『모래인간』의 경우 '무시무시한 것'을 어떻게 해석해야 하는지를 놓고서도 양자의 차이점이 드러난다.

어린 시절에 겪은 코펠리우스와 아버지의 실험실 목격 및 발각 사건, 그와 관계된 무시무시함(거세 콤플렉스)이 코폴라의 등장을 통해 귀환함으로써 다시금 두려움과 불안에 떨고 있는 나타나엘에 대해 클라라는 다음과 같이 말한다.

> 솔직히 당신에게 고백하자면, 내 생각으로는 당신이 말하고 있는 모든 경악스럽고 전율스러운 것은 오로지 당신 내면에서만 일어날 뿐, 진짜 실생활은 그것에 전혀 관여되어 있지 않아요.[28]

계몽주의 관점에서 클라라 - 이미 언급한 바 있듯이 그녀의 이름은 '밝고, 맑은, 명확한' 같은 의미의 'klar'를 내포하고 있다는 점에서 계몽

28) Ibid., p. 13.

주의를 연상시키는데 - 는 주체와 객체, 내면과 현실을 냉정하게 구분하고 나선다. 전율과 공포를 야기하는 것은 모두 개개인과 그의 내면에서 발생한 문제일 뿐 현실 자체와는 아무런 관계를 맺고 있지 않으며, 따라서 그 복잡한 내면을 이성적으로 통제하는 것이 중시된다는 클라라의 관점은 분명 계몽주의적이다. 그러나 클라라 내지는 계몽주의의 단점은, '밝은' 현실과 이성적 의식의 힘만을 절대시한 나머지 '병든 내면'을 간과한다는 것이다. 개인을 병들게 하는 무시무시한 것은 단지 "자아의 환영"에 불과하다는 것이다.

> 로타르가 덧붙인 바 있지만, 다음과 같은 점은 확실합니다. 즉 저 어두운 심리적인 힘은 - 우리가 우리 스스로 그 힘에 우리 자신을 내맡길 경우 - 우리를 방해하는 외부 세계의 낯선 형상을 종종 우리 내면 속으로 끌어 들이게 되며 그 결과 우리 자신의 정신은 들뜨게 되며, 우리가 놀라운 환각에서 믿는 것처럼 그 정신은 낯선 형상으로 말을 하게 됩니다. 그것은 우리 자신의 자아의 환영이며, 이 환영의 내적인 친화력과 우리 내면에 끼치는 환영의 심오한 영향력은 우리를 지옥으로 던지거나 혹은 하늘로 올라가듯 황홀하게 만드는 것입니다.29)

"우리 자신의 자아의 환영"(Phantom unseres eigenen Ichs)은 현실적인 근거를 갖지 못하는, 단지 나약한 심리상태에서 만들어진, 전율과 공포를 불러일으키는 "어두운 심리적인 힘"에 다름 아니라는 것이다. 이처럼 모든 근본 원인을 나약하고 병든 주체의 심리 상태에서 찾는 클라라에 의하면, '코펠리우스'라는 악으로 불리는 것도 결국 나타나엘 자신의 나약함에 근거한다는 것이다.

> 그래요, 나타나엘! 당신이 옳아요. 코펠리우스는 나쁜 사악한 근원이고,

29) Der Sandmann, p. 15.

> 삶 속으로 들어와 볼 수 있게 된 악마의 힘처럼 그는 경악스러움을 야기할 수 있습니다. 그러나 당신이 그를 의식과 생각으로부터 추방하지 않을 경우에만 그렇습니다. 당신이 그를 믿는다면 그는 존재하고 영향을 끼치게 됩니다. 당신의 믿음이 곧 그의 힘입니다.[30]

악마적 힘의 존재 여부는 모두 나타나엘의 의식, 생각, 믿음에 달려 있다고 보는 클라라의 계몽주의적 관점은 모순적인데, 한편으로 병든 내면을 언급함으로써 모든 주체가 명확한 의식의 소유자가 아닐 수도 있음을 인정하고 있지만, 다른 한편 의식 주체는 이성적으로 그런 자신의 병든 내면을 극복해야만 한다는 당위성을 요청하고 있다. 사실 병든 내면 - 이는 정신분석학적으로 거세 콤플렉스와 관련된 '무시무시한 것의 귀환'인데 - 과 관련된 나타나엘과 클라라 간의 대립적 시각은, 멜랑콜리를 거부했던 18~19세기의 계몽주의적 관점 및 신과 악마 간의 종교적 논쟁과도 연결되는데,[31] 이를 인정하듯 서술자는 나타나엘이 "클라라가 악마의 존재를 오로지 자신의 내면에서만 확립하려는 것에 분노하여 악마와 끔찍한 힘들에 관한 신비적 교리를 펼치면서 대들고 싶어 했다"[32]라고 덧붙인다.

분명 탈주술적인 관점에서 클라라는 나타나엘보다 훨씬 근대적이고 계몽적인 논리를 펼치고 있지만, 다만 개인의 병든 심리 상태를 좀 더 적극 이해하려는 관용적 마음이 그녀에게는 완전히 결여되어 있다. 계몽주의를 대변하는 알레고리컬한 형상으로서 클라라는 '따뜻한 마음'보다는 '차가운 머리'로써만 나타나엘의 상태를 분석하고 있으며, 또한 이는 '관용'을 내세운 계몽주의가 전혀 관용적이지 않은 역설적인 모습을 지시한다. 그와 같은 긍정과 부정의 양면성은 클라라에 대한 주변 인물

30) Ibid., p. 22.

31) Cf. Hans-Jürgen Schings, Melancholie und Aufklärung, Stuttgart 1993.

32) Der Sandmann, p. 22.

들의 상반된 평가를 통해서 입증된다.

> 클라라는 명랑하고 사심 없는 유치한 어린아이의 생명력 넘치는 상상력, 깊은 여성적인 부드러운 마음씨, 분명하게 정리할 줄 아는 밝은 지성을 갖고 있었다. 공상가와 몽상가가 그녀를 흔들어도 재미를 거두진 못했다. (…) 그래서 클라라는 많은 이들에 의해 차갑고, 감정 없는, 진부하다는 비난을 받곤 했다. 그러나 냉정한 깊이로 삶을 바라보는 다른 이들은 그 사랑스럽고, 사려 깊은, 아이 같은 소녀를 매우 좋아했으며, 학문과 예술에 열렬히 밝게 몰두했던 나타나엘 또한 그 누구보다도 그녀를 가장 좋아했었다.[33]

클라라의 모습, 즉 밝고 맑은 지성의 소유자의 감정 없는 차가운 모습은 분명 계몽주의를 지시하는 알레고리이다. 특히 "차갑고, 감정 없는, 진부한"(kalt, gefühllos, prosaisch)이라는 세 가지 개념은 계몽주의에 대한 비판에서 사용되는 전형적인 어휘들이다. 심리적으로 병들어 있지 않던 단계에서는 나타나엘조차도 클라라의 명료함과 지성 등에 매료되었지만, 그러나 억압된 무시무시한 것이 다시 귀환함으로써 병든 심리적 상태에 젖은 나타나엘은 자신의 동화 작품을 전혀 이해하지 않으려는 클라라에게 "정말이지 생명력 없는, 빌어먹을 자동인형아!"(Du lebloses, verdammtes Automat!)[34]라고 비난한다. 인공적으로 만들어진 올림피아만이 '자동인형'일뿐만 아니라 지나치게 차가운 사유로만 일관하는 계몽주의도 '자동인형'으로 비추어지는 셈이다.

소설 내에서 나타나엘은 작가적 성향을 지닌 대학생으로 등장한다. 나타나엘도 단순한 인물을 넘어서 '낭만주의'라는 동시대의 문학적 경향을 지시하는 알레고리임은 두말할 나위 없다. '푸른 꽃'으로 대변되는 무

33) Ibid., p. 21.
34) Ibid., p. 25.

한한 것(이상, 유토피아, 조화)을 감성적으로 추구하는 예술적 흐름뿐만 아니라 부조화, 분열, 병, 광기, 꿈, 죽음 같은 어두운 자연에 심취된 예술적 흐름을 그려내는 것이 낭만주의 예술의 특징으로 정의된다면, 나타나엘은 후자의 측면을 대변하는 비유적 형상에 다름 아니다. '어두운 낭만주의'(schwarze Romantik)에 대한 나타나엘의 성향은 어린 시절 어머니와 유모로부터 모래인간의 이야기를 듣고 난 이후의 그의 상태를 서술해 주는 다음과 같은 대목에 잘 드러나 있다.

> 모래인간은 어린아이의 마음속에 쉽게 자리 잡는 저 놀라운 것, 모험적인 것에로 나를 이끌어 갔었습니다. 요괴, 마녀, 난쟁이 등에 관한 무시무시한 이야기를 듣는 것은 정말이지 내게는 아주 재미있는 일이었습니다. 그러나 가장 최고의 이야기는 모래인간이었으며, 나는 연필과 석탄으로 기괴하고 끔찍스럽게 모래인간을 책상, 장롱, 벽 등 모든 곳에 그려놓곤 했었습니다.[35]

단순히 어린아이의 상상적 세계를 서술한 것이 아니라 나타나엘을 통해서 낭만주의 문학의 특성이 암시되고 있다. 특히 "저 놀라운 것, 모험적인 것"은 낭만주의가 자주 취하는 소재적 측면과 관련된다. 어린 나타나엘의 상상을 통해 "기괴하고 끔찍스럽게" 그려진 모래인간, 모래인간과 동일시된 "아주 끔찍한 모습"의 변호사 코펠리우스에 대한 묘사는 어두운 낭만주의의 형상화 수법, 특히 호프만 자신의 문학적 특성과 부합한다. 나타나엘과 어두운 낭만주의 간의 상관성, 이에 대한 계몽주의적 관점에서의 비판은 무엇보다도 나타나엘과 그가 쓴 작품을 강력하게 비판하는 클라라를 통해 강력하게 제시된다. 사실 코폴라를 만나기 전까지만 해도 나타나엘은 비교적 밝고 고상한 이야기를 쓴 것으로 추측

35) Ibid., p. 6.

되고 또한 클라라도 나타나엘의 시작(詩作)을 좋아했었지만, 코폴라와의 우연한 만남을 통해 어린 시절의 콤플렉스 및 트라우마가 다시 살아나면서 그의 글쓰기에도 커다란 변화가 일어난다. 그 변화는 바로 어두운 낭만주의로의 전환이다.

> 평소 그는 자신이 쓴 품위 있고 살아 있는 이야기에 특별한 강점을 갖고 있었고, 그 이야기를 클라라는 아주 내적으로 즐거워하면서 경청해 주었다. 그러나 지금 그의 문학은 암울하고 이해할 수 없고 실체도 없었으며, 그 결과 클라라가 감싸주듯 아무런 이야기를 하지 않을 경우 그는 자신의 이야기가 그녀에게 아무런 감동을 주지 않았음을 느끼게 되었다. 지루한 것보다 클라라에게 더 치명적인 것은 없었다. 그녀의 눈빛과 말에는 그녀의 억누를 수 없는 정신적인 권태가 표현되고 있었다. 그런 클라라의 차가운 진부한 마음에 대한 나타나엘의 역겨움은 점점 더 높아져 갔으며, 클라라는 나타나엘의 어둡고 암울하고 지루한 신비학에 대한 자신의 불쾌감을 떨쳐 버릴 수 없었으며, 결국 두 사람은 서로 아무 말 없이 내적으로 더욱더 멀어져만 갔다.[36]

"암울하고 이해할 수 없고 실체도 없었으며", "어둡고 암울하고 지루한 신비학" 같은 언술은 바로 어두운 낭만주의 문학을 비판하는 계몽주의(혹은 고전주의)의 시각을 암시한다. 이러한 어두운 낭만주의에 대한 비판과, 앞서 언급한 클라라의 "차가운 진부한 마음"에 대한 비판은, 두 사람의 더욱더 멀어져가는 모습을 통해 심화되고, 결국은 계몽주의와 낭만주의 간의 화해 불가능한 첨예한 대립을 암시하는 것과도 같다.

이상과 같은 계몽주의와 낭만주의 간의 대립과 관련하여 혹자는 다음과 같은 질문을 제기할 수 있다. 즉, 호프만의 텍스트에서는 어떤 예술적 시각이 더욱 중시되고 있는가 하는 질문이다. 그러나 낭만주의를

36) Ibid., p. 23.

한층 더 발전시킨 호프만의 텍스트에서는 양자의 대립 자체를 '흥미로운 문학적 현상'으로 그려내고 있을 뿐 그 어떤 시각도 우선시하지 않는다. 호프만 텍스트에서는 '어두운 낭만주의'까지도 계몽주의적 관점 하에서 비판의 대상으로 객관화하고 있는데, 이때 계몽주의적 시각의 비판은 나름의 설득력을 지닐 뿐이다. 역으로 그 '차갑고 진부한' 계몽주의도 낭만주의적 관점 하에서 비판의 대상으로 객관화되고 있는데, 이때 어두운 낭만주의의 비판은 마찬가지로 나름의 설득력을 지닐 뿐이다. 이처럼 양자 사이에서 부유하는 호프만 텍스트의 특성은 다음에 논의할 '서술의 자기객관화와 포에지의 자기성찰'에서 더욱 구체화된다.

4. 서술의 자기객관화와 포에지의 자기성찰

서술의 자기객관화 차원에서 가장 눈에 띄는 방식은 바로 서술된 것에서 서술자가 이탈하여 성찰하는 장면인데, 이는 슐레겔의 이론에서 낭만적 아이러니와 긴밀한 관계를 맺는다. 『모래인간』의 서술자는 소위 '전지전능한' 위치에서 다른 인물들의 이야기를 서술해내고 있지만, 그렇다고 해서 서술된 이야기 및 그 인물들과 전혀 관계없는 위치에 놓여 있지는 않다. 서술자 스스로 언급하고 있듯이, 그는 이야기 전반부를 구성하는 세 통의 편지를 자신이 서술한 이야기 내의 인물인 클라라의 오빠 로타르에게서 입수했다고 밝히고 있다. 서술자 또한 서술된 이야기 세계 속에 존재하는 한 명의 인물임이 추측된다.

사실 『모래인간』이 독자에게 불러일으키는 매력은 나타나엘과 관련된 '무시무시한 이야기'의 서술뿐만 아니라 바로 그 전지전능한 서술자와 관련된 '흥미로운 서사적 기법'에 있다. 세 개의 편지가 도입되고, 이 편지에 의해 전달된 이야기가 끝나자마자 서술자는 갑작스럽게 독자에게 말을 건네면서 이야기 내에 등장한다. 편지에 의해 전달된 이야기(나타나엘의 어린 시절과 안경장수 코폴라를 만나게 된 사건 등)를 중단하면서 등장하는 전지전능한 서술자의 모습은 『모래인간』뿐만 아니라 향후 현대 소설에서 흔히 접하게 되는 기법이 된다. 이러한 서사적 기법은 고대 희극에서뿐만 아니라 20세기 현대 연극에서도 엿볼 수 있는데, 브레히트의 서사극 이론에서처럼 무대 위의 사건과 배역 등에 대한 성찰을 유도하려는 목적으로 배우는 연기된 배역에서 빠져나와 관객에서 말을 거는 소위 "낯설게 하기"(Verfremdung)의 시도가 그에 해당된다.

그런데 이와 같은 서사적, 연극적 기법에 대해 슐레겔은 독특한 개념을 제시한 바 있다. 즉 서술자가 자신에 의해 서술된 것을 자신의 성찰 대상으로 삼는 방식에 대해 슐레겔은 "파렉바제"(Parekbase)라는 개념을 도입하여 자신의 시학적, 미학적 사유에서 활성화하였다. 소포클레스, 아이스토파네스 등의 고대 희비극 작품들과 관련하여 슐레겔은 극의 전개 도중 합창단의 목소리로 선행 사건에 성찰적 물음을 제기하는 장면을 바로 파렉바제라고 명명하면서 다음과 같이 설명하고 있다.

> 형식에 있어서는 고대 아테네 희극은 비극과 매우 유사하다. (…) 한 가지 차이점은 파렉바시스(Parekbasis)에 있다. 이는 극의 한 가운데에서 시인의 이름으로 합창단이 민중에게 행해지는 말을 가리킨다. 이는 정말이지 극을 완전히 중단(Unterbrechung) 내지는 중지(Aufhebung)하는 것이다. 극 자체에서뿐만 아니라 그런 중단과 중지에도 극도의 자유로움이 지배하며, 그런 중단과 중지로 합창단은 관객 좌석과 무대 간의 아주 가까운 경계까지 나아가서 극도의 뻔뻔스러운 언행까지도 민중에게 건넨다.37)

합창단이 수행하는 파렉바제는 드라마뿐만 아니라 소설에서도 유효

37) F. Schlegel, KA, Bd. XI, p. 88,

한데, 그런 의미에서 슐레겔은 "파렉바제와 합창단은 모든 소설에도 필수적"[38]이라고 강조한다. 소설의 경우 파렉바제는 다름 아닌 서술자가 서술된 내용에서 벗어나는 장면, 즉 서술된 것에 대한 성찰적 거리, 속임수의 중단 등을 수행하는 서술자의 행위에서 찾을 수 있다. 나중에 다시 언급하겠지만, 이러한 성찰적 거리, 속임수의 중단은 소설의 현실성과 진정성을 보장하는 것이 아니라 오히려 소설의 허구성을 한층 더 강화시키는 수법에 다름 아니다.

슐레겔은 그와 같은 서술자가 행하는 성찰적 중단(중지, 이탈)으로서의 파렉바제를 다름 아닌 아이러니와 동일시한다. "아이러니는 항구적인 파렉바제이다"(Die Ironie ist eine permanente Parekbase).[39] 파렉바제로서의 아이러니는 일반적으로 반어와 동일시되는 수사적 아이러니, 그리고 철학적 반어로서의 '소크라테스적 아이러니'와는 다르다. 그렇다면 독일 낭만주의(특히 슐레겔)가 제시한 소위 '낭만적 아이러니'(romantische Ironie)는 무엇을 뜻하는 것일까? 사실 낭만적 아이러니는 오늘날 동서양의 모든 현대 문학작품에서 작동하는 '문학적 아이러니'를 가리킨다. "파렉바제" 또는 "자기창조와 자기파괴의 변화"[40] 등으로 정의된 바 있는 '낭만적/문학적 아이러니'는 어떻게 해석될 수 있을까?

우선 낭만적 아이러니에 대한 초창기 연구에서 대부분의 독일 연구가들은 칸트, 피히테 등의 주관주의적, 의식중심주의적 관념론의 시각에서만 아이러니를 설명하였으며, 그 대표적인 예는 『낭만적 아이러니』라는 연구서의 다음과 같은 대목에서 발견할 수 있다.

> 자기창조와 자기파괴는 여기서 작가 자신에 의해서 실행된다. 생산자는

38) F. Schlegel, KA, Bd. XVI, p. 265.
39) F. Schlegel, KA, Bd. XVIII, p. 85.
40) F. Schlegel, KA, Bd. II, p. 160.

> 생산과정과 생산물 속에서 자신을 서술한다. 동시에 그는 자기 자신과 자기 작품과 필수적인 거리감을 유지한다. 왜냐하면 그는 진지하게 인식되고 창조된 것에 대해 유희적으로 다시금 의문을 제기할 수 있을 정도로 충분한 의식과 자유를 지니고 있기 때문이다.41)

이 대목을 자세히 읽어보면, 생산자로서의 작가 - 더욱이 작가가 서술자와 동일시될 경우 - 창조와 파괴의 변화를 마음대로 관장하는 주체로 간주되고 있으며 그 작가는 자신과 대상에 거리를 취할 정도로 "충분한 의식과 자유"를 소유하고 있다. 독일 관념론의 핵심 개념인 정신, 의식, 자유 등이 아이러니의 본질로 파악되고 있기에 결국 아이러니를 관장하는 작가는 대상(즉 객체 혹은 타자)을 주관적으로 점유하는 절대적인 의식주체인 셈이며, 그 결과 아이러니는, 헤겔 및 그의 추종자들이 흔히 비판하듯, 절대적 자아(즉 작가)의 주관주의적 예술 기법으로 여겨지게 된다.

또한 낭만주의 연구자들은 대체로 창조에서 파괴로 변화하는 방향으로만 아이러니를 이해하고 있다. 창조에서 파괴로 나가는 방향은 주로 서술된 내용(혹은 전개스토리)에서 한 발짝 벗어나서 서술자(화자)가 스스로 성찰적 물음을 제기하는 대목을 말하는데, 이러한 성찰적 대목은 대체로 자기부정적이고 자기파괴적인 모습을 띠기에 아이러니컬하다고 부른다. 슐레겔 문학이론의 대표적인 연구가에 의하면, 파렉바제로서의 아이러니는 "대상의 서술을 중단하고 자유롭게 다루는 것", "앞선 서술 수단과 분리하는 것", "자기 자신을 넘어서는 예술가의 자세", "절대적인 것을 지시하기 때문에 절제된 의식의 원칙이며 신중성의 원칙" 등으로 설명된다.42)

---

41) Helmut Prang, Die romantische Ironie, Darmstadt 1972, p. 13.

42) Ingrid Strohschneider-Kohrs, Die romantische Ironie in Theorie und Gestaltung, Tübingen 1977(1960), p. 20 & p. 37.

이처럼 서술된 것에 도취하거나 몰입하는 것이 아니라 서술된 것을 객관적으로 대상화하여 냉정하게 관찰하는 서술자의 모습을 두고서 흔히 성찰적 주체의 아이러니컬한 모습이라고 한다. 성찰이 아이러니의 토대로 작용하고 있는 셈이다. 여기서 중요한 질문은, 서술된 것을 대상화하여 관찰하는 아이러니컬한 서술은 도대체 무엇을 꾀하는 것인가 하는 점이다. 현실과 화합하지 못한 고독한 자아의 아이러니컬한 서술은 일종의 자기치유적 글쓰기로서 현실과의 화합 및 진정한 자아를 찾고 싶어 하는 목적론을 취하고 있는 것일까, 아니면 그와 같은 고독한 자아를 대상화하는 아이러니컬한 글쓰기 방식 자체는 진실한 자아 추구와는 관계없는, 또 하나의 허구적이고 유희적인 글쓰기의 열림인 것일까? 소위 '아름다운 문학'의 전통에서는 전자의 해석적 관점이 지배적이지만, 이와 달리 후자의 해석적 관점에서 보면 자신의 글쓰기에 대한 성찰적인 아이러니컬한 물음 자체는 창조적인 새로운 글쓰기 지평의 열림이기도 하다. 가령 파렉바제에 해당되는 아이러니컬한 대목의 대표적인 예는 티크의 『윌리암 로벨』에서 쉽게 찾을 수 있다. 로벨에게 충격적인 사실을 알려 주는 안드레아의 유언 편지 중 다음과 같은 마지막 편지 대목은 글쓰기와 주체 간의 상관관계에 대한 보편적인 물음을 내던지고 있다.

> 도대체 나는 누구인가? 여기서 진지하게 펜을 들고서 글쓰는 일에 지치지 않는 이 존재는 누구인가? 나는 정말이지 내가 쓴 모든 것을 사실이라고 믿고 마는 지독한 바보인가? 나는 나 자신이 스스로 한 것을 믿을 수 없다. 나는 진리를 설교하려고 앉았지만 결국 내가 무엇을 하고 있는지 모르겠다. 나는 종종 나 자신을 특별한 사람으로 간주했었지만, 도대체 나는 정말이지 무슨 일을 하는 사람인가? 기분 좋게 먹고 마시면서 지낼 수 있는데도 끊임없이 모험으로 가득한 재미있는 일에 몰두하는 짓은 우둔하지 않은가? 나는 보이지 않는 비밀 도둑떼의 두목을 행하는 일에 기뻐했고, 유령의 역할을 행하고 다른 유령을 불러들이고, 전체 세

계를 바보들로 만드는 일에 기뻐했지만, 이러한 노력에도 불구하고 이제 나는 나 자신을 지독한 바보로 만드는 것이 아닌가 하는 질문이 떠오른다. 나는 여느 때보다도 더욱 진지하지만 나 자신에 대해 웃고 싶구나. 태연히 앉아서 죽음에 임박하여 고통스런 허무감을 달래기 위해 글로 고통을 받고 있다는 사실은 정말이지 이해할 수 없고 믿을 수 없는 일이다. 나 자신과 싸우고 있는 이 기이한 나는 도대체 누구인가? 나는 펜을 놓고 싶고, 때가 되면 죽고 싶다.[43]

이 대목은 글쓰기 주체로서의 서술자가 자신의 서술 대상에서 빠져나와 자신의 서술 자체에 대해 진솔하게 회의하는 듯한 모습이다. 글쓰기 행위 자체를 의문시하는 전형적인 거리감 내지는 서술된 것의 중지 및 이탈인 셈이다. 글쓰기를 일종의 진리 설교처럼 간주해왔던 종래의 자기 생각에 대한 회의, 자기 자신을 특별한 사람으로 여겨왔던 지난 시절에 대한 회의, 이제는 자기 자신까지도 바보로 여길 정도로 회의에 젖은 모습, 이런 모습은 언뜻 지금까지의 유희적 글쓰기를 반성적으로 대상화하는 가운데 진솔한 글쓰기 및 진정한 자아를 찾고 싶은 희망을 지시하는 것처럼 보인다. 그런데 위 인용문은 정말 진정성 있는 언술일까? 다른 관점에서 보면 사실 미학적으로 매우 흥미로운 점을 담고 있는데, 그와 같이 자기성찰적 언어 자체까지도 일종의 위장된, 유희적이고도 도취적 언어로 작동하고 있다는 것이다.[44] 자신과 자신이 행한 글쓰기를 아이러니컬하게 대상화하는 듯한 성찰적인 언어는 새로운 진정성과

43) L. Tieck, William Lovell, in: Werke in vier Bänden, Nachworten und Anmerkungen von Marianne Thalmann, München 1978, p. 691.

44) 패러디(Parodie)를 연구한 미국의 문예학자 린다 허치언(L. Hutcheon)은 패러디와 긴밀한 관계를 맺고 있는 아이러니에 대해서는 그것의 양면적 특성, 성찰적이고 파괴적인 특성이 다시금 환상적이고 도취적인 특성으로 전환하는 점을 정확하게 짚어낸 바 있다. "토마스 만 이전의 독일 낭만주의 문인들은 예술작품의 존재론적 이중성에 자의식을 가지고 예술적 환상이라고 느껴지는 것을 파괴하려 했다. 물론, 이러한 낭만주의의 아이러니는 환상을 파괴하기보다는 새로운 환상을 창조하는 데 기여했다"(린다 허치헌, 패러디 이론, 김상구/윤여복 역, 문예출판사, 1995년, 51쪽),

객관성을 보장해주기보다는 오히려 유희적인 글쓰기 공간을 확장시킨다. 가령 "펜을 놓고 싶고, 때가 되면 죽고 싶다"라는 고백적 구절은 양면적이다. 진정한 자아를 찾고 싶은 진솔한 고통스러운 언술처럼 보이지만, 그러나 이러한 언술을 통해 진정성이 회복되는 것은 결코 아니다. 어쩌면 그 고통을 전달하는 듯한 모습 자체는 일종의 "아이러니의 아이러니"일 수 있는데,[45] 즉 '아이러니로서의 성찰적 이탈'을 다시금 아이러니컬하게 만들면서 허구적 환상의 글쓰기가 계속 전개되는 서술 전략일 수 있다. 요컨대, 위 인용문은 글쓰기 자체를 의문시하는 방식을 통해서 글쓰기를 포기하고 싶은 마음을 전하고 있는 것이 아니라 회의적 파괴를 통한 새로운 글쓰기의 창조적 가능성을 열어 주고 있는 것이다. 이러한 '반유희적 성찰과 반성찰적 도취' 사이에서 부유하는 글쓰기는 위의 인용문에서뿐만 아니라 텍스트의 도처에서, 눈에 띄는 방식으로 혹은 눈에 띄지 않는 방식으로 지속적으로 발생하고 있다. 결국 문학적 언어의 전개는 경험적 세계와 허구적 세계의 차이를 극복한 진정한 자의식의 회복이기보다는 오히려 진정성과 유희성 사이에서 끊임없이 부유하는 글쓰기라고 할 수 있다. 언뜻 보기에 자아가 아이러니컬한 언어로써 자신의 고독한 글쓰기 작업을 비판하는 듯이 보이지만, 그렇다고 해서 경험적 세계와 허구적 세계 간의 분열이 극복되고 이상적이고 진정한 자아가 구현되는 것은 결코 아니다. 위에서 말했듯이, 문학적 언어는 비판적 거리감을 생산할 뿐만 아니라 유희성과 허구성을 배가시킨다. 따라서 엄격히 말하면, 문학적 언어에서는 허구를 숙고해보는 성찰적

45) "여기서 아이러니의 아이러니라는 표현 하에 우리가 이해했다고 생각하고 싶은 의미는 다양한 차원으로 성립한다. 이 경우처럼 아이러니 없이 아이러니에 대해 이야기할 경우가 있고, 아이러니를 갖고서 아이러니에 대해 이야기하지만 바로 그 시점에 또 다른 매우 현저한 아이러니에 처하게 됨을 알지 못하는 경우도 있다. 또한 아이러니로부터 빠져나올 수 없는 경우가 있는데, 바로 불가해성에 관한 이 글의 시도가 그렇듯이 말이다"(F. Schlegel, KA, Bd. II, p. 369).

행위(허구의 성찰)와, 유희를 강화하는 허구적 행위(성찰의 허구)가 쌍방향에서 동시적으로 일어난다. 특히 전자처럼 허구를 파괴하는 성찰적 행위와 관련하여 폴 드 만(Paul de Man)은 다음과 같은 설득력 있는 분석을 제시한 바 있다.

> 아이러니컬한 언어는 주체를 진솔치 않은 경험적인 상태에서 살고 있는 자아와 오로지 언어의 형식 속에서만 살고 있는 자아로 분열시킨다. 그러나 이러한 분열을 통해 아이러니컬한 언어가 진정한 언어로 되는 것은 아니다. 왜냐하면 진정성 결핍을 통찰하는 일이 아직은 진정성을 보장해 주지 않기 때문이다.[46]

결국 파렉바제로서의 아이러니는 자신의 글쓰기 작업을 자기파괴적으로 성찰하는 동시에 그러한 자기파괴적 성찰을 새로운 창조적(환상적, 허구적) 글쓰기로 전환시키는, 일종의 '포에지의 포에지'의 결정적인 요소가 된다. 이러한 점을 인식할 때 비로소 아이러니의 새로운 특성이 언급될 수 있다. 즉, 포에지가 포에지의 특성을 질문하면서 포에지를 확장해나가는 '포에지의 포에지'라는 특성은, 「아테네움」 116번에서 천명된 바 있는 '서술자와 서술된 것 사이에서 부유하는 흥미로운 점진적 보편포에지'의 핵심적 특징을 이룬다. '포에지의 포에지'라는 특성과 앞서 언급된 바 있는 '아이러니의 아이러니'의 특성은 결국 일맥상통하며, 아이러니를 통해 항구적으로 끊임없이 스스로를 배가시키는 것, 그것이 바로 모든 문학적, 예술적 언어의 근본 특성을 이룬다.

『황금단지』에서부터 호프만의 거의 모든 작품들에서는 '파렉바제로서의 낭만적 아이러니'가 작동하고 있다. 『모래인간』에서도 서술자가 서술을 중단하고 자신의 목소리로 독자에게 말을 건네는 식의 파렉바

46) Paul de Man, Die Rhetorik der Zeitlichkeit, in: ders., Ideologie des Ästhetischen, Frankfurt am Main 1993, p. 112.

제 내지는 아이러니의 작동은 소설 전체의 구조에서 두 차례 발견할 수 있다.

- 로타르에게 보낸 나타나엘의 편지
- 나타나엘에게 보낸 클라라의 편지
- 로타르에게 보낸 나타나엘의 편지
- **서술자의 등장과 중단**
- 나타나엘과 클라라에 관한 서술자의 보고
- 나타나엘과 올림피아에 관한 서술자의 보고
- **서술자의 등장과 중단**
- 나타나엘의 일시적 회복, 갑작스러운 발작과 죽음

세 개의 편지 내용이 제시된 후 등장한 서술자(화자)는 자신이 어떻게 편지를 입수했는지 그리고 이후 나타나엘과 클라라의 삶을 옆에서 지켜본 듯한 관점(일명 전지적 관점)에서 두 사람의 관계를 지속적으로 서술해 낸다. 그리고 두 번째 등장에서 서술자는 자동인형(올림피아) 사건이 사회적으로 어떤 반향을 일으켰는지를 들려준다. 이처럼 이야기 전개를 중단하면서 두 차례 등장하는 서술자의 모습은 앞서 전개된 서술에 대한 긴장을 완화시키는 동시에 이후 전개되는 서술의 긴장과 반전을 더욱 강화시키는 일종의 매개 역할을 한다. 세 개의 편지에서 엿볼 수 있는 나타나엘의 트라우마, 그에 대해 질타하는 클라라와 로타르의 목소리는 서술자의 중단으로 인해 그 긴장을 잃게 되는 듯이 보이지만, 서술자의 성찰적 중단은 사실 뒤따르는 나타나엘과 클라라 간의 파국적인 대립을 준비하는 예비 단계와도 같다. 마찬가지로 올림피아 사건 이후의 서술자 등장도 사회의 코믹한 반응을 전해주면서 이야기의 긴장을 완화시켜 주는 듯이 보이지만, 그와 같은 서술자의 중단도 마찬가지로 다시금 광기에 사로잡히고 죽음을 맞이하는 나타나엘의 비극적 반전을 준비하는 예비 단계이다. 특히 "광기는 이미 생산된 죽음의 현존이다"[47] 라는 푸코의 말을 떠올리면 더욱 그렇다.

이처럼 서술자의 등장은 한편으로 이야기 전후의 연관성 및 반전 등을 위한 휴지적(休止的) 역할을 수행하지만, 다른 한편 텍스트 자체의 서술 방식(전략)에 대해 독자와 함께 성찰해보는 계기로 작용하는 동시에 텍스트의 새로운 심미성을 구축한다. 서술 자체를 객관적으로 대상화하는 서술의 자기투영화 내지는 자기객관화에 대한 흥미로운 심미적인 예로는, 서술자가 어떻게 시작하면 좋은지에 대해 상당히 고심했음을 밝히는 다음과 같은 대목이다.

> 제가 감히 독자 여러분에게 이야기하려고 하는 것, 즉 나의 불쌍한 친구, 젊은 학생 나타나엘에게 일어난 것보다 더욱더 기이하고 놀라운 것을 창작해 낼 수는 없을 것입니다. 친절하신 독자여, 그대는 다른 모든 것을 몰아내고 오로지 당신의 가슴, 감각, 사유를 완전히 사로잡은 무엇인가를 언젠가 체험한 적이 있었는지요? 당신 마음속이 끓고 격앙되어, 작열할 정도로 피가 혈관을 흐르고 그대의 뺨이 후끈 달아오르게 되는 그런 상태 말입니다. (…) 그러면 그대는 그 내적인 형상들을 빛나는 색채와 명암으로 그려내려 할 것이며 단지 시작을 위한 어떤 말들을 찾아내려고 할 것입니다. 그대는 모든 일어난 것, 즉 놀라운 것, 멋진 것, 경악스러운 것, 재미있는 것, 전율스러운 것을 마치 첫 번째 말로 담아내어 그 결과 그 첫 마디가 전기 충격처럼 모든 이들에게 가해졌다고 생각할 것이 틀림없습니다. 하지만 모든 어휘들, 말이 할 수 있는 모든 것은, 그대에게 색깔이 없고 냉랭하고 생기 없는 것으로 비추어지게 됩니다. 그래서 그대는 찾고 또 찾고, 말을 더듬거나 중얼거리게 되고, 친구들의 냉정한 질문들이 차가운 바람처럼 그대의 뜨거운 마음속으로 들어가더니 결국 그 뜨거운 마음은 사라지게 되고 맙니다.[48]

47) M. Foucault, Wahnsinn und Gesellschaft, Frankfurt am Main 1973, p. 34.
48) Der Sandmann, p. 18.

이 대목은 한 개인에 일어난 사건 및 내면세계를 어떻게 제시해야 할지에 대한 서술자(혹은 작가)의 고민을 그대로 투영해주고 있다. 즉 어떤 식의 언어적 형상화를 통해서 인물의 내적 고통을 독자에게 전달해야 좋을지를 고민하는 가운데 서술자는 순간 "놀라운 것, 멋진 것, 경악스러운 것, 재미있는 것, 전율스러운 것을 마치 첫 번째 말로 담아"냈다고 생각하게 되지만, 그러나 이내 언어적 형상화 자체에 대한 불신이 싹트게 된다. 현실(혹은 개인의 내면)과 언어 간의 괴리는 글 쓰는 모든 이들에게 발생하는 문제이기도 한데, 그것은 무엇보다도 언어가 "색깔이 없고 냉랭하고 생기 없는 것"으로 여겨지기 때문이다. 그와 같은 언어적 형상화 작업에 대한 열정, 고민, 회의 등은 서술자에 의해 더욱 구체적으로 언급되고 있다.

> 사랑하는 독자에게 제가 고백하지 않을 수 없는데, 지금까지 그 누구도 젊은 나타나엘의 이야기에 대해 물어 온 바가 없었습니다. 그렇지만 독자 여러분은, 제가 작가들 중 기이한 부류에 속해 있다는 점을 알고 계실 것입니다. 즉 좀 전에 말씀드린 대로 무엇인가 내면에 갖고 있으면 주변에 가까이 있는 누군가가, 아니 세상 사람들 모두가 마치 <무슨 일이야? 이야기 한 번 해 보시겠습니까?>라고 물어보는 듯한 기분을 갖는 그런 작가들 말입니다. 그래서 저는 나타나엘의 불행한 삶에 대해 독자 여러분에게 말하지 않을 수 없는 강한 욕망을 갖게 됩니다. 그의 삶의 놀랍고도 기이한 점이 나의 온 마음을 채우고 있으며, 전혀 사소한 것이 아닌 놀라운 점을 독자 여러분도 짚어지도록 하고 싶기 때문에 저는 나타나엘의 이야기를 의미 있게, 독창적이고 감동적으로 시작하는 것에 무척 고생했습니다.[49]

"제가 작가들 중 기이한 부류에 속해 있다는 점", 이는 넓은 의미에

49) Der Sandmann, p. 19.

서 호프만 스스로가 자기 자신이 어떤 작가로 분류되는지를 잘 알고 있음을 우회적으로 밝히는 대목처럼 읽힌다. 왜냐하면 호프만은 당시 괴테, 하이네, 헤겔 등을 비롯한 동시대 동료 문인들과 철학자들에 의해서 '기이하고 놀랍고 악한 것'을 서술하는 작가로 분류된 바 있었기 때문이다. 어쨌든 위 대목은 작가 호프만의 고백이라기보다는 텍스트 내의 허구적 인물로서의 서술자가 스스로의 작가적 작업에 대한 고민을 털어놓은 허구적 언술일 뿐이다. 나타나엘이 겪고 있는 "삶의 놀랍고도 기이한 점"을 가능한 한 진정성 있게 전하고 싶은 마음에서 서술자는 가능한 한 "의미 있게, 독창적이고 감동적으로" 서술해내고자 고민했음을 밝히며, 이를 위해 서술자는 일반적으로 작가들이 취할 수 있는 서술 방법의 몇 가지 객관적인 예를 스스로 밝힌다. 가령 첫 번째는 "옛날 옛적에" 처럼 동화적 형식을 빌려 놀랍고도 신비한 허구적 세계를 제시하는 방식이며, 두 번째는 "어느 지방의 작은 도시 S.에 …가 살고 있었다"는 방식으로서 직접 더 사건을 사실적이고 객관적으로 보고하는 방식이며, 세 번째는 "악마에게로 가서 뒈져라"라는 식의 짧은 첫 문장으로 인물의 극단적인 주관적 감정을 즉각적으로 표출해내는 방식이다.[50] 서술자 스스로 다양한 서술 방식에 대한 이론적 분석을 제시하고 있는 셈이다. 이처럼 통상적인 여러 가지 서술 방식을 고심한 서술자는 결국 인물의 내적 고통과 사건을 그대로 보여주는 것이 좋겠다는 생각에 이르게 되었고, 그런 연유에서 자기가 알고 지냈던 클라라의 오빠 로타르로부터 입수한 편지를 그대로 제시하는 방식을 취했다고 밝힌다. 그런데 그 다음 대목이 매우 특이하다.

> 친절한 독자 여러분! 친구 로타르가 아주 고맙게도 저에게 전달해 준 세 편의 편지를 받아보시죠. 이는 제가 앞으로 서술하면서 더욱더 색깔을

50) Ibid.

집어넣으려고 노력하려는 이야기 형상의 전체 스케치를 위한 것이기도 합니다.[51)]

나타나엘, 로타르, 클라라가 각기 1인칭 관점으로 쓴 편지를 그대로 제시하는 것이 가장 진정성 있게 사건의 본질을 드러내주는 방식이라고 여겼던 서술자이지만, 그렇지만 그것이 실은 "제가 서술하면서 더욱 더 색깔을 집어넣으려고 노력하는 이야기 형상의 전체 스케치를 위한 것"이라는 구절은 편지 자체의 제시를 통한 사실성과 진정성의 담보 전략과는 완전히 배치한다. 왜냐하면 "색깔을 집어넣으려고 노력하려는" 것이란 자의적이고도 인위적인 방식으로 허구성을 강화하는 행위를 말하며, 따라서 사실적으로 보이도록 하는 것도 실상 자체의 순수성과 객관성에서 멀어진 언어적 색깔에 다름 아닌 것이다. 서술자는 스스로 서술의 진정성을 추구하지만 역설적으로 그런 진정성을 부정하고 있는 셈이다.

요약하자면, 세 편의 편지 도입은 진정성을 전달하는 방식이면서도 동시에 색깔이 계속 덧칠해지는 전체 형상을 위한 토대로 작용하고 있다는 점에서 모순처럼 읽혀지며, 사실 서술자도 스스로 다음과 같은 대목에서 그 모순을 순간적으로 고백하고 나선다. 즉 대상의 상을 더욱 잘 비추어내기 위하여 거울 – 이는 텍스트 혹은 작품 등에 대한 은유인데 – 이 닦여지지만 그 거울은 아쉽게도 희미하게 닦여진 상태를 띤다. 대상(즉 삶과 세계)의 언어적 형상화는 "희미하게 닦인 거울의 어두운 광채"- 이는 '실상에서 멀어진 텍스트'의 특성을 가리키는 은유적 언어에 다름 아닌데 – 일 뿐이다.

아마도 제가 훌륭한 초상화 화가처럼 여러 인물을 성공적으로 잘 그려

51) Ibid.

> 낼 경우 독자 여러분은 오리지널을 보지 않았음에도 그 모습이 유사하다고 생각하실 수 있게 될 것이며, 더욱이 여러분이 그 인물을 생생한 눈으로 제대로 포착했다는 생각까지도 들 것입니다. 아마도 독자 여러분들은 실제의 삶만이 가장 놀랍고 대단하다고 생각하실 것이며, 시인은 그런 실제의 삶을 희미하게 닦인 거울의 어두운 광채로만 포착해 낼 수밖에 없을 것이라고 생각하실 것입니다.[52]

장르상 문학(시인)보다는 회화(화가)가 실제의 대상을 더욱 잘 재현해 낼 수 있음을 말해주고 있지만, 사실 두 장르 모두 같은 속성을 지닌다. 또한 언뜻 재현이론적 시각을 강조하는 듯이 읽히지만, 세밀하게 읽어보면 '재현이론의 불가능성'을 지시하는 포에지의 특성에 대한 이론적 성찰이 작동하고 있다. 예술적 형상화가 대상을 "희미하게 닦인 거울의 어두운 광채로만 포착해" 내는 것이 아닌가 하는 일반 독자의 생각을 선취하듯 말하면서 서술자는 이를 극복하는 차원에서 자신은 오리지널(나타나엘의 심리와 그가 처한 상황 등)을 가능한 한 충실히 있는 그대로 거울(예술적 형상화, 텍스트, 작품 등)에 담아냄으로써 일반 독자가 나타나엘의 내적 고통에 가까이 다가갈 수 있기를 희망하고 있다. 그러나 "희미하게 닦인 거울의 어두운 광채로만 포착해낼 수밖에 없을 것"이라는 언술은 재현 불가능한 문학 자체의 특성을 규정하는 자기확증적인 언술이기도 하다. 거울(예술적 형상화의 텍스트, 예술작품)이 깨끗하고 맑은 상태가 아니라 "희미하게" 닦여 있는 상태라는 점은, 문학적 언어이든 회화적 색채이든 간에 모든 예술적 형상화는 애매함과 다의성을 지닐 수밖에 없음을 암시한다. 즉, 밝고 충실하게 보여주려 하지만 결국 실상에서 더욱 멀어질 수밖에 없는 특성, 이것이 바로 예술의 역설이다. 플라톤의 사유를 빌리면, 수공예품이 가상이라면 회화나 문학 작품은

52) Ibid., pp. 19~20.

그런 수공예품을 모방해 낸 '가상의 가상'(Schein des Scheins)인 바, 즉 모든 예술은 실제의 진실 세계(이데아)로부터 두 단계 멀어진 상태에 놓여 있다. "색깔을 집어넣으려고 노력하려는" 작가의 결과물은 결국 실상으로부터 좀 더 멀어진 상태, 즉 "희미하게 닦인 거울의 어두운 광채"를 띨 수밖에 없다는 언급은 역설적으로 플라톤의 사유를 입증하고 있는 셈이다. 실제 대상과 이미지(형상), 내면과 표현 사이에서 괴리가 발생할 수밖에 없다는 점에 대한 성찰은, 바로 포에지의 특성을 스스로 논하는 포에지의 자기준거적 언술, 즉 "서사의 이론이자 실제 작업"[53]을 동시적으로 작동시키는 언술인 것이다.

이처럼 서술자가 서술된 것에 대해 스스로 냉정하게 성찰해보는 행위, 즉 일종의 자기투영화, 자기객관화, '파렉바제'로서의 아이러니 등은 문학의 심미적 특성을 확인하는 지점에 도달한다. '자기창조에서 자기파괴로의 변화' 혹은 '자기파괴에서 자기창조로의 변화'는 모두 진정성과 허구성 사이에서 부유하는 문학의 특성을 이룬다. 자기창조와 자기파괴 사이에서 끊임없이 변화하는 문학적 아이러니는 텍스트 바깥에 위치해 있는 전지전능한 작가가 관장하는 것이 아니라 텍스트 내에 존재하고, 결국 텍스트는 그와 같은 문학적 아이러니가 일으키는 '불가해성의 소용돌이'를 이룬다. 텍스트 내의 서술자는 서술된 것에 대한 자신의 주석적 행위를 통해 명확한 의식을 지닌 듯 보이지만 아이러니컬하게도 스스로 의식하지 못하는 불가해성의 소용돌이에 사로잡힌다. 이 점은 서술자의 두 번째 등장에서도 다양하게 엿볼 수 있다. 스팔란차니 교수가 자동인형을 만든 사건이 세상에 알려진 이후 다시 등장한 서술자는 그 사건 이후의 사회적 반응을 전달한다. 그가 전하는 법학자의 주장에 따르면, 그 사건은 대중을 향해 가해진 사기행각이라고 하면서도 사실 그

53) Irene Schroeder, Das innere Bild und seine Gestaltung. Die Erzählung <Der Sandmann> als Theorie und Praxis des Erzählens, in: Hoffmann-Jahrbuch, Bd. 9(2001), pp. 22-33.

증거(가령 올림피아가 하품보다는 재치기를 했던 행위)는 결코 혐의 있는 것이 아니었다고 부연된다. 사기행각의 죄와 전혀 혐의 없는 증거가 동시적으로 언급됨으로써 상호 불일치의 아이러니가 발생한다. 또한 수사학 교수는 "그 전체는 하나의 알레고리입니다 – 하나의 진일보한 은유이지요!"라는 언술을 내던졌다고 하는데, 이 인용문도 사실 명확성과 불명확성 사이에서 부유하는 아이러니와도 같다. 이 밖에 '인간성'을 확인하려는 연인들의 행동을 전달하는 언술에서도 아이러니가 발생한다. 가령 박자 없이 노래하고 춤추는 행위, 낭독 중의 뜨개질 행위, 개를 데리고 노는 행위, 사유와 감정을 전제로 한 말하기 행위 같은 다양한 인간적 행위가 여성들에게 요구되는데, 이와 같은 '다양한 코믹한 행위를 통해 인간성을 진지하게 증명하려는 사회적 현상'에 대한 언어적 서술도 아이러니의 심미성을 구축한다.

그렇다면 서술자가 독자에게 말을 건네는 장면과 관련하여 독자는 어떤 관점에서 그와 같은 서술을 받아들일까? 과연 독자는 서술자의 전언과 심정을 액면 그대로 진정성 있게 받아들일까? 여기서 독자는 두 가지 유형으로 나뉘는데, 그 하나는 서술자가 텍스트 내에서 지칭하고 있는 독자이며 다른 하나는 『모래인간』이라는 텍스트를 읽는 독자를 말한다. 전자는 서술자가 염두에 둔 독자로서 텍스트의 진정성을 공유해 줄 무형의 독자이지만, 후자는 서술자의 언술을 비롯한 서술된 것 전체를 하나의 허구적인 이야기로 간주하는 독자이다. 특히 후자의 독자는 서술자가 주인공들과 친근한 관계를 맺고 있고 로타르에게서 편지를 입수했다는 전언 등을 비롯하여 과거부터 현재까지 나타나엘에게 일어난 모든 이야기 전체를 진정성을 가장한 인위적이고 허구적인 이야기로 간주할 줄 아는 독자이다. 『모래인간』이라는 텍스트 전체를 읽는 독자는 편지 자체가 이미 작가의 허구적 상상력에서 만들어진 것임을 알고 있으며, 그런 점에서 '독자를 향해' 진정성을 표방하는 서술자의 언술까지도 메타서술적 차원에서 ‘흥미롭고 재미있는 심미적 서술’로 받아들인다. 정리하자면, 텍스트의 시작에 대한 고민을 밝히는 서술자의 작가적 고백, 편지 입수, 사회적 반응 전달 등 진정성을 표방하는 다양한 서술 방식은 소설의 허구적이며 심미적인 효과를 한층 더 극대화시키는 방식에 다름 아니며, 독자는 그 점을 잘 알고 있다. 바로 이러한 점이 곧 서술의 자기객관화(자기투영화) 내지는 포에지의 자기준거적 특성을 이룬다. 이 밖에도 인물들이 서로 주고받는 대화도 서술의 자기객관화를 만들어내고 있다. 앞서 언급한 것처럼, 낭만주의적 성향을 비판적으로 대상화하는 대목은 포에지가 스스로를 대상화하는 자기객관화의 전형적인 방식에 속한다.

> 나타나엘의 문학은 정말이지 지루했다. 그런 클라라의 차가운 진부한 마음에 대한 나타나엘의 역겨움은 점점 더 높아져 갔으며, 클라라는 나타나엘의 어둡고 암울하고 지루한 신비학에 대한 자신의 불쾌감을 떨쳐버릴 수 없었으며, 결국 두 사람은 서로 아무 말 없이 내적으로 더욱더 멀어져만 갔다.[54]

나타나엘의 문학적 글쓰기와 관련하여 “어둡고 암울하고 지루한 신비학에 대한 자신의(클라라) 불쾌감”에 대한 서술은 바로 동시대 호프만 문학에 대한 비판적 시각을 대상화한 것과도 같다. 가령 관념론의 아름다운 미학을 대변하는 헤겔은 호프만의 문학을 다음과 같이 규정한 바 있다.

> 그러나 아주 역겨운 부조화를 관통하는 내적인 근거 없는 분열 상태가 최근 유행하고 있으며 혐오스러운 유머와 일그러진 아이러니를 구현해

54) Der Sandmann, p. 23.

내고 있는데, 에른스트 테오도르 아마데우스 호프만은 그런 일에 스스로 만족해하고 있다.[55]

마치 서술된 대립이 그 예술 안에서 점점 심화되듯이, 낭만적 예술에서는 내면의 분열과 부조화가 계속 진행되며 그 대립의 불화는 그렇게 계속 유지될 수 있게 된다. (…) 그러한 불화를 계속 붙들면서, 특히 혐오스럽고 부정한 것, 악한 것을 그려내는 가운데 결국 이상(理想)의 청명함이 사라지고 만다.[56]

사실 낭만주의 문학을 부정적으로 서술한 헤겔의 관점은 아이러니컬하게도 향후 현대 예술의 특성을 매우 정확하게 짚어내고 있다. 내면과 외면, 현실과 이상, 개인과 사회 등은 결코 화합하지 못하며, 그런 대립이 극단적으로 전개될 경우 개인은 광기와 죽음 등을 맞이하게 된다. 낭만주의는 그러한 현상을 문학적으로 형상화했고 이는 향후 현대 예술의 주된 테마를 이루는데, 이를 헤겔은 진단했던 것이다. 따라서 호프만 문학(낭만주의적 예술 전반)에 대한 헤겔의 부정적 언술과, 나타나엘의 문학을 비판하고 있는 클라라의 목소리는 너무나 흡사하다. 호프만은 자신의 문학에 가해질 수 있는 동시대의 비판을 이미 예견하였고 그러한 비판의 목소리를 허구적 인물을 통해 미리 제시함으로써 일종의 선제적 방어를 취했던 것이다. 다음과 같은 클라라의 목소리는 정확히 헤겔의 비판적 언술을 선취하는데, 이 또한 작가 혹은 텍스트 자체의 자기객관화에 해당된다.

클라라는 나타나엘을 자신의 가슴에 껴안고는 살며시, 그러나 천천히,

55) Hegel, Vorlesungen über die Ästhetik I~III, in: Werke. Auf der Grundlage der Werke von 1832~1845, Frankfurt am Main 1986, Bd. 13, p. 289.

56) Ibid., p. 209.

진지하게 말했다. "나타나엘, 내 사랑 나타나엘, 그 미친 터무니없는 광기로 가득한 동화를 불 속으로 집어던져요."[57)]

"미친 터무니없는 광기로 가득한 동화"라는 표현은 헤겔이 "추의 미학"(Ästhetik des Häßlichen)을 언급하면서 그 대표적인 작가로 다름 아닌 호프만을 손꼽았던 점을 상기시킨다. 그렇게 혹독하게 자신의 문학을 비판하는 헤겔(혹은 이성적이고 합리적인 정신과 '아름다운 문학'을 주장하는 고전주의적, 관념론적 예술의 숭배자들) 등의 관점을 의식하는 가운데 호프만 텍스트는 클라라 및 그녀의 언술을 통해 일종의 자기방어 내지는 자기객관화를 꾀하고 있었던 것이다.

이 밖에 올림피아를 두고서 친구 지그문트와 나타나엘이 주고받는 대화 대목도 그와 같은 자기객관화에 해당된다. 지그문트를 비판하면서 나타나엘이 올림피아와의 '낭만적 사랑'을 역설하는 언술은 사실 포에지, 자아, 사랑, 내적 감각, 상형문자 등의 상관관계를 내세운 슐레겔, 노발리스 등의 미학을 연상시킨다.

아마도 너희들 차가운 진부한 인간들에게는 올림피아가 무시무시하게 여겨질 수 있지. 한결같이 잘 만들어진 것은 정말이지 시적인 마음에만 열리게 되는 법이야! - 그녀의 사랑스런 시선은 나를 향해서만 열리며 감각과 생각이 빛을 발하며, 그런 올림피아의 사랑에서만 나는 나 자신을 다시 찾게 되네. 다른 평범한 사람들처럼 그녀는 진부한 대화에 관여하지 않는데, 이 점을 너희들은 못마땅하게 여길 수도 있겠지. 그녀가 말 수가 적은 것은 사실이야. 그러나 그녀의 몇 마디야말로 완전한 사랑을 담은 내적인 세계의 순수한 상형문자이며 동시에 영원한 피안을 관조하는 정신적 삶의 고귀한 인식의 순수한 상형문자이지. 바로 그런 모든 점을 너희들은 이해하지 못하고 있으며, 모든 것은 단지 헛된

57) Der Sandmann, p. 25.

말이야.[58)]

나타나엘이 사용하고 있는 모든 개념과 표현은 일반적인 언술이 전혀 아니다. "시적인 마음", "사랑스런 시선", "내적 세계의 순수한 상형문자", "영원한 피안을 관조하는 정신적 삶의 고귀한 인식의 순수한 상형문자" 등은 동시대 낭만주의 작품과 이론 등에서 자주 언급되는 개념을 차용하고 있다. 자동인형 올림피아가 내뱉는 무미건조한 몇 마디 말에 고상한 시적 언어관과 세계관을 부여하는 언술, 더욱이 "올림피아의 사랑에서만 나는 나 자신을 다시 찾게 되네" 같은 언술 등도 신비적인 언어관, 형이상학적 세계관, 절대적 자아 등의 상관성을 내세운 낭만주의 미학과 철학을 패러디하고 희화화하고 있다.

그렇다면 호프만은 나타나엘의 미학관(=낭만주의적 미학관)을 비판적으로 객관화함으로써 낭만주의를 극복하고 새로운 예술사조(가령 리얼리즘)로 전환하고 있는 것일까? 사실 낭만주의를 대변하는 듯한 나타나엘의 형상은 극히 좁은 의미에서 파악된 낭만주의, 혹은 잘못 수용될 수 있는 낭만주의의 예찬에 대한 비판적인 선취일 수 있다. '언어, 세계, 존재 등의 이해 불가능성'은 분명 낭만주의 시학 및 미학의 특징이지만, 그렇다고 해서 나타나엘처럼 신비성과 자기도취에만 젖는 것이 낭만주의의 본질을 이루지는 않는다. 영원한 피안, 고귀한 인식 등의 추구도 반드시 언어를 통해서만, 언어 내에서만 이루어져야만 하며, 내적인 낭만적 사랑도 언어화되어야만 하며, 이때 언어는 신비로운 이상화의 도구가 아니라 존재의 완전한 인식 불가능성 내지는 불가해성에 도달할 뿐이다.[59)]

---

58) Der Sandmann, p. 35.

59) 고상한 언술이 진부한 의미를 지니거나, 진부한 언술이 고상한 의미를 지니는 등 언어 자체의 내적인 역동성에 대해서는 노발리스의 「독백」을 분석한 11장을 참고할 것.

『모래인간』의 결말도 아이러니컬한 언어로 서술된다. 나타나엘의 비극적 죽음은, 현실에 대한 인식을 결여하고 자기 내면의 목소리에만 심취될 경우 분열, 광기, 죽음으로 치닫게 된다는 점을 암시하고 있다. 그렇다고 나타나엘의 삶만이 조명되고 있는 것은 아니다. 나타나엘이 죽은 후 클라라가 찾은 행복에 대하여 서술자는 매우 흥미로운 목소리를 남긴다. "클라라는 내면에서 분열된 나타나엘이 결코 그녀에게 베풀어 줄 수 없었던 그런 행복, 그녀의 명랑하고 삶을 즐기는 감각에 부합하는 그런 조용하고 가정적인 행복을 발견했다."[60] 나타나엘의 사망 이후 클라라의 삶의 묘사는 마치 현실에 순응하며 조화롭게 살아가는 비더마이어적 삶의 옹호, 혹은 현실과 개인 간의 부조화를 극복하며 "현실적인 것은 이성적인 것이다"(헤겔)라는 인식을 중시하는 '독일 사실주의적' 삶의 옹호처럼 들린다. 그런데 연인의 고통과 내면을 조금도 이해하지 않으려 했던 클라라의 삶은 정말 '조용하고 가정적인 행복'을 찾은 것일까? '무시무시한 것의 귀환'을 주제로 하는 소설 전체의 흐름을 보면, 그 잔잔하고 평화로운 듯한 클라라의 삶도 어쩌면 다른 함의를 갖고 있는 듯하다. 즉 클라라의 삶에 대한 묘사는 한편으로 글자 그대로 평온하고 밝고 아름다운 소시민적 삶의 서술처럼 읽힐 수 있지만, 다른 한편으로 보이는 것 속에 보이지 않는 것이 내재해 있는 나타나엘의 삶이 그렇듯이, 어두운 그림자를 내포할 수도 있다. 즉 '친숙한 무시무시한 것'이라는 'unheimlich'라는 단어의 이중적 의미처럼, "조용하고 가정적인 행복"이 가득한 클라라의 소시민적 삶 속에도 무시무시한 것(나타나엘과의 만남에서 겪은 트라우마)의 그림자가 은밀히 드리워져 있을 수 있다. 현대적 호러영화의 결말처럼 말이다.

60) Der Sandmann, p. 42.

5. "전체는 하나의 알레고리다"로서의 『모래인간』

이제 『모래인간』의 전체, 특히 계몽주의와 낭만주의의 대립, 나아가 낭만주의의 자기객관화 및 자기희화화까지도 담고 있는 소설 전체에 대해서는 어떠한 이해(즉 해석) 방식이 요구될 수 있을까? 분명한 점은, 『모래인간』은 낭만주의 입장에서 계몽주의를 비판한 텍스트가 아니며 또한 역으로 계몽주의 입장에서 낭만주의를 비판한 텍스트도 아니다. 어쩌면 『모래인간』은, 노발리스의 언급대로, 작품 생산 행위(혹은 작품 자체)를 "대립적인 것들 사이에서의 부유"(Schweben zwischen Entgegengesetzten), "극단적인 것들 사이에서 부유하는 생산적 상상력"(Schweben der produktiven Imagination zwischen den Extremen)[61] 등으로 정의한 낭만주의 미학에 가장 부합하는 텍스트로 보인다. '호프만의 낭만주의'는 차갑고 기계적인 오성만을 중시하는 계몽주의, 마찬가지로 자아와 내면만을 절대시하여 병적인 결과(광기, 죽음)를 낳는 좁은 의미에서의 낭만주의 사이를 부유하면서 현대의 미학적, 문학적 지평을 한층 더 넓힌 예술 현상이다. 다시 말하면, 내면의 소리를 전적으로 부정하고 오로지 현실 세계에만 순응함으로써 범속한 삶을 살아가는 형상(클라라)과 현실 세계의 관점을 부정하고 오로지 내면의 소리에만 기울임으로써 결국 죽음을 맞이하는 형상(나타나엘), 이와 같은 양 극단의 존재 현상 사이에서 부유하는 예술 현상이 넓은 의미에서의 낭만주의인 것이다.

이러한 양 극단적 현상을 형상화한 예술작품을 대하면서 전통적인 해석학적 관점은 그런 대립적 존재 양식을 극복하는 천부적인 개인, 즉 작품 생산자로서의 작가를 강조하기 마련이다. 즉 '위대하고 천부적인 작가'만이 존재의 양면성(외면 세계와 내면 세계, 사회와 개인, 현실과 가상 등)을 그려냄으로써 그 대립을 뛰어넘는 조화로운 상태에 도달한

61) Novalis, Schriften, Bd. II, pp. 177-178.

다는 것이다. 이러한 해석은 호프만 연구뿐만 대부분의 작가 연구에서 흔히 엿볼 수 있다. 물론 이와 같은 '천부적인 개인으로서의 작가'를 중시하는 관점이 슐라이어마허, 딜타이 등으로 대변되는 낭만주의적 해석학의 주류를 형성하지만, 그러나 탈개인화된 텍스트 그 자체의 독립적인 특성을 중시하는 탈해석학적 관점도 낭만주의의 예술과 철학의 중요한 일부분을 이룬다. 후자의 경우 천부적인 개인으로서의 작가 위상은 그리 높이 존중될 필요가 없다. 텍스트 바깥의 '저 보이지 않는 심급기관'(작가)보다는 보이는 것, 서술되어 있는 것, 즉 텍스트 자체만이 독자로서의 우리가 마주하는 유일한 대상이다. 엄격히 말하면, "대립적인 것들 사이에서 부유하는" 것은 작가가 아니라 텍스트 자체다. 양 극단 사이에서 부유하는 텍스트를 넘어서 존재하는 작가, 즉 절대적인 위상을 차지하는 저자 호프만은 부재해 있다. 오로지 중요한 것은 텍스트와 독자의 관계이며, 호프만 텍스트는 독자에게 대립적인 것들 간의 조화를 가져다주기보다는 대립적인 것들 사이에서 부유하도록 만든다.

『모래인간』이라는 텍스트 전체를 어떻게 이해해야 좋을지에 대한 암시는 텍스트 내의 다양한 언술들을 통해 암시된다고 언급한 바 있다. 그 대표적인 예로는 올림피아 사건 이후의 사회적 반응을 전하는 가운데 서술자가 인용하고 있는 문학과 수사학 전공 교수의 언술이다.

> 문학과 수사학 전공 교수는 한 줌의 담배 연초를 집어 들고는 상자를 닫고 헛기침을 하더니 장엄하게 다음과 같이 말했다. "신사숙녀 여러분, 요점이 어디에 있는지 모르시겠습니까? 그 전체는 하나의 알레고리입니다 – 하나의 진일보한 은유이지요! - 제 말을 이해하셨지요! 정통하신 분들에게는 더 이상의 설명이 필요 없을 겁니다!"[62]

62) Der Sandmann, p. 39.

자동인형 올림피아의 사건을 하나의 알레고리로 파악한 수사학 교수는 도대체 어떤 자명한 의미를 염두에 두고 있기에 더 이상의 설명이 필요 없다고 말하는 것일까? 일단 수사학 교수의 언술은 일종의 문학 전공자에 대한 패러디, 즉 일반 대중이 전혀 이해할 수 없는 애매하고 전문적인 용어를 사용하는 전문가들의 화법에 대한 패러디로 작용한다. 특히 수사학 교수가 사용한 '알레고리'라는 용어는 비판적 패러디인데, 『모래인간』의 상세한 주석 작업을 펼친 울리히 호호프(U. Hohoff)는 그에 대해 다음과 같은 흥미로운 해석을 제시하고 있다.

> 이상주의적 개념 체계에서의 알레고리 이해는 수사학의 알레고리 이해와 비슷하였으며 또한 낭만주의의 선험적 포에지 내에서의 알레고리 기능을 가능하게 한다. 즉 선험적 포에지 내에서의 알레고리는 평범한 것과 동화적인 것, 일상적인 것과 놀라운 것, 경험의 차원과 '한 단계 높은' 문학적-종교적 차원을 서로 결합시킨다(가령 티크의 『판타수스』에서의 테두리 대화를 참고할 것). 호프만은 『황금단지』에서 긍정적인 의미에서의 시적인 알레고리를 사용하고 있다.
> 『모래인간』에서 교수는 올림피아를 한 단계 높은 차원을 대변하는 형상으로 설명하고 있는데, 물론 올림피아가 무엇/누구를 대변하고 있는지를 말하지 않으면서 말이다. 교수는 문제를 더욱 꼬이게 만들고 있다. 호프만은 공허한 과학성을 풍자적으로 조명하고 있는 것이다. 잘못된 알레고리컬한 작업은 이미 『환상집』에서 비판의 대상이 되고 있다.[63)]

슐레겔의 선험적 포에지, 노발리스의 낭만화 방식 등과 비슷하게 호프만도 일반적인 것과 동화적인 것을 결합하는 방식으로서 알레고리를 사용하였고, 이것이 호프만의 작품 생산 방식의 결정적인 미학적 키워드가 된다고 호호프는 설득력 있게 밝히고 있다. 그런데 여기서 보다 명

---

63) E.T.A. Hoffmann, Der Sandmann, Textkritik, Edition, Kommentar v. Ulrich Hohoff, Berlin/New York 1988, p. 273.

확히 질문될 수 있는 점은, 작중 인물인 수사학 교수가 사용한 알레고리 개념을 단순히 공허하고도 무의미한 말장난을 일삼는 전문가의 용어에 대한 패러디로 간주해도 좋은 것일까 하는 것이다. 어쩌면 모호한 의미 맥락을 펼치는 수사학 교수의 언술보다는 오히려 - 호호프가 정확히 서술하였듯이 - "공허한 과학성을 풍자적으로 조명"하고 있다는 해석이 더욱 설득력을 준다. 다르게 말하자면, 수사학 교수가 스스로 사용한 "그 전체는 알레고리, 즉 진일보한 은유"라는 언술 자체는 전혀 비판의 대상이 아니다. 이 언술은 '의미의 모호함 내지는 희석화'를 꾀하는 전략적 언술이라기보다는 좀 더 세밀한 분석을 요구하는 비판적, 환기적 언술로 작용하는데, 이에 대한 해석 가능성은 『모래인간』 텍스트 자체에 대한 또 다른 역사비판적 작업, 즉 텍스트가 어떻게 처음에 씌어졌고 수정되었는지를 엄밀하게 추적하는 주석 작업을 통해서 이미 제시된 바 있다. 칼테리나 라티피(Kaltërina Latifi)의 새로운 주석 작업에 의하면, 본래 호프만은 "전체는 하나의 지겨울 정도로 실행된 알레고리다 Das ganze ist eine sattsam ausgeführte Allegorie"라고 썼다가 "전체는 하나의 알레고리다"로 수정했다고 전해진다.[64] "지겨울 정도로 실행된"(sattsam ausgeführte)이라는 두 단어가 텍스트 생산 과정에서 삭제된 것인데, 이는 어떤 연유에서였을까? 만약 본래의 표현이 그대로 남아 있었더라면 '관념론적 미학자들과 수사학자들이 알레고리를 공허하고 애매하게 사용한다'고 지적했던 호호프의 주석처럼 알레고리의 공허함을 비판하는 의미로 읽힐 수 있다. 그러나 두 단어가 삭제됨으로써 수사학 교수의 언술은 진부한 의미를 벗어나 새로운 의미로 읽힌다. 특히 "전체는 알레고리"라는 교수의 말에서 "전체"는 도대체 무엇을 말하는 것일까? 그것은 한편으로 텍스트 내에 제시된 나타나엘과 올림피아의 사건을 가리키며,

64) E.T.A. Hoffmann, Der Sandmann, Historisch-kritische Edition, hrsg. v. Kaltërina Latifi, Frankfurt am Main/Basel 2011, pp. 147-151.

다른 한편으로 자동인형과 동시대의 사회적 정황 간의 관계에 해당된다. 물론 두 가지 모두 상호 연관적인 맥락을 형성하고 있다. 그 맥락을 종합하자면, 영혼불멸의 인간을 창조하고 싶은 소망에서 자동인형을 제작하려했던 18세기 이후의 과학 기술의 상황이며,[65] 호프만 텍스트는 그와 같은 과학적 경향에 대하여 우회적인 답변을 제시하고 있는 것이다. 따라서 수사학 교수는 단순히 추상적이고 공허한 말의 유희를 전개하고 있는 것이 아니라 기계인간에 대한 열망에 사로잡혀 있던 동시대 과학 기술의 공허한 행위를 비판하는 의미에서의 "전체는 알레고리"라는 언술을 표명하고 있다.

마찬가지로 수사학 교수가 언급한 "알레고리입니다 - 하나의 진일보한 은유이지요"라는 표현도 주목할 필요가 있다. 이는 사실 퀸틀리안(Quintilian)의 『수사학 교육 institutio oratoria』에 나오는 알레고리에 대한 정의를 인용한 것이다. 일반적으로 은유는 주로 속성, 특성의 유사성을 토대로 만들어지기 마련인데, "진일보한 은유"로서의 알레고리는 그러한 유사성을 뛰어 넘는 수사적 방식을 가리킨다. 그리고 17세기 바로크에서는 그런 "진일보한 은유"로서의 알레고리가 자주 사용되었는바, 벤야민의 해석처럼 바로크 알레고리는 외적 형상과 의미 간의 유사성에 기초하기보다는 - '유사성을 결여한 은유일수록 그 빛을 더욱 뛰어나게 발현한다'는 현대적 은유이론의 주장처럼 - 양자 간의 상호 불일치를 더욱 중시하였다. 그와 같은 알레고리에 대해 전문적인 지식을 갖고 있기에 수사학 교수는 "정통하신 분들에게는 더 이상의 설명이 필요 없을 겁니다!"(sapienti sat!)라고 덧붙이고 있다.

그렇다면 "진일보한 은유"로서의 알레고리는 어떤 대상과 의미를 내포하고 있는 것일까? 단순히 자동인형 올림피아와 나타나엘 간의 파국

---

65) 이에 대해서는 다음의 글을 참조(최문규, 파토스와 아이러니 - 기계인간에 대한 문학적 형성화, 실린 곳: 독어교육, 31집, 2004, 515-541쪽).

적인 사랑, 혹은 18세기 이후 기계인간에 대한 자연과학적 소망 등에만 국한되는 것이 아니라 또 다른 대상과 의미를 지시할 수도 있다. 가령 "진일보한 은유"로서의 알레고리가 말하는 '전체'는 하나의 허구적인 이야기로서의 텍스트 자체의 전체를 뜻하면서 동시에 독자가 주시해야만 하는 텍스트 전체를 말한다. 즉, 평범한 것과 동화적인 것, 일상적인 것과 놀라운 것, 의식과 무의식 등이 결합된 알레고리컬한 텍스트로서의 『모래인간』 자체 말이다. 『모래인간』은 무의식에 억압되어 있던 무시무시한 것이 다시 귀환함으로써 결국 자기 자신의 파멸에 이르고 마는 한 개인의 이야기를 다루고 있으며, 이는 정신분석학적으로 의미심장한 주제를 형성한다. 그렇다고 해서 『모래인간』의 이야기가 단지 현실에서 일어날 수 있는, 치유 불가능한 나머지 죽음에 이를 수밖에 없는 한 개인의 병리적 현상만을 다룬 소설은 결코 아니다. '소설 전체'는 문학적 상상에서 만들어진 허구적인 이야기이며, 바로 "전체는 하나의 알레고리"라는 수사학 교수의 말을 빌려 서술자는 '텍스트 전체를 허구적으로(즉 은유적으로) 받아들일 것'을 우회적으로 부탁하고 있는 것이다. 그와 같은 점은 스팔란차니 교수와 코폴라 간의 무시무시한 다툼을 경험한 후의 나타나엘 상태에 대한 묘사를 통해서도 암시되는데, 서술자는 "나타나엘은 마치 무겁고 무시무시한 꿈에서 깨어났고 눈을 뜨자 아주 부드럽고 기분 좋은 열기를 수반하는 형용키 어려운 환희의 감정이 자신을 관통하는 듯 느꼈다"[66]라고 전한다. 이 또한, "전체는 하나의 알레고리다"라는 말처럼, 이야기 자체를 하나의 꿈 같은 허구적 이야기로 받아들이기를 권하는 언술인 것이다.

정리하여 말하자면, 수사학 교수의 언술 등을 비롯한 텍스트 내의 다양한 언술을 통해서, 텍스트는 도처에서 텍스트 자체의 특성에 주석을

66) Der Sandmann, pp. 39-40.

가하고 있다. 텍스트가 하나의 “알레고리”, “진일보한 은유”라고 정의될 경우, 그것의 의미는 다양하게 파악될 수밖에 없다. 즉, 병든 영혼의 비정상적 상태에서부터 계몽주의와 낭만주의, 지성과 감성, 합리성과 비합리성 간의 대립, 자동인형과 과학, 과학과 인간, 꿈으로서의 시적 텍스트 등 다양한 의미를 형성한다. “희미하게 닦인 거울의 어두운 광채”라는 표현도 그와 같은 다양한 의미를 내포한 텍스트에 대한 알레고리컬한 언술에 다름 아니다. 알레고리로서의 텍스트는 자동인형이 시사하는 ‘경직성, 고정성, 확정성’ 같은 점을 주장하는 관점에 강력히 저항한다. 각기 냉정한 지성, 뜨거운 감성만을 표방한 클라라(계몽주의)와 나타나엘(낭만주의)이 모두 “생기 없는 자동인형”(lebloses Automat), “생기 없는 인형” (leblose Puppe)이라고 비판되었듯이 말이다. 요컨대, 텍스트 전체를 하나의 의미에만 고정하려는 해석은 자칫 “생기 없는 자동인형”의 모습을 띨 수 있으며, 그와 같은 점에 대해서도 텍스트는 알레고리컬하게 경고하고 있다. 이처럼 하나의 의미가 아닌 다의적인 의미들 사이에서 부유하는 꿈같은 이야기와 관련해서는, 롤랑 바르트가 언급했듯이, ‘불연속적인 독서에 대한 즐거움’을 추구하는 자세만이 독자에게 적합할 것으로 보인다.

> 하나의 이야기에서 나는 직접적으로 그 내용이나 구조를 즐기는 것이 아니라 오히려 내가 그 아름다운 겉봉투 위에 입힌 상처를 즐긴다. 나는 텍스트를 대강 읽거나 건너뛰며, 독서에서 눈을 떼거나 다시 독서에 침잠한다(Ich genieße an einer Erzählung also nicht direkt ihren Inhalt, nicht einmal ihre Struktur, sondern vielmehr die Kratzer, die ich auf dem schönen Umschlag hinterlasse: ich überfliege, ich überspringe, ich sehe von der Lektüre auf, ich versenke mich wieder in sie).[67]

67) Roland Barthes, Die Lust am Text, Frankfurt am Main 1974, p. 19.

다각도로 비판적 성찰을 야기하고 다양한 의미가 발견됨으로써 텍스트가 상처를 입는 듯하지만, "텍스트에의 즐거움"은 실은 상처내기에 다름 아니다. 그리고 텍스트 자체는 사유를 야기한다는 점에서 성찰적이지만 또한 즐거움으로 유도한다는 점에서 도취적이다. 물론 도취와 성찰 간의 명확한 선긋기가 불가능하지만…

CHAPTER 10

"우리 인간들을 좀 편안하게 내버려 둬, 이 마녀야!!"

– 푸케의 『운디네』

CHAPTER 10

“우리 인간들을 좀 편안하게 내버려 둬, 이 마녀야!!” – 푸케의 『운디네』

1. 신화적 소재와 문학작품

프리드리히 드 라 모트 푸케(Friedrich de la Motte Fouqué, 1777~843)는 독일 낭만주의의 작가들 가운데 잘 알려지지 않은 작가다. 프로이센 왕국 내 브란덴부르크 지역에서 살아왔던 프랑스 혈통의 독일 군인 가문에서 태어난 그는 프로이센 장교로서 오랫동안 군인 생활을 지냈다. 1802년 군에서 제대한 후 바이마르에서 괴테, 실러, 헤르더 등을 만나면서 작가의 길을 걷게 된 푸케는 1804년부터 희곡, 소설, 시 등 다양한 작품을 발표하였으며, 그 가운데 1811년에 발표한 『운디네』(Undine)는 그의 대표작으로 손꼽힌다. 『운디네』는 넓은 의미에서 신화에서 거론되는 오케아니데스(대양), 네레이데스(지중해), 나이아데스(담수) 등과 같은 물을 담당하는 신화적 님프들에 관한 이야기이며, 좁은 의미에서 사이렌(Sirene), 멜루지네((Melusine) 같은 물의 정령과 관련된 전설과 민속동화의 이야기를 푸케가 자신의 독특한 상상력으로 개작한 예술동화(창작동화)이다. 푸케보다 약간 뒤늦게 등장한 덴마크 작가 안데르센(1805~

1875)의 동화 『인어공주』(1836/37)도 마찬가지로 전승된 소재를 바탕으로 만들어 낸 물의 정령에 관한 이야기다.

사실 자연정령들은 '유령', '귀신' 등과 동일시될 수 있기에 자연정령을 다룬 이야기는 본래 무시무시한 환상문학에 속한다. 가령 『황금단지』(1814), 『자연정령』(1821), 『왕의 신부』(1821) 같은 작품에서 호프만은 물, 불 등의 자연정령을 비일상적인 세계와 사악한 꿈(무의식)을 연결하는 매개체로 자주 문학적으로 형상화하였다면, 푸케는 자신의 대표작 『운디네』에서 무시무시한 자연정령의 환상문학을 소위 예술적으로 완벽한 '아름다운 문학'으로 전환시켜냈다고 할 수 있다. 신비학, 중세 등을 배경으로 취한 후기낭만주의 문학에 대해 '비시대적이고 현실에 순응적인 문학'이라고 비판했던 하이네조차도 푸케의 『운디네』에 나타난 뛰어난 예술성을 인정하지 않을 수 없었는데, 그 점은 다음과 같은 대목에서 알 수 있다.

> 『운디네』는 얼마나 멋진 사랑스러운 시인가! 이 시는 그 자체 입맞춤이다. 문학의 정신이 잠자는 봄에게 입을 맞추었고 봄은 웃으면서 눈을 떴다. 온 장미들이 향기를 뿜어냈으며 온 나이팅게일이 노래를 불렀다. 장미가 어떤 냄새를 뿜어냈는지, 나이팅게일이 어떤 소리를 냈는지를 우리의 탁월한 푸케가 말로 표현해 냈으며, 그는 그것을 『운디네』라고 명했다.[1)]

낭만주의 작가와 작품에 매우 냉소적이고 신랄한 비판을 가했던 하이네의 시각에서 푸케의 『운디네』만은 마치 하나의 예외적인 작품처럼 상찬되고 있는데, 그 점은 소설을 "시"(Gedicht)라고 명명하고 있는 점에서 알 수 있다. 또한 "입맞춤", "문학의 정신" 같은 하이네가 사용한 시

---

1) Heinrich Heine, Historisch-kritische Gesamtausgabe der Werke in 16 Bänden, hrsg. v. Manfred Windfuhr, Hamburg 1973~1997, Bd. 8/I, p. 225.

적 용어는 푸케의 『운디네』가 '낭만적 포에지'로서의 예술동화임을 매우 적절하게 입증해주고 있다. 즉, 『운디네』는 단순히 전승된 자연정령 소재만을 그려낸 이야기가 아니라 뛰어난 예술성을 지닌 창작소설인 것이다.

그러나 뛰어난 문학성에도 불구하고 『운디네』는 안타깝게도 '푸케'라는 잘 알려지지 않은 작가의 이름과 마찬가지로 독일 문학사에서는 전혀 다루어지지 않은 채 주로 망각의 길 위에 놓여 있었는데, 그 이유는 괴테, 실러, 하이네 같은 소위 '위대한 작가와 작품'만을 예찬하는 문학사의 성향 때문이었다고 할 수 있다. 그런데 흥미로운 점은, 독일 문학사 내에서 거의 외면당하거나 혹은 무지에 가까운 단순 평가만을 받아왔던 성향과는 달리 푸케의 『운디네』는 다른 예술 영역에서는 매우 뛰어난 특별한 작품으로 인식되고 수용되어 왔다는 것이다. '운디네'라는 잘 알려진 신화적, 전설적 소재 때문에서가 아니라 그 잘 알려진 소재를 매우 뛰어난 예술작품으로 업그레이드해 낸 푸케의 작가적 기질 및 작품의 예술성이 다른 영역의 예술가들에 의해서 주목되었고 또한 재탄생되었던 것이다. 대표적인 예로 푸케 생존시 1816년 호프만이 푸케의 『운디네』를 3막의 오페라로 각색하여 무대에 올렸던 시도를 들 수 있으며, 또한 1845년 알베르트 로르칭(Albert Lortzing)도 푸케의 작품을 4막의 오페라 가극으로 변형시켰다. 푸케가 생존해있던 시대뿐만 아니라 현재까지도 『운디네』는 지속적으로 다양한 장르에서 다채롭게 각색되어 무대에 올려져왔으며, 특히 그것의 음악적 변형 시도는 오늘날까지 서른 번이 넘는다. 음악뿐만 아니라 회화, 연극, 영화 등 다양한 예술 영역에서도 『운디네』와 관련된 일종의 상호텍스트성을 형성한 작품들이 상당수 생산되었다. 독일 문학에서는 전통적인 인어공주(운디네)를 소재로 삼은 작품들이 끊임없이 제시된 바 있는데, 가령 시에서는 괴테의 「어부」(1779), 하이네의 일명 「로렐라이」로 불리는 "나는 그것이 무엇을 뜻하는지 모르겠네"(1824) 같은 시를 들 수 있다. 푸케의 『운디네』와 직접적인 관계를 맺는 작품으로는 오스카 와일드의 『어부와 그의 영혼』을 들 수 있으며, 또한 독일 현대문학에서는 잉에보르크 바흐만(Ingeborg Bachmann)의 단편소설 『운디네가 간다』(1961)도 푸케의 영향하에 놓여 있다.[2] 이 밖에도 프레드릭 애쉬톤(Frederick Ashton)이 연출하고 한스 베르너 헨체(Hans Werner Henze)가 작곡한 『운디네』가 1958년 영국 로열발레단에서 공연되었으며, 1994년에는 『운디네』라는 영화까지도 제작된 바 있다. 이처럼 푸케의 『운디네』는 시대를 뛰어넘어 다양한 장르에서 지속적으로 재탄생되는 과정 중에 있음을 알 수 있다.

(John William Waterhouse, Undine, 1872)

2) 물론 푸케의 『운디네』에서 제시된 여성성은 간혹 죽음, 민족주의, 홀로코스트 같은 정치적 의미론의 맥락에서 해석된다(Vgl. Inge Stephan, Weiblichkeit, Wasser und Tod: Undinen, Melusinen und Wasserfrauen bei Eichendorff und Fouque, in: Inszenierte Weiblichkeit. Codierung der Geschlechter in der Literatur des 18. Jahrhunderts, Köln 2004, pp. 207~230). 이와 달리 바흐만은 전통적인 '운디네'의 수동적 여성성을 극복하면서 '자의식이 강한 운디네'라는 새로운 여성성을 탄생시켰는데, 그 점에 관련해서는 이 글의 말미에 <보론> 형식으로 짧게 다루어 보았다.

2. 운디네 전설과 작품의 탄생

'운디네'는 독일어로 Undine, 불어로 Ondine(Nixe)라고 하며, 그 이름의 어원은 라틴어 'unda'(파도, 물결, 물)에 있으며 흔히 반인반신의 순결한 물의 정령을 뜻한다. 신화에서 운디네는 물의 정령인 님프에 속하지만, 고대 철학의 경우 운디네는 우주의 네 가지 원소(물, 불, 공기, 흙) 중 하나로서 물을 대변한다. 『파우스트 1부』의 1막에서 푸들(메피스트펠레스)의 정체를 규명하기 위해 파우스트는 우주 만물의 근원인 네 원소에 대해 다음과 같이 외친 바 있다. "우선 저런 짐승에 대항하려면,/ 네 가지 주문이 필요하리라./ 살라만더여, 불타올라라,/ 운디네여, 굽이쳐라,/ 질페여, 사라져라,/ 코볼트여, 수고하라./ 이 네 원소를,/ 그 위력과/ 그 성질을/ 알지 못하는 자,/ 정령을 다스릴 만한/ 위인이 되지 못하리라."[3] 네 원소가 각기 고유한 특징을 갖고 있는데 그 가운데 "운디네여, 굽이쳐라"라는 표현에서 알 수 있듯이 운디네는 물의 역동적 속성을 지닌다. 중세 철학자이자 연금술사인 파라켈수스(Paracelsus)[4]에 의하면 물의 정령 운디네는 주로 숲속의 물속에 존재한다. 파라켈수스를 상당히 참고했던 푸케도 『운디네』에서 물의 정령을 상세히 거론하고 있는데, 가령 물의 정령의 근원과 존재 과정을 주인공 운디네는 스스로 직접 다음과 같이 거론하고 나선다.

> 아무튼 거기 물속에서 사는 그들(물의 정령들: 역주)은 우아하고 사랑스럽게 보이며 대체로 인간의 존재 모습보다 더 아름답습니다. 상냥한 물의 정령이 물속에서 솟구쳐 나타나서 노래를 부를 때면, 그 노랫소리에 귀 기울인 운 좋은 어부가 적지 않았지요. 그 어부는 물의 정령의 아름

---

3) Goethe, Faust I(Studierzimmer, Verse 1273-1282).

4) 파라켈수스(1493-1541)의 본명은 "테오프라스투스 필리푸스 아우레올루스 봄바스투스 폰 호엔하임"(Theophrastus Philippus Aureolus Bombastus von Hohenheim)이다.

다움을 세상에 전파했고, 그래서 그 신비스런 여인들을 세상 사람들은 운디네라고 불렀던 것입니다. 사랑스런 당신은 지금 바로 그 운디네 중의 한 명을 보고 있는 셈이지요.[5)]

나중에 밝혀지겠지만, 위 대목에는 운디네의 여성스런 모습만이 예찬되는 것이 아니라 사실은 인간들보다 더 따뜻한 마음을 지닌 운디네의 모습을 보여 준다. 어쨌든 이와 같은 물의 정령으로서의 운디네를 작가들은 종종 흥미로운 문학적 소재로 삼았으며, 푸케 스스로도 『운디네』를 창작할 당시 중세 이후 민중의 입을 통해 전승된 <기사 페터 폰 슈타우펜베르크와 물의 정령>(Peter von Stauffenberg und die Meerfeye)[6)]이라는 전설을 파라켈수스(Paracelsus, 1493~1541, 의사, 연금술사, 철학자, 천문학자, 신비학자)의 책에서 참조했다고 한다. 1812년 『운디네』 발표시 그 작품의 생성과 관련된 질문이 제기되었을 때 푸케는 <Musen>이라는 잡지에 다음과 같이 자신이 준거한 내용을 언급한 바 있다.

아주 기꺼이 저는 호의적인 문의에 답변하겠는데, 바로 테오프라스투스 파라켈수스의 저서를 바탕으로 창작했다는 점을 밝힙니다. (…) 테오프라스투스는 아주 진지하게 다음과 같은 점을 사려 깊게 생각했던 것 같습니다. 즉 물의 정령과 결혼한 사람들이 그녀를 결국 악마로 여기게 되고, 결국 물의 정령이 사라지면 그녀와 결혼했던 것에 더 이상 구속받지 않고 다시 인간과 결혼했다는 점에 대해서 말입니다. 그렇게 다시 결혼함으로써 그들은 죽음을 맞이하게 되는데, 이는 당연한 일이 아닐 수 없습니다. 그 증거로 테오프라스투스는 모욕당한 물의 정령의 복수로 인해 슈타우펜베르크 기사가 재혼하는 결혼식 날 죽었다는 전설을 이야기

5) Friedrich de la Motte Fouqué, Undine, Stuttgart 1983, p. 44. 이 소설의 번역본으로는 다음을 참고할 것(프리드리히 드 라 모트 푸케, 운디네, 실린 곳: 환상문학 걸작선, 1권, 자음과모음, 2013년, 70쪽). 여기서 본문 인용시 번역본을 주로 참조하였지만 필요한 경우 수정을 가했으며, 원본 쪽수를 먼저 기입하고 괄호 안에 번역본 쪽수를 동시에 표기함.

6) 그 전설은 1310년에 운문으로 씌어진 것으로 추정된다.

해 주고 있습니다. 저의 동화에서 그 밖의 여타 다른 내용들은 모두 제가 만들어 낸 것입니다.[7]

전설의 내용은, 기사 슈타우펜베르크가 길을 가다가 우연히 물의 정령인 초자연적 여인을 만나 그 아름다움에 반해 혼인을 약속하지만 왕의 딸과 결혼하고 만다. 약속을 어긴 그는 물의 정령의 보복으로 결혼식 날에 죽음을 맞이하게 된다. 푸케는 이러한 줄거리의 흐름만을 차용했을 뿐 세부적인 내용 전개와 기타 형식적 구성, 표현 등은 모두 스스로 창작해 냈음을 밝히고 있다. 사실 전승된 소재 및 줄거리의 차용은 흔히 예술동화(내지는 창작소설)에서 빈번하게 일어나기 마련이며, 결국 핵심은 작가의 독창적인 문학성이 발휘되는 세세한 전개와 언어적 묘사 등에 있다.

다시 한 번 정확히 말하자면, 푸케의 『운디네』는 사이렌, 멜루지네, 인어공주 같은 일반적인 물의 정령 모티브를 가져왔다기보다는 <기사 페터 폰 슈타우펜베르크 기사와 물의 정령>이라는 전설을 차용하여 낭만주의 작가의 관점에서 새롭게 창작된 소설이다. 물론 내용적으로 『운디네』의 주제는 인간과 물의 정령 간의 불행한 결말, 즉 "초자연적 여인과의 좌절된 혼인"(gestörte Mahrtenehe)임은 틀림없다.[8] 그런데 이와 같은 전설을 다루면서도 푸케는 나름의 의미 있는 변형을 추구한다. 가령 전설에서는 주로 남자가 바다에서 묘령의 여인을 만나 함께 살아가다가 후에 물의 정령이라는 그녀의 비상한 신분을 알게 됨으로써 파국을 맞

7) Anna Maria Stuby, Liebe, Tod und Wasserfrau. Wiesbaden 1992, pp. 108-109에서 재인용.

8) "Mahrte"라는 단어의 어원은 중세 독일어 'mare'로 소급되는데, 'mare'는 동화, 우화 등을 뜻한다. 독일 낭만주에서 물의 정령과 관련된 작품들에 관한 연구는 다음을 참조할 것(Helena Malzew, Menschenmann und Wasserfrau. Ihre Beziehung in der Literatur der deutschen Romantik, Berlin 2004). 국내 연구로는 다음을 참조할 것(최민숙 외, 물의 요정을 찾아서, 이화여자대학교출반부, 2012년).

이하지만, 『운디네』의 경우 주인공 훌트브란트는 처음부터 운디네로부터 물의 정령이라는 고백을 듣고서 결혼할 뿐만 아니라 훌트브란트의 비극적인 죽음 이후에도 운디네는 그의 무덤을 지킨다. 또한 전승된 신화나 전설의 수용과정을 보면 작가, 수용자, 사회적 맥락 등에 의해서 매번 그 방점이 다른 곳에 놓이게 되는데, 가령 초자연적 여인 운디네 전설이 구전으로 전승되던 중세 시대의 경우 그녀는 아름답게 묘사되지만 기독교 문화가 더욱 팽배해지는 근대의 경우 운디네는 악마적인 존재로 그려지기도 한다.[9] 아울러 인간과 초자연적 여인 간의 사랑은 한편으로 아름답고 행복하게 그려질 수도 있지만, 다른 한편으로 불행한 결말로 끝나기도 한다.

신화적, 전설적 소재를 문학적으로 형상화할 경우 작가들에게는 두 가지 점이 중시된다. 그 하나는 익숙한 소재에 '어떤 새로운 의미를' 부여해야만 좋을까 하는 점이며, 다른 하나는 형식적인 차원에서 '어떻게 새롭게' 표현해내야 할까 하는 점이다. 우선 전자와 관련하여 푸케의 『운디네』는 양면적 의미를 지니는데, 이 점을 가장 잘 파악한 이는 독일어권 독자가 아니라 1839년 영어판 『운디네』에 대해 서평을 쓴 영국 작가 에드거 앨런 포(Edgar Allan Poe)이다. 그는 작품의 의미와 관련하여 다음과 같이 언급해 주고 있다.

> 모든 것들 아래에는 신비로운 두 번째 의미의 잠류(潛流)가 흐르고 있는데, 즉 아주 단순하고 가볍고 이해하기 쉬운 특성이지만 동시에 아주 심오한 철학적 특성을 지닌 그런 잠류(潛流) 말이다.[10]

9) 로렐라이(Loreley)도 'ley'(=Fels, Klippe, 암벽)와 결합되어 있기에 죽음을 안기는 암벽의 사악한 여인이라는 뜻이 내포되어 있다.

10) E.A. Poe, Rezension zu Fouques <Undine>, in: Das gesamte Werk, Bd. 6, Frankfurt am Main 1974, p. 292.

포는 텍스트의 언어적 의미의 흐름을 '강물'에 비유하면서 강물의 표면과 그 아래에 흐르는 잠류(潛流)를 구분하고 있으며 이러한 양면적 의미의 흐름을 '알레고리'의 특징으로 규정하고 있다. 즉, 표면적인 의미와 숨어 있는 신비로운 의미라는 양면적 의미가 작동하는 알레고리로 말이다. 이러한 의미 구분을 『운디네』에 적용하면, 가볍고 이해하기 쉬운 표면적인 의미는 물의 정령과 인간 간의 좌절된 사랑 이야기를 가리키며, 신비롭고 숨겨진 의미는 그런 표면적인 이야기와는 완전히 다르게, 독자들마다 상이하게 인식될 수 있다. 대표적으로 아르노 슈미트(Arno Schmidt)의 해석을 들 수 있다. 그에 의하면, 인간과 초자연적 여인 간의 결혼이라는 전승된 운디네 전설과 관련된 의미는 피상적인 것일 뿐 주관적으로 형상화하는 작업을 거치면서 다른 의미가 싹트게 된다는 것인데, 그것은 바로 푸케가 개인적으로 만났던 이상적인 소녀와의 이루지 못한 비극적 사랑이라는 작가전기적 의미를 말한다.[11] 자신의 첫사랑을 잊지 못하는 작가의 무의식적 소망, 죄책감 등 복합적 감정과 관련된 심층적 의미가 전승된 소재를 문학적으로 가공하는 작업 내에 담겨 있다는 것이다.

사실 표면적 의미와 숨겨진 의미 간의 양면성은 알레고리라는 특수한 수법을 넘어서 모든 은유적 언어의 근본 특성이기도 하다. 그와 같은 점은 소설 내에서도 슬며시 암시되어 있는데, 베르탈다와 훌트브란트가 서로 주고받는 대화를 놓고서 서술자는 다음과 같이 주석적 해설을 가

11) Arno Schmidt, Fouqué und einige seiner Zeitgenossen, Bläschke 1958(2. verbesserte und beträchtlich vermehrte Aufgabe 1960). 아르노 슈미트의 해석에 의하면, 작가전기적인 차원에서 열여덟 살의 푸케는 하노버 근처의 슈타인후더 메어(Steinhuder Meer) 호수에서 열다섯 살의 소녀 엘리자베트 폰 브라이텐바우흐(Elisabeth von Breitenbauch)를 만났다고 한다. 운디네는 그 아름다운 이상적인 소녀로 여겨지고, 베르탈다는 후에 푸케가 현실에서 결혼한 부인을 가리킨다. 작품 내에서 운디네를 버리고 훌트브란트가 베르탈다와 재혼하는 날 죽게 되는 것은, 전설의 이야기와 상관없이, 푸케 자신의 죄책감이 투영된 것으로 해석되는데, 즉 첫 번째 이상적인 여인보다는 현실에서 다른 여인과 결혼함으로써 자신이 벌을 받는 것으로 말이다.

하고 나선다.

> 자신이 아직 자지 않고 기다리고 있음을 사랑하는 남자에게 알려주기 위해 밤과 비밀의 사이에서 빛나는 등불처럼 그녀(베르탈다: 역주)의 모든 말 속에서는 빛이 새어 나왔다. 기사는 언어의 표면적 의미에 주목하기보다는 이야기 안에 숨어있는 의미를 한층 깊이 느끼면서 그 후자에 대해서만 대답을 했다.[12)]

위 인용문에는 "표면적 의미"와 "숨어있는 의미"로 각기 구분해서 번역되어 있는데, 전자는 독일어 "Bedeutung"에, 후자는 독일어 "Sinn"에 해당된다. 사실 사전적으로 "Bedeutung"과 "Sinn"은 모두 '의미', '뜻' 등으로 번역되며 양자를 구분하기는 그리 쉽지 않다. 그러나 자세히 살펴보면, 푸케의 텍스트는 20세기 언어철학자 프레게(G. Frege)가 제시한 'Sinn'과 'Bedeutung' 간의 차이를 연상시킨다. 프레게에 의하면, 초저녁별(Abendstern)과 샛별(Morgenstern)은 '금성'을 가리키는 동일한 의미(Bedeutung)를 형성하지만 서로 다른 뜻(Sinn)을 지닌다. 즉, 낱말이 지시하는 '대상'은 같을지라도 낱말과 함께 하는 '생각'이 다른 셈이며,[13)] 이를 텍스트로 확장한다면 낱말의 '생각'은 곧 텍스트의 '숨어있는 의미'에 해당된다. "표면적 의미"와 "숨어있는 의미"의 결합은 모든 은유적 언어의 속성이지만, 이는 작품 전체에도 적용되어 소설의 외적인 의미와 내적인 의미라는 두 가지 의미층과 관련되는 것이다. 베르탈다와 주고받는 대화에서 훌트브란트가 특히 낱말 및 문장의 "숨어있는 의미"를 더욱 중시하였다는 점은, 어쩌면 이 소설을 읽는 독자의 수용적, 해석적 능력을 향한 텍스트 자체의 지침일 수 있다. 텍스트의 이중적 의미 층위

---

12) Undine, p. 75(120쪽).

13) Gottlob Frege, Über Sinn und Bedeutung, in: Zeitschrift für Philosophie und philosophische Kritik, Band 100, 1892, pp. 25-50, esp. pp. 26-27.

에 대해서는 서술자도 함께 환기하고 나서는데, 그것은 내용적인 측면에서 독자에게 말을 걸면서 언급하는 다음과 같은 대목이다.

> 그대 여러분들이여, 우리가 생각한 것과는 언제나 완전히 다르게 진행될지라도 놀라워하지 마시라. 우리를 파멸시키려고 도사리고 있는 음흉스런 악마의 힘은, 달콤한 노래와 아름다운 동화로써 자기가 선택한 희생자를 잠 속으로 몰아넣기 마련이다. 이에 대항하여 하늘의 사자는 종종 무시무시하고 모질게 우리의 문을 두드리면서 구원의 손을 내뻗는다.[14]

작품 내용적으로 위 대목은 운디네와 훌트브란트의 관계가 몰락과 구원 사이를 오갈 수 있음을 환기시켜주는 것처럼 보이지만, "생각한 것과는 언제나 완전히 다르게 진행될지라도"라는 구절은 전화위복 같은 일상사의 변화뿐만 아니라 텍스트의 두 가지 의미 내에서의 변화, 즉 표면적인 의미와 숨어있는 의미 간의 괴리 내지는 한 걸음 더 나아가 작가의 의도와 독자의 해석 간의 괴리 등을 암시해주기도 한다. 즉, 전설 내지는 구전된 민속동화의 표면에는 고정된 의미가 있지만, 그런 일반적인 고정된 의미와는 달리 텍스트 자체 혹은 텍스트를 읽는 독자는 완전히 '다른 의미'를 찾아야 한다는 것이다. 이러한 텍스트의 알레고리컬한 특성과 관련하여 벤야민은 "형상적 존재와 의미 사이의 심연"[15]이라고 언급한 바 있다.

인간과 물의 정령 간의 불행한 사랑 이야기라는 잘 알려진 소재를 문학적으로 형상화하는 가운데 작가는 개인적, 시대사적 맥락에서 새로운

14) Undine, p. 78(126쪽).

15) W. Benjamin, Gesammelte Schriften. Unter Mitwirkung von Theodor W. Adorno und Gershom Scholem, hrsg. von Rolf Tiedemann und Hermann Schweppenhäuser, Frankfurt am Main 1972-1999, Bd. I, p. 342.

의미를 찾으려 하지만, 사실 그런 새로운 의미보다 더욱 중요한 점은 작가의 경우 '새로운 방식에 의한 형상화'의 측면이다. 형상화 측면을 소홀히하고 소재, 주제, 의미 등에만 집착하는 작업은 참된 맛과 가치를 상실한 진부한 이야기로 남고 만다. 소재에 치우친 시각과 관련해서는 소설『운디네』에 대한 괴테의 평가를 들 수 있는데, 1828년 10월 3일 엑커만과의 대화에서 그는 다음과 같이 언급하고 있다.

> 푸케에 관해 호의적인 마음을 갖고 싶다면 정말이지 매우 사랑스러운 그의『운디네』를 읽어보도록 하세요. 정말 그것은 좋은 소재를 담고 있습니다만, 그렇다고 그 소재 안에 담겨 있는 모든 것을 시인(푸케: 역주)이 끄집어냈다고 말할 수는 없을 것입니다. 그러나 어쨌든『운디네』는 멋진 작품이며 당신 마음에 들 겁니다.[16]

젊은 푸케를 칭찬하는 괴테의 언술은 사실 은연중 두 가지 점을 내비치고 있는데, 그 하나는 푸케가 '운디네'라는 문학적 소재를 아주 완벽하게 다루어내지 못했다는 아쉬움이며, 다른 하나는 전설, 신화 같은 소재를 다루는 데 있어서 어쩌면 괴테 자신이 더욱 훌륭한 문학작품을 창작해냈다는 듯한 자부심이다.[17] 소재 자체를 완벽하게 다루지 못했다는 괴테의 아쉬움은 사실 큰 문제가 아니다. 그보다 더욱 중요한 점은 소재에 어떠한 문학적 형식을 부여하고 있는가 하는 것이며, 이것이 작품의 문학성(즉 예술성)과 직결된다. 전승된 소재에 형식미를 부여하는 데 있어서 고전주의와 낭만주의, 즉 괴테와 푸케 사이에는 커다란 차이점이

16) Johann Peter Eckerman, Gespräche mit Goethe in den letzten Jahren seines Lebens, aus: http://gutenberg.spiegel.de/buch/-1912/96.

17) 물론 괴테도 물의 정령 멜루지네 소재를 바탕으로「새로운 멜루지네」라는 동화를 창작하여 자신의 소설『빌헬름 마이스터의 편력시대』내에 삽입하였다. 그 동화는 사실 중세 시대의 물의 정령 멜루지네와는 전혀 관계없는 글자 그대로 '새로운 멜루지네'라는 이야기로서 물이 아니라 땅 속 지하에 살고 있는 난쟁이들 나라의 공주와 인간 남자 간의 사랑과 비극적 결말을 다루고 있다.

있다. 아가멤논 가문의 신화적 소재를 바탕으로 창작된 『타우리스 섬의 이피게니에』에서 괴테는 "진실 고백"을 추구하는 "아름다운 영혼"(schöne Seele)의 소유자라는 '새로운 캐릭터'의 창조에 집중하고 있을 뿐 형식미의 차원에서는 전통적인 규칙을 준수하고 있다. 그러나 푸케의 경우는 완전히 정반대다. 비록 내용적인 차원에서 '운디네'와 관련된 유럽 신화의 전승된 소재를 받아들였을지라도 『운디네』는 '예술동화' 내지는 '창작소설'이라는 형식적 측면에서 대단히 현대적이고 혁신적인 요소들을 담고 있다. 이 작품에서는 신비스러운 것과 일상적인 것을 결합하는 노발리스의 낭만화 방식이 작동하고 있을 뿐만 아니라 노발리스의 텍스트를 차용하는 '상호텍스트성'의 시도도 엿보인다. 가령 『운디네』의 18장 말미에서 하얀 베일을 쓴 운디네는 훌트브란트 앞에서 스스로 베일을 벗는데, 약간의 변형에도 불구하고 이 장면은 바로 노발리스의 『자이스의 제자들』 내에 있는 <히아신스와 로젠블레트헨 동화>의 장면, 즉 히아신스가 여신상의 베일을 벗기는 마지막 장면을 연상시킨다. 또한 운디네가 훌트브란트에게 죽음의 입맞춤을 행하는 장면도 사랑(에로스)과 죽음(타나토스)의 합일을 형상화한 노발리스의 「밤의 찬가」를 연상시킨다. "사랑하는 마음과 죽음이 다가온 느낌에 몸을 떨면서 기사는 그녀를 향해 달려들었다. 그녀의 키스는 천상의 키스였다. 하지만 그녀는 다시는 그를 놓아 주지 않고자 더욱 끌어안았고 영혼이 다할 때까지 울려는 듯이 마냥 눈물을 흘렸다. 눈물은 기사의 눈으로 흘러들었고 사랑의 아픔과 함께 그의 가슴속으로 물결쳐 왔다. 그리하여 마침내 그의 호흡은 끊어졌다. 그는 시체가 되어 아름다운 여인의 팔에서 편안한 잠자리 위로 소리 없이 쓰러져 간 것이었다."[18] 눈물은 물의 변형이라는 단순한 의미를 넘어서 훌트브란트가 죽음을 맞이하는 것에 대한 고도의 알레고

---

18) Undine, p. 92(150쪽).

리컬한 의미를 지닌다. 동시에 “돌처럼 굳은 냉혹한 마음”(das steinernde Herz)을 녹여버림으로써 눈물은 “인간 속에 내재해 있는 신의 이념”[19]을 되찾도록 한다는 의미를 지니기도 하며, 혹은 결혼, 부부 같은 문명적 관습을 통해서가 아니라 죽음을 매개로 되찾는 자연과 인간의 합일이라는 한 단계 높은 숭고한 의미도 가능하다. 다양한 의미를 야기하는 낭만화 방식이 작동하는 푸케의 『운디네』가 그 밖에 얼마나 다양한 고도의 형식적 변화를 추구하고 있는지에 대해서는 잉에보로크 아를트(I. Arlt)가 다음과 같이 정리해 준 있다.

> 여기서는 동화처럼 직선적으로 이야기되는 것이 아니라 앞을 내다보는 선취와 뒤를 되돌아보는 회고로 이야기되고 있으며, 인물들은 동화처럼 전형화된 인물이 아니라 다층적인 성향을 띠면서 발전해 나간다. 또한 동화처럼 해피엔딩이 아니라 새드엔딩이며, 동화, 담시, 드라마에서처럼 모든 것이 잘 될 것이라고 믿게 되는 지연된 순간이 있자마자 파국이 들이닥친다.[20]

이 밖에 인물들의 심리와 언어 사용에서도 다채로운 특별함이 발견되는데, 가령 “선별적 지각”, “심리적인 투사”, “심리적인 퇴행”, “심리적인 배제”[21] 등을 엿볼 수 있다. 이처럼 다양한 새로운 형식적 실험을 근거로 푸케의 『운디네』는 슐레겔의 두 가지 요청, 즉 “감성적 소재를 환상적인 형식으로 서술해주는 것”으로서의 ‘낭만적’이라는 요청과 ‘가장 인위적인 예술작품으로서의 신화’를 창조해내야만 한다는 요청에 부합하는 뛰어난 현대적 소설로 평가될 수 있다. 요컨대, 『운디네』는 매우

---

19) Cf. Renate Böschenstein, Undine oder das fließende Ich, in: ders., Verborgene Facetten: Studien zu Fontane, Würzburg 2006, pp. 183~223, esp. p. 193.

20) Ingeborg Arlt, Fouqués „Undine“(Aus: http://www.goethezeitportal.de/fileadmin/PDF/wissen/leserbeitraege/arlt_undine.pdf에서 6쪽을 참조할 것).

21) Ibid., pp. 9~10.

범속하고도 감성적인 소재(인간과 물의 정령 간의 만남, 이별, 죽음)를 새롭고 놀라운 환상적인 형식으로 형상화한 "가장 인위적인 예술작품"인 것이다. 그런 의미에서 기젤라 디슈너(G. Dischner)도 『운디네』에 대해 다음과 같이 적절한 분석을 내리고 있다. "두말할 나위 없이 푸케는 신화를 이야기하는 자 혹은 전설을 수집하는 자가 아니다. 그는 낭만적 창작동화를 쓴 것이다. 이 창작동화에서는 오히려 신화와의 단절(가령 '성도덕의 출현')이 성찰되고 있다."[22] 『운디네』는 신화의 재구성이 아니라 신화와의 단절, 즉 '새로운 예술작품의 창작'인 것이다.

3. 소설의 형식과 공간의 의미

작가 푸케라는 이름과 『운디네』라는 소설이 국내에 잘 알려져 있지 않기에 본격적인 소설 분석에 앞서 우선 소설 내용을 짧게 정리해 보기로 하자.

> 도시에서 떨어진 조용하고 고독한 섬과도 같은 거대한 호숫가의 곶(좁고 긴 반도)에 한 늙은 어부 부부가 살고 있다. 그곳은 어두운 숲으로 둘러 싸여 있고 사람들은 유령들이 살고 있는 무시무시한 장소라고 말하곤 한다. 십오 년 전 그들 노부의 친 자식은 바다에 빠졌다고 하며, 바로 어린 딸이 실종된 날 한 아름다운 아이가 그들에게 다가온다. 자식을 잃은 슬픔에 노부부는 운디네라는 이름의 그녀를 친딸로 여기며 살아왔고, 운디네는 18세 정도의 소녀로 성장했다.
> '훌트브란트 폰 링스테텐'이라는 기사가 어느 날 길을 잃고서 노부부의 집을 찾아온다. 그가 이곳 무시무시한 숲에 온 까닭은, 기사로서의 용맹심을 입증해야만 자신과 정혼할 수 있다는 공작의 딸 베르탈다의 요구

22) G. Dischner, Friedrich de la Motte Fouqué: Undine, in: Romane und Erzählungen der deutschen Romantik, Stuttgart 1981, p. 271.

를 이행하고 싶었기 때문이었다. 그러나 운디네를 보는 순간 그는 첫눈에 반하고, 운디네 또한 그 기사에게 상당한 호감을 갖는다. 사실 운디네는 인간의 모습을 하고 있는 물의 수호신의 딸이었다. 그모든 재물과 부를 만들어 낼 수 있는 능력을 지닌 그녀에게 단 한 가지 부족한 것은 영혼(Seele)이었다. 물의 정령이 영혼을 가질 수 있는 유일한 방법은 자신을 사랑한 인간과 결혼하는 것이었기에, 그녀는 마침 길을 잃고 그곳에 도착한 하일만 신부의 주례 하에 훌트브란트와 결혼하며 마침내 영혼을 갖게 된다. 나중에 알려지지만, 사실 운디네가 노부부의 딸로 성장하고 훌트브란트를 만나게 되는 일련의 과정은 운디네의 아버지인 물의 수호신이 오래 전부터 추진해왔던 계획의 결과이다.

혼인 전 그녀는 '자유롭고 거칠고 방종한' 기질이었지만 혼인 후 온화하고 부드러운 마음을 갖게 되는데, 이러한 변화는 운디네가 영혼을 지녔기 때문이다. 첫날밤을 보내면서 운디네는 자신이 물수호신의 딸이라는 출생과 사정을 고백하지만, 훌트브란트는 전혀 개의치 않은 채 운디네와 함께 도시로 나가게 된다.

섬과도 같은 곳에서 운디네와 훌트브란트가 누렸던 행복하고 전원적인 삶은 도시로 들어와서 사는 순간부터 사라지게 된다. 자신을 사랑하던 훌트브란트가 다시 돌아올 것이라고 믿었던 베르탈다는 그가 다른 여인과 결혼하여 돌아오자 강한 질투심에 사로잡힌다. 물론 그 질투심을 노골적으로 드러낼 수 없는 상태에서 베르탈다는 운디네와 친구로 지내게 된다. 그런데 운디네는 자신을 지켜주던 삼촌 퀼레보른으로부터 베르탈다가 다름 아닌 노부부의 오래 전 익사한 어린 딸이라는 비밀을 듣게 된다. 베르탈다에게 친부모를 찾아 주려는 순수한 마음에서 운디네는 축제를 열고 노부부를 초대하고, 축제가 거행된 날 노부부가 베르탈다의 친부모임을 공표한다. 그러자 베르탈다는 천한 계층의 노부부가 자신의 부모일 수 없다고 완강히 거부하며, 친부모를 찾아주려 했던 운디네의 따뜻한 마음을 오히려 자신에게 굴욕감을 주려는 행위라고 격분한다. 그러나 그녀의 몸에 있는 점의 위치 등이 밝혀지면서 어부의 딸임이 증명되고, 베르탈다의 양부모인 공작 부부는 천한 신분의 자기 부모를 거부하는 베르탈다의 차가운 마음에 실망하여 그녀를 저버리며, 마찬가지로 친부모 어부 부부도 실망한 나머지 베르탈다를 딸로 받아들이지 않는다.

마음씨 고운 운디네는 오갈 데 없는 베르탈다에 대해 동정과 애정을 갖게 되고, 결국 훌트브란트의 성에서 세 사람의 기이한 동거가 시작된다. 그러나 이것이 결국 불행의 씨가 되고 만다. 운디네와 훌트브란트의 부부생활에 대해 베르탈다는 노골적으로 내내 시기와 질투에 젖는다. 그러던 중 운디네는 베르탈다가 화장수로 사용하던 우물의 입구를 커다란 돌로 막아버리는데, 그것은 그 우물의 입구를 통해서 삼촌 퀼레보른이 시도 때도 없이 출현하여 훌트브란트와 베르탈다를 놀라게 했기 때문이다. 베르탈다는 자신의 화장수를 사용할 수 없게 되었다고 훌트브란트에게 화를 내지만, 운디네의 마음을 이해한 훌트브란트는 운디네를 탓하는 베르탈다를 심하게 꾸짖는다. 그러자 베르탈다는 성을 나와 무시무시한 슈바르츠 계곡으로 떠나게 되고 그런 베르탈다를 구하기 위해 훌트브란트는 뒤쫓아 나선다. 이 모든 사태를 지켜보던 퀼레보른은 두 사람을 물속에 익사시키려 하지만 운디네의 간청에 의해 두 사람은 구출된다.

그 사건 이후 세 사람은 다시 기이한 동거 속에서 평화로운 시간을 보내지만 이는 잠시뿐이다. 도나우 강에서 뱃놀이를 즐기자는 훌트브란트와 베르탈다의 제안이 결국 파국을 불러오는 결정적인 계기로 작용하게 된다. 뱃놀이 도중 퀼레보른은 그들에게 남몰래 짓궂은 위험한 장난을 치며, 퀼레보른과 운디네가 함께 공조하여 그런 장난을 친 것으로 오해한 훌트브란트는 배 위에서 운디네를 심하게 꾸짖으며 '꺼지라고' 말한다. 사실 운디네는 오래 전 훌트브란트에게 물 근처에서 자신을 나무라는 행위를 보이지 말라고 간절히 부탁한 바 있었는데, 그것은 그런 모습을 삼촌이 볼 경우 운디네를 물속으로 다시 데리고 갈 수 있기 때문이었다. 결국 훌트브란트로부터 심한 멸시를 받은 운디네는 삼촌 퀼레보른과 함께 물속으로 사라지게 된다.

사라진 운디네로 인해 훌트브란트는 한 동안 슬픔에 빠지지만 서서히 잊게 되고 베르탈다와 결혼하려고 한다. 결혼식 전날 베르탈다는 하인들에게 자신의 화장수를 우물에서 길러오도록 하며, 과거 운디네가 막아 놓은 우물의 입구에서 돌이 치워지자 신비롭게도 하얀 베일에 감싸인 모습으로 운디네가 나타난다. 물의 정령을 내친 남편이 다른 여인과 결혼할 경우 그 배신행위에 벌을 주기 위해 남편의 생명을 빼앗는 것이 물의 정령들이 행해야만 하는 정의의 법칙이기에, 운디네는 훌트브란트 앞에 나타나 눈물을 흘리면서 죽음의 입맞춤을 나눈다. 훌트브란트는 결국 죽음을 맞이한다. 장례식과 함께 그를 무덤에 묻고 나자 그 무덤 주변을 에워싸는 샘물이 흐르게 되며, 그 샘물은 영원히 훌트브란트를 감싸고 있는 운디네라고 전해진다.

소설은 총 19장으로 구성되어 있으며, 형식적, 내용적 차원에서 정 가운데의 10장을 중심으로 양쪽으로 각 9장씩 나뉘어 대비적 구조를 형성한다. 1~9장까지가 유토피아적 삶을 보여주고 있다면, 11~19장까지는 파국적인 삶을 향해가는 과정을 보여주고 있다. 전자에서는 자연과 인간의 합일, 후자에서는 자연과 인간의 분리라는 의미를 읽을 수 있다. 혹은 각기 자연적 삶의 우세와 문명적 삶의 우세로 나뉠 수 있다. 소설의 정 가운데를 차지하는 10장은 유토피아적 삶의 길과 파국적인 삶의 길이 동시에 공존하는 일종의 갈림길을 이룬다. 이처럼 내용적으로 10장을 전후로 각각의 내용이 자연과 문명, 유토피아적 삶과 파국적 삶으로 나뉘듯이, 이에 부합하여 작품 속 공간도 서로 나뉜다. 즉 노부부와 운디네가 살고 있는 곳은 유토피아적인 자연적 공간이라면, 결혼 후 운디네와 훌트브란트가 함께 살아가게 되는 곳은 이기심, 배신, 모함으로 가득한 반유토피아적인 문명적 공간이다. 넓은 의미에서 두 공간은 자연과 문명의 대립을 대변한다. 며칠간 비가 쏟아지고 물이 불어나서 섬처럼 된 노부부의 거주 공간인 곶은 문명과 차단된 보편적인 자연의 공간이라면, 결혼 후 운디네가 '도시'(즉 '성')로 나간 공간은 인간의 사회적 삶을 대변하는 보편적인 문명의 공간이다. 사실 소설 전체에는 시간보다는 공간이 상당히 압도적이다. 자연적인 삶에서뿐만 아니라 도시적 삶 속에서도 시간이 얼마나 경과했는지, 그리고 언제 파국에 도달했는지 등은 매우 모호하게 처리되어 있다. 시간은 고작해야 '어느 날 아침,

결혼식 다음날 아침', '도시에 도착한 후' 같은 식으로 불명확하게 언급되고 있는데, 구체적인 시간의 흐름에서 동떨어진 상태에서 독자는 소설의 사건을 마치 도처에서 언제나 일어날 수 있는 사건처럼 읽게 된다.

공간의 의미를 좀 더 구체적으로 살펴보자. 숲으로 둘러 싸여 아무도 찾아오지 않는 '곶'이라는 거주 공간, 그런 공간 속에서 지내는 노부부, 그리고 훌트브란트와 운디네의 만남과 결혼은 글자 그대로 유토피아적이다. 이곳에서는 일종의 무시간성(Zeitlosigkeit) 내지는 시간을 대체한 공간성(Ortschaft)이 지배적이다. 소설의 첫 문장은 "이미 수백 년이 지났을지도 모르는 그 옛날, 어느 착한 늙은 어부가 살고 있었다"라는 동화적 어투로 시작하는데, 사실 수백 년으로 거슬러 올라간 13세기경으로 추정되는 시간은 이야기의 전개와 관련하여 거의 무의미하다. 그 첫 문장 이외에 소설에서는 시간의 흐름이 더 이상 언급되지 않는데, 가령 훌트브란트가 어부의 집에서 며칠을 보냈는지 등도 불명확하다. 이러한 무시간적 공간 속에서 훌트브란트와 운디네는 곧 자연과 인간이 하나가 된 유토피아적 삶, 일종의 역사 이전의 삶을 누리게 된다. 이 또한 공간적 상징성을 통해 제시되는데, 그 점은 물과 대지, 호수와 초원, 남성과 여성이 하나가 되는 듯한 분위기를 자아내는 소설의 시작 부분에서 찾을 수 있다.

> 그의 오두막집이 놓여 있는 푸른 땅(호수나 바다를 향해 뾰족하게 내민 땅으로서 '곶'이라고 불림: 역주)은 거대한 호수를 향해 뻗어나 있는데, 그것은 마치 곶이 투명하고도 매우 반짝이는 파란 물결을 사랑한 나머지 호수까지 밀려나간 듯이 보였다. 마찬가지로 호수 물은 정반대로 사랑스러운 두 팔로 아름다운 목초지를 향해, 위를 향해 흔들거리는 초목과 꽃들을 향해, 그리고 나무의 상쾌한 그늘을 향해 손을 뻗치고 있는 듯이 보였다. 그렇게 호수와 초원은 각기 아름다운 모습으로, 한 쪽은 다른 한쪽을 손님으로 정중하게 맞이하고 있었다.[23)]

위에서 이미 언급한 바 있듯이, “호수와 초원”이 서로 감싸안은 듯 매우 에로틱하게 묘사된 이 공간적 풍경은 하노버 근처에 있는 슈타인후더 메어(Steinhuder Meer)라는 호수의 ‘곶’을 상기시키고, 젊은 시절 그 곶을 방문했을 때 푸케는 아름다운 어린 소녀를 만나 흠모하게 되었다는 전기적 사실이 전해지고 있다. ‘곶과 호수’가 하나로 어우러지는 공간적 지점에 어부의 집이 놓여 있는 풍경은 사실 다가오는 사건, 즉 훌트브란트와 운디네 간의 만남, 나아가 자연과 인간 간의 아름답고 유토피아적인 결합을 암시하고 있다. 그와 같은 유토피아적 삶이 존재하는 공간에 대해서는 훌트브란트가 노어부의 집에 도착하였을 때 스스로 느끼는 감정 묘사를 통해서 한층 더 입증된다.

> 그는 이 작은 가족과 함께 한 식구인 것 같았고, 아득히 먼 곳에서부터 이제 막 고향으로 돌아온 것 같은 생각이 들었다.[24)]

가족, 고향 등은 문명적 갈등이 싹트기 이전의 유토피아적 상태와 긴밀한 관계를 맺는다. 노어부의 집이 위치한 곳에서의 자연적인 삶에 대하여 서술자도 독자에게 말을 건네는 방식으로 주석을 가하는데, 여기서도 마찬가지로 고향, 부뚜막, 오두막집, 평화, 사랑 같은 언어가 압도적이다.

> 독자여, 그대는 아마 세상 여러 곳을 이리저리 방랑하다가 마침내 편안하다고 생각되는 어디에선가 이미 정착하여 살고 있을 것이다. 그러면 고향 집의 부뚜막과 평온한 평화를 향한 사랑이 당신의 가슴속에서 되살아났으리라. 또한 고향은 어린 시절의 꽃, 순결하고 은밀한 사랑의 꽃을 소중한 묘지에서부터 피어나게 하는 곳이라고 떠올리고는, 여기서라

23) Undine, p. 5(9쪽).

24) Undine, p. 8(13쪽).

면 그런 오두막집을 짓고 편안히 살 수 있을 것이라고 그대는 생각하게 될 것이리라. 그대가 잘못 길을 들어선 것인지, 훗날 그 잘못에 대한 고통스러운 보상을 받을 것인지 어떤지는, 여기서는 전혀 문제 삼을 바 못 된다. 그대 자신도 쓰디쓴 뒷맛을 떠올려 우울해지고 싶지는 않을 것이리라. 그래 저 형용할 수 없이 달콤한 예감, 천사 같은 평화의 화답을 다시 한 번 마음속에 불러일으켜 보시라.[25)]

운디네를 만나게 된 노부부의 호숫가 집, 이곳을 훌트브란트는 마치 제2의 고향처럼 정겹고 아늑한 공간으로 여기고 있다. 물론 이러한 아름답고 평화로운 공간 및 감정을 시적으로 묘사하는 대목에는 앞으로 다가올 불행한 진행과 결말이 동시에 내포되어 있는데, 가령 "그대가 잘못 길을 들어선 것인지, 훗날 그 잘못에 대한 고통스러운 보상을 받을 것인지 어떤지는"라는 표현이 그 점을 암시한다. 그럼에도 불구하고 "쓰디쓴 뒷맛을 떠올려 우울해지고 싶지는 않을 것"이라는 말처럼 무시간적인 공간 속에서의 영원한 행복의 순간은 결코 포기할 수 없는 것으로 여겨진다. 불행한 과거에 대한 회상이나 다가올 위태로운 미래에 대한 예감은 현재적 공간에서 완전히 정지된다. 이제 운디네를 향한 훌트브란트의 행복한 감정은 다음과 같이 서술되고 있다.

하지만 훌트브란트는 마음속 깊이 묘한 환상에 빠져 있었다. 신부님의 말을 듣고 나자 숲속 개울 저편의 땅이 점점 몽롱하게 멀어져 갔고, 반면에 지금 자기가 살고 있는 꽃 피는 섬이 점점 선명하게 푸릇푸릇 웃음을 띠며 가슴속으로 파고들었다. 새색시 운디네는 이 조그만 땅 조각 중에서, 아니 세상 전체에서 가장 아름다운 한 떨기 장미로 환하게 빛나고 있었고, 마침 신부님이 여기에 함께 있게 되었다.[26)]

---

25) Undine, p. 27(44쪽).

26) Undine, p. 35(57쪽).

운디네와 훌트브란트가 서로 사랑하는 마음으로 결혼하는 순간은 넓은 의미에서 유토피아적 공간 속에서의 인간과 자연 간의 이상적인 결합을 뜻하며, 따라서 11장 이후 두 사람 간의 분열과 이별은 단순히 개인들 간의 심정 변화를 뜻하기보다는 보편적인 차원에서 자연과 인간 간의 이상적인 결합의 상실을 뜻한다.

어쨌든 1~9장까지 훌트브란트와 운디네 간의 만남과 이상적인 결합은 일시적으로 지속할 뿐이다. 여기서 주목해야 할 점은, 아담과 이브처럼 어떤 죄악으로 인해 그들이 유토피아적 공간에서 추방되었다기보다는 자발적인 마음에서 도시적 공간으로의 전환을 선택했다는 것이다. 앞서 언급했듯이, 10장은 유토피아적 공간에서 도시적 공간으로의 이행, 자연적 삶에서 시민적 삶으로의 이행이 아직 이루어지지 않은 일종의 '소강 상태'를 이룬다. 여기서는 베르탈다조차도 아직 질투/시기 같은 사악한 감정에 사로잡혀 있지 않다. 죽은 사람으로 여겨진 훌트브란트가 다른 여인과 혼인하여 돌아왔지만 베르탈다조차도 운디네의 사랑스럽고 따뜻한 마음과 마주하면서 "친밀과 사랑의 감정을 부인할 수 없었다"[27)]고 서술자는 덧붙인다. 비극적 갈등 및 파국적 결말과는 전혀 관계없는 매우 짧은 소강상태가 소설의 정중앙에 놓여 있는 셈이다. 그렇지만 운디네와 훌트브란트가 자발적으로 택한 공간 이동, 즉 낙원과도 같은 '곶'을 떠나 폐쇄적인 공간인 도시(혹은 성)로 거주지를 옮기는 행위 자체는 어쨌든 이미 자연적인 삶의 상실을 뜻하며, 그 대신 이기주의, 허영심, 계층 간의 질서, 모함, 불신, 변심 등으로 가득한 도시적, 문명적 공간이 들어선다. 이후 11장에서 19장까지는 운디네와 훌트브란트의 관계가 서서히 균열되고 붕괴되는 과정이 구체적으로 서술되며, 그리고 훌트브란트와 베르탈다의 사유와 삶에 내재해 있는 '비인간적인

27) Undine, p. 52(82쪽).

탈영혼화'의 특성이 적나라하게 제시된다.

4. 자연과 인간, 그리고 영혼의 변증법적 의미

운디네의 표상이 의미론적으로 무엇을 뜻하는지를 좀 더 살펴보자. 우선 물의 정령으로서의 운디네의 '본래적(자연적) 의미'와 훌트브란트와의 결혼을 통해 영혼을 지닌 운디네의 '인간적 의미'가 서로 구분될 수 있다. 우선 운디네의 본래적 의미는 '물'에서 찾을 수 있다. 물은 일종의 무질서, 자유로움, 통합 같은 의미를 지니며, 그 점은 영혼을 획득하기 전까지(즉 훌트브란트와의 결혼 전까지) 노부부와 함께 살고 있던 운디네의 자유 분망한 마음과 행동에서 알 수 있다. 자유 분망함은 '운디네'라는 말의 본래 의미, 즉 '물 위에서 자유롭게 넘실대는 파도'를 통해서도 암시된다. 이 자유 분망함은 문명이 개입되지 않는 충동과 본능에서 나온, 근본적으로 구속 받지 않는 자유로움 자체라고 할 수 있으며, 문명적 시각에서 보면 예의 없고 버르장머리 없는 기질로, 때로는 이기적인 기질로도 비추어질 수 있다. 가령 훌트브란트와 결혼하기 전에 운디네는 상당히 충동적이고 자신만을 생각하는 모습을 내보였는데, 특히 5장에서 노부부를 향해 그녀는 "아버지는 터무니없는 말을 하고 계시네요. 누구나 자기 자신에게만 가장 가까운 사람일 뿐, 다른 사람들이 무슨 상관이에요"[28]라고 말한다. 자유분망함이 자기 자신만을 생각하는 이기적인 마음의 발현일 수 있음을 보여주는 대목이다. 그러나 물(호수)이 흙(곶)과 만나면서 이상적인 풍경을 연출하듯, 훌트브란트와 결혼함으로써 운디네는 자신만을 생각하는 자유 분망함의 이기적인 성향을 극복하고 '다른 이를 생각하는 이타적인 마음'(가령 베르탈다를 위해 친부

28) Undine, p. 31(50쪽).

모를 찾아주려는 마음)을 갖게 된다. 운디네의 또 다른 본래 의미는 '흔적 없는, 영혼 없는'이라는 자연정령의 운명적 속성에서도 찾을 수 있는바, 그 점에 대해서 운디네는 스스로 다음과 같이 말하고 있다.

> 우리는 당신네 인간보다 훨씬 행복한 처지라고 할 수 있지요. 우리는 생김새와 몸의 형태가 인간이기 때문에 우리 스스로를 인간이라고 부르고 있었으니까요. 하지만 그것이 화가 되는 수도 있어요. 우리들과 다른 자연의 정령들(흙, 불, 공기: 역주)은 정신과 육체 모두 가루가 되어 흩어져 사라져 가며 아무런 흔적을 남기지 않습니다. 당신네들은 언제든 한 번은 보다 순수한 생명으로 싹틀 수 있습니다만, 우리들은 모래, 불꽃, 바람, 물결이 있는 것에 머물러 왔을 뿐인 것입니다. 그렇기 때문에 우리는 영혼을 갖고 있지 않습니다.[29]

외적 생김새뿐만 아니라 정신, 육체 등의 측면에서는 인간과 유사하지만, 영혼을 지니지 않고 있다는 점에서만 인간과 결정적으로 구분된다는 점, 이것이 운디네를 비롯한 자연정령(Elementargeister)들의 본래적 특성이자 의미이다.[30] 그렇다면 인간과 동일시될 수 있기 위한 그것, 즉 영혼을 소유할 경우 운디네는 정말 완벽하고 이상적인 존재가 되는 것일까? 영혼을 지닌다는 것은 어떤 의미일까? 위의 인용 대목에 따르면, 영혼을 지닌 인간에게는 "순수한 생명으로 싹틀 수 있는" 가능성이 주

29) Undine, p. 44(71쪽).

30) 파라켈수스에 의하면 인간, 동물, 자연정령(물, 불, 흙, 공기), 유령은 육체, 정신, 영혼의 소유 여부에 있어서 다음과 같이 구분된다(Aus: http://www.g.eversberg.eu/DUpdf/FouqueUndine.pdf)

	육체	정신	영혼
동물	+	-	-
인간	+	+	+
자연정령	+	+	-
유령	-	+	+/-(?)

어진다. 요컨대, 우주(자연)를 구성하는 자연의 사대 정령(원소)들이 근본적으로 순간과 소멸의 특성을 지닌다면, 영혼을 가진 인간은 결코 소멸하지 않으며 다시 "순수한 생명"으로 거듭남, 즉 정신과 육체에서 벗어나 영원과 지속의 특성을 지닌다. "순수한 생명"으로서의 영혼의 소유 여부가 인간과 물의 정령 간의 결정적인 차이를 낳는 것이다. 그렇다면, 운디네가 후천적으로 영혼을 갖게 되면 인간처럼 "순수한 생명"으로 존재하게 되는 것일까? 여기서 본래 영혼이 없던 물의 정령인 운디네가 영혼을 획득하게 되는 경우와, 본래 영혼을 지닌 인간인 훌트브란트와 베르탈다가 영혼을 상실하게 되는 경우가 서로 비교될 수 있다. 요컨대, '운디네의 영혼화'와 '인간(훌트브란트, 베르탈다)의 탈영혼화'가 바로 이 작품의 핵심적 의미를 구성하게 되며, 이를 통해 운디네의 본래적 의미와 인간적 의미가 동시에 파악될 수 있다.

자연, 본능, 충동에 충실하여 자유 분망했던 운디네가 인간과의 결혼을 통해 영혼을 획득하게 되었을 때 그것은 어떤 의미일까? 사실 영혼 획득의 바램은 운디네의 자발적 의도에 기인하지는 않는데, 그것은 운디네가 어부 부부에 의해 양육되고 교육되도록 기획한 이는 바로 그녀의 아버지와 삼촌이었기 때문이다. 어쨌든 그녀는 영혼이 없던 때와 영혼을 획득한 때의 각기 자기 자신을 스스로 밝히는데, 한 번은 영혼을 지닌 인간 훌트브란트를 향해, 다른 한 번은 영혼이 없는 삼촌(퀼레보른)를 향해 다음과 같이 강변한다.

> 우리 같은 존재는 당신네 인간과 긴밀한 사랑의 결합을 통해서만 영혼을 얻을 수 있습니다. 저는 이제는 영혼을 갖고 있습니다. 그 영혼은 당신 덕분이죠. 말로 다 할 수 없이 사랑하는 당신이 제 일생을 통해 저를 비참하게 만들지 않으신다면 정말 진심으로 감사드릴 거예요. 당신이 제가 싫어져서 내친다면 저는 어떻게 되겠어요? 그렇지만 속이면서까지 나는 당신을 차지하고 싶은 마음이 없습니다. 저를 쫓아내고 싶으면 그

렇게 하세요, 그러면 저는 물가로 다시 되돌아 갈 거예요. (…) 삼촌은 웃고 까부는 철부지인 저를 어부의 집으로 데려다 주었지만, 이제 사람의 아내로서 영혼을 갖게 된 저를, 사랑하며 번민하는 여자로서의 저를 부모님이 사시는 곳으로 다시 데려가겠지요.[31]
아저씨는 제 말을 한 마디도 믿지 않는 거예요. 사랑의 슬픔과 사랑의 기쁨은 서로 얼마나 어울리게 닮은 모습인지, 얼마나 은밀히 연결되어 있는지를, 또한 어떠한 힘도 그 슬픔과 기쁨을 분리할 수 없다는 것을, 가엾게도 삼촌은 전혀 깨닫지 못하고 있어요. 눈물의 밑에서 미소가 솟아나며 미소는 자기의 밀실로부터 눈물을 끌어낸다는 것을요.[32]

두 대목을 함께 검토해 보면 영혼의 의미를 알 수 있다. 훌트브란트와 결혼함으로써 운디네는 스스로를 영혼을 가진 여인으로 명명하는데, 이때 중요한 점은 그녀가 "사랑하며 번민하는 여자"가 되었다는 것이다. 서로 다른 이질적이고 극단적인 두 가지 감정을 하나의 것("사랑하며 번민하는", "사랑의 슬픔과 사랑의 기쁨", "미소와 눈물" 등)으로 받아들이는 마음이 바로 영혼을 지닌 운디네의 모습이다. 또한 영혼을 지닌 자는 속임수를 행하지 않으며 순진무구하고 청렴하다는 점이 암시되고 있는데, 그렇기에 "속이면서까지" 연인을 차지하려고 하지 않는다고 운디네는 스스로 강조한다. 이러한 순수한 운디네의 모습과 극단적으로 대치하는 이는 다름 아닌 베르탈다이다. 그녀는 후에 속임수를 통해 연인을 차지하려고 할 뿐만 아니라 사회적 지위 때문에 친부모까지도 강렬히 거부한다. 베르탈다는 영혼을 지닌 인간, 즉 순수해야만 하는 인간임에도 불구하고 전혀 그렇지 못하다. 오히려 문명화된 삶에서 그녀는 자신의 순수한 영혼을 상실한, 탈영혼화된 인간으로 존재하고 있는 것이다. 반면에 본래 영혼 없는 운디네는 뒤늦게 영혼을 획득하면서 순수, 청렴,

31) Undine, p. 45(71~72쪽).
32) Undine, p. 67(108~109쪽).

배려 등의 마음을 지닌 '인간적' 존재가 된 것이다. 자연에만 의존했던 운디네가 결혼을 통해 영혼을 획득함으로써 그녀는 이상적인 상태에 도달한 것과도 같은데, 즉 자연과 인간, 개인과 공동체, 자유 분망함과 윤리적 제한성, 충동과 문명 같은 대립이 자양된 이상적이고 조화로운 상태 말이다.

그렇다면 영혼 없는 자연정령들은 어떻게 존재하는 것일까? 앞서 자유 분망하고 무질서한 운디네만을 중심으로 영혼 없는 자연정령의 본래 의미가 밝혀졌지만, 그녀의 삼촌 퀼레보른의 모습을 통해서도 자연정령의 본래 의미를 파악해낼 수 있다. 영혼 획득 후 상대방(훌트브란트, 베르탈다 등)을 배려하는 마음을 갖게 된 운디네는 우물을 통해 자주 나타나는 삼촌 퀼레보른에게 화를 내는데, 그녀는 자연정령의 존재를 "영혼 없는"(seelenlos)" 존재, 즉 "내면을 비출 수 없는, 순전히 외적 세계만을 비추는 자연의 단순한 거울"[33]이라고 비난한다. 이 언술을 뒤집어서 말하자면, 영혼을 지닌 존재는 외적 세계(현실이나 자연)에만 의존하지 않는 존재, 즉 '스스로 내면을 비출 수 있는, 스스로 내적으로 성찰할 수 있는 힘'을 지닌 존재와도 같다. 즉 영혼을 지닌 이는 타자를 배려하고 이해하고 존중하는 감정을 지닌 존재를 뜻한다. 시도 때도 없이 자의적으로 갑작스럽게 출현하는 퀼레보른의 행동은 바로 그런 영혼, 즉 내적인 성찰의 결핍에 기인한다. 물의 정령이었을 때 그녀 또한 그러한 영혼을 결핍하고 있었기에 상대방(노부부, 훌트브란트)의 입장에 아랑곳없이 자기 마음대로 행동했지만, 영혼을 획득한 후의 운디네는 상대방을 배려하는 순수한 마음을 지닌 이로 완전히 변한다. 운디네는 자신의 남편으로부터 옛 연인 베르탈다를 떼어놓으려는 생각을 추호도 갖지 않으며, 또한 베르탈다를 가난한 부모의 딸로 몰아내려는 계산적 의도

33) Undine, p. 67(108쪽).

보다는 그녀에게 오로지 친부모를 찾아주려는 순수한 마음을 지녔다. 운디네가 획득한 영혼은 '타자를 위한 행복, 공감, 배려 같은 마음'임을 알 수 있다.

이처럼 영혼 없는 자연정령의 본래 의미는 내적 성찰이 결여된 상태, 자유 분망함, 이기적인 자기중심성 등과 관련이 있다면, 영혼은 순수한 생명, 내적 성찰을 토대로 다른 이를 배려하는 마음 같은 식으로 긍정적으로 파악된다. 영혼 없는 운디네가 후천적으로 영혼을 획득하여 영혼의 본래적 의미를 구현하였다면, 정반대로 선천적으로 영혼을 지닌 인간은 역설적이게도 영혼을 상실한 존재로 전락하고 만다. 운디네와 베르탈다는 그와 같은 정반대의 길을 걷게 되지만 사실 둘은 공통의 운명을 지닌 개체들, 즉 서로 다른 의미에서 노부부의 두 딸이다. 즉 전자가 혈연관계가 없는 양자라면 후자는 혈연관계가 있는 친자이다. 그런 기이한 공통의 운명을 운디네는 다음과 같이 강조하고 나선다.

> 보세요, 우리들은 어릴 때 서로 바뀌었어요. 그것으로써 벌써 우리의 운명은 한 나무에서 갈라진 가지인 셈이죠. 그러니 우리는 앞으로 인간의 힘으로는 쪼갤 수 없을 만큼 내적으로 연결된 가지로 살아가도록 해요.[34]

운디네와 베르탈다가 "갈라진 가지"처럼 외적으로는 서로 나뉘었지만 "내적으로 연결된 가지"로서 같은 운명을 지녔음을 말해주고 있는바, 이는 자연(운디네)과 인간(베르탈다)이 외적으로 서로 분리된 상태를 띠지만, 내적으로 양자가 하나를 이루고 있는 상태를 암시하는 대목이기도 하다. 이처럼 베르탈다와 평화롭게 지내고 싶다는 운디네의 마음에 대하여 마찬가지로 베르탈다도 처음에는 운디네에게 결코 반감을 지니지는 않았다.

---

34) Undine, p. 61(99쪽).

베르탈다 쪽에서도 승자인 이 연적에 대해 마땅히 쓰라린 원망의 근거를 갖고 있다고 뼈저리게 생각하면서도, 친밀과 사랑의 감정을 부인할 수 없었다. 이렇게 해서 서로 반해 버린 나머지, 한 여인은 양부모에 대해서, 또 다른 여인은 남편에 대해서 출발의 날을 자꾸 늦추고 있었다.[35)]

이처럼 베르탈다의 마음속을 들여다 본 서술자는 그녀에게서 운디네에 대한 "친밀과 사랑의 감정을 부인할 수 없었다"고 덧붙이고 있으며, 더 나아가 "서로 반해 버린 나머지"라는 식으로도 서술하고 있다. 물론 이 대목은 추후 밝혀지는 베르탈다와 운디네의 관계, 즉 노부부의 친자와 양자라는 관계에 대한 암시로 작용하지만, 그런 의미를 넘어서 자연과 인간 간의 본래적인 동일한 관계까지도 암시하고 있다.

어쨌든 베르탈다도 처음에는 영혼 있는 인간의 마음으로 운디네에게 다가가는 듯이 보이지만 그것은 단지 한 순간일 뿐이다. 베르탈다는 점차 영혼을 상실한 상태(즉 질투/시기, 증오, 적개심 같은 감정)에 젖게 되는데, 그 결정적인 계기는 '훌트브란트' 때문이라고 할 수 있다. 페미니즘적 시각에서 보면, 두 여인의 인간적 관계는 남성(훌트브란트)의 개입으로 인해 처음부터 불가능한 셈이다. 바흐만의 『운디네가 간다』는 그 점을 설득력 있게 제시해주고 있는데, 즉 훌트브란트는 특정한 한 남자를 나타내는 것이 아니라 '남성에 의해 주도된 역사, 문명, 권력, 가부장 질서' 등을 대표한다. 다르게 표현하자면, 역사 이전의 상태에서는 자연과 인간, 인간과 인간 간의 아름답고 조화로운 상태가 가능하지만, 소위 남성으로 대변되는 역사적 삶, 가부장적 질서 등이 작동하면서 그 역사 이전의 상태는 깨지고 만다. 남녀의 차이, 힘의 불균형, 배신과 불신 등 다양한 문명적 산물이 자연과 인간, 인간과 인간 간의 이상적인 관계를 불가능하게 만드는 것이다. 가령 베르탈다가 남성의 상징체계를 대

35) Undine, p. 52(82쪽).

변하는 훌트브란트에게 "불타는 사랑"으로 다가가는 가운데 훌트브란트는 "운디네와 자기 사이를 가로막는 전율"을 느끼게 되고, 마침내 "훌트브란트와 베르탈다는 가엾은 운디네를 동정하기보다는 이질적인 존재(ein fremdartiges Wesen)로 여기면서 꺼리는 태도를 보였다."[36] 영혼을 상실한 인간(훌트브란트, 베르탈다)은 뒤늦게 영혼을 획득한 운디네의 이타적인 마음에 감화되기보다는 오히려 운디네를 두려움과 전율의 대상으로 간주하는데, 이는 인간과 자연 간의 역설적인 모습이 아닐 수 없다. 인간(훌트브란트, 베르탈다)이 비인간적으로, 자연정령인 운디네가 인간적으로 바뀌는 역설적 장면은, 마치 기계가 더 인간적이고 인간이 더 기계적인 듯이 그려지는 사이보그 영화의 역설적 장면과도 같다. 친부모를 거부하는 비인간적인 베르탈다의 모습을 보면서 운디네는 다음과 같이 인간의 영혼에 대해 회의적인 말을 꺼낸다.

> 운디네는 혼자 꿈꾸어 오던 환상이 갑자기 와르르 무너지자, 지금껏 꿈에서조차 상상 못하던 놀라움과 불안에 빠져들어 새파랗게 질린 채, 부모한테서 베르탈다에게로, 베르탈다한테서 부모에게로 비틀대며 왔다 갔다 했다. "당신은 대체 영혼이라는 것을 가졌나요? 진정 영혼을 가진 건가요, 베르탈다?"하고 운디네는, 베르탈다가 느닷없이 빠져버린 발작의 상태에서, 또는 미친 듯한 환몽 속에서 그녀를 억지로라도 제정신으로 되돌리려는 듯이, 격분해 있는 그녀를 향해 몇 번이나 큰 소리를 쳤다.[37]

"영혼이라는 것을 가졌나요? 진정 영혼을 가진 건가요"라고 두 번씩이나 반복되는 운디네의 물음은 영혼(순수함)을 지녀야만 할 인간의 본래적 상태에 대한 의문일 뿐만 아니라 완전히 영혼을 상실한 인간의 현

36) Undine, p. 63(101쪽).

37) Undine, p. 57(92쪽).

재적 상태를 진단해주는 매우 뛰어난 언술이다. 이를 다른 식으로 서술해보자면, 영혼 없는 베르탈다의 모습은 운디네가 삼촌 퀼레보른을 향해 지적한 상태, 즉 자신의 내면을 성찰해보는 힘의 결핍으로서의 '영혼 없는 상태'와도 너무 흡사하다(물론 영혼 없는 자연정령의 상태와 영혼을 상실한 인간의 부정적인 상태는 각기 서로 다른 의미를 지님에도 말이다). 여기서 더욱 흥미로운 점은, 영혼을 상실한 베르탈다의 모습은 베르탈다라는 개인에만 제한되지 않고 베르탈다를 옹호하는 쪽과 친부모(노부부)를 옹호하는 쪽으로 나뉘면서 서로 다투는 두 집단의 유형으로 번진다는 것이다. 운디네는 그런 현상을 비판하고 나서는데, 그녀의 비판은 마치 인간 전체를 향한 듯이 들린다. 즉 '친구와 적'(Freund und Feind)이라는 이분법으로 끊임없는 반목과 전쟁을 일삼아 왔던 인류 전체의 역사를 비판하는 목소리처럼 말이다.

> 여러분, 당신들은 이루 말할 수 없이 서로 원수처럼 부수면서 모처럼의 축연을 아수라장으로 만들어 놓았습니다. 아아, 정말이지 저는 당신들의 이런 어리석은 관습이나 냉정한 사고방식을 전혀 알지 못하겠습니다. 또한 아마 내 평생 동안 그런 식으로 길들이지 않을 것입니다. 이렇게 일이 온통 그르쳐진 것은 저의 탓이 아닙니다. 아무리 그렇게 여겨지지 않는다 해도 이렇게 된 건 모두 당신들 탓입니다.[38]

"당신들의 어리석은 관습이나 냉정한 사고방식"(von euren törichten Sitten und eurer harten Sinnesweise)이라는 운디네의 목소리는 인간의 문명화된 공동체, 즉 영혼을 상실한 채 오로지 관습적, 도구적 이성에만 얽매여 살아가는 인간 공동체에 대한 비판과도 같다. 이 밖에도 영혼을 상실한 베르탈다의 부정적인 특징으로는 이기주의와 허영심에만 사로

38) Undine, p. 58(93쪽).

잡힌 모습 등을 들 수 있다. 가령 베르탈다는 자신의 피부를 깨끗하게 유지하기 위한 화장수로 샘물을 자주 이용하지만 사실 그 샘물은 도깨비장난을 치기 위해 삼촌 퀼레보른이 수시로 들락거리는 입구였다. 이에 운디네는 베르탈다와 훌트브란트에게 평온함을 주려는 의도에서 그 샘물 입구를 막아 버리는데, 그런 운디네의 의도를 묻는 대신에 베르탈다는 이기심에 사로잡힌 나머지 불평만을 훌트브란트에게 늘어놓는다.

> 아름다운 물이 작은 물결을 이루며 휘감기고 있어요. 이제는 갇힌 채 햇빛도 볼 수 없고, 스스로 개울이 되어 비추어 주던 행복한 인간의 얼굴도 볼 수 없게 될 것이기 때문이에요.[39]

샘물을 화장수로 쓸 수 없음을 아쉬워하는 베르탈다의 언술이지만 사실 그녀가 샘물에서 얻고 싶은 것은 오로지 자기 자신만을 사랑하는 "행복한 인간의 얼굴", 즉 호수 물에 비친 자신의 아름다운 얼굴만을 사랑하는 자기중심적이고 이기적인 나르시시즘에 다름 아니다. 샘물을 막아버린 운디네의 행위는 소설의 내용적 차원에서 보면 퀼레보른의 갑작스런 출현을 막기 위한 것이었다고 하지만, 어쩌면 베르탈다에 의해 표현된 인간의 이기심, 자기중심주의 같은 탈영혼화된 상태를 지양하고 싶은 소망에서 나온 것으로 해석될 수도 있다.

물론 자연과 본능에 충실했던 운디네가 처음부터 영혼을 소망했던 것은 아니다. 사실 소설 전반부에서 그녀는 인간과의 결혼을 통해 영혼의 후천적 획득에 대해 무척 망설였는데, 그 점은 결혼 직전 하일만 신부와 나눈 대화에서 알 수 있다.

> 영혼이란 사랑스럽기도 하고 굉장히 두려운 것이기도 한 것 같아요. 신

39) Undine, p. 66(108쪽).

부님, 영혼 같은 것을 애당초 갖지 않는 편이 좋지 않을까요? (…) 굉장히 무거운! 영혼의 모습이 가까이 오기만 해도 저는 어느 틈에 불안과 슬픔의 그림자에 묻히고 마니까요. 아아! 옛날의 저는 정말이지 가볍고 즐거울 수 있었습니다!"[40]

"사랑스럽기도 하고 굉장히 두려운 것"이라는 영혼의 양면성은 곧 인간의 양면성을 말한다. 즉 한편으로는 스스로 사랑스럽게 존재할 수도 있지만, 다른 한편으로는 자신과 타자를 파괴할 수도 있는 위험한 존재로서의 인간 말이다. 영혼의 양면성은 각기 운디네와 훌트브란트/베르탈다를 통해서 제시되고 있는데, 가령 영혼이 없던 자연스러운 상태에서 "가볍고 즐거울 수" 있었던 운디네는 영혼을 획득한 후 한층 더 사랑스러운 모습을 갖게 되지만, 이와 달리 선천적으로 영혼을 지닌 베르탈다와 훌트브란트는 그러한 사랑스러움을 이미 상실한 채 오로지 "불안과 슬픔의 그림자"에 억눌려 있는 상태에 빠져 있을 뿐이다.

친부모를 외면하고 운디네에게 질투와 시기의 감정을 내보이는 베르탈다 뿐만 아니라 사실 훌트브란트도 운디네와의 사랑스런 순간을 망각한 채 서서히 영혼 없는 비인간적인, 탈영혼화된 모습을 띠게 된다. 운디네가 다시 물속으로 사라지게 되는 결과는 이미 곳곳에서 훌트브란트의 '비인간성'을 통해서 암시되고 있다. 링슈텟텐 성에서 세 사람이 같이 살아가는 13장의 앞부분에서 서술자는 훌트브란트의 마음을 들여다보면서 "때로는 그녀에게 다정하게 대하지만 어느 틈엔가 차가운 전율이 몰려와 그로 하여금 운디네를 외면하고 인간의 자식인 베르탈다에게로 가게 했다"[41]고 밝힌다. 그런 암시는 마침내 현실적으로 구체화되는데, 즉 도나우 강에서 뱃놀이하는 도중 훌트브란트는 자신의 무의식 속에

40) Undine, p. 38(62쪽).
41) Undine, p. 63(102-103쪽).

잠재되어 있던 감정을 잔인하게 드러내고 만다.

> 그러나 이때 기사(훌트브란트: 역주)가 두 여자 사이에서 뛰어들었다. 그러고는 아름다운 장신구를 운디네의 손에서 가로채어 다시 물속에 던져 놓고는 의기충천하여 외쳤다.
> "그러고 보니 당신은 저놈들과 아직도 내통을 하고 있었군. 모든 마녀의 이름을 걸어 말하건대, 선물을 몽땅 갖고 저놈들한테로 꺼져버리고 우리 인간들을 좀 편안하게 내버려 둬, 이 마녀야!"[42)]

자신의 부인을 '인간이 아니다'라는 이유로 내쫓는 훌트브란트의 잔인한 모습, 그것도 "우리 인간들을 좀 편안하게 내버려 둬, 이 마녀야!"라는 극도의 인간중심주의적이고 배타적인 언사는 운디네가 염려했던 두려움, 즉 영혼의 또 다른 어두운 측면을 입증하고 있다. 사실 운디네와의 결혼은 운디네가 영혼을 갖게 됨을 뜻할 뿐만 아니라 훌트브란트도 자연과 하나가 됨을 뜻하기도 하는데, 그런 순간을 체험한 훌트브란트는 다시 문명적 삶으로 되돌아간 이후 자연과 더불어 존재하는 인간

42) Undine, p. 81(131쪽). 그림은 1870년에 출간된 소설에 아달베르트 뮐러(A. Müller)가 그려 넣은 뱃놀이 장면의 삽화임.

성 – 이를 '인간의 자연화'라고 할 수 있는데 – 을 스스로 포기하고 만다. 운디네를 배타적으로 거부하면서 그는 더욱이 운디네가 물의 정령이었음을 몰랐다는 거짓말로 자기 합리화를 꾀하기도 한다.

> 그리고 우리가 즐겨하는 대로 스스로를 변명하면서 그는 종종 다음과 같이 생각했던 것이다. '저 여자가 물의 정령이라는 것을 나는 진정 알지 못했지. 저 여자 친족의 변덕스러움 때문에 나의 일거수일투족이 저주받고 방해를 받는 것은 나의 불운이지만, 내 죄는 아니다.'[43]

이와 같은 훌트브란트의 자기합리화는 운디네의 사랑스러운 모습에 반해 평생 그녀와 하나가 될 것을 스스로 다짐했던 자신의 모습과는 배치된다. 소설 시작 부분에 곶에 머물고 있던 훌트브란트는 집을 나간 운디네를 찾아 나서는 도중에 다음과 같은 독백을 남긴 바 있다.

> 그대는 참으로 실재하는 존재인가, 다만 안개처럼 내 주변을 어른거리는 존재인가? 그렇다면 나도 육신으로 있기를 포기하고, 너처럼 망령이 되련다. 그대, 사랑스러운 운디네여![44]

운디네와 하나가 되고 싶은 사랑의 감정은 결혼으로 이어졌지만, 그러나 근본적으로 그는 처음부터 자연과 하나가 되기에는 너무나 나약하고 한계적인 인간이었다. '곶'의 전원적이고 자유로운 공간 속에서 훌트브란트와 운디네는 아담과 이브처럼 '낙원에서의 한 쌍의 부부'가 되었지만, 그러나 그 삶은 일시적으로만 가능했을 뿐 도시적 공간에서는 지속 불가능한 삶이다. 그 원인은 무엇보다도 훌트브란트의 문명적 한계에서 찾을 수 있는데, 즉 그는 이방인(인간의 모습을 한 자연정령)

43) Undine, p. 79(127쪽).
44) Undine, p. 18(30쪽).

을 평생 반려자로 받아들일 만큼 따뜻하고 열린 마음을 갖기에는 근본적으로 한계를 지닌 인간일 뿐이었다. 다시 말하면, 베르탈다에게 모험심과 용맹성을 보여주고자 숲을 찾아왔던 기사는 문명적 삶의 질서에 대척해 있는 자연의 본질을 이해하기에 무능력해 보였으며, 자유로운 천성보다는 사회적 '신분'과 경제적 '돈'을 더욱 추구한 인간에 불과하였다.[45] 인간 공동체 내에서의 삶, 그리고 사회적, 문명적 이기심 때문에 그는 궁극적으로 자연정령 운디네와 하나가 되기에는 한계를 지닐 수밖에 없었다.

결국 도나우 강에서의 뱃놀이 도중 선상에서 훌트브란트가 사악한 말을 던짐으로써 운디네는 물속으로 사라지게 되고, 이는 훌트브란트에게 그녀의 현세적 죽음과 동일시된다. 운디네의 사라짐(죽음)으로 인해 훌트브란트는 심한 상심과 슬픔에 젖게 되지만 이내 근대적 인간들과 마찬가지로 사회적, 문명적 존재의 특성을 드러낼 뿐이다. 프로이트의 용어로 말하면, 그는 단지 "애도(슬픔)의 작업"(Trauerarbeit)만을 수행한다.[46] 16장의 모두에서 서술자는 '슬픔이란 무엇인가'라는 식의 주석적(註釋的) 질문을 제기하면서 훌트브란트의 속마음을 들추어낸다.

> 우리의 슬픔이 영속하지 않는 것을 유감이라 해야 할까, 아니면 다행이라 해야 할까? 여기서 말하는 슬픔이란 진실로 뿌리 깊은 슬픔, 우리 생명의 샘 밑바닥에서부터 나오는 슬픔을 의미한다. 그것은 잃어버린 연인과, 이미 연인을 잃은 상태가 아닐 만큼 하나가 되고자 하는 슬픔, 그

---

45) Cf. Walter Schmitz, Undine-Nachwort, p. 377.

46) S. Freud, Trauer und Melancholie, in: GW X, pp. 427-446. 푸케는 비록 정신분석학 이론을 학문적으로 제시하지는 않았지만 그와 유사한 시각과 관점을 어렴풋이 갖고 있었던 것으로 보인다. 사랑스런 이의 죽음을 떠나보내는 "애도의 작업"을 통해 살아 있는 이들은 건강하게 다시금 사회적 삶을 살아나간다는 관점뿐만 아니라, 18장 마지막 대목에서 운디네가 입맞춤과 눈물로써 훌트브란트에게 죽음을 안기는 장면 또한 삶의 충동(Lebenstrieb)과 죽음의 충동(Todestrieb), 에로스(Eros)와 타나토스(Thanatos)는 서로 분리될 수 없다는 프로이트의 시각을 선취하고 있다.

리하여 연인에게 내려진 생의 빚장이 우리 앞에 내려질 때까지 전 생애를 통해 연인만을 그리며 숭고한 성직의 생활을 보내고자 하는 슬픔을 말한다. 아마도 진실로 선한 사람이라면 실로 그런 성직자의 신분을 지키는 경우가 있으리라. 하지만 그것 역시 이미 처음의 참된 슬픔은 아니다. 다른 낯선 심장들이 그 사이를 파고들어 오기 마련이다. 그리하여 우리는 마침내 지상의 사물에 대해, 심지어는 우리의 슬픔에 대해서까지도 무상함을 체험하게 된다. 그러니 어차피 우리는 이렇게 말하지 않을 수 없다. 유감이어라! 우리의 슬픔은 진정 영속하지 않은 것이니 라고![47]

사라진 운디네(즉 현실 세계에서의 죽음)에 대해 훌트브란트는 잠시 슬픈 마음을 갖게 되지만 이내 베르탈다와의 결혼을 택하며, 이를 두고서 서술자는 매우 시적인 언어로 "다른 낯선 심장들이 그 사이를 파고들어 … 슬픔에 대해서까지도 무상함을 체험하게 된다"고 서술하고 있다. 결국 슬픔과 관련해서도 훌트브란트와 운디네는 서로 상이한 모습을 내보인다. 훌트브란트와의 이별 후 물속으로 되돌아가게 된 운디네의 슬픔은 영원히 지속하기에 훌트브란트의 무덤 주변을 흐르는 샘물로 남게 되며, 그런 운디네의 슬픔과 관련하여 서술자는 "진실로 뿌리 깊은 슬픔", "우리 생명의 샘 밑바닥에서부터 나오는 슬픔"이라고 덧붙이고 있다. 흥미로운 점은, 운디네가 진정한 슬픔의 영속성을 갖게 된 것은 바로 그녀가 '순수한 영혼'을 갖게 되었기 때문이라는 것이다.

"비록 이 물 밑에서 살고 있지만 … " 하며 그녀는 입을 떼었다. "나는 내 영혼을 갖고 내려와 있어요. 그리고 나는 영혼이 있기 때문에 울 수가 있어요. 눈물이라는 것이 무엇인지 삼촌은 도저히 짐작조차 못하겠지만 말예요. 많은 것들이 행복하듯이, 이렇게 소중한 영혼을 품고 있는

47) Undine, p. 82(133~134쪽).

자에게는 눈물도 행복한 일이예요."[48]

운디네가 자연정령으로 다시 물속으로 되돌아왔음에도 인간의 영혼을 갖고 왔기에 진정한 슬픔을 계속 간직하고 있는 반면에, 이와는 완전히 정반대로 영혼의 본래 소유자인 훌트브란트는 스스로 탈영혼화된 상태에서 쉽게 "애도의 작업"을 통해 슬픔을 잊고 새로운 길을 찾아 나서는 것이다.

이제 운디네 및 훌트브란트/베르탈다에게서 서로 다르게 파악된 영혼의 의미를 다시 정리해보자. 영혼 없는 운디네가 본래 자연, 충동, 본능, 문명 이전의 무질서 상태에 놓여 있다면, 영혼 있는 인간은 본래 순수한 마음, 배려하는 마음, 따뜻함, 윤리적 정신 등을 지녀야만 한다. 인간과의 결혼을 통해 후천적으로 영혼을 획득한 운디네의 의미는 그 본래의 영혼의 의미를 지켜낸다. 그런 점에서 '운디네'는 원시성과 윤리성, 자연과 인간, 충동과 이성, 고대와 현대 등의 통일을 뜻한다. 발터 슈미츠의 분석처럼 소설 『운디네』는 셸링(Schelling) 철학의 목표였던 자연과 인간(영혼)의 통일을 추구하는 작품이며, 이때 양자 간의 이상적인 통일은 쌍방향의 소통, 즉 "자연의 인간화"(Humanisierung der Natur)와 "인간의 자연화"(Naturalisierung des Menschen)의 교감을 통해서만 가능하다.[49] 그러나 소설 내에서는 그와 같은 이상은 실패되고 만다. 그것은 운디네만이 "자연의 인간화"를 실현하고 있을 뿐, 인간(훌트브란트/베르탈다)의 편에서는 "인간의 자연화"가 전혀 실현되지 않고 있기 때문이다. 문명 공동체에서 인간은 이기, 탐욕, 시기, 질투, 배신 등에 젖어 스스로 몰락과 파국의 길을 걷기 마련인데, 그러한 위기에 처할 때 인간은 자연과의 소통 속에서 자신의 영혼을 지키려는 노력, 즉 타자에 대한 배

48) Undine, p. 87(140쪽).

49) Walter Schmitz, Undine-Nachwort, p. 376.

려의 마음을 간직하면서 인간의 자연화를 실현해야만 한다. 그러나 훌트브란트와 베르탈다는 전혀 그런 길을 걷지 못했다. 운디네(자연)의 존재를 이해하거나 수용하려는 근본적인 마음을 결핍한 채 그들은 오로지 자신의 인위적 존재 의미에만 사로잡혀 있었던 것이다. "우리 인간들을 좀 편안하게 내버려 둬, 이 마녀야!"라는 훌트브란트의 잔인한 말은 단순한 말실수가 아니라 인간과 비인간을 구분하는 극단적인 이분법적 사유의 결정체에 다름 아니다. 물론 훌트브란트와 베르탈다에게도 '자연과 소통하고 동화되는 영혼'을 간직할 수 있는 기회가 없지는 않았다. 훌트브란트의 경우 운디네와의 결혼이 그 기회였지만 그는 곶에서의 짧은 기간 동안에만 인간의 자연화를 실행했을 뿐 이내 도시적 삶 속에서는 인간의 자연화를 스스로 저버리고 말았다. 베르탈다도 운디네를 처음 본 순간 "어릴 적에 이야기로만 들어 온 수많은 동화 중 하나 속에 자기 자신이 살고 있다는 것이 그녀에게 참으로 야릇한 느낌을 주었다. 그녀는 운디네를 외경하는 마음으로 바라보았다"50)라고 언급되어 있다. 즉 '인간의 자연화'를 향한 순간의 기회를 베르탈다 또한 느끼고 있었던 것이다. 그러나 훌트브란트와 베르탈다에게 인간의 자연화는 순간적인 느낌이었을 뿐 구체적으로 실현되지 못했다. 그들은 탈영혼화 내지 탈인간화의 상태를 극복할 수 있는 기회를 스스로 외면한 '우리 근대인'의 모습에 다름 아니다.

이 밖에도 이 소설의 새로운 의미는, 이성을 부르짖지만 실은 전혀 이성적이지 못한 근대인에 대한 비판, 그와 관련된 현존의 새로운 가능성을 암시하는 자연정령의 의미 등에서도 찾을 수 있다. 아리스토텔레스가 제시한 4원소(땅, 불, 바람, 물)와 자연정령을 결합시키면서 '물질적 우주'에 관한 새로운 사유를 펼친 16세기의 의사이자 연금술사인 파

50) Undine, p. 63(101쪽).

라켈수스의 관점은 인간의 지성과 이성이 한계에 도달한 18세기 말 및 19세기 초에 낭만주의의 자연과학적, 자연철학적 맥락에서 다시 활성화되는바, 이러한 19세기의 과학사적, 문화사적 전환은 포스트휴머니즘 맥락에서 다양한 물질(디지털 정보) 및 물질들 간의 관계에서 새로운 능동성을 찾으려는 21세기 신유물론(New Materialism)의 새로운 경향과 유사한 점을 공유한다. 파라켈수스의 영향을 받아 씌어진 푸케의 『운디네』의 경우 자연과 인간의 특성을 수동과 능동, 충동과 이성 등으로 나누는 인간중심주의적 관념론을 적용하기에는 한계가 엿보이는데, 그것은 인간 주체의 관점에서 '신비로운 객체'로 간주되는 '자연정령'의 역동성, 나아가 물질의 역동성이 더욱 중시되고 있기 때문이다. 가령 물질의 역동성을 중시하는 신유물론적 이론에 의존하여 안케 크라머(Anke Kramer)는 '인간이 수동적 객체가 되고 오히려 운디네, 퀼레보른 등으로 대변되는 자연정령이 사건을 이끌어가는 능동적 주체가 되고 있는 소설적 정황'을 강조하면서 소설 『운디네』의 의미를 새롭게 제시하고 있다.

> 모니카 슈미츠-에만스가 보여주었듯이, 자연정령들과 그것들이 내재해 있고 침투해 있는 요소들이 인간들보다 사건의 진행을 더욱 강력하게 결정해 나가고 있다. 자연정령이 술책을 꾸미고 마지막까지 모든 결정적인 발전을 정해 나간다면, 이와 달리 인간의 행위는 자연정령의 행위에 대한 반응으로서만 서술되고 있다. 설혹 인간이 자연정령의 의도와는 다른 의도를 펼칠 경우, 가령 훌트브란트가 운디네를 외면하고 베르탈다와 함께 링슈텟텐 성으로 되돌아갈 때 그 행위는 바로 계획되지 않은, 비의도적이고 합리적으로 정향되지 않은 행위로 서술되고 있다. 즉 동화의 인간 행위자들과 관련해서 그것을 결코 의도적인 행위 능력으로 간주할 수 없다. 인간 행위자들의 자아는 더 이상 자기 집에서의 주인이 아니며 그들은 단지 자신의 욕망에 의해 움직이고 있다. 그들의 행위 능력은 자연정령의 행위 능력보다 근본적으로 제한되어 있으며 명확히 그 어떤 목적에 정향되어 있지 않다. 요컨대 분명한 점은, 이 텍스트에서

> 행위 능력은 인간에게만 부여된 바 있던 저 이성(ratio), 즉 수동적이고 이성 없는 자연과 인간을 구분해 주었던 저 이성에서 나오지 않는다. 한편으로 설혹 영혼을 갖고 있지 않더라도 자연정령이 바로 이성과 지성을 지니고 있으며, 다른 한편 바로 자연정령과 물질 간의 밀접한 연관성이 그런 자연정령의 행위에 그 힘의 근거를 마련해주고 있는 것이다.[51]

이러한 해석이 바로 운디네를 비롯한 자연정령의 능동성, 그리고 이들이 물질과 맺고 있는 역동적 관계를 더욱 강조하는 신유물론적 방식이다. 그러나 엄밀히 말하자면, 굳이 신유물론적 시각에 의존할 필요는 없다. 왜냐하면 정신과 이성의 한계를 직시하고 타자(자연, 충동, 물질, 무의식 등)를 중시한 측면이 바로 낭만주의 문학 및 철학의 근본 특징을 이루기 때문이며, 따라서 물질을 강조한다는 점에서 낭만주의의 자연철학적 관점과 현대의 신유물론적 관점은 서로 공통점을 지닌다. 특히 크람머가 서술한 "인간 행위자들의 자아는 더 이상 자기 집에서의 주인이 아니며"라는 문장은 무의식에 대한 프로이트의 저 유명한 정의를 재인용한 것인데,[52] 이는 무의식을 발견한 낭만주의 문학과 철학의 핵심을 이룬다. 자연과 인간, 무의식적 충동과 의식적 제어, 감성과 이성, 물질과 정신 간의 경계가 해체되는 극단적인 경우 자연이 때로는 더욱 인간적(이성적)이고 인간이 자연적(충동적)일 수도 있는 상황, 나아가 인간과 기계의 경우 기계가 인간적이고 인간이 기계적일 수도 있는 상황까지도 낭만주의자들은 문학적 상상력을 통해 선취하였고, 그런 문학적 상상력의 선취적 안목이 바로 정신분석학, 신유물론의 행위자 연결망 이론

---

51) Anke Kramer, Elementargeister und die Grenzen des Menschlichen. Agierende Materie in Fouqués Undine, in: PhiN(Philologie im Netz), Beiheft 10/2016, pp. 104-124, esp. p. 112.

52) S. Freud, Eine Schwierigkeit der Psychoanalyse, in: Gesammelte Werke, Bd. 12: Werke aus den Jahren 1917-1920, Frankfurt a. M. 1946, pp. 1-12, esp. p. 8:"…, dass das Ich nicht Herr sei in seinem eigenen Haus."

(Actor-Network Theory; ANT) 등과 연결될 수 있는 단초가 된다.

5. 메타포로서의 '운디네'

이상과 같이 운디네, 훌트브란트, 베르탈다 간의 관계에서 운디네와 영혼의 의미를 살펴보았지만, 좀 더 다른 관점에서 접근해보면 소설의 의미는 완전히 새롭게 해석될 수 있다. 우선 페미니즘적 시각으로 고찰할 경우, 운디네가 영혼을 획득한 상태는 결코 긍정적이지 않은, 철저히 남성 문화에 의해 길들여지기 과정에 다름 아닌 것으로 해석될 수 있다. 이러한 측면에 대해서는 이미 잉에 슈테판(I. Stephan)이 다음과 같은 해석을 제시해 준 바 있다.

> 훌트브란트가 부드러운 축소명사("운딘헨")로 지칭함으로써 운디네의 자연적인 힘과 독자성을 약화시키려 했던 것과 마찬가지로 작가 푸케 또한 서술자로서 그러한 길들이기 과정과 무시 과정에 참여하고 있다. 그것은 작가도 "아름다운 작은 금발의 아가씨"(vom wunderschönen Blondchen)라고 언급하고 있으며 더욱이 결혼식을 끝낸 후 운디네를 "집안 일만 좋아하는 아가씨"(Hausmütterlein)라고 언급하고 있기 때문이다. 운디네를 성녀와 순교자로서의 폭넓게 상상화하는 작업은 그녀의 불안한 출생의 흔적을 지워버리는데, 결국 운디네는 보다 나은 사람이 되고 만다. 그러나 이는 비싼 대가를 치루게 된다. 즉 그녀는 자연적인 감성적 힘을 상실하고 자신의 근원적인 에로틱한 매력을 잃게 된다. 운디네와의 결합으로부터 편협한 시민적 절제를 기대하지 않았던 훌트브란트는 자신이 기만당한 자로 느끼게 된다. 운디네 또한 자신의 고유함을 빼앗기고 만다. 즉, 열정이 사라진 훌트브란트는 운디네에게 단지 천사의 역할만을 기대하며 그럼으로써 내연녀 베르탈다를 향한 근거를 마련한다. 이처럼 사랑하는 이들이 서로 갖는 이중적인, 정반대의 위반에서 생겨난 슬픈 감정이 텍스트 전체를 관통한다. 감성과 시민적-기독교

적 결혼이 하나가 될 수 없다는 점이 바로 작가가 지녔던 슬픈 감정이다. 그것은 우리가 아이헨도르프의 여러 시들에서 발견했던 감정이며, 그리고 언제나 다시금 표명된 바 있는 낭만주의 작가들의 근본 경험에 속해 있는 감정이기도 하다.[53]

“wunderschönes Blondchen”, “Hausmütterlein” 같은 애칭이 사소한 표현으로 치부될 수도 있겠지만 실은 가부장적 남성문화의 무의식적 관습하에 여성을 ‘여성적으로’ 길들이려는 충동에서 나온 것이며, 또한 모든 것을 용서해주는 ‘천사 같은’ 운디네의 여성상을 원하는 훌트브란트의 의식도 마찬가지로 충분히 비판될 여지가 있다. 그러나 작가 푸케도 그러한 아름다운 여성상을 꿈꾸는 남성적 판타지에 젖어 있다는 잉에 슈테판의 시각은 재고해 볼 필요가 있다. 그것은 이미 그 표현 자체가 독자의 비판적 성찰을 유도하는 아이러니컬한 언어로 작동할 수 있기 때문이다. 잉에 슈테판은 푸케의 소설을 여성을 이상화하려는 남성 작가의 산물로 간주함으로써 다양한 아이러니컬한 문학적 장치가 작동하는 낭만적 소설을 단순히 로렐라이, 멜루지네 같은 동화 및 전설과 동일 선상에 놓고 있으며, 그로 인해 여성의 길들이기와 관련된 언술 자체가 사실은 도취와 아이러니 간의 변증법적 부유 속에 놓여 있음을 간과하고 만다.

소설의 또 다른 의미는 작가의 출생 배경과의 연관성에서 찾을 수 있다. 이미 소설 『페터 슐레밀의 놀라운 이야기』에서도 언급한 바 있듯이, 샤미소와 푸케는 실제 삶에서 매우 절친한 친구였다. 푸케의 가문 또한 프랑스 혈통에 뿌리를 두고 있고 샤미소 또한 프랑스에서 망명한 소위 ‘이주자 가정’의 출신 문인이라는 점을 볼 때, 두 작가는 모두 넓은 의미

53) I. Stephan, Weiblichkeit, Wasser und Tod, in: dies., Inszenierte Weiblichkeit. Codierung der Geschlechter in der Literatur des 18. Jahrhunderts, Köln-Weimar-Wien 2004, p. 228.

에서 독일의 순수 혈통과는 관계없는 아웃사이더 작가, 요컨대 최근 현대문학에서 새롭게 부상하고 있는 상호문화적, 다문화적 문학 형태로서의 '이주자 문학'(Migrantenliteratur)의 선구자로 간주될 수 있다. 그런 점에서 두 작가의 대표적인 소설 『운디네』와 『페터 슐레밀의 놀라운 이야기』는 서로 다른 주제이지만 실은 놀라운 공통점을 내포하고 있다. 그것은 바로 '이민자를 포함한 사회적 소수자를 형상화한 작품'으로 해석될 수 있다는 측면이다. 이미 샤미소의 『페터 슐레밀의 놀라운 이야기』에서도 제시했듯이, '그림자 없는' 슐레밀은 사회적인 보편성을 결핍한, 사회적으로 비정상적인 특별함을 지닌 이들을 가리키는데, 현대적으로 말하자면 집시, 이민자, 장애인, 동성애자 같은 사회적 소수자가 그에 해당된다.[54] 샤미소가 그림자 없는 이를 주인공으로 등장시키고 있다면, 그와 비슷한 맥락에서 푸케 또한 인간이 아닌 물의 정령 운디네를 주인공으로 설정하고 있다. 인간이 아닌 신비로운 존재로서의 운디네, 그림자를 상실한 슐레밀, 이들은 바로 사회적 보편성을 결핍한 이들, 즉 이민자, 장애인, 동성애자 같은 사회적 소수자라는 공통점을 형성한다. 그 점은 앞서 인용한 바 있는 "훌트브란트와 베르탈다는 가엾은 운디네를 동정하기보다는 이질적인 존재(ein fremdartiges Wesen)로서 오히려 꺼리는 태도를 보였다"[55]라는 대목을 통해서 결정적으로 입증될 수 있다. 또한 훌트브란트는 운디네가 물의 정령이었음을 인지하고서 결혼했음에도 불구하고 후에 자신은 전혀 몰랐다는 거짓된 자기 합리화를 펼치는데, 이때의 논리가 참으로 흥미롭다.

> 이렇게 된 것은 같은 것들이 서로 같이 어울리지 않았기 때문이다. 인간과 물의 정령이 괴이한 인연을 맺고 있었기 때문이야.[56]

---

54) 이 책의 8장을 참조할 것.

55) Undine, p. 63(102쪽).

요컨대, 자신의 불행은 정상성과 기이함이 서로 결합된 잘못에 기인한다는 식이다. 다르게 말하자면, 그것은 사회적 소수자의 존재적 다름과 차이를 부정하고 그 대신 "같은"(gleich) 부류의 결합만을 주장하는 이데올로기에 다름 아니다. 이처럼 '다른 것'(차이와 다름)을 거부하고 오로지 같은 것, 동류의 것만을 주장하는 훌트브란트의 관점은 철학적으로는 인간과 자연, 자아(das Ich)와 비아(das Nicht-Ich) 간의 차이 있는 공존 상태를 부정하는 것이며, 현실적으로는 자기중심주의적, 민족주의적인 이데올로기로 전락하는 위험을 지닌다. 이처럼 '같은 것'만을 내세우는 모습은 훌트브란트 뿐만 아니라 다른 존재자(인간)와의 결합을 방해하면서 끊임없이 운디네를 물속으로 다시 들어오게 하는 퀼레보른에게서도 마찬가지로 발견된다. 훌트브란트와 퀼레보른 모두 자기 부류만을 앞세우고 있다는 점에서 공통적이다. 같은 혈통, 같은 생각, 같은 행동을 요구하는, 동일한 부류의 존재자들로 구성된 소위 '하나의 균질화된, 동질화된 사회'는 이질적인 존재자(특성 있는 개별자, 사회적 소수자 등)에 철저히 배타적인 인종차별주의적, 국수주의적 경향을 띠는 위험성을 지닌다. 이와 달리 자연정령과 인간 사이에서 존재하는 '경계인'(Grenzgänger)과도 같은, 작품 내에서 "이질적인 존재"(ein fremdartiges Wesen), "마녀", "다르게 생긴 자"(die Andersartigen) 등 다양하게 명명되는 운디네는 바로 그런 배타적 장벽으로 구축된 '동일성 세계'에 저항하는 의미를 지닌다. 이에 대한 다음의 해석은 참고할 만하다.

> 기사 훌트브란트가 기본원소 중 하나인 물에 의해 둘러싸인 숲을 지나서, 그리고 인간 사회에서 멀리 벗어나서 아주 매력적이고 이질적인 자연적 본성의 운디네를 만나게 되어 그녀와 사랑에 빠지고, 그 사이 예

---

56) Undine, pp. 77-78(127쪽). 매우 중요한 구절이기에 원문은 다음과 같다:"Das kommt davon, wenn gleich sich nicht zu gleich gesellt, wenn Mensch und Meerfräulein ein wunderliches Bündnis schließen."

기치 않게 섬으로 변한 곶에서 그녀와 함께 며칠 동안 아무 걱정 없이 행복을 체험한다는 이야기를 통해 푸케는 인간과 자연, 남성과 여성, 합리성과 감정, 산문과 운문 간의 조화로운 합일이라는 낭만적 유토피아를 암시적, 상징적 방식으로 형상화하고 있다. 그러나 자신과 결혼함으로써 영혼을 갖게 된 연인을 인간 세계로 데리고 가는 그의 시도는 좌절되고 만다. 그 좌절은 다름 아닌 사회의 장벽에 기인한다. 즉 '다르게 생긴 자'(die Andersartige)를 끔찍한 위협으로 간주하고 잔인할 정도로 배척하는 사회, 훌트브란트조차도 자신의 사랑을 배신하게 만드는 그런 사회의 장벽 말이다. 도나우 강에서 배를 타고 가는 도중에 운디네는 결국 심하게 상처를 입게 되고 훌트브란트와 다른 사람들에게 이별을 고한다.[57]

인간과 결혼하여 영혼을 획득한 자연정령 운디네는 '차이성을 갖고서 인간 사회에서 함께 존재함'을 원했지만, 그러나 영혼을 상실한 채 살아가는 인간들은 낯설고 이질적인 존재에 대해 철저히 배타적일 뿐이다. 이기적인 마음보다는 이타적인 마음으로 살아가려는 사회적 소수자(운디네)가 결국 '배제와 배척'의 사회적 장벽에 부딪히고 만다는 점, 이것이 소설 『운디네』에 내재해 있는 근대 사회에 대한 알레고리컬한 의미다. 위의 해석은 이질성을 배재하는 사회 자체를 비판하면서 그러한 사회 내에서 훌트브란트 또한 무력할 수밖에 없다고 서술하고 있지만("훌트브란트조차도 자신의 사랑을 배신하게 만드는 그런 사회의 장벽"), 그러나 훌트브란트가 그런 사회에 적극 저항하지 않고 오히려 가해자의 편에서 스스로 배척의 논리를 펼치고 있다는 점을 놓치고 있다. 훌트브란트를 유럽의 기독교적, 가부장적 문화 전통을 대변하는 알레고리로 파악할 경우, 훌트브란트의 마지막 모습은 곧 이질적인 타문화(운디네)

57) Hermann Dorowin, Ingeborg Bachmann: Undine geht.(Aus: https://www.uni-due.de/literaturwissenschaft-aktiv/nullpunkt/rtf/bachmann_undine.rtf, p. 2).

와의 화해는 표면적인 가상일 뿐 결국은 자기중심의 이데올로기에 갇혀 있는 기독교적, 가부장적 문화의 이기적인 배타성을 드러낸 것과도 같다.[58]

사회적 소수자가 처한 존재적 상황의 맥락에서 소설『운디네』를 새롭게 조명하는 시각은, 문학사에서 흔히 엿볼 수 있는 낭만주의에 대한 비판의 목소리, 가령 '독일 민족주의 이데올로기를 옹호했다'는 비판과는 정반대의 해석이다. 비교적 최근에 독일 낭만주의에 관한 포괄적인 연구서를 출간한 크레머(Detlef Kremer)는 푸케의 작품을 언급하는 가운데 과거 문학사의 관점을 다시 반복하고 있는데, 그에 의하면 소재 차원에서 독일 신화, 특히 지그프리트 신화(혹은 전설)와 관련된 다수의 극작품을 통해 푸케는 "게르만족의 국가 신화", 독일 국가의 정체성을 강조하는 이데올로기로서 "게르만 민족 근원의 신화화", "게르만 신화의 재활성화" 등을 시도하고 있다고 비판하고 있다. 물론 푸케의 극작품들(『위대한 선제후의 귀향』,『할러제 가문』,『괴룡을 물리친 지구르트』 등)과 관련해서는 크레머의 시각이 일견 타당성을 지닌 듯이 보인다. 그러나 뵈셴슈타인이 지적했듯이, 150여 편에 달하는 푸케의 출간, 미출간 작품 세계와 관련하여 특정한 일관적이고도 보편적인 의미와 주제를 주장하는 것은 사실 불가능한 일이다.[59] 또한 크레머는 푸케의 다수 작품들 가운데 유독『운디네』에 대해서는 전혀 언급하지 않고 있는바, 이는 무엇을 뜻하는 것일까? 그것은『운디네』가 그와 같은 민족주의 이데올로기와 전혀 관계가 없음을 크레머 스스로도 간접적으

58) 푸케의『운디네』, 안데르센의「인어공주」(Die kleine Meerjungfrau, 1839), 존 키츠(J. Keat)의 발라드「무자비한 마녀」(La belle dame sans merci, 1829)에 나타난 물의 요정을 단순히 남성을 유혹하여 파멸로 몰아넣는 팜므 파탈로 간주하지 않고 유럽의 기독교적, 가부장적 문화에 의해 희생되는 이질적인 타문화에 대한 알레고리로 파악하는 시각에 관해서는 다음의 연구를 참조할 것(Anna Maria Stuby, Liebe, Tod und Wasserfrau: Mythen des Weiblichen in der Literatur, Opladen 1992, pp. 75-120).

59) R. Böschenstein, Undine oder das fließende Ich, p. 185.

로 시인해주고 있는 셈이다. 또한 크레머는 푸케의 작품들은 신화를 재형상화하고 있을 뿐 '인위적인 현대적 예술작품으로서의 신화'라는 슐레겔의 요청과는 아무 관련이 없다고 강조하고 있는바, 이 또한 성급한 판단이 아닐 수 없다.

> 푸케의 드라마와 소설 텍스트들은 '모든 예술작품들 중 가장 인위적인 예술작품'에 대한 초기낭만주의적 요청, 즉 복잡한 형식으로써 고대 신화가 지닌 다채로운 관계망을 다시 형성해 내는 '가장 인위적인 예술작품'에 대한 요청을 전혀 실행해내지 못하고 있다.[60)]

'새로운 신화'라는 요청은 주로 독일 국가의 정체성, 근원, 뿌리 등을 강조하는 정치적 이데올로기와 연결되기 마련이지만, 앞서 분석한 바 있듯이 "모든 예술작품들 중 가장 인위적인 예술작품"[61)]으로서의 '새로운 신화'에 대한 슐레겔의 요청은 그와 같은 정치적 이데올로기와 전혀 관련이 없다. 그리고 바로 『운디네』야말로 마찬가지로 독일 신화의 재활성화와 전혀 관련 없는, 오히려 슐레겔이 요청한 "가장 인위적인 예술작품"의 특성에 가장 잘 부합하는 작품이다. 『운디네』의 현대적인 형식미학적 특성과 관련해서는 앞서 다양한 측면을 분석한 바 있으며, 그 이외에도 다른 몇 가지 특성을 덧붙일 수 있다. 가령 "지금은 벌써 수백 년이 흘렀을 그 옛날, 한 선량한 늙은 어부가 살았다"라는 식의 동화적 첫 문장은 시대적으로는 중세 시대를 가리키지만, 소설의 진행이 진행하는 가운데 그 시대적 배경은 전혀 인지될 수 없을 정도로 시간의 흐름은 중지되어 있다. 또한 근대적 인간의 특성, 특히 '도구적 이성과 이기적인 개인' 같은 근대의 잔인한 인간상도 예기치 않은 서사 방식을 통해

---

60) D. Kremer, Romantik, Stuttgart 2007, p. 258.

61) 이 책의 2장을 참조할 것.

다양하게 구체화된다. 『운디네』가 독일 민족성을 옹호하는 이데올로기의 반영물이 아니라는 점은 어쨌든 무엇보다도 '운디네'(즉 이교도, 소수자 등)의 슬픔과 고통을 통해서 입증된다. 이처럼 다양한 형식적, 내용적 측면을 종합해 본다면, 『운디네』는 신화의 단순한 재구성이 아니라 슐레겔이 요청한 "가장 인위적인 예술작품"에 속하는 작품이다.

완전히 다른 맥락에서 『운디네』를 읽는 발터 슈미츠(W. Schmitz)의 시각도 그와 같은 인위적인 예술작품의 새로운 측면을 조명해 준다. 그는 자연과 인간 사이를 오가는 소설적 인물로서의 운디네를 뛰어넘어 '운디네'라는 기표를 다름 아닌 '포에지'에 대한 은유로 읽어내고 있는데, 이러한 시각은 푸케의 소설을 낭만주의 문학 내에 자리매김하는 데 있어서 매우 정확한 해석이 아닐 수 없다.

> 훌트브란트와 운디네의 만남은 인간과 신이 선사한 포에지 간의 만남이다. (…) 훌트브란트의 좌절은 최종적인 것이 아니다. 운디네와의 만남이 그에게는 실패했지만 『운디네』의 시인, 즉 '충실한' 시인 푸케에게는 성공적이었다. 푸케의 경우 언어가 이미지와 소리로 '쏟아졌으며', 시구와 이미지들은 밖으로 '용솟음쳤다.' 운디네의 사랑의 죽음 속에서 '여성'과 '포에지' 간의 형이상학적 차이가 지양되고 있는데, 그것은 순간적인 '파도'가 이제 '은빛색의 하얀' 샘물, '끓어오르는 샘'으로 변했기 때문이다. 더욱이 소설은 낭만적 민중 포에지로서의 근원적 전설로 변화되고 있었다. 푸케의 '낭만적 순환'의 미래적 포에지에서는 이제 역사적 시간의 지배가 마침내 전설적인 근원 시간의 공간 속으로 해체되고 있다. 『운디네』라는 소설을 통해 '추방당한 불쌍한 운디네'는 바로 포에지의 나라로 귀향하고 있는 것이다.[62]

물론 소설이 "민중포에지로서의 근원적 전설"(즉 근원적인 신화)로

---

62) W. Schmitz, Undine-Nachwort, pp. 378~379.

전환하고 있다는, 그리고 운디네를 통해 역사 이전의 근원 시간으로 되돌아가고 있다는 슈미츠의 시각과 언어 사용은 '본질', '근원' 등을 중시하는 '위험한 형이상학적 유산'으로 비추어질 수 있으며, 그런 점에서 비판될 여지가 없지는 않다. 본질과 근원의 의미를 중시하는 형이상학적 시각은 현실 세계에서 "독일적인 근원", "민족적 삶의 근원" 등을 옹호하는 파시즘적 시각과 연결될 수 있기 때문에 더욱 그렇다. 그런 위험한 언술에도 불구하고 운디네가 일종의 "포에지의 나라로 귀향하고 있다"는 슈미츠의 시각은 어쨌든 소설 『운디네』의 핵심을 정확히 꿰뚫어 주고 있는바, 요컨대 "운디네의 언어가 이미지와 소리로 쏟아졌으며, 시구와 이미지들은 밖으로 용솟음쳤다"는 언급은 인위적인 예술작품으로서의 『운디네』의 특성을 정확히 서술해 주고 있다.

이 밖에도 페터 폰 마트(Peter von Matt) 또한 '은유로서의 운디네'의 의미를 역사적으로 파악한 흥미로운 해석을 제시하고 있다. 그에 의하면 신화적, 동화적 세계에 존재하는 운디네를 문학적으로 재형상화하는 작업은 "기독교적이고 가부장적인 규율 체계"에 대항하는 일종의 "반종교"(Gegenreligion), "독일적인 반종교의 이교도적이고 반신앙적인 특성"이라는 의미를 지닌다. 19세기 초 가톨릭 종교의 억압적이고 위계적인 질서 체계와 결탁한 왕정복고의 정치 세력에 저항하는 새로운 문화적 힘이 바로 '운디네'를 통해 표출되고 있다는 것이다. 그런 '운디네'가 소설 내에서 훌트브란트/베르탈다에 의해서 배척되어 다시금 물속으로 되돌아간다는 결말은 안타깝게도 그 새로운 문화적 힘의 좌절을 암시한다. 프랑스 혁명의 영향을 받아 19세기 초에 싹튼 새로운 자유주의 사상은 1814-15년 경에 왕정복고("과거의 위계질서와 과거의 아버지")에 의해서 억압되고 마는데, 『운디네』는 그와 같은 역사적인 맥락과 관련을 맺고 있는 것이다. 즉 운디네가 물속으로 사라지는 것은 곧 "새로운 신에 대한 배반이며, 옛 아버지 앞에서의 항복, 그리고 동시에 분리될 수 없이, 정치적 의미에서의 옛 권력 앞에서의 항복이 일어나고 있음"[63]을 뜻한다. 이러한 해석은 운디네의 문학적 형상화, 그리고 운디네가 맞이하는 사라짐의 의미를 정치사회적, 역사적 차원에서 적절하게 파악해주는 관점이다.

6. 나가는 말

푸케의 작품은 단순한 중세 신화(전설)의 재구성이 아니라 '가장 인위적인 방식에 의한 현대적인 예술작품의 창작'이라는 낭만적 프로그램의 범례로 손꼽힌다. 또한 이미 언급한 것처럼, 현실과 상상, 일상과 꿈, 삶과 예술, 서술하는 자와 서술된 것 간의 경계를 해체시키고 있다는 점에서 이 작품은 슐레겔의 「아테네움」 116번 단편에서 천명된 "점진적 보편포에지"(progressive Universalpoesie)의 요청, 그리고 노발리스에 의해 강조된 '낭만화 방식'의 요청에 가장 잘 부합한다. 현실과 상상(꿈)의 경계 해체에 대한 암시는 『운디네』의 여러 대목에 제시되어 있는데, 가령 서술자는 인물의 심리적 상태를 놓고서 "훌트브란트는 깨어 있는 현실 안에서도 꿈꾸고 있는 듯한 느낌이었다"[64]라고 언급하며, 또한 베르탈다의 마음속을 들여다보는 가운데 "어릴 적에 이야기로만 들어 온 수많은 동화의 하나 속에 자기 자신이 살고 있다는 것이 그녀에게 참으로 야릇한 느낌을 주었다. 그녀는 운디네를 외경하는 마음으로 바라보았다"[65]라고 언급한다. 이 두 대목은 훌트브란트와 베르탈다의 심리 묘사를 뛰어 넘어 바로 포에지의 특성은 현실과 상상(꿈) 간의 경계 해체 선상에 놓여 있음을 우회적으로 말해주고 있다. 또한 독자에게 말을 거는

63) Peter von Matt, Liebesverrat. Die Treulosen in der Literatur, München 1989, pp. 236-237.
64) Undine, p. 46(74쪽).
65) Undine, p. 63(101쪽).

방식으로 서술자는 노골적으로 현실적(자전적) 사건과 예술적 형상화 간의 경계 해체 선상에 대해서도 다음과 같이 언급하고 있다.

> 친애하는 독자들이여, 이 이야기에 감동을 받고 다른 이들도 감동하기를 바라는 마음에서 이 글을 읽고 있는 사람으로서, 당신들의 많은 호응을 바라 마지않는다. (…) 그리하여 때로는 그녀에게 다정하게 대하지만 어느 틈엔가 차가운 전율이 몰려와 그로 하여금 운디네를 외면하고 인간의 자식인 베르탈다한테로 몰아갔다는 것 등의 모든 이야기를 예술작품의 형식에 맞추어서 한 걸음 한 걸음 전개할 수 있다는 것을 필자는 모르는 바가 아니다. 그 모든 것을 알고 있는 그대로 차근히 상술하는 것은 어려울 것도 없고 또 그렇게 해야 된다고 필자도 알고 있다. 하지만 그러기에는 필자의 가슴이 너무 아프다. 필자 역시 그와 비슷한 것을 체험한 터라, 그것을 상기하는 가운데 느껴질 사랑의 그늘이 아직도 두렵기 때문이다. 친해하는 독자여, 당신도 아마 이런 감정을 알고 있으리라. 결국 그것이 우리 유한한 인간의 운명이 아니겠는가.[66)]

필자가 푸케와 동일시될 수 있는지 아니면 서술자로서 필자가 또 한 명의 허구적 소설 인물인지에 대해서는 단언하기 어렵지만, “필자 역시 그와 비슷한 것을 체험한 터라”는 소설적 언술은 이야기의 현실적 진정성을 담보하려는 듯한 수사적 언술이다. 더욱이 그런 실제적, 현실적 체험을 “예술작품의 형식에 맞추어서” 서술해내는 것이 전혀 어려운 일이 아님을 강조하고 있지만, 그러나 이는 수사적인 차원에서 정반대로 읽혀진다. 즉 이야기를 예술작품의 형식에 맞추어서 서술해내는 작업은 전혀 쉬운 일이 아니며, 더욱이 예술적 형식화가 진행되는 가운데 이야기의 진정성과 실제성은 상실되기 마련이다. 따라서 위의 인용문은 예술적 형식화로 인해 자전적 경험과 소설적 허구, 진정성과 위장성, 자연성과 인

66) Undine, pp. 63-64(102-103쪽).

공성이 서로 뒤섞일 수밖에 없는 포에지의 내적 원리를 암시해주고 있다. 요컨대, 위의 인용문은 서술하는 자의 비판적 인식과 서술된 것의 감성적 도취 사이에서 '부유하는' 포에지의 특성을 암시해주고 있다.

* *

<보 론>

인간(훌트브란트)과 결혼함으로써 운디네는 마침내 그렇게 소망하던 영혼을 획득한다. 그러나 자연정령이 영혼을 획득한다는 것은 한편으로 자연정령이 본래 지니고 있던 거칠고 자유 분망한 기질의 상실을 뜻하며, 다른 한편으로 타인을 배려하고 사랑하는 마음을 갖게 된다는 것을 뜻한다. 영혼화된 운디네가 과연 자연과 인간의 이상적인 합일로서 사회 속에서 영원히 지속될 수 있는지에 대해서 소설은 회의적인 답을 제시한다. 결혼 후 운디네의 삶은 두 가지로 해석될 수 있다. 그 하나는 소위 가부장적인 남자의 지배 세계에서 자기 정체성을 상실해나가는 운디네의 삶이며, 다른 하나는 넓은 의미에서 영혼을 상실한 인간들 내에서 점차 소외되어가는 운디네의 삶이다.

1961년에 출간된 소설집 『삼십세』에 잉에보르크 바흐만은 중세 신화(전설)보다는 푸케의 『운디네』 내용을 소재로 삼아 『운디네가 간다』(Undine geht)라는 단편을 발표한 바 있다. 푸케의 작품이 전지전능한 주석적 화자로 씌어져 있다면, 일인칭 독백체로 전개되는 바흐만의 작품은 남성에 의해 배신당해 물속으로 사라진 운디네의 운명을 그리고 있다. 페미니즘적 시각에서 『운디네가 간다』는 소위 거대한 남성중심주의적, 가부장적 사회에 의해서 억압받는 여성 전체의 운명을 주제화하고 있다. '인간, 남성, 문명, 권력'은 '한스'라는 보편적인 이름을 지닌 '괴물'로 제시되며, 그 이름은 라캉이 사용한 바 있는 "거대한 아버지"로 대변되는 남성적 권력의 상징적 체계를 뜻한다.[67] 소설의 첫 장면은 더 이상 인간에게 미련을 두지 않는 듯한 운디네의 어조로 도처에 언제나 존재해 있는 가부장적 인물 '한스'를 다음과 같이 그려내고 있다.

> 그대들 인간이여! 그대들 괴물이여!
> 한스라는 이름의 그대들 괴물이여! 내가 결코 잊을 수 없는 한스라는 이름의 괴물이여.
> 내가 숲 속 간벌 지역을 지나갈 때면, 커다란 나뭇가지들이 벌어질 때면 언제나, 작은 나뭇가지들이 내 팔뚝에서 물기를 떨쳐 내주고 나뭇잎들이 내 머리카락에서 물기를 닦아주었을 때면 언제나, 나는 한스라는 한 사내를 만났다.
> 그래, 바로 그 논리를 나는 배웠지. 한 사내가 한스라고 불리어야 한다는 논리를, 이러 저런 사내마다 그대들 모두가 그렇게 한스라고 불리고 있지만 언제나 한 사내만 그렇게 불리어야 한다는 논리 말이다. 한스라는 이름을 지닌 이는 언제나 한 사내이며, 나는 그 사내를 잊을 수가 없다. 설혹 내가 그대들 모두를 잊더라도, 그대들 모두를 사랑했듯이 그대들 모두를 완전히 잊더라도 말이다. 그대들의 키스와 정액이 엄청난 거대한 물 - 빗물, 강물, 바닷물이든 - 에 의해 오래 전에 닦아내지고 저 멀리 씻겨 내려갔더라도, 이름만은 아직도 여기에 남아 있구나. 내가 한스, 한스라는 그 이름을 불러내는 일을 그만둘 수 없기에 그 이름은 물속에서 계속 번식하고 있다… 그대들 괴물은 튼튼하고 부단히 움직이는

67) "한스-인간"(Hans-Menschen)은 질서, 관습, 거대 심급기관, 안전 등을 중시하는 이들이며, 이들은 "불가해성의 차원"(Sphäre des Unverständlichen)을 대변하는 운디네를 위험으로 간주한다(I. Strohschneider-Kohrs, Stimme und Sprache. Ingeborg Bachmanns Version des Undine-Themas, München 2003, p. 30).

손, 짧고 핏기 없는 손톱, 까만 테두리를 두른 생채기투성이의 손톱, 손목을 둘러 싼 하얀 커프스, 넓은 술이 달린 스웨터, 유니폼 같은 회색 양복, 야성적인 가죽 재킷, 풀어 헤친 여름 셔츠 등을 입고 있지! 그러나 그대들 괴물아, 나를 내버려 두고, 이제 단연코 그대들을 경멸하도록 해다오. 이제 나는 다시는 오지 않을 것이며, 그대들 손짓을 더 이상 따르지 않을 것이며 와인 초대, 여행 초대, 극장 초대에 결코 응하지 않을 것이다. 나는 결코 다시 오지 않을 것이며 결코 '응'이라고, '당신, 응'이라는 말을 하지 않을 것이다. 그런 모든 단어들은 더 이상 존재하지 않을 것이며, 어쩌면 나는 '어째서'인지를 그대들에게 말하겠지. 물론 그대들은 모든 '어째서'라고 시작하는 질문들도 잘 알고 있을 거야. 이제 내 삶에는 그 어떤 질문이 존재하지 않을 것이다. 나는 물을 사랑할 따름이다. 물의 조밀한 투명성, 물속의 푸르름, 말 없는 물속의 피조물들(물론 나도 곧 말이 없어지겠지만!), 피조물 밑에 있는, 물속에 있는 내 머리카락을 사랑한다. 정직한 물은 무심한 수면과도 같은, 그대들을 다르게 보는 것을 내게 금지하는 수면과도 같은 물속에 있는 내 머리카락을. 나와 나 사이에 있는 촉촉한 경계선 …
나는 그대들의 후손을 갖고 있지 않다. 그것은 내가 그 어떤 질문도, 그 어떤 요구도, 그 어떤 조심성도, 그 어떤 의도도, 그 어떤 미래도 알고 있지 않기 때문이며, 또한 다른 삶 속에서 어떻게 자리를 차지해야 좋을지 내가 모르고 있기 때문이다. 나는 그 어떤 생계를, 그 어떤 단언과 약속을 필요로 하지 않는다. 오로지 공기, 밤공기, 바닷가 공기, 경계선 공기만을 필요로 하며, 이는 새로운 말, 새로운 입맞춤, '응, 응'이라는 끊임없는 고백을 행하기 위해 숨돌릴 수 있기 위해서만 필요할 뿐이다. 고백을 할 때마다 나는 사랑해야만 하는 벌을 받았었지. 그러던 어느 날 그런 사랑으로부터 자유로워졌을 때 나는 다시금 물속으로 들어가야만 했었다. 그 자연의 원소 속에서는 아무도 더 이상 둥지를 만들지 않으며 대들보 위에 지붕을 얹고 덮개를 씌우지 않는다. 그 어디에도 존재하지 않으며, 그 어디에도 머물지 않는다. 가라앉고 평온히 누워 있으며 그 어떤 힘을 들이지 않은 채 움직일 뿐이다. - 그러던 어느 날 갑자기 생각하더니 다시 떠오르고, 숲속의 간벌 지역을 지나가면서 그를 보고는 '한스'라고 말하네.

"안녕"
"안녕"
"당신 집은 얼마나 멀지?"
"상당히 멀어요, 상당히"
"내 집도 상당히 멀어."

어떤 실수를 언제나 반복하게 되며, 저 실수를 행함으로써 우리는 두드러지게 된다. 그렇기에 온갖 물들로 씻어내도 무슨 소용이 있겠는가, 도나우 강과 라인 강의 물, 티브르 강(이탈리아 로마를 가로지는 강: 역주)과 나일 강의 물, 얼어 있는 바다의 투명한 물, 대양과 신비로운 웅덩이의 잉크빛 물로 씻어내도 무슨 소용이 있겠는가![68]

이처럼 한스라는 남성적 권력 체계를 전면적으로 부정하면서도 운디네는 그 세계에서 벗어나 나 홀로 존재할 수 없다. 다시 말하면, 남성을 만나면서 매번 희생당하여 다시금 물속으로 들어가게 되지만 다시금 물위로 올라와 순수한 사랑을 꿈꾸면서 "오세요, 꼭 한 번만. 오세요"[69]라는 말로 한스에 대한 기대를 운디네는 포기하지 않는데, 이것이 어쩌면 운디네(여성)의 운명인 듯 보인다.

물론 남성에 대한 거부와 애정 사이에서 부유하는 여성 운디네의 형상화만이 소설의 핵심적 주제를 이루는 것은 결코 아니다. 운디네 및 여러 단편소설을 통해 바흐만은 궁극적으로 글쓰기의 순간, 즉 "자신의 죽음을 알게 되는 가운데 인간이 자기 자신과 만나게 되는 순간, 즉 에피파니(Epipanie)의 순간, 모든 외적인 강요와 동기가 사라지고 시간이 정지된 극단적인 자유의 순간"[70]을 소망하는 것처럼 보인다. 호프만스탈, 제임스 조이스 등의 세기말 작가의 문학에서도 형상화된 바 있던 에피

68) I. Bachmann, Undine geht, in: Marcel Reich-Ranicki(Hg.), Verteidigung der Zukunft. Deutsche Geschichten 1960-1980, München 1972, pp. 9-11.

69) Ibid., p. 20.

70) Hermann Dorowin, Ingeborg Bachmann: Undine geht, p. 5.

파니의 유토피아적 순간은 오로지 예술이라는 자유로운 창작 활동을 통해서만 구현될 수 있다.[71] 따라서 한스의 세계 속에 존재하는 운디네는 이제 완전히 다른 의미를 형성하는데, 즉 운디네는 더 이상 '그녀'라는 어떤 인물을 가리키는 것이 아니라 자유로운 주관성이 실현된 예술(혹은 글쓰기) 자체에 대한 은유로 해석된다. 이 점은 사실 바흐만 스스로 강조한 의미이기도 하다. 1964년 11월의 한 인터뷰에서 그녀는 "운디네는 여성이 아닙니다. 살아 있는 생물체가 아닙니다. 뷔히너의 말을 빌려 말하자면, '예술, 오 예술'입니다."[72] 한스라고 불리는 인간들 속에서 작가가 소망하는 것은 운디네, 즉 예술적 자유(혹은 그에 바탕을 둔 글쓰기)의 에피파니에 다름 아니다. 이처럼 바흐만의 소설과 관련하여 '운디네'라는 형상을 예술적 자유에 대한 은유로 파악하려는 관점은 사실 낭만주의 미학으로 소급될 수 있는데, 그것은 슐레겔의 소설 인물 '루친데', 노발리스의 '푸른 꽃'(즉 마틸데) 등도 그와 같은 예술적 자유에 대한 은유적 명명에 다름 아니기 때문이다.[73]

---

71) 현대문학과 에피파니의 긴밀한 관계에 대해서 보러는 다음과 같이 강조한 바 있다. "'지금'을 현현하는 '순간'으로, '에피파니'의 문학적 구조로 절대화하는 것이 대체로 현대문학의 특징으로 관찰될 수 있다(K. H. Bohrer, Plötzlichkeit. Zum Augenblick des ästhetischen Scheins, Frankfurt am Main 1981, p. 63).

72) I. Bachmann, Wir müssen wahre Sätze finden. Gespräche und Interviews, hrsg. von Christine Koschel und Inge von Weidenbaum, München/Zürich 1983, p. 46.

73) 이 책의 5장, 12장 등을 참조할 것.

CHAPTER 11

"언어는 오로지 자기 자신만을 걱정한다"

– 노발리스의 「독백」

CHAPTER 11

"언어는 오로지 자기 자신만을 걱정한다"

– 노발리스의 「독백」

1. '인간의 말하기'에서 '언어의 말하기'로의 전환

여러 개의 글을 모아 1959년에 출간된 『언어로 가는 도중에』(Unterwegs zur Sprache)에는 언어에 관한 하이데거의 집중적인 사색이 들어 있는데, 그중 「언어로 가는 길」(Der Weg zur Sprache)이라는 글은 다음과 같이 시작한다.

> 우리는 노발리스의 말을 들으면서 시작해보자. 그것은 그가 「독백」이라는 제목을 달아 놓은 텍스트 내에 있다. 그 제목은 언어의 비밀을 지시하고 있는데, 즉 언어는 유일하고 고독하게 자기 자신과만 말한다는 것이다. 그 텍스트의 한 문장은 다음과 같다. '언어는 오로지 자기 자신만을 걱정한다는 사실, 이러한 언어의 고유함을 그 누구도 알고 있지 않다.'[1]

"언어는 오로지 자기 자신만을 걱정한다"는 노발리스의 기이한 문장

1) M. Heidegger, Unterwegs zur Sprache, in: Gesamtausgabe, Bd. 12, Frankfurt am Main 1985, p. 229.

을 인용하면서 하이데거는 자신의 언어론을 펼치고 있으며, 특히 노발리스 인용문에 담겨진 의미를 "언어는 유일하고 고독하게 자기 자신과만 말한다"라는 언술로 풀어놓고 있다. 이러한 언술은 또 다른 글에서 제시된 저 유명한 "언어란 언어다. 언어가 말한다"(Die Sprache ist: Sprache. Die Sprache spricht)[2]는 동어반복적 언술과도 연결된다. 하이데거의 언어관은 '존재로서의 언어'라는 의미에서의 '언어존재론'(Sprachontologie)으로 규정되는데, 즉 언어가 존재를 위한 인식 매개체로 간주되는 것이 아니라 언어가 존재 그 자체임을 뜻한다. '언어로 가는 도중에'(Unterwegs zur Sprache)와 '존재로 가는 도중에'(Unterwegs zum Sein)는 곧 동일한 뜻이다. 물론 하이데거는 노발리스의 언어관에 대해 "노발리스는 언어를 주관성에서 나온 절대적인 관념론의 시각에서 변증법적으로 표상하고 있기 때문"[3]이라고 비판하면서도 다시금 노발리스의 「독백」을 염두에 둔 듯 다음과 같이 언어의 독백적 특성을 나직이 역설한다.

> 그러나 언어는 독백으로 *존재한다.* 이것은 이제 두 가지 점을 말한다. 본래 말을 하는 것은 *오로지* 언어이다. 그리고 언어는 *고독하게* 말한다.[4]

하이데거의 언어관은 약간의 변화 과정을 겪는다. 1947년에 출간된 『휴머니즘에 관한 편지』에서 하이데거는 잘 알려진 것처럼 "존재의 집"으로서 언어, 그곳에서 거주하는 인간, 그 거주지를 지키는 시인과 철학자 등을 강조하였는바,[5] 당시에는 언어, 존재, 인간, 시인 등이 서로 밀

---

2) Ibid., p. 11.

3) Ibid., p. 254.

4) Ibid.

5) "언어는 존재의 집이다. 언어의 거주지에 인간이 거주한다. 사유하는 이들과 시를 짓는 이들은 그 거주지의 지킴이들이다. 그들의 지킴은 존재의 개방성을 실행해냄이다. 그들은 말함을 통해서 그 개방성을 언어로 나타내며 언어 속에서 개방성을 보존해내면서 그

접한 관계를 형성하고 있었다. 그러나 『언어로 가는 도중에』의 경우 하이데거의 언어관은 그 강조의 방점을 한층 더 언어 자체에 놓고 있는데, 즉 언어의 대화성, 역사성, 사회성 같은 특성보다는 '닫혀 있는 고독한 독백'으로서의 언어 자체가 더욱 중시된다. 궁극적으로 '오로지 고독히' 존재하고 스스로 말하는 독백으로서의 언어적 특성이 더욱 강조되는 까닭은, 세인(世人)이 생각과 의도를 서로 주고받는 도구로서 언어를 사용하고 있는 상황에서 언어적 대화가 공허한 말(Gerede), 잡담 내지는 허튼소리(Geschwätz)로 전락할 수 있기 때문이다. 이와 같은 언어 자체를 중시하는 시각은 하이데거뿐만 아니라 그의 동시대인 벤야민에게서도 엿볼 수 있다. 양자의 시각은 각기 다음과 같다.

> 언어가 말한다. 언어의 말하기란 어떠한가? 우리는 어디서 그런 점을 발견하는가? 말해진 것 내에서 가장 잘 발견된다. 바로 거기서 말하기는 스스로를 완성해낸다. 말해진 것 내에서 말하기는 멈추지 않는다. 말해진 것 내에서 말하기는 안전하게 보호되어 있다. 말해진 것 내에서 말하기는 자신이 지속하는 방식, 그리고 자신에게서부터 지속하는 것을 모은다. 요컨대, 말하기의 지속하기, 말하기의 현성하기 말이다. 그러나 말해진 것은 대체로, 너무나 종종, 어떤 말하기의 지나간 것으로서 우리와 마주한다.[6]

> 언어는 무엇을 전달하는가? 언어는 언어에 적합한 정신적 본질을 전달한다. 그 정신적 본질이 언어를 통해서가 아니라 언어 내에서 자신을 전달한다는 점을 알아야 함은 기본적이다. 만약 언어의 화자를 언어를 통해서 자신을 전달하는 사람이라는 식으로 이해한다면 언어의 화자란 결코 존재하지 않는다.[7]

존재의 개방성을 실행해낸다"(M. Heidegger, Über den Humanismus, Frankfurt am Main 1991, p. 5).

6) M. Heidegger, Unterwegs zur Sprache, pp. 13~14.

'언어가 스스로 말한다'는 시각(하이데거), '언어적 본질로서의 정신적 본질이 언어 내에서 자신을 전달한다'는 시각(벤야민)은 모두 언어 자체의 절대성을 강조한 독일 낭만주의의 언어관에서 그 단초를 찾을 수 있는데, 가령 노발리스의 「독백」에서는 '언어는 자기 자신만을 걱정한다'는 시각이, 슐레겔의 「불가해성에 관하여」에서는 '말 자체만이 스스로를 더 잘 이해한다'는 시각이 대표적인 언술로 제시될 수 있다. 서술한 언어적 방식만 다를 뿐 슐레겔, 노발리스, 하이데거, 벤야민 등이 공통적으로 강조하는 점은 언어의 소통적 도구성에 대한 거부 및 언어 자체의 고유함과 내적 자율성이다.

그렇다면, 언어의 소통적 도구성에 대한 회의는 왜 제시된 것일까? 하이데거와 벤야민에 앞서 발표된 호프만스탈의 「한 편의 편지」(Ein Brief, 1902)라는 텍스트는 언어의 전달적, 소통적 도구성을 거부하면서 언어존재론, 언어신비론 등을 옹호하고 나선다. 찬도스(Chandos) 경이라는 허구적인 문인은 1603년 8월 22일에 영국 경험론을 대표하는 철학자 베이컨에게 보낸 편지의 서두에서 지난 시절 자신의 문학에서 자주 사용했던 언어에 대하여 강한 회의를 피력한다.

> 요컨대, 저의 사태는 이렇습니다. 즉 그 어떤 것에 대해서도 연관성 있게 사유하거나 말하는 능력이 완전히 제게는 부재해 있다는 것입니다. 우선 한층 고상하거나 한층 보편적인 주제를 언급하는 것이, 그리고 모든 사람들이 주저 없이 흔하게 사용하곤 하는 그런 낱말들을 입안에 담는 것이 저에게는 불가능해졌습니다. 저는 '정신', '영혼' 혹은 '육체' 같은 낱말을 발화하는 데 형용하기 어려운 불편함을 느끼게 되었습니다. (…) 어떤 판단을 제시하기 위해 혀가 이용하지 않을 수 없는 추상적인 낱말이 제 입 안에서는 곰팡이 난 버섯처럼 썩어 있습니다. [8)]

7) W. Benjamin, Gesammelte Schriften, Bd. II, p. 142.

8) Hugo von Hofmannsthal, Erzählungen. Erfundene Gespräche und Briefe, Reisen, in:

연관성 있는 사유와 말하기의 불가능성, 고상하고 보편적인 주제에 대한 거부, 관념론과 유물론의 핵심 개념인 정신, 영혼, 육체 등에 대한 회의, 이와 같은 다양한 현상은 언어와 사유를 바탕으로 관념적, 추상적 합리성을 추구해 온 근대성에 대한 전면적인 부정을 뜻한다. 물론 글의 후반부에서 찬도스 경은 그와 같은 언어위기(Sprachkrise) 및 사유 위기로부터 벗어날 수 있는 작은 탈출구를 찾게 되는데, 그것은 일상적이고 초라하고 작은 사물들이 우연히 갑작스럽게 빛을 발하는 순간의 경험이다. 찬도스 경은 그런 순간의 경험만을 순수하게 언어적으로 담아내는 글쓰기를 취하기로 결심하는데, 이는 흔히 "문학적 현현"(literarische Epiphanie)이라고 명명된다.[9)]

이와 같은 언어 및 사유 위기는 호프만스탈뿐만 아니라 마우트너(F. Mauthner), 릴케, 트라클, 카프카 등 수많은 세기말 전환기의 사상가와 시인들에게서도 엿볼 수 있는 현상이다. 그런데 이미 18~19세기 전환기에 노발리스, 클라이스트도 그와 같은 언어 위기를 맞이한 바 있으며, 그러한 위기가 공교롭게도 19~20세기 전환기에도 반복해서 나타났던 것이다. 그렇다면 언어 및 사유 위기는 왜 발생하는 것일까? 이를 단지 세기말적 현상으로만 파악하는 것은 편협한 시각으로 머물 수 있으며, 그 대신 18세기부터 20세기에 걸쳐 지속적으로 진행된 근대성 자체에 대한 근본적인 회의로 파악하는 것이 더욱 타당할 수 있을 것이다. 요컨대, 근대적 주체의 자의식이 '타자로서의 언어'를 과도하게 도구적으로 점유하려 했으며, 바로 그에 대한 저항적 차원에서 언어 자체의 순수성

Gesammelte Werke in zehn Einzelbänden, Frankfurt a.M. 1979, p. 464.

9) 현현(Epiphanie)에 대해서는 다음의 몇몇 문헌을 참조할 것(J. Joyce, Stephen der Held. Ein Porträt des Künstlers als jünger Mann, Frankfurt am Main 1972, p. 224; Theodore Ziolkowski, James Joyces Epiphanie und die Überwindung der empirischen Welt in der modernen deutschen Prosa, in: DVJS, 35(1961), pp 594~616; Umberto Eco, Wie man mit einem Lachs verreist und andere nützliche Ratschläge, München 1993, p. 138).

과 자율성이 강조된 것이다. 1898년에 발표된 릴케의 시 「나는 사람들의 말에 대해 두려움을 가진다」(Ich fürchte mich so vor der Menschen Wort)는 그와 같은 해석을 암시해 준다. 즉, "사람들이 너무 명확하게 말을 한다/ 이것은 개이고 저것은 집이며/ 여기가 시작이고 저기가 끝이라고"[10]라는 시의 구절은 언어를 자신의 명확한 사유 판단의 표현, 실상의 정확한 지시 등을 위한 도구로 삼고 있는 근대적 인간에 대한 비판에 다름 아니다. 니체 또한 인간 주체들이 권력을 쥔 근대적 상황에서 어떻게 언어가 오염되고 착취되고 있는지를 다음과 같이 강력하게 비판한 바 있다.

> 즉 도처에 언어가 병들어 있고, 이 기이한 병의 중압감이 모든 인간 발전을 짓누르고 있는 것이다. (…) 이러한 근대문명의 짧은 기간 동안의 지나친 자기 확장으로 인해 언어의 힘은 고갈되고 말았다. 그 결과 이제 언어는 자신의 유일한 존재 이유를 더 이상 수행하지 못하고 있는데, 즉 고통을 받고 있는 이들이 아주 소박한 삶의 곤경에 대해 더 이상 서로 소통을 나누지 못하고 있다. (…) 인간이 서로 의사소통을 꾀하고 하나가 되어 일을 하려고 시도할 경우 그들은 보편적 개념들의 망상, 단지 단어만이 울리는 망상에 사로잡히고 만다. 이러한 상호전달의 불가능한 결과로서, 공통감각의 창조물들은 결국 상호 이해 불가능성의 표시를 달고 마는데, 그것은 그 창조물들이 현실적인 곤경보다는 단지 저 폭력적인 말과 개념의 공허함에만 부합되어 있기 때문이다. (…) 마찬가지로 이제 사람들은 언어의 몰락 속에서 말의 노예가 되고 만다.[11]

보편적, 추상적 개념으로 인간은 공허한 망상에 젖게 되는데, 이는

---

10) Rainer Maria Rilke, Gedichte, in: Werke, hrsg. v. Manfred Engel u.a., Frankfurt a.M. 1996, Bd. 1, p. 106.

11) F. Nietzsche, Richard Wagner in Bayreuth, in: Werke in 3 Bänden, hrsg, v. Karl Schlechta, München 1954, Bd. 1, p. 23.

곧 언어가 혹독하게 병들어가고 있는 현상과도 같다. 본래 "공통감각의 창조물"로서 언어는 "감정의 전달"에 근본을 두고 있었지만 근대가 진행하면서 언어는 추상적이고 보편적인 개념 – 호프만스탈의 「한 편의 편지」에서 언급된 '자연', '정신', '육체' 같은 개념 – 등으로 병들고 만다. 순수 언어의 진정성이 몰락하고 "폭력적인 말과 개념의 공허함"만이 팽배하는 근대, 즉 "언어의 몰락"을 일으킨 근대 속에서 사람들은 완전히 "말의 노예"로 전락되어 있는 것이다. 근대가 가속화되고 더욱 병폐화되는 문턱에서 언어의 순수성을 구원하려는 시도가 여러 문인과 사상가들에 의해 간헐적이지만 반복적으로 제시되었는데, 그 최초의 시도는 노발리스와 슐레겔이 강조한 언어신비성, 언어불가해성 등에서 찾을 수 있다.

2. 언어의 자기준거성과 예술의 자율성

모든 문학작품 내지는 텍스트는 곧 언어로 구성된 산물이며, 따라서 텍스트의 닫힌 특성을 이야기할 때 그것은 근본적으로 언어 자체의 닫힌 특성과 상통한다. 노발리스는 작가와 독자를 강조하면서도 동시에 언어 자체의 기이한 특성을 강조한 바 있는데, 대표적인 글로는 그가 남긴 한 페이지 분량의 짧은 단상 「독백」을 들 수 있다. 요컨대, 「독백」은 언어의 근본적 특성을 천명하는 일종의 문학적 '선언문' 내지는 '강령'과도 같으며, 그 전문은 다음과 같다.

> (1) 말하기와 글쓰기에는 다음과 같은 우스꽝스러운 측면이 있다. 요컨대 성실한 대화는 단순한 말장난일 뿐이다. 자신이 사물 때문에 말한다고 사람들은 생각하는데, 이러한 우스꽝스러운 오류는 놀라지 않을 수 없다. 언어는 오로지 자기 자신만을 걱정한다는 사실, 이러한 언어의 고

유함을 그 누구도 알고 있지 않다. 그럼으로 언어는 기이하고도 풍부한 비밀이다. 가령 누군가 말하기 위해서 단지 말한다면 그는 바로 가장 뛰어나고 독창적인 진리를 발설하게 된다. 그러나 그가 어떤 특정한 것을 말하려 한다면 그 변덕스러운 언어는 그로 하여금 가장 우스꽝스럽고도 정반대의 쓸모없는 것을 말하게 만든다. 이런 까닭에 여러 진지한 사람들이 언어에 대해 품고 있는 증오심이 발생하게 된다. 그들은 언어의 방종(변덕스러움)을 알고 있을 뿐 경멸적인 농담이 바로 언어의 무한한 진지한 측면이라는 점을 알지 못하고 있다. 우리가 언어와 수학 용어가 서로 같다는 점을 많은 사람들에게 쉽게 납득시킬 수만 있으면 좋을 텐데. 즉 수학 용어는 자신만의 세계를 구축하며, 자기 자신과 유희하며 오로지 자신의 놀라운 특성만을 표현하며, 바로 그 때문에 수학 용어는 표현력이 풍부하며, 바로 그 때문에 수학 용어 안에는 사물의 기이한 관계놀이가 투영된다는 점을 말이다. 자신의 자유를 통해서만 수학 용어는 자연의 일부분이 되고, 이 수학 용어의 자유로운 움직임 내에서만 세계영혼이 표현되고 세계 영혼을 사물의 부드러운 척도와 기본 윤곽으로 만든다. 바로 언어도 그와 같다. (2) 언어의 운지법(fingering, 運指法), 언어의 박자, 언어의 음악적 정신에 대한 뛰어난 감각을 갖고 있는 자, 즉 언어의 내적 특성의 부드러운 영향력을 자기 자신 속에서 듣는 자, 그것에 따라 자신의 혀나 손을 움직이는 자, 그런 자가 예언가가 될 것이다. 반면에 그와 같은 점을 잘 알고 있지만 언어에 대한 청각과 감각을 충분히 갖고 있지 못한 자는, 이와 같은 진리를 쓰고 나면 언어에 의해서는 가장 뛰어난 자로 간주될 수 있지만 카산드라가 트로이 사람들에 의해 그랬듯이 사람들로부터는 비웃음을 사게 될 것이다. (3) 이렇게 내가 포에지의 본질과 사명을 아주 명확하게 제시했다고 믿고 있지만, 나는 그 누구도 이를 이해할 수 없을 것이라는 점을 잘 알고 있으며, 또한 내가 그것을 말하고 싶었기 때문에 단지 어떤 진부한 것만을 말했다는 점을 잘 알고 있으며, 그리고 아무런 포에지도 제시되지 않았다는 점을 잘 알고 있다. 그래도 나는 어쨌든 말을 해야만 했던 것이 아닌가? 이렇듯 말하는 언어충동이 바로 내 안에 있는 언어 활동과 언어영감의 특징이라면? 나의 의지가 내가 해야만 하는 모든 것을 원했다면, 이 모든 것은 마침내 부지불식간에 시문학이 될 수 있으며 나아가 언어의 비밀을 납득시킬 수 있지 않은가? 그러면 나는 천부적인 작가일 것이리라. 왜냐하면 작가란 언어에 도취된 자이기 때문이지.[12)]

이 짧은 글에 대한 해석은 수없이 많고 다양하다. 1960년에 발표된 낭만적 아이러니에 관한 연구서에서 노발리스의 「독백」을 가장 세밀하게 분석한 슈트로슈나이더-코어스(I. Strohschneider-Kohrs)의 시도가 대표적인 해석으로 손꼽힌다. 그 연구서는 「독백」의 핵심을 무엇보다도 "전언된 것의 근절"(Vernichtung des Gesagten), 즉 대상, 표상, 사유 등에 대한 완전한 부정에 있다고 보았다.[13)] 그와 비슷하지만 완전히 다른 맥락에서 비교적 최근의 분석은 "「독백」의 독창성은 말하기의 '무엇'(Was)이 아니라 말하기의 '어떻게'(Wie)에 있으며, 아이러니컬한 자기서술로서 언어철학에서 독보적인 위상을 지닌다"[14)]라고 밝히면서 '근절이 어떻게 아이러니컬하게 전개되는지'를 더욱 강조하고 나선다.

노발리스의 문학 및 시학에 관한 대표적인 연구자의 시각도 언급하지 않을 수 없다. 위어링스(H. Uerlings)에 의하면, 「독백」에는 다양한 사상과의 연관성이 흐르고 있다고 한다. 예를 들면 "신플라톤주의의 유비론적 사유, 피타고라스의 숫자론, 신지학적 기호론, 낭만주의적 유기체론, 기교적 현대성, 로고스 신비론, 유명론, 플라톤주의, 니힐리즘, 실존적 존재론" 뿐만 아니라 언어에 도취된 시인의 모습을 강조한 「독백」의 마지막 부분과 관련해서는 "무아경의 시인상을 강조하는 플라톤주의, 디오니소스적 도취, 신학적-기독교적인 토대" 와의 연관성도 찾을 수 있다고 한다.[15)] 이러한 사상적 배경뿐만 아니라 위어링스는 「독백」의

12) Novalis, Schriften, Bd. II, p. 672..

13) I. Strohschneider-Kohrs, Die romantische Ironie in Theorie und Gestaltung, p. 263.

14) Donatella Di Cesare, Anmerkungen zu Novalis'Monolog, in: Athenäum. Jahrbuch für Romantik, 5. Jg. 1995, pp. 149-168, esp. p. 167.

의미를 다음과 같이 요약하고 있는데, 마치 데리다의 기호론에 영향을 받은 듯한 언술에 가깝다.

> 「독백」은, 언어란 언어와 무관하게 주어져 있는 의미를 재현하는 것이 아님을 명시하고 있으며 또한 은유가 은유 '뒤'에 있는 의미를 재현하는 것이 아님을 명시하고 있다. 더 정확히 말하자면 「독백」은 재현과 형이상학의 고전적 논리를 전도하고 있다. 언어 저편에 놓여 있는 의식이 언어의 의미(Bedeutung)를 보장한다는 것 대신에 핵심적으로 말하자면, 표현이 사유보다 앞서 있으며 언어는 언어 효과를 생산한다는 점을 보여주고 있다.[16]

"언어와 무관하게 주어져 있는 의미", "은유 '뒤'에 있는 의미", "언어 저편에 있는 의식" 등은 데리다가 부정한 바 있는 로고스, 음성, 역사적 맥락, 텍스트 바깥 등을 지칭하며, 노발리스의 「독백」은 그와 같은 로고스중심주의, 재현중심주의를 부정하고 있는 것이다. 데리다가 "텍스트의 바깥은 없다"(佛語: Il n'y a pas de hors texte, 獨語: Ein Text-Äußeres gibt es nicht/Es gibt kein Außerhalb des Textes)라고 선언하면서 오로지 '텍스트 내에서의 기표의 해체론적 운동'을 중시했듯이, 노발리스의 「독백」도 언어(즉 텍스트)는 어떤 바깥(언어/텍스트 외적인 역사적 맥락)에 종속되어 있는 것이 아니라 오로지 자신만의 닫힘과 열림의 고유한 운동을 전개하거나 내지는 내적인 효과를 만들어내는 힘을 지닌다는 관점을 내포하고 있다. 즉 언어 이전의 사유보다는 표현(좀 더 정확히 말하면, '기표, 언어적 서술') 자체가 중시되고 동시에 언어의 의미보다는 '언어 효과'가 우선시되고 있다는 점에서 「독백」은 후기구조주의적, 해체론

---

15) Herbert Uerlings, Friedrich von Hardenberg. Werk und Forschung, Stuttgart 1991, p. 209.

16) Ibid., p. 212. 위어링스는 노발리스의 언어관과 기호론을 데리다의 시각과 거의 유사하게 분석하고 있음에도 불구하고 근본적으로 피히테로 대변되는 독일 관념론적 철학 내에 여전히 머물고 있다.

적 시각을 선취하고 있는 것이다. 약간 상이한 점이 없지는 않지만 노발리스와 하이데거(혹은 아도르노), 노발리스와 데리다 간의 상호연관성도 다음과 같이 제시될 수 있다.

> 우선적으로 전달하는 것 그리고 정보를 주는 것 대신에 언어는 하나의 세계를 만들어낸다. 하이데거에게 「독백」은 작품 속에서의 섬광에 대한 증거인 셈이다(하이데거 전집 79번에 실려 있는 <사유의 근본원칙>을 참조할 것). 언어 실체 자체의 번쩍임, 이를 아도르노는 출현(apparition), 즉 불꽃의 번쩍임이라는 의미에서의 현현(Erscheinung)이라고 명명한 바 있다. 하이데거에게 「독백」은 언어 실체의 섬광 내지는 번쩍임의 증거인 바, 즉 여전히 낯설게 하는 것으로 경험되고 지속되어야만 하는 언어 실체를 입증해주는 글이다.[17]

> 언어철학적 에세이인 「독백」(1798?)에서 노발리스는 20세기 후기구조주의 기호이론의 입장을 선취하고 있다. 즉 노발리스는 모든 말하기를 정향되지 않은 자유로운 유희로서 서술하고 있는바, 언어 자체가 발화자들과 함께 즐기는 그런 유희 말이다. 따라서 언어는 사유를 전달하기 위한 단순한 도구가 아니라 그 자체의 자율성에서 존중되어야만 한다. 언어에 대한 이성적 통제는 인간에게 불가능한 일이다.[18]

두 인용문은 각기 다른 의미를 지닌다. 전자는 하이데거, 아도르노의 언어존재론적 관점에서, 후자는 데리다의 기호론적 관점에서 각기 「독백」의 중요성을 정확하게 짚어내고 있다. 노발리스의 「독백」과 관련된 하이데거와 아도르노, 하이데거와 데리다, 아도르노와 데리다 간의 공통점과 차이점을 여기서 세세히 논할 수는 없지만, 그들 모두는 현실 묘

17) Manfred H. Freude, Schwaigen & Nichtsz. Sprachphilosophie/Philosophische Analyse, Berlin 2011, p. 90.

18) http://www.literaturwissenschaft-online.uni-kiel.de/wp-content/uploads/2015/09/05_Romantische_Theorie2_Novalis_Protokoll_13.05.2014_1_1.pdf

사, 정보 전달, 발화자의 의도(사유)의 전달 같은 '목적을 위한 도구'로서의 언어관에서 벗어나 언어 자체의 독자성을 옹호하고 있다는 공통점을 지닌다. 다만 첫 번째 인용문처럼 '언어 실체'를 강조할 경우 자칫 언어를 다시금 형이상학의 본질론적 시각 내에 위치시키는 위험에 노출될 수 있다. 따라서 언어의 끝없는 유희(즉 기표의 항구적인 유희), 언어 자체의 자율성 등을 중시하는 관점이 「독백」과 관련해서는 더욱 설득력을 지닌다. 사실 노발리스의 「독백」을 카발라적 관점의 방법론에서, 나아가 데리다 식의 해체론과 연결시키려는 시각은 전혀 틀린 것이 아니다. 그것은 "자기 자신과 유희하는 언어", "철자와 단어들의 자기준거적 유희"라는 특성이 노발리스의 글에서 상당히 강조되고 있기 때문이다. 데리다처럼 구체적이고 자세한 철학적 논의를 펼치지는 않았지만 노발리스의 글은 직관적이고도 단초적인 차원에서 언어 자체의 고유한 운동성을 역설함으로써 니체와 데리다를 선취하고 있는 것이다.[19)]

이제 「독백」 자체를 세부적으로 살펴보기로 하자. 이 짧은 텍스트는 크게 세 부분으로 나뉜다. 첫 번째 (1)에서는 언어 자체의 고유함, 내적 자율성 등이, 두 번째 (2)에서는 음악적 정신과 감각의 소유가, 세 번째 (3)에서는 '말하기' 내지는 '언어' 충동에 사로잡힌 시인으로서의 소명, 천직 등이 강조되고 있다.

우선 「독백」의 첫 번째 부분에서는 언어 자체의 고유함 및 내적 자율성이 강조되고 있는데, 이는 언어를 사물과 현실을 묘사/재현하는 도구,

---

19) Cf. Winfried Menninghaus, Unendliche Verdopplung. Die frühromantische Grundlegung der Kunsttheorie im Begriff absoluter Selbstreflexion, Frankfurt a.M. 1987. 이를 보충하는 시각으로는 다음을 참고할 것(Stefan Matuschek, Über Novalis' Monolog und kritische Erbauung, in: Athenäum, Heft 6, 1996, pp. 197-206). 슐레겔, 노발리스, 니체의 상호연관성을 다룬 논문으로는 다음을 참조할 것(Ernst Behler, Die frühromantische Sprachtheorie und ihre Auswirkung auf Nietzsche und Foucault, in: Athenäum, Heft 11, 2001, pp. 193-214). 또한 최근에 나온 글로는 다음을 참조할 것(Yvonne Al-Taie, Tropus und Erkenntnis: Sprach- und Bildtheorie der deutschen Frühromantik, Göttingen 2015, pp. 441-443).

나아가 화자의 의도와 사유 등을 전달하는 도구로 파악하는 소위 미메시스적 전통의 언어관을 거부하는 것이다. 그런데 노발리스는 단편적 글쓰기를 통해 자아, 언어, 세계 간의 상관관계에 대한 다양한 성찰을 남기고 있으며, 흥미로운 점은 그것이 주관주의적 관념론의 옹호인지 극복인지 매우 애매하다는 것이다. 가령 "세계는 나를 통해서 활기를 띨 수 있는 본래적인 힘을 갖고 있다. 세계는 선험적으로 나에 의해서만 활기를 띤다. - 나와 하나를 이룬다. 나는 세계에 활기를 부여 넣는 근원적 성향과 능력을 갖고 있다"[20]라는 단편에는 철저히 주체에 의해 객체가 점유되는 소위 주관주의적 관념론이 담겨 있다. 이 경우 언어는 주체와 객체를 서로 연결해주는 도구적, 재현적 기능을 수행하게 되는데, 즉 매개체로서의 언어를 통해서 자아는 세계(혹은 자연, 나의 사유 등)를 묘사하고 전달할 수 있다. 즉, 자아는 언어를 통해 세계에 활기를 부여하고 세계와 하나가 될 수 있는 것이다. 이러한 맥락에서 노발리스는 언어의 핵심을 "전달"(Mitteilung)로 간주하면서 "세계는 사실 전달, 즉 정신의 계시이다"[21]라고 강조한다.

그러나 다른 단편들에서 노발리스는 주체와 객체는 결코 하나가 될 수 없음을 보여주는 흔적을 남기고 있다. 이때 언어의 핵심은 전달이 아니라 "서술"(Darstellung)에 있다. 그러한 언어 자체의 서술적 특성을 중시하는 단편들은 수없이 발견되며 바로 「독백」도 그 대표적인 글에 속한다. 물론 '절대적인 것(주체와 객체의 통일)의 서술'은 노발리스에게서는 모순적으로 파악되는데, 가령 "비절대적인 절대적인 것"(das nicht-absolute Absolute)의 서술이라는 의미로서 말이다. 여기서 절대적인 것은 한편으로 "차이들의 무한한 유희"(das unendliche Spiel der Differenzen)를 뜻하기도 하며, 다른 한편으로 "내재적 초월"(eine immanente Transzendenz)을 뜻하기

20) Novalis, Schriften, Bd. II, p. 554.
21) Ibid., p. 594.

도 한다.[22] 이러한 유희와 초월 간의 모순은 어떻게 풀려질 수 있을까? 이를 위해서는 해체론적 시각을 독일 관념론적으로 점유하는 방식이 있으며, 역으로 독일 관념론을 해체론적 시각으로 점유하는 방식이 있다. 가령 프랑크(M. Frank), 메닝하우스(W. Menninghaus)의 시도는 후자에 해당되는데, 그들은 절대적인 것을 부유, 차이, 비동일성이라는 의미로 설명하고 나선다. 「독백」의 논지도 그에 해당된다. 즉 "자신이 사물 때문에 말한다고 사람들은 생각하는데, 이러한 우스꽝스러운 오류는 놀라지 않을 수 없다"라는 대목에서는 주체, 언어, 세계 간의 불일치가 전제되어 있는바, 이는 주체는 언어를 통해서 세계(사유, 사물) 등을 결코 재현해 낼 수 없으며 오히려 '언어 자체의 비동일적인 차이의 운동'에 종속되어 있음을 암시한다. 주체와 객체의 일치 내지는 통일을 거부하는 언어의 자의성, 그로 인한 불협화음은 「독백」에서 다양하게 발화되고 있다. "그가 어떤 특정한 것을 말하려 한다면 그 변덕스러운 언어는 그로 하여금 가장 우스꽝스럽고도 정반대의 쓸모없는 것을 말하게 만든다"라는 구절의 경우, 의도와 표현, 대상과 언어 간의 일치를 부정하고 그 대신 말하기(즉 언어) 자체의 힘을 강조하고 있다. 진지한 이들이 비난하는 언어의 "변덕스러움(방종)"을 화자는 언어 자체의 자유로운 역동성이라고 옹호한다. 말하기와 글쓰기, 즉 모든 언어화 현상은 표면적으로 '인간의 말하기'(das Sprechen des Menschen)처럼 보일지라도 사실은 '언어의 말하기'(das Sprechen der Sprache)에 다름 아니라는 논리가 작동하고 있는 것이다. 설혹 내가 말할지라도 그 말하기는 '나의 독백'이 아니라 '언어의 독백'인바, 노발리스의 소설 『자이스의 제자들』의 서두에서 화자는 산스크리트어를 예로 들면서 '인간의 말하기와 이해에서 벗

22) H. Uerlings, Darstellen. Zu einem Problemzusammenhang bei Novalis, in: Romantische Wissenspoetik: die Künste und die Wissenschaften um 1800, hrsg. v. Gabriele Brandstetter/Gerhard Neuman, Würzburg 2004, pp. 373-392, esp. p. 377.

어난 언어 자체의 말하기 특성 자체'를 강조한다.

> 사람들은 언어를 이해하지 못한다. 왜냐하면 언어 자체는 스스로를 이해하지 않으며, 이해하려고도 하지 않기 때문이다. 순수한 산스크리트어는 말하기 위하여 말한다고 할 수 있다. 왜냐하면 말하기가 바로 산스크리트어의 기쁨이고 본질이기 때문이다.[23)]

사람들이 언어를 이해한다고 할 때 그 이해는 곧 사물, 실상 등에 대한 인식을 말한다. 그와 같은 인간의 언어 이해와는 달리 언어 자체는 사물의 지시, 실상의 재현, 의도의 전달 같은 소위 '언어 외적인 것의 이해'에서 벗어나 있다. "말하기 위하여 말하는" 자체가 언어의 "기쁨이고 본질"이라고 할 때, 이는 말하기란 이해의 목적을 지니지 않는, 오로지 자기만족적인 행위임을 뜻한다. 이와 같은 자유로운 말하기의 언어관이 「독백」에서도 반복하고 있는 것이다.

언어 자체의 고유함, 즉 '언어의 순수한 말하기'는 다양한 현상을 야기한다. 특히 예기치 않은 '반전'과 '전복'과 같은 현상인데, 가령 "성실한 대화는 단순한 말장난일 뿐이다"라는 식으로 혹은 "누군가 말하기 위해서 단지 말한다면 그는 바로 가장 뛰어나고 독창적인 진리를 발설하게 된다"는 현상을 들 수 있다. 이처럼 진지함이 장난기로, 장난기가 진지함으로 전환하는 현상에서 중요한 점은, 그 반전과 전복의 가능성이 언어 사용자(말하기와 글쓰기의 주체)의 절대적인 능력에 달려 있는 것이 아니라 오로지 언어 자체의 내적 작동 혹은 언어 자체의 힘과 효과에 기인한다는 것이다. 「독백」에 구체적으로 언급되지 않았지만, 언어 자체는 이성과 의식에 의해 통제되지 않는 힘, 예기치 않은 반전과 전복이 일어나는 무의식의 힘과도 같다. 이처럼 언어 사용자의 의도 전달 및

---

23) Novalis, Schriften, Bd. II, p. 11.

현실 세계의 묘사를 위한 도구적 역할에 구속되지 않는 언어 자체의 고유함, 언어의 '변덕스러움', 언어 자체의 자의성 등은 합리적이고 이성적인 세계에 불편함을 야기한다. "이런 까닭에 여러 진지한 사람들이 언어에 대해 품고 있는 증오심이 발생하게 된다." 아직 자신을 구체적으로 드러내지 않은 글의 화자는 언어를 이성의 도구로 간주하는 계몽주의적 사상가들과 거리를 취하면서 언어의 방종과 변덕에 내재해 있는 "언어의 무한한 진지한 측면"을 역으로 강조하고 나선다.

언어 자체의 고유함과 내적 자율성에 대한 시각은 노발리스뿐만 아니라 친구 프리드리히 슐레겔에게서도 엿볼 수 있다. 자신의 글이 난해하다는 비판적 지적 – 이 지적은 공교롭게도 노발리스, 슐라이어마허 등의 절친들이 제기한 것인데 – 에 대하여 슐레겔은 「불가해성에 관하여」(Über die Unverständlichkeit, 1800)라는 글을 발표하면서 언어의 내적 자율성을 다음과 같이 강변한다.

> 나는 모든 불가해성이 상대적임을 증명하고 싶었으며 가령 그라베 Grave가 나에게는 얼마나 불가해적이었는지를 서술하고 싶었습니다. 제가 제시하고 싶었던 점은 다음과 같습니다. 즉 말(언어, 문장, 담화: 역주)은, 그 말을 사용한 이들보다, 스스로 더 잘 이해하고 있다는 것입니다. 또한 제가 환기하고자 한 점은, 글 속에서 너무 일찍 튀어나온 정령들의 무리처럼 모든 것을 헝클어뜨리는 철학적 말들 가운데에는, 그리고 세계정신을 인정하지 않으려 하는 이에게 그 세계정신의 보이지 않는 힘을 행사하는 철학적 말들 가운데에는, 비밀 결사대가 존재하고 있다는 것입니다. 또한 제가 보여드리고 싶었던 점은, 본래 합리적이고 이해력 있는 사람들을 향하고 있는 학문과 예술, 철학과 문헌학에서 우리는 바로 가장 순수하고 가장 견실한 불가해성을 얻어내고 있다는 것입니다.[24]

24) F. Schlegel, KA, Bd. II, p. 364.

상대적인 불가해성을 발생시키는 원천은 말의 사용자라기보다는 말 자체라는 점이 암시되고 있다. 그런 선상에서 말의 사용자(화자, 저자)만이 그 말의 의미를 가장 잘 이해하고 있다는 식의 전통적인 해석학적 언어관이 부정되고 그 대신 "말들이 스스로 더 잘 이해하고 있다"고 강조되고 있다. 비밀스런 내면세계를 중시하는 신비학의 용어를 빌리자면 이는 '언어의 비의성'(Esoterik der Sprache)이라고 명명될 수 있지만, 오늘날의 생물학적, 체계이론적, 기호학적, (탈)해석학적 관점을 결합시켜 말하자면 소위 언어 스스로가 다의성과 애매성을 만들어내는 일종의 자기생산성(Autopoiesis)의 힘을 지닌다고 할 수 있다. 더욱이 흥미로운 점은 급진적인 자유정신으로 무장한 18세기 '프리메이슨'이라는 정치적 용어가 비유적으로 차용되고 있다는 것인데, 즉 슐레겔은 낱말들 간의 상호 연관성, 특히 모호하고 난해한 철학적 낱말들 간에는 일종의 "비밀 결사대"(geheime Ordensverbindungen)가 형성되어 있다고 강조한다. 이는 언어 및 텍스트 자체의 자율적인 내적 연관성을 암시한다. 그와 같은 언어 자체의 비밀스런 내적 연관성, 자기생산성, 나아가 언어의 "가장 순수하고 가장 견실한 불가해성"이 작동하는 대표적인 영역으로 다름 아닌 철학과 문학이 강조되고 있는 점도 주목할 필요가 있다. 지식, 앎의 주체로서의 인간의 탄생과 함께 정립되는 소위 18~19세기 지식의 '체계화 및 담론화' 현상에 저항하는 언어의 불가해성 내지는 "언어의 무공간성"(Ortlosigkeit der Sprache)이 다름 아닌 '철학과 문학'- 슐레겔의 경우 철학은 포에지와 동일시되는데 - 에 간직되고 있는데, 이 점은 바로 푸코를 상기시킨다.[25] 언어의 자기생산성, 내적 연관성, 견실한 불가해성 등의 측면은 사실 획기적인 패러다임 전환과 관계한다. 그것은 바르트, 푸코, 에코, 데리다 등이 추구한 패러다임 전환, 즉 '저자 의도'(Autor-Intention, intentio auctoris)

---

25) M. Foucault, Die Ordnung der Dinge. Eine Archäologie der Humanwissenschaften, Frankfurt am Main 1971, p. 19.

에서 ‘텍스트 의도’(Text-Intention, intentio operis)로의 전환을 말한다. 왜냐하면 ‘텍스트 의도’를 표방하는 새로운 (반)해석학적 시각도 다름 아닌 ‘언어외적인 것’(사물, 표상, 의도, 맥락 등)과는 무관한 언어 및 기호의 자기생산성과 내적 연관성을 강조하고 있기 때문이다.

이제 언어 자체의 고유함은 다른 비유적 언술을 통해서 한층 더 강화되는데, 바로 언어와 수학 용어를 서로 비유하는 언술이다. 수학에 관한 다양한 단편에서 노발리스는 “만들어진 지식”(gemachte Kenntnisse)을 담고 있는 “정신적인 자기활동성의 산물”(Producte geistiger Selbstthätigkeit)로서의 수학,[26] “마법적 수학”, “마법사의 본래 요소”(das eigentliche Element des Magiers)로서의 수학, “그 자체 도취”(Enthusiamus per se)로서의 수학, “신들의 삶”(Das Leben der Götter)으로서의 수학 등으로 규정하고 있는데,[27] 이때 수학과 관련하여 강조되고 있는 점은 ‘변화, 결합, 구성 등을 추구하는 인위적 창조성과 열정’ 같은 특성이며, 이는 수학, 종교, 예술 등에서 공통적이다. 두이스부르크 대학의 수학과 교수인 한스 닐스 얀케(Jahnke)는 수학에 관한 노발리스의 단편을 연구하면서 노발리스가 전통적인 수학에서 현대적인 수학으로의 전환기에 놓여 있었다고 자리매김한 바 있다. 즉, 전통적인 수학에서는 수학적 기호와 대상(실상)의 일치가 중시되고, 수학적 기호에 의해서 서술된다는 것은 곧 대상과 실상의 정확하고도 명료한 입증 가능함을 뜻하며, 이를 위해 필요한 지각도 ‘경험적 관조’였다. 그런 전통적인 수학에 매우 중요한 범례적인 기능을 수행한 것은 바로 유클리드 기하학이었다. 그러나 현대적 수학에서는 현실에서의 대상과 실상의 존재 여부는 더 이상 중요하지 않으며 그 대신 수학자의 상상과 창조적 능력이 수학 기호로 매개된 대상과 실상의 세계를 만들어 낸다는 점이 중시된다. 비록 그 기호로 제시된 세계가 수학

26) Novalis, Schriften, Bd. III, p. 473.

27) Ibid., pp. 593-594.

자의 눈에는 관조된다고 하지만 우리의 실제 경험적 현실에는 존재하지 않는다. 가령 수학에서의 무한한 점과 선, 대수학적 정수론에서의 소인수분해 등은 현실에서의 경험 가능한 관조에서 벗어나 있고 오로지 기호들로 표현된 상호 내적인 관계만을 형성할 뿐이다. 이렇듯 현대 수학에서 중시되는 상상과 창조성은 19세기 초 낭만주의와 셸링이 강조한 "지적 관조" 같은 능력과 일맥상통하며, 그런 맥락에서 얀케는 노발리스의 경우 '수학=예술=삶=신=마법' 등이 밀접한 연관성을 맺고 있다고 강조한다.[28)]

바로 「독백」에서는 수학과 언어 간의 공통점으로서 인위적 창조성, 자기 준거성 같은 특성이 더욱 명료하게 서술되고 있다. "수학 용어는 자신만의 세계를 구축하며, 자기 자신과 유희하며 오로지 자신의 놀라운 특성만을 표현하며, 바로 그 때문에 수학 용어는 표현력이 풍부하며, 바로 그 때문에 수학 용어 안에서는 사물의 기이한 관계 놀이가 투영된다." 여기서 제시된 수학 용어에 대한 화자의 시각은 수학적 실체의 객관적 존재를 중시하는 전통적인 '수학적 플라톤주의'를 옹호하는 것이 결코 아니다. 실제의 사물, 실상과는 전혀 관계없이 "자신만의 세계를 구축하며, 자기 자신과 유희하는" 수학적 용어의 세계를 통해 실은 포에지(예술)의 자율성이 강조되고 있는 것이다. 즉 '수학 용어'는 공리, 명제 등에 의해 때론 논리적이고, 때론 기계적으로 사유되는 추상적인 기초학문으로서 수학을 뜻하기보다는 서술 및 표현 방식, 유희를 중시하는 '포에지'에 대한 은유에 다름 아니다. 이와 같은 수학적 용어를 차용한 "낭만적 수학화의 핵심 포인트는 - 언어로부터 자유로운 순수한 이성을 불투명하게 만드는 - 언어의 아집을 추방하는 데 있지 않다. 그것은 오

---

28) Hans Niels Jahnke, Mathematik und Romantik, in: Chr. Thiel/V. Peckhaus(Hrsg.), Disziplinen im Kontext. Perspektiven der Disziplingeschichtsschreibung, München 1999, pp. 163-198(재수록: Mathematik und Romantik, Die Aphorismen des Novalis zur Mathematik, in: UNIKATE, Nr. 33, 2008, pp. 30-41, esp. p. 39).

히려 감축할 수 없는 언어의 생산력을 기술적이고 철학적으로 확보하는 것을 목적으로 삼는다."[29] 수학적 용어세계이든지 혹은 문학적 언어세계이든지 간에 양자에서 공통적으로 강조되는 점은 다름 아닌 내적 자율성의 역동적 특성, 즉 오늘날의 체계이론적 용어를 빌려 말하자면 '자기준거적'(selbstreferentiell)이고도 '자기생산적'(autopoietisch) 특성을 가리킨다. 피쿨릭(L. Pikulik)은 그와 같은 수학과 언어의 자기준거적, 자기생산적 특성을 다음과 같이 설득력 있게 부연해주고 있다.

> 현실에서 벗어나 자신만의 차원을 만들어내기 때문에 수학의 '순수한' 세계, 즉 추상적 관계의 세계는 세계의 보이지 않은 관계 근거의 거울인 셈이다. 이런 점에서 언어가 수학과 가깝다면, 언어 또한 두말할 나위 없이 자기 자신과의 자유로운 유희라는 특성을 제시해야만 한다. 언어는 일상 소통에서의 의사 전달 같은 도구적 기능, 현실의 '모방'으로 이해되는 문학에서의 모사 같은 도구적 기능을 벗어던져야 하며, 혹은 언어학적으로 말하자면 언어의 지시 특성을 포기해야만 한다.[30]

그런데 수학적 용어의 비유적 언술을 통해서 강조된 언어의 내적 고유함과 자율성, 즉 자기준거성과 자기생산성과는 정반대의 모순점이 제시된다. 그것은 자율적이고 고유한 수학 용어(즉 언어)가 가령 "자연의 일부분", "세계 영혼의 표현", "사물의 부드러운 척도와 기분 윤곽"이 된다는 것이다. 요컨대, 미메시스적, 재현이론적 특성에서 벗어난 언어가 다시 미메시스적, 재현이론적 특성을 갖게 되는 듯한 그런 언술이다. 수학적 용어처럼 언어 자체가 자신의 고유함과 자기준거만을 구축할 경우 그것은 자연, 영혼, 사물 같은 언어외적인 것과는 전혀 관계없는 상태를 이룬다. 그런데 그와 같이 철저히 자기준거(Selbstbezug)만을 구축한 언

29) W. Menninghaus, Unendliche Verdopplung, p. 82.

30) L. Pikulik, Frühromantik: Epoche-Werke-Wirkung, p. 220.

어가 다시금 타자준거(Fremdbezug)의 가능성을 갖게 된다면 이는 모순적인 논리가 아닐 수 없다. 이러한 점은 낭만적 포에지를 규정하고 있는 「아테네움」 116번 단상에서의 저 모순적 언술을 상기시키는데, 즉 가령 "현실적이고 이상적인 관심사로부터 자유로운" 상태에서 성찰의 무한한 배가만을 전개하는 낭만적 포에지가 모순적이게도 "전체 주변 세계의 거울이자 시대의 영상"이 될 수 있다는 논리 말이다.[31)]

다른 실상(사물, 의도 등)을 반영하지 않는 순수한 언어의 자율적이고 자발적인 말하기(혹은 포에지의 세계)가 마치 거울처럼 자연, 세계, 영혼 등을 담아낸다는 식의 이러한 모순적 논리와 관련하여 두 가지 답변이 가능하다. 첫 번째로는 자신만의 유희를 전개하는 언어가 예기치 않게 아직 발견되지 않은, 드러나지 않은, 보이지 않는 세계(진리)를 열어 줄 수 있다는 식의 답변이다. 이 경우 언어는 있는 것, 보이는 것을 단순히 모사하는 것이 아니라 완전히 새로운 현실(자연, 영혼, 진리 등)을 창조(발견)하는 힘을 지니는데, 마치 자연이 '창조된 자연'(natura naturata)에서 '창조하는 자연'(natura naturans)으로 전환하는 과정에 부합하는 그런 언어인 셈이다.

> 언어는 '자유로운 놀이' 영역으로 들어선다. 거기서 언어는 숫자와 비교되는데, 즉 구체적인 명시 기능 없이 서로 반응하고 결합하는 자기 준거성으로 '자연'의 한계를 뛰어넘는 숫자 말이다. 이러한 구속되지 않은 고유한 역동성 내에서만이 그 '사물의 기이한 관계 놀이'가 투영될 수 있다는 것이다. 그 관계 놀이는 노발리스의 경우 수학적-음악적 세계질서의 피타고라스적 이념에 따라 전일적인 '세계 영혼'의 기능으로서 나타나게 된다. 이처럼 언어가 인간으로부터 분리된 자연 질서 속으로 재

31) F. Schlegel, KA, Bd. II, p. 182. 사실 아테네움 116번에서 사용된 "거울", "영상" 같은 재현이론적 개념은 일종의 낭만적 아이러니컬한 언어와도 같다. 허구성이 진정성을 담보해준다는 것과도 같은데, 이는 사실 진정성을 표명함으로써 허구성을 더욱 강화하려는 낭만적 논리에 다름 아니다.

> 편입되는 것은 오로지 화자가 '음악적인 정신'을 따르고 자신의 귀만을 신뢰할 때에만 성공될 수 있다. 그가 주체와 객체의 분열을 뛰어 넘어서 다시금 저 보편적인 의미망의 한 부분이 다시 될 때에만 비로소 화자는 저 존재 영역에서 나온 숨겨져 있는 사물 관계와 이념을 대변하는 자로 활동할 수 있게 된다. 여기서는 이성적인 정신 원칙이 중시되는 것이 아니라 도취되고 영감에 젖은 정신 원칙이 중시된다. 그것은 우주의 전체 구조 속에서 의식이 사라진 상태를 나타내며 주체를 그 전체 구조의 시적인 매개체로 변화시키는 정신 원칙을 말한다.[32)]

피쿨릭(Pikulik), 야콥스(Jakobs) 등은 자유로운 유희를 "세계 영혼"의 발현 기능 내지는 "자연 질서 속으로의 재편입" 등으로 설명함으로써 미메시스적, 재현이론적 이론에서 벗어나지 못하고 있는데, 다만 이를 위해서 "이성적인 정신 원칙"과는 무관한 영감, 도취 같은 무의식적 능력을 강조하고 있다. 결국 영감, 도취에 의해 숨어 있는 자연 질서가 발견될 수 있다는 시각이다.

그러나 완전히 다른 대답도 가능하다. 미메시스적, 재현이론적 시각에서 중시되는 "자연", "사물", "세계 영혼" 같은 실체 개념은 어쩌면 가면 내지는 위장 같은 아이러니컬한 언술일 수 있다. 즉 언어의 무한한 자유로운 유희성을 더욱 강화하려는 위장된 언술 말이다. "경멸적인 농담이 바로 언어의 무한한 진지한 측면이라는 점을 알지 못하고 있다"는 대목이 암시하듯, 경멸적인 농담뿐만 아니라 "세계 영혼", "세계 질서"의 반영 같은 진지한 담론도 마찬가지로 언어의 무한한 유희에 속하기 때문이다. 또한 수학 용어와 관련하여 다시 한 번 말하자면, 수학 용어(궁극적으로는 언어)를 통해 강조되는 점은 자연 인식이라기보다는 수학 자체

---

32) Angelika Jacobs, Stimmungskunst als Paradigma der Moderne. Am Beispiel von Novalis *Die Lehrlinge zu Saïs*, in: Germanistische Mitteilungen, Zeitschrift für deutsche Sprache, Literatur und Kultur, 64 (2006), pp. 5-27, esp. 9-10.

(즉 언어 자체)의 유희적 특성이다. 더 정확히 말하자면, 자연 인식을 위한 수단으로서의 언어보다는 언어 자체의 고유한 전개, 기이한 관계의 유희 같은 특성만이 중시되며, 자연, 영혼 같은 실체 인식은 단순히 열린 개연성 내지는 부차적인 것으로 약화된다. 「독백」을 세밀하게 분석하는 가운데 도나텔라 디 체사레(Donatella Di Cesare)는 그와 같은 언어의 유희적 특성을 다양하게 제시하고 있는데, 가령 "언어의 마술 die Magie der Sprache", "상형문자와도 같은 난해한 예술 die hieroglyphische Kunst", "카발라와 언어신비 Kabbala und Sprachmystik", "에네르게이아로서의 언어 Sprache als enérgeia" 같은 양상이 「독백」에서 발견될 수 있으며, 이 모든 양상은 언어(문학)의 자율성, 유희성, 비의성 등을 강화하고 있는 것이다.[33] 노발리스의 언어관은 궁극적으로 재현이론적 시각과는 전혀 관계없는, 언어의 비의성과 유희성만을 중시하는 현대문학의 근본적인 토대로 작용하고 있다.

언어의 고유함과 자율성이 강조된 후 글의 두 번째 부분과 세 번째 부분에서는 언어와 음악, 언어철학적 사유가와 창작하는 시인 등의 관계가 다루어진다. 두 번째 부분의 경우 조건문으로 구성된 두 가지 언술이 제시되고 있는데, 중요한 점은 일종의 수행적 상황에서의 성공과 실패이다. 우선적으로 그 하나는 감성적인 영역인 음악과 관계된 개념(운지법, 박자, 음악적 정신 등) 등이 언급되는 가운데 언어와 시인의 관계가 음악적 차원에서 일치하는 성공적인 경우다. "언어의 음악적 정신에 대한 뛰어난 감각을 갖고 있는 자, 즉 언어의 내적 특성의 부드러운 영향력을 자기 자신 속에서 듣는 자"는 곧 "예언가"로서의 시인과 동일시될 수 있는데, 그것은 시인은 음악에서처럼 현실모사에서 벗어나 내적

33) Donatella Di Cesare, Anmerkungen zu Novalis' Monolog, in: Athenäum. 5(1005). Jahrbuch der Friedrich Schlegel-Gesellschaft, pp. 149-168.(http://edoc.hu-berlin.de/hostings/athenaeum/documents/athenaeum/1995-5/di-cesare-donatella-149/PDF/di-cesare.pdf.)

인 결합 원칙에 따라 자유롭게 구성되고 창조되는 언어 내적인 움직임을 들을 수 있기 때문이다.[34] 음악적 정신의 소유자, "예언가"로서의 시인은 노발리스의 다른 단편에서는 가인(Sänger), 사제(Priester), 마술사(Zauberer) 등으로 다양하게 명시되고 있는데, 이러한 시인의 특성은 18세기 예술적 담론(클롭슈토크, 횔덜린, 노발리스 등)에서 자주 엿볼 수 있다. 가령 노발리스는 "시인과 사제는 처음에 하나였다. - 단지 이후 시기가 그들을 분리하였다. 그러나 진정한 시인은 언제나 사제이며, 마찬가지로 진정한 사제는 언제나 시인으로 머물러왔다"[35]라고 규정했으며, 또한 "마법사는 시인이다"[36]라고도 했다. 노발리스의 『하인리히 폰 오프터딩엔』에서 하인리히조차도 시인을 마치 언어를 마음껏 관장하고 제어할 수 있는 절대적인 힘의 소유자로 간주한다.

> "언어는 정말이지 기호와 소리로 이루어진 작은 세계예요." 하인리히가 말했다. "그 세계를 지배하게 되면 큰 세계까지도 지배하고 싶을 것 같아요. 그러면 그 세계 속에서 우리는 우리의 생각을 마음껏 표현할 수 있을 거예요. 그리고 세계 바깥에 존재하는 것을 세계 속에서 표현해 내는 즐거움 속에 바로 시의 원천이 들어 있어요. 사실 그것이 우리가 이곳에 존재하는 동기이기도 하고요."[37]

물론 언어를 창조자(예술가)가 관장하는 도구로 간주하는 소위 주체중심주의적 사유에 젖어 있는 하인리히의 언어관은 하나의 시각일 뿐이지 낭만주의 언어관을 대변하는 것은 결코 아니다. 그와 같은 하인리히의 언

---

34) 슐레겔, 노발리스, 니체의 공통점은 그들이 "음악의 정신"에서 언어 및 예술의 창조성을 찾았다는 것이다(Cf. Manos Perrakis, Nietzsche und der frühromantische Kritikbegriff, in: Nietzsche als Kritiker und Denker der Transformation, hrsg. v. Helmut Heit/ Sigridur Thorgeirsdottir, Berlin/Boston 2016, p. 78)

35) Novalis, Schriften, Bd. II, p. 441.

36) Ibid., p. 591.

37) Heinrich von Ofterdingen, p. 54(푸른 꽃, 167쪽).

어관뿐만 아니라 사제와 시인을 동일시하는 상인들의 예술관에서도 마찬가지 시인의 절대성을 주장하는 주체중심적 사유를 읽을 수 있다.

> 왜냐하면 단순히 말을 듣는 것으로는 이 신비한 예술의 본래 효과가 생기는 것은 아니기 때문이지. 모든 것은 내적인 문제이네. 앞서 말한 예술가들이 우리의 외적인 감각을 기분 좋은 느낌으로 가득 채워준다면, 시인은 우리 내부 마음의 성전을 새롭고 놀라우며 즐거운 생각으로 가득 채워준다네. 시인은 자신이 원하는 대로 우리 마음속의 그 신비스러운 힘을 불러일으키는 방법을 알고 있지. (…) 시인이 쓰는 말은 마적인 힘을 발휘한다네. 시인은 심지어 일상에서 쓰는 평범한 말조차도 매혹적인 울리며 듣는 사람의 마음을 마법처럼 도취시킨다네.[38]

그런데 이와 같은 주체중심적 언어관이 붕괴하는 경우가 발생하는데, 그것은 언어와 시인, 사유와 감성, 이상과 현실, 이론과 실천 간의 차이로 인하여 언어 수행이 실패하는 경우다. 이와 관련하여 글의 화자는 시인의 내면과 외적 현실에서 발생하는 두 가지 경우를 상정하는데, 언어 자체에 대한 인식론적 능력("그와 같은 점을 잘 알고 있지만")과 불충분한 감각("청각과 감각을 충분히 갖고 있지 못한") 간의 괴리가 그 하나의 경우이며, 다른 하나는 넓은 의미에서 언어(혹은 포에지) 내에서의 가능성("이와 같은 진리를 쓰고 나면 언어에 의해서는 가장 뛰어난 자로 간주될 수 있지만")과 현실에서의 불가능성("카산드라가 트로이 사람들에 의해 그랬듯이 사람들로부터는 비웃음을 사게 될 것이다")이 서로 부딪치는 경우이다. 인식과 감각 간의 부조화는 어쩔 수 없는 노릇이지만, 시인의 언어와 현실 간의 괴리는 매우 고통스러운 일이 아닐 수 없다. 목마를 성 안으로 들여 놓아서는 안 된다는 카산드라의 진리에 가까운 예언이 트로이 사람들에 의해 무시되고 조롱되었듯이, 소통적이고 도구

---

38) Heinrich von Ofterdingen, p. 10(푸른 꽃, 37쪽).

적 기능에서 벗어난 언어의 특성을 옹호한 자신의 인식(즉 「독백」에서 강조된 언어의 내적 자율성의 이론)이 현실에서 전혀 수용될 수 없기에 고통스러울 것임을 글의 화자는 감지하고 있다. 이는 어쩌면 낭만주의 언어관과 문학관이 형이상학, 합리주의, 계몽주의 전통 내에서 긍정적으로 수용될 수 없는 상황을 예감한 일종의 메타포에틱한 언술과도 같다.

마지막 세 번째 부분에는 마침내 글의 전체 화자인 '나'가 등장한다. 카산드라처럼 현실에서 충분히 인정될 수 없는 자신의 운명을 알고 있음에도 불구하고 '나'는 자신의 언어 발화에 대한 충동 내지는 소명 의식을 밝힌다. 화자가 전문적인 시인인지 아니면 말하기/글쓰기 세계의 초보입문자인지 불투명하지만 그는 서슴없이 '무조건적인 말하기/글쓰기'를 천명한다. 앞서 제시된 언어의 고유함과 자율성에 대한 강조가 무엇을 염두에 둔 것인지가 더욱 분명해지는데, 즉 언어는 일상적인 삶을 넘어서 "포에지의 본질과 사명"을 실천하는 것임이 드러난다. 그런데 여기서 흥미로운 점은, 화자가 "포에지의 본질과 사명을 아주 명확하게 제시했다고 믿는" 경우, 이는 앞서 언급한 '특정한 의도'에서 나온 말하기가 된다. 이와 관련하여 화자는 그와 같은 '의도적인 말하기'에 대한 세 가지 개연적인 반응을 스스로 인식한다. 첫 번째의 경우 아무도 그 점을 이해할 수 없을 것이라는 점, 두 번째의 경우 "단지 어떤 진부한 것만을 말했다는 점"이며, 세 번째의 경우 포에지가 아닌 이론적인 생각과 말만을 늘어놓았다는 자기인식이다. 첫 번째와 두 번째의 경우는 앞서 언급된 것을 스스로 재확인하는 일종의 반복이다. 즉 언어의 고유함과 자율성에 대한 강조는 일반인들이 결코 인정하지 않는 언어신비학으로 흐르게 될 것이며, 또한 그런 언어적 특성을 밝히려는 의도에서 나온 말하기는 - 포에지를 강조하는 시각에서는 매우 자명한 점이지만 - 우스꽝스럽고 진부한 이야기가 되고 말 것이라는 점을 화자는 스스로 인식하고 있는 것이다. 즉 의도가 배제된 자발적인 말하기를 강조하는 논지와는 정반대로 '언어의 고유함과 자율성'이라는 의도를 발화함으로써 결국 '진부함'을 띠게 되는 모순성을 스스로 인식함으로써 '나'는 결국 자기 자신을 아이러니컬한 대상으로 제시하고 있는 것이다.

세 번째 경우 이 짧은 텍스트를 쓰고 있지만 "아무런 포에지도 제시되지 않았다는 점"에 대한 인식이다. 그러나 자세히 살펴보면 「독백」이라는 글은 '포에지의 결핍'이 아니라 오히려 그 자체 포에지라고 할 수 있을 정도로 포에틱한 점이 충만한 텍스트다. 물론 화자가 그러한 점을 스스로 의식하지 못할 수도 있거나 혹은 "아무런 포에지도 제시되지 않았다는 점"이라는 언술은 화자 스스로 숨기고 있는, 일종의 교묘한 트릭일 수도 있다. 「독백」은 엄격한 의미에서의 리듬과 운율이 결여된 산문적 텍스트처럼 보일지라도 사실은 언어 이론과 언어 유희를 리드미컬하게 결합시킨 '포에틱한 에세이'이며, 이러한 점은 가령 다음과 같은 문장의 예를 통해서도 입증된다. 즉, "Gerade das Eigentümliche der Sprache, daß sie sich bloß um sich selbst bekümmert, weiß keiner. Darum ist sie ein so wunderbares und fruchtbares Geheimnis", "dieser Sprachtrieb zu sprechen das Kennzeichen der Eingebung der Sprache, der Wirksamkeit der Sprache in mir wäre?" 같은 문장에서는, 다양한 낱말의 변주와 함께 거의 's'의 운율 - 정확히 말하면 두운(頭韻, Alliteration) - 이 압도적으로 작동하고 있으며, 이러한 's'의 무한한 반복은 모두 언어(Sprache), 말하기(Sprechen), 글쓰기(Schreiben)의 소중함, 그리고 일종의 자기준거적인 글의 포에틱한 특성까지도 암시하고 있다.[39] 물론 이러한 's'의 반복이 '나'(글의 화자 혹은 노발리스)의 의도와 무관한 언어충동, 즉 언어적 무의식에서 발화된 것임은 두말할 나위 없다. 궁극적으로 글의 화자인 '나'는 이처럼 언어의 고유함, 자율성, 유희성 등을 기본 명제로 삼고 있지

39) Cf. Daniel Alder, Epistemologie der Figur: Stimmlichkeit und poetologische Figuralität in der Lyrik um 1800, Würzburg 2015, p. 252.

만 자신도 모르게 's'의 반복을 통해서 '포에틱한 말하기'를 실행하고 있는 것이다. 이 점은 다음과 같이 부연될 수 있다.

> 주체가 언어를 제 것으로 삼고자 시도하고 언어를 자기 의도에 종속시키고 재현을 위해 언어를 손질하려 한다면, 포에지는 실현되지 못한다. 왜냐하면 그렇게 말하는 자는 언어의 내적 원칙에 역행하고 있기 때문이다. 다음과 같은 식으로 언어를 다르게 다룰 수 있는데, 즉 언어에 적합한 포에틱한 말하기가 그것이다. 언어를 언어로 존재하도록 하고, '사물의 관계 유희'가 투영된 저 유희에 언어와 자신을 내맡겨 버리는 포에틱한 말하기 말이다. [40]

이 글 이외에 다른 단편에서 노발리스는 시인의 몇 가지 능력을 요구하고 있는데, 가령 "한 단계 높은 감각인 상상력이 바로 포에틱한 감각이 아니겠는가?",[41] "상상력은 우리에게 모든 감각들을 대체해 줄 수 있는 놀라운 감각이다",[42] "포에지에 대한 감각은 신비성에 대한 감각과 여러모로 공통적이다",[43] "개념과 이미지로 실험하기"[44] 등이다. 즉 상상력, 신비적 감각, 실험 정신 등이 요청되고 있다. 그와 같은 능동적이고 감각적인 능력은 글의 화자가 언급한 "말하는 언어충동", "내 안에 있는 언어 활동과 언어 영감"과 관계된 것이며, 이것이 곧 "언어의 비밀"을 드러내는 시인의 사명을 실천하는 길이 되는 것이다.

---

40) Kai van Eikels, Zeitleküre. Ansätze zu einer Kybernetik der Erzählung, Würzburg 2002, p. 537.

41) Novalis, Schriften, Bd. II, p. 568.

42) Ibid., p. 650.

43) Novalis, Schriften, Bd. III, p. 685.

44) Ibid., p. 443.

3. 선(先) 언어, 후(後) 사유/사물

지식체계 혹은 "인지적 질서도식"(kognitives Ordnungsschema)을 뜻하는 에피스테메(Episteme)의 역사적 발달 과정을 분석한 푸코에 의하면, 16~17세기 르네상스 시대의 경우 유사성과 친족성이 인식의 지배 원칙으로 작용하였다. 구체적이고 명확한 '그것'만을 인식하도록 강요하는 지식이 전제되고 '그것'과의 유사성을 담은 상징의 질서만이 유효할 뿐, 의미를 자유롭게 생성해내거나 증식해내는 행위가 근본적으로 불가능했다. 유사성은 네 가지 유형으로 나뉘는데, 가까운 위치에 따른 유사성으로서의 '근접'(convenientia), 빛의 반사에 따른 유사성으로서의 '조응'(aemulatio), 두 가지를 동화시키는 힘에 따른 유사성으로서의 '공감'(sympathia), 관계의 유사성으로서의 '유비'(analogia)를 들 수 있다. 그런데 유사성은 근본적으로 다름을 배제함으로써 오류에 더욱 쉽게 노출되는 위험을 지닌다. 유사성에 의한 사유와 그 위험에 대해서 푸코는 다음과 같이 설명한다.

> 17세기 초, 즉 바로크라고 정당하게 혹은 부당하게 명명되던 시기에 사유는 유사성의 요소 내에서 움직이는 것을 중지한다. 유사성은 더 이상 지식의 형식이 아니라 오류의 기회가 되고 만다. 즉 혼동이라는 잘못 조명된 공간을 검사하지 않을 경우 누구나 맞이할 수 있는 그런 위험 말이다. 『정신지도규칙』의 첫 문장에서 데카르트는 다음과 같이 말하고 있다. '사람들이 두 사물 간의 어떤 유사성을 종종 관찰할지라도 그들은 - 그 두 사물이 어떤 방식에서는 서로 다르게 존재하고 있을지라도 - 두 사물에 대해 오로지 다음과 같은 점만을 말하려고 한다. 즉 그들이 하나의 사물에서만 사실로서 인정했던 점만을 두 사물의 공통점이라고 말하려는 습관 말이다. 유사성의 시대가 이제 스스로 막을 내리는 중이다.[45]

45) M. Foucault, Die Ordnung der Dinge, p. 83.

유사성은 "하나의 사물에서만 사실로서 인정했던 점만을 두 사물의 공통점"으로 간주하기 때문에 오류의 가능성이 크며, 이는 유사성이 근본적으로 두 사물 간의 다름과 차이를 전혀 인정하지 않으려 하기 때문이다. 그와 같은 르네상스 시대의 '유사성의 에피스테메'가 막을 내리고, 17세기 초부터 18세기 말까지에는 새로운 형태의 에피스테메가 발생한다. 문학적으로 바로크, 계몽주의, 고전주의, 낭만주의 등이 발현한 이 시기에 "재현의 에피스테메"가 등장하는데, 언어의 경우 기호(형상)와 세계 간의 유사성이 더 이상 작동하지 않다. "고전적 시대의 문턱에서 기호는 세계의 형상으로 존재하는 것을 중지하며, 유사성과 친족성의 확고한 비밀스런 속박을 통해 기호를 지정했던 것과 더 이상 결합되지 않는다."[46] 17세기 이후의 에피스테메는 두 가지 형태로 나뉘는데, 푸코는 17~18세기를 "고전적 에피스테메"의 시기로, 19세기를 "현대적 에피스테메"의 시기로 구분한다. "고전적 에피스테메"의 시기에는 언어가 지시작용을 지닌 기호로 파악되며, 이 기호는 사유(자연, 현실 등)를 위한 일종의 담론적 매체로서 낱말과 실상이 하나가 되는 길 위에서 "재현의 에피스테메" 특성을 지닌다는 것이다. 재현의 에피스테메에서 언어적 기호는 "명명의 절대적인 행위를 향한 길 위에"(auf den Weg zum souveränen Akt der Bezeichnung) 놓이게 된다.

> 말하기 또는 글쓰기는 사물을 말하는 것 혹은 자신을 표현해 내는 것을 뜻하지 않으며 또한 언어와 유희하는 것을 뜻하는 것이 아니라, 명명의 절대적인 행위를 향한 길 위에 놓여 있음을 뜻한다. 즉 실상과 낱말이 서로의 공통된 본질 – 이것이 사실 실상과 낱말에 이름을 주는 것을 허락해주는데 – 에서 상호 결합하는 지점으로까지 언어를 통해 걸어가는 것을 말한다.[47]

46) Ibid., p. 92.

"재현의 에피스테메"에서는 동질성과 차이성에 의한 인식이 작동한다. 보편적인 문법에 의존한 언어의 경우, 즉 언어적 기호는 명시된 것(사물)과의 유사성 여부에서 벗어나서 오로지 다른 기호와의 차이 있는 관계를 띤, 즉 독립성과 자의성을 지닌 기호들로서 인식되며, 기호 스스로 표상, 자연, 대상 등을 재현하는 힘을 갖기도 한다.

그러나 19세기 초부터 시작된 소위 "현대적 에피스테메"의 시대에서는 그와 같은 "재현의 에피스테메"가 위기를 맞이하고 그 자리에 "인간의 에피스테메"가 들어선다. 여기에는 칸트, 피히테, 헤겔 등으로 이어지는 선험철학적, 관념론적 사유가 해당된다. "삶, 언어, 경제에 관한 학문의 새로운 실증성은 선험철학의 도입과 일치한다."[48] 스스로를 객체로 관찰하는 주체로서의 인간, 즉 "관찰된 관찰자"(betrachteter Betrachter), "종속된 주권자"(unterworfener Souverän)[49]로서 주체와 객체 사이를 오가는 선험적 주관성을 지닌 인간의 절대성 말이다. 이와 동시에 주객체로서의 인간의 '삶'을 바탕으로 하는 현대적 학문이 성립하게 되는데, 즉 '노동경제학, 생물학, 문헌학/언어학'이라는 세 가지 핵심 학문 영역이 탄생하게 된다.

그렇다면, 노발리스의 「독백」은 어디에 위치하는 것일까? 일차적으로 「독백」은 푸코가 언급한 르네상스 시대의 유사성 원칙과는 결별하고 있다. 그 점은 "사물 때문에 말한다"고 믿는 사람들의 "우스꽝스러운 오류", "그가 특정한 것을 말하려 한다면 그 변덕스러운 언어는 그로 하여금 가장 우스꽝스럽고도 정반대의 쓸모없는 것을 말하게 만든다" 등과 같은 대목을 통해 쉽게 파악된다. 요컨대, 사물과 언어, 명명된 것과 명명하는 것 간의 관계에서 결코 유사성 원칙이 통용될 수 없음이 전제되

47) Ibid., p. 161.
48) Ibid., p. 301.
49) Ibid., p. 377.

어 있다. 그렇다면 「독백」은 "재현의 에피스테메"를 중시하고 있는 것일까? 역사적 시기의 관점에서 보면 「독백」은 18~19세기 전환기에 씌어졌기에 재현을 중시하는 "고전적 에피스테메"와, 인간 주체가 절대화되는 "현대적 에피스테메" 사이에 위치하는 듯이 보인다. 그러나 역사적인 발생 시기가 곧 텍스트의 의미를 결정짓지는 않으며, 과감하게 말하자면 「독백」은 양자에 전혀 속하지 않는 '기이한 텍스트'로 볼 수 있다. 우선 「독백」의 경우 언어가 스스로 사물을 재현해내는 담론적 기능을 주장한다고 볼 수 없는데, 그것은 "기이하고도 풍부한 비밀"로서의 "변덕스러운" 언어 자체가 스스로 그 어떤 동일성과 차이성을 유지하지 못한 채 자유로운 유희만을 일삼고 있기 때문이다. 언어 자체는 불안정한 것이다. 또한 앞서 언급한 것처럼 "언어는 오로지 자기 자신만을 걱정한다는 언어의 고유함"을 통해서 「독백」은 실체적 재현(사물, 의도, 영혼, 자연 등)을 중시하는 언어관에서 벗어나 있으며 언어기호 자체의 자유로운 운동을 더욱 강조한 하이데거, 벤야민, 데리다로 이어지는 후기구조주의적, 탈주체적 언어관에 가깝다. 흔히 "언어는 오로지 자기 자신만을 걱정한다"는 문장을 놓고서 연구자들은 피히테 식의 주관주의적 관념론의 논리를 「독백」에 적용하여 '언어가 자기 자신을 객체이면서 동시에 주체로 설정하고 있다'고 주장하지만 이는 성급한 판단이 아닐 수 없다. '언어가 오로지 자기 자신만을 걱정하는 언어의 고유함'은 주관주의적 논리에서 벗어나 다음과 같이 설명될 수 있기 때문이다.

> 언어의 고유함은 언어가 말하고자 하는 것에 대한 무관심하다. 노발리스는 그 고유함을 자기준거의 효과, 즉 언어의 내적인 생산력을 결정짓는 독백적 유희의 효과로 해석하고 있다. 언어의 비밀에 대한 그의 시각은 그 '자신'이라는 점에 초점을 두고 있는데, 이것은 마치 '언어 자체가 언어다'라는 저 하이데거의 명제와 일치하는 것처럼 보인다.[50]

요컨대, 「독백」은 '자신이 어떻게 전개되는지를 스스로도 알지 못하는' 언어 스스로의 불안감 내지는 예기치 않는 의미와 효과의 생성 등에 대한 언어 스스로의 놀라움 등을 밝히고 있는데, 이는 '자신을 보고 관찰하는 절대적인 주체'(가령 "관찰된 관찰자")의 인식 능력과도 전혀 관계없는 특성이다. 또한 수학 용어처럼 "자신만의 세계를 구축하며, 자기 자신과 유희하는" 특성도 언어의 인식적 측면보다는 글자 그대로 예술적, 포에틱한 측면만을 암시하고 있다. 요컨대, 「독백」은 포에틱한 말하기 자체의 자발성과 창발성(創發性)을 강조하고 있는바, 즉 이러한 "언어충동"은 자신을 들여다보고 성찰해보는 인간 주체의 의식과는 무관하다. 또한 푸코의 시각에 의하면, "재현의 에피스테메"가 붕괴되고 인간의 에피스테메가 들어서면서 인문학(Humanwissenschaften)의 핵심인 '문헌학/언어학'(Philologie/ Linguistik)이 현대적인 주요 학문 분과로 등장하는데, 이에는 추상적, 이론적, 체계적 차원에서 언어학과 문헌학을 정립하려 했던 훔볼트가 해당될 뿐이다. 이와 달리 노발리스의 「독백」은 그러한 문헌학/언어학에 대한 '대항담론'으로서 반체계적인 유희적 언어충동에 따른 글쓰기만을 옹호하고 있으며 또한 「독백」 자체가 문학의 대표적인 대항담론인 '에세이' 형식을 취하고 있는바, 이는 오히려 "인간의 에피스테메"를 비판하고 있는 것이다.

푸코가 언급한 17-19세기의 대표적인 두 가지 에피스테메, 즉 "재현의 에피스테메"와 "인간의 에피스테메"의 공통점은, 양자 모두 로고스, 이성, 사유 등을 중시하는 시기의 에피스테메로서 언어도 그 영향권 내로 끌어들이려 한다는 것이다. 즉, 언어는 사유와 필연적인 관계를 맺고 있던 시기였으며, 그런 역사적 맥락에서 노발리스의 「독백」은 사유와

---

50) Kai van Eikels, Zwei Monologe. Die Poetik der sprechenden Sprache bei Heidegger und Novalis, in: Das Denken der Sprache und die Performanz des Literarischen um 1800, hrsg. v. Stephan Jaeger/Stefan Willer, Würzburg 2000, pp. 229-244, esp. p. 233.

언어 간의 보편적인 관계를 부정하면서 언어 자체의 운동을 아주 특이하고 신비롭게 서술한다. 17~19세기의 언어에 대한 일반적인 통념과 합리적인 언어학의 경우 언어는 기호 체계로 정의되며, 이 때 명명하는 기호는 명명된 것, 즉 대상, 개념, 사유(생각, 표상)를 지시하거나 표현해내는 기호에 다름 아니며 그런 점에서 언어의 도구적, 의사소통적, 재현적 기능이 거론되곤 한다. 이와 같은 '선(先) 사유/사물, 후(後) 언어'가 소위 형이상학적, 로고스중심주의적 시각을 이룬다.

그러나 그와 같은 언어에 대한 기존의 통념에 이의를 제기하는 시각이 18세기 중후반에 나타나는데, 대표적인 예로는 '선(先) 언어, 후(後) 사유/사물'을 주장하는 시각이다. 다음과 같은 헤르더의 시각이 대표적인 예이다. "작가들은 사유가 말을 생산하는 것이 아니라 말이 사유를 생산한다고 믿는다."[51] '사유가 말을 생산한다'는 것은 사유가 언어를 지배하는 시각, 소위 언어의 도구적, 의사소통적 기능을 맹신하는 시각을 말한다. 그러나 이를 전도하면서 작가들은 '말이 사유를 생산한다'고 믿음으로써 오히려 언어가 기존의 사유가 생각하지 못한 점을 생각해 낼 수 있다는 시각, 즉 언어(기호, 글, 텍스트)의 새로운 창조적 기능을 지닌다고 믿는다. 물론 헤르더의 경우 언어와 사유의 관계는 아직 상호 무의식적 연관성을 구축하지 못한 채 모두 '이성'의 범위 내에만 머물고 있으며, 따라서 언어에 의한 사유의 생산은 전통적인 형이상학적, 로고스중심주의적 시각을 좀 더 확장시킨 시각이라고 할 수 있다.

> 가장 심오한 언어들에서 이성과 말은 하나의 개념이고 하나의 실상이다. 즉 로고스(λόγος)이다. 인간은 이미지와 색을 오랫동안 바라보다가 마침내 말하는데, 즉 자신의 마음에서 내적으로 명명한다. (…) 누구나

---

51) J. G. Herder, Über die neuere Deutsche Literatur. Fragmente, in: Sämtliche Werke in 33 Bänden, hrsg. v. Bernhard Suphan, Berlin 1877~1913, Bd. 1(1877), p. 390.

인간의 내적인 언어를 더욱더 강화하고 주도하고 넓히고 형성하면 할수록, 누구나 자신의 이성을 더욱더 주도하고 자신 속에 있는 신적인 것을 소생시킨다.[52)]

내적 언어의 확장은 곧 이성적인 것, 신적인 것의 강화로 해석되고 있다. '말이 사유를 생산한다'라는 측면에서 노발리스의 「독백」은 일단 언어를 우선시한 헤르더의 시각을 계승하고 있는데, "가령 누군가 말하기 위해서 단지 말한다면 그는 바로 가장 뛰어나고 독창적인 진리를 발설하게 된다"라는 「독백」의 구절은 '사유에 의해 결정/구속되지 않은 말하기'에 의한 숨어 있는 진리의 발현 가능성과 연관되고 있다. 그러나 헤르더와 노발리스 간의 결정적인 차이점이 언급될 수 있는데, 즉 언어와 사유의 관계가 노발리스의 경우 결코 '로고스', '이성'의 범위 내에 머무는 것이 아니라 이성과 관계없는 무의도적이고 무의식적인 차원으로도 확장된다는 점이다. 다시 말하면, 언어는 반드시 사유의 생산을 위해 존재하는 것이 아니라 유희, 자극, 쾌락 등과 관계된 힘으로 파악되며, 그럼으로써 이성적으로 통제 불가능한 상태(가령 비이성적인 무의식)의 열림이 가능해진다.

이와 같은 노발리스의 「독백」을 좀 더 정확히 이해하기 위해서는 거의 비슷한 시기에 씌어진 클라이스트(Kleist)의 「말하면서 사유를 점진적으로 완성하는 것에 대하여」(Über die allmähliche Verfertigung der Gedanken beim Reden, 1805)를 살펴볼 필요가 있다. 클라이스트의 「말하면서 사유를 점진적으로 완성하는 것에 대하여」는, 언뜻 "작가들은 (…) 말이 사유를 생산한다고 믿는다"고 언급한 헤르더의 시각과 '무조건 말하기'를 내세운 노발리스의 시각을 입증해주는 글처럼 보인다. 일

52) J. G. Herder, Vom Erkennen und Empfinden der menschlichen Seele. Bemerkungen und Träume, in: Sämtliche Werke, Bd. 8(1892), p. 197.

상적인 대화이든 전문적인 대화이든지 간에 모든 이들의 발화 행위와 관련하여 클라이스트의 글은 언어와 사유의 통상적 관계를 완전히 전복시키고 있기 때문이다. 우선 글의 화자는 “네가 이미 이해하고 있는 대상들 이외에는 그 어떤 것도 말하지 마라”(von nichts zu sprechen als von Dingen, die du bereits verstehst)[53]라는 통상적인 조언을 거부한다. 여기서 ‘이해’란 사물(대상, 의도, 사유, 정신)에 관한 명료한 지식과 의식을 전제하며, 언어(말하기와 글쓰기)는 반드시 그러한 지식과 이해를 바탕으로만 발화되어야 한다는 시각은 사유중심주의의 핵심을 이룬다. 명확한 지식과 이해가 중시되는 발화 행위에서는 가령 ‘아무런 생각 없이 무조건 말하기’ 같은 행위는 비이성적인 것으로 억압되거나 배제되기 마련이다. 이와 같은 전통적인 발화 지침을 비판하면서 글의 화자는 명확한 생각이 떠오르지 않거나 혹은 모호한 생각에 젖어 있을지라도 무조건 먼저 말을 꺼내면서 누군가와 대화하려는 발화 행위를 적극 권장한다. 가령 수학에 대해 아무 것도 모르는 누이동생과 무조건 시작된 말하기는 비록 “명료하지 않은 소리를 내기도 하고, 접속사를 길게 늘이기도 하며, 필요 없을지 모르는 동격을 사용하는” 과정을 걷게 되지만, 이러한 발화 과정이 놀랍게도 “이성이라는 공장에서 나의 생각을 주조해내는 데”[54] 기여한다는 것이다. 또 발화 과정에서 또 한 가지 중시되는 점은, 바로 “마치 내 말을 중단시키려는 듯한 누이동생의 제스추어”, 즉 “나에게서 (…) 말을 앗아가려는 듯한 외부에서의 행동 시도”[55]이다. 이러한 언어 외적인 것(몸짓, 말투, 표정 등)이 놀랍게도 말과 사유의 완성에 결정적인 자극을 준다는 것이다. 누이동생과의 대화 이외에도 글의

53) Heinrich von Kleist, Werke und Briefe in vier Bänden, Berlin/Weimar 1978, Bd. III, p. 453.

54) Ibid., p. 454.

55) Ibid.

화자는 몰리에르와 하녀, 프랑스 혁명 당시의 혁명가 미라보와 왕의 의전관 간의 설전 같은 예를 제시한다.[56] 특히 후자의 경우와 관련하여 글의 화자는, 의전관의 억압적이고 위엄 있는 언사에 직면하여 미라보는 "윗입술의 경련과 커프스를 애매하게 만지작거리는"[57] 행위로부터 자극 받아 자신도 생각하지 못한 과감하고 대담한 말을 던지는데, 즉 "사물의 질서를 전복하는"[58] 프랑스 혁명의 정당성을 위한 명료하고 정당한 사유를 순간적으로 완성시켜냈다고 해석한다. 요컨대, 말에 의해서 사유가 완성되는 과정에서 중요한 두 가지 점은 바로 '무조건 말하기'와 '비언어적 요소와 결부된 예기치 않은 심리적 상태'인 것이다.

> 그와 같은 경우에 우리에게 반드시 필요한 것은, 바로 우리 수중에 언어가 손쉽게 놓여 있어야 한다는 것이며, 그래야만 우리가 즉각 생각했거나 아직 우리가 즉각 제시하지 못한 것을 적어도 가능한 한 빨리 잇달아 내놓을 수 있게 된다는 것이네.[59]

> 내 생각으로는, 많은 위대한 연설가들도 자신들이 입을 여는 순간에는 자신이 무엇을 말하게 될지 아직 모를 것이라는 것이네. 그러나 그는 여러 상황과 그 상황에 기인하는 마음의 흥분에서 자신에게 필요한 많은 생각들을 만들어 낼 것이라는 확신을 가지면서 모든 것을 행운에 맡기고는 대담하게 말을 꺼내는 일을 행하는 것일세.[60]

---

56) 이는 1789년 6월 23일 국민의회에서 미라보가 국왕을 대표하는 의전관 마르끼 드 브레즈(Marquis de Brezé)와 실제 벌였던 논쟁을 클라이스트가 상상적으로, 문학적으로 옮긴 장면이다.

57) Ibid., p. 455. 클라이스트의 비극『펜테질레아』에서도 윗입술이 경련하는 오디세우스의 모습으로 인해 아킬레우스가 그리스 군대를 떠나는 장면을 떠올릴 수 있다.

58) Ibid.

59) Ibid., pp. 457-458.

60) Ibid., p. 454.

"우리 수중에 언어가 손쉽게 놓여 있어야 한다"는 대목은 일단 명확한 생각 없이 무조건 말하기를 시도하라는 것을 뜻하며, 또한 대화의 "여러 상황과 그 상황에 기인하는 마음의 흥분"(schon aus den Umständen, und der daraus resultierenden Erregung seines Gemüts), 즉 다양한 상황에서 발생하는 반응과 자극이 그 무조건 말하기 과정에 도움을 주게 되고 나아가 사유의 완성에 결정적인 역할을 할 수 있다는 것이다. 상황과 흥분은 모두 '우연적/돌발적'(kontingent)이며, 결국 우연한 영향력에 의한 말하기를 통해 사유가 완성될 수 있다는 것이다.[61] 이를 화용론적 용어로 말하자면, "행위 주체의 절대적 주권성이 무력화되고" 그 대신 "말하기의 수행적 행위가 고유한 동력을 갖게 되고 말의 합리적인 조종을 저지한다"[62]고 할 수 있다. 여기서 주목할 점은, "연설가들도 자신들이 입을 여는 순간에는 자신이 무엇을 말하게 될지 아직 모를 것"이라는 클라이스트 텍스트의 언술은 놀랍게도 『지각의 현상학』으로 잘 알려진 현상학자 메를로-퐁티(Maurice Merleau-Ponty)의 인식과 매우 흡사하다는 것이다. 사실 메를로-퐁티가 클라이스트 텍스트를 읽었을 것이라는 점은 거의 불가능한 일임에도 불구하고 그는 마치 클라이스트를 선취하듯 다음과 같이 언어와 사유의 관계를 밝히고 있다. "연설가들도 말하기 전에 생각하지 않으며, 말하는 도중에는 결코 생각하지 않는다. 그의 말하기가 오히려 그 자체 생각하기다. (…) 연설가가 말하는 한 그의 '생각하기'는 텅 비어 있다."[63] 이처럼 클라이스트와 메를로-퐁티는 말하기가 생각하기에 앞선

61) 클라이스트 연구에서 "우연", "돌발성"은 매우 중요한 주제로 오랫동안 천착되어 왔다. 이에 대한 비교적 최근 연구로는 다음을 참조할 것(Peter Gendolla, Erdbeben und Feuer. Der Zufall in Novellen von Goethe, Kleist, Frank und Camus, in: Die Künste des Zufalls, hrsg. v. Peter Gendolla und Thomas Kamphusmann, Frankfurt a.M. 1999, pp. 196-217; Dieter Heimböckel, Wie vom Zufall geführt. Kleists Griffel, in: Kleist. Vom Schreiben in der Moderne, hrsg. v. Dieter Heimböckel, Bielefeld 2013, pp. 23-48).

62) Peter Philipp Riedl, Über die allmähliche Verfertigung der Gedanken beim Reden, in: Kleist-Handbuch: Leben-Werk-Wirkung, hrsg. v. Ingo Breuer, Stuttgart/Weimar 2013, p. 150.

다거나 혹은 양자가 동시적으로 작동한다는 점에서 상호 공통점을 보여 주고 있는 것이다. 혁명가 미라보의 사례뿐만 아니라 라퐁텐의 우화 이야기 가운데 <페스트에 걸린 동물들>에서의 여우의 사례를 들면서 글의 화자는 말하기와 생각하기, 언어와 사유의 동시적 작동 관계를 다음과 같이 정리하고 나선다.

> 그와 같은 말하기는 진실로 순수한 생각하기이네. 표상과 그것의 언어적 표현은 나란히 같이 진행되며, 표상과 언어적 표현을 위한 각기 마음의 움직임은 서로 일치하는 것이네. 언어는 정신의 수레바퀴에 있는 브레이크 같은 제어 장치가 아니라 정신의 축에서 정신과 함께 움직이는 제 2의 수레바퀴와도 같은 것일세.[64]

언어와 사유(표상, 정신)의 관계를 요약하는 이 결론 대목은 대단히 흥미롭다. 앞서 언급된 내용에서는 '무조건 말하기' 등을 통해 언어가 사유(정신)에 앞서 존재한다는 점이 서술되었고 제목 그대로 '말하면서 사유가 완성하는', 즉 '선(先) 언어, 후(後) 사유/사물'가 입증되고 있지만, 위의 인용 대목에서는 언어와 사유 간의 동시발생적, 동시작동적 관계가 강조되고 있다. '사유에 의해 지배(종속)되는 언어' 내지는 '사유를 위한 도구적 기능으로서의 언어'라는 전통적인 관념과 상식을 비판하면서 글이 시작되었지만 사실은 언어와 사유(정신)가 동시적으로 작동한다는 식으로 결론을 맺고 있기에, 클라이스트의 글은 넓은 의미에서 로고스 중심주의에서 벗어나지 못한 것으로 볼 수 있다. 나아가 언어와 정신의 동시적 작동 관계는 일면 '사유하는 말하기'(ein denkendes Sprechen) 같은 식의 이상주의적 관점으로 분류될 수 있을지도 모른다. 그러나 클라

---

63) Maurice Merleau-Ponty, Phänomenlogie der Wahrnehmung, Berlin 1974, p. 214.
64) Ibid., p. 457.

이스트의 텍스트를 무조건 이상주의적 관점에서만 파악할 수는 없는데, 그것은 필연성보다는 반이상주의적 요소인 언어외적인 우연성이 강조되거나 또는 "우리가 알고 있는 것이 아니다. 우리의 어떤 상태가 알고 있기 때문이다"(Denn nicht wir wissen, es ist allererst ein gewisser Zustand unsrer, welcher weiß")[65]라는 식의 탈주체적 언술 등이 텍스트에 제시되고 있기 때문이다. 연설가들이 "자신이 무엇을 말하게 될지 아직 모를 것"이라는 점에서나, 그리고 지식과 이해의 주체인 '나' 혹은 '나의 의식'이 거부되고 '어떤 상태'가 더욱 중시되고 있는 점은 대단히 충격적이고 탈현대적이다.

이처럼 '사유(전달 대상, 표상, 의도)에 종속되지 않은 언어의 비의도적, 자발적 발화'를 강조하는 클라이스트의 언술과 "언어는 오로지 자기 자신만을 걱정한다는 사실, 이러한 언어의 고유함을 그 누구도 알고 있지 않다"라는 노발리스의 언술은 넓은 의미에서 언어 자체의 고유한 힘과 역동적인 자기전개를 중시한다는 공통점을 지닌다. 야콥스(Angelika Jacobs)에 의하면, 노발리스, 브렌타노, 클라이스트 등에서 엿보이는 그와 같은 언어 자체의 고유함과 내적 역동성을 토대로 바로 현대 포에지(예술과 문학)의 자기준거적이고 자기생산적인 특성이 형성되는 것이다.

> 브렌타노의 논증, 또는 사유가 점진적으로 완성됨을 유머러스하게 보여준 클라이스트의 논증은 프리드리히 폰 하르덴베르크(일명 노발리스)의 「독백」에서 그 선구자를 취하고 있는데, 「독백」은 1798년에 씌어진 일련의 <대화들>에 놓여 있으며 말하기 자체의 포이에시스(poiesis) 특성을 강조하고 있다. 여기서 언어는 객체와 관련된 이해 관심사를 명시하는 기능에서 벗어나 있는 무의식적 표현으로 간주되고 있다. 모순적이지만 언어의 진정한 행위 잠재력은 바로 목적 없는 '농담 같은 수다'에

65) Ibid., p. 458.

기인하는데, 이 '농담 같은 수다'란 바로 비의도적인 자기준거성 양식으로 말하기가 자유롭게 이리저리 펼쳐지는 사유의 운동을 말한다.[66)]

이와 같은 공통점에도 불구하고 클라이스트와 노발리스의 언어관에는 미묘한 차이가 흐른다. 클라이스트의 경우 언어가 사유와 함께 하거나 혹은 사유를 만들어 나감으로써 언어와 사유 간의 불가분의 관계가 중시되고 있는데, 이는 언어와 사유, 문학과 철학 간의 일치를 지향하는 의미에서 일종의 '시학적 인식론'(poetologische Epistemologie)이라고 부를 수 있다. 이와 달리 노발리스의 경우 언어는 반드시 사유의 완성이라는 목적을 향해 나아가지 않는다. 단지 말하고 싶은 충동에서 나온 말하기가 독창적인 진리가 될 수도 있고 반대로 진지하고 특정한 의도에서 나온 말하기가 무의미하고 공허한 것으로 전환될 수도 있는데, 이는 곧 인식을 지향하지 않는 언어 자체의 방종함(자유로움), 즉 예술의 유희적 특성만을 강조한 것이다. 방종함과 유희성을 지닌 언어는 인식적인 언어라기보다는, 담론의 존재방식을 이탈(離脫) 내지는 월경(越境)하려는 현대 문학의 허구적 언어처럼, 일종의 "불안을 가져오는 언어"(beunruhigende Sprache)[67)]로 존재할 뿐이다. 다르게 말하자면, 클라이스트의 경우 헤르더의 언어관과 마찬가지로 언어(말하기)가 이성적 사유와의 연관성을 간직하고 있다면, 노발리스의 경우 서술의 언어 자체의 고유한 유희성만이 강조될 뿐 그 언어적 서술이 명명하고 지시하는 대상 혹은 실상의 참과 거짓 등에 대한 인식은 전혀 중요하지 않다.[68)] 요컨대, 언어적 서술 및 발화는

66) Angelika Jacobs, Stimmungskunst als Paradigma der Moderne, p. 9.

67) M. Foucault, Die Ordnung der Diskurses, Frankfurt am Main 1977, p. 20.

68) Christian Kohlross, Ist Literatur ein Medium? Heinrich von Kleists *Über die allmähliche Verfertigung der Gedanken beim Reden* und *der Monolog* des Novalis«, in: Klinkert/Neuhofer (Hrsg.), Literatur, Wissenschaft und Wissen seit der Epochenschwelle um 1800, Berlin 2008, pp. 19-33, esp. p. 26. 언어와 사유의 관계를 예술작품과 지식(내지는 새로운 현실) 창조 간의 관계로 설명해보면, 언어예술작품(문학)은 새로운 지식 생산의 매개적 기능을

명증한 이성적 사유와 결코 필연적인 관계를 맺지 않는다. 물론 노발리스의 전체 언어관을 보면, 언어와 사유의 관계를 다룬 단편들이 있기는 하다. 가령 "생각하기는 말하기이다. 말하기와 행하기 혹은 만들기는 하나의 동일한, 다만 변형된 작동이다. 빛이 되어라 하고 신이 말하자 그렇게 되었다"[69]라는 단편의 경우 언어, 사유, 행위에 대한 전형적인 신학적, 이성적 관점의 투영으로 파악될 수 있다. 그런데 언어, 사유, 행위 간의 관계에서 노발리스는 마찬가지로 또 한 가지 중요한 측면을 제시하는데, 그것은 다름 아닌 미학적 측면이다. 가령 말하기와 생각하기 간의 관계에서는 '예기치 않은 것'이 발생하는바, 노발리스는 이를 "놀라움"에 의해 만들어지는 "실체"로서 일종의 "불꽃"과도 같다고 표현하고 있다.

> 즉각적인 말하기와 생각하기(활동적인 관찰하기)는 상호 관련된 것으로 놀라움을 행하며 하나의 실체(불꽃)를 만들어 내는데, 이 실체(불꽃)는 말하기와 생각하기, 양자를 조화롭게 흥분시키며 형성한다.[70]

말하기와 생각하기 간의 관계에서 매우 자의적이고 우발적으로 어떤 예기치 않은 "실체(불꽃)"가 만들어질 경우, 그것은 종교적, 철학적 의미라기보다는 자극(Reiz), 매력 등을 추구하는 영향미학적 차원에서 이해될 필요가 있다. 즉 "실체(불꽃)"는 우연히 갑작스럽게 발생하는 은유적 언어의 뜻밖의 놀라운 아름다움 같은 것인데, 이를 프랑스 작가 로트레아몽은 "해부용 탁상 위에서 우산과 재봉틀의 우연한 만남"[71] 같은 식

수행하는 것으로 볼 수 있다. 콜로스(Kohlross)는 클라이스트와 노발리스에게서 언어가 그런 인식론적 매개 기능을 수행한다고 보고 있지만, 이는 약간 무리한 논리로 보인다.

69) Novalis, Schriften, Bd. III, p. 297.

70) Novalis, Schriften, Bd. II, p. 531.

71) Lautréamont(Isidore Lucien Ducasse), Das Gesamtwerk. Die Gesänge des Maldoror; Dichtungen (Poesies); Briefe, Reinbek 1988(특히 6번째 노래를 참조할 것). 노발리스가

으로 비유했다. 노발리스는 언어학적 방식으로 기호와 명시된 것(표상, 대상 등)의 관계, 즉 소쉬르의 기호학적 용어로 말하자면 기표와 기의를 맺어주는 불꽃의 발생을 "우연과 놀라움"에서 찾는데,[72] 이는 놀라움, 자극, 흥분, 전율 등을 추구하는 '장엄함'(das Erhabene)의 미학적 특성을 암시한다. 그런 맥락에서 노발리스는 "시인은 우연을 경배한다"[73], "포에지는 심정을 흥분시키는 예술이다"[74](Poesie = Gemütserregungskunst), "모든 유혹은 자극에 의해서 일어난다. 우리를 흥분시키는 모든 것이 우리를 유혹한다"[75]라고 언급하고 있다.

이상과 같이 「독백」을 비롯한 노발리스의 여러 단편들을 보면 한 가지 점만은 분명하다. 즉, 언어와 사유는 결코 목적과 수단, 원인과 결과 등의 관계에서 파악되는 것이 아니라 포에지의 근원인 언어 자체의 고유한 내적 역동성과 자의성만이 강조되고 있는 것이다. 언어의 내적 역동과 자의성은 '유희'로 불리기도 하며, 그 유희는 변형, 전도, 왜곡 같은 다양한 '일그러진 과정'을 내포하고 있다. 글의 세계를 "일그러진 유사성"(entstellte Ähnlichkeit)이라고 부른 벤야민의 언어관처럼 말이다. 낭만적 포에지에서는 언어와 사유 간의 필연적 일치 내지는 언어에 의해 새로운 사유 창조 등은 결코 중요하지 않다. 설혹 언어와 사유가 만날 경

은유를 비롯한 모든 포에틱한 언어를 "실체(불꽃)"라는 낱말로 명시한 것은 후에 초현실주의에도 상당한 영향을 끼쳤다. 로트레아몽을 언급하면서 초현실주의 화가 막스 에른스트(Max Ernst)는 노발리스를 상기시키는 "불꽃"이라는 개념을 다음과 같이 사용하였다. "'해부용 탁상 위에서 우산과 재봉틀 간의 우연한 만남'(로트레아몽)은 오늘날 너무나 잘 알려진 고전적인 예인데, 즉 아주 본질적으로 다른 차원에서 두 개(혹은 그 이상)의 언뜻 본질적으로 다른 요소들이 서로 접근하는 것이야말로 가장 강력한 시적 점화를 야기한다는 초현실주의자들이 발견한 현상에 대한 예이다. 다른 요소들이 더욱 더 우연히 만날수록 포에지의 갑자기 튀어 오르는 불꽃을 통한 사물의 완전한 혹은 부분적인 전복이 일어날 것임은 틀림없이 분명하다"(Max Ernst, 'Was ist Surrealismus?', in: Surrealismus in Paris 1919-1939, hrsg. v. Karlheinz Barck, Leipzig 1990, p. 618).

72) Cf. Novalis, Schriften, Bd. II, pp. 108-109.

73) Novalis, Schriften, Bd. III, p. 449.

74) Ibid., p. 650.

75) Ibid., p. 307.

우 그 순간은 단지 일시적일뿐 언제든 소멸하고 생성하는 변화의 시간성에 내맡겨져 있다. 즉, 다른 시공간이 개입되면 양자의 관계는 언제든지 파괴되고 일그러질 수밖에 없다. 이와 같은 언어와 사유의 관계를 문학작품의 독서 행위에 적용해 보면, 자의적인(혹은 자유로운) 언어적 생산물로서의 문학작품이 새로운 사유(의미)의 담지자인 독자와 만날 경우 작품의 최초 의미(즉 작가가 작품에 부여한 의미)는 사라지고, 그 최초 의미의 자리에 새로운, 예기치 않은 의미가 들어설 뿐이다. 그렇게 언어와 사유는 결합과 분리, 창조와 파괴, 생성과 소멸 간의 항구적인 변화 과정을 걷는다. 그런 점에서 슐레겔이 아이러니를 "자기창조와 자기파괴의 변화"라고 명명했을 때 이는 수사적, 문학적 수법으로서의 아이러니에만 해당되는 것이 아니라 포에틱한 언어 자체의 특성에 해당된다. 「독백」이 언어의 특성을 "독창적인 진리"와 "우스꽝스럽고도 정반대의 쓸모없는 것" 사이에서 부유하는 것으로 규정한 점, 즉 "기이하고도 풍부한 비밀"로 규정한 점은 바로 '아이러니로서의 언어 자체'의 특성에 정확히 부합한다.

4. 언어의 고유함과 독자

언어 자체의 고유함과 자기준거성은 모두 문학의 자율성, 나아가 문학의 절대성을 위한 논리로 작용하며, 이러한 논리로 인해 낭만주의적 문학관은 '언어예술작품'으로서의 문학을 현실과 의식(작가의 의도)의 반영/투영 등으로 해석하는 계몽주의적, 리얼리즘적 문학관과는 완전히 대립한다. 언어와 현실(대상, 사유, 의도 등) 간의 적합성을 주장하는 시각과 언어 자체의 고유성을 주장하는 시각은 서로 상반되며, 낭만주의 문학에서는 "적합성의 자리에 바로 예술작품의 내재적 일치성 같은 어떤 것이 들어선다"[76]는 설명은 매우 적절하다. 언어와 현실, 주체와 객체 등의 완벽한 일치 내지는 재현의 관계를 거부하는 노발리스의 입장은 언어관에서뿐만 아니라 동일성 사유를 거부하는 다음과 같은 단편에서도 읽어낼 수 있다.

> 모든 시대, 민족, 개인의 전체 미신과 오류는, 상징과 상징화된 것을 혼동하고 동일시하는 것 - 진실하고도 완전한 재현에 대한 믿음 - 형상과 오리지널, 현상과 본질의 관계에 대한 믿음 - 외적인 유사성의 추론 - 철저한 내적인 일치와 연관성 - 에, 요컨대 주체와 객체의 혼동에 근거한다.[77]

기호와 대상, 언어와 현실 간의 동일성 사유에 기초한 재현 이론에 회의적인 노발리스의 철학적 시각은 바로 언어와 문학에도 그대로 유효하다. "언어는 오로지 자기 자신만을 걱정한다"라는 구절에 시사된 언어 자체의 고유함 및 예술의 자율성에 대한 강조는 이미 분석한 바 있듯이 '의미', '실상' 등과 관계없는 포엑티한 말하기/글쓰기로서의 절대적인 포에지의 특성을 내포한다. 다음과 같은 노발리스의 단편은 그 점을 상기시킨다.

> 서사적 이야기는 꿈처럼 연관성 없이, 그렇지만 연상 작용을 지닌 것이다. 시는 그저 기분 좋은 울림과 아름다운 낱말을 지닌다. 마찬가지로 의미와 연관성 없이 말이다.[78]

문학/포에지는 특정한 의미 및 연관성의 '전달'에 정향되지 않은 채

76) Niklas Luhmann, Ist Kunst codierbar?, in: ders., Aufsätze und Reden, hrsg. v. Oliver Jahraus, Stuttgart 2001, p. 164.

77) Novalis, Schriften, Bd. IV, p. 397.

78) Novalis, Schriften, Bd. III, p. 572.

자발적으로, 비의도적으로 스스로 '말하기'를 펼치는 특성을 지니며, 이러한 점은 후에 벤야민에게서도 반복한다. 가령 「번역가의 과제」의 서두는 문학의 특성을 다음과 같이 천명하고 있다.

> 문학은 과연 무엇을 '말하나'? 문학은 무엇을 전달하는가? 문학을 이해하는 이에게는 매우 적게 말하고 전달한다. 문학의 본질적인 점은 바로 전달이 아니며 진술도 아니다.(Was ›sagt‹ denn eine Dichtung? Was teilt sie mit? Sehr wenig dem, der sie versteht. Ihr Wesentliches ist nicht Mitteilung, nicht Aussage)[79]

문학은 다른 문학 외적인 것을 전달하는 것이 아니며 또한 작가의 지식이나 의견을 말하는 것이 아니라 "언어는 스스로를 전달한다"[80] 라는 특성처럼 스스로를 말한다. "언어는 스스로를 전달한다"는 벤야민의 시각, "언어는 오로지 자기 자신만을 걱정한다"는 노발리스의 시각, "언어는 말한다"는 하이데거의 시각 등 이 모든 시각은 언어 자체의 고유한 말하기라는 공통점을 지닌다. 언어 자체의 고유한 말하기에 대한 강조는 인간의 도구적 이성(사유와 의도)에 따른 언어의 오염과 왜곡 등에서 벗어나고 싶은 소망, 가령 "말로 떠돌이 행상을 하는 행위를 우리가 중지하고 싶은"[81] 소망에 대한 우회적인 서술일 수도 있다. 이와 같은 언어관을 토대로 하는 낭만주의 문학에 대하여 질비오 피에타(Silvio Vietta)는 다음과 같이 그 배경과 의미를 적절하게 설명해 주고 있다.

> 1800년 전환기의 미학에서 본래의 급진적 변혁은 어디에 있을까? 그것은 모방 미학에서 실험적인 생산 미학으로의 급진적 변혁이며, 이러한

---

79) W. Benjamin, Gesammelte Schriften, Bd. IV, p. 9.
80) W. Benjamin, Gesammelte Schriften, Bd. II, p. 142.
81) F. Schlegel, KA, Bd. II, p. 364.

변혁은 낭만주의에서 일어난다. '일어난다'는 표현을 썼다고 해서 내가 그 어떤 점을 설명한 것은 아닌데, 특히 어째서 그리고 어떤 연유에서 그런 변혁이 일어났는지를 설명한 것은 결코 아니다. 그러나 이 질문은 매우 흥미로운데, 그것은 어쨌든 모방 모델 - 다양한 해석을 동반하는 저 호라츠의 자연의 모방(imitation naturae) - 은 예술적이고 미학적인 사유에서 거의 1800년 동안 지속해 왔으며, 특히 아리스토텔레스의 미메시스 개념(행위의 재현: mimesis praxeos)에서 시작한다고 볼 경우 거의 2000년 이상 지속되어 왔기 때문이다.[82)]

노발리스에서 시작하여 말라르메, 보들레르, 블랑쇼, 하이데거, 벤야민, 푸코, 데리다 등으로 이어지는 일련의 언어 자체의 고유함을 바탕으로 하는 포에틱한 글쓰기(혹은 말하기)에 대한 강조는 미메시스 이론과 결별하는 문학, 즉 자율적이고 절대적인 문학의 옹호를 뜻한다. 그러한 자율적이고 절대적인 문학에서만, 푸코의 언급처럼 "르네상스와는 다르게 자신의 존재 방식대로 언어를 드러내주는" 문학에서만, 언어는 "시작과 종착점, 그리고 약속 없이 증대하게 될 것이다."[83)] 낭만주의가 언어 자체의 고유함을 바탕으로 문학의 자율성 및 절대성을 단호하게 주장하였다는 점은 다음과 같은 슐레겔 형제의 언술을 통해 알 수 있다.

예술의 법칙은 자율적이며, 예술은 스스로 자신의 법칙을 만들어간다. 진실한 것, 선한 것, 아름다운 것은 서로 다르며 동등한 권한을 지니며,

---

82) Silvio Vietta, Die Ästhetikrevolution um 1800, in: Deutsch-russische Germanistik. Ergebnisse, Perspektiven und Desiderate der Zusammenarbeit, hrsg. v. Dirk Kemper/Iris Bäcker, Moskau 2008, p. 153. 물론 "모방 미학에서 실험적인 생산 미학으로의 급진적 변혁"과 함께 피에타는 독일 관념론의 핵심을 낭만주의 이후의 현대 문학에 적용하고 나선다. "'스스로 형성하는 삶'의 동인, 즉 우리 안에 있는 '정신'의 활동성이다. 정신이 세계를 '시적으로 만든 것이지', 세계가 저절로 인간에게 '아름답게', '포에틱하게', '미적으로' 비추어지는 것이 아니다"(Ibid., pp. 154-155). "정신의 활동성"이라는 측면에서만 낭만주의와 관념론의 상호관계를 설명하는 피에타의 시각은 사실 적지 않은 한계를 지닌다.

83) M. Foucault, Die Ordnung der Dinge, p. 77.

그 어떤 것도 다른 것에 따라서 자신의 방향을 정하지 않는다.[84] 그러나 포에지의 철학은 바로 아름다운 것의 독자성에서 출발해야 할 것이리라. 즉 아름다운 것은 진실한 것과 윤리적인 것과 분리되어 있다는 명제, 그리고 아름다운 것은 그것들(진실한 것과 윤리적인 것 – 역주)과 동등한 권리를 지닌다는 명제에서 출발해야 하리라. 아름다운 것을 파악할 수 있는 자는 그 점이 '자아는 자아이다'라는 명제에서 추론된 것임을 알 수 있다.[85]

이렇게 언어의 고유함을 바탕으로 자율성과 절대성을 구축한 포에틱한 글쓰기는 현대문학에서 다양한 현상을 취하게 되는데, 후고 프리드리히(H. Friedrich)에 의하면 불협화음, 모호함, 명확한 내용 전달로부터 거리를 취하기, 암시성, 낯설게 하기, 기형화, 기호와 명시된 것(대상이나 표상) 간의 분리, 충격 효과, 낱말 질료의 낯선 의미, 의미에서 벗어난 자유로운 울림과 강도, 비정상성, 비논리성, 파편성, 순간성, 비응집성, 전복성, 해체 등을 들 수 있다. 이러한 현상은 자신만의 언어적 세계만을 구축하고 언어 자체의 자유로운 유희 전개를 추구해 온 현대문학(특히 현대시)의 특징을 이루는데, 이는 갑작스럽게 만들어진 것이 아니라 이미 18세기 프랑스 작가 디드로(D. Diderot)가 주장한 언어의 "신비로운 암시성"에서부터 노발리스의 "자기 언어", 보들레르의 "추상적 포에지" 등에 이르기까지 일련의 시학적 연속성을 통해 지속적으로 구축되어 왔던 것이다. 특히 노발리스는 "전달 목적" 없이 "음악적인 영혼 관계에 따라", "수학 용어처럼" 자율적으로 움직이는 "자기언어"(Selbstsprache) - 이는 언어의 자기준거적, 자기창조적 특성을 말하는데 – 를 강조함으로써 현대시의 결정적인 발판을 마련해주었던 것이다.[86]

---

84) A.W. Schlegel, Vorlesungen über philosophische Kunstlehre 1798-1799, München/Paderborn/Wien/Zürich 1962, p. 129, § 262.

85) F. Schlegel, KA, Bd. II, p. 208.

86) Cf. Hugo Friedrich, Die Struktur der modernen Lyrik, Hamburg 1956, pp. 15-21.

그렇다면 슐레겔, 노발리스를 비롯한 낭만주의자들이 강조한 그 자체의 고유함과 자율성을 지닌 언어(즉 문학적 글쓰기/말하기), 즉 창조와 파괴, 구성과 해체 사이에서 자유롭게 움직이는 언어는 무의미를 향하는 것일까? 언어(글, 텍스트)의 자유로운 운동은 당연히 새로운 '의미'를 부여해 줄 독자를 찾아 유랑하며, 이러한 독자에 대한 요청은 20세기 후반 가다머, 야우스, 이저, 에코 등이 내세운 독자중심주의적, 수용미학적 해석학과 밀접하게 연관된다. 이와 같은 점은 다음과 같은 노발리스의 단편에서 읽을 수 있다.

> 진실한 독자는 확장된 저자여야만 한다. 그는 낮은 심급에 의해 사전 작업된 실상을 받아들이는 한 단계 더 높은 심급이다. 저자가 자기 글의 다양한 질료들을 분리했던 감정이 책읽기에서 다시 살아나서 책의 가공되지 않는 것과 잘 다듬어진 것을 분리해 낸다 - 한 독자가 자신의 생각에 따라 책을 가공하게 된다면, 두 번째 독자는 더욱 순수하게 정련(精練)할 것이며, 결국 가공된 덩어리가 다시금 순수한 활동의 그릇 속으로 들어가는 과정을 통해서 전체 질료 덩어리는 본질적인 구성분자, 즉 영향력 있는 정신의 부분이 된다.[87)]

이 단편은 매우 혁명적이고 새로운 측면을 담고 있다. "확장된 저자"로서의 "진실한 독자"는 더 이상 텍스트 생산 주체로서의 저자의 의도만을 발굴해내는 수동적이고 기생적인 역할만을 수행하지 않는다. '저자 의도'와 관계없이 오히려 텍스트를 능동적으로 읽고 새로운 의미를 부여하는 독자가 저자보다 "한 단계 더 높은 심급"으로 강조되고 있으며, 그럼으로써 '독자 의미'가 중시되는 것이다. 언뜻 보기에 저자와 독자 간의 "감정" 교환이 강조되고 있는 듯이 보이지만 사실은 전혀 그렇지 않다. 오히려 독자로서의 저자, 저자로서의 독자 같은 글쓰기 과정의 새로

87) Novalis, Schriften, Bd. II, p. 470.

운 순환이 요청되고 있는 것이다. 슐레겔이 말한 것처럼 저자와 독자가 서로 "가장 내밀한 공동철학 혹은 공동포에지의 신성한 관계"[88]를 맺고 있을 경우, 기교적으로 가공된 것과 순수한 정련되지 않은 것 사이에서 부유하는 언어적 텍스트는 다양한 유형의 독자에 의해 끊임없이 분리되고 다시 결합되는 무한한 과정 속에 놓이는데 이때 궁극적으로 저자와 독자 간의 경계는 무의미해진다. 이러한 경계 해체는 곧 "변형하여 쓰기와 계속 쓰기(Umschreiben und Weiterschreiben)"의 의미를 지니는데, 이는 "복제(Kopiren)", "조립(Montieren)", "인용(Zitieren)", "샘플링(Sampeln)", "커버링(Covern)", "상호텍스트화(Intertextualisieren)" 같은 디지털 매체문화의 다양한 글쓰기 특성까지도 암시한다.[89] 글의 생산은 기존의 다양한 글의 파편을 수집하거나 혹은 복사(아이러니와 패러디 등)하는 행위를 거쳐서 재생산된 결과인 바, 요컨대 상호텍스트성의 결과물이다. 이와 같은 언어, 독자 등에 대한 노발리스의 관점은 이백 년이 지난 후에도 여전히 현재적이다.

88) F. Schlegel, KA, Bd. II, p. 161.

89) Cf. S. Porombka, Für wahre Leser und erweiterte Autoren, in: Olaf Kutzmutz/Stephan Porombka(Hg.), Erst lesen. Dann Schreiben. 22 Autoren und ihre Lehrmeister, München 2007, pp. 23-35.

CHAPTER 12

“어쨌든 전체는 포에지의 신격화이네”

– 노발리스의 『하인리히 폰 오프터딩엔』

CHAPTER 12

"어쨌든 전체는 포에지의 신격화이네" – 노발리스의 『하인리히 폰 오프터딩엔』

1. 근대성 비판과 노발리스 시학

바로크, 계몽주의, 질풍노도의 시기를 지나 18세기 말경에 고전주의와 낭만주의가 거의 동시적으로 발생하면서 관념론(이상주의)과 더불어 독일의 예술과 철학은 유럽의 문화적 흐름을 대표하게 된다. 물론 두 예술사조와 관념론 간의 관계는 매우 복잡하다. 흔히 고전주의, 낭만주의, 관념론은 거의 동일한 이념과 현상을 공유하고 있다고 주장되지만, 그러나 혹자는 관념론과 관련하여 고전주의와 낭만주의는 서로 다른 시각을 취했다고 주장하기도 한다. 가령 고전주의와 관념론이 미학적, 철학적 관점에서 서로 동일하게 파악될 수 있다면, 낭만주의와 관념론은 근본적으로 다르다고 주장된다. 그렇기에 고전주의와 낭만주의도 서로 다른 미학적 이념과 현상을 취하고 있는 것이다. 1922년에 발행된 두 사조에 관한 규범서와도 같은 연구서에서 프리츠 슈트리히(F. Strich)는 각기 '완성'(Vollendung)과 '무한'(Unendlichkeit)이라는 개념으로 고전주의와 낭만주의의 차이를 설명한 바 있지만,[1] 이와 달리 최근에는 차이를 지양하는 차원에서 고전주의와 낭만주의의 공통점을 강조하는 연구가 제시되고 있기는 하다. 이 경우 양자는 조화, 이상 등을 향한 이념적 지향성에서는 동일하지만 그것을 구체화하는 심미적 방식에서만 서로 다르다는 것이다. 또한 거시적인 관점에서는 고전주의와 낭만주의 모두 1750년부터 진행한 계몽주의, 즉 계몽 이념을 구현하는 사상적 흐름 내에 포함될 수 있다는 의견도 제시되고 있다.[2)]

어쨌든 고전주의와 낭만주의 간의 이념적 지향성의 동일성과 차이성에 대한 논란을 차지하고 오로지 예술적 관점에서만 보면, 사실 고전주의와 낭만주의는 '같은 듯 다른' 매우 미묘하고 복잡한 양상을 띤다. 분명 괴테의 소설 『빌헬름 마이스터의 수업시대』는 낭만주의에 상당한 영향을 끼쳤으며 장 파울의 언급대로 괴테의 소설은 "노발리스, 티크, 바그너, 푸케, 아르님의 소설처럼 몇몇 청출어람의 제자들을 낳았다."[3)] 그러나 영향을 끼쳤다는 것이 곧 그대로 답습하거나 모방한다는 것을 뜻하진 않는다. 『빌헬름 마이스터의 수업시대』의 영향과 관련해서는 사실 낭만주의자들 가운데에서도 상이한 반응을 엿볼 수 있다.[4)] 가령 슐레겔과 노발리스는 새로운 근대적 유형의 낭만적 포에지의 정립에 대해 비슷한 이해와 시각을 공유했을지라도 괴테의 『빌헬름 마이스터』와 관련해서는 기이하게도 상반된 반응을 내보였다. 슐레겔은 「뤼체움」 120번

---

1) Cf. Fritz Strich, Deutsche Klassik und Romantik oder Vollendung und Unendlichkeit. Ein Vergleich, München 1922(5. Aufl., Bern 1962).

2) Cf. Klaus Peter(Hg.), Romantikforschung seit 1945, Königstein/Ts. 1980; Daniel Fulda/Sandra Kerschbaumer/Stefan Matuschek(Hg.), Aufklärung und Romantik. Epochenschnittstellen, München 2015.

3) Jean Paul, Vorschule der Ästhetik, in: Werke, Band 5, München 1959~1963, p. 252.

4) 교양소설에 대한 괴테와 노발리스의 차이점에 대해서는 다음을 참조할 것(Hermann Kurzke, Novalis, 2. Aufl., München 2001; Gerhard Schulz, Novalis. Heinrich von Ofterdingen, in: Interpretationen. Romane des 19. Jahrhunderts, Stuttgart 1992, pp. 109~144; Marion Schmaus, Die poetische Konstruktion des Selbst. Grenzgänge zwischen Frühromantik und Moderne: Novalis, Bachmann, Christa Wolf, Foucault. Tübingen 2000; Martina Steinig, "Wo man singt, da lass' dich ruhig nieder …": Lied- und Gedichteinlagen im Roman der Romantik, Berlin 2006, pp. 107~111).

단편에서 “괴테의 ‘마이스터’를 확실하게 특징짓는 자라면 이 시대에 무엇이 포에지 내에 있는지를 실제로 잘 언급했을 것이리라”고 적고 있으며, 「아테네움」 216번 단편에서는 프랑스 혁명, 피히테의 『지식론』, 괴테의 『빌헬름 마이스터』를 “이 시대의 가장 위대한 경향”- 물론 “경향”이라는 단어가 매우 아이러니컬하게 들릴지라도 - 이라고 평가한 바 있으며, 나아가 「빌헬름 마이스터」라는 별도의 서평까지 집필하면서 괴테의 소설을 뛰어난 아이러니가 작동하는 소설이라고 성찬하고 있다.

> 시인 스스로가 인물과 사건을 가볍고 기분 내키는 대로 처리하고 있고 주인공을 아이러니컬하게 언급하고 있으며 한 단계 더 높은 정신의 위치에서 자신의 뛰어난 작품을 내려다보면서 웃고 있는 것처럼 보인다는 점을 통해서 우리는 시인에게 엄숙한 진지함이 결여되어 있다고 착각해서는 안 될 것이다. 이를 지고한 개념들과 관련해서 받아들여야 한다. 일반적으로 사회적인 삶의 관점에서 받아들여서는 안 되는데, 가령 인물과 사건을 궁극적인 최종 목적으로 삼고 있는 그런 소설로서 받아들여서는 결코 안 된다. 정말이지 새롭고 유일무이한 이 책을 누구나 자발적으로 이해하도록 배울 수 있어야 하며, 관습과 믿음, 우연한 경험과 자의적인 요구가 결합되어 발생한 장르 개념에 따라 이 소설을 판단할 경우 이는 곧 어린아이가 달과 별을 손으로 잡아 자신의 작은 상자 속으로 집어넣으려는 것과도 같다.[5)]

『빌헬름 마이스터』를 단순히 인물, 사건의 진행과 목적 같은 관점에서만 파악하는 시각은 소설의 뛰어난 가치를 놓치는 것이라고 경고되고 있으며, 아울러 이 소설을 좁은 의미에서의 기존 장르 개념에서만 고찰하려는 시각도 극복해야만 한다는 것이다. 슐레겔의 관점에서 『빌헬름 마이스터』는 포에틱한 정신이 구현된 낭만적 아이러니의 소설, 즉 한 단

5) F. Schlegel, KA, Bd. II, p. 133.

계 더 높은 곳에서 가벼움과 진지함을 관장하는 듯한 시적 정신이 발현된 소설로서 극찬되고 있는 것이다.

이와 같은 슐레겔의 시각에도 불구하고 그의 절친 노발리스는 정반대의 평가를 내린다. 물론 괴테의 소설을 처음 대했던 1798년에 노발리스 또한 괴테를 "이 지상에서 포에틱한 정신을 대변하는 목민관"[6]으로 치켜세웠지만, 그러나 이내 더 섬세하게 소설을 파헤치면서 그는 소설 내의 지루하고도 산문적인 내용 전개(특히 인물과 사건)를 바탕으로 『빌헬름 마이스터』의 소설적 가치를 강력하게 폄훼한다. 괴테의 소설을 단순히 인물과 사건을 중심으로 읽어서는 안 될 것이라는 슐레겔의 경고를 노발리스는 마치 의도적으로 뒤집는 듯한 시각을 제시하는데, 그 일련의 비판적 단상은 다음과 같다.

> 『빌헬름 마이스터의 수업시대』는 말하자면 거의 산문적이며 - 그리고 현대적이다. 그 소설에서는 낭만적인 것 - 또한 자연적 포에지, 놀라운 것이 - 이 몰락하고 있다. 괴테는 단지 인간적인 일만을 다루고 있을 뿐이며, 자연과 신비학은 완전히 망각되어 있다. 그것은 시민적, 가정적인 이야기를 문화적으로 그려낸 소설이다. 그 소설에서는 놀라운 것이 단호하게 포에지와 몽상으로 취급되고 있다. 예술적 무신론이 그 책의 정신을 이룬다. 거기서는 소위 경제성(최소 비용으로 최대 효과를 내려는 효율적 방식: 역주)이 상당히 작동하고 있는데, 즉 산문적이고 값싼 소재로써 포에틱한 효과를 얻어내려고 한다.[7]

> 『빌헬름 마이스터의 수업시대』에 대항하여. 그 소설은 근본적으로 치명적이고 고루한 책이다. - 매우 거만하고 꾸민 듯 하며 - 서술이 시적일지라도 정신과 관련하여 말하자면 매우 비문학적이다. 그 소설은 포에지, 종교 등에 대한 일종의 조롱과도 같다. 짚과 대팻밥으로 만들어진

6) Novalis, Schriften, Bd. II, p. 279.

7) Novalis, Schriften, Bd. III, pp, 638-639.

맛난 요리, 신들의 형상이 합성된 것이라고 할까. 끝내 모든 것은 광대극이 되고 만다. 경제적 본성이 진실한 것, 남아 있는 것이다.
어쨌든 괴테는 퇴행하는 소재를 다루고 있다. 포에틱한 기계적 처리.8)
(…)
전체는 하나의 귀족화된 소설이다.
『빌헬름 마이스터의 수업시대』혹은 귀족 작위 수여증을 향한 순례기.
빌헬름 마이스터는 포에지에 비판적인 순진한 사람.
그 전체 촌극에서 포에지는 우스꽝스런 광대역을 맡고 있다.

괴테와 노발리스의 관계를 다루는 글에서 자주 인용되는 위 단편에서는 두 가지 점이 명확히 언급되고 있다. 요컨대, 괴테의 소설은 "산문적"이고 "현대적"이라는 것이다. "산문적"이라는 개념은 곧 '냉정한, 상상력이 없는, 포에틱한 정신이 없는' 같은 의미로 읽히며, 마찬가지로 "현대적"도 철저히 '경제적, 사회적 삶'이 시작된 동시대적 상황의 의미로 읽힌다. 요컨대, "산문적"과 "현대적"이라는 언어는 단순히 소설 자체에서만 파악되는 것이 아니라 18세기 동시대의 자본주의 현실의 맥락에서 파악될 수 있다. 후에 맑스는 그러한 사회적, 자본주의적 상황 속에 놓여 있는 인간을 "노동하는, 냉정한, 산문적, 경제적, 부의 본질에 대해 계몽화된 산업인"(der arbeitende, nüchterne, prosaische, ökonomischie über das Wesen des Reichtums aufgeklärte Industrielle)으로 간주하면서 다양한 형용사를 동의어로 사용한 바 있다.9) 따라서 노발리스가 괴테의 소설에서 비판적으로 지적하고 있는 점은, 그 소설이 18세기에 싹튼 자본주의라는 사회적 현대 속에 적응하여 존재하려는 인간의 전형을 소설의 주인공으로 그려내고 있다는 것이다. 다르게 말하면, 소위 '산문적, 현대적 현실' 속에서 살아가는 비루한 인간 유형만을 다루고 있다는 점에서 괴

8) Ibid., pp. 646-647.
9) Karl Marx, Ökonomisch-philosophische Manuskripte, in: MEW, Bd. 40, p. 555.

테의 소설은 일종의 '자본주의와 결탁한 귀족화된 촌극과도 같은 소설' 이라는 것이다. 따라서 이 소설에는 포에틱한 감각이 결여되어 있을 뿐만 아니라 소설 내에서도 포에지(예술과 문학)는 마치 웃음을 야기하는 어릿광대로만 취급되고 있다는 것이다. 포에틱한 감각/감정이 결핍되어 있다는 결정적인 비판은, 『빌헬름 마이스터』는 오로지 "지성을 위해서, 지성에 의해서 씌어진",[10] "지성의 작품"[11]이라는 언술을 통해서도 간접적으로 시사되고 있다. 고전주의를 대표하는 『빌헬름 마이스터』가 "값싼 소재", 즉 자본주의 삶이라는 저속하고 비루한 소재만을 기계적으로 다룬, 포에틱한 감각과 정신이 결여된 "광대극"에 지나지 않는다면, 이와 달리 낭만주의 소설의 전형과도 같은 노발리스의 『하인리히 폰 오프터딩엔』은 자연에 대한 신비로운 감각을 토대로 상상적인 것, 놀라운 것을 적극 형상화하는 소설 유형으로 간주될 수 있다. 교양소설이라는 범주와 관련해서도 『빌헬름 마이스터』의 주인공 빌헬름은 수많은 사회적 사건과 관계 속에서 자신을 성숙시켜나가는 과정을 밟아나가고 있기에 글자 그대로 교양소설의 주인공이 될 수 있지만, 『하인리히 폰 오프터딩엔』의 주인공 하인리히는 결코 사회와의 관계에 따른 "내면의 움직임"에 의해서 어떤 성숙의 과정을 밟은 것이 아니다.

> 하인리히는 태생적으로 시인이 될 운명이었다. 다양한 우연한 사건들이 합쳐져 시인으로서의 그의 성장을 도운 것처럼 보였지만, 그러나 여태까지 그 무엇도 그의 내면의 움직임을 방해한 적은 없었다. 그가 보고 들은 모든 것은 그저 그의 마음속의 새로운 빗장을 풀어주고 또 그에게 새로운 창문을 열어준 듯이 보였다. 그는 세계가 그의 눈앞에 아주 다양하게 변화하는 모습으로 놓여 있는 것을 보았다. 그러나 세계는 아직 말이 없었고 세계의 마음과 대화는 아직 일깨워지지 않았다.[12]

---

10) Novalis, Schriften, Bd. II, p. 563.

11) Ibid., p. 641.

6장이 시작하는 곳에 있는 대목이지만 지금까지 상인들, 광부, 은둔자 등과의 만남에 의해 영향 받지 않는 혹은 다른 여타 세상사에 의해서도 결코 흔들리지 않는, 향후 흔들릴 수도 없는 하인리히의 "내면의 움직임"만이 중시되고 있다. 사실 아욱스부르크에 도착하기까지 다양한 이들로부터 여러 이야기를 듣고 대화를 나누지만 각각의 장은 이야기와 대화 자체로만 그칠 뿐 그런 외적인 것들로부터 하인리히가 어떤 영향을 받아 어떻게 성숙되었는지에 대한 언급은 전혀 없다. 다양한 이야기와 만남 등이 "그의 성장을 도운 것처럼 보였지만"이라는 구절의 경우도 '것처럼 보이다'(scheinen)는 외적인 모습으로만 표현되어 있을 뿐 실제로는 전혀 도움을 주지 않았던 것이다. 따라서 "하인리히는 그때그때 추가로 배울 뿐, 결코 완전히 다시 사고하는 법을 배우지는 않는다"(Heinrich lernt jeweils hinzu, er lernt nie um.)[13]라는 니벨레(A. Nivelle)의 분석은 이 소설이 왜 교양소설에 속하지 않는지를 확연하게 서술해주고 있다.

요컨대, 추상적이고 산문적 상황에 부합하는 소재와 언어로 서술된 소설이라는 점에 『빌헬름 마이스터』는 '예술적 무신론'에 의해 씌어진 교양소설이며 헤겔이 언급한 "현대적인 의미에서의 소설"에 정확히 부합한다. 즉, 소설은 "이미 산문으로 질서화된 현실을 전제로 하는 바, 그런 현실의 토대 하에서 소설은 포에지의 - 생생한 사건들의 동기뿐만 아니라 개인들 및 그들이 처한 운명과 관련된 - 범위 내에서 (…) 자신의 잃어버린 권한을 되찾으려 한다."[14] 이런 점에서 고전주의와 관념론은 서로 동일한 맥락과 이념을 구성한다고 볼 수 있다. 그렇다면 괴테의 '예술적 무신론'을 비판하는 노발리스는 어떤 소설을 요청하는 것일까? 노발리스의 『하인리히 폰 오프터딩엔』에 대한 다음과 같은 요약은 소설

12) Heinrich von Ofterdingen, p. 43(푸른 꽃, 132-133쪽).

13) Armand Nivelle, Frühromantische Dichtungstheorie, Berlin 1970, p. 196.

14) Hegel, Vorlesungen über die Ästhetik, Bd. 3, Frankfurt/M. 1993, pp. 392-393.

의 특징을 정확히 짚어내고 있다.

> 노발리스의 소설에서 꿈은 삶을 선취하고 있으며, 자연은 의인화된 외양을 취하며, 아욱스부르크로 나가는 항해는 자아로 나아가는 여행이 되며, 사람들과의 만남은 알레고리와의 만남으로 변하며, 과학적 가르침은 우주론적 우화(Fabel)로 변형되며, 시인은 유토피아로 안내하는 권한을 내세운다. 에로스와 파벨의 알레고리컬한 동화는 낭만주의 우주론과 세계에 대한 저자의 마법적, 신화적 이해를 담고 있다. 즉, 우주의 근원에서 사랑과 포에지가 지배하는 황금시대가 발생하지만, 증오와 야만이 선과 악의 싸움을 부추기고 결국 선의 승리로 끝나게 되며, 이를 통해 이번에는 영원한, 두 번째의 황금시대가 다시 도래하게 된다. 즉, 정숙, 윤리, 양심이 영원한 평화를 토대로 한 지혜의 새로운 형식으로써 마음과 감각, 사랑과 포에지(혹은 상상)의 보편적 통일성을 생성해낸다. 노발리스의 소설에서 자연은 모든 것이자 모두 신적이기 때문에 모든 것이 자연이며, 인간도 자연이다. 지고한 지혜로서 자연은 사랑을 가르쳐주며, 그러한 사랑의 지고한 표현 형식은 바로 예술 혹은 포에지이다. <하인리히 폰 오프터딩엔>은 합리성에 대항하는 포에지의 신격화이다. <하인리히 폰 오프터딩엔>이 교양소설이라고 할 경우, 이는 다양한 삶의 현실과 세계 경험(십자군 전쟁, 동방, 광산, 역사, 문학, 사랑, 금욕) - 사실 그것들은 그에게 낯설게 머물러 있는데 -을 주석적인 관점으로 알아가고 있기 때문에서가 아니라 소설의 줄거리 차원에서 꿈, 예감, 상상에 파묻혀 있는 지혜를 발견해나가는 점진적인 진행으로서 교양이 주제화되어 있기 때문이다.[15)]

소설의 주제와 관련하여 현실에 앞서는 꿈, 자아를 찾는 여행, 다양한 알레고리컬한 만남, 황금시대 이념의 형상화 등 자주 언급되는 시각들이 정리되어 있지만, 그 가운데 교양소설에서의 '교양'과는 완전히 다른 의미에서 '포에틱한 형상화 자체의 진행 과정으로서의 교양'이라는

15) Meinhard Mair, Erzähltextanalyse: Modelle, Kategorien, Parameter, Stuttgart 2015, p. 98.

점이 강조되고 있다. 노발리스의 『하인리히 폰 오프터딩엔』은 포에틱한 이미지로 가득한 꿈과 동화 같은 이야기를 통해서 스스로를 점차적으로 신격화(절대화)하는 교양 과정이라는 점에서의 '예술적 유신론'을 구현하고 있는 것이다.

물론 '예술적 유신론'이 무조건 예술 그 자체만을 추구하는 것만은 결코 아니다. 우선 일차적으로는 사회적 현실에 대한 비판도 함께 제시되는데, 그런 의미에서 노발리스의 소설은 예술적 감각과 정신을 말살하는 자본주의적 현실에 매우 비판적이다. 그 점은 『하인리히 폰 오프터딩엔』의 곳곳에 암시되어 있는데, 소설의 초반부인 2장이 대표적이다. 아욱스부르크로 함께 길을 떠나는 상인들이 자신의 예술관을 제시하는 장면의 경우, 그들은 "돈과 일과 상품"이 순환되는 사회적 활동을 강조할 뿐만 아니라 자유롭게 예술을 즐길 수 있는 '저녁이 있는 삶'을 예찬하고 나선다.

> 상인도 편한 생활을 하고 사람들로부터 존경을 받아요. 예술과 기술이 번창하고 점점 더 세련되어지고 있어요. 부지런한 사람들은 일하는 것을 어렵게 생각하지 않아요. 일올 통해서 생활의 온갖 편리함을 얻을 수 있으니까요. 그리고 단조롭기는 하지만 다양하고 보수가 좋은 일을 통해 때깔 좋은 열매를 맛볼 수 있거든요. 돈과 일과 상품이 서로 상승 작용을 하는 겁니다. 그리고 순환이 빨리 됩니다. 그래서 도시나 시골 할 것 없이 번창하는 거지요. 벌이를 위해 낮에 열심히 일한 만큼, 저녁에는 마음 놓고 순수 예술이나 사교 활동을 하면서 시간을 재미있게 보낼 수 있지요.[16]

낮의 세계와 밤의 세계, 유용한 삶과 비유용한 예술이 엄격하게 구분

---

16) 여기서는 원본(Novalis, Heinrich von Ofterdingen, Berlin 1802)과 번역본(노발리스, 푸른 꽃, 김재혁 옮김, 민음사, 2005년)을 동시에 참조하며 기입한다. Heinrich von Ofterdingen, p. 8(푸른 꽃, 30-31쪽).

되고 있으며 특히 노동이 끝난 후의 저녁 시간에 예술을 즐긴다는 식으로 거론되고 있다. 이는 마치 노동세계로부터 예술을 보호해주는 듯한 언술처럼 읽히지만 사실 예술의 오락적 가치만을 긍정시하는 자본주의적 삶의 자기 합리화에 다름 아니다. "소설은 책으로서 하나의 삶이다"(Ein Roman ist ein Leben, als Buch)[17], "시인의 왕국은 하나의 세계이다"(Des Dichters Reich sei eine Welt)[18], "세계는 낭만화되어야만 한다"(Die Welt muss romantisiert werden) 같은 노발리스의 다양한 단편을 보면, 삶, 세계 전체가 하나의 소설, 하나의 책처럼 파악되는 세계관을 엿볼 수 있으며, 그러한 세계에서는 낮의 세계와 밤의 세계 간의 구분, 노동과 휴식 간의 이분법적 구분이 결코 허용되지 않는다. 따라서 위에서 제시된 상인들의 이분법적 사유는 다만 자신들의 휴식과 기분전환을 위하여 예술의 오락적 기능을 옹호하고 있을 뿐만 아니라 그런 예술에 의해 재충전되어 다시 노동 세계에 충실히 복무하도록 해주는 일종의 예술의 도구적 관점을 펼치고 있는 것이다. 종교적, 제의적 기능에서 벗어난 예술에 다시금 오락적, 도구적 기능을 부여한 18세기 자본주의적 현실이 소설 내에서 비판되고 있는 것이다. 마찬가지로 상인이 전해주는 "아리온 동화(전설)"는 주로 예술이 자연과 인간을 지배하고 있었던 황금시대에 대한 예로서 해석되지만, 이 동화 자체도 사실 자본주의의 보편적 상황을 비판적으로 암시해주고 있다. 그 동화에 의하면, "돈만 낸다면 그(아리온:역주)가 원하는 곳까지 데려다 주는" 뱃사공들의 행위는 항상 "대가"(Lohn)에 정향되어 있으며 그들이 항해 도중 "소유욕"(Habsucht)에 사로잡혀 아리온을 살해하려 했다는 점도 자본주의적 욕구에 대한 비판이다.[19] 그러나 아무 대가 없이 "백조의 노래"(즉 '최후의 노래')만을 부른 후 스스로 죽겠다는

17) Novalis, Schriften, Bd. II, p. 599.

18) Novalis, Schriften, Bd. V, p. 9.

19) Heinrich von Ofterdingen, p. 11(푸른 꽃, 40쪽).

아리온의 부탁이 있었고, 노래를 마친 아리온이 바다 속으로 뛰어들자 그가 남긴 보물을 자기 것으로 취하려는 뱃사공들은 서로 "유혈이 낭자한 살육전"을 벌임으로써 모두 죽고 만다. 이러한 내용의 동화는 냉혹한 자본주의의 비극적 상황을 암시하고 있다. 물질에 대한 탐욕에 젖은 뱃사공들과, 물질보다는 '비물질적인 노래'(포에지, 예술)만을 택한 아리온 간의 대조적인 모습이 그려져 있는 것이다. 물론 비물질적인 노래에 감동하여 아리온을 구해준 "고마운 괴물"(자연을 대변하는 돌고래)이 다시금 아리온에게 그의 본래 물질(진귀한 보석들)을 다시 가져다줌으로써 '경제적 균형'(eine ökonomische Balance)이 회복되지만,[20] 사실 다시 찾은 보석들은 경제적 가치를 지닌 물질이라기보다는 "행복했던 시절을 상기시켜 주는 물건이자 사랑과 감사의 표시로서"[21] 비물질적 가치를 지닌 것들이다. 또한 "아리온 동화"는 자본주의적 상황 속에서의 예술의 위상과 의미에 대한 성찰을 요구하기도 한다. 아리온에게는 예술과 물질(부, 가치 등)이 서로 분리되어 있지 않는 반면에, 물질을 맹신하는 뱃사공들에게 예술은 매우 위협적인 것으로 여겨지고 있는 것이다. 노래로부터 감동받을 것을 우려하여 그들은 - 사이렌 섬을 통과할 때 노래를 들을 수 없도록 오디세우스의 명령으로 밀랍으로 귀를 막을 수밖에 없었던 부하들의 비자발적인 모습과 달리 - 스스로 "자신의 귀를 꼭 막고 적대적인 자세"[22]를 취하고 있는바, 이는 정신과 물질, 예술과 현실의 분리를 추구하는 자본주의적 상황과 흡사하다. 이 밖에 소유, 이윤, 활동 같은 자본주의의 경제적 삶은 소설 중반에 등장하는 늙은 광부의 목소리를 통해서도 다음과 같이 비판되고 있다.

20) 이 노래를 경제적 관점에서 해석한 다음의 시도를 참조할 것(Reinhard Saller, Schöne Ökonomie. Die poetische Reflexion der Ökonomie in frühromantischer Literatur, Würzburg 2007, pp. 122-127).

21) Heinrich von Ofterdingen, p. 12(푸른 꽃, 42쪽).

22) Ibid.

사회는 이윤을 위해서든 아니면 보존을 위해서든 활동만을 필요로 하거든요. 위대한 희망이나 공동의 목표 같은 것이 사회를 역동적으로 움직이게 합니다. 아이들과 노인들은 이때 아무런 소용이 되지 않는 것 같습니다.[23)]

'아이들과 노인들'이 효용성 이데올로기에 의해 배척되듯이, 마찬가지로 비효용적인 예술은 활동, 위대한 희망, 공동의 목표 같은 사회적 요구에 의해 철저히 외면당하게 된다. 이처럼 효용성, 합리화 등만을 추구하는 사회적 삶은 때론 전쟁 같은 반인륜적 행위를 일삼기도 한다. 숲속에서 만난 신비의 동방 여인 출리마의 전쟁에 대한 비판적 언술은 소설 내의 맥락에서는 중세 시대의 십자군 전쟁을 가리키지만, 넓은 의미에서는 18세기 이후 팽배해지는 자본주의의 제국주의적 호전성을 가리키고 있다. 즉 전쟁, 목적 지향적 삶, 근대성, 합리성, 경제성, 민족주의 등이 상호 연결되어 작동하는 사회적 근대 자체가 비판의 대상인 셈이다.

기독교인들은 소름 끼치는 불필요한 전쟁을 일으키지 않고도 성묘를 조용히 순례할 수 있었어요. 전쟁은 모든 것을 비참하게 만들고 끝없는 고통을 불러왔으며 유럽과 동방을 영원히 갈라놓았어요. 소유자의 이름이 어찌 그렇게 중요한가요?[24)]

중세의 단순한 종교 전쟁을 넘어서 '소유물'(Haben, Eigentum) 등과 관계된 '소유자'(Besitzer) 간의 충돌이 암시되고 있으며, 이 소유물/소유자를 중시하는 자본주의적 열망으로 인해 18세기 이후 문명 충돌과 제국주의적 전쟁이 횡행해졌고 지금도 현재적이다. 이러한 자본주의적 상황에 대한 비판적 차원에서 횔덜린(F. Hölderlin)의 저 유명한 「빵과 포

---

23) Heinrich von Ofterdingen, p. 37(푸른 꽃, 113쪽).

24) Heinrich von Ofterdingen, p. 26(푸른 꽃, 83쪽).

도주」에서도 "흡족한 마음으로 집에서 신중히 소득과 손실을 계산하는 자"[25]의 경제적 삶이 물러나고 새로운 빛을 발하는 어두운 밤이 들어서는 상태가 요청되고 있으며, 또한 노발리스의 「밤의 찬가」에서도 "피곤한 이들을 노동으로 이끄는" 빛의 세계, 이 빛의 "인위적 작동의 아름다운 연관성"과 "강압적이고 빛을 발하는 시계의 의미 있는 작동" 속에서 마침내 시적 화자는 "나의 비밀스런 마음은 어둠에 충실히 머물 것"이라고 담대하게 선언한다.[26]

이처럼 18세기 이후 시민사회의 자본주의적 삶이 본격화됨으로써 순수한 예술이 쇠락하거나 말살되는 위기를 맞이한다. 낭만주의는 그러한 위기를 최초로 인식하였고 꿈과 상상에 기반을 둔 '새로운 신화로서의 예술', 즉 '낭만적인 것, 놀라운 것'이 살아 숨 쉬는 새로운 예술을 요청하였다. 여기서 고전주의와 낭만주의와 관련된 예술에 대한 상이한 이해가 명확해진다. 『빌헬름 마이스터』가 예술과 사회 간의 현실적 연관성을 중시한 소설로서, 그리고 넓은 의미에서 예술을 사회적 삶의 개혁을 위한 수단으로 간주하는 관점을 표방하고 있다면, 『하인리히 폰 오프터딩엔』은 사회와의 연관성보다는 예술성 자체를 더욱 강화하는 소설인 것이다. 더 정확히 말하면, 표면적으로 동시대의 자본주의적 현실을 비판하는 가운데서도 낭만주의의 궁극적인 목적은 쇠락해가는 예술 자체의 절대적 순수성을 지켜내는 데 있다. 이 점은 소설 내의 '클링조어 동화'를 통해서도 암시된다. 즉 파벨(포에지)이 서기(계몽적, 도구적 이성)의 술책을 이겨내고 승리하는 장면은 곧 포에지가 사회적 현실을 극복하는 가능성을 암시한다. 그러나 그런 일반적인 내용과는 무관하게 '클링조어 동화'는 그 자체 불가해한 포에틱한 이미지로 가득한 동화이며, 나아가 불가해한 예술 자체의 절대적 순수성에 대한 알레고리로 작용하

25) Friedrich Hölderlin, Sämtliche Werke in 6 Bänden, Stuttgart 1953, Bd. 2, p. 94.

26) Novalis, Schriften, Bd. I, p. 137.

고 있다.[27] 요컨대, 자신의 새로운 소설을 통해 노발리스는 자본주의 현실을 비판적으로 극복하는 수단으로서의 예술이 아니라 오로지 예술(즉 포에지) 자체만을 절대화하는 '예술적 유신론', 다시 말하면 "포에지의 신격화"(eine Apotheose der Poësie)를 추구하고 있었던 것이다. 널리 알려진 루트비히 티크에게 보낸 1800년 2월 23일자 편지에서 노발리스는 자신의 소설이 그와 같은 점에 정향되어 있음을 솔직히 밝힌 바 있다.

> 나의 소설 집필 작업이 진행 중이네. […] 그것은 두 권으로 될 걸세. 첫째 권이 3주 안에 완성되기를 바라고 있으며, 둘째 권의 암시와 토대로 작용할 것으로 기대하고 있지. 어쨌든 전체는 포에지의 신격화이네. 하인리히 폰 오프터딩엔은 1부에서 시인으로 성숙해지고 2부에서는 시인으로 이상화될 걸세. 그는 슈테른발트(1798년에 출간된 티크의 예술가 소설(『프란츠 슈테른발트의 방랑』을 가리킴: 역주)과 여러모로 공통점을 띠겠지만, 다만 경쾌함은 띠지 못할 것 같아."[28]

물론 "포에지의 신격화"는 『하인리히 폰 오프터딩엔』의 내용적 차원에서 가인, 시인, 포에지를 숭배하는 언술로써만 단순히 예찬되는 것이 아니라 슈트리터(J. Striedter)의 해석처럼 소설 자체의 다채로운 형식적 구조화 및 서술 방식 등을 통해 우회적으로 암시된다.[29] "포에지의 신격화" 내지는 "신비적 관념론"(Magischer Idealismus)으로 불리는 노발리스의 소설 세계는 경험적, 일상적 삶에서 중시되는 과거, 현재, 미래 같은 시공간의 순차적 구분이 지양되고 그 대신 신화의 순환적 시간 속에

---

27) '클링조어 동화'를 '통일(조화) - 분리/대립(부조화) - 통일(다시 찾은 조화)' 같은 삼 단계 도식에 기초한 역사철학적 사유를 알레고리컬하게 예술적으로 그려낸 동화로 간주하는 시각은 흔하고 흔한 해석인데, 이러한 시각은 최근에도 반복하고 있다(D. Kremer, Prosa der Romantik, Stuttgart 1997, pp. 53-55).

28) Novalis, Schriften, Bd. IV, p. 332.

29) Jurij Striedter, Die Fragmente des Novalis als Präfigurationen seiner Dichtung, München 1985.

서처럼 꿈, 비현실, 놀라운 것들이 서로 넘나든다. 슐레겔이 포에지의 근본 특성으로 언급한 '카오스' 상태가 마치 노발리스의 작품에서 구체화되고 있는 듯하며, 또는 '범속한 것에 신비로운 외양과 고상한 의미를 부여하는' 노발리스의 낭만화 방식은 그와 같은 카오스의 상태와 근친성을 형성한다. 요컨대, '새로운 신화'의 카오스와 '낭만화'의 핵심은 바로 제한과 구속 없이 상상력, 자극, 언어 등이 시적으로 무한히 펼쳐지는 포에지 세계에 다름 아니다. 괴테의 『빌헬름 마이스터』에는 비루함, 경제성, 범속함, 질서정연함, 시간의 연속성 등으로 가득 차 있다는 노발리스의 비판은 곧 카오스의 결여, 상상력의 결여 등으로 부연될 수 있다. 따라서 꿈, 상상, 놀라운 것으로 가득한 『하인리히 폰 오프터딩엔』을 통해 노발리스는 고전주의의 시학과는 명확한 차이점을 제시하고자 했던 것이다. 이는 역설적이지만 노발리스를 비판한 하이네의 언술을 통해서도 쉽게 입증된다. 『낭만주의 학파』(Die Romantische Schule)에서 하이네는 노발리스의 소설을 향해 "이 소설에는 도처에서 푸른 꽃이 빛나고 향기를 내뿜는다"[30]고 비아냥거렸지만, 사실 하이네의 시각은 노발리스 소설의 특성을 가장 정확히 꿰뚫고 있었다. 즉 그가 비판했던 '도처에서 빛나고 향기를 내뿜는 푸른 꽃'은 다름 아닌 뛰어난 '포에틱한 서술'을 가리키고 있는 것이다. 이러한 포에틱한 서술로 가득한 『하인리히 폰 오프터딩엔』은 노발리스가 기획한 "무한한 소설의 시작"[31]이며, 이때 소설은 단순한 장르 개념이 아니라 슐레겔이 언급했던 "점진적 보편 포에지" 혹은 "새로운 신화"와도 같다. 즉, 삶과 죽음, 현실과 꿈 같은 존재적 경계가 해체되고 산문과 운문, 알레고리와 상징, 동화와 신화 같은 장르적, 시학적 경계가 해체되어 모두 뒤섞이는 '낭만적 소설'[32]로서의

---

30) H. Heine, Sämtliche Schriften, hrsg. v. Klaus Briegleb, München/Wien 1976, Bd. 5, p. 361.

31) Novalis, Schriften, Bd. II, p. 437.

신화 말이다. 요약하면, 『하인리히 폰 오프터딩엔』은 포에지가 어떻게 작동하고 스스로를 구성하는지를 보여주는 자기성찰적, 자기준거적 포에지와도 같은 바, 피쿨릭의 다음과 같은 해석은 그 점을 적절하게 정리해주고 있다.

> 『하인리히 폰 오프터딩엔』에서 포에지는 세계를 서술하고 있을 뿐만 아니라 무엇보다도 문학과 시인에 대해 전개하는 수많은 대화로써 자기 자신에 대해 서술하고 있기 때문에, 소설은 일종의 성찰소설, 즉 프리드리히 슐레겔의 포에지 컨셉을 생각해 볼 때 바로 "포에지의 포에지" 혹은 "선험적 포에지"다.[33]

2. 낭만주의와 "푸른 꽃"

'하인리히 폰 오프터딩엔'은 13세기에 씌어진 것으로 추정되는 <바르트부르크의 가인(歌人) 경연대회>라는 서사시를 쓴 작가를 가리키며, 호프만도 단편소설집 『제라피온의 형제들』에서 그 소재를 다룬 바 있다.[34] 『하인리히 폰 오프터딩엔』은 그 전설적 가인을 소설의 주인공으

---

32) 다음과 같은 분석은 소설 개념을 적절하게 파악하고 있다. "낭만주의자들에게 소설은 성찰적인 자기구조의 총괄개념이다. 왜냐하면 소설은 외부에서 장르의 테두리로 정의되고 제한되는 것이 아니라 모든 장르와 그것의 조건들이 뒤섞일 수 있는 자신의 내적 유희를 통해서 구성되기 때문이다"(W. Menninghaus, Unendliche Verdoppelung, p. 159).

33) L. Pikulik, Frühromantik: Epoche-Werke-Wirkung, p. 236.

34) '하인리히 폰 오프터딩엔'뿐만 아니라 소설의 후반부에 나오는 '클링조어'도 볼프람 폰 에셴바흐의 『파르치팔』에 나오는 마술사 이름과 같으며 또한 『바르트부르크의 가인 경인대회』에도 나오는 인물이기도 하다. 게르하르트 슐츠(G. Schulz)의 연구가 밝혔듯이, 디트리히 폰 아폴다(Dietrich von Apolda)의 <성녀 엘리자베스의 생애 Das Leben der Heiligen Elisabeth>(1289-1297) 및 요하네스 로테(Johannes Rothe)의 중세 역사물 <성녀 엘리자베스의 생애>(1420년경)가 그 가인에 관해서 전해주고 있는데, 노발리스는 그와 같은 자료들을 통해 가인 클링조어를 알게 되었다고 한다. 이 밖에도 노발리스 연구에서는 클링조어 외모 묘사가 괴테와 흡사하다고 주장된 바 있지만(Alfred Schlagdenhauffen, Klingsohr-Goethe?, in: Un Dialogue des nations, Melanges Fuchs, München/Paris 1967,

로 삼고 있으며 또한 십자군 전쟁과의 연관성으로 보아 중세 시대를 배경으로 삼고 있다고 할 수 있다. 그러나 사실 출발지 아이제나흐와 도착지 아욱스부르크를 제외하고는 전체적으로 하인리히의 여정과 관련된 시공간은 명확하지 않다. 오히려 소설은 마치 시공간을 초월한 듯한 상황에서 전개되는 이야기라고 해도 전혀 무리가 아니다. 물론 과거, 현재, 미래라는 시간 양식이 완전히 부정될 수는 없지만, 다만 과거, 현재, 미래도 하인리히를 중심으로 직선적인 시간에 놓여 있기보다는 등장인물들이 제시한 이야기들 내에서 서로 뒤섞이는 형태를 취한다. 가령 하인리히가 할아버지 집을 향해 가는 과정에 현재라는 시간이 부여될 뿐이며, 상인, 광부, 은둔자들이 언급하는 이야기에는 과거라는 시간이, 은둔자가 간직하고 있던 책의 그림들에는 미래(즉 하인리히의 미래적 삶)의 시간이 부여되고 있다. 현재의 미래화, 과거의 현재화, 미래의 현재화 등 시간 양식이 서로 혼합되어 있는 셈이다.

괴테의 소설을 두고서 노발리스가 비판했던 관점, 즉 인물과 사건을 중심으로 한 범속하고 비루한 삶의 이야기 차원에서 노발리스의 소설을 분석하고자 한다면 이는 노발리스의 포에지 컨셉을 완전히 오인한 관점이다. 또한 하인리히가 아이제나흐를 떠나 어머니의 고향 아욱스부르크를 향해 나아가는 과정을 소위 자아의 내적 성숙을 향한 '교양여행'(Bildungsreise)으로 간주할 경우 그리고 그런 의미에서 소설을 일종의 교양소설(Bildungsroman)이라는 범주 내에 자리매김하려 한다면, 이 또한 낭만주의 문학의 표면만을 주시한 것에 지나지 않는다. 자세히 분석하면, 『하인리히 폰 오프터딩엔』은 내적 성숙을 위한 충분한 인과적 짜임새를 갖추지 못한 소설이기에 교양소설이라고 명명될 수 없다. 세계는 "이야기들로만 알려져 있으며",[35] 그런 세계와 부합하여 소설은 형

---

pp.121~130), 이는 충분한 설득력을 갖지 못한다.

35) Heinrich von Ofterdingen, p. 7(푸른 꽃, 26쪽).

상적 서술의 꿈들, 동화 같은 이야기들로 가득한 포에지이다. 꿈, 동화, 이야기 등의 상위 개념인 포에지가 어떤 것인지를 형상적으로 보여주고 있다는 점에서 소설 『하인리히 폰 오프터딩엔』은 그 자체 포에지의 '알레고리'라고 할 수 있다. 잘 알려져 있듯이, 『독일 비애극의 원천』에서 벤야민은 상징과 알레고리를 논하는 가운데 독일 계몽주의와 고전주의에서 중시된 상징 전통을 비판하면서 바로크와 낭만주의의 공통점으로 알레고리를 새롭게 조명한 바 있다. 상징과 알레고리는 조화와 부조화(무정형성), 지속성과 일시성, 총체성과 파편성, 이념의 형상화와 개념의 형상화 등 다양한 측면에서 구분된다. 후자의 특성을 지닌 알레고리는 고대적, 고전주의적 시각 내에서 철저히 외면당하거나 부정적으로 자리매김 되어왔지만 벤야민은 그와 같은 기존 시각을 전복하면서 알레고리의 중요성을 강조하고 나섰다. 바로크와 낭만주의가 전통적인 고전주의적 예술 개념 자체를 교정하려는 예술적 운동이었음을 밝히면서 벤야민은 노발리스의 시학이 얼마나 바로크의 알레고리와 밀접히 연관되어 있었는지를 다음과 같이 서술하고 있다.

> 이 낭만주의의 천재(노발리스: 역주)가 바로 알레고리의 공간에서 바로크적 정신과 교감을 나누고 있었다는 점을 다음과 같은 단상이 분명하게 보여준다. "서정시는 그저 해음(諧音)을 이루고 아름다운 언어로 채워져 있을 뿐, 생판 서로 다른 사물들로 이루어진 파편 조각들처럼 아무런 전체 의미와 맥락도 갖추고 있지 않다. 기껏해야 각 시행만이 따로따로 이해될 뿐이다. 최선의 경우에도 진정한 시는 대체로 하나의 알레고리컬한 의미만을 지닐 수 있으며, 음악처럼 간접적인 효과만을 줄 수 있을 따름이다. 그렇기 때문에 자연은 순전히 시적이다. 자연은 마법사의 밀실과 물리학자의 연구실, 그리고 어린이의 방, 나무를 쌓아 놓은 헛간, 곳간처럼 순수하게 시적이다." 바로크가 이미 알고 있었던 사실이지만 알레고리컬한 것이 마법사의 밀실이나 연금술사의 실험실의 파편 조각, 무질서하게 널려 있거나 쌓여 있는 물건들과 관계되어 있다는 지적

은 우연으로 간주되어서는 안 될 것이다. 독일 시인들 가운데 가장 위대한 알레고리커인 장 파울의 작품들이 바로 그런 어린이의 방이나 유령의 헛간이 아니겠는가? 장 파울 말고 다른 어디에서도 낭만주의적 표현수단의 진정한 역사가 단상, 심지어 반어마저도 알레고리컬한 것의 변형임을 입증할 수는 없을 것이다. 요컨대 낭만주의의 테크닉은 상당 부분 엠블렘과 알레고리 영역으로 이어진다. 알레고리와 엠블렘 양자의 관계를 굳이 정식화해야 한다면 알레고리는 그것의 완성된 형식, 즉 바로크적인 형식에서는 일종의 궁정을 동반하는 것이라고 할 수 있다. 개념의 바꿔 쓰기, 개념의 우회적인 예시와는 반대로 본래적인 알레고리에서는 결코 형상적인 중심이 빠지지 않는다. 이 형상적인 중심 주위에 일군의 풍부한 엠블렘들이 모이게 된다.[36]

총체성을 거부하고 전체의 연관성 없이 혼돈스럽게 나열된 파편성만을 중시하는 낭만주의 문학에서는 서정시조차도 그와 같은 파편 조각처럼 제시되고 있으며 또한 '형상적인 것'만을 중시하는 엠블렘과 알레고리가 우세하다는 점을 벤야민은 강조하고 있다. 노발리스의 단편("서정시는 그저 해음을 이루고 … 곳간처럼 순수하게 시적이다")을 인용하면서 벤야민은 파편 조각 같은 서정시의 특성을 강조하고 있지만, 사실 그 인용된 노발리스의 단편에서는 본래 서정시뿐만 아니라 "서사적 이야기는 꿈처럼 연관성 없이, 그렇지만 연상 작용을 지닌다"[37]고 언급되어 있다. 이는 자신의 소설 『하인리히 폰 오프터딩엔』에도 그대로 적용될 수 있는 구절인데, 즉 소설의 모든 장면들은 꿈처럼 서로 연관성 없이 나열되는 가운데 상호 연상하는 듯한 다채로운 '형상적' 이야기들로 가득한 서사적 특성을 간직하고 있음을 말해 준다. 노발리스가 꿈, 서사적 이야기(즉 동화와 소설), 서정시 등을 언급하는 가운데 핵심적인 특성으

36) 발터 벤야민, 독일 비애극의 원천, 조만영 역, 새물결, 2008년, 247-248쪽.

37) Novalis, Schriften, Bd, III, p. 323.

로 언급한 점은 바로 벤야민이 알레고리의 특성으로 언급한 점과 정확히 일치되는데, 즉 수수께끼 같은 사물형상, 자의성, 파편성, 무정형성 등이 그것이다. 벤야민은 바로크와 낭만주의 간의 상호 연관성으로서 "마법사의 밀실", "연금술사의 실험실의 파편 조각", "어린이의 방이나 나무를 쌓아 놓은 헛간" 같은 점을 강조하고 있는데, 이 점은 장 파울, 호프만 등의 작품에만 적용될 뿐 언뜻 보기에 노발리스의 작품 세계 - 특히 그의 소설인 『자이스의 제자들』이나 『하인리히 폰 오프터딩엔』 등 - 에는 적용하기 어려운 듯이 보인다. 왜냐하면 『하인리히 폰 오프터딩엔』의 경우 이야기 전개가 외적으로 비교적 일관성 있고 순차적이고 완결된 듯한 형태를 취하고 있기 때문이다. 따라서 "파편 조각", "헛간" 같은 비유는 더더욱 부적합한 것처럼 보인다. 그러나 이야기의 순차적 연관성은 오히려 착각일 수 있다. 소설을 세세히 들여다보면, 개별 장들의 이야기는 하나의 독립된 파편적 이야기처럼 여겨짐으로써 소설 전체는 마치 여러 개의 단편들이 서로 연관성 없이 축적되어 있는 듯한 인상을 야기한다. 1장에서의 푸른 꽃에 대한 꿈, 2장의 아리온 전설, 3장의 아틀란티스 전설, 4장의 전쟁 이야기, 5장의 광부와 은둔자의 이야기, 그리고 6장, 7장, 8장에서는 클링조어와의 만남, 마틸데와의 사랑, '클링조어 동화' 등 각각의 다양한 이야기들은 상호 연관성이 없이 서술된 파편적 이야기들 혹은 독립적인 장면들로 보이며, 마치 자연주의의 '정거장식 드라마(Stationsdrama)의 특징처럼, 개개의 완결된 장면의 나열 형태를 취하고 있는 것이다. 요컨대, 소설 전체는 독자적인 단편적인 이야기들로 구성된 하나의 모자이크와도 같으며, 각각의 단편적 이야기들 자체는, 슐레겔이 언급한 대로 "작은 예술작품들과 비슷하게 단편은 하나의 고슴도치처럼 주변 세계와는 완전히 차단되어 있으며 그 자체 완성되어 있다"[38]는 인상을 준다.

그 자체 독자적으로 존재하는 단편들의 나열이라는 특징 이외에도 흥미로운 점은 소설이 전체적으로 "다양한 방식으로 투영된 내부이야기들이 일종의 반복구조(Wiederholungsstruktur)를 형성하는"[39] 특징을 지니고 있다는 것이다. 가령 은둔자가 소지한 책에서의 그림은 후에 서술될 클링조어, 마틸데, 하인리히 간의 만남을 암시하기도 하며, 또한 소설 곳곳에 배치된 동화는 독자적인 의미를 지닌 뿐만 아니라 소설 전체와의 관계에서 흥미로운 의미를 지닌다. 가령 "아리온 동화"는 뱃사공들과 아리온을 통해서 각기 저급한 자아와 고상한 자아 간의 대조적 모습을 보여주지만, 다른 두 개의 동화("아틀란티스 동화", "클링조어 동화")와 서로 연결되어 포에지의 의미를 서서히 강도 높게 서술해주는 기능을 하고 있다. 즉, 세 동화의 나열은 시인으로서의 하인리히가 부딪히게 될 현실적 상황 및 시인이 지녀야 할 소명 의식 등에 대한 강도를 점층적으로 높이고 있는 것이다. 작은 이야기들이 꿈과 동화 같은 분위기에서 파편적으로 서술되는 가운데 전체와 부분, 부분과 부분 간의 순환적 반복구조를 형성하는 것도 소설의 상호 연관성 차원에서 매우 중요한 측면이다. 가령 하인리히가 광부와 은둔자를 만나는 것 자체는 모두 꿈 내지는 동화 같지만 동시에 그들이 각자 전해 주는 이야기 또한 꿈 내지는 동화 같다. 소설의 내용과 형식 구조도 서로 반복하여 부합하는 형태를 이루고 있다. 내용상 소설은 전체적으로 사적인 행복과 세계주의적 구원이라는 두 가지 주제로 나뉘는데, 이에 부합하는 차원에서 소설의 전체 구조가 1부와 2부로 나뉜다. 또한 하인리히와 마틸데가 작가와 포에지에 대한 알레고리이고 그 둘 사이에서 태어난 '아스트랄리스'(Astralis) - 아이는 아마도 절대적 포에지에 대한 알레고리일 수 있는데 - 의 제목으로 시작하는 2부의 처음에 제시된 서정시의 구조도 소설 전체의 구조와 마찬가지로 1, 2부로 나뉜다. 즉, 시의 전반부에는 하인리히와 마틸

38) F. Schlegel, KA, Bd. II, p. 197.

39) Hermann Kurzke, Novalis, München 1988, p. 96

데 간의 사적인 행복이 서술되어 있으며, 시의 후반부에는 세계사적, 신화적 차원에서의 세계주의적 구원이 서술되어 있다.[40] 흥미로운 점은, 연구자들이 그와 같은 전환이 '여성의 죽음', '사적 행복의 포기' 등을 매개로 이루어진다고 본다는 것이다. 관념론의 남성중심주의적 관점은 여성의 죽음을 매개로 이루어지는 전환을 자연스럽게 해석하고 받아들이는데, 이것이 관념론의 결정적인 문제점이기도 하다.

물론 전체와 부분 간의 유사한 반복구조는 시작에서 목표를 향하는 직선적이고 순차적인 구조를 띠는 교양소설과는 정반대의 특징을 이룬다. 시작과 목표, 전체와 부분, 과거와 미래가 서로 순환적으로 반복하는 『하인리히 폰 오프터딩엔』의 구조에 대해서는 포텐하우어(H. Photenhauer)가 다음과 같이 정확하게 서술해 준 바 있다.

> 『하인리히 폰 오프터딩엔』에서는 교양소설의 성장 이념과는 정반대로 목표가 이미 시작에 현재적으로 제시되어 있다. 푸른 꽃의 상징이 그 점을 가리키고 있다. 하인리히의 성숙 과정은 이미 은둔자의 책속에 미리 제시되어 있다. 자신의 길을 놓치거나 문제가 많은 내적 성향 때문에 그가 운명적으로 다른 일에 연루되는 등의 위험은 존재하지 않는다. 모든 미래의 것이 의미심장한 돌발적인 사건들 속에 이미 예정되어 있다.[41]

이와 같은 소설의 형식적 특징과 함께 소설의 또 다른 핵심은 '푸른 꽃'의 의미에 있다. 『하인리히 폰 오프터딩엔』이 일명 '푸른 꽃'으로 불린 이후 그 형상적 시어는 특히 연구자들에 의해 낭만주의를 대표하는

40) 이와 관계하여 연구자들은 흔히 현실과 이상 간의 조화를 추구하는 낭만주의의 '선험적 소설'(Transzendentalroman)의 형식적 구조가 소설 전체뿐만 아니라 소설 내의 시에도 투영되어 있다고 보는데, 그 대표적인 연구로는 엥엘(M. Engel)의 연구를 들 수 있다(M. Engel, Der Roman der Goethezeit, Bd. I, Anfänge in Klassik und Frühromantik: Transzendentale Geschichten, Stuttgart/Weimar 1993, p. 492).

41) Helmut Pfotenhauer, Nachwort, in: Novalis. Hymnen an die Nacht/Heinrich von Ofterdingen, München 1991, pp. 226-227.

상징적 기호로 간주되어 왔다. '푸른 꽃'라는 개념은 기표 상으로 '푸른'과 '꽃'으로 결합된 것인바, 이때 그 양자의 결합은 하늘과 땅, 남성과 여성, 내면과 외면 등으로 풀이되며 그 이념적 의미는 주로 완성, 사랑, 이상, 행복, 자연과 인간의 합일 등으로 해석된다. 따라서 '푸른 꽃을 향해 나아가는 길'은 곧 그러한 이념을 향한 무한한 동경인 셈이다. 이 점을 가장 함축적으로 잘 서술해 준 이는 리카르다 후흐(Ricarda Huch)인데, 그녀에 의하면 "우리는 푸른 꽃을 신, 영원성 혹은 사랑이라고 명명하고 있는데, 그것은 누구나 스스로 부지불식간에 찾으려는 것이다."[42] 어쨌든 푸른 꽃은 하나의 의미로 고정되기보다는 다양한 이념적 해석을 낳는 기표로 작용한다.

푸른 꽃이라는 시어는 노발리스뿐만 아니라 후기낭만주의 작가로 분류되는 아이헨도르프(J. v. Eichendorff)도 자신의 시 제목으로 삼을 정도로 문학적으로 애호되었다. 그런데 낭만주의와 관련된 역사적인 배경을 보면, 초기낭만주의는 프랑스 혁명의 이후 1795-1804년까지로 규정되고, 후기낭만주의는 나폴레옹의 몰락과 함께 1814년에 왕정복고가 들어서는 시기, 즉 혁명 이전의 보수적이고 억압적인 왕정이 부활한 시기의 예술 경향을 말한다. 종교적으로 전자의 경우 개신교가, 후자의 경우 가톨릭이 각각 압도하는 시기로 구분된다. 구시대적 질서에 부응하는 후기낭만주의의 문학에서는 무엇보다도 평화로운 소시민적 삶을 추구하는 모습이 지배적인데, 그 대표적인 예로는 아이헨도르프(J. v. Eichendorff, 1788-1857)가 1818년에 발표한 「푸른 꽃」이라는 제목의 시이다.

> 나는 푸른 꽃을 찾는다,
> 그 꽃을 찾지만 발견하지 못한다,
> 나의 좋은 행복이 푸른 꽃 안에서

42) Cf. Ricarda Huch, Blütezeit der Romantik, Leipzig 1899, esp. pp. 363-382.

내게 피어나 있는 듯한 꿈을 꾼다.

여러 마을, 도시, 들판을 지나
하프를 메고서 나는 걷는다,
그렇게 일주하면서 그 어디서
푸른 꽃을 발견할 수 없을지라도.

나는 이미 오랫동안 방랑하며,
오랫동안 희망과 믿음을 갖고 있었다,
그러나, 아, 그 어디서도 나는
푸른 꽃을 보지 못했네.[43)]

아주 단조로운 언어 사용과 형상화를 엿볼 수 있다. 그런데 단조로운 표현과는 대조적으로 시의 의미는 간단치 않다. 시적 화자가 찾고자 하는 푸른 꽃은 행복(Glück) 이념과 동일시되고 있지만, 그러나 그 행복의 내용이 무엇인지는 알 수 없다. 그것이 의식과 무의식, 자아와 사회, 내면과 외면, 감성과 이성, 인간과 자연 같은 전통적인 관념론적 이분법을 지양하는 의미에서의 종합과 통일을 지향하는 이념적 행복인지, 아니면 매우 좁은 의미에서 감각적, 물질적 만족을 통해 평온한 삶을 향유하고 싶은 의미에서의 범속한 행복인지 알 수 없다. 다만 시적 화자가 "나의 좋은 행복"(mein gutes Glück)이라고 표현하고 있기에 두 가지 의미를 추측해 볼 수 있다. 그 하나는 '나의' 행복이라고 명명함으로써 행복이 지극히 자기 자신의 사적인 것으로만 제한되고 있음을 알 수 있으며, 다른 하나는 '좋은'이라고 표현되고 있기에 그 행복의 질이 좋음과 나쁨 같은 소위 도덕적, 유용적 기준에서 파악되고 있음을 알 수 있다. 소시

43) Joseph von Eichendorff, Nachlese der Gedichte. Erzählerische und dramatische Fragmente. Taschenbücher 1798-1815, in: Sämtliche Werke, München 1980, Bd. IV, p. 63.

민적, 비더마이어적 삶에 젖은 시적 화자는 "희망과 믿음"을 갖고서 소위 사적인 "나의 좋은 행복"을 찾아 시골과 도시를 다니고 있으나 끝내 발견하지 못한 정황이다. 어쩌면 이 평범한 시에도 아이러니가 작동하고 있는 것처럼 보인다. 시적 화자는 누군가에 대한 "희망과 믿음"을 갖고 있는데, '그 누군가'는 푸른 꽃과 연관된 기독교의 신일 수 있다. 신이 푸른 꽃을 통해 주는 행복은 초월적이고 피안의 행복일 수 있는데, 이와 달리 시적 화자는 범속하고도 세속적인 삶과 관계된 "나의 좋은 행복"을 찾고 있는 것이다. 시적 화자는 행복을 오로지 현세에서만 찾으려 했기에 마지막 연의 마지막 행 "푸른 꽃을 보지 못했네"라는 말은 자기 자신에 대한 냉소적이고도 아이러니컬한 목소리처럼 들리며, 바로 이 점이 시에 내포된 진정한 의미일지도 모른다. 비록 정치적으로 반동적인 구질서하에서 살아가고 있지만 시인은 그와 같은 내면의 비판적인 목소리를 우회적으로 표출하고 있는 것처럼 보인다.

그렇다면 아이헨도르프의 시와 관련된 푸른 꽃의 의미, 즉 "행복"의 이념적 의미를 노발리스의 소설에도 그대로 적용할 수 있을까? 그 대답은 부정적이다. 초기낭만주의와 후기낭만주의는 정치적 지평(프랑스 혁명 및 민주적 공화국 옹호 vs. 왕정복고 및 전제군주제 옹호), 철학적 지평(주관적 개인의 자유 vs. 객관적 현실과 질서), 예술적 지평(무질서한 부조화 vs. 아름다운 조화) 등에서 근본적으로 상이한 의미와 양상을 띠며, 따라서 노발리스의 경우 "행복"으로서의 푸른 꽃은 후기낭만주의의 정치적, 철학적, 예술적 맥락 내에서 파악될 수 없다.

그렇다면 푸른 꽃은 소설 『하인리히 폰 오프터딩엔』 자체 내에서 어떤 의미를 지니는 것일까? 가장 자주 거론되는 의미는 마틸데에 대한 사랑에서 찾을 수 있다. 푸른 꽃은 한편으로 "도달할 수 없는 것", "무한한 것", "절대적인 것" 같은 이념과 관련하여 철학적으로 해석되지만, 다른 한편으로 소설의 내용적, 구체적 차원에서는 마틸데에 대한 낭만적 사랑 및 하인리히의 행복으로 해석되기도 한다. 어느 이방인에게서 들었던 푸른 꽃에 대한 이야기로 인해 하인리히는 꿈속에서 푸른 꽃을 보게 된다. 이방인의 이야기 및 자신의 꿈에서 본 듯한 푸른 꽃은 현실에서 발견하기 불가능한 동경과 추구의 대상으로 여겨지지만, 외갓집에 도착한 하인리히는 시인 클링조어의 딸 마틸데를 만나 사랑을 주고받는 가운데 그녀를 '꿈속에서 보았던 푸른 꽃의 현현'으로 여기게 된다. 물론 하인리히와 마틸데 간의 낭만적 사랑은 시인의 사적인 삶에서 해석될 수도 있다. 그러나 「밤의 찬가」와 마찬가지로 『하인리히 폰 오프터딩엔』에서도 사랑은 노발리스와 연인 소피 간의 단순한 사적인 사랑을 넘어서, 삶과 죽음, 에로스와 타나토스 간의 합일, 현세와 내세 간의 무한한 교감 등으로 확장되어 해석된다.

푸른 꽃에 대한 또 다른 해석은 관념론적 철학, 특히 자연과의 관계를 다루는 철학적 사유의 맥락에서 시도될 수 있다. 하인리히와 푸른 꽃의 관계를 흔히 '자아와 자연 간의 합일'이라는 의미로 파악할 경우 그 철학적 사유는 두 방향은 나뉜다. 그 하나는 노발리스가 피히테(Fichte)의 영향하에 놓여 있는 맥락이며, 다른 하나는 피히테를 넘어서 셸링(Schelling)의 사유로 전환하는 맥락이다. 피히테 철학과 셸링 철학 간의 결정적 차이점은 무엇보다도 자연과의 관계에서 찾을 수 있는데, 전자는 자연을 자아의 무한한 확장과 필연적 관계를 맺고 있는 대상으로 강조한다면, 후자는 자아의 의식 이전에 있는 자연의 본래적 특성을 강조한다. 즉, 피히테의 경우 비아(das Nicht-Ich)로서의 자연은 선험적인 절대적 자아의 영향권 내에 놓여 있으며 결국 자아에 의해 생산된(혹은 표상된) 대상으로 간주되는 반면, 셸링의 경우 인간과 자연, 자아와 비아, 주체와 객체는 철저히 대등한 관계를 형성한다. 전자의 경우 자연은 생산된 유한한 자연(geschaffene Natur, natura naturata)으로서 자아의 대상물로 여겨진다면, 후자의 경우 자연은 무의식적인 생산적 힘을 지닌, 무한한 창조적인 자연(schaffende Natur, natura naturans)을 뜻한다. 초기낭만주의자들, 특히 슐레겔과 노발리스는 초기에 절대적 자아를 옹호하는 피히테의 주관 철학의 영향하에 있었으나 1800년 이후부터 점차 피히테로부터 멀어지면서 셸링 식의 사유로 전환하며 특히 자연과 예술을 동일시하게 된다. 이와 같은 점을 고려한다면 1800년에 집필된『하인리히 폰 오프터딩엔』에서 노발리스가 어떤 입장을 취했는지는 매우 어려운 질문이 될 수 있으며, 연구자의 관점에 따라 상이한 답변이 제시될 수 있다.[44)]『하인리히 폰 오프터딩엔』은 과연 '자아의 신화(Mythologie des Ichs)로서의 예술작품'인 것일까, 아니면 의식적인 자아가 물러나고 그 자리에 자연이 들어서는 의미에서 '자연의 신화(Mythologie der Natur)로서의 예술작품'인 아닐까? 이상과 같은 기존의 해석적 맥락을 염두에 두면서 여기서는 푸른 꽃의 포에틱한 경험을 좀 더 상세하게 분석해보고 그 의미도 새롭게 조명해보기로 하자.

3. '꿈현실' 속에서의 푸른 꽃

푸른 꽃의 형상화와 의미 등과 관련해서는 무엇보다 소설의 시작 부분에 대한 면밀한 분석이 중요하다. 우선 푸른 꽃에 대한 꿈과 동경은 어느 이방인과의 만남을 통해 싹튼 것으로 서술되고 있는데, 이 점은 소설의 서술자에 의해서가 아니라 주인공 하인리히의 독백에 의해 독자에게 전달된다. 하인리히와 이방인 간의 만남은『자이스의 제자들』에 실려 있는 짧은 <히아신스와 로젠블뤼트헨 동화>에서도 언급된 히아신스

44) 다음의 연구논문집을 참조할 것(Novalis und die Wissenschaften, hrsg. v. Herbert Uerlings, Tübingen 1997). 이 논문집에서 특히 헨더슨(Fergus Henderson)과 슈트락(Friedrich Strack)의 상반된 시각을 참조할 것. 이 밖에도 다음을 참조할 것(M. Frank, Einführung in die frühromantische Ästhetik, Frankfurt a. M. 1989, pp. 137-174).

와 이방인 간의 만남과 매우 흡사하다. 이미 분석한 바 있듯이,[45] 그 동화에서도 어느 날 갑작스럽게 찾아 온 이방인으로부터 히아신스는 삼일 동안 밤낮으로 다양한 이야기를 듣게 되고, 그 이방인이 떠나자 번민의 나날을 보내고 결국 마음의 평온을 되찾기 위해 "사물의 어머니, 즉 베일에 감싸여 있는 동정녀"를 찾아 나서겠다고 부모에게 말한다. 『하인리히 폰 오프터딩엔』에서도 하인리히는 그와 비슷한 모습을 보인다. 이방인으로부터 들은 푸른 꽃에 대한 이야기가 자신의 뇌리를 떠나지 않는 상태에서 하인리히는 잠자리에 들기 직전 다음과 같이 언급한다.

> 그는 혼잣말로 이렇게 중얼거렸다. "보물 때문에 내 마음속에 이렇게 말할 수 없는 그리움이 들끓는 것은 아냐. 나는 소유욕과는 거리가 먼 사람이야. 하지만 푸른 꽃을 보고 싶은 마음은 간절하네. 푸른 꽃이 잠시도 내 마음속에서 떠나질 않는구나. 나는 아무 것도 창작할 수 없고 생각할 수 없구나. 이런 느낌이 든 적은 한 번도 없었다. 즉 나는 마치 이전에 꿈을 꾼 것 같고, 아니면 내가 다른 세계 속으로 넘어간 것 같은 생각이 든다. 또한 내가 평소 살고 있는 이 세계에서 누가 과연 푸른 꽃을 생각해 왔을까, 또한 그런 꽃에 대한 기이한 열정에 대해서도 나는 아직 들은 바가 없다. 그 이방인은 도대체 어디에서 온 것일까? 우리들 가운데 그 누구도 그 이방인과 비슷한 자를 본 적이 없어. 그런데 나는 어째서 그의 말에 그렇게 감동을 받게 되었는지 전혀 알 수 없구나. 다른 사람들도 그와 비슷한 이야기를 들었을 텐데, 그 누구에게도 어떤 일이 일어난 적이 없지 않은가. 내가 처한 이 놀라운 상태는 언급되지 않았으면 좋겠구나! 그러나 종종 황홀한 생각이 들며, 내가 그 꽃을 현재 제대로 갖고 있지 않을 때면 나는 심오하고 내적인 충동에 사로잡히곤 한다. 이를 그 누구도 이해할 수 없을 것이며 이해하지도 않을 거야. 나는 명확하고 분명하게 보고 생각하지 않는다면 아마도 미쳐버릴 것 같은 생각이 들기도 한다. 이제 그 이후 모든 점이 한결 명백해졌다. 나는 언

45) 이 책의 3장을 참조할 것.

제가 옛 시절에 대해서 말하는 것을 들은 바 있다. 동물, 나무, 바위들이 인간들과 이야기 하던 시절에 대해서, 그리고 그것들이 매 순간 말하길 시작하고 싶어하는 듯한 생각이 내게 들었고, 그것들이 나에게 무엇을 말하고 싶은지를 내가 그들에게서 분명히 알 수 있었던 듯한 시절 말이다. 내가 알지 못하는 여러 가지 것들이 있었다. 내가 많이 알았더라면 나는 모든 것을 훨씬 더 잘 이해할 수 있었을 텐데 말이다. 그 대신 나는 즐겨 춤을 추었고, 지금 나는 음악에 대해 생각하는 것을 즐긴다."[46)]

소설의 첫 대목부터 노발리스의 시학이 모두 담겨 있음을 알 수 있다. 이방인과의 만남을 누구나 경험했을 터이지만 그 누구도 이방인에 대해 말하지 않는다는 점, 누구나 들었을 것으로 짐작되는 푸른 꽃에 대해서 그 누구도 열정이나 관심을 갖지 않는다는 점, 그런 현실적이고 세속적인 사람들의 반응과는 달리 유독 하인리히만은 이방인과 푸른 꽃에 대한 생각을 떨쳐버릴 수 없으며 그로 인해 평소 즐기던 사유와 창작(Denken und Dichten)조차도 행할 수 없는 상황이다. 이방인과 푸른 꽃에 대한 이야기를 들은 것 자체가 마치 꿈속에서 일어난 듯이 여겨지고, 특히 다른 이들과는 달리 하인리히만이 푸른 꽃에 대한 열정과 느낌을 갖고 있다는 것은 무엇을 뜻하는 것일까? 더욱이 푸른 꽃에 대해 생각하면서 그는 자연과 인간이 하나가 된 "옛 시절"(소위 '황금시대')을 떠올린다고 말한다. 즉 꿈같은 이야기, 시인, 황금시대 등은 노발리스 시학의 키워드와도 같다. 푸른 꽃은 자연과 인간 간의 교감이 가능했던 "옛 시절", 잃어버린 통일성에 대한 유토피아와 연관되어 있으며, 시인의 기질을 지닌 하인리히만이 푸른 꽃에 대한 동경과 꿈을 갖고 있는 것이다. 푸른 꽃은 단순히 자연적인 식물을 지칭하기보다는 다른 이념과의 일종의 매개적 역할을 수행하는 언어적 기표인바, 그것은 자연과 인간의 대

46) Heinrich von Ofterdingen, p. 3(푸른 꽃, 11-12쪽).

화를 가능하게 해주는 언어적 매개물로서 넓은 의미에서 낭만적 소설, 낭만적 포에지, 낭만적 신화 같은 인위적인 창작물까지도 포함한다. 여기서 포에지의 근원적 특성에 대한 슐레겔의 정의는 하인리히가 동경하고 있는 푸른 꽃이 무엇인지를 우회적으로 암시해 주고 있다.

> 왜냐하면 이성적으로 사유하는 이성의 진행과정과 법칙을 지양하고 다시금 우리를 상상력의 아름다운 혼돈 속으로, 인간 자연의 근원적인 카오스 - 이 카오스에 대해 나는 과거 신들의 다채로운 혼잡보다 더 아름다운 상징을 지금까지 발견하지 못하고 있는데 - 속으로 옮겨놓은 것이야말로 모든 포에지의 시작인 것입니다.[47)]

포에지가 "상상력의 아름다운 혼돈" 속으로 우리를 이끄는 역할을 수행하듯, 바로 포에지에 대한 기표로서의 푸른 꽃은 그렇게 하인리히(혹은 모든 독자들)를 아름다운 혼돈의 세계 속으로 끌어들이고 있는 것이다.

이와 같이 잠들기 직전 푸른 꽃에 대한 짧은 독백을 늘어놓으면서 하인리히는 서서히 잠들게 되고 동시에 꿈의 세계로 진입한다. 이미 소설 첫 문장도 꿈과 동화 같은 낭만적, 비현실적 분위기의 순간을 예고하고 있다. "그의 부모는 벌써 잠들어 있었다. 벽시계만 단조롭게 똑딱거렸다. 창문은 덜거덕대고 창밖에는 바람이 윙윙거렸다. 이따금 은은한 달빛이 방 안을 환하게 비추었다"[48)]라는 언술은 전형적인 동화적 분위기를 자아내는데, 이는 이미 분석한 바 있듯이 티크의 「금발의 에크베르트」에서 세 주인공이 저녁 식사 후 벽난로에 모여 있는 장면의 언술을 상기시킨다. 그 소설에서도 다음과 같이 제시되어 있다 "어느 가을날 에크베르트는 안개 낀 저녁에 그의 친구와 부인 베르타와 함께 벽난로 불가에 앉

---

47) 이 책의 2장을 참조.

48) Heinrich von Ofterdingen, p. 3(푸른 꽃, 11쪽).

아 있었다. 난롯불은 온 방안에 밝은 빛을 던져주고 있었고 위 천정에 하늘거리고 있었으며, 밤은 어두운 모습으로 창문을 통해 안을 들여다 보고 있었고 나무들은 차가운 추위에 떨고 있었다."[49] 꿈과 동화 같은 이야기의 시작을 암시하기 위해 노발리스와 티크의 소설은 각기 그것의 전조적 분위기를 띤 서술을 작동시킨다.

이제 소설의 전지전능한 서술자는 잠과 꿈에 젖은 하인리히의 상태 속으로 들어가 다음과 같이 서술하고 나선다. "소년은 점차 달콤한 환상에 젖어 들었고 선잠에 빠져 들었다. 그는 처음에 앞을 내다볼 수 없는 저 먼 곳, 거친 미지의 지방에 대한 꿈을 꾸었다."[50] 꿈속에서 여러 곳을 방랑하는 하인리히의 모습은 마찬가지로 <히아신스와 로젠블뤼트헨 동화>에서 집을 떠나 여러 곳을 방랑하는 히아신스의 모습과 흡사하다. 그런데 "미지의 지방에 대한 꿈"에 연이은 시적 언술이 더욱 흥미로운데, 그것은 구체적인 시공간을 초월한, 마치 항구적이고도 무한한 변화 속에서의 동화 같은 여정으로 서술된다.

> 자신도 알 수 없는 경쾌한 걸음걸이로 그는 바다 위를 걸어가고 있었다. 그는 기이한 동물들을 보았다. 그는 때론 전쟁터에서, 거친 소용돌이 속에서, 조용한 움막에서 다양한 사람들과 살고 있었던 것이다. 그는 죄수로 잡혀 아주 치욕스러운 곤경에 빠지기도 했다. 모든 느낌이 지금까지 자신이 알지 못했던 높이까지 솟아올랐다. 그는 아주 엄청난 다채로운 삶을 체험했던 것이다.[51]

꿈속에의 하인리히의 여정을 보여주는 이 짧은 대목은 두 가지 의미를 지닌다. 그 하나는 추상적인 차원에서 글자 그대로 하인리히가 꿈속

---

49) 「금발의 에크베르트」에 대해서는 이 책의 6장을 참조.

50) Heinrich von Ofterdingen, p. 3(푸른 꽃, 13쪽).

51) Ibid.

에서 시공간을 초월하여 다양한 환상적인 일들을 경험했음을 말해주며, 다른 하나는 구체적인 차원에서 앞으로 어머니와 함께 아욱스부르크를 향해 가는 동안 하인리히가 겪게 되는 다양한 삶의 여정을 압축적으로 미리 암시해주는 대목과도 같다. 즉 "꿈은 영혼의 자연적 영향력이기에 종종 의미 있고 예언적이다"[52]라는 노발리스의 말대로 꿈의 예언적 특성을 드러내주고 있다. 역으로 말하자면, 향후 전개될 텍스트는 위에서 제시된 꿈의 구체화에 다름 아니다. 특히 "그는 아주 엄청난 다채로운 삶을 체험했던 것이다"라는 압축적 언술은 뒤에서 제시되는 상인들, 광부, 은둔자, 클링조어 등과의 만남 및 그들로부터 듣게 되는 다양한 삽화적 이야기들을 통해 구체화되고 있는 것이다. 다르게 표현하자면, 하인리히의 꿈속에서 신비롭고 비일상적인 것으로 압축되어 서술된 대목은 노발리스가 강조한 '낭만화 방식'에서의 질적 강화(Potenzieren)에 해당되고, 이후 다양한 인물들에 의해 삶과의 연관 속에서 일상적이고 잘 알려진 것으로 구체적으로 서술되는 삽화적 이야기는 일종의 로그화(Logarithmieren)인 셈이다. 이 점을 페터-앙드레 알트(Peter-Andre Alt)는 다음과 같이 설명하고 있다.

> 하인리히의 꿈은 욕망의 꿈이며 소설의 서사는 그 욕망의 꿈을 (허구적인) 현실의 복잡한 형식 속으로 옮겨 이끌어 가고 있다. 그렇지만 그 진행되어 가는 관계를 일종의 암시와 만족이라는 관계와 등치시킨다면 그것은 잘못된 것이다. 꿈과 소설은 (성경 모델처럼) 전형(典型)과 대항전형(對抗典型) 같은 식으로 서로 관계를 맺는 것이 아니라 서로를 보완하는 관계를 맺고 있다. 꿈의 상상적 질서는 포에지의 상상적 질서 속에서 배가되고 있으며 그와 동시에 과도하게 글로 서술되고 과도하게 명시되고 있다. 꿈이 매개적 압축 속에서 제시한 전기적 프로그램을 서사적 이야기는 풀어놓는다. '상호 상승과 하강'이라는 테크닉 - 이를 노발

52) Novalis, Schriften, Bd. III, p. 452.

리스는 1798년의 시학에서 낭만화의 근본 작동이라고 규정한 바 있는데 - 은 흡사 수학적인 유비를 제시하고 있다. 이야기(서사)란 '질적 강화'를 통해서 꿈에서 축적한 질료들을 상승시키지만, 그러나 동시에 로그화를 통해서 비교가능한 탈강화, 즉 '미지의 것과 신비로운 것'을 '잘 알려진 표현'으로 번역하는 것이다.[53]

다시 말하자면, 소설 1장 도입부에서 제시된 꿈속에서의 다양한 경험들의 압축적 서술과 이후 소설 전체의 서술 간의 관계는 바로 낭만화 방식, 즉 "질적 강화와 로그화", 압축과 팽창(배가), 상승과 하강의 관계를 띠는 것이며, 결과적으로 꿈과 포에지의 관계는 상호 보완의 관계를 맺고 있는 셈이다.

그런데 흥미로운 점은, 압축적으로 전개된 하인리히의 꿈속에서도 특정한 순간은 기이하게도 마치 일상적인 것처럼 세밀하게 전개된다는 것이다. 하인리히가 갑자기 푸른 꽃을 만나게 되는 순간은 사실 꿈임에도 불구하고 마치 현실적이고 구체적으로 서술된다. 우선 꿈속에서 방랑하던 하인리히는 푸른 꽃과 조우하기 직전 형용키 어려운 놀라운 빛을 띠고 있는 동굴 속 연못에 도달한다. 연못에 손을 담그면서 생기를 되찾은 하인리히는 그 신비로운 연못에 자신의 몸도 담그게 되는데, 그 순간은 서술자에 의해 다음과 같이 에로틱하게 서술되고 있다.

천상의 느낌이 그의 내면에 쏟아들었다. 내적인 욕구와 셀 수 없는 생각이 그에게서 서로 뒤섞이려 했다. 지금까지 본적이 없는 새로운 형상들이 생겨났는데, 그것들은 서로서로 뒤엉키면서 그의 주변에서 분명한 실체를 띠게 되었고, 사랑스러운 속성의 여러 파도들이 마치 부드러운 젖가슴처럼 그에게 바짝 다가왔다. 그 물결은 소년 옆에서 순간적으로

53) Peter-Andre Alt, Der Text der Imagination. Modelle des Traums in der deutschen Literatur um 1800, in: Rudolf Behrens (Hrsg.), Ordnungen des Imaginären. Theorien der Imagination in funktionsgeschichtlicher Sicht, Hamburg 2002, pp. 141-163, esp. p. 155.

모습을 드러낸 매혹적인 소녀들의 형상이 마치 물속에서 용해되는 것처럼 보였다.[54)]

다양한 신비로운 형상들 및 그에 대한 에로틱한 서술 – 가령 "여러 파도들이 마치 부드러운 젖가슴처럼"- 이 전개되는 가운데 하인리히도 "황홀함에 취한 상태"에서 스스로 그 물속을 헤엄쳐 나간다. 물속에서의 용해 이미지와 그 의미는 사실 『자이스의 제자들』에서의 장면과 거의 흡사하다. 물은 인간과 자연의 소외가 지양된 이상적인 상태에 대한 은유로 작용한다. 인간과 자연은 사실 하나로 존재하였으나 인간의 인식이 절대시되면서 자연은 인식 대상으로 간주되고 나아가 자연은 정복 대상 및 소유 대상으로 파악된다. 인간은 자연을 마주할지라도 그것을 진정으로 '느끼는 감각'을 결여하고 있다.

금의 마술적인 매력, 색깔의 비밀, 물의 기쁨이 인간에게는 낯설지 않으며, 고대에서 인간은 돌의 신비로운 힘을 예견하지만, 그럼에도 불구하고 인간은 자연의 활동에 대한 달콤한 정열, 즉 우리의 매혹적인 신비성을 바라보는 눈을 갖고 있지 못하다.[55)]

"금", "색", "물"로 대변된 자연의 다채로움을 마주하면서 인간은 더 이상 그것을 직접 느낄 수 없는 메마른 지각을 갖고 있을 뿐이다. 이렇듯 자연과의 소외가 야기된 근본 원인은 인간이 오로지 사유중심주의적인 상태에 젖어 있기 때문이다. "과연 그(인간-역주)가 언젠가 느끼는 것을 배우게 될까? 모든 감각 중 가장 자연스럽고도 아름다운 감각을 그는 여전히 알지 못하고 있다. 아마도 저 옛날의 정다운 시대는 바로 느낌을 통해서 회복될 것이리라. 느낌의 구성 요소는 더욱 아름답고도 힘찬 색

54) Heinrich von Ofterdingen, p. 4(푸른 꽃, 13쪽).
55) Novalis, Schriften, Bd. I, p. 219.

깔 속에서 부서지는 내적인 빛이다. (…) 사유란 느낌의 환상, 무감각한 느낌, 창백하고도 연약한 삶이다."[56] "저 옛날의 정다운 시대"를 향한 시선은, 비록 과거적인 것으로 서술되어 있을지라도 결코 과거로의 회귀를 옹호하는 역사주의적 시각을 뜻하는 것이 아니라 미래적인 요청을 담고 있다. 또한 "느낌"을 회복해야 한다는 요청도 당시 팽배해 있던 사유, 의식, 성찰 등을 근본으로 삼는 선험철학적, 의식중심주의적 맥락과 단절하려는 것이다. 특히 사유란 "느낌의 환상"에 지나지 않는다는 언술은 모든 것을 논리적으로 분석하고 해부하는 의식의 활동보다 느낌이 훨씬 앞선다는 점을 강조해 준다. 물론 『자이스의 제자들』에서 어느 인물은 피히테와 연관된 의식중심주의적 철학을 대변하기도 하는데, 그는 자아가 "사유의 모든 가능한 움직임을 창출하고 그러한 일에 있어서의 노련성, 경쾌함을 획득하는 것과 마찬가지로, 한 사람에게서 다른 사람에게로 전이시키고, 그러한 것을 다양하게 결합하고 분리하는 것"[57]을 요청한다. 이는 곧 지식과 의지, 자유로운 의식적인 활동 등과 관계된 요청이기도 하다. 그러나 이러한 자아의 의식적인 활동은 결코 자연을 회복하는 진정한 길이 될 수 없다. 의식은 자연을 이해하거나 치유해 줄 수 없으며 오히려 자연이 흡사 인간 및 그의 의식을 따뜻하게 감싸주는 주체로 작용하며, 그런 자연에 직면하여 인간은 의식이 배제된 수동적인 상태, 즉 "주시"(Beschauung)와 "자연 속에서의 동시적 현존"(das große Zugleich in der Natur)을 느껴야만 한다. 그런 점에서 노발리스는 나와 타자, 인간과 자연 간의 에로틱한 감성을 강조하며 이를 형상화하기 위해 '물'의 은유를 사용하고 있다. 이 점은 『자이스의 제자들』의 또 다른 인물인 "빛나는 눈동자를 가진 젊은이"를 통해 강조된다.

56) Ibid.

57) Ibid., pp. 211-223.

빛나는 눈동자를 가진 젊은이가 외쳤다. 자연의 내적인 삶이 그 완전한 충만함으로 자신의 마음속으로 파고들어 올 경우, 마치 모든 것을 용해시키는 강렬한 연기처럼 그 강렬한 감정 - 언어는 사랑과 욕구라는 이름 외에 다른 어떤 이름도 알지 못하는데 - 이 그의 마음속에 확산될 경우, 그리고 그가 달콤한 불안 속에서 떨리는 마음으로 자연의 어두운 유혹적인 품에 잠길 경우, 초라한 개인들이 넘쳐흐르는 쾌락의 물결 속에서 서로를 갈구하고 그 결과 거대한 대양 속의 집어삼키는 듯한 소용돌이와도 같은 무한한 생산력의 중심 이외에 그 어떤 것도 남아 있지 않을 경우, 과연 그 누구의 가슴이 뛰는 듯한 기쁨으로 동요되지 않겠는가?[58]

자아와 비아, 인간과 자연 간의 분리가 아니라 양자 간의 에로틱한 동시적 현존이 상상적이고도 은유적인 언어로 표출되고 있다. 자연과 인간은 '통일성 속에서의 다양성'이라는 공통된 특성을 지니며, 이러한 점을 반영해 주고 있는 것이 바로 물의 은유이다. 그것은 물이 다양하게 용해되면서도 하나로 되는 근원적인 힘의 형상으로 작용하기 때문이다.[59] 물은 한편으로는 "생산하고 잉태하는 힘"으로서 "무한하고도 영원히 지속되는 합일"을 뜻한다.[60]

---

58) Ibid., p. 227.

59) Ibid., p. 228. 니콜라스 페테스(Nicolas Pethes)에 의하면, 노발리스는 물과 액체 상태를 단순히 은유로만 제시하고 있는 것이 아니라 분자들의 응집 상태에 부합하는 정확한 화학적 사실에 근거하여 물의 상태를 다루고 있다는 것이다. 노발리스는 물을 "연소의 결과"(Novalis, Schriften, Bd. II, p. 453)라고 했을 뿐만 아니라 "습기 있는 불꽃"(Ibid., p. 703)이라고도 명명하였는데, 이러한 명명은 당시 화학적 반응과 결과를 반영한 것이라고 한다. 물론 과학적 지식을 넘어서 물과 액체는 시간의 흐름으로서의 과정(Prozeß)과도 연관되는데, 이는 두 가지 은유적 의미를 지닌다. 그 하나는 자연과 개인의 차원에서 보편적 흐름을 뜻하며, 다른 하나는 동시대 낭만주의들의 열망이었던 "공동철학", "공동포에지" 같은 다양한 지식 영역의 넘나들기 차원에서의 흐름을 뜻한다(N. Pethes, "In jenem elastischen Medium": Der Topos 'Prozessualität in der Rhetorik der Wissenschaften seit 1800(Novalis, Goethe, Bernard, in: Rhetorik. Figuration und Performanz, hrsg. v. Heinrich Detering/Jürgen Fohrmann, Stuttgart 2004, pp. 131~151, esp. pp. 142~143).

다시 『하인리히 폰 오프터딩엔』의 장면으로 되돌아오자. 마치 소녀의 형상이 담겨 있는 듯한 물속에서의 환상적인 순간은 여전히 하인리히가 꾸고 있는 꿈의 한 장면이지만 마치 현실적인 경험처럼 그려지는데, 이는 현실적 분위기를 통한 꿈의 강화 현상이라고 할 수 있다. 다음 단계에서는 그러한 꿈의 특성이 한층 더 배가된다.

> 말로 표현할 수 없는 사건들이 펼쳐지는 선잠이 그에게 엄습해 왔으며, 그때 또 다른 빛이 그를 잠에서 깨웠다. 그는 어느 우물가의 부드러운 잔디밭에 누워 있었다. 샘물은 하늘로 치솟아 거기서 사라지는 것 같았다. 좀 떨어진 곳에는 색색의 광맥을 품은 암청색의 바위들이 우뚝 솟아 있었다. 그를 감싸고 있는 햇살은 평소에 보던 햇살보다 밝고 부드러웠다. 새파란 하늘에는 구름 한 점 없었다. 그러나 걷잡을 수 없이 그의 마음을 앗아간 것은 우물가에 서서 반짝이는 넓은 잎사귀로 그를 툭툭 건드리고 있는 기다랗고 커다란 밝은 푸른 색 꽃이었다. 푸른 꽃 주위에는 온갖 색깔의 꽃들이 헤아릴 수 없이 많이 피어 있었다. 달콤한 향기가 주위에 진동했다. 그의 눈엔 푸른 꽃밖에 들어오지 않았다. 그는 한참 동안 이루 말할 수 없이 사랑스러운 눈길로 푸른 꽃을 응시했다. 마침내 그가 그 꽃을 향해 다가가려고 하자, 푸른 꽃은 갑자기 움직이더니 모습이 변하기 시작했다. 잎사귀들은 더욱 반짝이는 빛을 띠면서 점점 솟아오르는 줄기에 바짝 매달렸다. 푸른 꽃이 그를 향해 고개를 숙였다. 그 순간 거기서 어여쁜 얼굴이 하늘거렸다. 야릇하게 변해 가는 꽃의 모습을 보면서 그의 달콤한 놀라움은 점점 더 커져갔다. 바로 그때 갑자기 들려온 어머니의 목소리가 그를 잠에서 깨웠다.[61]

"선잠이 그에게 엄습해 왔으며, 그때 또 다른 빛이 그를 잠에서 깨웠다. 그는 어느 우물가의 부드러운 잔디밭에 누워 있었다"라는 대목의 경

---

60) Ibid., p. 229.

61) Heinrich von Ofterdingen, p. 4(푸른 꽃, 15쪽).

우, 꿈에서 깨어난 현실처럼 그려지지만 이 깨어난 현실도 당연히 꿈속의 상태임은 두말할 나위 없다. 그럼에도 불구하고 이 대목을 읽는 순간에는 마치 꿈과 깨어남의 경계가 해체됨으로써 '꿈의 깨어남'과 '깨어남의 꿈'이 하나가 된 듯하다. 하인리히의 꿈 전체는 내적으로 마치 선잠과 깨어남의 구조를 형성하는데, 그 결과 마치 외부이야기와 내부이야기를 갖는 액자소설 형식 같은 인상을 불러일으키기도 한다. 그렇게 선잠에서 깨어난 – 사실은 여전히 꿈속에 있는 – 하인리히는 우물가 근처의 푸른 꽃을 발견하는데, 그의 꿈속까지도 들여다보고 있는 화자는 하인리히가 푸른 꽃을 만나는 장면을 '마치 현실 같은 장면'으로 서술하고 있다. 이 장면도 마찬가지로 『자이스의 제자들』에 실려 있는 <히아신스와 로젠블뤼트헨 동화>에서 히아신스가 여신상에 접근하여 베일을 벗기는 순간 로젠블뤼트헨이 나타나는 장면, 즉 꿈과 현실이 동시적으로 공존하는 "꿈현실"(Traumwirklichkeit) 혹은 "깨어난 꿈"(Wachtraum)의 장면과 흡사하다. 그 장면을 다시 한 번 인용하면 다음과 같다.

> 샘물과 꽃은 미소를 머금고 말하며 히아신스에게 시원한 물 한 모금을 주곤 떠났습니다. 히아신스는 그들이 일러 준 대로 가면서 묻고 또 물었습니다. 마침내 그렇게 오랫동안 헤매며 찾던 그 성전에 이르렀습니다. 성전은 야자수와 희귀한 수목 아래 숨어 있었습니다. 걷잡을 수 없는 그리움에 가슴이 고동쳤습니다. 그 달콤한 갈망이 히아신스를 영원의 시각이 머무는 이곳으로 오게 했던 거지요. 꿈만이 그를 가장 신성한 것으로 인도할 수 있기에, 그는 천상의 안락한 향기를 들이키면서 선잠에 젖어들었습니다. 이상하게도 꿈은 히아신스를 매혹적인 음과 조화로운 화음이 울려 퍼지고 기이한 물건이 가득 차있는 끝없이 이어진 편안한 방으로 데리고 갔습니다. 모든 것들이 낯설게 느껴지진 않았지만 어느 곳에서도 본 적이 없는 훌륭한 것들이었습니다. 이때 한 가닥 지상의 마지막 자취가 허공으로 흩어지듯 사라지고, 히아신스는 천상의 동정녀 앞에 서 있었습니다. 히아신스가 하늘거리며 반짝이는 베일을 걷어 올리

자 로젠블뤼트헨이 그의 품에 안기었습니다.[62]

분명 꿈은 히아신스를 기이한 물건으로 가득한 방을 거쳐 여신상 앞으로 데려갔고, 그 꿈속에서 그가 베일을 벗겨내는 순간 갑자기 현실로 전환된 듯 로젠블뤼트헨이 그의 품에 안기고 있다. 정확히 말하면, 이는 꿈에서 깨어나 현실로 전환한 것이 아니라 꿈과 현실이 하나가 된 그런 신비스런 순간이다. 그 순간의 장면이 『하인리히 폰 오프터딩엔』의 경우 "푸른 꽃이 그를 향해 고개를 숙였다. 그 순간 거기서 어여쁜 얼굴이 하늘거렸다"라고 서술되고, 그리고 후에 그 푸른 꽃에서 하늘거린 어여쁜 얼굴이 다름 아닌 마틸데의 얼굴임을 알 수 있게 된다. 이처럼 우물가 주변에서 발견된 푸른 꽃이 마치 한 여인처럼 다가와 입맞춤을 하는 순간은 하나의 현실적 장면으로 그려지지만, 이는 단지 꿈속에서 일어난 한순간일 뿐이다. 이처럼 꿈이 마치 하나의 현실이 되는 듯한 순간, 즉 '꿈속에서의 현실' 내지는 '꿈현실'은 주인공 하인리히뿐만 아니라 독서과정에 있는 독자에게도 강요되는데, 노발리스 연구가 한스-요아힘 멜(Hans-Joachim Mähl)은 그러한 순간을 "포에틱한 내면세계의 신비로운 마법"이라고 명명하면서 다음과 같이 설명해주고 있다.

> 꿈속에서의 꿈은 모든 현실구조를 완전히 없애버린다. 왜냐하면 뒤이어 나오는 깨어남, 즉 하인리히가 동경한 삶의 목표인 푸른 꽃을 그가 보게 되는 장면은 푸른 꽃을 꿈에서 본 대상으로서가 아니라 꿈에 이어 일어난 실제적 현실로 여기게끔 하기 때문이다. 우리는 포에틱한 내면세계의 신비로운 마법 속에 놓이게 되는데, 그 포에틱한 세계 속에서 꿈에 앞서 놓여 있던 현실은 그 자체 꿈으로 나타나며 또한 시간과 공간은 효력 없는 것으로 나타나며 미래의 비전은 깨어진 자의 의식과 함께 꿈꾸어지게 된다. 즉 꿈과 깨어남이 서로 섞이는 상태이며, 이것이 한 단

62) Novalis, Schriften, Bd. I, pp. 94-95.

계 높은 세계 상태에 부합하며 노발리스의 수많은 기록이 그 점을 잘 입증해주고 있다."[63]

요컨대, "포에틱한 내면세계의 신비로운 마법"과도 같은 1장의 전체는 '현실이 꿈이 되고 꿈이 다시금 현실이 된' 상태로 요약된다. 흔히 노발리스 연구자들에 의하면, 푸른 꽃을 찾아나서는 행위는 노발리스의 저 유명한 "내면을 향한 비밀스러운 길"(Nach Innen geht der geheimnisvolle Weg)로 설명되고 나아가 철학적으로는 피히테의 절대적 자아를 추구하는 것과도 상통된다고 해석된다. 그런데 흥미로운 점은, 그와 같은 푸른 꽃과의 조우가 항상 꿈속에서만 일어난다는 점, 그리고 종국에는 다른 이의 개입에 의해 깨어나게 된다는 것이다. 가령 현실 속에서의 푸른 꽃과의 만남이 실은 꿈이었음을 알게 되는 순간은 1장 말미에 들리는 어머니의 목소리에 의해서다. 아마도 어머니가 들어와 하인리히를 깨우는 서술이 없었더라면 지금까지 전개된 푸른 꽃과의 만남의 순간은 - 분명 하인리히의 꿈속이었음에도 불구하고 - 꿈이 아닌, 마치 현실에서 일어난 장면으로 읽혔을지도 모른다. 1장 시작 부분에 하인리히가 꿈의 상태에 접어들었다고 언급되었지만, 어느 순간부터 서술적 차원에서 소설은 그의 꿈을 마치 현실처럼 서술해줌으로써 하인리히뿐만 아니라 독자도 이미 꿈과 현실의 경계가 해체된 상태에 놓이게 된다.[64] 이처럼 소설의 서술적 특성은 "세계는 꿈이고 꿈은 세계다"[65]라는 노발리스의 시학적 명제에 부합한다. 푸른 꽃과의 만남(즉 절대적인 자아를 찾는 것)은 꿈현실에서만 가능할 뿐이며, 그 꿈현실은 항상 다른 이의 개입에 의해 다시금

---

63) Hans-Joachim Mähl, Die Idee des goldenen Zeitalters im Werk des Novalis, Tübingen 1994(1. Aufl., Heidelberg 1965), p. 410.

64) 하인리히의 꿈이 현실이 되고 현실이 꿈이 되는 방식으로 현실과 꿈 간의 경계가 해체된다(Cf. Jens Heinse, Traumdiskurse. Die Träume der Philosophie und die Psychologie des Traumes, Frankfurt am Main 1989, p. 198).

65) Novalis, Schriften, Bd. I, p. 367.

‘꿈’과 ‘현실’로 각기 구분되고 마는데 이는 절대적인 자아를 찾으려는 선험철학에 대한 아이러니로 볼 수 있다. 즉, 매 순간 ‘절대 자아는 환상에 불과하다’는 점이 암시되고 있으며, 그러한 환상의 깨어짐은 다름 아닌 다른 이(어머니, 연인, 할아버지 등)에 의해서 실행되고 있는 것이다.[66]

앞 장에서 짧게 언급한 바 있듯이 푸른 꽃의 의미는 다양하게 연구되어 왔으며, 특히 1장과 6장의 상관관계에서 그 의미를 밝혀내는 시각이 지배적이었다. 여인처럼 의인화된 푸른 꽃을 하인리히가 꿈속에서 만나게 되는 1장의 마지막 장면은, 몇몇 다른 삽화적 이야기가 서술된 후 어머니의 고향 아욱스부르크에 도착하여 마틸데를 만나게 되는 6장의 장면과 결합된다. 현재 속에서 과거와 미래, 꿈과 현실이 하나가 된 듯한 기이한 순간은 마틸데를 만난 첫째 날 저녁 잠자리에 들기 직전 하인리히의 다음과 같은 독백에 의해서 강조된다.

> 꿈속에서 푸른 꽃을 보았을 때와 비슷한 기분이 아닌가? 그 꽃과 마틸데 사이에는 어떤 특별한 관계가 있는 걸까? 꽃받침 사이로 나를 향해 고개를 내밀던 얼굴은 바로 천사 같은 마틸데의 얼굴이었어.[67]

---

66) 질케 호르스트코테(Silke Horstkotte)는 흥미로운 해석을 제시한 바 있다. 그에 의하면 어머니는 곧 푸른 꽃(사랑하는 연인)을 현실적으로 대체하는 형상이다. 즉 어머니(후에는 마틸데) 같은 여성의 모습은 결국 “부재해 있는 근원”, 근원으로서의 푸른 꽃을 현실적으로 가져올 수 없음을 말해주는 형상이다. “『하인리히 폰 오프터딩엔』에는 시의 상세하게 전문화되지 않은, 예언적인 영향력의 문제점이 분명하게 제시되고 있다. 아버지의 꿈에서 푸른 꽃은 알레고리컬하게 하인리히의 어머니를 지시하고 있다. 여기서 암시된 어머니와 여인 간의 동일성은 이야기가 진행되는 가운데 입증되고 있다. 푸른 꽃에 대한 하인리히의 꿈은 깨어나는 순간 어머니의 목소리와 일치하고 있다. 어머니의 모습에서 여성적인 것은 결코 다시 가져올 수 없는 부재해 있는 근원을 명시한다. 하인리히의 욕망은 결코 환상적으로 미래를 향해 있는 것이 아니라 역행적으로 절대적인 시작을 향하고 있다. 아욱스부르크를 향한 여행이 어머니의 출생지를 향한 여행이듯, 그리고 소설의 2부가 유년시절의 여행을 나타내듯 말이다. 어머니가 꿈이라면 그녀의 말(하인리히를 깨우는 말: 역주)은 첫 번째 꿈의 정점으로 간주될 수 있다. 즉 푸른 꽃이 말을 하면서 꿈이 끝나는 셈이다”(Silke Horstkotte, Die Poetik der Androgynie in Novalis’ <Heinrich von Ofterdingen>, in: Novalis: Poesie und Poetik, hrsg. v. Herbert Uerlings, Tübingen 2004, pp. 230~231).

67) Heinrich von Ofterdingen, pp. 48~49(푸른 꽃, 149쪽).

푸른 꽃에 대한 꿈이 현실이 된 것처럼 서술되어 있지만, 역으로 말하면 추후의 현실이 소설 초반부의 꿈 속에서 예시되고 있는 셈이다. 그런데 꿈의 현실화라고 해서 현실성만이 강조될 수는 없는데, 왜냐하면 6장 말미에 하인리히의 꿈을 통해 다시금 탈현실화되기 때문이다. 결국 6장 전체에도 꿈과 현실의 경계가 해체된, 앞서 언급된 '꿈현실'의 상태가 압도적으로 지배한다. 푸른 꽃(마틸데)과 하인리히의 만남은 세속적 차원에서는 '낭만적 사랑'으로, 철학적 차원에서는 내면과 외면, 무의식과 의식 간의 조화를 추구하는 시인의 성숙 과정으로 해석되는데, 독문학자 볼프강 프뤼발트(W. Frühwald)의 다음과 같은 시각이 자주 언급되는 대표적인 예이다.

> 이 여행으로 하인리히는 시인으로 성숙하게 될 것이며, 최고로 성숙된 시인의 모습은 사랑을 만나게 된다는 것을 뜻한다. 하인리히는 클링조어라는 시인을 아버지로 둔 마틸데라는 이름의 여인을 아욱스부르크에서 만났지만, 이 여인을 그는 이미 꿈에서 선견한 바 있다. 즉 그녀는 바로 푸른 꽃이며 자기 삶의 동경의 꽃이다. 그가 그녀를 꿈꾸었던 것처럼 그는 그녀를 아욱스부르크에서 만난 것이다. 내면과 외면, 꿈과 현실이 이 소설에서는 일치되어 있다."[68]

꿈과 현실, 포에지와 세계, 내면과 외면 등이 하나가 됨을 강조하는 철학적, 사회적 해석보다 더욱 중요한 점은 사실 포에틱한 서술이 끊임없이 순환을 이루는 미학적 측면이다. 앞서 언급한 것처럼 포에틱한 서술은 질적 강화와 로그화, 축소와 확대, 기억과 예감, 예시와 실행, 전진(Progression)과 역행(Regression), 가까움과 멀어짐, 상승과 하강 같은 다

68) Wolfgang Frühwald im Gespräch mit Walter Flemmer, aus: Alpha-Forum-extra: Die Entdeckung der Tiefenperson – Friedrich von Hardenberg (https://www.br.de/fernsehen/ard-alpha/sendungen/alpha-forum/wolfgang-fruehwald-hardenberg- gespraech100~attachment.pdf).

양한 방식의 전도된 순환성을 띤다. 서술의 전도된 순환성 차원에서, 하인리히의 꿈이 향후 마주하는 되는 현실과 연결되듯이, 특정한 '심미적 소도구'도 마찬가지로 부분과 전체를 연결하는 순환적 기능을 수행한다. 대표적인 예는 은둔자가 소유하고 있는 책인데, 그 책은 하인리히를 주인공으로 삼고 있는 『하인리히 폰 오프터딩엔』 자체를 가리킬 수 있다. 요컨대, 소설 내에 언급된 책은 소설 자체를 지시하는 기표, 즉 포에지의 자기준거적인 기표에 다름 아니다.

> 내가 알기로는 이 책은 어느 시인의 놀라운 운명을 다룬 소설이라오. 시 창작이 여러 가지 관계에서 서술되고 칭송되어 있지요. 그런데 이 원고에는 결말부가 빠져 있지요. 이 원고는 내가 예루살렘에서 가져온 것인데, 죽은 친구의 유품 중에 섞여 있던 것을 그 친구를 기억하려는 뜻에서 들고 온 거예요.[69]

그림이 실린 기이한 책과 관련하여 "그런데 이 원고에는 결말부가 빠져 있지요"라고 덧붙이는 은둔자의 언술은 '미래의 책' 혹은 열린 결말의 미완성 소설로서의 『하인리히 폰 오프터딩엔』 자체의 특성을 지시하는 메타포에틱한, 알레고리컬한 언술인바, 수사학적으로 표현하면 아주 작은 부분이 전체를 대변하는 일종의 환유(Metonymie)로 작용하고 있는 셈이다.

서술의 순환성에서 가장 특징적인 점은 과거, 현재, 미래 등의 시간적 구분이 해체되는 미학적 현상이다. 기독교, 근대성, 역사철학 등은 모두 과거, 현재, 미래의 직선적 시간 형태에 바탕을 두고 있다면, 동화와 신화의 경우 과거, 현재, 미래 간의 경계가 해체된 순환성을 이룬다. 이미 언급한 바 있듯이 『하인리히 폰 오프터딩엔』 내에서 시간은 전혀 순

69) Heinrich von Ofterdingen, p. 41(푸른 꽃, 128쪽).

차적으로 진행되는 것이 아니라 과거의 미래화, 현재의 과거화, 미래의 현재화 등 다양한 형태의 순환성을 띠고 있다. 가령 은둔자로부터 여러 이야기를 듣고 난 후 잠시 혼자 있는 상황에서 하인리히는 위에서 언급된 은둔자가 소유한 책들을 우연히 들여다보게 되고, 그 전혀 읽을 수 없는 책에 실린 그림들 중 한 그림에서 자신을 비롯한 부모, 그리고 자신이 '만났던' 혹은 '만나게 될' 모든 인물들의 모습이 그려져 있음을 보게 된다.

> 그는 그것들을 좀 더 유심히 살펴보다가 인물들 중에 자신의 모습이 들어 있음을 알았다. 다시 한 번 살펴보았지만 자신의 모습임에 의심할 여지가 없었다. 곧이어 다른 그림에 동굴과 은둔자와 늙은 광부가 함께 그려져 있는 것을 본 그는 자신의 눈을 의심하지 않을 수 없었다. 점차 그는 또 다른 그림들에서 출리마와 자기 부모, 튀링엔 태수 내외, 친구인 궁정 목사 그리고 그 밖의 많은 지인들을 발견했다. (…) 진지한 태도를 지닌 한 남자가 그가 가는 곳마다 자주 나타났다. 그는 키가 훤칠한 이 인물에게 깊은 존경심을 가졌다. 그와 팔짱을 끼고 있는 자신의 모습이 보기 좋았다.[70]

그림에서 자주 나타나는 한 남자가 아욱스부르크에서 만나게 될 시인 클링조어이라는 점은 나중에 밝혀진다. 이 책 속의 그림 장면은 두 가지 의미를 지닌다. 그 하나는 시간 경계의 해체, 즉 하인리히와 조우하는 과거적, 현재적, 미래적 인물들이 함께 동시적으로 존재하는 현상으로서, 노발리스가 여러 단편에서 자주 언급한 '시간적 차이의 지양'을 뜻한다. "일반적인 현재는 제한을 통해 과거와 미래를 결합시킨다. 근접이 발생하고 경직화에 의한 결정(結晶)이 발생한다. 그러나 해체를 통해 양자를 동일시하는 정신적 현재가 있으며, 이러한 혼합이 바로 창조하

---

70) Heinrich von Ofterdingen, p. 41(푸른 꽃, 127쪽).

는 시인의 특성이자 분위기이다."[71] 보편적, 추상적 차원에서 과거, 현재, 미래가 구조화되고 그와 동시에 비경험적으로 과거와 미래를 현재로 가져오는, 소위 '지나간 미래'(vergangene Zukunft)의 현재화가 근대의 역사철학적 사유방식의 특징이라고 할 경우,[72] 노발리스의 시간관과 의식도 언뜻 과거와 미래, 기억과 예감을 현재에로 불러들인다는 점에서 근대의 역사철학적 사유 방식에 속해 있는 것처럼 보인다.[73] 그러나 자세히 보면 노발리스의 시간관은 동시대의 역사철학적 사유 방식에서 이탈되어 있다. 그 점은, 노발리스 스스로 구분한 "일반적인 현재"와 "정신적 현재" 간의 차이를 통해 알 수 있다. 즉, 노발리스의 경우 과거, 현재, 미래의 도식적 구분이 전혀 존재하지 않는 상태, 일종의 역사철학적 시간화가 해체된 심미적인 포에틱한 상태 - 기억은 과거에, 관조는 현재에, 예감은 미래에 해당된다고 하지만 - 로서의 "순간의 유토피아"[74]가 중시되는데, 위에서 제시된 하인리히가 본 책 속의 그림은 '기억(과거), 관조(현재), 예감(미래)이 하나로 융합되는' 순간의 형상화 장면에 해당된다.

서술의 순환성과 관련하여 마찬가지로 꿈속에서의 푸른 꽃 형상과 현실에서의 마틸데 형상도 서로 맞물려 있는데, 흥미로운 점은 두 형상은 단순히 꽃과 소녀를 가리키는 기호가 아니라 일종의 알레고리컬한 기호로서 '다른 것'(das Andere), 즉 꿈의 특성을 지닌 포에지로서의 『하

---

71) Novalis, Schriften, Bd. II, p. 461.

72) Cf. R. Koselleck, Vergangene Zukunft. Zur Semantik geschichtlicher Zeiten, Frankfurt am Main 1979.

73) Cf. Hans-Joachim Mähl, Die Idee des goldenen Zeitalters im Werk des Novalis, Heidelberg 1965.

74) Karl Heinz Bohrer, Deutsche Romantik und Französische Revolution. Die ästhetische Abbildbarkeit des historischen Ereignisses, in: ders., Das absolute Präsenz. Die Semantik ästhetischer Zeit, Frankfurt a.M. 1994(칼 하인츠 보러, 절대적 현존, 최문규 역, 문학동네, 1998, 7~43쪽 참조).

인리히 폰 오프터딩엔』 자체를 지시한다는 것이다. 포에지, 즉 푸른 꽃과 마틸데, 꿈과 현실을 결합하는 소설 자체는 바로 노발리스가 강조한 낭만주의의 시학적 방식, 즉 신비로운 것과 일상적인 것, 놀라운 것과 관습적인 것을 결합하는 '낭만화 방식'에 의한 결과물인 셈이다. 그러한 낭만화 방식은 소설 전체에서 작동하고 있는데, 가령 꿈으로 처리된 1장에서의 푸른 꽃과의 만남 장면과 6장 말미에서의 마틸데와의 이별 장면 등에서 각별히 강조되고 있다.

> 그는 아침나절이 되어서야 잠이 들었다. 그의 마음속의 생각들이 신기한 꿈속으로 섞여 들어갔다. 깊고 푸른 강줄기가 파란 평원에서 반짝였다. 매끄러운 수면 위에는 조각배가 하나 떠가고 있었다. 배에는 마틸데가 앉아서 노를 젓고 있었다. (…) 갑자기 조각배가 제자리에서 빙빙 돌기 시작했다. 그는 걱정이 되어 그녀를 향해 소리쳤다. 그녀는 미소를 지으며 노를 배 안에 들여 놓았다. 조각배는 계속해서 빙빙 돌았다. 엄청난 두려움이 그를 덮쳤다. 그는 강물 속으로 뛰어 들었다. 그러나 앞으로 나아갈 수가 없었다. 물결이 그를 실어 날랐다. 그녀는 손짓을 보냈다. (…) 갑자기 소용돌이가 그녀를 삼켜버렸다.[75]

할아버지 집에 도착한 후에 벌어진 저녁 잔치는 축제처럼 밤새도록 진행되었고 일상이 시작되는 "아침나절"(spät gegen Morgen)에야 비로소 하인리히가 잠에 들고 흔히 깨어난 상태에서 행하는 생각들조차도 잠속으로 함께 들어갔다는 화자의 서술은 잠과 깨어남, 꿈과 현실의 경계를 전복시키고 있다. 그리고 소설 1부 첫 장에서 서술된 푸른 꽃을 만나는 하인리히의 첫 번째 꿈의 장면이 후에 아욱스부르크에서 마틸데를 만나는 장면을 암시하는 예언적 성격을 지닌다면, 여기서 마틸데가 강물 속으로 사라지는 꿈의 장면도 소설 2부에서 암시된 '마틸데의 죽음'을 마

75) Heinrich von Ofterdingen, p. 49(푸른 꽃, 150쪽).

찬가지로 예언하고 있는 셈이다. 물에 대한 꿈의 반복적 구조화가 눈에 띄는데, 즉 1장에서 물을 매개로 푸른 꽃이 발견되듯이, 여기서도 마틸데와의 이별은 물을 매개로 서술된다. 앞서 언급했듯이, 물은 생명의 잉태나 에로틱한 융합 같은 생성적 의미뿐만 아니라 동시에 생명을 앗아가는 소멸적 의미를 지닌다. 다음 장에서 자세히 언급되겠지만, 마틸데가 포에지에 대한 알레고리로 파악될 경우, 마틸데와의 결혼과 죽음이 지시하는 의미는 무엇보다도 「밤의 찬가」처럼 포에지의 생성과 소멸, 창조와 파괴를 뜻한다. 물론 하인리히, 클링조어, 상인들, 광부, 은둔자 등 남성들만이 시인의 경향을 지닌 이들로서 제시되고 특히 하인리히가 마틸데를 숭배하면서 그녀의 죽음을 숭고하게 받아들이는 문학적 형상화 방식은 여성에게 '세계를 구원하고 신적인 것을 매개하는' 역할을 부여하는 전형적인 형이상학적, 남성중심주의적 시각이라고 비판될 수 있기는 하다.[76] 그러나 이데올로기비판적 해석보다 중요한 측면은 꿈현실의 포에틱한 서술인데, 가령 조각배가 가라앉음으로써 마틸데가 갑작스럽게 사라지지만 이내 그 끔직한 순간이 사라지고 하인리히가 다시 마틸데를 만나게 되는 환상적 순간의 서술이다.

> 강물 위로는 부드러운 바람이 스쳤다. 강물은 예전과 다름없이 조용히 반짝이며 흘렀다. 끔찍한 공포심이 그의 의식을 빼앗아가 버렸다. 심장도 더 이상 뛰지 않았다. 땅바닥이 말라 있다는 것을 느끼고서야 그는

76) Martina Steinig, "Wo man singt, da lass' dich ruhig nieder…": Lied- und Gedichteinlagen im Roman der Romantik, p. 254:"사랑하는 여인이 죽은 후에 비로소 하인리히는 자신의 첫 번째 노래를 부른다. 남자 주인공의 시적 기질이 발현되고 세계를 구원해내기 위하여 마틸데의 죽음은 필연적이다. 에우리디케처럼 죽은 여성들이 피안으로 안내하는 길잡이인 셈인데, '죽은 뮤즈만이 선한 뮤즈다'(Nur eine tote Muse ist eine gute Muse)라는 저 어두운 격언처럼 말이다." 이처럼 여성의 죽음을 숭고하게 형상화한 문학작품 및 회화작품을 비판적으로 분석한 연구로는 다음을 참고할 것(Elisabeth Bronfen, Nur über ihre Leiche: Tod, Weiblichkeit und Ästhetik, München 1994(eng. Over Her Dead Body. Death, Femininity and the Aesthetic. 1992).

정신이 돌아왔다. 그는 먼 거리를 헤엄쳐 온 것 같았다. 그곳은 낯선 고장이었다. 무슨 일이 일어난 건지 도무지 알 수가 없었다. 그의 의식은 사라지고 없었다. 아무 생각 없이 그는 뭍으로 올라갔다. 몸이 굉장히 무겁게 느껴졌다. 언덕바지에 조그만 샘물이 하나 솟았다. 그 소리는 종소리처럼 울렸다. 그는 손바닥으로 물을 떠서 바싹 마른 입술을 축였다. 그는 악몽처럼 끔찍한 경험을 한 터였다. 그는 계속해서 걸어갔다. 꽃과 나무들이 그에게 말을 걸어왔다. 그는 안락하고 편안함 감정을 느끼기 시작했다. 그때 예의 그 소박한 노랫소리가 다시 들려왔다. 그는 소리가 나는 곳으로 달려갔다. 갑자기 누군가가 그의 코트를 잡아 당겼다. "사랑하는 하인리히." 낯익은 목소리가 소리쳤다. 그는 뒤를 돌아보았다. 마틸데가 그를 두 팔로 끌어안았다.77)

이 장면도 당연히 꿈속에서 일어난 것이다. 꿈속에서 여러 순간들이 인과성 없이 서로 결합되는 것처럼, 여기서도 마틸데를 잃게 되는 "악몽처럼 끔찍한 경험"에 뒤이어 마틸데를 예기치 않게 다시 만나는 '꿈현실'의 순간이 그려져 있다. 1장에서 푸른 꽃을 마주하는 순간의 장면이 꿈과 현실이 서로 구분되지 않는 상태로 그려지듯이, 마틸데의 사라짐과 조우 장면은 '꿈속에서의 현실처럼' 그려진다. 꿈과 현실 간의 경계가 순간적으로 해체된 '꿈같은 현실', '현실 같은 꿈', '꿈현실' 등의 상태가 심미적으로 현현되고 있는 것이다. 1장에서 어머니가 그랬듯이 여기서도 할아버지의 부르는 소리에 의해 하인리히의 '꿈현실'이 깨어지는 듯하지만, 흥미로운 점은 그 '꿈현실'의 심미적 여운과 언어의 불가해성은 계속 지속하는 듯이 서술되고 있다는 것이다.

그녀는 그의 입에다 대고 뭔가 놀랍고 신비스러운 말(ein wunderbares geheimes Wort)을 했다. 그 말은 그의 몸과 마음 속속들이 메아리쳤다.

---

77) Heinrich von Ofterdingen, p. 49(푸른 꽃, 151쪽).

> 그가 그 말을 반복해 보려는 순간 할아버지가 부르는 소리에 그는 잠에서 깨어났다. 그는 목숨을 내놓은 한이 있더라도 그 말이 무엇인지 알고 싶었다.[78)]

'꿈현실'의 상태가 사라지고 일상적 시간(할아버지의 부름 소리)이 개입하여 꿈과 현실이 구분되는 듯이 보이지만, 자세히 읽을 경우 '꿈현실'을 대변하는 "놀랍고 신비스러운 말"이 일상을 압도하고 있는 것이다. 하인리히가 "그 말이 무엇인지 알고 싶었다"는 서술은 꿈현실로부터 벗어나 있지 못한 그의 상태를 우회적으로 암시한다.

4. 포에지 내에서의 시인의 해체

마틸데와 하인리히의 만남, 소위 남녀의 낭만적 사랑에 정향된 해석은 소설의 내용 자체에 기반을 둔다. 그리고 그 낭만적 사랑에는 철학적인 의미가 부여될 수 있는데, 가령 앞서 언급한 바 있듯이 피히테 철학과의 관련성이다. 1장의 꿈에서 푸른 꽃이 하인리히에게 접근하여 나누려 하는 사랑의 "입맞춤"이라는 시적 언어는 종종 자아와 비아 간의 종합 내지는 합일의 의미로 해석되곤 한다.

> 피히테의 제자 노발리스에게 진리는 언제나 절대적인 것, 즉 주체와 객체의 분리를 지양하는 전체적인 것이다. 그는 언제나 전체성(Ganzheit)의 경험을 중시한다. 푸른 꽃은 나와 너를 결합하는 사랑의 행위에 대한 상징일 뿐만 아니라 주체와 객체가 철학적으로 하나가 됨을 뜻한다. 노발리스는 입맞춤의 형상을 분리된 것들의 융합에 대한 상징, 특히 자아와 비아, 나와 너 간의 이분법을 해체하는 것에 대한 상징으로 사용하고

78) Heinrich von Ofterdingen, p. 49(푸른 꽃, 152쪽).

> 있다. 그런 점에서 입맞춤은 – 피히테 철학과 관련하여 – 자아와 비아, 주체와 객체가 하나가 되는 절대적인 자아를 대변하며, 그 결과 철학의 원칙을 대변한다."[79]

이러한 해석은 틀린 것이 아니다. 그것은 노발리스 스스로 '세계의 근원' 혹은 '철학의 원칙'을 "입맞춤"이라고 표현한 바 있으며 그 "입맞춤"은 세계와 나의 관계를 절대적 자아에서 파악한 피히테 철학과 연관되기 때문이다.[80] 그러나 자아와 비아, 주체와 객체 간의 통일을 절대적인 자아 내에서 찾으려 했던 피히테의 철학적 관점을 노발리스가 무조건 수용한 것은 아니라는 해석을 최근 많은 연구자들이 제시하고 있듯이,[81] '낭만적 사랑의 시학'에 피히테의 철학적 사유를 무비판적으로 그대로 적용해왔던 견해 또한 수정될 필요가 있다.

낭만적 사랑에 대한 추구, 즉 절대적 자아 내에서의 주객체의 통일성, 나와 너의 합일 등을 강조하는 기존 해석에서 벗어나려는 시도는 무엇보다도 포에지 자체의 절대성에 대한 인식 및 관점과 밀접한 관련을 맺는다. 이를 위해서는 푸른 꽃을 비롯한 여러 여성 인물들(아틀란티스 전설에서의 공주, 동방 여인 출리마, 파벨, 취아네, 마틸데 등)을 단순히 내용과 소재 선상에서만 읽는 방식을 넘어서 그 모든 이름들을 다름 아닌 포에지 자체의 다양한 알레고리컬한 기표로 읽을 필요가 있는데, 이에 대해서는 다음과 같은 최근의 해석이 그 단초를 제공한다.

---

79) Franziska Struzek-Krähenbühl, Farbe der Unendlichkeit. Zur Farbensymbolik der blauen Blumen von Novalis, aus:http://www.symbolforschung.ch/files/pdf/Novalis_Blaue_Blume.pdf, p. 3.

80) Cf. Novalis, Schriften, Bd. II, p. 541.

81) Silvio Vietta, Frühromantik und Aufklärung, in: ders.(Hg.), Die literarische Frühromantik, Göttingen 1983, pp. 7-84; Manfred Frank, „Intellektuale Anschauung". Drei Stellungnahmen zu einem Deutungsversuch von Selbstbewußtsein: Kant, Fichte, Hölderlin, Novalis, in: E. Behler/J. Hörisch, Die Aktualität der Frühromantik, Paderborn u.a., 1987, pp. 96-126.

자연의 기호 체계로서의 포에지를 연출하기 위해 낭만주의 작가들은 꽃과 식물 은유법을 사용하고 있다. 그래서 『하인리히 폰 오프터딩엔』에서 푸른 꽃을 찾아 나서는 행위는 마틸데라는 이상적인 파트너를 찾아 나선 것으로 드러나고, 마틸데의 얼굴은 꽃으로 나타나고 있다. 마틸데는 그 자체로 포에지의 알레고리인데, 즉 푸른 꽃은 필연적으로 포에지의 재현으로 해석될 수 있다.[82)]

『하인리히 폰 오프터딩엔』은 표면적으로 하인리히의 내면에 잠재해 있는 시인의 성향이 점차적으로 구체화되는 소설로 해석되는데, 가령 상인들은 처음부터 하인리히가 "시인이 될 소질"[83)]을 갖고 있음을 보았고 서술자 또한 그가 "태생적으로 시인이 될 운명"[84)]임을 강조하기도 한다. 그와 같은 시인의 성향을 지닌 젊은이는 여행 중 포에지에 대한 다양한 견해와 시각을 접하게 되며, 이러한 과정을 서술하는 데 있어서 포에지의 특성과 관련된 다양한 기표들(가령 "노래", "마법", "내밀한 영혼", "신성한 불꽃", "사제", "메아리", "거울", "축제")이 사용되고 있다. 가령 시인과 예술의 특성을 제시하는 몇몇 대목에는 그 점이 잘 드러나고 있다.

빛과 색채와 그림자의 절묘한 안배가 우리 눈에 보이는 숨겨진 아름다운 모습을 드러내 보여주고 또 이때 새롭고 드높은 안목이 열리는 것이 사실이라면…[85)]

이 예술은 손이나 도구를 사용하지도 않는다네. 눈이나 귀로는 이 예술

82) Martina Steinig, "Wo man singt, da lass' dich ruhig nieder…": Lied- und Gedichteinlagen im Roman der Romantik, p. 140 & p. 248.

83) Heinrich von Ofterdingen, p. 10(푸른 꽃, 34쪽).

84) Heinrich von Ofterdingen, p. 43푸른 꽃, 132쪽).

85) Heinrich von Ofterdingen, p. 7(푸른 꽃, 27쪽).

을 감지할 수 없지. (…) 시인은 우리 마음속의 성전을 새롭고 놀라우며 즐거운 생각으로 가득 채워준다네. 시인은 자기가 원하는 대로 우리 마음속에 그처럼 신비스러운 힘을 불러일으키는 방법을 알고 있지. (…) 시인이 쓰는 말은 마적인 힘을 발휘한다네. 시인은 심지어 일상에서 쓰는 평범한 말조차도 매혹적으로 들리게 만들어서 듣는 사람의 마음을 마법처럼 사로잡아 버린다네.[86]

그들은 또한 다른 한편으로 예언자이며 성직자요 입법자요 의사였다고 하네. 마적인 예술을 통해 그들은 하늘에 있는 초월적인 존재를 땅으로 불러들였고…[87]

그의 노래에는 낯설고 놀라운 빛이 서려 있었지. 그의 노래는 세상의 근원에 대해, 별과 식물, 짐승 그리고 인간의 생성에 대해, 자연의 전지전능한 교감에 대해, 아주 먼 옛날의 황금시대와 그 시대를 다스렸던 사랑과 시문학에 대해, 증오와 야만의 등장에 대해, 이것들과 자비로운 여신들과의 싸움에 대해, 그리고 다가올 미래에 이 여신들이 궁극적으로 승리하는 것에 대해, 슬픔의 종말과 자연의 소생 그리고 영원한 황금시대의 회귀에 대해 읊조렸다네.[88]

역사 서술가는 또한 반드시 시인들이어야 한다는 생각이 듭니다. 왜냐하면 시인들만이 여러 가지 사건들을 능수능란하게 엮어내는 재주를 갖고 있기 때문입니다. (…) 그들(시인들)은 내게 인생과 세계를 훨씬 더 분명하고 생생하게 만들어 주었습니다. 내가 보기에 그들은 구석구석까지 미치는 빛의 정령들과 친구인 것 같아요. 그들 빛의 정령들은 모든 자연의 본질 속으로 스며들어 서로를 떼어놓고 그 위에 제각각 살짝 색깔이 물든 베일을 드리워놓지요. 그들의 노래를 듣고 있노라면 내 자신의 본질이 살포시 펼쳐지는 것을 느낍니다. 그러면 나의 본질은 더욱 자

86) Heinrich von Ofterdingen, p. 10(푸른 꽃, 37쪽).

87) Heinrich von Ofterdingen, p. 11(푸른 꽃, 39쪽).

88) Heinrich von Ofterdingen, pp. 18~19(푸른 꽃, 62~63쪽).

유롭게 움직이면서 자신의 열망과 자신이 좋아하는 것을 만끽하고 은근한 쾌감을 느끼며 자신의 사지를 날렵하게 움직여 온갖 즐거운 효과를 불러옵니다.[89)]

포에지와 낭만주의에 관한 선지식을 지닌 독자들은 위에서 제시된 언술이 - 물론 개개 언술 자체로는 충분하지 않지만 - 전체적으로 보면 마법, 변형, 다양성, 생동감, 혼돈, 자극, 쾌감, 효과 등을 중시하는 낭만적 포에지와 관련되어 있음을 쉽게 감지할 수 있다. 또한 하인리히의 예술가적 성향의 발현(즉 낭만적 포에지를 향한 과정)이 때론 "경험의 길"을, 때론 "직관의 길"[90)]을 걸어가면서 점진적으로 펼쳐진다고 서술되기도 한다. 그런 다양한 경험 과정에서 시인이 마주하게 되는 궁극적인 낭만적 포에지는 바로 마틸데인데, 그녀가 '낭만적 포에지라는 추상적 개념의 감각적인 형상(의인화 내지는 알레고리컬한 기호)이라는 점은 다음과 같은 하인리히의 서술에서 쉽게 포착할 수 있다.

오! 그녀는 인간의 몸을 하고 나타난 노래의 정신이야. (…) 그녀는 나를 녹여서 노래로 만들어 놓을 거야. 그녀는 나의 가장 내밀한 영혼이요 나의 신성한 불꽃을 지켜주는 여사제가 될 거야. 내 가슴속에선 영원한 충절의 감정이 느껴져. 나는 오로지 그녀만을 사모하고, 영원히 그녀에게 봉사하고, 그녀를 생각하고 사모하려면 분할되지 않은 특별한 존재가 되어야 하지 않는가? 나는 그녀의 메아리요 거울이 될 만한 본질을 지닌 행복한 사람인가? 내가 그녀를 내 여행의 막바지에 보았다는 것과, 유쾌한 파티가 내 인생의 최고의 순간을 감쌌다는 것은 결코 우연이 아니야. 달리 될 수가 없었어. 그녀가 있는 자리면 모든 것이 축제처럼 되는 게 아닌가?[91)]

---

89) Heinrich von Ofterdingen, p. 38(푸른 꽃, 118~119쪽).

90) Heinrich von Ofterdingen, p. 9(푸른 꽃, 34쪽).

91) Heinrich von Ofterdingen, p. 49(푸른 꽃, 149쪽).

"노래의 정신", "내밀한 영혼", "불꽃", "메아리", "거울", "축제" 등은 모두 시적 정신의 발현으로서의 포에지를 가리키고 있음은 18~19세기의 예술적 담론을 통해 쉽게 입증될 수 있다. 따라서 푸른 꽃과 마틸데가 단순한 식물, 아름다운 여성이 아니라 내적이고도 비의적인 포에지에 대한 알레고리컬한 기호임은 자명하다.

그런데 시인과 포에지의 관계를 좀 더 명확히 파악해 볼 필요가 있다. 양자의 관계를 논하는 데서 흔히 엿볼 수 있는 시각은 주관주의적 관념론과 낭만주의를 결합하는 식인데, 이 경우 시인은 타자(자연, 포에지, 세계, 삶 등)를 지배하고 소유하는 절대자로 간주된다. 물론 노발리스의 여러 단편이나 위에서 인용한 몇몇 대목을 보면 시인을 절대화하는 언술이 도처에서 발견되기도 한다. 가령 위에서 인용된 "그들은 또한 다른 한편으로 예언자이며 성직자요 입법자요 의사였다고 하네. 마적인 예술을 통해 그들은 하늘에 있는 초월적인 존재를 땅으로 불러들였고…" 라는 상인의 언술은 삶과 세계의 비밀을 열어주는 자로서 시인을 절대시하고 있는데, 이는 예술가에 대한 일반인들의 시각일 뿐이다. 이와 같은 절대적 주체로서의 예술가에 대한 강조는 "사유의 사유"라는 성찰적 도식을 절대적 자아와 연결시킨 피히테에 근거를 두고 있는바, 초기낭만주의가 그와 같은 피히테의 선험철학에 대한 연구 및 그것의 영향권 내에 놓여 있음은 부인할 수 없다. 가령 "선험적 포에지는 철학과 포에지로 혼합되어 있다"[92]고 언급되거나 "철학은 보편적인 것을 사유하고 포에지는 특별한 것을 창작한다"[93]고 규정한 단편이 있으며, 또한 철학(사유)과 예술(창작)을 동일한 관계 내지는 상호보완의 관계를 중시하는 차원에서 초기낭만주의가 '포에틱한 철학'(poetische Philosophie)을 추구한 것처럼 보이기도 한다. 더욱이 피히테의 선험철학에 대해 노발리스

92) Novalis, Schriften, Bd. II, p. 325.
93) Ibid., p. 102.

는 그의 철학을 "사유생산과정 혹은 조직과정"(Denkerzeugungsprozeß oder Organisationsprozeß)[94] 이라고 명명하였다. 이러한 철학적 사유생산과정의 목적은 "절대적인 근거"를 찾고자 하는 데 있으며, 그 절대적인 근거 찾기는 다음과 같이 규정되고 있다.

> 내가 철학을 함으로써 나는 무엇을 하는가? 나는 어떤 근거에 대해 숙고하는데, 근거의 사유에 대한 추구가 철학하기의 기초를 이룬다. 그러나 근거란 본래 의미에서의 원인이 아니라 내적인 상태인 바 - 전체와의 연관성을 말한다. 모든 철학하기는 어떤 절대적인 근거에서 끝나야만 한다."[95]

"절대적인 근거"는 곧 절대적인 자아를 말하며, 칸트와 피히테로 대변되는 철학은 그와 같은 근거로서 의식주체 내지는 절대적 자아를 강조했다. 피히테 연구에서 노발리스가 잘 정리하고 있듯이, 피히테는 간접적으로 매개된 좁은 의미에서 "성찰의 자아"와 "감정의 자아"를 분리하지만 절대적 자아의 근원행위(Urhandlung)에서는 그 성찰과 감정이 결합된다고 보았다.[96] 이때 그 결합은 감정이 성찰의 매개 안에서 대상(비아)으로 인식될 때만 가능한 것인바, 결국 절대적 자아의 성찰이 모든 것의 근원이 되는 셈이다. "감정은 스스로를 느낄 수 없다. (…) 감정은 성찰 속에서만 관찰될 수 있다. - 감정의 정신은 저기 바깥에 있다."[97]

---

94) Novalis, Schriften, Bd, III, p. 477.

95) Novalis, Schriften, Bd. II, p. 269.

96) "Die Urhandlung verknüpft die Reflexion mit dem Gefühle. Ihre Form gleichsam gehört der Reflexion, ihr Stoff dem Gefühle. Ihr Geschehn ist im Gefühl – ihre Art in der Reflexion. Die reine Form des Gefühls ist darzustellen nicht möglich."(Novalis, Schriften, Bd. II, p. 116) "Das Ich der Reflexion (…) ist also Subject – und das Ich des Gefühls Object. Ist jenes Ich, so ist dieses Nichtich. Reflexion wird hier, was Gefühl ist – Gefühl, was Reflexion ist – sie tauschen ihre Rollen."(Novalis, Schriften, Bd. II, p. 127).

97) Novalis, Schriften, Bd. II, p. 114.

그러나 초기낭만주의가 피히테 연구와 관련하여 철학을 규정하고 철학적 근거 찾기를 논했다고 해서 포에지를 선험철학을 입증하는 수단으로 간주하였다고 본다면 이는 타당한 시각이 아니다. "선험적 포에지"라는 개념이 암시하듯이 초기낭만주의는 포에지를 규정하고 포에틱한 근거 찾기를 우선적으로 목적으로 삼았으며, 그런 점에서 사유와 창작은 동일성을 이루는 것이 아니라 포에지의 측면에서 보면 그 관계의 핵심과 본질은 다름 아닌 '창작'(Dichten)에 있다. 즉, 낭만주의는 철저히 '포에티시즘'(Poëticism)을 절대적인 근거로 삼았던 것이다. 요컨대, 피히테 연구는 단지 '연구'일 뿐 초기낭만주의의 궁극적인 관심사는 인식론적, 존재론적 철학보다는 예술, 포에지 자체에 놓여 있으며, 그렇기에 자아와 성찰 등도 그 어떤 실체, 본질, 근거를 갖기보다는 오히려 "기교적, 인위적, 예술적"(artistisch) 현상으로 간주되었다.

> 자아는 자연물이 아니다 - 그 어떤 자연이 아니며 - 그 어떤 역사적인 실체가 아니라 - 하나의 예술물이다 - 하나의 예술이며 - 하나의 예술작품이다.[98]

> 우리가 피히테식의 철학하기를 예술적으로 행하기 시작할 경우 놀라운 예술작품이 생성할 수 있다.[99]

"예술물"로서의 자아, "피히테식의 철학하기를 예술적으로"라고 명명하는 순간 그것은 더 이상 '진지한' 철학하기를 요청하고 있기보다는 '흥미롭고, 마술적인 예술' 내지는 상상과 놀라움을 통해 "심정을 흥분시키는 예술"(Gemütserregungskunst)을 요청하고 있는 것이다. 즉, 현실과 꿈,

98) Novalis, Schriften, Bd. III, p. 253.

99) Ibid., p. 310.

의식과 무의식 사이에서 부유하는 분열된 자아를 예술적으로 형상화하는, 글자 그대로 "놀라운 예술작품"이 발생하는 것이다.

다시 한 번 강조하자면, 성찰적 도식을 형식적 근원으로 삼는 절대적 자아의 피히테 철학이 초기낭만주의 예술론의 핵심을 이루지 않는다. 특히 시인과 포에지의 관계를 일반적으로 파악하는 관점에서 벗어나 완전히 다르게 접근해 볼 필요가 있는데, 그것은 시인과 포에지의 관계에서 절대성의 방점을 다름 아닌 포에지(예술) 자체에 놓는 관점이다. 이는 새로운 관점이 아니라 사실, 이미 오래 전에 제시된 '낭만주의 예술론의 핵심은 예술 자체의 절대성에 있다'는 벤야민의 관점이기도 하다.

> 초기낭만주의의 의미에서 성찰의 중심은 자아가 아니라 예술이다. 슐레겔이 강연에서 절대적 자아의 체계라고 제시했던 저 체계의 근본 규정이 초기 사유의 과정에서는 그 대상을 예술에서 취하고 있었다. 그러나 이제 변화되어 사유된 절대적인 것에서는 다른 성찰이 작용하고 있다. 낭만적 예술관은 사유의 사유에서 그 어떤 자아의 의식이 이해된 것이 아니라는 점에 기초하고 있다. 자아로부터 자유로운 성찰은 예술의 절대성 내에서의 성찰이다. (…) 성찰의 도식은 자아의 개념에서가 아니라 사유의 사유에서 명료해지는데, 그것은 슐레겔의 시대적 관심사에서 자아의 개념이 그 어떤 역할을 하지 않기 때문이다. 반면에 모든 성찰의 근원적 도식인 사유의 사유는 슐레겔의 비평 구상에도 근원적으로 놓여 있다. 피히테는 사유의 사유를 단호하게 형식으로 규정한 바 있고, 그는 스스로 그 형식을 세계의 지적 개념에 대한 근원적 세포인 자아로서 해석한 바 있다. 낭만주의자인 슐레겔은 그 형식을 미학적 형식으로서, 즉 예술 이념의 근원적 세포로서 해석한 것이다.[100]

이처럼 예술의 절대성을 주장한 초기낭만주의 시학을 정확히 꿰뚫고 있는 벤야민의 시각에 의하면, 설혹 성찰적 도식이 수용될지라도 그것

100) W. Benjamin, Gesammelte Schriften, Bd. I, p. 40.

은 "예술의 절대성 내에서의 성찰"을 뜻한다. 그에 따르면, 낭만주의 예술에서는 "절대성의 예술"(Kunst im Absolutum), "예술이념의 절대성"(Absolutum einer Kunstidee)이 핵심이며, 이러한 "절대성의 예술"을 향해 나아가는 과정에서 예술가와 그가 생산한 예술작품은 모두 성찰적 매개만을 수행할 뿐이다. 이러한 관점이 가능한 까닭은 초기낭만주의가 예술을 동시대 철학(선험적 관념론)의 시녀 내지는 동반자가 결코 아니라 오히려 철학으로부터 해방시켰기 때문이다.

또 한 가지 더욱 흥미로운 점은, 노발리스는 칸트, 피히테에서 강조된 동일성 철학 자체에 대해서도 매우 회의적이었다는 것이며, 그 점은 다음과 같은 단편을 통해 입증된다.

> 자아가 스스로를 규정함으로써 자아가 존재하는 것이 아니라 자아가 자신을 지양함으로써 자아가 존재한다.101)

> 동일성이란 종속된 개념이다. - 규정되어 있음은 동일하게 존재할 수가 없다. - 그것은 모든 것이거나 아무 것도 아니다."102)

자아의 규정이 자아의 존재가 아니라 자아의 부정(타자의 근원적 인정)이 곧 자아의 존재라는 역설이 제시되고 있으며, 이는 동일성의 규정 자체를 거부하는 것과도 같다. '사유의 사유'라는 성찰 속에서 변하지 않은 채 항상 동일하게 머물러 있는 절대적 자아에 대해 노발리스가 회의적이었던 까닭은, 성찰적 자기준거가 일종의 현혹(기만 내지는 은폐)의 연관성(Verblendungszusammenhang)을 야기할 수 있다고 보았

---

101) Novalis, Schriften, Bd. II, p. 196:"Ich bin nicht, insofern ich mich setze, sondern insofern ich mich aufhebe."

102) Ibid., p. 114:"Die Identität ist ein subalterner Begriff – das Gesetztseyn überhaupt kann nicht identisch sein – Es ist alles oder eigentlich nichts."

기 때문이었다.[103] 즉, 성찰이 동일성(정체성)을 간직할 수 없는(혹은 간직하지 못한) 불안한 자아를 은폐하고 있는 것이다.

요컨대, '근원적 자아'(das Ur-Ich)의 절대성을 요청한 피히테 식의 철학하기를 예술에 적용할 경우 자칫 절대적 자아로서의 예술가만을 중시하는 관점이 싹틀 수 있는데, 초기낭만주의의 예술론에서는 그와 같은 피히테 식의 절대적 자아의 인식론이 결코 핵심이 아니다. 한 마디로 말하면, '아름다운 것은 진실한 것이 아니다'(das Schöne ist nicht das Wahre)는 비동일성의 관계, 즉 창작하기와 사유하기, 예술과 철학 간의 근본적인 상이함이 초기낭만주의의 자율적 미학의 핵심이 되며, 이러한 낭만주의의 예술관에서는 절대적 자아로서 예술가를 강조하는 관념론적 시각이 더 이상 통용되지 않는다. 주체로서의 시인(예술가)이 포에지를 자신의 대상으로 관장하는 것이 아니라 "절대성의 예술"을 위해 매개적인 역할을 수행하는 가운데 종국에 시인까지도 포에지 내에서 해체되기 때문이다. 가령 『하인리히 폰 오프터딩엔』의 경우 시인이 포에지 내에서 해체되어 있다는 점은, 5장에서 동굴 속 은둔자가 가진 책들 가운데 하나의 책을 발견하는 장면을 통해 암시되어 있다. "한 글자도 이해하지 못했지만" 그 책에 담긴 그림들 중에서 하인리히는 "인물들 중에 자신의 모습이 들어 있는"[104] 그림을 발견한다. 결코 이해할 수 없는 글자로 씌어진 책은 상형문자나 산스크리트어로 씌어진 책을 가리키지만, 실은 '인식과 이해와 관계없는 책'은 넓은 의미에서 난해하고 비의적인 포에지를 말한다. 이러한 비의적인 책(포에지)과 관계하여 다양한 매개물, 가령 광산 및 동굴과 그곳에 거주하는 광부, 은둔자 같은 공간적, 인간적 매개물은 각별한 의미를 지닌다. 광산과 동굴 같은 공간/꿈의 지형학

103) Hans Feger, Poetische Vernunft: Moral und Ästhetik im Deutschen Idealismus, Stuttgart/Weimar 2007, pp. 301-312, esp. pp. 308-309.

104) Heinrich von Ofterdingen, p. 41(푸른 꽃, 126-127쪽).

적 토포스에는 대체로 현재적 시간이 정지되고 과거적 시간만이 축적된 상태, 신비스런 내면과 역사성 등을 옹호하는 문화보수적이고 퇴행적인 의미가 부여되곤 하는데, 이 또한 여전히 낭만주의에 대한 잘못된 이해와 관련된다. 오히려 광산과 동굴 같은 지형학적 토포스는 과거, 현재, 미래의 시간이 동시적으로 작동하거나 상호 이질적이고 대립적인 요소들이 서로 연결된 꿈의 특성을 지닌, 비현실적인 공간으로서의 '헤테로피아'(Heteropia, 混在鄕) 같은 의미를 지니며, 이러한 꿈같은, 비현실적인 공간은 나아가 은폐(Verbergung)와 탈은폐(Entbergung) 사이에서 움직이는 예술 혹은 글의 특성을 암시하고 있는 것이다.[105] 요컨대, 광산과 동굴 같은 지형학적 토포스는 꿈같은 포에지의 특성을 지시하는 알레고리에 다름 아니다. '포에틱한 세계'로서의 동굴, 즉 '글의 공간'이면서 '글의 꿈'이 동시에 결합된 "Schrift(t)räume"라는 독일어 조합과 관련해서는 벤야민 연구자인 슈타이너(U. Steiner)의 다음과 같은 해석이 도움을 준다.

> 『하인리히 폰 오프터딩엔』의 5장은 글의 건축적 특성인 '시간의 공간화'를 신격화하는 고전적 장소이다. 광산은 영혼의 건축물인바, 왜냐하면 정신적 시간을 구성하고 공간화하는 매개물로서의 책이 그곳에서는 엠블렘의 구체적 방식으로 드러나 있기 때문이다.[106]

동굴에서 발견된 책, 나아가 책들의 총체적 개념인 포에지의 절대성은 향후 전개될 『하인리히 폰 오프터딩엔』 자체의 구조를 투영해 줄 뿐만 아니라 광의의 차원에서 시인이 포에지를 지배하는 절대자가 될 수

---

105) Cf. M. Foucault, Andere Räume, in: Karlheinz Barck u.a. (Hg.), Aisthesis. Wahrnehmung heute oder Perspektiven einer anderen Ästhetik, Leipzig 1992, pp. 34-46.

106) Uwe C. Steiner, Die Verzeitlichung romantischer Schrift(t)räume – Tiecks Einspruch gegen Novalis, in: Athenäum 4, 1994, pp. 311-347, esp. p. 329.

없음을 암시해 준다. "그는 다만 이 책을 읽어서 완전히 자기 것으로 만들 수 있으면 얼마나 좋을까 하고 생각할 따름이었다"[107]라는 실현 불가능한 소망의 구절은 실제로는 시인에 의한 포에지의 점유 불가능성을 말해주고 있으며, 마찬가지로 마틸데에 대해 하인리히(즉 예술가, 시인)가 "나의 가장 내밀한 영혼", "나의 신성한 불꽃을 지켜주는 여사제", "내 가슴속에선 영원한 충절의 감정", "그녀의 메아리"라고 다양하게 명명하는 행위도 절대적 자아로서의 시인보다는 포에지의 절대성을 암시하는 중요한 간접증거로 작용한다. 그리고 이미 언급했던 6장의 마지막 장면, 즉 마틸데의 죽음과 조우에 대해 꿈을 꾸는 하인리히를 두고서 "그녀는 그의 입에다 대고 뭔가 놀랍고 신비스러운 말을 했다. 그 말은 하인리히의 몸과 마음 속속들이 메아리쳤다"[108]라는 서술자의 대목도 신비로운, 자기준거적인 언어를 취하는 포에지의 절대성을 암시하며,[109] 이때 시인은 단지 포에지의 자기전개를 위한 매개적 역할만을 수행하고 있음을 내포하고 있다. 요컨대, 『하인리히 폰 오프터딩엔』의 핵심은 예술가로서의 하인리히의 내적 성숙 및 교양, 시인의 자기완성 등에 있는 것이 아니라 '마틸데'라는 알레고리컬한 기호로 표현된 예술 자체의 절대성 이념 자체에 있다. 『사유이미지』에서 "완성 후"(Nach der Vollendung)라는 제목의 단편에서 벤야민은 위대한 작품들의 생성을 탄생의 이미지로 설명한 바 있다. 즉, "여성적인 것"으로서의 천부적인 시적 정신 및 위대한 작품과, "남성적인 것"으로서의 예술가(작가) 간의 관계와 관련하여, 벤야민에 따르면 여성적인 시적 정신이 "작품의 완성"을 낳게 되고 그 완성된 작품이 추후 새로운 창조자, 즉 남성 작가로서의 예술가를 탄생시킨다는 것이다.

107) Heinrich von Ofterdingen, p. 41(푸른 꽃, 127~128쪽).
108) Heinrich von Ofterdingen, p. 49(푸른 꽃, 152쪽).
109) 이 책의 11장을 참조할 것.

이 여성적인 것은 완성과 함께 소진한다. 그 여성적인 것은 작품을 탄생시키고, 그런 뒤 사멸한다. 완성된 창조와 함께 마이스터 속에서 사멸하는 것은 그 창조가 수태되었던 부분이다. 그런데 작품의 이 완성은 (…) 어떤 죽은 것이 아니다. (…) 그리고 여기서도 탄생이라는 말을 할 수 있다. 이 창조는 그러니까 완성 속에서 창조자를 새로이 잉태한다. 그 창조가 수태되었던 여성성에 따라서가 아니라 그 창조자의 남성적 요소에서 잉태한다. 축복 속에서 그 창조자는 자연을 추월한다. 왜냐하면 그 창조자가 처음으로 어머니 품의 어두운 깊이로부터 수태한 이 존재를 그 창조자가 얻게 된 것은 보다 더 밝은 왕국 덕분이기 때문이다. 그가 태어난 곳에 그의 고향이 있는 것이 아니라 그가 그의 고향이 있는 세상으로 온 것이다. 그는 자신이 한때 수태했던 작품의 첫 남자아이이다.[110)]

창작 과정에서 시적 정신으로서의 포에지가 사실은 "작품의 완성"을 낳았음에도 불구하고, 가령 문학사의 경우 그런 작품의 완성에 의해 '새롭게 수태된, 창조된 자'(즉 작가)만을 중시하게 된다. 이러한 문학사적, 사회사적 시각은 창조자(예술가, 작가)는 단지 매개자의 역할만 수행할 뿐이라는 예술의 절대성 이념의 시각과 완전히 배치된다. 어쩌면 벤야민의 시각은 '남성작가로서의 창조자'에 비판적인 페미니즘 시각과 매우 흡사한데, 그것은 본래의 시적 정신 및 작품보다 뒤늦게 탄생한 창조자로서의 남성작가만을 예찬하는 사회적 정황, 즉 남성적 창조자의 위상만을 중시하는 "밝은 왕국", "세상"에 대하여 벤야민이 비판적 입장을 취하고 있기 때문이다. 이러한 벤야민의 시각을 노발리스의 작품에 적용해 본다면, '푸른 꽃', '마틸데'라는 예술의 절대성 이념을 중시하는 『하인리히 폰 오프터딩엔』과 창조자로서의 남성작가('위대한 노발리스')를 예찬하는 "밝은 왕국"(즉 시민 세계)의 사회문화적 정황은 서로 대치적인 관

110) W. Benjamin, Gesammelte Schriften, Bd. IV, p. 438(발터 벤야민, 일방통행로/사유이미지, 실린 곳: 발터 벤야민 선집 1, 김영옥 외, 길, 2009년, 241-243쪽).

계를 이룬다. 작품의 수용과 관련해서도, 독자는 '노발리스'라는 남성작가보다는 푸른 꽃이라는 포에지의 이념, 그러한 포에지의 이념을 향해 나아가는 불완전한 작품 『하인리히 폰 오프터딩엔』을 더욱 중시해야 할 듯싶다.

예술(포에지) 자체의 절대성 이념을 좀 더 상세히 논하기 위해서는 마틸데와의 만남 내지는 낭만적 사랑이 두드러지게 묘사된 6장의 장면을 다시 한 번 분석할 필요가 있다. 두 사람의 낭만적 사랑은 성의 구분을 전제로 남성과 여성이 나누는 인간적 사랑이 결코 아니다. 누구나 자신 속에 양성성을 지닌다는 초기낭만주의의 인간학적 관점을 전제로 하면,[111] 포에지의 특성도 주체이면서 객체 같은, 남성적이면서도 여성적인 듯한 양면성의 특성을 띤다. 하인리히와 마틸데가 서로 나누는 예술에 관한 대화 장면 전체에서 사실 '누가 무엇을 말하는지'를 알 수 없는 분위기가 지배적인데, 즉 언술 주객체의 정체성이 불명확하고 그 대신 '마치 포에틱한 주체로서 포에지 자체가 객체로서의 자신의 특성에 대해 발화하는 듯한 인상'이 야기되고 있다. 즉, 6장의 예술에 관한 대화 장면은, '언어가 스스로에 대해 말을 한다'는 언술처럼, 특정 개체(하인리히, 마틸데)가 사라지고 그 대신 포에지 자체의 자기준거성이 강화되는 언술 과정에 다름 아니다. 이와 같은 "화자 정체성의 지양"이 지배적인 예술에 관한 대화 장면은 다음과 같이 해석될 수 있다.

> 하인리히의 여행은 포에지로의 여행이며 이 여행은 내부이야기들의 서사를 통해서 구조화되고 있다. 여행의 목적은 곧 모든 제한을 넘어서는 문학의 자유로운 유희이다. 그와 같은 '포에지의 신격화'는 『하인리히 폰 오프터딩엔』에서 성(性)의 구분 없이 남성적이면서도 여성적인 목소리의 말하기인 셈이다. 하인리히와 마틸데 간의 대화에서 엿보이는 화

---

111) 이 책의 6장을 참조할 것.

> 자 정체성의 지양은 독자에게는 전달될 수 없는 자기준거적인 포에지, 즉 6장 말미에 있는 마틸데의 '저 비밀스런 말'을 발생시키고 있다. 양성성 모델과 소설의 자기준거성, 즉 포에틱한 특성(Poetizität) 간에는 밀접한 연관성이 있는 셈이다.[112]

이상과 같은 점을 요약하면, 소설은 단순히 아욱스부르크를 향한 여행이 아니라 포에지의 특성을 다양한 목소리로 다각도로 서술해내고 성찰해내는 이야기, 즉 "포에지를 강화시키는 여행"(포에지의 포에지)인 셈이다.

5. 꿈과 포에지

포에지가 푸른 꽃, 마틸데 같은 형상으로 처리되고, 그러한 꿈같은 형상은 주로 꿈꾸는 자(하인리히)를 압도하는 방식으로 서술된다. '꿈의 속성'을 지닌 포에지의 알레고리컬한 형상들이 대부분 꿈속에서 서술되고 있다는 점은 일종의 '포에지의 자기배가'(Selbstverdopplung der Poesie), '포에지의 자기투영성'(Selbstbespiegelung der Poesie)이라는 특성을 시사한다. '포에지의 포에지', '꿈의 꿈' 같은 포에지의 자기배가적이고도 자기투영적인 특성에 대해서는 다음과 같은 분석이 적절한 설득력을 제시하고 있다.

> 잘 알려진 「아테네움」 116번에서 슐레겔이 강조한 점진적인 보편포에지의 성찰 능력이 대상들의 '무한한 배가'에 근거하고 있다면, 그것은 바로 문학적 꿈과 관련된 것이다. 즉 허구 속에서 상상적인 것을 배가시

112) Silke Horstkotte, Die Poetik der Androgynie in Novalis' Heinrich von Ofterdingen, in: Novalis: Poesie und Poetik, hrsg. v. Herbert Uerlings, Tübingen 2004, pp. 221-240, esp. p. 225.

> 키는 매개체로서의 꿈 말이다. 벤야민이 언급한 대로, 미학적 형식에서의 자기서술 능력이 바로 초기낭만주의적 포에지 컨셉의 특징이라면, 자신에게 주어진 투영 능력과 변화 능력을 토대로 꿈은 성찰 매개체로 이해된 문학적 구조의 근본적 요소가 된다. 낭만주의 문학은 자기성찰적 질서구조물(autoreflexives Ordnungsgefüge)이라는 자신의 고유한 규정을 대표적으로 보여주는 영역으로서 꿈을 제시하는데, 이때 자기성찰적 질서구조물은 단순한 모방적 과정을 통해서가 아니라 '스스로 야기된 지각시뮬레이션'(루만)을 통해서 자신의 의미들을 생산해낸다. 이러한 배경하에서 문학적 꿈과의 논쟁은 낭만주의 예술이해를 구성하는 선험철학적, 자율미학적 전제조건의 인식이 된다.[113)]

18세기 중반부터 실용성, 유용성을 내세운 계몽주의적, 자본주의적 사유와 담론이 팽배해지는 상황에서 낭만주의는 순수 예술을 보호하기 위해 예술의 고유함, 자율성, 무한성 등을 내세웠으며, 이는 무엇보다도 꿈을 강조하는 서술을 통해서 활성화된다. "우리를 되살아나도록, 우리의 삶의 감정을 더욱 활발하게 유지하도록, 모든 포에지는 선잠처럼 평범한 상태, 일상적인 삶을 중단한다"[114)]는 노발리스의 간결한 언술에서도 꿈과 포에지의 밀접한 상관관계를 읽을 수 있다. 노발리스와 푸코의 공통된 인식을 강조하는 마리온 슈마우스(M. Schmaus)의 시각에 의하면, 서로 다른 시기에 활동한 작가와 철학자의 공통점으로는 "세계와 자기 자신의 비담론적 인식의 특별한 형식", 즉 인식이론적인 특별한 방식으로 문학과 꿈을 중시하고 있다는 점을 들 수 있다.[115)] 이러한 관점과 분석은 한편으로 예술의 고유한 특성을 강조해주고 있지만, 다른 한편 포에지와 꿈을 세계와 자기 자신을 비판적으로 발견하고 인식하는 수단

113) Peter-André Alt, Romantische Traumtexte und das Wissen der Literatur, in: Traum-Diskurse der Romantik, hrsg. v. P.-A. Alt/Christiane Leiteritz, Berlin 2005, p. 6.

114) Novalis, Schriften, Bd. II, p. 568.

115) Marion Schmaus, Die poetische Konstruktion des Selbst, p. 268.

으로 간주하는 한계를 드러낸다. 낭만주의에서 꿈은 이성적으로 발견되지 않은 점들을 새롭게 인식해주는 수단으로 파악되기보다는 '예술 자체의 자기준거적, 자기생산적 위상을 위한 은유'로서 파악될 때 그 진정한 예술적 의미를 되찾을 수 있다. 요컨대, 꿈은 인식을 위한 새로운 힘이라기보다는 자율적 예술 자체의 조건이 된다. 예술의 정신분석학적 해석도 마찬가지다. 의식에 의해 억압되고 무의식에 잠재해 있던 욕망이 꿈 – 즉 예술적 언어화 – 을 통해 발현됨으로써 일종의 인식화 및 의식화 단계가 강조될 수 있지만, 그러나 예술과 꿈을 연결시킨 초기낭만주의 예술론의 핵심은 '예술 자체는 꿈과도 같으며 형상화 자체가 본질이자 목적이다'를 강조하는 자율미학적 특성에 있다. 헤르더(Herder)에서 시작되어 낭만주의에서 절정에 도달한 꿈과 예술의 관계를 알베르 베갱(Albert Béguin)은 다음과 같이 적절하게 서술해 주고 있다.

> 헤르더는 또 다시 꿈의 미학에 대해 말하고, 그가 이미 지적했던 무의식적 삶과 시 사이의 유사성을 분명히 한다. 영혼의 심원한 세계 속에는 특히 효율적인 어떤 능력, 형태들과 이미지들을 탄생시키는 능력이 잠들어 있다. 눈이 감기자마자 이미지들이 솟아나 때로는 기분 좋고 또 때로는 끔찍한 원무를 시작한다. 어떤 것들은 되살아난 추억들이고 또 어떤 것들은 전적으로 만들어진 것이다. 왜냐하면 우리의 상상력은 세계를 형성시킨 거대한 창조력의 알 수 없는 하나의 응답이기 때문이다. 그의 활동이 우리에게 아주 생생한 행복감을 부여해줄 수 있는 것은 '정신이 창조하는 이미지들이 바로 정신이고 삶'이기 때문이다."[116]

'이미지로서의 삶', 무의식과 연관된 이미지(형상)들이 이성적 통제 없이 자유롭게 펼쳐지는 영역이 바로 꿈이며 예술이다. 다르게 말하자

116) 알베르 베갱, 낭만적 영혼과 꿈 – 독일 낭만주의와 프랑스 시에 관한 시론, 이상해 역, 문학동네, 2001년, 261쪽.

면 무의식, 꿈, 예술은 명료한 시공간의 해체를 바탕으로 불연속적이고 비현실적인 파편들이 마구 뒤섞인다는 점에서 상호 근친성을 형성한다. 특히 꿈과 무의식은 예술의 중요한 '자율미학적 전제조건'이기도 하다. 그러나 18세기 중반부터 예술과 꿈은 유용성을 중시하는 계몽주의적 담론에 의해 억압되는 공동의 운명을 맞이하는데, 가령 유용하지 않은 예술이 배제되듯 하인리히의 꿈도 '아버지의 목소리'에 의해 다음과 같이 비판된다.

> 많이 배운 사람들이 꿈을 가지고 뭐라고 하든, 꿈이란 물거품과 같은 것이야. 그처럼 쓸데없고 해로운 생각일랑 집어치우는 게 네 몸에 좋을 듯싶구나. 꿈속에 하느님의 모습이 나타나던 시절은 이미 지나갔어. 우리는 성경에서 말하는 선택된 사람들의 마음 상태가 어땠는지 알 도리가 없단다. 그 시절엔 세상살이뿐만 아니라 꿈의 성격도 지금과 달랐을 거야. 우리가 살고 있는 지금 세상에서는 더 이상 하늘과 직접적으로 접촉하는 일은 없단다.117)

꿈을 "물거품", "쓸데없고 해로운 생각"으로 간주하는 아버지의 시각 – 물론 젊은 시절 꿈을 좇은 결과 어머니와 결혼하게 되었다는 소설의 피상적 내용을 차치할 경우 – 은 철저히 계몽주의적, 현실주의적 입장을 견지한다. 사실 엄격하게 말하자면, 꿈에 대한 두 사람의 대처 방식, 즉 젊은 시절의 아버지와 젊은 하인리히의 대처 방식은 서로 대비된다. 아버지는 꿈에서 본 꽃을 이상(理想)으로 간주하기보다는 깨어나자마자 현실에서 그 꽃에 해당되는 여인(하인리히의 어머니)을 즉각 찾아가 결혼하는 일종의 현실순응적인 삶을 택하였지만, 꿈속에서의 푸른 꽃은 하인리히에게 결코 현실적으로 도달할 수 없는 이상으로 여겨지고 있을

117) Heinrich von Ofterdingen, p. 4(푸른 꽃, 16~17쪽).

뿐이다. 또한 이상(마틸데)에 다가간 순간에도 결국 이상은 그에게서 멀어지는데, 그 점은 마틸데의 죽음을 통해 암시되고 있다.

어쨌든 꿈에 대한 부정적인 아버지의 입장은 단순히 하인리히의 아버지가 아니라 '근대적 상황'을 대변하는 관점이다. 즉, 신과 인간이 더 이상 하나를 형성하지 못하는 상황, 종교가 세계의 통합적 구심점으로 작용하지 못하는 상황, 철저히 유용성과 실용성만을 내세우는 계몽주의적 세계, 세계의 탈주술화, 세계의 분화 과정 등으로 설명되는 근대적 상황 말이다. 그런 근대적 상황에서는 전통적인 종교뿐만 아니라 예술(이상주의적 관점에서의 '새로운 신화')도 더 이상 대안적, 주도적 역할을 수행할 수 없다. 계몽주의적 담론에 의존된 아버지의 시각에 대항하여 하인리히는 꿈을 적극적으로 방어하고 나서는데, 그의 언술은 꿈 자체에 대한 옹호일 뿐만 아니라 '꿈같은 예술'에 대한 옹호이기도 하다.

> 꿈이 지닌 기이한 변용 능력과 가볍고 다정한 특성은 우리의 명상에 틀림없이 도움을 줄 거예요. 모든 꿈은, 그러니까 뒤숭숭하기 짝이 없는 꿈까지도 특이한 현상이 아닌가요? 신의 섭리 같은 것을 생각하기에 앞서 꿈이라는 것은 우리의 가슴속에 수천의 주름을 드리우고 있는 비밀스러운 커튼에 살짝 나 있는 틈새가 아니던가요?[118]

> 제 생각에 꿈이란 밤낮 똑같은 일상을 막아줄 수 있는 방호벽이자, 묶여 있던 상상력이 활기를 되찾아 인생의 모든 그림들을 뒤섞어 놓고 어른들의 한결같은 진지함을 어린아이들의 즐거운 놀이로 바꾸어놓는 놀이마당이예요.[119]

> 간밤에 제가 꾼 꿈은 분명 제 인생에 있어서 무의미한 우연이 절대 아

118) Heinrich von Ofterdingen, p. 4-5(푸른 꽃, 17쪽).
119) Heinrich von Ofterdingen, p. 5(푸른 꽃, 18쪽).

닐 거예요. 왜냐하면 그 꿈은 마치 거대한 바퀴처럼 제 영혼 속으로 밀고 들어와 제 영혼을 힘차게 들어 올리는 것이 느껴지거든요.[120]

"기이한 변용 능력", "일상을 막아줄 수 있는 방호벽", "놀이마당", "영혼"(상상력) 같은 언어는 모두 꿈의 속성뿐만 아니라 바로 예술의 특성, 즉 자율적이고도 절대적인 포에지의 특성과 관련된다. 그런데 꿈이나 포에지가 반드시 희망, 기쁨, 도취 등과 연관된 아름다운 변용만을 취하고 있는 것은 결코 아니다. 무의식이 꿈틀거리는 무시무시한 꿈이 있듯이, 절망, 광기, 죽음 등을 예술적으로 서술해 낸 아름답지 않은 포에지가 있다. 예술작품이 '자아의 신화'(Mythologie des Ichs)로 규정될 경우, 그 자아는 명료하고 이성적인 의식만을 지니지 않고 오히려 무의식이 꿈틀거리는 틈새(Riss)와 균열(Lücke)에 내맡겨지기도 한다. 노발리스의 소설은 매우 파격적이고 현대적인데, 그것은 "우리의 가슴 속에 수천의 주름을 드리우고 있는 비밀스러운 커튼에 살짝 나 있는 틈새"라고 언급된 언술이 바로 20세기에 프로이트와 라캉이 규정한 꿈의 특성을 선취하고 있기 때문이다. 그렇게 꿈과 포에지는 이성적이고 완벽한 세계를 뒤흔들어 놓는 가슴(내면, 무의식)에 있는 틈새와 균열을 드러내는데, 그 점은 '아틀란티스 동화'에서도 공주의 상태를 두고서 서술자가 "신비로운 베일이 커다란 주름을 이루며 그녀의 맑은 의식을 에워싸고 있는 것 같았다. 베일이 벗겨진다면 자신이 마치 초월적인 세계 속에 놓여 있는 듯한 생각이 그녀에게 들었다"[121]고 언급된 것과 같다. 이와 비슷한 차원에서 아우구스트 슐레겔은 자신의 강의록에서 계몽주의를 비판하면서 상상력, 꿈, 예술 간의 상관성을 이론적으로 다음과 같이 강변한 바 있다.

120) Ibid.

121) Heinrich von Ofterdingen, p. 15(푸른 꽃, 50-51쪽).

계몽주의자들은 상상력의 권한을 완전히 오인하였고 가능한 한 인간들의 상상력을 교정하려 했다. - 상상력은 꿈에서만 일어나며, 모든 강요에서 벗어나 상상력은 그곳에서 자신의 많은 비밀들을 누설하기 위해 펼쳐졌다. 그렇기 때문에 꿈은 시적인 요소이며, 포에지 자체가 오로지 아름다운 꿈이라는 점을 생각해 보면, 포에지는 꿈을 돌보고 사랑한다.[122]

꿈과 포에지에서 "많은 비밀들을 누설하기 위해" 상상력이 펼쳐진다는 언술은 위에서 언급된 균열과 틈새의 열림과도 상통한다. 그런데 『하인리히 폰 오프터딩엔』에서 더욱 흥미로운 점은, 소설에서 하인리히를 참된 시인으로 이끌어주는, 시인의 전형 내지는 괴테의 형상으로 간주되는 클링조어조차도 꿈의 무조건적인 도취 및 마비 상태에 대해서는 경계하고 있다는 것이다. 하인리히와의 대화에서 그는 "우리는 그런 감정의 뒤에 남는 달콤한 마비 상태에서 되도록 빨리 빠져나와 규칙적인 바쁜 일상으로 돌아가는 게 좋아" 혹은 "소용돌이처럼 우리를 휘감아 마비시키는 그런 꿈을 박차고 빠져나와야 하잖니"[123]라는 식으로 주의를 준다. 꿈에 대한 아버지와의 대화뿐만 아니라 클링조어와의 대화에서도 하인리히는 꿈과 예술의 이해에서 그들과 미세하지만 확연한 차이를 갖게 된다. 즉, 감정을 제어하는 방식으로 감정과 지성(혹은 이성) 간의 '고전주의적' 조화를 강조하고 있다는 점에서 클링조어는 괴테와의 유사성을 내보이지만, 포에지에 대한 하인리히(혹은 노발리스)의 견해는 그러한 클링조어의 시각과 완전히 일치하지 않는다. 그것은 하인리히(혹은 노발리스)의 경우 지성(혹은 이성)이 억제되고 포에틱한 감정이 더욱 중시되고 있기 때문이다. 다르게 서술하자면, 클링조어가 예술(꿈)

122) August Wilhelm Schlegel, Geschichte der klassischen Literatur, in: Kritische Schriften und Briefe, Band III, hrsg. v. Edgar Lohner, Stuttgart 1964, p. 67.

123) Heinrich von Ofterdingen, p. 51(푸른 꽃, 158쪽).

과 현실 간의 차이를 인정함에도 불구하고 일정 정도 '예술의 냉정한 자기제한'(지성적 제한)을 요구하고 있다면, 푸른 꽃(즉 예술의 절대성 이념)을 향해 나아가는 하인리히는 예술과 현실 간의 경계 해체를 토대로 '꿈과 예술의 무한한 자기확장'을 옹호하고 있다.

이처럼 꿈, 상상력, 무의식, 예술(포에지)의 상관관계가 중시되는 맥락에서 『하인리히 폰 오프터딩엔』을 들여다 볼 경우, 소설 자체는 대부분 '꿈에 의해서', '꿈과 같이' 진행하는 포에지임을 알 수 있다. 이 점은 두 가지 점을 통해서 강화되는데, 즉 그 하나는 소설 내에서 자주 사용되는 '동굴'의 은유를 통해서, 다른 하나는 다양한 동화들을 통해서 강화되는바, 특히 '클링조어 동화'를 통해서다. 우선 여러 개의 꿈과 같은 이야기들로 전개되는 소설에서 특이한 점은, 꿈과 같은 이야기 내의 결정적인 순간은 모두 동굴 내에서의 장면으로 처리되고 있다는 것이다. 지하 동굴 속에서 연인을 발견하는 꿈은 뱀에 물려 죽은 아내 에우리디케를 찾아 저승으로 내려간 음유시인 오르페우스 신화를 상기시키는데, 그런 신화적 맥락과의 연관 속에서 『하인리히 폰 오프터딩엔』은 시인과 지하 동굴의 관계를 다각도로 보여주고 있다. 우선 1장에서 하인리히는 꿈 속에서 자신도 모르게 기이하고 신비한 동굴로 들어가서 그 동굴 안의 물속에서 헤엄치다가 근처 우물가에서 푸른 꽃을 보게 된다. 또한 로마에 머물던 젊은 시절 아버지도 어느 노인의 집에 숙박하게 되고 그 날 저녁 꿈을 꾸는데, 그 꿈은 "널찍한 동굴"[124)]에서 어느 백발의 노인이 여인상을 조각하고 있는 광경을 보다가 다시금 노인의 손에 이끌려 간 곳에서 지천에 널려 있는 꽃들을 보았다는 내용이다. 이 밖에도 상인이 하인리히에게 들려주는 아틀란티스 동화에서도 젊은이와 공주는 동굴에서 사랑을 나누며, 또한 광부로부터 광산 내부 및 광산 안에서의 일

124) Heinrich von Ofterdingen, p. 6(푸른 꽃, 22쪽).

등을 듣게 된 하인리히가 근처에 있는 은밀한 동굴 속으로 인도되어 은둔자를 만나게 되는 것도 마찬가지다. 주로 동굴 속에서 일어난 일에 대한 이야기들인데, 그 이야기들은 표면적으로는 자연의 내적 의미 혹은 신비로움 등을 말해주고 있지만, 실은 밖으로 노출되지 않은 신비로운 공간으로서의 동굴의 폐쇄성 및 그 이야기들은 '꿈과도 같은 비밀스러운 예술작품'의 속성을 강화해주고 있다.[125] 소설의 전체 이야기가 하나의 꿈과도 같으며, 그 꿈과도 같은 이야기 내에서 '작은 동굴 속의 이야기'(꿈의 이야기)가 펼쳐지고 있는바, 이는 마치 '꿈속의 꿈'(Der Traum im Traum), '책속의 책'(Das Buch im Buch)처럼 비유될 수 있는 일종의 '예술 자체'의 속성을 한층 더 강화해주는 현상과도 같다.

포에지(예술)와 꿈은 비현실적이라는 점뿐만 아니라 그 정반대의 상태인 깨어남(현실)을 대척점으로 삼고 있다는 점에서도 근친성을 나눈다. 흥미로운 점은, 『하인리히 폰 오프터딩엔』은 모두 꿈과 같은 이야기들로 구성되어 있지만, 소설 내에서 그 이야기들은 모두 꿈과 깨어남이 명확하게 구분되지 않는 모호한 서술 방식을 통해서 진행된다는 것이다. 이러한 특성과 관련하여 위에서 '꿈현실'이라는 개념을 사용한 바 있는데, 이를 다시 부연하자면 꿈속에서 현실을, 현실에서 꿈을 보는 것과 같으며, 소설 전체로 확장할 경우 소설이 삶인지, 삶이 소설인지 양자 간의 경계 긋기가 애매하다. 이처럼 꿈과 깨어남, 소설과 삶, 상상과 현실 간의 경계 해체는 존재론적 차원이나 시학적인 차원에서 매우 중요한 의미를 지닌다. 가령 노발리스는 "꿈을 꾸는 것과 꿈을 꾸지 않는 것은 동시적이다"(Träumen und Nichtträumen zugleich)[126]라고 언급하고

125) 예술의 자율성과는 다른 차원에서 동굴의 의미는 낭만주의 작품에서 다양하게 파악될 수 있다. 『하인리히 폰 오프터딩엔』과 관련된 흥미로운 분석에 대해서는 다음을 참조할 것(Carsten Lange, Architekturen der Psyche. Raumdarstellung in der Literatur der Romantik, Würzburg 2007, pp. 188-196).

126) Novalis, Schriften, Bd. III, p. 63.

있으며, 노발리스의 절친 슐레겔도 깨어 있는 상태와 꿈꾸는 상태 간의 경계가 불분명한 상태와 관련하여 "깨어 있는 꿈(Waches Träumen)이야말로 최고의 상태이며 언제나 행복하다고 명명된다"[127]고 서술한 바 있다. 이 밖에도 동시대 익명의 작가 보나벤츄라(Bonaventrua)가 쓴 『야경』(1804)에서도 "우리가 깨어 있는 것인지 꿈꾸고 있는 것인지 나는 제대로 더 이상 알지 못한다"[128]고 서술되고 있다. 프리드리히 슐레겔의 형 아우구스트 슐레겔은 그 점을 가장 잘 정리해 주고 있다. 깨어 있는 상태란 "신화적 믿음"이 사라진 상태, 즉 "지성이 주도권을 행사하고 있는 근심과 일거리에 의해서 상상력의 지배가 지양되어" 있는 상태를 말하며, 이러한 상태를 극복해주는 것이 바로 "신화적인 상태의 인위적 창출"로서의 포에지이다. 요컨대, 포에지는 "자발적이고도 깨어 있는 꿈의 상태"(ein freiwilliges und waches Träumen)와도 같다고 한다.[129] 여기서 자발적이란 주관적 의지가 개입되지 않은 무의식적인 상태를 뜻하는데, 결국 깨어 있는 활동(지성)이 완전히 부정되지 않는 가운데 무의식적인 활동이 동시적으로 작동하는 상태가 궁극적으로 "깨어 있는 꿈"과도 같은 포에지로 규정되고 있다. 이는 감정(도취)과 성찰, 충동과 지성, 무의식과 의식, 자연적 포에지와 인위적 포에지 등이 동시적으로 작동하는 포에지의 특성과 연관된다.

낭만주의가 강조한 꿈과 깨어남, 상상과 현실 간의 경계 해체, 즉 "깨어 있는 꿈"으로서의 포에지의 특성은 현실만을 강조한 19세기 중반의 사실주의와 자연주의에서 배제되었다가 다시금 20세기 초에 발생한 초현실주의에 의해서 다시 부활된다.[130] 『초현실주의 선언문』에서 앙드레

---

127) F. Schlegel, KA, Bd. XVIII, p. 147.

128) Bonaventura, Nachtwachen, Stuttgart 1964, p. 26.

129) A. W. Schlegel, Vorlesungen zur schönen Literatur und Kunst, Teil I(1801-1802), Heilbronn 1884, p. 275.

130) 낭만주의와 초현실주의의 관계에 대해서는 다음을 참조할 것(Karl Heinz Bohrer, Die

브르통(A. Breton)은 노발리스를 초현실주의의 선구자로 명명하면서 "마법적 예술"(L'Art magique)의 특성을 강조하였는데, 이는 사실 노발리스가 언급한 '마법(Magie)으로서의 예술(Kunst)'에 해당된다. 노발리스는 마법을 "감각세계를 자의적으로 사용할 줄 아는 기예"[131]로 정의하면서 일종의 꿈과 현실 간의 경계를 융합시키는 예술의 특성으로 규정하고 있다. 그렇다면 꿈과 깨어남(현실)의 경계가 해체된 초현실의 상태는 어떻게 예술적으로 구현되는 것일까? 그것은 마찬가지로 노발리스가 정립한 '낭만화 방식'에 의해서인데, 이 낭만화 방식도 바로 초현실주의의 예술적 수법과 매우 긴밀한 관계를 맺는다. 노발리스에 의하면, 낭만화란 "저급한 것에 고상한 의미를, 일상적인 것에 비밀스러운 외양을, 잘 알려진 것에 잘 알려지지 않은 품위를, 유한한 것에 무한한 가상"을 부여하는 방식이며, 또한 낭만화란 "기분 좋은 방식으로 놀라게 만드는 예술, 즉 하나의 대상을 낯설게, 하지만 잘 알려진 듯 매혹적으로 만드는 예술, 이것이 바로 낭만적 시학이다"[132]라고 규정된다. 초현실주의 예술에 관한 논의에서 벤야민은 "우리는 오히려 일상적인 것을 꿰뚫어 볼 수 없는 것으로, 꿰뚫어 볼 수 없는 것을 일상적인 것으로 인식하는 변증법적 시각의 힘으로, 일상적인 것에서 비밀을 발견하는 정도에 의해서만 비밀을 꿰뚫게 된다"[133]고 강조하면서 낭만화 방식과 초현실주의적 기법 간의 유사성을 짚어낸 바 있다. 이처럼 낭만주의 및 초현실주의가 공통점으로 삼고 있는 "깨어 있는 꿈"으로서의 포에지에 관련하여 페터-앙드레 알트는 다음과 같은 설득력 있는 논거를 제시하고 있다.

Kritik der Romantik: Der Verdacht der Philosophie gegen die literarische Moderne, Frankfurt am Main 1989, 특히 2장을 참조할 것).

131) Novalis, Schriften, Bd. II, p. 546.

132) Novalis, Schriften, Bd. III, p. 348.

133) 발터 벤야민, 초현실주의, 최성만 역, 선집 5, 길, 2008년, 163쪽.

끊임없이 변화하는 사회적, 역사적 관계 속에 놓여 있는 자아를 제시하는 탈경계화 과정은 노발리스의 경우 꿈의 극작법에 부합한다. 이 과정의 특별한 문학적 배열은 세 가지 점에서 새로운 해석을 드러내는데, 초기낭만주의에서의 꿈의 이해는 그 새로운 해석에 맡겨져 있다. 첫째, 『하인리히 폰 오프터딩엔』에서 노발리스는 꿈의 구조와 서사구조 간의 유사성을 힘주어 강조하고 있다. 둘째, 노발리스는 계몽적 인간학이 아직 입증해내지 못한 내적 논리를 상상력에 부여하면서 상상력을 꿈의 효소로 간주하고 있다. 셋째, 노발리스는 꿈 활동의 원동력인 욕망이라는 근원적 형상을 지시하고 있다. 이상과 같은 세 가지 측면이 노발리스의 꿈의 시학이 지닌 특별한 혁신력을 형성하며, 그러한 점들이 소설을 현대적 개인의 심리적 전기 – 이것은 1800년대에 문학이라는 매체를 통해서 조명되고 있는데 – 가 펼쳐지는 현장으로 변화시키고 있다.[134]

* * * * * * * * * * * * * * * * * * * *

<보 론>

'꿈에 의해서', '꿈과 같이' 진행하는 포에지로서의 『하인리히 폰 오프터딩엔』의 백미는 사실 합리적으로 설명 불가능한, 불가해하고 신비로운 '클링조어 동화'이다. 이 동화는 1부의 끝을 맺고 있지만 동시에 꿈과 현실의 경계가 완전히 사라진 상태를 담은 미완성의 2부로 전환하는 가교 역할을 한다. 소설 내에서 인물 클링조어 스스로가 '동화'라고 지칭하는 작은 단편적 이야기, 즉 알레고리 수법 차원에서 에로스와 파벨이라는 기본 형상뿐만 아니라 모든 신화적, 관습적, 자연적, 비의적 형상들을 담

134) Peter-Andre Alt, Der Text der Imagination. Modelle des Traums in der deutschen Literatur um 1800, p. 154.

은 작은 동화는, 마치 모든 것을 혼합하는 "보편포에지"(Universalpoesie)로서의 『하인리히 폰 오프터딩엔』의 특성을 지시하는 듯한 기능을 수행한다. 혹은 다르게 말하자면, '소설속의 소설', '꿈속의 꿈', '동화속의 동화'와도 같은 '클링조어 동화'는 슐레겔이 정의한 '새로운 신화'로서의 예술작품의 형태를 구현해내는 작은 본보기과도 같다. 그것은 "이성적으로 사유하는 이성의 진행과정과 법칙을 지양하고 다시금 우리를 상상력의 아름다운 혼돈 속으로, 인간 자연의 근원적인 카오스 - 이 카오스에 대해 나는 과거 신들의 다채로운 혼잡보다 더 아름다운 상징을 지금까지 발견하지 못하고 있는데 - 속으로 옮겨놓은 것이야말로 모든 포에지의 시작인 것입니다"[135]라는 슐레겔의 요청이 '클링조어 동화'에 그대로 적용될 수 있기 때문이다. 앞서 언급했듯이 하인리히와의 대화에서 클링조어는 꿈과 도취보다는 냉정함, 자기제어, 이성을 더욱 강조하는 입장을 취했지만, 사실 그가 자신이 이야기해 준 동화 자체는 모순적이게도 이성적이고 합리적인 정돈과 배열보다는 혼돈, 꿈, 상상력을 더욱 중시하는 특성을 띠고 있다. 요컨대, "소설에서 본질적인 것은 바로 혼돈스러운 형식이다 - 아라베스크, 동화 -"[136]라는 슐레겔의 단편이 '클링조어 동화'의 특성을 가장 함축적으로 서술해주고 있다 해도 전혀 무리가 아니다. 또한 '클링조어'(Klingsohr)라는 이름은 본래 중세의 전설적인 마법사 'Klingsor'의 이름에 기인하고 있지만 언뜻 'kling(en)'(울림)과 'Ohr'(귀)의 결합을 상기시켜 줌으로써 동화는 의미 해석보다는 귀로 울림을 듣는 장르임을 우회적으로 말해주기도 한다.

이처럼 혼돈, 아라베스크, 동화 간의 근친성을 보여주는 대표적인 범례와도 같은 '클링조어 동화'는 소설 내에서 세 가지 의미를 지닌다. 첫 번째 의미는 『하인리히 폰 오프터딩엔』이 어떤 점에서 괴테의 소설과

---

135) F. Schlegel, KA, Bd. II, p. 319.
136) F. Schlegel, KA, Bd. XVI, p. 276.

차별성을 지니는지에 대한 질문과 관련하여 '클링조어 동화' 자체가 그에 대한 간접적인 답변을 제시하고 있다는 것이며,[137] 두 번째 의미는 『하인리히 폰 오프터딩엔』 자체 내에서 파악될 수 있으며, 세 번째 의미는 노발리스가 시도한 동화에 관한 시학적, 미학적 정의에 가장 잘 부합하는 이야기 형태라는 점이다.

첫 번째의 경우 '클링조어 동화'는 종종 괴테의 연작노벨레 『독일 피난민들의 대화』(Unterhaltungen deutscher Ausgewanderten)의 마지막 부분에 실린 <동화>(Märchen, 1795)와 서로 비교된다. 두 동화는 수많은 비유적 인물들이 등장하고 환상과 현실을 넘나드는 포에지라는 점, 각각의 작품(『하인리히 폰 오프터딩엔』, 『독일 피난민들의 대화』)에서 마지막 부분에 실려 있다는 점 등 형식적 공통점을 지니며, 또한 노발리스 연구자들은 '클링조어'를 "고양된 괴테"(ein gesteigter Goethe)[138]로 간주하거나 두 동화의 공통점으로 "놀라운 것"(das Wunderbare)을 강조하기도 한다. 그러나 두 동화의 결정적인 차이점으로는, 괴테의 경우 다양한 문학적 형상들(도깨비불, 왕들, 뱀, 젊은이, 노인 등)을 통해 세계사, 계몽, 정치, 예술, 교양 간의 상호 연관성이 명징하게 드러나고 있다면, 노발리스의 경우 '동화와 세계사' 간의 연관성은 표피적으로 처리되고 있을 뿐 그 핵심은 문학적 형상화의 난해함과 비의성에 있다고 할 수 있다. 이러한 차이점은 두 동화를 넘어서 『하인리히 폰 오프터딩엔』과 『빌헬름 마이스터』 간의 결정적인 상이한 미학적 특질로 확장될 수 있다.

'클링조어 동화'의 두 번째 의미는 『하인리히 폰 오프터딩엔』 자체 내의 구조적 측면에서 찾을 수 있다. 우선 좁게는 1부 자체 내의 3장에

137) 시간 의식을 중심으로 두 작품을 비교한 최근 연구는 다음을 참조할 것. Ingrid Oesterle, "Es ist an der Zeit" - Zur kulturellen konstruktionsveränderung von Zeit gegen 1800, in: Walter Hinderer/Alexander von Bormann/Gerhart von Graevenitz(Hg.), Goethe und das Zeitalter der Romantik, Würzburg 2002, pp. 91-121.

138) Cf. Dennis F. Mahoney, Heinrich von Ofterdingen, Stuttgart 2001, p. 134.

서 제시된 '아틀란티스 동화'와의 구조적 유비성이다. 숲 속의 젊은이가 공주와 결혼하여 왕에게 나타남으로써 행복한 시대를 맞이하게 되는 동화는, 후에 마찬가지로 각각 '포에지와 시인의 의인화'라고 할 수 있는 마틸데와 하인리히, 그리고 왕(아버지)에 해당되는 클링조어가 형성하는 관계적 정황을 이미 선취하고 있는 것이다. 즉, 한 동화가 다른 동화와 유기적 관계를 맺으며, 두 동화는 다시금 소설 전체와 유기적 관계를 맺는다. '아틀란티스 동화'와 '클링조어 동화' 간의 유기적 관계에 대해서는 가령 젊은이가 왕 앞에 나타날 때 부른 노래의 내용적 서술을 통해서도 직접적으로 시사되고 있다.

> 그의 목소라는 더없이 아름다웠다네. 그리고 그의 노래에는 낯설고 놀라운 빛이 서려 있었지. 그이 노래는 세상의 근원에 대해, 별과 식물, 짐승 그로고 인간의 생성에 대해, 자연의 전지전능한 교감에 대해, 아주 먼 옛날의 황금시대와 그 시대를 다스렸던 사랑과 시문학에 대해, 증오와 야만의 등장에 대해, 이것들과 자비로운 여신들과의 싸움에 대해, 그리고 다가올 미래에 이 여신들이 궁극적으로 승리하는 것에 대해, 슬픔의 종말과 자연의 소생 그리고 영원한 황금시대의 회귀에 대해 읊조렸다네.[139]

이러한 노래 내용의 서술은 거의 '클링조어 동화'의 내용을 요약한 것과도 같다. 즉, 일종의 우주진화론적 사유를 바탕으로 서술된 황금시대의 생성(과거), "증오와 야만"으로 인해 그 아름다움이 사라진 얼어붙은 상황(현재), 그리고 여신들(기니스탄, 파벨, 소피 등)에 의해 다시 되찾은 황금시대(미래)를 그려내고 있는 클링조어 동화의 내용을 마치 젊은이의 노래가 미리 예언처럼 읊어 내고 있는 것이다. 하인리히의 꿈이 하인리히가 겪게 되는 현실을 미리 선취하는 구조적 형상화 방식에 대

139) Heinrich von Ofterdingen, pp. 18~19(푸른 꽃, 62~63쪽).

해 앞서 분석했듯이, 마찬가지로 소설 내의 한 동화가 소설 내의 다른 동화 또는 소설 전체의 내용을 미리 앞서서 읊어내는 일종의 '축약 '방식을 취하고 있는 것이다.

구조적인 측면에서 또 한 가지 매우 중요한 점은, 소설 내의 현실로 되돌아오지 않은 채 '클링조어 동화'로써 『하인리히 폰 오프터딩엔』 1부 자체가 종결되고 있는 서술적 현상이다. 동화에 의한 끝맺음은 곧 소설 내에서 서술된 현실적 상황(하인리히의 여행, 아욱스부르크에 도착 등)이 슬며시 연기처럼 사라지는 가운데 '소설 전체는 하나의 동화다'라는 분위기를 한층 더 강화하고 있다. 특히 아버지(Sinn), 어머니(Herz), 기니스탄(Phantasie), 소피(Weisheit) 등의 도움으로 에로스와 파벨이 아르크투어의 얼어붙은 왕국을 끝내고 아름답고 따뜻한 천국을 되찾게 되는 결말, 더욱이 동화의 심미적 기능을 끌어올리는 차원에서 '파벨의 노래'로 끝난다는 것은, 비록 이 동화와 노래가 우주론적 진화론과 기독교의 천년기설적, 역사철학적 맥락 간의 상호 결합에 의해서 해석되곤 할지라도, '포에지로서의 소설' 자체의 특성을 더욱 강조하고 있는 것이다. 또는 소설의 표피적인 차원에서 그려진 현실적 상황(세속적 삶 속에서의 하인리히의 성장과 교양 과정)은 더 이상 중요하지 않으며, 오로지 동화의 핵심인 에로스와 파벨, 사랑과 포에지의 결합만이 유일무이한 의미를 지닌다는 점, 즉 '클링조어 동화'라는 비유적 장치를 통해서 "포에지의 신격화"가 우회적으로 선언되고 있는 것이다. 사실 에로스와 파벨은 궁극적으로는 소설 내에서 사랑과 문학을 추구하고 있는 주인공 하인리히의 두 가지 모습에 대한 알레고리컬한 기호일 수 있다.

세 번째는 낭만주의의 시학적, 미학적 명제와 연관된 '클링조어 동화'의 의미이다. '클링조어 동화'는 우선 모든 신화적 인물, 동식물, 광물, 자연현상 등이 의인화됨으로써 글자 그대로 동화다. 그러나 이미 티크와 노발리스와 관련해서 밝힌 바 있듯이, 여기서 동화란 인물, 주제, 배경, 문체 등이 명확하고 발단, 전개, 위기, 결말 등의 도식적 틀을 토대로 권선징악과 연관된 교훈적, 도덕적 이야기로서의 동화를 뜻하지 않는다. '클링조어 동화'는 모든 형상들이 혼돈 속에서 우연히 서로 결합하고 움직이는 인위적 동화이다. 소설 내에서는 극히 일부분을 차지하는, 그리고 마치 소설 1부의 결말처럼 제시된 '클링조어 동화'는 "동화는 흡사 포에지의 정전과도 같다"(Das Märchen ist gleichsam der Kanon der Poesie)[140]라는 노발리스의 시학적 명제를 가장 구체화시킨 이야기라고 할 수 있다. 다양하게 의인화된 형상들이 혼돈스럽게 움직이는 시공간은 전혀 정확하지 않으며 또한 일관된 줄거리의 재구성이 쉽지 않은데, 상상력과 무의식 등이 펼쳐지는 '현대적 예술작품' 내지는 "서사적 이야기" 같은 의미의 '동화'에 대해 노발리스는 다음과 같이 규정한 바 있다.

> 서사적 이야기는 꿈처럼 연관성 없이, 그렇지만 연상 작용을 지닌 것이다. 시는 그저 기분 좋은 울림과 아름다운 낱말을 지닌다. 마찬가지로 의미와 연관성 없이 말이다.[141]

> 동화란 본래 꿈의 형상과도 같다 – 연관성 없이 – 놀라운 사물과 사건들이 하나의 앙상블 이루고 있는 것과도 같다 – 가령 음악적 환상처럼 – 바람 불면 소리 내는 아이올로스 하프의 조화로운 선율 같은 – 자연 자체다 (…) 동화의 정신을 내쫓지 않으면서도 어떤 지성 - (연관성, 의미 – 등 등)을 갖고 올 경우 그것은 더욱 한 단계 높은 동화가 될 것이리라.[142] 진정한 동화에서는 모든 것이 놀랍게 – 비밀스럽고 그리고 연관성 없이 존재해야만 한다. - 모든 것이 활기를 띠고 있다. 모든 각각의 것이 다른 방식으로. 자연 전체는 기이한 방식으로 초자연적 존재들과 혼합되어 있어야만 한다. (…) 동화의 세계는 진리(역사)의 세계와는 완전히 정

140) Novalis, Schriften, Bd. III, p. 449.
141) Ibid., p. 572.
142) Novalis, Schriften, Bd. II, pp. 696-697.

반대의 세계이며 - 그렇기 때문에 동화의 세계와 비슷하다 - 완성된 창조의 혼돈처럼.[143)]

동화는 계획적이고 지적인 방식으로 씌어진, 하나의 진리(역사)를 향해 나가는 이야기가 아니라 사물과 사건들이 다채롭고 기이한 방식으로, 특정한 의도나 진리 추구에 구속받지 않은 채 자유롭게, 상호 요소들이 무의식적으로 결합된 '하나의 앙상블' 같은 이야기의 특성을 지니며, 이런 동화의 특성이 바로 '클링조어 동화'에 그대로 투영되어 있다. '클링조어 동화'는 합리적인 연관성을 거부하는 혼돈스럽고 난해한 이야기인 바, 그 동화의 발화자인 클링조어는, 비록 합리성과 지성을 배재하지 않는 시인임에도 불구하고, 동화의 특징인 혼돈을 슬며시 역설한다. 가령 "모든 문학에서는 혼돈이 질서의 규칙적인 배열 사이로 어렴풋이 반짝여야 한다고 나는 말하고 싶다"(ich möchte fast sagen, das Chaos muß in jeder Dichtung durch den regelmäßigen Flor der Ordnung schimmern) [144)] 는 그의 언술은 연관성 없는 자유로운 혼돈의 시적 매력이 자칫 "가벼운 정돈(eine leichte Zusammenstellung)이나 "단순한 대칭"(das bloße Ebenmaß) 등에 의해 상실될 수 있는 위험을 우려하고 있는 것이다.

물론 '클링조어 동화'에서도 흔히 대략적인 연관성, 즉 일종의 '거대한 서사적 연관성'이 거론될 수 있다. 가령 거대한 세 가지 층위의 세계, 즉 아르크투르, 소피, 프라이아, 페르세우스 등이 존재하는 우주계와, 아버지(감각), 어머니(마음), 에로스(사랑), 파벨(포에지), 기니스탄(상상), 서기(지성) 등이 기거하고 있는 인간계, 그리고 운명의 여신 파르첸들과 스핑크스로 대변되는 지하계가 있다. 기니스탄, 소피 등의 도움으로 파벨과 에로스는 이 세 층위를 오가면서 마침내 얼음으로 얼어붙은 아르

143) Novalis, Schriften, Bd. III, pp. 280-281.

144) Heinrich von Ofterdingen, p. 53(푸른 꽃, 165쪽).

크투르의 제국을 해방시키고 프라이아 공주를 잠에서 깨어나게 하고 마침내 평화로운 시대를 열게 된다는 식의 대략적이고 간단한 줄거리가 재구성된다. 그리고 흔히 파벨과 서기로 각기 대변되는 선과 악, 상상과 합리성 간의 대립, 천상계, 지상계, 지하계로 나뉘는 공간적 구분 등이 제시되고, 이러한 소재와 줄거리에 의존한 내용적 재구성에 부합하여 북극 신화의 의미, 기독교의 종교적 의미, 역사철학적 의미가 도출되기도 한다. 예를 들면 과거의 황금시대(혹은 낙원), 어둡고 차가운 현재, 다시 되찾은 평화의 미래'라는 삼 단계적 도식에 기초한 기독교적, 역사철학적 의미 부여가 '클링조어 동화' 해석에서 지배적이다. 물론 최근에는 정신분석학적 방법론에 의해 새로운 의미가 제시되기도 하는데, 그 대표적인 예로는 근친상간, 동성애, 오이디프스 콤플렉스 등을 끄집어낸 키틀러(F. Kittler)의 해석을 들 수 있다.

> 소설 말미에 아마도 하인리히의 어머니가 이야기해야만 하는 그런 채워지지 않은 최초의 사회화 과정을 <클링조어 동화>는 상징화하는 기능을 지닌다. 그 동화는 좌우가 바뀐 식으로 소설의 인물 형세를 보여주고 있다. 즉 교양소설과 예술가소설이 부계승계적으로 시작되다가 점차 모계승계적인 성생활로 끝나게 된다. 그런 점에서 동화는 담론적 사건인 바, 즉 '요람'에서부터 '오이디푸스 콤플렉스'까지 어머니와 아이가 나누는 모든 성적 흥분과 조절을 최초로 분명히 드러내는 하나의 가족이 문학에서 그려져 있다.[145)]

낭만주의 문학은 자연과 인간, 꿈과 현실의 경계를 해체시킨 상태에서 '상징적인 아버지'의 자리에 '절대적인 어머니'가 들어서는데, 즉 '클

145) Friedrich A. Kittler, Die Wahrheit der technischen Welt. Essays zur Genealogie der Gegenwart, Herausgegeben und mit einem Nachwort von Hans Ulrich Gumbrecht, Berlin 2013, p. 10.

링조어 동화'에서는 "어머니가 모든 소리의 기의가 된다"(Die Mutter wird zum Signifikat aller Laute).[146] 개인과 감성을 중시하는 낭만주의 문학을 자세히 들여다보면 "어머니와 유아들이 의사소통을 나누는 하나의 매트릭스"가 형성되고 있다는 것이며, 그런 점에서 "근본적인 '어머니'라는 기의가 모든 것에 자연 그대로의 의미를 부여하고 있기 때문에 모든 기의들은 기표들의 유희가 만들어내는 상이한 특정한 효과로 존재하는 것을 멈추게 된다."[147] 정치 및 문화사회적으로 보면 '클링조어 동화'는 전통적인 부계승계적(patrilinear) 사회에서 모계승계적(matrilinear) 사회로의 전환을 동경하는 이야기인 셈이다.

어쨌든 이러한 '거대한 서사적 연관성'은 단지 단순한 틀에 불과할 뿐 다채로운 비유적 형상들의 움직임과 시적인 세세한 묘사는 난해하고도 비의적인 매력을 간직하며 또한 그 어떤 합리적인 설명과 해석 내에 갇힐 수 없을 정도로 수수께끼 같은 특성을 띤다. 이렇듯 <히아신스와 로젠블뤼트헨 동화>와는 완전히 다른 기이하고 난해한 특성을 지닌 '클링조어 동화'는 일찍이 극단적인 평가를 받은 바 있다. 가령 문학사가 하임(R. Haym)은 "약간의 두통을, 솔직히 말하면 약간의 지루함을" 야기하는 동화라고 폄하하였다면, 이와 달리 코르프((H. A. Korff)는 "철학적 함의를 지닌 시적인 비이성적인 유희, 종말론적 모티브를 지닌 환상의 유희"라고 긍정적으로 평가하였다.[148] 아마도 분노와 지루함을 느끼는 독자는 전통적인 독법, 즉 철학적 의미 찾기에 정향된 독서 관습을 지닌 이들에 해당될 수 있는데, 난해하고 감각적인, 수수께끼 같은 언어

---

146) Ibid., p. 14.

147) F. Kittler, Die Irrwege des Eros und die absolute Familie. Psychoanalytischer und diskursanalytischer Kommentar zu Klingsohrs Märchen in Novalis' "Heinrich von Ofterdingen", in: Winfried Kudszus und Bernd Urban(Hg,), Psychoanalytische und psychopathologische Literaturwissenschaft, Darmstadt 1981, pp. 421-470, esp. p. 465.

148) 이 동화 자체의 수용사와 관련해서는 다음을 참조할 것(Herbert Uerlings, Friedrich von Hardenberg, genannt Novalis. Werk und Forschung, Stuttgart 1991, pp. 495-519).

는 개념적이고 합리적인 이해를 추구하는 독자에게는 항상 불편함을 야기하기 마련이다. 어쨌든 양쪽의 극단적인 평가 중에서 동화의 가치를 '철학적 함의, 종말론적 모티브'보다는 '비이성적이고 시적인 유희와 환상'에 두었던 코르프의 시각이 설득력 있게 여겨진다. 하인리히와의 대화에서 "소재 자체는 예술의 목표가 될 수 없어. 소재를 실행(Ausführung)에 옮기는 것이 예술의 목표이지"[149]라고 밝힌 클링조어의 언술을 보면, 포에지의 절대성을 향한 낭만주의의 시학적, 미학적 핵심은 바로 서술적 실행 자체에 있음을 알 수 있다. 요컨대, '클링조어 동화'는 그 자체 가장 뛰어난 예술적 실행인 셈이다. 자기 아버지(늙은 왕)가 사는 곳에서 도착한 기니스탄과 에로스는 수많은 기이한 장면들을 경험하고 이어서 "하나의 커다란 정원"과도 같은 보물 창고를 지나 "성과 사원, 무덤"이 뒤덮여 있는 "낭만적인 나라"로 들어서는데, 이후 아름다운 평원과 험준한 산악지대가 이어지고, 저편 검은빛 바다 위에는 삼각 깃발이 꽂혀 있는 수많은 함대들이 나타나며, 또한 난파당한 배들, 그리고 식사하는 소풍객들, 화산의 분출, 지진의 참화, 나무 밑에서 애무를 즐기는 젊은 남녀, 죽은 여인의 관 옆에서 울고 있는 남자와 부모, 그리고 천사의 모습 등이 서술된 후 마침내 동화의 백미라고 할 수 있는 매우 기이하고 충격적인 장면이 "수수께끼와 전율"의 심미적 서술 방식에 의해 다음과 같이 제시되고 있다.

> 이 장면들은 끊임없이 바뀌었으며 마침내 신비스럽고 웅장한 광경으로 합쳐졌습니다. 하늘과 땅이 대혼란에 빠졌습니다. 온갖 공포가 한꺼번에 터져 나왔습니다. 한 우렁찬 목소리가 무기를 잡으라고 외쳤습니다. 소름 끼치는 해골 군대가 검은 깃발을 앞세우고 시커먼 산등성이에서 마치 폭풍처럼 몰려 내려와, 밝은 평원에서 침략 따위는 꿈에도 생각지 못

149) Heinrich von Ofterdingen, p. 54(푸른 꽃, 166쪽).

하고 있는 젊은 무리와 함께 즐겁게 잔치를 벌이고 있던 생명을 공격했습니다. 끔찍한 소란이 일어나고, 땅이 부르르 떨었습니다. 폭풍우가 일고, 밤은 소름 끼치는 유성들로 환하게 밝혀졌습니다. 유령의 군대는 천인공노할 만큼 잔인하게 살아 있는 것들의 연약한 사지를 갈기갈기 찢었습니다. 화형용 장작더미가 하늘 높이 쌓아 올려지고, 끔찍하게 울부짖은 생명의 자식들을 화마가 삼켜버렸습니다. 그때 갑자기 시커먼 잿더미에서 연푸른 강물이 사방으로 흘러나왔습니다. 유령들은 도망치려고 했습니다. 그러나 강물은 자꾸만 불어나 그 가증스러운 무리를 삼켜버렸습니다. 모든 공포는 금세 남김없이 사라져버렸습니다. 하늘과 땅은 하나가 되어 달콤한 음악을 만들어냈습니다. 잔잔한 물결 위에는 눈부시게 아름다운 꽃 한 송이가 반작이며 떠다녔습니다. 물 위로 아름다운 무지개가 떴습니다.[150)]

'클링조어 동화' 자체의 삼 단계적 서사적 구조, 즉 '과거의 황금시대, 어둡고 차가운 현재, 다시 평화를 찾은 미래'라는 서사적 구조화의 한 장면(어두운 현재에서 밝은 미래로의 전환)이 위 인용문에서도 제시되어 있지만, 이 장면의 가장 중요한 매력은 그러한 서사적 구조화의 의미보다는 서술 방식 자체 내지는 '포에틱한 실행' 자체이다. 여기서 '포에틱한 실행'과 관련해서는 두 가지 점이 언급될 수 있다. 그 하나는, 위의 서술 장면은 중세 후기 및 르네상스 시대를 이끌었던 히에로니무스 보쉬(H. Bosch)의 <욕망의 정원>(1500년경으로 추정), 피터르 브뤼겔(P. Bruegel)의 <죽음의 승리>(1562), 마티아스 게룽(M. Gerung)의 <삶의 정원에서의 멜랑콜리>(1558) 등의 작품에서 엿볼 수 있는 회화적 상상력이 마치 문학적으로 전이된 장면처럼 여겨진다는 것이다. 그들 르네상스 화가들의 회화적 상상력이 보여준 기이한 환상과 어두운 광란, 다채로운 충격적인 사건의 예술적 형상화 경향은 독일 바로크와 낭만주의,

150) Heinrich von Ofterdingen, pp. 60~61(푸른 꽃, 190~191쪽).

프랑스 상징주의를 거쳐 초현실주의로 이어지는 예술적 전통을 구축하고 있다. 다른 하나는, 소위 장엄한 문체로 서술된 위의 장면은 언어외적인 실제 대상(세계, 진리, 역사 등)과의 연관성에 그 의미를 두고 있는 것이 아니라 오히려 미학적, 예술적 차원에서 "자기준거적인 표현 체계로서의 언어이론" 내지는 "혁신적으로 작동하는 새로운 문체의 자기준거"[151]라는 예술적 현상과 관계한다. 이러한 예술적 현상은 철학적, 종교적 의미를 입증해내는 예술적 수단으로 간주되는 것이 아니라 충격과 전율을 야기하는 비의적이고도 불가해적 언어 자체의 혁명적인 예술성을 자신의 목적으로 삼고 있는 것이다.

이처럼 '클링조어 동화'를 통해 마법적이고 비의적인 새로운 유형의 포에지가 드러나듯, 이어서 제시된 '미완성의 2부 자체'도 1부와는 완전히 다른 서술 방식을 취하는바, 즉 꿈과 현실, 삶과 죽음 등의 경계가 해체된 포에지, 즉 "모든 것을 말하는 동화"(alleserzählenden Fabel)[152]의 유형을 띤다. 이러한 점은 노발리스와 티크에 의해서 마찬가지로 확인되고 있다. 1800년 4월 5일자 슐레겔에게 보낸 편지에서 노발리스는 자신의 소설이 어떤 특성을 지니는지를 암시하고 있는데, 그 핵심은 어느 정도 '현실과의 준거를 지닌 소설'(1부)이 시적인 뛰어난 방식을 통해서 '현실과의 준거가 사라진 동화'(2부)로 전환된다는 것이다.

> 자네들(슐레겔과 티크:역주)이 소설과 동화가 멋지게 결합되어 있다고 생각하게 된다면, 그리고 1부가 2부 속에 더욱 내적으로 녹아들어 있음이 자네들에게 예견된다면, 정말이지 나에게는 기쁜 일일 거야. 소설은 동화로 넘어가게 될 걸세.[153]

---

151) 이 점에 대해서는 다음을 참조할 것(칼 하인츠 보러, 절대적 현존, 최문규 역, 문학동네, 1998, 28~43쪽 특히 참조).

152) Heinrich von Ofterdingen, p. 78(푸른 꽃, 250쪽).

153) Novalis, Schriften, Bd. IV, p. 330.

또한 티크는 친구 노발리스의 작품이 2부에서 어떻게 전개될지를 독자에게 알리고 싶은 마음에서 다음과 같이 소설의 특징을 언급하는데, 그런 티크의 시각은 『하인리히 폰 오프터딩엔』의 문학적 특성을 정확히 꿰뚫어본 것이기도 하다.

> 예술의 본질을 핵심적으로 파악한 시인에게는 그 어떤 것도 모순적이거나 낯설게 여겨지지 않으며 수수께끼가 풀려지고, 상상력의 마법에 의해 그는 모든 시대와 세계를 결합시킬 줄 알며, 기적은 사라지고 모든 것은 놀랍게도 변화한다. 그렇게 이 책은 창작되었다. (…) 여기서는 시대를 서로 구분하여 나타나게 하는, 한 세계를 다른 세계와 적대시하게 만드는 모든 차이점이 지양되어 있다.[154)]

"예술의 본질", "상상력의 마법", 이분법적 차이점의 지양 등을 강조하면서 티크는 계속하여 2부의 내용을 전한다. 그에 의하면, 2부에서는 마침내 꿈과 깨어남, 삶과 죽음 간의 모든 경계가 해체된 포에지의 완전한 상태가 제시되며, 더욱이 한 인물의 순환적, 반복적 현현이 더욱 두드러지고 또한 구체적이고 현실적인 인물들(클링조어, 하인리히의 부모, 광부 등)이었던 이들과 신화적, 비유적 인물들(아틀란티스 왕, 상상력, 감각, 달 등)이었던 이들이 서로 하나가 되는 알레고리컬한 방식이 작동한다고 한다.

> 동방 여인(출리마)이자 취아네이기도 한 마틸데와 함께 있어서 그는 행복하다. 심정의 가장 신성한 축제가 행해진다. 모든 지나간 것은 죽음이었다. 최후의 꿈과 깨어남. '클링조어는 아틀란티스의 왕으로 다시 온다. 하인리히의 어머니는 상상력이며, 아버지는 감각이며, 슈바닝은 달이고, 광부는 고서점상이자 동시에 아이젠이다. 프리드리히 황제는 아르크투

154) Heinrich von Ofterdingen, p. 80.

> 르이다. 호엔촐러른 백작과 상인들도 다시 나온다.' 모든 것이 알레고리로 수렴된다. 취아네는 황제에게 돌을 가져다준다. 하인리히는 이전에 상인들이 그에게 이야기해준 그 동화의 시인이 된다.[155]

이미 언급한 바 있듯이, 소설 1부의 마지막에 제시된 '클링조어 동화'는 사실 '새로운 신화로서의 포에지', '상상의 아름다운 혼돈'으로서의 포에지에 대한 알레고리이며, 미완성에 그친 2부에서는 그와 같은 '클링조어 동화'(알레고리)가 한층 더 강화되고 완성된다는 것이다. 일종의 '알레고리의 알레고리' 같은 식의 서술의 강화 현상은 하인리히를 중심으로 구성된 인물들과 클링조어 동화 내의 인물 간의 – 완전하지는 않지만 어느 정도 암시적인 – 유사성을 통해서 사실 충분히 감지될 수 있다. 즉, '클링조어 동화'에서 파벨(포에지), 에로스(사랑), 프라이아(평화), 아이젠(왕), 소피(예지), 어머니(마음), 아버지(감각), 기니스탄(상상력) 등의 의미가 파악되듯이, 하인리히의 삶에서도 하인리히는 예술을, 마틸데는 사랑을, 하인리히 어머니는 마음을, 하인리히 아버지는 감각을, 광부/은둔자는 역사적, 철학적 예지를, 클링조어는 예술을, 상인들은 계몽/오성 등을 가리킨다. 물론 상인이 전해주는 3장의 아틀란티스 동화에서도 이미 젊은이와 공주는 마찬가지로 파벨과 에로스를 암시하고 있음은 두말할 나위 없다. 이처럼 소설 내의 다채로운 비유적인 상호 유사성을 바탕으로 '포에지의 포에지', '알레고리의 알레고리' 같은 식의 서술의 강화는 이미 진행되고 있으며, 이러한 측면들이 괴테 식의 교양소설과는 다른 차원에서 작동하는 '낭만적 보편포에지의 메타포에틱한 특징'을 이룬다.

155) Heinrich von Ofterdingen, p. 85.

CHAPTER 13

"문학적 반달리즘"과 이중소설

– 호프만의 『수고양이 무르의 인생관』

CHAPTER 13

"문학적 반달리즘"과 이중소설

– 호프만의 『수고양이 무르의 인생관』

1. 제목과 부제의 얽히고설킴

E.T.A 호프만은 수많은 장단편의 뛰어난 작품들을 남겼으며 그 가운데 마지막 장편소설 『수고양이 무르의 인생관』(Lebensansichten des Katers Murr, 1819~1821년)은 단연코 호프만 작품의 백미로 손꼽힌다. 이 소설이 호프만 소설의 최고로 간주될 수 있는 근거는 소설의 내용보다는 19세기 초에 발표된 작품이라고 믿기 어려울 정도로 대단히 파격적이고 현대적인 형식의 실험 정신을 보여주고 있기 때문이다. 이 소설은 일종의 이중소설(Doppelroman) 형식을 취하고 있다. 즉, '무르'라고 불리는 수고양이의 자서전과, 영주가 지배하는 한 소공국의 궁정에서 악장을 맡고 있는 '크라이슬러'라는 음악가에 관한 전기가 서로 맞물려 있는 소설이다. 좀 더 구체적으로 말하면, 각각 17개의 파편적 이야기를 가진 '수고양이 무르의 자서전'과 '악장 크라이슬러에 관한 전기'가 언뜻 보기에 서로 맥락 없이 뒤엉켜 있는데, 자서전과 전기는 각기 "무르가 계속 글을 쓴다"(Murr fährt fort)라는 표시와 "파지본"(Makulatur-Blatt)이라는 표시를 통해 구분되는 가운데 서로 번갈아가며 전개되고 있다.

두 이야기의 내용 전개는 완전히 다르다. 수고양이 무르의 자서전은 비교적 순차적인 이야기 형식을 취하고 있다면, 이와 달리 크라이슬러 전기는 불연속적이고 비약적이다. 마치 직선적이고 연속적인 시간관과 파편적이고 불연속적인 시간관이 상호 대립하듯, 정반대의 두 가지 이야기 형식이 서로를 차단하면서 맞물려 있다. 전체적으로 소설은, 바흐친의 개념을 빌리자면, 웃음, 혼돈, 전도, 역전, 재생 등의 카니발적 서술구조를 통해서 완결과 통일을 거부하는, 한바탕의 뒤범벅된 난장판과도 같다. 물론 뛰어난 분석력을 지닌 독자는 두 이야기의 흐름 속에서 새로운 질서 내지는 규칙을 찾아내어 소설 전체를 논리적으로 재구성할 수 있겠지만, 어쨌든 이 소설을 처음 접하는 독자는 일순간 충격적이고 무질서한 독서 과정에 빠지게 된다.

소설은 "수고양이 무르의 인생관"(Lebensansichten des Katers Murr)이라는 제목하에 "우연히 파지에 담긴 악장 요하네스 크라이슬러의 단편적 자서전과 함께"(nebst fragmentarischer Biographie des Kapellmeisters Johannes Kreisler in zufälligen Makulaturblättern)라는 부제를 달고 있다.[1] 소설의 한국어 번역본은 제목과 부제를 결합하여 "악장 요하네스 크라이슬러의 단편적 자서전이 우연히 뒤섞인 수고양이 무르의 인생관"으로 되어 있다. 그런데 독일어 원본과 한국어 번역본과 관련하여 두 가지 차이점이 언급될 수 있다. 그 하나는 독일어 원본 부제의 "Makulaturblättern"

---

1) 『수고양이 무르의 인생관』의 한국어 번역본에는 두 가지가 있다. 제일 먼저 나온 번역본은 제목과 부제를 함께 하여 『악장 요하네스 크라이슬러의 단편적 자서전이 우연히 뒤섞인 수고양이 무르의 인생관』(김선형 역, 2010년, 경남대학교 출판부)으로 되어 있고, 나중에 나온 번역본은 부제 번역 없이 간단히 『수고양이 무어의 인생관』(박은경 역, 문학동네, 2014)으로 되어 있다. 제목상으로는 전자의 번역본이 독일어 원본에 충실한 셈이다. 여기서는 첫 번째 번역본을 참조하였는데, 그 까닭은 그 번역본이 '작가와 서술자' 등과 관련하여 몇 가지 문제점을 내포하고 있기 때문이다. 인용시 "수고양이 무르의 인생관"이라고 축약하며, 원문을 참조하여 필요시 약간 혹은 대폭 수정을 가했다. 원문의 경우 다음을 참고하였다(E.T.A. Hoffmann, Lebens-Ansichten des Katers Murr nebst fragmentarischer Biographie des Kapellmeisters Johannes Kreisler in zufälligen Makulaturblättern, Stuttgart 2006).

라는 단어가 한국어 번역본에는 빠져 있다. 그 독일어 원어는 '인쇄된 종이의 휴지, 인쇄하다 버리는 종이, 파지'를 뜻한다. 다른 하나는 악장 요하네스 크라이슬러의 "Biographie"라는 단어가 일반적인 전기로 번역되어야 함에도 불구하고 번역본에서는 '자서전'으로 번역되어 있다. 자서전이 주로 저자-화자-주인공을 동일시하는 가운데 자신의 생애를 스스로 기술하는 형식이라면, 전기는 별도의 화자가 특정 인물의 생애를 기술하는 형식이다. 소설 전체를 보면, "수고양이 무르의 인생관"의 이야기가 무르 자신의 목소리로 서술된 자서전 형식을 취하고 있는 반면에, 크라이슬러의 삶과 관련된 이야기는 제 삼자의 서술자에 의해 기술된 전기 형식을 취하고 있다. 이상과 같은 두 가지 점을 고려하여 전체 제목을 정확하게 다시 번역하면, <수고양이 무르의 인생관 - 우연히 파지에 담긴 악장 요하네스 크라이슬러의 단편적 전기와 더불어>라고 옮기는 것이 더욱 적절할 듯싶다. 그리고 나중에 자세히 언급하겠지만, 제목이 가리키는 무르의 자서전을 중심적인 것으로, 부제가 가리키는 크라이슬러의 전기를 부차적인 것으로 파악할 경우 이는 크나큰 오산이다. 역으로 예술가주의(Künstlertum)에 젖어 있는 크라이슬러의 전기를 중심적인 것으로, 그리고 속물주의(Philistertum)에 빠져 있는 무르의 자서전을 부차적인 것으로 간주하는 해석도 마찬가지다. 사실 '수고양이 무르의 자서전'과 '크라이슬러의 전기'는 주제적 차원에서나 소설 전체의 양적인 측면에서도 거의 대등하다. 제목과 부제 간의 관계를 놓고서 흔히 언급되는 형이상학적 개념의 대립쌍, 즉 중심과 주변, 내면과 외면, 본질과 현상 같은 위계적 설정은 호프만의 장편 소설 분석에서 철저히 해체되어 있다. 다르게 말하자면, 수고양이 무르의 연속적인 자서전과 크라이슬러의 파편적인 전기, 무르의 시민적 속물주의와 크라이슬러의 예술가주의는 소설의 내용적, 형식적 차원에서 각각 중심과 주변으로 분리될 수 없으며 오히려 서로 대등하게 맞물려 있다.

이처럼 두 인물의 삶에 관한 이야기로 구성된 소설은 그 시작부터 세 개의 서문과 한 개의 추신을 지닌 흥미로운 미학적 양상을 보여준다. 우선 "편집자의 서문"(Vorwort des Herausgebers)이 있고 그 다음에 각각 "저자의 서언"(Vorrede des Autors), "저자의 삭제된 서문"(Unterdrücktes Vorwort des Autors)이 오며, 마지막으로 편집자 호프만의 "추신"(N.S.)이 뒤따른다. 또한 소설의 2부 마지막에는 "편집자의 후기"가 실려 있다. 나중에 언급하겠지만, 『수고양이 무르의 인생관』은 시간차를 갖고 1, 2부로 발표되었는데, 위의 서문과 추신은 모두 1부의 바깥에 있는 것이 아니라 1부가 시작하는 틀 안에 들어 있다. 요컨대, 수고양이 무르가 썼다고 하는 서언/서문뿐만 아니라 그 앞에 놓인 "편집자의 서문"도 이미 이야기의 구성 성분인 셈이다. 따라서 1부와 2부의 상호 연계성을 고려해 보면 "편집자의 서문", "편집자의 추신"뿐만 아니라 2부 맨 뒤에 오는 "편집자의 후기"도 이미 소설의 구성 성분으로 설정되어 있음은 두말할 나위 없다.

이처럼 서문, 서언, 추신, 후기 등 다양한 방식으로 소설의 시작과 끝을 알리는 '흥미로운 형식'에 의해 이미 암시되고 있듯이, 소설의 매력은 무르와 크라이슬러가 각기 겪는 사회적 삶의 경험과 고통 같은 흔한 내용보다는 오히려 두 이야기를 서로 맺어주는 '형식적 측면'에서 분출된다. 물론 내용적 측면을 중시하는 과거의 연구자들은 주로 무르와 크라이슬러, 시민성과 예술성 사이를 오가는 가운데 각자의 방점을 서로 다르게 두곤 했다. 가령 20세기 초기까지만 해도 연구자들은 대체로 예술가주의를 표방한 크라이슬러에 초점을 맞추었는데, 여기에는 크라이슬러와 저자 호프만을 '예술가'의 모습에서 동일시하는 기존 선입견이 크게 작용했다. 이와 달리 20세기 중후반부터는 그러한 연구 경향이 서서히 지양되면서 무르의 모습을 적극 조명하는 가운데 점차 무르와 크라이슬러의 내적 공통점을 발견해 낸 연구 결과가 제시되기도 했다.

그러나 다시 강조하지만, 두 주인공의 삶(즉 '세계관')을 중시하는 내용적 관점은 그리 큰 의미를 지니지 않는다. 무르 자서전의 경우, 무르가 사회 속에서 경험하는 다채로운 모습은 단지 코믹한 웃음을 야기할 뿐이며, 그런 내용적 측면보다 무르의 글쓰기에 나타난 형식적 기법(인용, 패러디, 표절 등)의 분석이 더 중요한 의미를 띤다. 마찬가지로 반사회적, 비사교적인 아웃사이더로서의 악장 크라이슬러가 궁정과 수도원 등을 배경으로 다양한 인물들과의 마찰 속에서 경험하는 얽히고설킨 사건들은 어쩌면 호프만 소설에서 매우 친숙한 소재라고 할 수 있다. 특히 『크라이슬러리아나』(Kreisleriana, 1810~1814)라는 초기 연작 소설집에서 호프만은 이미 악장 크라이슬러라는 인물을 만들어낸 바 있으며, 크라이슬러라는 허구적 인물은 작은 도시 밤베르크에서 악장직을 맡았던 저자 호프만을 상기시키는 인물로 자주 분석되어 왔고 또한 호프만의 열혈 독자였던 슈만이 동명의 피아노 연작곡을 만들었음도 익히 잘 알려진 사실이다.[2] 열세 개의 단편들이 상호 연관성을 이루는 초기 단편집 『크라이슬러리아나』의 핵심적인 내용은 시민적 세계와 예술적 세계, 정상성과 예술성, 이성과 광기 간의 대립인데, 이러한 내용적 측면은 『수고양이 무르의 인생관』에서 악장 크라이슬러가 겪는 그것과 상당히 비슷하다. 이 밖에 살인, 범죄, 전율을 담은 탐정소설의 소재와 분위기도 호프만의 또 다른 소설 『악마의 묘약』(Die Elixiere des Teufels, 1815~1816)에서 이미 엿볼 수 있는 측면인데, 『수고양이 무르의 인생관』에서의 크라이슬러 전기 부분에서도 기이한 대화, 예기치 않은 사건, 살인, 도플갱어, 근친상간 등을 암시하는 다양한 수수께끼 같은 사건의 전율이 흐르고 있다.

이처럼 내용적 측면에서 전혀 새로움과 흥미로움을 야기하지 않는

2) "Kreisleriana"라는 단어는 "Kreislerianum"이라는 단어의 복수형인데, 이는 'Kreisler + Stück'의 결합으로서 '크라이슬러 작품집'을 뜻한다. 호프만과 슈만은 문학과 음악 간의 학제적 차원에서 자주 언급되는데, 호프만 소설로부터 강한 영향을 받은 슈만은 1838년 "크라이슬러리아나"라는 동명의 여덟 개 피아노 연작집을 발표한 바 있다.

소설이 도대체 어떤 연유에서 호프만 문학의 백미로 손꼽히는 것일까? 다시 한 번 말하자면, 그것은 『수고양이 무르의 인생관』의 형식적 측면, 가령 저자와 편집자, 선형적 자서전과 파편적 전기, 진지한 인용과 유희적인 표절, 코믹함(무르)과 진지함(크라이슬러) 같은 양축 사이에서 부유하는 다채로운 형식적 특성 때문이다. 이 모든 점은 '현대적, 낭만적 예술은 더 이상 아름다움이 아닌, 오로지 흥미로움을 추구한다'라는 언술로 슐레겔이 진단한 현대의 미학적 특징에 정확히 부합하고 있는 것이다. 요컨대, 호프만 소설의 뛰어난 예술적 매력은 다름 아닌 '흥미로운 형식 실험'이 야기하는 놀라움과 충격에 있으며, 그런 점에서 현대적이며 낭만적인 예술의 대표적인 범례로 작용한다. 여기서는 그와 같은 흥미로운 형식미와 관련된 몇 가지 특징을 살펴볼 것이다.

1855년 뒴러 출판사에서 출간된 3쇄본 소설 겉표지
(그림은 호프만 자신이 그린 것으로 추정됨)

2. 소설의 난장판과 “문학적 반달리즘”

제목이 가리키는 무르의 자서전과 부제가 가리키는 크라이슬러의 전기는 어떤 연유로 뒤섞이게 되어 소설 전체가 엉망으로 된 것일까? 소설의 첫 책장을 넘기는 순간 마주하게 되는 소위 ‘호프만’이라는 이름의 편집자(혹은 발행자) 서문은 그 원인을 다음과 같이 밝히고 있다. 제법 긴 서문을 인용해 보기로 하자.

> 편집자 호프만의 서문
>
> 어떤 놀라운 방법으로 책의 내용들이 뒤섞이게 되었는지가 설명되지 않는다면 완전히 뒤섞인 난장판으로 보일 수도 있기에 이 저서만큼 서문이 꼭 필요한 책은 아마도 없을 것입니다.
>
> 그렇기 때문에 본 편집자는 이 서문을 기필코 읽어주기를 친절한 독자들에게 부탁드립니다.
>
> 본 편집자와 의좋게 지내는 친구가 있습니다. 저는 제 자신뿐만 아니라 그 친구를 잘 알고 지내오고 있습니다. 어느 날 그 친구는 본 편집자에게 다음과 같이 말을 건네 왔습니다. ‘여보게, 자네가 많은 책을 인쇄하도록 해왔고 또한 출판인들을 잘 알고 있기에, 여러 출판인들 가운데 한 분을 찾아내는 것은 자네에게는 그리 어렵지 않은 일이겠지. 아주 뛰어난 능력과 탁월한 재능을 지닌 어떤 젊은 저자가 이전에 써 놓은 것을 자네 추천으로 출간될 수 있도록 해주게. 그 젊은이를 주의 깊게 봐주게나, 그 친구는 그만한 가치가 있는 이일세.’
>
> 본 편집자는 글 솜씨 있는 그 젊은 동료를 위해 최선을 다할 것을 약속했습니다. 그런데 그 원고는 다름 아닌 무르라고 불리는 수고양이가 쓴 것으로서 수고양이의 자서전이라고 그 친구가 저에게 고백했을 때, 저는 약간 기이한 생각이 들었습니다. 그렇지만 약속은 이미 행해졌고, 또한 이야기의 시작이 제법 글쓰기 양식을 갖추었다는 생각이 들었기에 저는 즉각 그 원고를 들고서 ‘운터 덴 린덴’(‘보리수 나무 밑’이라는 뜻을 지닌 베를린 시의 거리 이름)에 있는 뒴믈러 씨의 서점으로 달려갔으며 그에게 수고양이 책의 출판을 제안하였습니다.

뭠믈러 씨는 자신의 많은 저자들 가운데 고양이 저자는 지금까지 없었다고 말했으며 또한 자기 동료들의 그 누구도 지금까지 이와 같은 예기치 않은 저자와는 관여한 바가 없었음을 알고 있지만, 어쨌든 그런 시도를 기꺼이 해보고 싶다고 말했습니다.

인쇄는 시작되었고, 그리고 첫 번째 견본쇄가 편집자에게 도착했습니다. 그러나 여기저기 무르의 이야기가 중단되었고, 또 다른 책인 악장 요하네스 크라이슬러의 전기를 포함된 낯선 내용이 등장하는 것을 보고 편집자는 대단히 놀라고 말았습니다.

조심스럽게 탐색하고 문의한 결과 편집자는 마침내 다음과 같은 사실을 알게 되었습니다. 고양이 무르가 자신의 인생관을 쓰면서 아무 생각 없이 주인이 소장하고 있던 책을 그 일부는 깔개로 쓰거나 일부는 압지(잉크나 먹물 따위로 쓴 것이 번지거나 묻어나지 아니하도록 위에서 눌러 물기를 빨아들이는 종이: 역주)로 썼던 것이었습니다. 그런 과정에서 본래의 전기(크라이슬러의 전기: 역주)가 고양이의 원고 속에 남아 있게 되었는데, 마치 고양이의 원고에 속한 것처럼 실수로 함께 인쇄된 것이었습니다.

편집자는 아주 좌절하였고 거의 울먹이면서 자신의 경솔함으로 말미암아 서로 다른 내용이 혼란스럽게 뒤엉키게 되었음을 고백하지 않을 수 없습니다. 왜냐하면 인쇄되기 전에 편집자는 고양이의 원고를 좀 더 정확하게 살펴보았어야 했기 때문입니다. 그렇지만 편집자는 스스로 약간의 위로할 여지를 찾게 되었습니다.

무엇보다도 친애하는 독자가 괄호 안의 주의 표현, 즉 '파지'와 '무르가 계속 글을 쓴다'라는 표현을 주의 깊게 봐주신다면 그 혼동의 어려움에서 벗어날 수 있을 것입니다. 또한 그 찢겨진 책(크라이슬러 전기: 역주)은 아마도 서점에 유통되지 않은 것으로 사료되는데, 왜냐하면 그 책에 대해 조금이나마 알고 있는 사람이 거의 없기 때문입니다. 따라서 악장의 친구들에게는 오히려 반가운 일이지도 모르는데, 수고양이의 문학적 반달리즘(den literarischen Vandalismus des Katers)에 의해서 그들이 그 범상치 않은 남자의 기이한 삶의 정황들에 대해 조금이나마 알게 되기 때문이지요.

이에 본 편집자는 관대한 용서를 구합니다.

또한 다음과 같은 점도 사실인데, 즉 작가들은 자신의 대담한 생각과 탁월한 화법 에 대해 바로 식자공들에게 감사해야 한다는 것입니다. 왜냐하면 그들 식자공들은 소위 오식(誤植)을 통해서 사유의 비약에 도움을 주기 때문입니다.

(…)

마지막으로 본 편집자는 수고양이 무르를 개인적으로 잘 알게 되었고 수고양이 무르가 호감 있는, 온화한 행실을 갖춘 고양이라고 장담할 수 있습니다. 그의 모습은 이 책의 표지에서 제대로 잘 그려져 있습니다.

1819년 11월, 베를린에서
E.T.A 호프만[3]

편집자에 의하면, 『수고양이 무르의 인생관』이라는 책 전체가 "완전히 뒤섞인 난장판"(ein zusammengewürfeltes Durcheinander)으로 보일 수 있으며 따라서 그 원인을 밝힘으로써 독자에게 사과와 양해를 구하는 것이 편집자가 지켜야할 도리라고 한다. "Durcheinander"는 본래 '혼잡스러운, 혼란스러운, 뒤죽박죽' 같은 뜻을 지닌 부사이지만 여기서는 '혼잡, 혼란, 난장판' 같은 명사로 사용되고 있다. "zusammenwürfelt"는 "zusammenwürfeln"(뒤죽박죽 섞다)이라는 동사의 과거분사가 형용사 용법으로 전환된 것인데, 동사의 어근 "würfeln"의 경우 '주사위'(Würfel)라는 명사에서 파생되었기에 – 마치 19세기 말 말라르메의 「주사위 던지기」(1897)에서 강조된 우연성처럼 - '마치 주사위를 던져서 우연히 조각들을 혼잡스럽게 뒤섞은 듯한' 의미를 야기한다. 글자 그대로 읽는다면, 두 개의 파편적 이야기들의 뒤섞임으로서의 소설의 탄생은 철저히 우연에 근거한 것임을 암시하는데, 이를 철학적으로 해석한다면 곧 '존재란 필연이다'는 서구의 신정론적, 합리적인 사유가 부정되고 마치 '존재란 필연이 아니다'는 사르트르의 실존주의적 사유, 즉 '존재의 우연성'에 대한 사유가 소설의 형

3) 수고양이 무르의 인생관, 8-11쪽.

식 속에 투영된 것과도 같다. 물론 본래의 단어 뜻에 충실할 경우 『수고양이 무르의 인생관』은 단순히 두 개의 서로 다른 내용의 뒤섞임을 넘어서 어떤 숫자가 나올지 예측하기 불가능한 주사위 놀음의 우연성처럼 '형식의 우연성'에 기초한 미학적 결과물, 즉 글자 그대로 "완전히 뒤섞인 난장판" 형식의 소설임을 말해주고 있다.[4)]

이와 같은 "완전히 뒤섞인 난장판"과도 같은 기이한 형태의 소설 탄생과 관련하여 편집자는 두 가지 내외적인 요인을 들고 있다. 우선 내적인 요인으로는 편집자가 언급한 "수고양이의 문학적 반달리즘"인데, 이에 대해 그는 독자들의 양해와 선처를 구하고 나선다. 즉, 자신의 자서전을 쓸 때 무르는 자신을 길러준 아브라함의 책장에 있던 기존의 책(악장 크라이슬러에 관한 전기)을 뜯어서 일부는 깔개로, 일부는 압지로 사용하였다고 하며, 그 깔개 내지는 압지로 사용되었던 크라이슬러 전기의 일부가 무르의 자서전 인쇄본에 삽입되고 말았으며 그로 인해 책 전체가 엉망진창의 난장판을 띠게 되었다는 것이다. 물론 편집자는 그와 같은 무르의 의도치 않은 파괴적인 행위 덕분에 크라이슬러의 친구들은 친구가 겪은 삶의 여정에 대하여 어느 정도 정보를 입수할 수 있게 되었다는 식의 아이러니컬한 평을 내린다.

다른 외적인 요인은 바로 편집자 자신과 식자공의 실수 등에 의한 작품 훼손이다. 특히 출판시 발생하는 식자공의 "오식(誤植)", 즉 인쇄할 때

---

4) 일상에서의 이탈과 해방의 측면에서 난장판으로서의 축제의 의미를 파악했던 프로이트의 시각, 그리고 이를 문학이론적 차원에서 계승한 바흐친은 카니발 이론을 통해 라블레나 도스토예프스키의 문학작품을 마치 비공식적 축제, 즉 한바탕의 난장판처럼 간주한 바 있다. 이는 지배문화의 공식적 축제에 대한 저항적 성격을 지닌다. 바흐친을 수용한 크리스테바도 소설의 상호텍스트성, 즉 대화적 구성을 바로 전통적인 소설의 '독백적 구성'에 대한 대항으로 해석한 바 있다. 이와 같은 시각을 호프만의 작품에 적용한 연구로는 다음을 참조할 것(Ricarda Schmidt, Ein doppelter Kater? Christa Wolfs 'Neue Lebensansichten eines Katers' und E.T.A. Hoffmanns 'Lebens-Ansichten des Katers Murr', in: Hoffmann-Jahrbuch, Bd. 4(1996), pp. 41-53; Günter Saße, Die Karnevalisierung der Wirklichkeit. Vom 'chronischen Dualismus' zur 'Duplizität des irdischen Seins' in Hoffmanns <Prinzessin Brambilla>, in: Hoffmann-Jahrbuch, Bd. 9(2001), pp. 55-69).

식자를 잘못 넣는 실수로 인해 철자나 문장의 순서 등이 변하게 되는 오류는, 소위 글쓴이의 의도와는 완전히 다른, 전혀 예기치 않은 별개의 요인에 의해 '그 본래 의미와 맥락' 등이 사라지거나 변형될 수 있는 가능성을 지시한다. 그런데 아이러니컬하게도 이러한 실수, 착오 등이 소위 위대한 소설의 탄생에 적지 않게 기여한다는 것인데, 이는 '우연이 존재를 결정한다'는 위에서 언급된 철학적 의미와 부합하는 측면이기도 하다.

이처럼 소설 발생과 관련된 몇 가지 요인, 즉 기존의 책을 뜯어 압지로 사용한 것이 인쇄 과정으로 들어오거나 식자공의 오식에 의해 완전히 다른 철자로 둔갑하게 되었다는 등에 대한 언급은 '실수와 흠결 없이 자신의 작품을 온전히 완성해 낸 주체로서의 작가'라는 전통적인 표상을 해체하고 있다. 즉 '천부적인 저자의 완전한 의식과 예술적 소질에서 작품이 만들어진다'는 작품 생산에 대한 전통적인 통념이 완전히 부정되고 있는 것이다. 소위 위대한 작품 생산이 우연한 실수에 빚지고 있다는 것은, '필연성에 근거한 질서와 조화'를 강조했던 18세기 계몽주의적 사유가 뒷전으로 물러나고 우연성과 혼돈을 중시하는 낭만주의적 사유가 들어서는 시대적 현상의 발현이며,[5] 마찬가지로 뛰어난 저자의 소질과 의도보다는 무의식적, 무의도적 혼돈에 근거하는 형식적 실험성을 더욱 중시하는 현대적 예술의 발현이다.

여기서 "완전히 뒤섞인 난장판"을 야기한 "수고양이의 문학적 반달리즘"에 대해 다시 한 번 논의해 보자. 엄격히 말하면, 수고양이 무르는 다른 이의 전기 일부를 뜯어내어 압지 내지 깔개로 사용했을 뿐 의도적으로 '문학적 파괴 행위'로서의 "문학적 반달리즘"을 행하진 않았다. 어쩌면 무르의 입장에서는 크라이슬러 전기의 일부 파지로 인해 자신의 자서전이 파괴되었기에 사실 반달리즘의 가해자라기보다는 피해자인

---

5) 언어와 우연성의 관계에 대한 클라이스트(H. v. Kleist)의 예술적 착상은 이 책의 11장에서 이미 분석하였다.

셈이다. 즉, 기존 크라이슬러 전기의 일부분이 개입됨으로써 무르 자서전의 완전함과 온전함이 훼손당한 것이다. 어쨌든 기존의 완성된 글쓰기의 결과물(크라이슬러의 전기)이 무르의 자서전 집필 행위로 인해 훼손당했거나 혹은 정반대로 무르의 글쓰기 자체가 압지 내지는 깔개로 사용된 크라이슬러 전기의 일부분에 의해 훼손당했기에, 정확히 말하면 일종의 쌍방향적 훼손이 일어난 셈이다. 이 쌍방향적 훼손이 "완전히 뒤섞인 난장판" 같은 소설의 형식을 낳은 것이며, 이것이 넓은 의미에서 소설 자체의 "문학적 반달리즘"이다. 요컨대, "문학적 반달리즘"은 무르가 야기한 행위라기보다는 어쩌면 소설 자체의 내적 역동성과 관계하는 바, 즉 뛰어난 상상력에서 만들어진 새로운 형식의 문학적 산물, 즉 이중소설이라는 '흥미로운' 소설 형식의 발생과 관계한다. 특히 자서전과 전기라는 두 가지 서술형식의 매체가 소설 전체 내에서 한편으로 상호파괴적으로, 다른 한편으로 상호의존적으로 맞물려 있는바, 이러한 두 매체의 얽히고설킨 관계, 즉 '매체의 매체'(Medium des Mediums)로 명명될 수 있는 상호매체적 관계는 중심 매체와 주변 매체라는 식의 구분을 불가능하게 만들며 나아가 소설 『수고양이 무르의 인생관』의 미학적 특성을 이룬다.

아리스토텔레스의 삼 통일 원칙에 근거한 '닫힌 드라마' 형식에 저항하여 새로운 '열린 드라마' 형식을 만들어 낸 게오르크 뷔히너(G. Büchner)처럼, '호프만 텍스트의 문학적 반달리즘'은 완전, 이상, 조화 같은 이념을 향해 진행하는 선형적(linear) 글쓰기의 소설 형식을 거부하고 그 대신 불협화음 및 부조화와 관련된 불완전하고 파편적인 혼돈의 글쓰기를 취하고 있는데, 이는 슐레겔이 언급한 '흥미로움'을 추구하는 현대적인 포에지의 새로운 양상이기도 하다. 물론 세계의 존재가 수많은 파편조각들의 우연한 결합이듯, 글쓰기도 마찬가지로 파편적 결합의 산물일 수밖에 없음을 암시하면서 말이다.

3. 편집자와 저자의 동일성 해체

이미 언급했듯이 "편집자 호프만의 서문" 자체는 허구적 이야기의 시작이다. 편집자는 자신의 지인으로부터 익명의 저자가 쓴 글을 넘겨받았다고 하는데, 글의 저자가 다름 아닌 글을 쓰는 수고양이라는 말을 듣고서도 흥미롭게도 편집자는 "약간 기이한 생각"만 들었을 뿐 전혀 놀라지 않은 채 그 정황을 자연스럽게 받아들인다. 이 순간 문학적인 유희가 현실적인 사건으로 작동한다. 그렇게 동화적이고 유희적인 상황을 '편집자 호프만'은 온갖 현실의 사실적 정황(출판사의 거리 이름, 출판업자 뒴믈러, 호프만 작품에서의 식자공들의 실수 등)과 결합하면서 '진지하고도 코믹한' 서술을 전개한다. 또한 그는 스스로를 '자신', '나'라는 일인칭으로 명명하지 않고 "편집자" 혹은 "그"라는 삼인칭으로 표기하고 나선다. 즉, 철저히 자기 자신에 대해서도 객관성을 유지하려는 인위적인 모습으로 편집자는 사실과 허구, 진정성과 허구성 사이를 넘나들고 있다.

위에서 인용한 "편집자 호프만의 서문"과 관련하여 가장 중요한 점은 '편집자 호프만은 누구인가'라는 질문이다. '편집자 호프만'이 '저자 호프만'과 동일시된다면, 호프만은 왜 자신을 저자로 부르지 않는 것일까? '편집자 호프만'과 '저자 호프만'은 서로 다른 이들이 아닐까? 독자, 언어(텍스트) 자체를 중시하는 후기구조주의(바르트, 푸코, 에코 등)가 1960년 말부터 등장함으로써 전통적인 해석학과 작별하는 의미에서 "저자의 죽음"(Tod des Autors)이 선언되었음은 널리 알려져 있다. 이처럼 언어(텍스트) 자체의 내적 자율성 및 독자로의 전환 등이 중시될 때 저자는 어떻게 파악되는 것일까?[6] 저자의 죽음에 관해 논하기에 앞서, 자율적

6) 이에 대해서는 다음을 참조할 것(저자의 죽음인가, 저자의 부활인가?, 최문규 외 6인, 한국문화사, 2015년).

언어와 독자 등을 강조한 낭만주의의 문학작품에서는 아주 흥미로운 심미적 현상이 발견된다. 그것은 저자와 동명을 간직한 이 혹은 저자로 추측되는 이를 하나의 허구적 인물로 끌어들이는 서술 방식, 즉 일종의 '저자의 자기반영성'이라는 심미적, 유희적 현상을 말한다. 물론 자기반영이라 하지만 결과적으로는 자기반영이 결코 아닌 예술적 현상의 배가에 다름 아니다. 가령 낭만주의의 예술작품에서 저자주체는 스스로를 텍스트 내에서 객관적으로 대상화하는 일종의 자기반영의 방식을 취하는데, 이 때 저자주체는 하나의 허구적 인물로 '기능할 뿐이다.' 저자가 유희적 공간인 소설 내에 들어옴으로써 실제와 허구 간의 경계가 해체된(혹은 실제와 허구의 경계가 모호한) 양상이 전개되는데, 이는 궁극적으로 텍스트의 메타픽션적 심미성을 강화하는 현상을 낳는다. 요컨대, 저자주체는 현존과 소멸 사이의 이중 코드화의 길을 걷는다. 이와 관련하여 노발리스는 "저자-예술가"라는 개념을 사용하고 있는바, 즉 '자연적인 천부적 기질의 소유자'로서의 저자보다는 작품의 허구성을 인위적으로 더욱 강화하려는 낯선 목적을 취하는 예술가로서의 저자를 뜻한다. 자기반영도 허구적 유희로 취할 수 있는 그런 인위적인 기질을 발휘하면서 예술작품을 만들어 낼 줄 아는 예술가 말이다.

> 저자란 무엇인가? 저자는 저자로 존재하는 목적을 가져야만 한다. - 통상적인 의미에서 자연적 기질은 저자로 혹은 예술가로 간주될 수 없다. 스스로 예술가를 자칭하는 이로만 최소한 간주될 뿐이다.
> 저자 혹은 예술가는 낯선 목적을 가진다.
> 이러한 목적에 따라 그는 스스로 저자-예술가 기질을 형성해낸다. 그런 기질의 자연적 활성이 곧 예술작품이다 - 예술작품은 인위적 기질에서 생성된다.[7]

7) Novalis, Schriften, Bd. III, p. 365.

예술작품은 자연적인 기질의 저자에 의해 생성되는 것이 아니라 작품의 인공성을 더욱 강화시킬 줄 아는 인위적인 기질을 소유한 예술가와 관계한다는 점이 강조되어 있다. 그렇다면 저자는 어떤 방식으로 그런 인위적인 기질을 과시할 수 있을까? 이와 관련하여 낭만주의가 착안한 서술 방식은, 저자주체를 텍스트 내의 인물로 변환시킴으로써 결국 그 인물이 과연 실제 저자인지 아니면 허구적 인물인지 모호하게 만드는 방식이다. 저자는 텍스트 밖의 절대적인 생산 주체와 동일시되지 않고 오히려 텍스트 내의 다른 인물들과 함께 존재하는 인물로 등장하고 이야기의 성립, 사건, 서술 방식 등과 관계하면서 텍스트 내에서 이런 저런 사실을 보고하고 성찰하는 행위를 펼친다. 그 결과 저자와 작품, 주체와 객체. 텍스트의 밖과 안, 사실(fact)과 허구(fiction), 역사(history)와 이야기(Geschichte) 간의 경계가 해체된 심미적 생산물로서의 텍스트가 생성된다. 이러한 텍스트의 특성은 슐레겔이 언급했던 "점진적 보편 포에지"의 특성, 즉 일상의 문학화와 문학의 일상화 사이에서 부유하는 포에지의 특성과도 비슷한데, 이러한 초기낭만주의의 이론적 단초를 실제 문학적 작업에서 가장 잘 구체화했던 작가는 다름 아닌 호프만이었다.[8] 따라서 '편집자 호프만'은 일상의 문학화 차원에서 마치 저자 호프만이 문학 속으로 들어온 것처럼 여겨지는 자이면서 동시에 문학의 일상화 차원에서 마치 허구적 인물로서의 편집자 호프만이 현실 속에 존재하는 것처럼 여겨지는 자이다. 즉, '편집자 호프만'은 실제적 허구로서 내지는 허구적 실제로서 여겨지는 '이중의 호프만'이다. 이러한 '이중의 호프만'은 진정성을 파괴하는 예술적 연출(Künstlerische Inszenierungen)에 속하며, 그 의미는 예술가와 예술작품이라는 두 가지 측면에서 파악

8) 다음의 두 연구 결과를 참고할 것(Olaf Schmidt, "Callots fantastisch karikierte Blätter". Intermediale Inszenierungen und romantische Kunsttheorie im Werk E.T.A. Hoffmanns, Berlin 2003, pp. 85~87; E.T.A. Hoffmann: Leben, Werk, Wirkung, hrsg. v. Detlef Kremer, Berlin/New York 2010, pp. 48~49).

될 수 있다. 예술작품은 "현존을 생산할 뿐만 아니라 현존을 꾸며서 제시한다"(produzieren Präzenz nicht allein, sie präsentieren Präzenz)는 마르틴 젤의 미학적 사유를 받아들여 말하자면,[9] "호프만"이라는 이름/인물의 연출은 '생산자로서의 예술가 호프만'을 가리킬 수 있지만 동시에'꾸며서 제시된 호프만'이라는, 오로지 예술작품 내에서만 존재하는 허구적 인물을 가리킨다. 혹은 다르게 표현하자면, 호프만이라는 이름은 스스로를 패러디함으로써 서술하는 자와 서술된 자, 서술자와 허구적 인물 간의 경계를 해체시킨 호프만의 자기성찰적 결과인데, 낭만주의에서의 패러디 기법을 연구한 안톤(B. Anton)의 다음과 같은 언술은 호프만의 소설을 이해하는 데 도움을 줄 수 있다. "서술하는 자와 서술된 자아 간의 긴장, 즉 서술자와 인물 간의 긴장은 일종의 서술구조를 구성하게 된다. 그 서술구조에서 서술자는 스스로 인물이 되고, 작가로서 자신에 의해 만들어진 인물을 만나게 되는데, 결국 인쇄된 책 내에서 자기 자신을 문학적 인물로서 받아들이게 된다."[10] 물론 이러한 안톤의 분석은 적지 않은 문제점을 지니는데, 그것은 그가 서술자와 저자를 동일시하고 있다는 것이다. 따라서 안토의 시각을 보다 생산적으로 호프만의 소설에 적용하기 위해서는 이중적인 보완이 필요한 셈이다. 즉, 스스로를 호프만이라고 자칭하면서 스스로를 허구적 인물로 제시하는 이는 바로 편집자로서의 호프만이지 저자 호프만이 아니라는 점이다. 이를 바탕으로 저자 호프만과 편집자 호프만은 일종의 쌍방향적 패러디의 관계를 형성하게 된다. 즉, 저자 호프만은 스스로를 패러디하여 편집자 호프만을 만들어내고 있으며, 이 만들어진 편집자 호프만도 자신을 마치 저자 호프만처럼 패러디하고 있는 것이다.

---

9) Martin Seel, Inszenieren als Erscheinenlassen, in: J. Früchtl/J. Zimmermann(Hg.), Ästhetik der Inszenierung, Frankfurt/M., pp. 48-62, esp. p. 58.

10) Bernd Anton, Romantisches Parodieren. Eine spezifische Erzählform der deutschen Romantik, Bonn 1979(1949), p. 84.

실제와 허구를 오가는 양상은 수고양이 무르도 마찬가지다. 잘 알려진 것처럼 호프만은 실제로 수고양이(그 고양이의 이름도 '무르'였다고 한다!)를 기르고 있었다고 하며, 그런 실존하던 고양이 무르가 소설에서는 동명의 고양이, 즉 글을 쓰고 읽을 줄 아는 허구적인 무르와 동일시된다. 무르라는 주인공 수고양이는 삶의 일부분이면서 동시에 문학의 일부분인 셈이다. 호프만이 기른 수고양이는 소설 2부가 발표되기 직전인 1821년 11월 30일에 죽은 것으로 알려져 있다. 호프만은 평소 무척 귀여워했던 무르의 죽음을 알리기 위해 석판으로 부고장을 인쇄하여 1821년 12월 1일자로 여러 지인들에게 발송했다고 하며, 그 부고장의 내용은 다음과 같다.

> 올해 11월 29일에서 30일로 바뀌는 자정쯤에 저의 신실하고 사랑스런 생도 수고양이 무르는 보다 나은 존재로 소생하기 위해 희망으로 가득했던 인생의 네 번째 해에 생을 마쳤습니다. 삶을 마감한 그 젊은 생도를 잘 아시는 분들, 덕과 법의 궤도에서 그가 거닐고 있던 모습을 지켜보던 분들은 저의 고통을 헤아려주시고 침묵으로써 그를 기려주시기 바랍니다. - 1821년 12월 1일 베를린 - 호프만

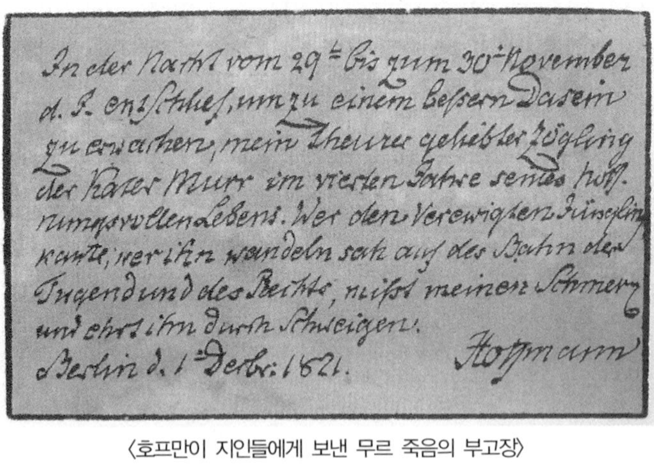
In der Nacht vom 29ten bis zum 30ten November d. J. entschlief, um zu einem bessern Dasein zu erwachen, mein theurer geliebter Zögling der Kater Murr im vierten Jahre seines hoffnungsvollen Lebens. Wer den verewigten Jüngling kannte, wer ihn wandeln sah auf der Bahn der Tugend und des Rechts, mißt meinen Schmerz und ehrt ihn durch Schweigen.
Berlin d. 1ten Decbr: 1821.
Hoffmann

〈호프만이 지인들에게 보낸 무르 죽음의 부고장〉

그런 저자 호프만과 비슷한 행동으로 편집자 호프만도 소설의 말미에 무르가 맞이한 죽음을 알리는데, 그 "편집자의 후기"는 다음과 같다.

> 2부의 종결 부분에 편집자는 친절한 독자에게 몹시 우울한 소식을 전하지 않을 수 없습니다. - 현명하고, 좋은 교육을 받은 철학적이고 문학적인 고양이 무르에게 그의 아름다운 생의 한가운데서 갑작스러운 죽음이 찾아왔습니다. 그는 11월 29일과 30일 사이의 자정에 잠깐의 고통을 겪은 후 편안한 현자의 모습으로 사망하였습니다. - 불쌍한 무르, (…) 나는 그대를 사랑했으며, 다른 어떤 이들보다 훨씬 사랑했단다. - 자! - 잘 자거라 - 그대의 유골에 평화가 깃들기를![11]

실제 부고장과 "편집자의 후기" 내용은 서로 같은 듯 다르다. 일종의 쌍방향적 패러디를 엿볼 수 있다. 다만 차이점은, 호프만이 기르던 실제의 수고양이 무르는 "저의 신실하고 사랑스런 생도"로 지칭되고 "덕과 법의 궤도에서 그가 거닐고 있던 모습"이라는 식으로 서술되어 있다면, "편집자의 후기"는 소설 속의 무르 형상에 부합하는 방식으로 "철학적이고 문학적인 고양이 무르", "현자의 모습" 등으로 무르의 존재가 묘사된다. 또한 무르를 향한 주관적인 애정에 있어서 저자 호프만의 부고장보다는 "편집자의 후기"가 더욱 강렬한 수사적 표현을 구사하고 있다. 물론 실제 부고장과 "편집자의 후기"의 두 내용 모두가 서술적 차원에서 진지함보다는 코믹함을 불러일으키고 있음은 두말할 나위 없다. 어쨌든 전체적으로 무르의 죽음을 알리는 두 가지 텍스트 유형(실제 부고장과 소설의 후기) 간에는 쌍방향적 패러디가 일어나는 셈이다. 이 패러디 방식에 의해 일상의 문학화, 문학의 일상화가 전개되고 있으며, 궁극적으로 현실과 허구가 서로 혼합되어 경계가 불분명한 듯한 심미적 결

11) 수고양이 무르의 인생관, 525쪽.

과물로서의 텍스트가 발생한다. 괴테가 추구한 '시와 진실'(Dichtung und Wahrheit), 허구와 현실, 문학과 삶의 동일성은 진정한 차원에서 괴리를 극복하고 양자가 하나가 됨을 실현하고 싶은 소망을 담고 있다면, 호프만의 경우 정반대다. 허구의 진실화, 진실의 허구화에 의해 시와 진실, 문학과 삶은 서로 충돌하여 혼란에 빠지며, '아르키메데스 점'과도 같은 위치에서 양자를 관장하는 절대적인 저자주체 또한 사라진다. 즉, 시와 진실, 문학과 삶의 갈등을 극복한 아름다운 조화를 간직한 주체로서의 저자는 존재하지 않는다. 그런 절대적인 저자주체가 사라지고 그 자리에 단지 전달이나 엮음의 역할만을 수행하는 '실체 없는 주체'로서의 '편집자'가 들어선다. 그렇다면, 저자와 동명의 '편집자'는 누구인가? 그는 '서술하는 인물'일까 아니면 '서술된 인물'일까? 이를 위해 앞서 인용했던 서문의 앞과 끝을 다시 한 번 살펴보자.

> 편집자 호프만의 서문
>
> 어떤 놀라운 방법으로 책의 내용들이 뒤섞이게 되었는지가 설명되지 않는다면 완전히 뒤섞인 난장판으로 보일 수도 있기에 이 저서만큼 서문이 꼭 필요한 책은 아마도 없을 것입니다
>
> 그렇기 때문에 본 편집자는 이 서문을 기필코 읽어주기를 친절한 독자들에게 부탁드립니다.
>
> (…)
>
> 마지막으로 본 편집자는 수고양이 무르를 개인적으로 잘 알게 되었고 수고양이 무르가 호감 있는 온화한 행실을 갖춘 고양이라는 점을 장담할 수 있습니다. 그의 모습은 이 책의 표지에서 제대로 잘 그려져 있습니다.
>
> 1819년 11월, 베를린에서
> E.T.A 호프만

자서전과 전기라는 두 가지 형태의 이야기가 서로 뒤섞인 난장판 같은 이 소설의 공통분모는 바로 '호프만'이라는 이름의 편집자이다. 저자를 중시하는 전통적인 문헌학적, 해석학적 관점은 편집자 '호프만'을 실제 저자 호프만과 동일시하곤 하는데, 그것은 편집자가 구체적인 날짜와 장소까지 거론하면서 두 이야기의 실제적 연결자이자 책임자로 등장하고 있기 때문이다.

> 이 '편집자 호프만'은 (…) 집필자와 집필된 것을 연결해주는 중개인이다. 즉 시인은 '편집자 호프만'으로 자칭하며, 이 '편집자'는 한 명의 저자를 도입하고, 그리고 이 저자가 (…) 무르 부분의 일인칭 서술자의 역할을 맡는다.[12)]

"시인은 '편집자 호프만'으로 자칭하며"라는 대목은, 편집자 호프만을 실제 저자 호프만과 동일시하고 있음을 말해 준다. 그리고 "무르 부분의 일인칭 서술자의 역할을 맡는다"라는 대목은 '저자=편집자=무르'라는 도식도 가능하게 만든다. 이처럼 편집자, 무르 등을 모두 '저자(즉 시인 호프만)의 분신'으로 동일시하는 시각은 시인에 대한 전통적인 표상에 기인한다.[13)] 즉, 시인 호프만이 '편집자'라는 이름 하에 한 명의 저자(저자로서의 무르)와 그의 집필된 것(무르 자서전)을 매개하는 역할을 수행하고 있고 그렇게 시인에 의해 도입된 '무르'라는 저자가 기존 책을 뜯어 압지로 쓰면서 결국 다른 저자(익명의 크라이슬러 전기 저자)와 그의 전

12) Bernhard Heimrich, Fiktion und Fiktionsironie in Theorie und Dichtung der deutschen Romantik, Tübingen 1968, p. 113.

13) 소설 내에서 표현된 'Herausgeber'라는 말은 '편집자'로 옮겨야만 함에도 불구하고 한국어 번역본에서는 그 단어를 때로는 '편집자'로, 때로는 '저자'로 옮기고 있다. 가령 "Randglosse des Herausgebers"를 "저자의 난외 주석"(수고양이 무르의 인생관, 340쪽)으로, "Anmerkung des Herausgebers"를 "편집자의 주석"(같은 책, 419쪽)으로 옮기고 있는데, 이는 근본적으로 편집자와 저자를 동일시한 관점에서 발생한 오류이다.

기를 매개하는 역할을 하고 있는데, 이는 두 전기가 시인 호프만이라는 절대적인 심급기관의 '하나의 시각' 하에서 통제되고 지배되고 있음을 간접적으로 말해 준다. 편집자는 일종의 '작가전기적 자아와 유희'(Spiem mit dem autobiographischen Ich)를 벌이는 장치에 다름 아니라는 것이다.[14] 물론 18세기의 다른 작품들과 연관해 볼 때 '저자=편집자'의 도식은 틀린 것은 아니다. 저자와 편집자를 동일시하는 서술 방식은 이미 18세기 소설에서 자주 등장하였는데, 가령 스턴(Laurence Sterne)의 『풍류여정기』(A Sentimental Journey Through France and Italy by Mr. Yorick, 1768)를 필두로 독일 최초 여성작가인 소피 폰 라 로쉐(Sophie von La Roche)의 소설 『슈테른하임 양의 이야기』(Die Geschichte des Fräuleins von Sternheim, 1771)에서는 익명의 편집자로 뷔란트(Wieland)가 등장하며, 마찬가지로 낭만주의 소설인 브렌타노의 『고드비』(Godwi, 1798-1801)에서도 편집자가 등장하기도 한다. 이러한 소설에서 편집자는 모두 실제 저자와 명확히 동일시된다. 그러나 호프만의 『수고양이 무르의 인생관』은 그러한 전승된 방식과 결별하면서 저자와 '서로 같은 듯 다른' 편집자를 문학적 유희의 공간 속에 놓음으로써 새로운 현대적인 서술 가능성을 개척하고 있는 것이다.

물론 편집자 호프만은 허구적인 인물 장치이며, 이는 오늘날의 문예이론을 통해서도 쉽게 설명 가능하다. 흔히 곁텍스트, 주변텍스트, 기생텍스트라고 불리는 '파라텍스트'(Paratext)는 자칫 텍스트의 주변 요소들로 간과되기 쉽지만 사실 텍스트 내재성을 구성하는 매우 중요한 요소다. 텍스트 해석에서 파라텍스트의 기능, 의미, 역할을 강조한 주네트(G. Genette)는 파라텍스트의 형태를 두 가지로 구분한 바 있는데, 그 하나

---

14) 거의 모든 작품에서 호프만이 작가전기적인 자아(즉 자기 자신)와 문학적 유희를 펼치고 있다는 견해는 일찍이 제게브레히트의 연구에서 제시된 바 있다(Wulf Segebrecht, Autobiographie und Dichtung: Eine Studie zum Werk E. T. A. Hoffmanns, Stuttgart, 1967).

는 페리텍스트(Peritext)라고 명명되는 텍스트 안에 위치하는 요소들(제목, 표지, 목차, 저자서문, 삽화 등)이고 다른 하나는 에피텍스트(Epitext)라고 명명되는 텍스트 바깥에 위치하는 요소들(일기장, 편지, 인터뷰, 작가의 사진, 광고, 서평 등)이다.[15] 요컨대, 『수고양이 무르의 인생관』의 경우 제목, 부제, 그림, 부고장, 편집자, 서문, 후기 같은 요소들은 본 텍스트 곁에 있지만 동시에 텍스트 내재성을 구성하는 요소들로서 파라텍스트, 그 중에서도 페리텍스트에 속한다. 호프만 텍스트 내에서 파라텍스트의 역할과 의미에 대해서는 호프만 연구가인 슈타이네케(H. Steinecke)도 다음과 같이 적절하게 언급한 바 있다.

> 이 작품의 원작자(저자)는 파라텍스트들의 의미와 영향력을 잘 알고 있으며 그것을 아주 폭넓게 사용하고 있는바, 파라텍스트들을 작품의 혼돈스런 유희 속으로 집어넣고 있으며 또한 패러디화하고 있다. 바로 이런 것을 통해서 파라텍스트들은 텍스트 내지는 작품의 구성 성분일 뿐만 아니라 통합적인 구성 성분인바, 즉 작품 이해를 위해서 필요불가결한 것들이다.[16]

편집자 호프만뿐만 아니라 그가 쓴 "편집자의 서문", 그리고 소설의 맨 마지막에 있는 "편집자의 후기"도 모두 파라텍스트에 속한다. "편집자의 서문"이 글쓰는 고양이의 자서전과 크라이슬러의 전기 간의 뒤섞임을 알리는 허구적인 매개의 역할을 하고 있고 또한 "편집자의 후기"는 한 걸음 더 나아가 향후 생산될 텍스트 전체의 구조와 의미의 전복까지도 예고하고 있다. 호프만 연구에서 잘 알려져 있듯이, 『수고양이 무르의 인생관』은 호프만 생존 시 한 권의 완성된 형태로 출간되지 않았

15) Cf. Gérard Genette, Paratexte. Das Buch vom Beiwerk des Buches, Frankfurt 1992.

16) Hartmut Steinecke, Die Kunst der Fantasie. E.T.A. Hoffmanns Leben und Werk, Frankfurt/Main u. Leipzig 2004, p. 494.

다. 소설은 크게 1부와 2부로 나뉘어 발표되었는데, 1부는 1819년 12월에, 2년 후인 1821년 12월에 2부가 발표되었다. 2부 말미의 "편집자의 후기"는 소설의 3부가 뒤따를 것임을 언급하는 가운데 그 내용을 대략적으로 예고한다. 즉 궁정 사회 내에서 크라이슬러가 겪은 지속적인 마찰과 불화의 결말 등이 상세히 뒤따를 것이며, 또한 얼마 전 사망한 무르가 크라이슬러 집에서 잠시 체류하는 동안 남긴 유고(성찰과 주해 등의 파편적 유고) 등이 3부에 게재될 것이라고 한다. 흥미롭게도 이와 관련하여 두 원고 형태에 대한 편집자의 암시가 눈에 띈다. 즉, 3부에서는 무르 자서전과 크라이슬러 전기 간의 관계가 완전히 전도된다고 한다. "고인이 자신의 삶의 견해를 완성하지 못하고 단편으로 남아 있어야 하는 것은 유감이다"[17]라는 언술에 의하면, 비교적 연속성을 유지한 무르 자서전이 3부에서는 파편적 성격을 띤다는 것이다. 역으로 무르의 파괴 행위로 인해 파편적으로 전해진 크라이슬러 전기의 경우, 다행히 "상당한 부분"을 되찾아 향후 연속적인 이야기로 전달될 것임이 예고되고 있다. 서문이든 후기이든 이처럼 파라텍스트는 텍스트 자체의 구성 요소로서 향후 전개될 텍스트에 대한 내용까지도 암시해주는 중요한 기능을 담당한다. 물론 "편집자의 후기"도 마찬가지로 진정성을 담보하지 않는 텍스트, 즉 그 자체 이미 허구적인 텍스트다. 실제 저자 호프만은 2부를 발표한 후 몇 달 후인 1822년 6월에 세상을 떠났기에 "편집자의 후기"에서처럼 3부 집필은 애초 실현 불가능했던 것으로 보인다. 그렇다면 호프만은 편집자의 입으로 자신의 3부 구상을 진심으로 예고한 것일까? 아니면 예고 형식의 "편집자 후기" 자체는 일종의 에필로그처럼 소설 자체를 끝맺는 형식으로 사용된 것이 아니었을까? 후자의 가능성이 큰 까닭은, 1, 2부만으로도 소설은 그 자체 내용적으로나 형식적으로 거의

17) 수고양이 무르의 인생관, 525쪽.

완결된 상태를 띠고 있기 때문이다. 특히 소설 첫 장의 내용은 소설의 마지막 장처럼 작동하기에 더욱 그렇다. 가령 소설 첫 장에서 잠시 여행을 가려는 아브라함은 무르를 크라이슬러에게 맡기는데, 내용적 차원에서 이와 같은 무르와 크라이슬러의 조우 장면이 소설의 엔딩으로 간주되어도 전혀 무리가 없을 정도로 소설은 이미 완결되어 있다.

4. '실체 없는 주체'로서의 '편집자 호프만'과 파렉바제

서문과 후기를 통해 소설의 시작과 끝을 주도하는 '편집자 호프만'은 도대체 누구일까? 앞서 반복하여 질문을 던졌듯이, 편집자 호프만이 과연 '저자 호프만'(즉 실제 작가 호프만)과 동일시될 수 있는 것일까? 만약 저자 호프만이 편집자 호프만의 이름으로 가장하여 소설 속으로 들어왔다면, 그 '소설 속에' 있는 편집자 호프만은 온전하게 저자 호프만과 동일시될 수 있는 것일까? 혹시 시각을 완전히 전도해 보면, 편집자 호프만이 저자 호프만 이름을 자신의 이름으로 사칭하고 있는 것은 아닐까? 그렇다면 저자의 이름을 사칭한 편집자 호프만은 누구일까? 분명 실제 작가의 고유이름(Eigenname) '호프만'이 소설 겉표지에 '서명'(Signatur)처럼 제시되어 있지만, '소설 속의' 첫 장면에서는 그런 실제 작가 호프만의 서문이 아니라 "편집자" 호프만의 서문으로 되어 있다. 실제 작가 호프만이라는 이름의 서명과 편집자 호프만이라는 이름은 같은 것일까, 아니면 다른 것일까? 서로 다르다면 그것은 어떻게, 왜 다른 것일까? 고유명사로서의 이름이란 서명한 이를 가리키는 '기호'로 사용되는데, 사실 그 명명의 순간부터 이름은 실제적이고 경험적인 주체로서의 특정 개인을 지칭하기보다는 이미 그런 개인을 대체하는 부재의 기호로 작동하며 동시에 열린 문맥에 따른 다양한 해석을 요구하는 기호로 작동한다.[18]

그렇다면 저자의 이름뿐만 아니라 편집자의 이름도 부재의 표시에 다름 아니다. 즉, 소설 겉표지에 실린 호프만이라는 이름의 서명은 실제의 경험적 주체인 저자 호프만의 부재를 나타내는 기호이며, 그와 동시에 소설 첫 장면에 등장하는 편집자로서의 호프만이라는 이름의 서명도 마찬가지로 그 주체의 부재를 증폭하는 기호인 셈이다. 극단적으로 말하면, 편집자 호프만은 실제의 경험적 저자로부터 한 걸음 더 멀어져 있는, '부재의 부재'와도 같다. '실체 없는 주체'로서의 '부재의 부재'는, 플라톤의 『국가론』에서 거론되었듯이 수공업자의 작업이 이데아(Idea)로부터 한 단계 멀어져 있는 가상(Schein)을 만들어내고 화가의 작업은 다시금 그 수공업자가 만든 가상을 바탕으로 한 단계 더 멀어져 있는 가상, 즉 일종의 '가상의 가상'(Schein des Scheins)을 만들어 내듯이, 즉 "진리로부터 훨씬 더 멀어져 있는" 예술작품의 특성과 관계한다.[19]

이처럼 다양한 질문이 가능한 글쓰기, 즉 실제 저자로서의 호프만, 편집자로서의 호프만, 허구적 인물로서의 편집자 호프만 등 '누가 말하는지 알 수 없는 순간'과 함께 불확실한 의미의 양상을 야기하는 글쓰기에 대해서는, 에드가 앨런 포(E. A. Poe)의 소설과 관련하여 롤랑 바르트가 제시한 다음과 같은 언술에서 적절한 이해의 단초를 찾을 수 있다.

> 우리는 현대적 텍스트와 고전적 소설 사이에 놓여 있는 거리감을 과장해서는 안된다. 우리가 살펴보았듯이, 포(Poe)의 소설에는 하나의 동일한 문장이 두 가지의 코드를 동시적으로 가리키고 있다. 그러나 도대체 어떤 것이 올바른 코드인지를 아무도 결정할 수 없다(예를 들면 과학적 코드와 상징적 코드). 텍스트의 지위를 얻을 경우 우리에게 코드의 결정

18) Cf. J. Derrida, Signatur Ereignis Kontext, in: J. Derrida, Randgänge der Philosophie, Wien 1988, pp. 291-314.

19) Platon, Der Staat, in: Werke, hg. v. G. Eigler, übers. v. F. Schleiermacher, Bd. 4, Darmstadt 1971, p. 803(Cf. 596e, 598b, 600e).

불가능성을 강요하는 것이 바로 소설의 독창성인 셈이다. 어떤 이름으로 우리가 결정하겠는가? 저자의 이름으로? 그러나 그 소설은 자신의 고유한 생산 속에 숨어 있는 화자, 즉 실행자를 우리에게 제공할 뿐이다. 또한 어떤 비평의 이름으로 우리가 결정할 수 있을까? 모든 비판은 하나의 이야기에 감동된 채 반박될 수 있다. (…) 이러한 결정 불가능성은 결코 약점이 아니라 나레이션의 구조적 조건이다. 즉 언술의 명확한 규정이란 있을 수 없다. 하나의 언술에는 서너 가지의 코드가 ***존재하며***, 서너 가지의 목소리가 ***거기에*** 있으며, 어느 것이 우선시될 수 없다. 글쓰기란 바로 근원의 손실, 즉 모티브의 손실이며, 이는 곧 미결정성 혹은 과도한 결정의 용적을 위한 것이다. 이러한 용적이 곧 글쓰기의 意義(Signifikanz)인 것이다. 말하기가 멈추는 곳에 글쓰기가 나타난다. 요컨대, ***누가 말하는지***를 아무도 알 수 없는 순간에, 그리고 단지 ***말하기 시작했음***을 확인하는 순간에 글쓰기가 나타난다.[20)]

물론 『수고양이 무르의 인생관』이라는 소설 자체의 저자는 당연히 실제 작가 호프만이다. 호프만은 예술적이고 인위적인 기질을 발휘하여 무르 자서전과 크라이슬러 전기를 뒤섞어 서술하는 방식을 창안해 냈고 더욱이 자신의 이름으로 소위 "편집자 호프만의 서문"을 소설의 시작 부분에 집어넣고 있다. 그러나 바로 이 지점에서 가장 중요한 질문, 왜 '저자의 서문이 아니라 편집자 호프만의 서문이라는 형식이 자리하는 것일까'하는 질문이 제기된다. 저자는 왜 스스로를 저자라 칭하지 않고 편집자로 칭하는 것일까? 이는 분명 저자 호프만과 편집자 호프만을 구분하려는 명명의 방식이며 어떤 차이를 내포하고 있다. 또한 출판상의 차이점도 명확하다. '생산자로서의 예술가'인 실제 호프만은 스스로 집필한 『수고양이 무르의 인생관』을 1819~22년에 걸쳐 1, 2부로 뒴믈러 서점에서 출간하였다. 그러나 실제 저자와는 달리, 소설 내에 등장하는

20) R. Barthe, Das semiologische Abenteuer, Frankfurt am Main 1988, p. 297.

편집자 호프만은 지인으로 전해 받은 수고양이 무르의 자서전 원고와 크라이슬러 전기라는 두 개의 이야기를 의도치 않게 매개하는 이의 역할을 수행한다. 서문의 내용 자체가 비현실적이고 허구적이며, 따라서 서문의 주체인 '편집자 호프만'도 허구적인 인물이라는 점은 쉽게 받아들여진다.[21)]

그럼에도 불구하고 편집자 호프만을 허구적인 인물로 즉각 받아들일 수 없는 점이 있다. 그것은 출판과 관련된 실제 저자의 역사적 배경(호프만의 이름, 베를린, 일시, 운터 덴 린덴, 튐믈러 등)이 텍스트 내에서 그대로 언급되고 있기 때문이다. 실제 저자 호프만의 전기적, 역사적 사실에 관한 사전 지식이 없는 독자는 어쩌면 편집자 호프만의 고백을 사실로 받아들일지도 모르는 일이며, 그럴 경우 글쓰는 수고양이 무르의 존재까지도 인정하게 되는 '어처구니없는 수용'도 가능해진다. 그렇지만 글쓰는 고양이는 분명 동화적이고 허구적인 산물이며 '고양이 저자'를 인정하는 가운데 출판업자가 출판을 결정했다는 것 또한 허구적일 뿐이다. 이처럼 사실과 허구가 뒤섞이면서 허구의 사실화, 사실의 허구화가 교차하는 서술 방식이 『수고양이 무르의 인생관』에서 작동하고 있는 것이다. 이러한 서술 방식은 전통적인 두 가지 고정 관념, 즉 한편으로 '삶과 문학, 사실과 허구는 구분된다'는 관념을, 다른 한편으로 '삶과 문학, 사실과 허구는 일치한다'는 두 가지 관념을 동시에 해체한다. 더욱이 무르의 자서전, 크라이슬러 전기가 각기 훼손된 글에 지나지 않는다는 점, 그런 훼손된 두 가지 글의 형태가 모여서 소설 전체가 "완전히 뒤섞인

21) 헬무트 프랑(Helmut Prang)은 이러한 질문 제기 없이 편집자 호프만을 저자 호프만과 동일시하면서 텍스트 전체의 흥미로운 유희를 관장하는 낭만적 아이러니의 주체를 저자 호프만으로 파악하고 있다. 호프만 문학과 관련하여 "항구적인 파렉바제"로서의 아이러니의 주체, "스스로 창작해낸 작품과 시인의 인위적 유희"의 주체로서의 호프만을 강조하는 그의 시각에 대해서는 다음을 참조할 것(H. Prang, Die romantische Ironie, Darmstadt 1980, esp. pp. 54~69).

난장판"의 형식을 띤다는 점 등은 '자서전과 전기 양식들은 모두 저자의 삶에 기반한다'는 전통적인 진정성의 관념을 해체하고 있다. 다르게 말하자면, 『수고양이 무르의 인생관』은 궁극적으로 자서전과 전기는 실제 삶의 반영이 아니라 "외관 훼손 De-facement"에 다름 아니라는 해체론적 관점까지도 낳고 있다.[22] 그렇지만 『수고양이 무르의 인생관』의 연구에서는 다음과 같은 전통적인 해석이 주류를 이루고 있는데, 즉 시민적 삶(무르)과 예술가적 삶(크라이슬러)은 각기 낮에는 사법 공무원이라는 시민적 삶을 살았고 밤에는 글과 음악에 몰입한 뛰어난 예술가적 삶을 살았던 호프만의 이중적 삶을 반영하고 있다는 해석이다. 소설 자체는 훼손과 교란 같은 형식적 유희를 통해 사실과 허구를 넘나들고 있음에도 불구하고, 연구자들의 해석은 '천부적인 저자 호프만'이라는 "지시체의 환상"[23]에 집착하여 소설에 대해 명백한 작가전기적 해석을 내리고 있는 것이다.

다시 한 번 강조하자면, 편집자 호프만은 소설 내에 위치해 있는 허구적 인물이다. 그는 서문과 후기뿐만 아니라 무르의 자서전과 크라이슬러 전기를 서로 번갈아 들락거리면서 곳곳에서, 틈틈이 다양한 목소리를 내던지는 매우 역동적인 인물이다. 마르틴 스왈레스(M. Swales)는 『수고양이 무르의 인생관』에는 세 개의 허구가 작동하고 있다는 매우 적절한 분석을 제시한 바 있는데, 즉 무르 자서전의 허구, 크라이슬러 전기의 허구, 그 두 개의 허구를 오가는 편집자의 허구가 그것이다.[24] 이 허구적인 편집자가 행하는 일차적인 역할은 성찰적 중단으로서의 아

22) Paul de Man, Autobiography as Defacement, in: Modern Language Notes, Vol. 94, No. 5, 1979, p. 919.

23) Ibid., p. 922.

24) Martin Swales, "Die Reproduktionskraft des Eidexen". Überlegungen zum selbstreflexiven Charakter der <Lebensansichten des Katers Murr>, in: E.T.A. Hoffmann Jahrbuch, Bd. 1(1992-93), pp. 48-57.

이러니를 수행하는 것이며, 이를 슐레겔은 "파렉바제"(Parekbase)라고 명명한 바 있다. 편집자는 주로 무르의 글쓰기 작업에 갑작스럽게 뛰어들면서 무르의 인용, 패러디, 나아가 표절 행위에 대한 성찰적 중단을 제시하는데, 가령 셰익스피어 작품에 대한 무르의 패러디 행위와 관련된 성찰적 중단을 대표적인 예로 들 수 있다.

> 오, 무르여! 나의 고양이여. 셰익스피어 시대 이후 체면은 전혀 문제시되지 않거나, 아니면 저자적 거짓말을 행하는 너는 내게 딱 걸린 것이라고 할 수 있겠지. 네가 이야기하는 사건에 광채와 불꽃을 첨가하기 위해 너는 온갖 거짓말을 이용하고 있구나. - 그 얼룩덜룩한 고양이와 결투하게 된 방식은 바로 셰익스피어의 <당신 뜻대로 하세요>에서 어릿광대 터치스톤이 일곱 번 몰래 집어넣은 거짓말을 명백하게 패러디한 것이 아닌가. (…) 무르여, 나의 고양이여! 평론가들은 너를 비판할 수 있겠지만, 어쨌든 네가 셰익스피어를 지적으로 유용하게 읽었음을 증명해 주고 있으며, 그 점은 많은 것을 용서해 줄 것이리라.[25]

셰익스피어 작품에 대한 무르의 단순한 패러디를 지적하는 것이 아니라 사실은 "광채와 불꽃을 첨가하는" 행위라고 언급함으로써 편집자는 무르의 글쓰기를 "저자적 거짓말", 즉 표절에 다름 아니라고 비판하고 있다. 또한 "네가 셰익스피어를 지적으로 유용하게 읽었음을 증명해 주고 있으며, 그 점은 많은 것을 용서해 줄 것"이라는 식의 반어적 대목은 칭찬이라기보다는 익살스런 조소에 가깝다. 더욱 재미있는 점은, 무르가 자신이 읽어 왔던 책들에서 많은 구절을 몰래 차용하고 있을 뿐만 아니라 자신의 글쓰기를 위해 깔개나 압지로 사용했던 크라이슬러의 전기에서도 "낯선 깃털"(멋진 인용문)을 가져오고 있다는 것이며, 이런 표절 행위에 대해서도 편집자는 비판적으로 개입한다.

---

25) 수고양이 무르의 인생관, 340쪽.

무르야, 네가 낯선 깃털로 장식하고 있음은 정말이지 너무 유감스런 일이다. 나의 걱정은 정말 당연한 일인데, 너는 아마 친절한 독자에게서 많은 신임을 잃게 될 것이다. - 네가 자랑하는 이 모든 관찰은 사실 거리낌 없이 악장 요하네스의 입에서 가져 온 것이 아니냐? 지상에서 가장 놀라운 것과도 같은 인간 저자의 정서를 깊게 꿰뚫어볼 수 있기 위해 네가 그런 삶의 지혜들을 모을 수 있었다는 것이 어찌 가능하단 말이냐?[26]

편집자 호프만의 흥미로운 성찰적 중단이 아닐 수 없다. 편집자가 무르의 자서전뿐만 아니라 크라이슬러 전기에 대해서도 상당한 배경 지식을 갖고 있음을 말해 주고 있는바, 이는 한편으로 글자 그대로 무르의 표절 행위를 비판하는 것이며, 다른 한편으로 그런 비판을 통해서 무르와 크라이슬러의 공통점을 지시하려는 것이기도 하다. 이 밖에도 인용(또는 은밀한 표절 행위)에 의한 다른 텍스트와의 관계(즉 상호텍스트성)에 대해서도 편집자는 지시하기도 한다. 그 점은 조용히 앉아 있는 고양이 미나 – 무르는 이 고양이가 실은 자신의 딸임을 후에 미스미스로부터 듣게 되는데 – 의 모습을 무르가 묘사하는 장면에서 엿볼 수 있는데, 여기서 편집자의 성찰적 중단은 무르의 글쓰기와 샤미소의 글쓰기 간의 상호텍스트성을 지적하고 나선다.

이 마지막 등장에서 나는 정말이지 정말로 고통스러웠다. 가을날 마지막 꽃에 키스하고 냉담한 물속으로 흩어져가는 첫 눈처럼 미나는 창백하고 아름다운 모습으로 그 곳에 앉아 있었다.
(편집자의 주석. 무르! - 무르! 다시 표절을 하는구나! - 『페터 슐레밀의 놀라운 이야기』에서 주인공이 자신의 애인 미나를 똑같은 말로 묘사한 바 있다.)[27]

26) 같은 책, 493쪽.
27) 같은 책, 419쪽.

물론 편집자 호프만을 실제 저자 호프만과 동일시한다면, 이는 저자 호프만이 샤미소의 작품으로부터 인용해 온 대목을 간접적으로 독자에게 밝히는 일종의 자기고백과도 같다. 실제 저자에게는 인용이지만, 편집자는 이를 무르의 표절임이라고 비판하고 있다. 성찰적 중단을 통해 편집자가 무르의 표절 행위를 비판하고 있지만 우회적으로 '모든 텍스트는 다른 텍스트와 관계되어 있다'는 상호텍스트성 이론의 가능성을 제시하고 있으며 아울러 인용과 표절 간의 경계도 해체되고 있는 것과도 같다. 왜냐하면 동일한 구절이 행위자에 따라서, 즉 한편으로는(즉 저자 호프만의 경우) 인용으로, 다른 한편으로는(즉 무르 및 편집자 호프만의 경우) 표절로 여겨지기 때문이다.

이처럼 무르의 자서전을 놓고서 끊임없이 단순한 인용, 차용, 패러디, 표절 등을 지적하는 편집자의 행위는, 물론 이것이 실제 저자 호프만의 의도적인 집필 행위의 소산일지라도, 텍스트 그 자체에서 볼 경우 아이러니에 의한 텍스트 자체의 운동, 즉 슐레겔이 말한 "자기창조와 자기파괴의 변화"로서의 아이러니의 단면과도 같다. 여기서 중요한 점은, 아이러니는 편집자의 명시적인 성찰적 중단 행위를 통해서 활성화될 뿐만 아니라 무르 자서전 및 크라이슬러 전기를 포함한 텍스트 도처에서 무의도적, 묵시적으로도 일어날 수 있으며, 독자는 '그 아이러니가 일어나고 있는 곳'을 명확히 인식하지 못한 채 자신의 독서를 진행해 나간다는 것이다. 편집자의 개입 없이도 성찰적 중단으로서의 아이러니는 곳곳에서 작동하고 있는 것이다.

이 밖에 편집자는 크라이슬러 전기에도 개입한다. 즉, 서문에서 이미 언급된 바 있지만, 크라이슬러 전기가 파편적으로 남게 된 원인을 무르의 자의적이고 무심한 행위 때문이라고 밝히면서 그는 때때로 크라이슬러 전기의 불연속성에 대해 독자에게 양해를 구하기도 한다.

편집자는 친절한 독자에게 언급하지 않을 수 없는데, 고양이가 다시 파지를 찢어 놓아 그나마 완전하지 못한 이 이야기에는 다시 빈곳이 생기고 말았습니다. 별다른 중요하지 않은 것을 포함한 것으로 보이는 여덟 개의 단락 페이지가 비어 있는 것입니다. 왜냐하면 다음의 것이 앞서 지나간 것에 연결되기 때문이지요. 그리고 계속되는 이야기는 다음과 같습니다.[28)]

편집자는 무르의 자의적 행위를 비판하면서 "친절한 독자가 보다 잘 이해할 수 있도록 사물의 모든 관계를 명확하고 분명하게 보여주는 일이 필요할 것 같다"[29)]는 소망을 피력하지만, 이러한 소망은 애초부터 좌절될 수밖에 없다. 왜냐하면 그것은 무르에게 전적인 책임이 놓여 있는 것이 아니라 크라이슬러 전기 자체의 불완전성 때문인데, 그 점에 대해서는 편집자 호프만이 아니라 크라이슬러 전기의 저자(전기의 서술자)에 의해서도 몇 차례 언급되고 있다. 따라서 꿰뚫어 볼 수 있는 모든 관계에 대한 편집자의 소망은 그 자체 애초부터 불가능한 텍스트의 특성을 지시하는 낭만적 아이러니에 다름 아니다.

무르의 자서전의 경우 주로 '편집자 호프만'이 개입하여 "친절한 독자"에게 말을 건네고 있다면, 이와 달리 크라이슬러 전기의 경우 그 '전기의 서술자'(즉 전기의 저자)가 곳곳에서 "친절한 독자"에게 말을 걸고 나선다. 편집자 호프만과 전기의 서술자가 각기 서로 다른 허구의 층위에 자리 잡고 있음은 두말할 나위 없지만, 그런데 여기서도 흥미로운 점은 - 마치 상호패러디처럼 - 그 크라이슬러 전기의 서술자(전기 저자)가 내는 목소리는 흡사 편집자 호프만의 목소리처럼 들린다는 것이다. 그 대표적인 예로는 다음과 같은 대목이다.

---

28) 같은 책, 467쪽.

29) 같은 책, 50쪽.

어떤 격한 엄청난 생각들에 이끌려 온갖 역경을 헤치면서 밭이나 숲을 뛰어다니며 제대로 난 길을 찾아 나서지만 끝내 그런 길에 도달하지 못한다면, 그것이야말로 역사학자나 전기 저자에게는 가장 불쾌한 일일 것이다. 악장 요하네스 크라이슬러의 기이한 생애에 대해 자신이 알고 있는 것을 친절한 독자 그대들에게 쓰려고 하는 필자의 심정이 그렇다. 그는 기꺼이 '작은 도시 N. 혹은 B. 혹은 K.에서, 오순절 아침에 혹은 그해의 부활절에 요하네스 크라이슬러는 세상에 태어났다'라는 말로 시작하고 싶었다. - 그러나 그렇게 멋진 연대기적 질서는 불가능하다. 왜냐하면 불행하게도 본 서술자는 단지 구두로만 전해진, 띄엄띄엄 알려진 이야기만을 알고 있을 뿐이며, 그나마 그 모든 것에 대한 기억을 잊어버리지 않기 위해 본 서술자는 즉시 작업을 시작해야만 한다. 이런 이야기를 전달함으로써 어떤 일이 일어날지에 대해서는, 그대 친절한 독자는 책의 뚜껑을 덮을 때에 비로소 겨우 알게 될 것이고, 그때 그대는 아마도 전체 이야기가 조각조각 난 것을 용서해 줄 것이며, 또한 그 파편적인 외양에도 불구하고 어떤 하나의 확고한 실마리가 모든 조각난 부분들을 결합시키고 있다는 생각을 갖게 될 것이다."[30]

이 대목의 서술 주체는 분명 크라이슬러의 삶을 기술한 전기 저자다. 인용문을 자세히 읽어 보면, 이 전기 저자에게도 사실 크라이슬러의 삶의 완전한 연관성과 총체적인 기록 등이 불가능했었음을 알 수 있다. 즉, "멋진 연대기적 질서" 대신에 단지 파편적인 기억, 조각난 부분들을 옮겨 쓸 수밖에 없었다고 한다. 그리고 부분들을 관통하는 "하나의 확고한 실마리"를 찾는 몫은 독자에게 있다고 전기 저자는 강조한다. 그렇지만 이와 같은 크라이슬러 전기 저자가 겪은 고충은 무르의 자서전과 크라이슬러의 전기를 무질서하게 묶어낸, 글자 그대로 편집 역할만을 수행할 수밖에 없었던 편집자 호프만의 고충과도 너무나 흡사하다. 또한 "하나의 확고한 실마리" – 그 실마리가 내용적이든 형식적이든 – 를 찾

30) 같은 책, 65-66쪽.

아낼 것을 부탁하는 크라이슬러 전기 저자의 말은, 크라이슬러 전기의 독자를 뛰어넘어 마치 자서전과 전기가 얽히고설킨 『수고양이 무르의 인생관』 전체를 읽는 독자에게 향하고 있는 말처럼 들린다. 크라이슬러 전기 저자는 분명 실제 저자 호프만 및 편집자 호프만과 다른 서술자임에도 불구하고 순간적으로 양자는 동일인으로 착각될 수 있을 정도인데, 그런 착각은 다음과 같은 언술을 통해서도 더욱 강하게 야기된다.

> 본 전기 저자는 전달할 이야기의 완전한 두서없는 상태에 대해 재차 놀라고 있으며, 그런 것들로 본인은 현재의 이야기를 **누덕누덕 깁는 일**만을 할 수밖에 없습니다. - 사실 아브라함 선생이 악장에게 어떤 지시를 주었는지 살짝 집어넣은 것이야말로 여기서는 적절한 것이 아닐까요? 물론 후에 그 무기가 무엇인지 저절로 드러나지만, 어쨌든 어떤 정황이 있었는지를 사랑스런 독자 여러분은 전혀 알 수 없을 것입니다. 그런데 전기 저자는 불행하게도 현재 그 지시에 대해 아무 것도 알지 못하며, (그것은 상당히 분명해 보이지만) 용감한 크라이슬러가 그 지시를 바탕으로 어떤 특별한 비밀을 알게 되었는지에 대해서도 전혀 알지 못합니다. - 그러나! 친절한 독자여! 약간 인내심을 갖기를 바랍니다. 이 책이 끝나기 직전에 그 비밀이 밝혀질 것이라고 본 전기 저자는 글쓰는 엄지손가락을 걸고 맹세하겠습니다.[31]

헥토르 왕자를 물리칠 수 있는 어떤 묘안을 아브라함 선생이 크라이슬러에게 주었는지 전혀 알 수 없기에 전기 저자 자신은 파편적 이야기를 "누덕누덕 깁는 일"(zusammenstoppeln)만 할 수밖에 없다고 고백한다. 그런데 '누덕누덕 깁는' 행위는 일종의 편집 행위로서 사실 소설 전체의 편집자에게 가장 잘 어울리는 일과도 같다. 요컨대, 크라이슬러 전기 저자의 고백은 "완전히 뒤섞인 난장판"으로 보이는 소설 자체에

31) 같은 책, 265쪽.

대한 편집자의 서문을 상기시킴으로써 양자는 서로 패러디의 관계를 맺고 있다. 소설 자체의 편집자와 크라이슬러 전기 저자 간의 유사한 언술을 분석해 낸 이로는 지금까지 호프만 연구가인 클라우스 데터딩(K. Deterding)이 유일한데, 그는 다음과 같이 양자의 관계를 정리한 바 있다.

> 편집자의 입장은 무엇일까? 지금까지 우리가 살펴본 바로는, 그는 무르에 수정을 가하고 독자에게 직접 말을 건넨다. 마찬가지로 전기 서술자도 독자에게 말을 건네고 크라이슬러 전기에서의 결함에 대해 하소연한다. 두 사람은 조정하고, 우회하고 옮겨 다니며, 망설이고 해명하며, 통합하기도 하는데, 물론 편집자가 전기 서술자 '뒤'에 있기에 더욱 심도 있게 행한다. 하여튼 독자는 내부를 향해(즉 편집자를 향해) 이끌려지고 작품은 외부를 향해(즉 편집자를 향해) 돌리게 된다. 전기 서술자와 편집자는 무르-크라이슬러 작품의 '내적 형식'의 인물시각적인 압축인 셈이다. 동시에 두 사람은 전체 작품에서 이중성(Duplizität)이라 불리는 것의 형상적인 압축이다. 즉 분열의 극복, 이원주의의 극복, 더욱이 인식과 유머로 말이다."[32]

데터딩이 사용하고 있는 "내적 형식"(Innere Form)이란 저자 호프만의 작품 세계 전체를 가리키며, 그런 내부형식과 연관성을 유지하는 가운데 "저자는 편집자 모습으로, 말하자면 자기 자신을 이야기의 인물로 만들고 있다"는 것이다. 비록 허구적인 편집자, 전기 서술자 같은 다른 형태의 모습일지라도 어쨌든 데터딩은 호프만 연구에 오랫동안 자리하고 있는 저자중심주의적 관점을 다시 끌어들이고 있는바, 즉 이원론을 극복할 수 있는 이상주의적 희망을 다름 아닌 내적 형식의 관장자인 저

---

32) Klaus Deterding, E. T. A. Hoffmann: Die großen Erzählungen und Romane, Bd. 2, Würzburg 2008, p. 207.

자 '호프만'에 부여하고 있다. 그러나 그와 같은 이상주의적이고 긍정적인 관점과는 달리 한 가지 분명한 점은, 편집자 호프만과 크라이슬러 전기 저자는 서로 다른 허구의 차원에서 작동하는 각기 다른 인물일 뿐이며, 다만 서술방식의 측면에서 크라이슬러 전기 저자와 편집자 호프만은 마치 상호 패러디 관계를 형성하고 있는 듯이 보일 뿐이다. 물론 누가 누구의 서술 방식을 패러디하고 있지는 당연히 애매모호하지만 말이다.

사실과 허구의 경계 해체에서부터 실제 저자 호프만과 편집자 호프만 간의 유사성, 편집자 호프만과 크라이슬러 전기 저자 간의 유사성, 이처럼 다양한 유사성에 의한 서술의 교란과 착종은 도대체 무엇을 겨냥하고 있는 것일까? 그것은 무엇보다도 '명증하고 단일한 저자'를 해체하는 동시에 기이하고 흥미로운 미학적 현상을 담아낸 작품(텍스트) 자체의 자율성을 강화하려는 18세기 말의 문학적, 미학적 패러다임 전환을 도모하는 현상이다. 다르게 말하면, 주체철학적 맥락, 즉 뛰어난 개성과 천부적인 정신의 소유자로서 저자주체, 절대성, 진정성(Authentizität), 명증성 등을 소유한 절대적 주체가 부정되고 텍스트(언어) 자체의 자율성을 중시하는 문학적, 미학적 패러다임 전환 말이다. 노발리스의 「독백」에서처럼 언어가 발화자로부터 독립하여 "오로지 자기 자신만을 걱정한다는 사실, 즉 언어의 고유성"을 바탕으로 언어 자신만의 세계를 구축하듯이,[33] 글을 창조하고 지배하는 신성한 문장가, 즉 글의 원작자이자 집필자로서의 절대적인 저자가 뒷전으로 밀려나고 '글을 세워놓는 자 Schrift + Steller'로서의 편집자의 매개 역할, 파편 조각들을 "누덕누덕 깁는 일"만을 해낼 수밖에 없는 서술자의 역할, 그로 인해 소설 자체는 "완전히 뒤섞인 난장판"처럼 보일 수밖에 없는 텍스트 자체의 자율성이

33) 이 책의 10장을 참조할 것.

중시되는 것이다. 물론 텍스트 밖에 있는 절대적인 자아로서의 저자주체가 자신의 그림자를 여전히 텍스트 내에 드리울 수 있겠지만, 그것은 글자 그대로 '실체 없는 그림자' 내지는 '실체 없는 주석적 가면'일 뿐이다. 편집자의 이름이 작동하는 순간 실체 있는 저자주체는 이미 해체되어 부재해 있다. 이처럼 노발리스, 샤미소, 호프만 같은 낭만주의 작가들의 텍스트에서 엿보이는 저자의 '외적인 간직'과 '내적인 삭제' 간의 모순적 현상에 대하여 호르스트코테(S. Horstkotte)는 다음과 같이 적절하게 분석해주고 있다.

> 실제 저자주체는 문학 텍스트에서 언어의 비유적 형상물로 대체된다. 저자라는 역사적 인물은 텍스트를 묶어내는 주석적 가면 뒤로 사라진다. 결국 저자주체는 글쓰기를 통해서 간직되는 동시에 지워진다. 라캉식 특성의 정신분석학적 이론과 연관하여 다음과 같이 보자면, 즉 텍스트를 규제하는 문학적 관습을 통합하는 언어와 언어의 규칙은 언제나 개인적 글쓰기 행위에 선행한다고 보자면, 글쓰기 행위에서 저자의 자기서술이라는 생각은 이데올로기적 착각으로 드러난다. 게다가 완성된 텍스트는 어쨌든 저자에 의한 통제에서 벗어나며 향후 저자 없이 계속 존재한다. 노발리스가 독자를 확장된 저자라고 언급했을 때 그는 바로 그와 같은 점을 생각하고 있었다. 텍스트를 생산하는 저자주체는 다시 한 번 탈개인화되고 그 정체성을 상실하게 된다.[34]

"글쓰기 행위에서 저자의 자기서술이라는 생각은 이데올로기적 착각으로 드러난다"라는 언술은 작품의 저자 호프만이든, 자서전의 저자 무르이든, 크라이슬러 전기의 저자이든 모두에게 적용될 수 있다. 이처럼 저자주체의 양가성, 즉 "저자라는 역사적 인물은 텍스트를 묶어내는 주

34) Silke Horstkotte, Die Poetik der Androgynie in Novalis' <Heinrich von Ofterdingen>, in: Herbert Uerlings(Hg.), Novalis. Poesie und Poetik, Tübingen 2004, p. 223.

석적 가면 뒤로 사라진다. 결국 저자주체는 글쓰기를 통해서 간직되는 동시에 지워진다"라는 양면성은 이미 슐레겔의 「아테네움」 116번 단편에서 제시된 "서술하는 것과 서술된 것 사이에서 부유하는" 식의 낭만적 포에지의 특성을 통해서 암시되고 있다. 부유하는 낭만적 포에지에서 서술적 주체는 전통적인 모습, 즉 자신을 절대화하고 신성화하는 통념에서 벗어나 점차 글과 삶 사이에서 모호하게 부유하는 편집자의 탈신성화된 모습으로 전환하고 있는 것이다.

자기 자신을 저자로서 절대화하는 무르와 그의 글쓰기를 끊임없이 비판적으로 지적하고 조소하는 편집자의 개입, 그리고 사건들의 연관성을 발견하기 어렵다고 하소연하는 크라이슬러 전기 저자의 푸념 섞인 목소리, 그리고 저자 무르, 크라이슬러 전기 저자, 소설의 편집자 호프만 간의 상호 유사성 등등, 이 모든 요소들은 낭만주의 포에지의 시적 성찰, 즉 "자기 자신을 끊임없이 성찰하는 성찰"(die sich selbst reflektierende Reflexion)[35]과도 같다. 요컨대, 마치 거울 속에 비친 대상이 다른 거울 속에 다시 비추어지는 과정, 즉 '성찰의 성찰'이라는 무한한 과정에 다름 아니다. 물론 성찰은 명확한 의미로 정지되는 것이 아니라 진실과 허구 사이에서 항구적으로 부유하는 포에지 내에 갇혀 있다.

5. 교양소설의 발전 혹은 극복?

물론 전통적인 의미의 저자주체가 『수고양이 무르의 인생관』에서 완전히 지워져 있는 것은 결코 아니다. 위 인용문의 호르스트코테(S. Horstkotte)의 분석처럼 그 저자주체는 간직과 해체 사이에서 부유하는데, 간직의 경우 저자주체는 편집자의 이름으로 작동하거나 혹은 무르의 모습에서

35) I. Strohschneider-Kohrs, Die romantische Ironie in Theorie und Gestaltung, p. 47.

알 수 있듯이 스스로를 보지 못하는 맹점에 사로잡힌 코믹한 희화화의 대상으로 연출되고 있다. 글쓰는 능력을 지닌 저자로서의 수고양이는 스스로를 탁월한 작가적 기질을 소유한 자로 간주하며, 그렇기에 자신이 작성한 서문을 "저자의 서문"이라고 기꺼이 명명하고 있다. 스스로를 인식하지 못한 채 무르는 진지한 저자의 모습에 도취되어 있지만 관찰자(독자)의 관점에서는 대단히 코믹하게 여겨지는 저자주체다. 특히 탁월한 지혜와 글재주를 자랑하는 무르의 저자적 언술은 직간접적인 인용 및 은밀한 표절 등을 취함으로써 - 간간히 편집자에 의해 지적당하는 가운데 - 스스로 자신의 서술적 진정성과 천재성을 의심의 도마 위에 올려놓고 마는데, 이는 저자주체의 아이러니컬한 모습이 아닐 수 없다.

도취와 성찰의 대상과도 같은 무르 자서전의 핵심적 특징은 교양소설과의 연관성에 있다. 특히 괴테의 다양한 작품들을 인용함으로써 무르는 은밀히 괴테의 위상을 흠모하는 듯한 인상까지도 불러일으킨다. 자신이 태어난 순간부터 성장 과정, 그리고 청/장년기 수업 시대와 관련된 여러 가지 경험들을 비교적 순차적인 연대기적 시간에 따라 서술하고 있다는 점에서 무르의 자서전은 분명 교양소설(Bildungsroman) 혹은 발전소설(Entwicklungsroman)의 형식을 취하고 있으며, 이는 무엇보다도 괴테의 『빌헬름 마이스터의 수업시대』의 형식적 모방이다. 내용 전개상에서도 마찬가지다. 무르의 자서전은 크게 1, 2부로 나뉜 상태에서 총 4장으로 구성되어 있는바, 1부 1장은 "존재의 감정들 - 청소년기의 나날들", 1부 2장은 "청년의 삶의 경험 - 나 역시 아르카디아에 있었다"는 제목과 부제를 지니며, 2부 3장은 "수련기간 - 우연의 변덕스러운 유희", 2부 4장은 "보다 높은 문화의 유희적인 결과 - 중년의 더욱 성숙한 나날"로 서술되어 있다. 태생과 교육 과정, 청소년/청년기 수업시대, 그리고 성숙한 중년기 등(Monate der Jugend, Lebenserfahrungen des Jünglings, Die

Lehrmonate, Die reiferen Monate des Mannes)은 모두 "교양"(Bildung) 이념을 향해 정진해 나가는 과정인데, 무르의 입장에서는 괴테 소설의 모방이며 호프만과 독자의 입장에서는 괴테 소설의 패러디이다. 강물에 내버려진 자신이 아브라함 선생에 의해 구출되고 이후 그의 집에 머물게 된 순간부터의 과정을 무르는 스스로 진지하게 "세상을 위한 교양을 받아가며 나의 거대한 발걸음은 앞으로 나아가고 있었다"[36]고 밝히며, 또한 아브라함 선생도 "이런, 이런! 너의 마음속에 어떤 교양충동(Bildungstrieb)이 자리 잡고 있나 보구나!"[37]라고 말하면서 무르에게 책을 건네기도 한다. 글을 배우기도 전에 무르는 "문서와 책들 한 가운데 앉아 이것저것을 뒤적여 보았을 때의 그 기쁨이란! 그것은 장난이 아니라 단지 호기심이었고, 뜨거운 학문적 열망이었다"[38]고 자신의 천부적인 지적 탐구의 열망을 자랑한다. 또한 아브라함의 감시망 속에서도 글을 읽는 법을 습득하게 되었을 때는 "내가 책 읽은 일을 끝마치고 나의 머리가 낯선 사상들로 하루하루 더욱 가득해졌을 때, 나의 천재적 본성에 내재된 고유한 사상들을 잊어버리지 않고자 하는 거부할 수 없는 충동을 느꼈다. 그것은 바로 일종의 글쓰기라는 아주 어려운 기술이었다"[39]라고 말하면서 무르는 몰래 천부적 능력으로 글쓰는 법까지도 독학해 나간다. 마침내 글을 쓸 줄 아는 저자로서 그는 "마치 마르지 않은 샘에서 솟아나오는 정신의 깊이와 충만함"[40]을 갖고서 불멸의 작품을 후세에 남기려는 야망을 가졌었다고 말하기도 한다. 이러한 학습 및 성장 과정을 거친 후 자서전 집필의 동기를 밝힐 때 무르는 자신의 글쓰기가 교양 목적에 부합되어 있음을 다음과 같이 천명하고 나선다.

---

36) 수고양이 무르의 인생관, 22쪽.
37) 같은 책, 47쪽.
38) 같은 책, 45쪽.
39) 같은 책, 48쪽.
40) 같은 책, 49쪽,

진정한 천재가 태어나면서 갖게 된 확신과 평온으로 나는 세상 사람들에게 내 자서전을 전달하고자 한다. 이는 그들로 하여금 **내가 어떻게 위대한 고양이가 되어 가는지**를 알도록 하고, 그들이 나의 탁월함을 충분히 알도록 하고, 나를 사랑하고 존중하고 존경하고 경탄하도록 하고, 조금은 숭배하도록 하기 위해서다.[41]

이처럼 자신의 온갖 경험과 성숙 과정을 바로 "위대한 고양이"가 되기 위한 교양 과정으로 간주하고 이를 담은 자서전을 통해 독자들로 하여금 자신을 "사랑하고 존중하고 존경하고 경탄하도록" 만들겠다는 자화자찬식의 언술과 포부는 자서전에 진지함을 부여하기보다는 정반대의 코믹함만을 부여한다. 자신을 "위대한 천재"라고 지칭하는 가운데 무르는 자서전의 기록이 어떤 의미를 지니는지를 다음과 같이 서술한다.

나의 청소년기에 몇 달 동안 받았던 첫 번째 교육에 대해서는 아직도 할 말이 많다. 한 위대한 천재가 자서전에서 자신의 청소년기에 일어났던 모든 것 - 그것이 아무리 보잘것없을지라도 - 까지도 세세하게 다 말해 준다면, 그것은 아주 기억할 만한 일이고 교훈적이다. 과연 고귀한 정신에 보잘 것 없는 일이 일어날 수 있을까? 했든 안 했든 간에 그가 청소년기에 시도했던 모든 일은 저마다 대단한 가치를 가지며 불멸의 작품이 지닌 심오한 의미와 각별한 성향을 밝게 조명해준다.[42]

자신의 자서전이 "심오한 의미와 각별한 성향"을 갖고 있음은 자신만의 생각일 뿐 제 삼자에 의해서 확인된 것이 결코 아니다. 자신의 자서전을 읽은 독자가 플루타르크와 코르넬리우스의 영웅전을, 나아가 셰익스피어, 괴테, 실러 같은 위대한 시인의 작품까지도 연상할 것이라는 언술 등, 이러한 무르의 나르시시즘적 언술은 진지함보다는 코믹함을 야

41) 같은 책, 13쪽.

42) 같은 책, 42-43쪽.

기한다.

이렇듯 무르의 서술을 읽다 보면, 그가 18세기 중반 질풍노도운동에서 싹튼 '천재(Genie)로서의 예술가' 사상으로부터 많은 영향을 받고 있음을 쉽게 알 수 있다. 그러한 천재 사상은 다시금 사회와의 충돌과 갈등을 극복함으로써 한층 더 "위대한 이"로 함양될 수 있다는 소위 교양 사상으로 발전하게 되는데, 그런 점에서 무르는 마침내 자서전의 서문에서 자신을 "문학의 제자"(Éudiant en belles lettres)[43] 혹은 "훌륭하고 명성 있는 저자"(Homme de lettres trè renommé)[44]로 지칭하고 있다.

이처럼 언뜻 보기에 내용적으로나 형식적으로 교양소설의 특징을 띤 무르의 자서전은 독자의 관점에서 볼 때 완전히 다른 효과를 불러일으킨다. 무르의 자서전은 18세기 천재 사상 및 19세기의 교양 사상, 그리고 그에 부합하는 문학적 장르인 교양소설을 진지한 의미에서 수용하고 있기보다는 오히려 스스로를 웃음을 야기하는 패러디의 대상, 즉 아류성(Epigonentum)의 대상으로 만들고 만다. 아주 간단한 구절, 가령 "나 역시 아르카디아에 있었다"는 무르의 외침은 이탈리아 여행에 대한 괴테의 외침을 흉내내고 있으며, 이러한 모방적 패러디는 본래의 모델을 조소와 부정의 대상으로 간주하도록 유도한다. 또한 지고한 교양을 향한 무르의 삶의 과정은, 비록 자신은 속물주의가 아니라고 주장할지라도, 철저히 속물주의의 추종과도 같다. 따라서 무르의 자서전은 괴테(교양소설, 교양 이념 등)를 진지하게 수용하고 있는 것이 아니라 괴테의 진지함을 우스꽝스럽게 만들고 있으며, 그 결과 교양소설에 대한 반란과 모욕으로 간주될 수 있다. 그래서였을까? 평소 호프만 작품에 심기가 불편했던 괴테는 "그것(호프만의 소설 『황금단지』: 역주)은 내게 전혀 맞지 않는다"[45]고 노골적으로 비판하였으며, 호프만 문학을 "고통 받는

43) 같은 책, 12쪽.

44) 같은 책, 13쪽.

자의 병든 작품"으로 혹은 호프만을 "통속문학" 작가로 평가 절하하기도 했다.[46)]

다시 강조하자면, 무르 스스로는 괴테와 교양 이념을 진지하게 모방하고 있지만 독자의 관점에서는 그런 무르의 모습이 코믹한 대상으로 비추어지는데, 이처럼 진지함과 코믹함 사이에서 부유하는 포에지로서의 『수고양이 무르의 인생관』은 넓은 의미에서 "자기창조와 자기파괴의 영원한 변화"로서의 아이러니를 작동시키는 것과도 같다. 자신을 "진정한 천재", "위대한 천재"라고 지칭하는 아주 작은 표현에서부터, 그리고 자신이 집필한 자서전이 위대한 영웅전과 동등한 반열에 있다는 서술 대목 등, 이러한 코믹한 점은 무엇보다도 비판적 성찰의 대상으로 여겨진다. 이와 관련하여 몇 가지 점을 좀 더 살펴보자. 교양소설이란 본래 삶과 세계 속에서 다양한 경험을 축적하는 가운데 주인공이 정신적, 영혼적 지평을 넓혀 가는, 숭고한 정신을 향한 교양의 발걸음을 내딛는 과정을 보여주기 마련이다. 그러나 이러한 기대와는 달리 무르의 자서전은 내용적으로나 형식적인 점에서 정반대의 모습을 보여주고 있다. 가령 불쌍하게 지내는 엄마 고양이 미나에게 청어 대가리를 가져다주겠다고 하지만 도중에 자신의 식욕을 뿌리치지 못한 나머지 자신도 모르게 그 청어 대가리를 먹어치운 행위를 고백하는 장면의 경우 소위 교양, 정신, 휴머니즘보다는 동물적, 육체적 본능의 충동이 우선시될 수 있음을 말해주고 있다. 더욱이 그러한 상태가 "오, 식욕이며, 너의 이름은 고양이로다"[47)]라고 서술되고 있는데, 이는 셰익스피어의 『햄릿』에서의 저 유명한 "오, 나약함이여, 그대 이름은 여자이구나"라는 구절의 패러디에 다름 아니다. 무르는 삽살개 폰토에 이끌려 멋진 개들 모임에 참석하게 되는데,

45) Cf. Goethes Tagebuch vom 21. Mai 1827.

46) Cf. Goethe, Werke, Weimarer Ausgabe, 42. Band, Zweite Abteilung, p. 87.

47) 같은 책, 63쪽.

그 모임의 주체들은 속물주의(Philistertum)에 젖은 고양이들과는 달리 "솔직하고, 성실하고 고집이 세지 않고 마음이 따뜻하고 기꺼이 친구를 돕고자 하는", "명예와 성실"을 중시하는 개들이라고 자랑한다.[48] 그러나 자신들이 표방하는 숭고한 정신과는 관계없이 그 모임도 마찬가지로 술, 절인 청어, 합창에 젖어 향락의 시간을 보내는 모임으로 전락하는데, 이 또한 진지한 모임에 대한 풍자라고 할 수 있다. 물론 이는 동시대의 사회적 현상과 연관되어 있다. 가령 당시 여러 도시에서 조직된 학우회(Burschenschaft. 1815년 독일의 소도시 예나 Jena에서 조직된 대학생 학우회를 필두로 '조국애의 함양과 학생 생활의 향상'을 목적으로 많은 도시에서 조직되었음: 역주)에 대한 패러디로 볼 수 있으며, 뿐만 아니라 18세기 이후 곳곳에서 형성된 다양한 결사체(프리메이슨, 템플기사단, 장미십자회 등) 형태를 비롯하여 괴테의 『빌헬름 마이스터의 수업시대』에서 계몽의 정신과 위대한 행위를 추구하는 "탑사회"에 대한 패러디로도 간주될 수 있다. 이 밖에도 자신에게 많은 경험을 안겨주었던 동료 무치우스의 장례식에서 무르가 고인의 세 딸 중 가장 아름다운 고양이에게 반하는 장면도 코믹과 아이러니를 야기한다. 왜냐하면 그 아름다운 고양이는 다름 아닌 무르가 이전에 사귀었던 연인 미스미스와 자신 사이에서 태어났던 딸이었기 때문이다. 죽은 자에 대한 엄숙한 장례식장에서 사랑의 감정을 느낀다는 것, 더욱이 그것이 곧 근친상간과 연결된 충동으로 밝혀지는 우스꽝스러운 상황이 연출되고 있는 것이다.

이처럼 무르의 자서전은 괴테와 교양소설을 받아들이면서도 곳곳에 표절(Plagiat), 풍자(Satire), 조롱(Persiflage), 패러디(Parodie), 아이러니(Ironie), 유머(Humor) 등의 문학적 기법을 통해 희화화하고 있는바, 특히 그의 표절 행위는 다음과 같은 당당한 자화자찬의 언술을 통해 은밀히 암시

48) 같은 책, 304쪽.

되고 있다.

> 재치 있고 감수성이 풍부한 여러 젊은 고양이들의 가슴에 내 작품은 드높은 문학적 삶의 불을 지펴 놓을 것이다. 그 중 고귀한 어린 고양이가 지붕 위에서 내 전기의 유쾌함을 읽기 시작하고 **내 손아귀에 놓여 있는** 책의 높은 정신세계 속으로(in die hohen Ideen des Buchs, das ich soeben unter den Klauen habe) 빠져 들어오게 되면, 그는 마침내 감격에 겨워 다음과 같이 외칠 것이다. "무르, 위대한 무르, 당신 종족 중에서 가장 위대한 무르여, 오직 그대에게, 그대에게만 나는 감사할 것이오. 나를 위대하게 만드는 것은 오로지 당신뿐이오."[49]

"내 손아귀에 놓여 있는 책의 높은 정신세계"(in die hohen Ideen des Buchs, das ich soeben unter den Klauen habe)라는 독일어 문장 중 "unter den Klauen haben"이라는 표현은 발톱, 손톱 같은 동물의 육체 일부 하에 놓여 있음을 뜻하지만 동시에 "표절하다, 도둑질하다"라는 뜻을 암시한다. 결국 교양 이념, 교양 소설을 표방하는 무르의 글쓰기가 실은 그 이념과 형식을 모방하는 아류 행위, 나아가 도둑질하는 표절 행위로 나아가고 있는 셈이다.

그와 같은 모방과 표절의 글쓰기는 무르 스스로 다른 책들에서 갖고 왔음을 노골적으로 알리는 방식에서부터 교묘하게 "낯선 깃털로 치장하는" 방식 등을 통해 다채롭게 펼쳐진다. 가령 자서전 1부 1장의 첫 문장을 무르는 괴테의 작품 『에그몬트』에서의 저 유명한 표현을 명확히 패러디하면서 "'오, 그대, 존재의 달콤한 습관이여!'라고 어느 네덜란드 출신의 주인공은 어떤 비극 작품 속에서 그렇게 외쳤다"[50]라는 식으로 시작한다. 뿐만 아니라 곳곳에서는 다양한 문인들과 작품이 직간접적으로

---

49) 같은 책, 43쪽.
50) 같은 책, 19쪽.

다양하게 지시되는데, 가령 실러, 레씽, 장 파울, 라퐁텐, 루소, 세르반테스, 타소, 오비드, 버질, 칸트, 라이프니츠 등 수많은 문인과 철학자의 언술과 사상이 파편적으로 발견된다. 그러한 모방과 표절은 부분적으로 온전하게 혹은 약간 변형된 모습으로 이루어지며, 또는 정직한 방식으로 혹은 부정직한 방식으로 제시되고 있다.

그런데 더욱 흥미로운 점은 다른 텍스트의 인용뿐만 아니라 텍스트 내적인 인용도 자행된다는 것이다. 즉, 편집자 호프만이 자주 지적하고 있듯이, 무르는 자신의 글쓰기를 위해 깔개와 압지로 사용했던 크라이슬러 전기에서도 상당한 표현과 내용을 훔쳐오고 있는 것이다. 크라이슬러가 자신을 살해하려 했던 헥토르의 부관과 결투했다는 장면은 무르가 얼룩덜룩한 고양이와 결투했다는 이야기에서 반복하며, 무르가 연인 미스미스와 함께 합창을 부르는 장면은 그에 앞서 제시된 악장 크라이슬러와 율리아가 서로 합창하는 장면과 너무 흡사하다.[51] 또한 사회 속에서의 고독하고도 황량한 마음을 고백하는 무르의 모습은 마치 사회에서 영원히 아웃사이더로 존재할 수밖에 없는 크라이슬러의 예술가적 운명을 흉내 내는 듯한 여운을 자아낸다. 가령 추밀고문관 부인 벤존과의 대화 장면에서 크라이슬러는 "그러나 나의 고통스러운 상태를 나는 말할 수 없었습니다. 내가 편안한 친구들과 함께 하는 즐거운 분위기에서도, 어떤 예술을 즐기는 상황에서도, 즉 내가 자부심을 느끼는 그 순간에서조차도 나에게는 모든 것이 갑자기 비참하고, 허무하고, 아무런 색채도 없고, 죽은 것처럼 보이며, 나는 갑자기 황야에 버려진 것처럼 느껴졌습니다"[52]라고 말한다. 이와 비슷한 언술로 무르는 "그러나 꼬리달린 빛의 정신인 나는 빛을 발하는 고귀한 천성을 갖고 있음에도 불구하

51) 크라이슬러와 율리아(수고양이 무르의 인생관, 173쪽), 무르와 미스미스(같은 책, 256쪽)가 서로 합창을 부르는 두 장면을 비교할 것.

52) 수고양이 무르의 인생관, 94쪽.

고, 나는 죽어야하는 모든 인간들과 운명을 같이하지 않는가! - 나의 마음은 너무도 착하지만 나는 예민한 고양이이고, 기꺼이 약한 자에 속하고 싶고 슬픔과 마음의 고뇌에 빠지게 될 것이다. - 나는 마치 깊은 황야에 있는 것처럼 혼자 있는 것을 알아차리지 못하기 때문이다"[53]라는 식으로 사회 속에서 자신이 겪는 외로움을 표명한다.

이처럼 무르의 글쓰기는 누구나 잘 알고 있는 다른 텍스트의 언술과 내용의 인용, 패러디, 표절 사이에서 명확히 선을 그을 수 없을 정도로 복잡하게 이루어져 있다. 물론 그와 같은 모방, 인용, 패러디, 표절 등이 난무하는 글쓰기 행위를 무르 스스로가 의식하고 있었는지 아니면 무의식적으로 행한 것인지는 매우 애매하다. 다만 자서전 중간 부분에서 무르는 자신의 엄청난 독서량과 그로 인한 무차별적 인용(내지는 표절) 행위 가능성을 고백하고 있는데, 이는 곧 인용과 패러디가 자칫 표절 행위로 전환할 수 있는 위험성을 스스로 인지했던 것으로 보인다.

> 내가 문학적으로 우울했던 시기에 읽었던 여러 가지 책들을 나는 여기에서 언급하고 싶지 않다. 그것을 위해 부분적으로는 보다 적당한 부분을 찾았기 때문이고, 부분적으로는 제목을 잊어버렸기 때문이다. 그것은 내가 대부분 제목을 읽지 않았거나 전혀 몰랐기 때문이었다. - 모든 이들은 이러한 설명으로 만족할 것이다. 그리고 나의 전기적인 경솔함을 탓하지 않을 것이다.[54]

"전기적인 경솔함을 탓하지 않을 것"이라는 말은 아마도 무르 자신의 자기위로 내지는 자기변호일 수 있다. 그러나 "제목을 잊어버렸기" 때문에 혹은 "제목을 읽지 않았거나 전혀 몰랐기 때문"이라고 해서 표절이 정당한 인용으로 옹호될 수는 없으며 또한 표절의 부당함을 완화해주지

53) 같은 책, 226쪽.
54) 같은 책, 79쪽.

는 않는다.

이상과 같이 살펴 본 무르의 글쓰기와 관련하여 두 가지 중요한 질문이 제기된다. 그 하나는 무르의 자서전 형태가 과연 교양소설의 발전과 새로운 확장인지 아니면 교양소설에 대한 비판과 부정인지에 관한 질문이며, 다른 하나는 다양한 방식의 인용, 풍자, 조롱, 패러디, 표절 등이 난무한 무르의 글쓰기 자체에 대한 질문이다. 우선 전자의 경우 매우 복잡한 대답이 뒤따른다. '무르와 크라이슬러'라는 두 주인공의 설정, 자서전과 전기라는 두 형식의 동시성, 두 형식의 상호 간섭과 불연속성 등이 작동하는『수고양이 무르의 인생관』은 근본적으로 한 주인공의 단선적인 발전 과정을 담은 교양소설의 형식을 파괴하고 있으며, 또한 특히 무르 자서전의 경우 우스꽝스러운 사건, 인용, 패러디, 표절 등이 뒤섞여 있기에 전통적인 진지하고 아름다운 교양소설의 형식과 내용에 비하면 전혀 아름답지 않은 헝클어진 형식, 즉 편집자의 말 그대로 "완전히 뒤섞인 난장판"을 띠고 있기에 엄격하게 말하면 '반교양소설'이다. 이와 달리『수고양이 무르의 인생관』을 혹자는 넓은 의미에서 교양소설의 발전 및 확장으로 간주하기도 한다. 이를 위해서는 교양소설의 범주를 괴테 식의 교양소설에만 제한하지 않고 폭넓게 확대하는 시각이 요구되는데, 그럴 경우에만 호프만의 소설은 새로운 형태의 교양소설로 간주될 수 있다. 다음과 같은 롤프 젤브만(R. Selbmann)의 시각이 대표적인 예이다.

> 현실에 순응하는 예술가 무르가 시도한 것처럼 의식적으로 행해진 교양의 이야기는 교양 속물주의자를 만들어내고 말았는데, 그 마지막 결과는 바로 억지로 강요된 교양소설은 스스로를 패러디하고 만다는 점이다. 그러나 확고하게 구축된 교양 개념을 갈기갈기 찢어내고 파괴함으로써 무르는 기존 교양 개념을 다른 이야기와의 연관성을 위해 새로이 이용될 수 있는 파편조각으로 삼은 셈이다. 바로 그런 관점에서 파괴적이고 패러디적인 소설 구조의 기능은 과거와는 다르게 긍정적으로 평가

> 될 수 있다. 어쩌면 기존 교양 개념이 없었더라면 무르 자서전은 평범한 교양 패러디로 남았을지도 모르며, 크라이슬러 전기는 얽히고설킨 통속적인 낭만적 이야기로 남았을지도 모른다.
> 수고양이의 교양 패러디와 크라이슬러의 예술가 세계로 이루어진 더블로망의 관점은 서서히 시작된 서사적 시대 의식의 변화를 반영하고 있다. 다층적일뿐만 아니라 인식과 괴리를 가지는 현실의 사유형식은 서술자로 하여금 다양한 현상의 이면에 놓여 있는 연관성을 추측하게 만드는데, 그 연관성은 독자에게도 열려져 있기도 하다. 소설은 비판적이고 탁월한 서술자와 그의 유머 감각의 손아귀에 놓여 있으며, 그럼으로써 새로운 서사적 가능성을 얻게 된다. 그러나 자신의 근본적 토대를 잃어버린 교양소설의 한 시대는 종말된 것과도 같다.[55]

기존 교양소설에 대한 패러디 방식을 통해 호프만 소설은 한편으로 18~19세기를 풍미했던 괴테 식의 교양소설 형태에 종지부를 찍지만, 이러한 단호하고 과격한 부정을 통해 역설적으로 호프만은 교양소설의 무한한 형식적 발전의 길을 열어주었던 것이다. 호프만의 소설은 분명 18세기의 교양소설과는 완전히 다른 유형이지만, 동시에 인식과 현실 간의 괴리가 더욱 심화되는 19세기 이후의 사회적 현상을 반영하고 있는 새로운 유형의 교양소설인 것이다. 그런데 위 인용문은 두 가지 문제점을 드러내고 있다. 그 하나는, 괴테 식의 교양소설 형식이 없었더라면 호프만의 새로운 형태의 현대적 교양소설의 태동이 불가능했다는 식의 관점이며, 다른 하나는 반교양소설도 교양소설의 개념하에 위치시킨다는 점이다. 『수고양이 무르의 인생관』을 교양소설의 범주에 귀속시키는 관점은 가령 20세기 초 로베르트 발저(R. Walser)의 『야콥 폰 군텐』 같은 반교양소설을 다시금 시대적 상황을 반영한 교양소설의 진화된 발전형태로 간주하는 관점과 비슷하다. 위의 두 가지 문제점은 모두 교양소

55) Rolf Selbmann, Der deutsche Bildungsroman, Stuttgart/Weimar 1994, p. 95.

설을 절대화하고 있는바, 이것이 문제의 핵심이기도 하다. 이러한 관점은 철학적, 정신적 사상에서 계몽 혹은 계몽주의에 저항한 사유(예: 낭만주의)도 넓은 의미에서 계몽의 발전과 확장으로 해석하려는 논리과도 비슷하다. 교양과 계몽을 부정시하고 그것으로부터 급진적으로 이탈하고 변형하려는 새로운 방식을 지속적으로 '교양과 계몽'이라는 개념 하에 포용하려는 관점이 과연 정당한지는 여전히 의문으로 남는다.

두 번째 질문은 인용, 패러디를 넘어서 표절로 비난 받을 수 있는 무르의 글쓰기와 관련된 것이다. 무르의 글쓰기는 사실 과거뿐만 아니라 현재에도 엿볼 수 있는 모든 이들의 글쓰기 현상과 밀접한 관계를 맺는다. 사실 무르의 글쓰기 행위는 포스트모더니즘적 사유를 선취하는 것으로 해석될 수도 있는데, 즉 태초에 오리지널은 없었으며 모든 글쓰기는 다른 글쓰기의 모방, 축적, 변형 등에 다름 아니라는 소위 후기구조주의적, 해체론적 사유 말이다. 데리다를 신봉하는 사라 코프망(S. Kofmann)은 호프만의 『수고양이 무르의 인생관』에 대한 자신의 책 제목을 『Autobiogriffures』라고 부르고 있는데,[56] 여기서 "Autobiogriffure"는 'autobiographie'(자서전)와 'griffures'(고양이의 할퀸 상처)를 결합한 새로운 신조어다. 요컨대, 자서전을 비롯한 모든 글쓰기는 할퀸 상처의 결과물, 즉 수많은 다른 글의 짜깁기와도 같은바, 이때 저자는 더 이상 선험적 자아의식을 토대로 자신의 순수한 생각과 글쓰기를 펼치는 탁월한 주체가 아니라 수많은 글을 짜깁기하는 존재와도 같다. 자신의 저서와 관련된 인터뷰에서 코프망은 에코, 바르트, 데리다 등의 후기구조주의적 관점과 궤를 같이 하면서 저자적 존재로서의 자기 자신을 "수고양이 무르"라고 비유한다.

---

56) S. Kofmann, Autobiogriffures. Du chat Murr d'Hoffmann, Paris 1976. 독일어 번역본은 다음을 참조(S. Kofmann, Schreiben wie eine Katze··· Zu E.T.A. Hoffmanns *Lebens-Ansichten des Katers Murr,* Wien/New York 1985).

저는 호프만의 『수고양이 무르의 인생관』에 제 텍스트를 헌사했는데, 그것은 'Autobiogriffures'라는 텍스트였습니다. 수고양이 무르의 자서전은 서로 다른 저자들에서 가져온 인용문을 짜깁기한 것에 다름 아니며, 저는 **그런 수고양이 무르처럼 존재합니다.** 자서전의 도움으로 무르는 자기 자신의 정체성을 확립하려고 시도하지만, 그러나 그는 자서전을 쓰면서 바로 자기 자신의 정체성을 상실하고 있음을 알아채지 못하고 있습니다.57)

"저는 그런 수고양이 무르처럼 존재합니다"라는 흥미로운 선언, 즉 "다른 저자들의 인용문을 짜깁기한" 글의 속성, 더욱이 자서전을 통해 자신의 정체성을 찾고자 했지만 수많은 글의 짜깁기와도 같은 글쓰기를 통해 오히려 '자신의 정체성을 상실하고 마는' 무르의 글쓰기에 내재한 모순적 운명은 대단히 흥미롭고도 충격적인 언술처럼 읽힌다. 코프망의 고백은 '순수한 자신의 생각과 표현'이라는 글쓰기에 대한 전통적인 관념을 전복하고 있으며, 어떤 유형의 글을 쓰든지 간에, 읽고 쓰는 중에 다른 글로부터 영향을 받고 짜깁기로서의 글의 세계로부터 벗어날 수 없는, 그럼으로써 결국 자신의 정체성을 상실할 수밖에 없는 모든 글쟁이들의 운명을 말해 주고 있다. 무르의 글쓰기 행위는 어쩌면 『수고양이 무르의 인생관』을 집필한 호프만에게도 적용될 수 있을 것이다. 왜냐하면 호프만은 무르의 자서전뿐만 아니라 크라이슬러 전기에서도 괴테, 실러, 슐레겔, 노발리스, 티크, 샤미소 등 동시대 독일 낭만주의자들의 미학적 사상과 작품을 비롯하여 라블레, 세르반테스, 셰익스피어, 스턴 등 외국 저자들과 작품들을 준거하고 있으며, 더욱이 자신의 기존 작품들까지도 때론 명시적으로, 때론 묵시적으로 준거하면서 – 이를 흔히

57) Karoline Feyertag, Vom Genre der Biographie. Sarah Kofmann zwischen Bibliographie und Biographie, in: Die Biographie – Zur Grundlegung ihrer Theorie, hrsg. v. Bernhard Fetz, Berlin/New York 2009, p. 227에서 재인용.

‘자기복제’라고 비난하지만 – 글쓰기를 펼쳐나가고 있기 때문이다. 대표적으로 소설 도입부에서 언급된 ‘바람 부는 날 퐁뇌프 다리 위에서 도둑맞은 변호사 이야기’는 바로 라블레/스턴의 이중적 인용이며, 헥토르 왕자에게 하녀가 달려들어 던진 “당신은 레몬 꽃이 피는 곳을 아십니까?”라는 말은 익히 알려진 괴테의 『빌헬름 마이스터의 수업시대』에서 나오는 <미뇽의 노래>의 유명한 시구절을 인용한 것이다. 무르, 호프만, 코프망 (그리고 우리 모두) 등을 포함한 모든 이들의 글쓰기는 결국 의식적, 무의식적으로 다른 글들의 영향 – 해롤드 블룸(Harold Bloom)의 소위 “영향의 불안”(Anxiety of influence) - 하에 놓여 있으며, 그리고 이러한 글의 특성과 영향은 대화성(바흐친), 상호텍스트성(크리스테바), 메아리공간(바르트), 무한한 상호텍스트성(컬러), 트랜스텍스트성(쥬네트) 등 다양하게 명명된 바 있다. 다음과 같은 서술은 그와 같은 상호텍스트성을 잘 설명해 준다.

> 하나의 텍스트란 전혀 독창적이지 않은 다양한 글쓰기 방식이 서로 융합하고 서로 부딪히는 일종의 다차원적인 공간이다. **텍스트란 수많은 인용문의 직물이며, 그 인용문들은 문화의 다양한 영역에 근원을 두고 있다.** (…) 글쓰는 자는 항상 이미 전수된 제스처만을 모방할 수 있을 뿐 결코 독창적이지 않다. 글쓰는 자는 자신의 힘으로 다양한 글쓰기를 섞을 수 있고 하나의 글쓰기 방식을 다른 글쓰기 방식과 대치시킬 수 있는데, 물론 그는 결코 특정한 글쓰기 방식에 머물지 않는다. 자신의 ‘가장 내면적인 것’을 표현해 내기에 앞서서 그는 다음과 같은 점을 알아야만 한다. 즉 자신이 옮겨내려고 생각한 ‘내면적인 것’이란 단지 하나의 완성된 사전이라는 점, 요컨대 단어들이 다른 단어들에 의해 무한하게 설명될 수 있는 하나의 사전이라는 점 말이다.[58]

58) Roland Barthes, Der Tod des Autors, in: Texte zur Theorie der Autorschaft, hrsg. v. Fotis Jannidis/Gerhard Lauer/Matias Martinez/Simone Winko, Stuttgart 2000, pp. 190~191.

모든 텍스트는 인용문의 모자이크로서 구축된다. 모든 텍스트는 다른 텍스트의 흡수이며 변형이다. 상호주관성이라는 개념의 자리에 상호텍스트성이라는 개념이 들어서며, 문학적 언어는 최소한 두 배로 배가된 언어로 읽혀질 수밖에 없다.[59)]

낭만주의가 '포에지의 포에지'라는 포에지의 메타포에틱한 자기반영성을 제시했을 때, 이는 일차적으로 서술된 것으로 대상화하여 끊임없이 진행해나가는 서술 텍스트 자체의 자기반영성을 말하지만, 사실 개개 텍스트는 텍스트 전체(텍스트 전체의 아카이브)의 영향권 속에 놓여 있다는 글쓰기 자체의 자기 반영성을 말하기도 한다. 그 점을 호프만은 인식했던 것일까? 온갖 여러 시인들의 멋진 시구들을 짜깁기 한 젊은 장교의 작품 낭독을 듣고서 왜 꾸짖지 않느냐는 추밀고문관의 질문을 받고서 크라이슬러는 "도마뱀의 재생산력"(Reproduktionskraft des Eidexen) 이라는 표현으로 동시대의 문학적 경향을 언급하는데, 이는 - 호프만 자신의 텍스트를 포함한 - 모든 텍스트들이 서로 맞물린 채 끊임없이 재생산될 수밖에 없는 상호텍스트성에 대한 아이러니컬한 암시와도 같다. "우리의 젊은 시인들의 시적 언어들이 꼬리의 근원이 잘려나가도 꼬리가 힘 있게 다시 돌출해 나오는 그런 도마뱀의 재생산력을 갖고 있다는 점을 당신은 알고 계신지요?"[60)] '순수성', '독창성'의 이름하에 제재, 통제, 검열 등이 작동할지라도 결국은 모든 언술 행위(즉 글쓰기 자체)는 모방, 인용, 패러디뿐만 아니라 심지어 표절과 짜깁기의 영향하에 끊임없이 재생산될 수밖에 없음을 말해 준다.

59) Julia Kristeva, Wort, Dialog und Roman bei Bachtin(1967), in: Texte zur Literaturtheorie der Gegenwart, hg.v. Dorothee Kimmich u.a., Stuttgart, 1996, p. 337.

60) 수고양이 무르의 인생관, 112쪽.

6. 이중소설, 아이러니와 유머

두 이야기의 동시적 전개 형식은 이중소설(더블로망, Doppelroman)이라고 불린다. 호프만의 기발한 착상에 의해 만들어진, 상호 간섭하고 중단하는 듯한 이중소설로서의 『수고양이 무르의 인생관』은 이후 많은 작가들에 의해 모방된 바 있다. 20세기의 대표적인 예로는 토마스 만의 『파우스트 박사』(1947)이며, 이 소설에도 서술자 차이트블롬의 동시대적 성찰과, 그가 이야기하는 천재 작곡가 레버퀸의 삶에 관한 이야기가 함께 흐르고 있다. 이 소설을 집필하던 당시 토마스 만은 호프만의 『수고양이 무르의 인생관』으로부터 상당한 영향을 받았다고 밝힌 바도 있다.[61)]

한편으로는 순차적인 무르의 자서전과, 다른 한편으로는 파편적인 크라이슬러의 전기가 상호 교차하는 방식으로 인해 각각의 이야기의 흐름은 자주 끊긴다. 그 뿐만이 아니라 소설 전체의 구성도 매우 복잡하게 얽혀 있다. 그럼에도 불구하고 두 이야기는 상호 대립적인 주제를 형성한다. 그 대립은 다양하게 서술될 수 있는데, 가령 동물(고양이)과 인간, 무르와 크라이슬러, 속물주의와 예술가주의, 시민적 존재와 예술적 존재, 교양소설과 예술가소설 등이다. 이처럼 두 이야기의 얽히고설킨 소설 전체의 구조적 특성은 크라이슬러가 추밀고문관의 부인 벤촌에게 자기 이름의 근원을 풀어 놓는 대목에 은밀히 암시되어 있다.

> 탁월한 분이시여, 당신께서는 제 이름의 근원을 크라우스(Kraus)라는 이름에서 찾고, 머리 주름을 잡아주는 사람(Haarkräusler)이라는 단어의 유사성에 따라 저를 음의 주름을 잡아주는 사람(Tonkräusler) 혹은 그냥 주름잡는 사람(Kräusler)이라고 간주하실 수 있는데 – 그럴 경우 저

61) Th. Mann, Die Entstehung des Doktor Faustus, in: Gesammelte Werke in zwölf Bänden, Bd. XI, Frankfurt am Main 1960, p. 159. 국내의 경우 공지영의 『우리들의 행복한 시간』(2005)이 세 명을 살해한 윤수의 이야기와 세 번의 자살을 시도한 유정의 이야기가 서로 번갈아 전개되고 있다는 점에서 이중소설의 형식을 띠고 있다.

는 자신을 'Kräusler'라고 써야만 하겠지만 - , 그것은 사실 가당치않은 일입니다. 당신은 원(Kreis)라는 단어를 도외시할 수 없을 것입니다. 바로 이 경우 - 하늘이 주신대로 - 당신은 즉시 우리 전체의 존재가 움직이고 있는, 우리가 도저히 빠져나올 수 없는 저 놀라운 원들을 떠올릴 수 있을 것입니다. 우리는 내키는 대로 그 원을 설정해도 좋을 것입니다. 그런 원들 속에서 이 크라이슬러는 맴돌고 있는 것입니다(In diesen Kreisen kreiselt sich der Kreisler).[62]

자신의 이름을 풀이하면서 크라이슬러는 수많은 존재자들이 수수께끼처럼 얽히고설켜 있는 '원과 같은 존재의 틀' 속에 자신이 내던져져 있음을 암시하고 있는데, 이는 크라이슬러뿐만 아니라 모든 존재자들(아브라함, 율리아, 헤드비가, 벤존, 헥토르, 힐라리우스, 키프리아누스 등)에게도 마찬가지다. "그런 원들 속에서 이 크라이슬러가 맴돌고 있는 것입니다"라는 언술은 한편으로 모든 현존재자들의 '세계 내 존재 양태'같은 존재론적 의미를 뜻하지만, 『수고양이 무르의 인생관』 자체의 전체 구조, 즉 소설의 시작과 끝이 서로 만나면서 하나의 원 같은 구조를 펼치고 있는 형식을 뜻한다. 무르 자서전의 첫 번째 서술에 뒤이어 나오는 <파지본>의 첫 번째 단편은 아브라함과 크라이슬러 간의 대화 장면으로 시작한다. 그러나 이 첫 번째 장면은 소설 전체의 내용상으로 보면 사실 맨 마지막에 해당되는데, 즉 자신의 수업시대를 끝낸 무르와 궁정 사회에서 갈등과 시련을 겪은 크라이슬러가 서로 만나는 장면이다. 일종의 소설의 결말인 셈이다. 두 인물의 조우는 두 이야기의 공통분모인 아브라함에 의해서 이루어지는데, 여행을 떠나기 전 아브라함은 잠시 무르를 크라이슬러에게 맡기게 되는 것이다. 또는 글쓰기와 관련하여 말하자면, 무르 자서전과 크라이슬러 전기는 서로 "베껴 쓰고 다른 문자로 바꿔 쓴

62) 수고양이 무르의 인생관, 88쪽

글"(als Nach- und Umschrift)로서 원모양으로 반복하는 윤색된 텍스트의 구조를 이루는데, 이러한 구조는 궁극적으로 이야기의 "단선적 조망가능성을 무한한 미끄러짐 속에서 헝클어트리는 것"[63]을 목표로 삼는다.

물론 고양이보다는 개를 더욱 좋아하는 성향 때문에 크라이슬러는 일단 주저하지만 아브라함의 간절한 부탁으로 무르를 잠시 맡아보기로 하며, 이 때 그는 "나는 이 현명한 고양이를 관찰하면서 우리들의 인식이 얼마나 좁은 영역에 갇혀 있는지 새삼 깨닫게 됩니다"[64]라고 말하는 동시에 밝게 웃는다. 또한 그가 무르를 향해 "현명하고 유머가 넘친 고양이 무르야, 이리 오너라, 우리 -"[65]라는 말을 외칠 때 그 "우리 -"에 어떤 말과 의미가 생략되어 있는지는 독자의 상상력에 맡겨진다. 무르도 마찬가지다. 자서전 말미에서 그는 일시적이지만 새로운 보호자 크라이슬러와의 만남에 대해 다음과 같이 덧붙인다. "나의 선생은 여행을 떠나야 했고 당분간 그의 친구 악장 요하네스 크라이슬러에게 나를 보냈던 것은 내겐 잘된 일이었다. 거처의 변화로 나의 생의 새로운 시기가 시작되어, 나는 이제 젊은 고양이인 현재의 나를 끝내려 한다. 그리고 그대는 미래를 위한 훌륭한 교훈을 얻게 될 것이다."[66] 이렇게 무르와 크라이슬러의 조우는 소설 자체의 마지막 내용이지만 동시에 새로운 내용을 담은 소설의 첫 부분으로 작용할 수 있는 가능성을 내포한다.

그런데 형식상으로 하나의 원과도 같은 구조적 특성 이외에도 무르와 크라이슬러의 조우 장면은 예사롭지 않은 의미를 지닌다. 사실 두 인물은 독일 문학에서 항상 형상화되어 왔던 '시민성과 예술성의 대립'을 압축해 낸 은유이기도 하다. 자아와 비아, 예술과 현실(사회), 주관성과

63) D. Kremer, E.T.A. Hoffmann. Erzählungen und Romane, Berlin 1999, p. 215.
64) 수고양이 무르의 인생관, 41쪽.
65) 같은 책, 42쪽.
66) 같은 책, 502쪽.

객관성 등 다양하게 서술되는 그 대립은 18세기 말에 태동한 노발리스, 호프만 등의 낭만주의 문학으로 거슬러 올라간다. 앞서 언급했듯이, 호프만은 – 그리고 후에 20세기 초 프란츠 카프카도 마찬가지로 – 실제 이중적 삶을 살았는데, 즉 공적인 차원에서 낮에는 정부 관료의 삶을 살았고 사적인 차원에서 밤에는 문학적 글쓰기에 도취된 예술가의 삶을 살았다. 소설 『수고양이 무르의 인생관』은 그와 같은 저자의 이중생활과 밀접한 관련을 맺는 것으로 해석되곤 하는데, 즉 무르가 시민성(낮의 호프만)을 대표한다면 크라이슬러는 예술성(밤의 호프만)을 대표한다. 마찬가지로 토마스 만도 『파우스트 박사』에서 차이트블롬과 레버퀸을 통해 각기 시민적 존재와 예술적 존재 간의 대립을 다루고 있다. 그런데 그와 같은 대립과 관련하여 두 작품 모두 복잡한 해석을 야기한다. 『파우스트 박사』의 경우 차이트블롬과 레버퀸은 서로 대립적인 양상에도 불구하고 점차 한쪽에서 다른 한쪽으로 이동하는 경향을 띠는데, 즉 차이트블롬의 경우 삶의 전반부에 예술성(니체)이 우세하다가 점차 후반부로 갈수록 시민성(토마스 만)이 강해지며, 레버퀸의 경우 정반대로 삶의 전반부에 시민성(토마스 만)이 우세하다가 후반부로 갈수록 예술성(니체)이 더욱 두드러진다는 것이다. 흥미롭게도 그와 같은 해석은 『수고양이 무르의 인생관』에서도 찾을 수 있다. 즉, 무르는 초반에 시민성을 강하게 내보이지만 온갖 경험을 마친 후 점차 예술성으로 전향하는 듯이 보이며, 크라이슬러의 경우 극단적인 예술성만을 추구하다가 나중에는 사회 속에 적응해가려는 시민적 특성을 띨 것이라고 추측된다. 그러한 전환의 기대 가능성은 바로 무르와 크라이슬러의 조우 장면을 통해서 암시되고 있다. 즉, 시민성을 대변하는 무르는 크라이슬러를 만나면서 진정한 예술성을 경험하게 될 것이라고, 그리고 반대로 예술성을 대변하는 크라이슬러는 사회적 경험이 충만한 무르를 만나면서 시민적 세계에 더 잘 적응하는 감각을 획득할 것이라고 말이다.[67] 물론 이러한 전환 가능성은 다만 희망일 뿐, 소설이 파편적으로 구성되어 있는 구조 자체에서 보면 회의적으로 남는다.

이러한 주관성과 객관성, 예술성과 시민성, 크라이슬러와 무르 간의 상호 대립적인 존재방식과 관련하여 많은 연구가들은 소설이론적 차원에서도 특별한 이론적 시각을 제시한 바 있는데, 그 하나는 유머(Humor)를 강조하는 입장이며, 다른 하나는 아이러니(Ironie)를 강조하는 입장이다. 전자는 대립적인 존재방식을 극복하고 조화와 이상을 향한 더욱 숭고한 존재 방식을 지향하는 시각이며, 후자는 대립적인 존재 방식에서 벗어나지 못한 채 갈등과 분열에 머무를 수밖에 없는 존재 방식이다. 과거 이상주의적 미학과 철학에 충실한 독일 문예학자들은 주로 호프만의 소설을 유머 미학적 관점에서 해석한 바 있는데, 특히 볼프강 프라이젠단츠(W. Preisendanz)의 시각이 대표적이다.[68] 자신의 저서에서 그는 개인의 자율적 주관성(저자)과 현실의 객관성(사회) 간의 매개 가능성을 다름 아닌 '문학적 상상력의 힘으로서의 유머'(Humor als dichterische Einbildungskraft)에서 찾을 수 있다고 강조하였으며, 그런 힘은 대체로 작품을 생산하고 관장하는 저자에게 주어졌다. 요컨대, 저자의 존재 방식과 그의 의도가 중시되었던 셈이다. 따라서 『수고양이 무르의 인생관』과 관련해서도 무르와 크라이슬러는 각기 사회적 존재와 주관적 존재라는 문제적 존재방식을 취하고 있지만 궁극적으로 '실제 저자 호프만'은 한 단계 높은 차원에서 유머(즉 문학적 상상력)를 통해 그러한 대립적인 존재방식을 극복하고 있다는 것이다. 이를 위해서는 소설의 첫 장면이 강조되는데, 즉 크

67) 이러한 관점은 소설 내에서 언급된 3부의 가능성과 연관되어 설명되기도 한다. 이에 대해서는 다음의 연구를 참고할 것(Benno von Wiese, Von Lessing bis Grabbe. Studien zur deutschen Klassik und Romantik, Düsseldorf 1968, pp. 248-267; Hartmut Steinecke, E.T.A. Hoffmanns 'Kater Murr'. Zur Modernität eines "romantischen" Romans, in: Literaturwissenschaft-Gesellschaftswissenschaft. Interpretationen, 54, 1981, hrsg. v. Steven Paul Scher, pp. 142-155).

68) Wolfgang Preisendanz, Humor als dichterische Einbildungskraft, München 1963.

라이슬러가 무르를 받아들이는 장면은 곧 주관적 예술과 사회적 현실 간의 조화로운 상태를 암시한다는 것이다.

사실 유머 미학을 강조하는 시각은 전형적인 독일 이상주의적 사유에 속하며, 그 바탕에는 후기구조주의적 사유에서 부정된 현존 형이상학적 향수(혹은 동경)가 깔려있다. 유머 미학의 가장 큰 문제점은, 소설 자체 내에는 전혀 제시되어 있지 않음에도 불구하고 해석자들이 소설의 전체 구조의 상징성, 무르의 상징성 등을 지나치게 강조하면서 '이상적인 조화'의 의미를 만들어내고 있다는 것이다. 또한 낮에는 관료로서, 밤에는 시인으로 활동했던 호프만의 이중생활을 언급하는 가운데 연구자들은 호프만이 '작품을 통해' 삶과 예술의 대립관계를 극복하려 했다고 주장하기도 한다.

그러나 예술적 유머로 예술과 사회(현실), 주관성과 객관성 간의 대립을 극복하고 조화에 도달한 이상적인 작가에 대한 소망은 글자 그대로 소망일 뿐이다. 조화 이념에 대한 가능성, 예상, 기대 등과는 달리 독자가 소설 자체 내에서 마주하는 것은, 오로지 두 가지 존재방식 간의 긴장 관계뿐이다. 소설은 대립 그 이상도 그 이하도 보여주지 않는다. 예술과 현실, 개인과 사회 간의 대립과 긴장 관계는 소설 전체의 구조적 특성, 즉 서술 시간이 단선적(이성적)으로 전개되지 않고 오히려 상호 단절 속에서 진행되거나 혹은 서로 맞물린 상태에서 끊임없이 순환하는 특성에 잘 나타나 있다. 그와 같은 대립과 긴장에 부합하는 소설의 구조적 특성을 이끌고 있는 문학적 동력은 유머라기보다는 슐레겔이 언급했던 "자기창조와 자기파괴의 영원한 변화"로서의 아이러니이다. 이와 같은 낭만주의 문학의 서술 원칙으로서의 아이러니 연구에서 슈트로슈나이더-코어스(I. Strohschneider-Kohrs)의 작업은 하나의 획기적인 지평을 열어준 바 있는데, 그녀에 의하면 아이러니는 주관적인 자의성의 발현이 아니라 "예술적 객관성을 가능케 하는 예술창작의 원칙"이라는 것이다.[69] 두 연구자의 연구 성과 이후 유머와 아이러니를 놓고서 후속 연구자들은 어려움을 겪기도 하는데, 가령 호프만 연구자로 잘 알려진 불프 제게브레히트(W. Segebrecht)는 60년대 자신의 초기 연구에서는 '자서전과 문학' 간의 긴밀한 관계, 그리고 '정신적 원칙으로서의 유머'를 강조했지만 점차 그러한 시각에서 벗어나 "이질성의 연관성"으로서의 아이러니를 강조한 바 있다.[70]

물론 유머와 아이러니를 동일한 개념으로 파악하는 관점도 가능한데, 그에 대한 근거는 슐레겔의 시학과 관련한 노발리스의 단편에서 찾을 수 있다. "프리드리히 슐레겔이 아이러니라고 특징지은 것은 내 생각에는 신중함, 즉 정신의 진실한 현존의 특성이자 결과에 다름 아니다. 나에게는 슐레겔의 아이러니가 순수한 유머처럼 보인다. 하나의 이념을 위해서는 여러 가지 명칭들이 유리하다."[71] 다만 "신중함, 즉 정신의 진실한 현존"이 과연 대립의 극복 및 조화를 말하는 것인지는 불분명하다. 정신이 예술과 사회 간의 대립 속에 놓여 있고 스스로 대립을 명확하게 의식하고 있는 상태를 뜻한다면, 노발리스의 말대로 그 정신 상태는 아이러니 혹은 유머로 명명될 수 있을 것이다.

이 밖에 소설에서는 아이러니, 유머 이외에도 패러디가 작동하며, 그 세 개념은 모두 넓은 의미에서 위트에 속한다. 자신의 글쓰기 내에서 무르는 스스로 수많은 작가, 사상가를 패러디하고 있음을 고백하거나 표절과 인용 등을 취하고 있지만, 엄격하게 말하면 소설 전체에서 보면 무르와 크라이슬러는 시민과 예술가, 자서전과 전기 등의 측면에서 주로 아이러니와 패러디의 특성을 띠고 있다. 물론 양자는 매우 유사한 의미

69) Cf. I. Strohschneider-Kohrs, Die romantische Ironie in Theorie und Gestaltung, p. 89.

70) Cf. W. Segebrecht, Heterogenität und Integration. Studien zu Leben, Werk und Wirkung E.T.A. Hoffmanns, Frankfurt am Main 1996.

71) Novalis, Schriften, Bd. II, p. 425.

망 내에 위치한다. 슐레겔에 의하면, "아이러니와 패러디는 완전히 위트의 방식들인바, 전자는 이상적인 위트이며, 후자는 현실적 위트이다. [체계적인] 위트는 아이러니 + 패러디이다"[72]라고 규정되어 있으며, 또한 다른 단편에서는 "패러디 = 대립하는 것들의 혼합 = 차이 없음"(Parodie = Mischung des Engegengesetzen = Indifferenz)[73]이라고 제시되어 있는바, 이를 근거로 할 경우 '아이러니 = 대립하는 것들의 혼합 = 차이"라고 추론해 볼 수 있다. 호프만의 『수고양이 무르의 인생관』의 경우, 예술가와 시민, 이상과 현실, 진지함과 유희 등이 대립적 관계를 형성하는 가운데 무르의 자서전과 크라이슬러 전기는 그 방점을 각기 다르게 놓음으로써 아이러니와 패러디로 나뉠 수 있다. 즉, 크라이슬러 전기에는 예술가와 시민, 이상과 현실 간의 차이가 극명하게 제시됨으로써 주로 아이러니가 작동하고 있는 반면에 무르의 자서전에는 양자의 차이가 전혀 감지되지 않음으로써 주로 패러디가 작동하고 있는 것이다. 물론 소설 『수고양이 무르의 인생관』 자체는 그와 같은 아이러니와 패러디가 상호 결합되어 있다는 점에서 위트의 소설인 셈이다.

이처럼 유머와 아이러니, 조화와 대립 등을 놓고서 연구자들이 서로 상이한 시각을 제시해 왔던 상황에서 명확해진 점은, 아이러니를 자의성, 주관성의 행위로만 간주했던 헤겔과 그 계승자들의 시각이 점차 한계를 갖는다는 것이다. 그것은 아름다운 조화를 추구하는 유머 미학적, 이상주의적 시각보다는 오히려 부조화와 이질성 같은 흥미로운 현상을 이끌어가는 '문학적 아이러니'를 중시하는 낭만주의적 시각이 점차 현대문학의 원동력으로 인정되고 있기 때문이다. 절대적인 자아로서 저자가 자신이 만든 작품 위에 군림하여 다양한 이야기, 형상(이미지) 등을 총체적으로 관장하고 자의적인 유희를 펼쳐나간다는 의미가 아니라 저자

72) F. Schlegel, KA, Bd. XVI, p. 171.
73) Ibid., p. 131.

자신도 우연한 "문학적 반달리즘"의 희생양이 될 수 있다는 점, 저자 자신을 포함한 모든 글쓰는 이들은 무르처럼 인용, 패러디, 표절 등의 상호텍스트적 재생산 과정에 빠져들 수밖에 없다는 점, 혹은 완전한 자서전이 파편적인 전기에 의해 파괴되고 있다는 점 등, 이 모든 점이 바로 '아이러니로서의 문학 텍스트'에서 분출되는 문학적 현상이다. 이처럼 유머가 물러나고 아이러니가 강조되는 경향은, 바로 상징이 물러나고 알레고리가 중시되는 경향과 맞물려 있다.

최근에 제시된 또 한 가지 흥미로운 점은, 아이러니, 유머 이외에도 아라베스크 개념이 소설의 구성원칙으로 파악될 수 있다는 주장이다. 몇 차례 언급한 바 있듯이, 슐레겔은 새로운 신화 및 현대 문학의 새로운 장르인 낭만적 소설(romantischer Roman)의 구성원칙으로 아라베스크 개념을 제안한 바 있으며 이를 문학적으로 뛰어나게 실천해 냈던 이가 바로 호프만이다. 귄터 외스터레(G. Oesterle)는 다음과 같이 호프만의 아라베스크를 설명해주고 있다.

> 호프만은 로코코풍의 아라베스크와 요정 동화로부터 환상과 각성 간의 유희, 평면과 공간적 깊이 간의 유희, 상상과 지성 간의 관점 변화 및 격양된 유희, 놀라운 것에 의한 이성의 유혹, 자연과 예술 간의 긴장을 넘겨받았다. 하지만 호프만은 그 의도를 뒤집는다. 즉 놀라운 것에 의해 이성이 유혹되는 과정을 계몽주의가 요정동화를 통해 허락하는 까닭이 궁극적으로 '인간 본성의 연약한 측면'에 대해 이성이 승리를 거두는 것을 확인해주기 위한 것이었다면, 『황금단지』의 경우 안젤무스와 독자의 지성이 상상력에 굴복하게 되는 것에 모든 것이 투입되고 있다. 아라베스크는 놀라운 것으로 들어가는 문을 열어주고 있는데, 이는 한편으로 일상적인 시각적, 청각적 방식과 사유 방식을 화가 치밀 정도로 무력화시키고 있으며, 다른 한편으로 근대의 계몽화된 주인공과 독자들로 하여금 아이러니컬한 방식을 통해 저 옛 언어신화와 자연신화의 고상한 믿음을 들을 수 있도록 한다.[74]

환상(도취)과 각성(성찰), 상상과 지성의 혼란스러운 교차로서의 아라베스크는 궁극적으로 예술에서의 '놀라운 것'(das Wunderbare)이 얼마나 중요한지를 보여주기 위해서 작동한다. 이와 같은 아라베스크는 몽타주 방식을 통해 다양한 것들을 서로 결합하는 형식적 구성 원칙이며, 로터문트(E. Rotermund)는 슐레겔의 아라베스크 개념을 적극 활용할 것을 제안한 바 있다. 그에 의하면, 특히 『수고양이 무르의 인생관』은 유머러스한 소설이 아니라 "아라베스크 형식의 소설"에 다름 아니다.75) 최근에는 다른 연구자들도 "시작 없는 - 끝이 없는" 아라베스크 소설76) 혹은 "낭만주의 단계에서 가장 뛰어난 아라베스크 소설 중 하나"77)로서 『수고양이 무르의 인생관』의 특성을 강조하고 있다. 여기서 간과될 수 없는 것은, 1800년 6월 초 자신의 소설 『루친데』에 관하여 친구 슐라이어마허에게 보낸 편지에서 슐레겔이 "어쨌든 아라베스크 형식의 영혼은 아이러니"(Ironie, die ohnehin die Seele der arabesken Form ist)라고 언급한 점이다.78) 이는 아라베스크와 아이러니 간의 근친성을 강조하는 언술이다.

이처럼 『수고양이 무르의 인생관』은 '호프만'과 '무르'로 대변되는 인간과 동물의 혼합, 연속성과 불연속성, 자서전과 전기, 그리고 기타 허구적 텍스트가 실제 현실적인 요소처럼 여겨지는 파라텍스트 등 다양한 미학적 현상을 작동시키고 있으며, 궁극적으로 실제와 허구 간의 경계가 해체되고 있다. 『황금단지』, 『브람빌라 공주』, 『수고양이 무르의 인생관』

74) Günter Oesterle, Arabeske, Schrift und Poesie in E.T.A. Hoffmanns Kunstmärchen <Der goldene Topf>, in: Athenäum. Jahrbuch für Romantik 1, 1991, pp. 93-94.

75) Cf. Erwin Rotermund, Musikalische und dichterische 'Arabeske' bei E.T.A. Hoffmann, in: Poetica, 2(1968), pp. 48-69.

76) Cf. Bettina Schäfer, Ohne Anfang - ohne Ende. Arabeske Darstellungsformen in E.T.A. Hoffmanns Roman <Lebens-Ansichten des Katers Murr>, Bielefeld, 2001.

77) Gerhart Hoffmeister, Deutsche und europäische Romantik, in: Helmut Schanze(Hg.), Romantik-Handbuch, Stuttgart 1994, p. 223.

78) F. Schleiermacher, Briefwechsel 1800, Bd. 4, in: Kritische Gesamtausgabe, Abt. 5, Briefwechsel und biographische Dokumente, Berlin 1994, p. 123.

등을 비롯한 호프만의 대부분의 작품 전체에서 작동하고 있는 아이러니와 아라베스크, 그에 의한 일상적인 것과 환상적인 것 간의 경계 해체 현상 - 이는 소위 '낭만화 방식'(노발리스)의 결과라고 할 수 있는데 - 은 오늘날의 문화이론적 용어로 '크로스오버'(교차혼합, 섞임)라고 명명될 수 있으며, 그런 점에서 호프만 문학은 21세기 포스트모더니즘적 문화현상을 선취하고 있는 가운데 그 문학적 매력을 더욱 발산하고 있다.

> 일상의 아주 평범한 것이 낭만적 독창성의 빛에 의하여 자양분으로 변화하는데, 이 자양분은 상상적인 것을 갈구하는 마음을 놀라운 방식으로 풍요롭게 만든다. 이러한 해석은 일상적인 것에 대한 자신의 반감을 그로테스크하고 코믹한 것으로 상승시키려는 호프만의 열정에 완전히 들어맞는다. 기이한 착상들은 현실을 변장시키며, 역으로 문학적 카니발에서는 마찬가지로 우스꽝스러운 삶의 방식의 진실한 모습이 드러난다. 그림 형제와 브렌타노가 만든 동화적 양식에서 상상화된 민중의 영혼이 열리거나 혹은 초자연적인 것과 범속한 것이 거리낌 없이 한 차원에서 서로 만난다는 그런 연유에서 허구와 현실이 뒤섞이는 것이 아니다. 오히려 호프만이 현실적인 다큐 같은 것의 경계와 해방된 상상력의 경계를 동시에 확장하려는 연유에서 허구와 현실이 뒤섞이는 것이다. 그럼으로써 자유롭게 만들어진 것에 대한 시각이나 검증 가능한 출처(Quelle, 근원)에 대한 시각을 더욱 첨예하게 만드는 사이공간이 형성되는 것이다. 반낭만주의적 낭만주의자인 호프만이 죽은 후 250년이 지난 지금 포스트모더니즘 저자들은 그와 같은 방식을 소위 '크로스오버'(Crossover, 교차혼합)이라고 부르고 있다.[79]

79) Achim Schiff, "Kreisleriana" oder: Zur Ironie des eingebildeten Wahnsinns, p. 6, aus: http://www.carmen-stahlschmidt.de/frankfurterhof/kreisleriana.pdf

CHAPTER 14

낭만주의와 상상(력)

CHAPTER 14

낭만주의와 상상(력)

> 상상력은 사물이나 객관적인 세계의 법칙에 구속되지 않으며 이성과 극단적으로 대치한다. 형식에 있어서도 이성과 상상력은 다르다. 이성은 형상적인 것을 피하고 추상적인 것을 추구하지만, 이와 반대로 상상력은 추상적인 것을 피하고 형상적인 것을 추구한다.[1)]

1. 그리스어로 판타지아(phantasia), 라틴어로 이마기나치오(imaginatio)라고 불리는 상상은 그리스 신화에서의 판타소스(phantasos)와 관련을 맺는다. 판타소스는 죽음의 신 타나토스(Thanatos)와 쌍둥이 형제인 잠의 신 히프노스(Hypnos)의 아들로서 모르페우스(Morpheus), 포베토르(Phobetor)와 형제지간이다. 판타소스, 모르페우스, 포베토르는 모두 꿈속에서 각기 다른 변신의 일을 행하는데, 꿈속에서 판타소스는 물, 돌, 흙 같은 무생물과 자연의 힘으로, 모르페우스는 다른 여러 인간의 모습으로, 그리고 포베토르는 무서운 동물로 변신한다. 이상과 같은 신화적 배경은 현대사회에서 상상과 관계된 모든 의미를 말해주고 있다. 즉, 상

1) F. Schlegel, KA, Bd. XII, p. 359.

상은 잠, 죽음, 꿈 등과 밀접한 관련을 맺고 있으며, 특히 '변신'에 내포되어 있듯이 이미지(Image, 형상)의 생산과 긴밀하다. 17세기 서구 모더니티가 본격적으로 형성되면서 비현실적인 이미지를 만들어내는 상상은 그 모더니티 내에서 적대적인 부정과 우호적인 긍정 사이의 양극단을 오간다. 계몽주의, 합리성, 사회적(혹은 철학적) 모더니티 내에서 상상은 비현실적이고 쓸모없고 나아가 병적이고 위태로운 것으로 부정되었다면[2)], 낭만주의, 비합리성, 미적 모더니티 내에서 상상은 '보이지 않는, 새로운 현실'을 직시하거나 '자유로운 유희'를 생산하는 힘으로 긍정되었다. 구속되지 않은 자유로운 능력으로서 상상은 주로 꿈, 망상, 혼돈, 기만과 일치될 수 있지만, 그런 상상 없이는 어쩌면 문화적 혁신과 새로운 예술은 불가능할지도 모른다. 상상이 허락되지 않는다면 혁신적이고 새로운 것(das Neue)은 사라지고 언제나 같은 것의 지루한 반복만이 들어설 것이며 그 결과 무미건조하고 삭막한 삶만이 남게 될지도 모른다. 극단적으로 말하면, 상상이 허락되지 않는다면 곧 죽은 상태와도 같으며, 상상에 의해 새로움이 제시되지 않는다면 삶, 문화, 예술은 발전할 수가 없다.

일반적으로 '무엇을 상상(想像)한다'고 할 때 그 '무엇'은 주로 지나간 것이나 다가오는 것으로서 현재에 '더 이상' 혹은 '아직' 존재하지 않는, 그렇기에 꿈과 망상 속에서만 불러내거나 만들어낼 수밖에 없는 것을 뜻한다. 이때 상상에 의해 (재)생산된 것은 모두 이미지로 나타난다. 영어와 독일어에서는 상상과 관련하여 각기 상이한 개념들이 사용되는데, 영어의 경우 'fancy, imagination' 같은 개념이 통용된다면 독일어의 경우 'Phantasie, Imagination, Einbildungskraft' 같은 개념이 사용된다. 그 다양한 개념과 의미상의 차이에도 불구하고 한 가지 공통점은, 상상은 주로

2) 이 책의 12장을 참조할 것.

현실에 부재해 있는 대상과 그에 대한 이미지를 (재)생산하는 능력을 뜻한다는 것이다.

넓은 의미로 상상은 수동적 상상과 능동적 상상으로 나뉘기도 한다. 전자는 어른의 행위를 받아들이는 어린아이, 문학작품을 수용하는 독자 등에게서 엿볼 수 있는 능력인데, 대체로 일어난 것이나 씌어진 것을 다시금 자신의 표상으로 추후 실행해내는 능력이다. 요컨대, 수동적 상상은 이미 존재해 있던 것을 재생산해내는 기억 같은 의미에서의 모방적 상상을 뜻한다. 반면에 능동적 상상은 자신의 독창적인 표상으로 앞으로 있을 수 있는 대상을 창조해내는 능력을 말하며 주로 시인의 생산적 능력과 관계한다. 지금까지 존재하지 않았던 것, 앞으로 존재할 수 있는 것을 예감해내고 선취해내는 창조적이고 예술적인 능력이 바로 능동적 상상인 것이다.

2. 수동적이든 능동적이든 상상은 실체가 없는, 비현실적인 이미지(형상)를 (재)생산한다. 일상적으로 상상에 근거한 이야기를 흔히 뜬구름 잡는 이야기로 간주하는 것도 그런 '실체가 없는' 이미지의 부정적인 특성에 근거한다. 고대 아리스토텔레스, 플라톤 철학으로까지 거슬러 갈 수는 없지만 대체로 지각과 사유의 중간 단계에 위치한 상상은 부재해 있는 대상을 마치 현존하는 것처럼 만드는 능력으로 간주되어왔으며, 그런 능력에 대한 철학자들의 평가는 상이하다. 근대 초기 학문 분류를 위해 베이컨(F. Bacon)은 인간의 세 가지 능력을 끌어오는데, 그는 역사는 "기억"에, 예술은 "상상"에, 철학은 "지성"에 기초한다고 밝힌 바 있다.[3] 베이컨은 상상에 바탕을 둔 예술에 비교적 긍정적인 역할을 부여하고 있으며 또한 인간 지성은 정신의 총합인 철학을 향해 나가야만 한

3) F. Bacon, Über die Würde und den Fortgang der Wissenschaften, Darmstadt 1966, p. 169.

다고 강조하지만, 사실 그 세 가지 지적 능력의 분류는 오로지 신학 내에서만 가능하다고 말함으로써 신학의 절대성이 전제되어 있다.

유럽 18세기 합리주의 철학에서 상상은 대체로 부정적으로 평가되었다. 당시 상상은 이념을 불완전하게 표현해내고 현상에만 고착된 낮은 단계의 의식으로 받아들여졌다. 가령 칸트는 상상을 현존하지 않는 대상에 대한 자의적인 표상, 꿈과 미친 상태에서의 표상 같은 것으로 부정적으로 간주하였다. 사실 칸트의 경우 두 개념이 구분된다. 광기적인 표상 등이 판타지(Phantasie)에서 가능하다면, 이와 달리 상상에 '힘(Kraft)'을 덧붙인 상상력(Einbildungskraft)을 칸트는 긍정적으로 받아들인다. 개념화 능력인 지성은 한계에 부딪힐 때마다 상상력에 의존하는데, 이때 상상력은 지각 속에 감각적으로 주어진 것을 경험 대상의 표상으로 전환시키는 능력을 뜻한다. 칸트의 경우 상상력은 재생산적 상상력과 생산적 상상력으로 나뉘는데, 특히 후자는 선행 지각없이 대상을 표상해내는 능력으로서 칸트는 이를 "창작 능력"이라고도 불렀다.[4]

영미권의 학자들은 환상(fancy)에 대해서는 부정적으로, 상상(imagination)에 대해서는 긍정적으로 평가하였다. 통제되지 않는, 가치 없는 것에 매달리는 행위를 환상으로 간주하거나(윌리엄 더프 W. Duff), 또한 환상을 저속한 것으로, 상상을 장엄한 것으로 구분하기도 했다(제임스 비티 J. Beattie). 또한 다른 작가들은 환상은 몽롱하고 자의적이고 수동적인 반면에, 상상은 명료하고 질서가 있으며 능동적인 것이라고 구분하기도 했다. 영미권에서 환상과 상상을 다르게 파악한 가장 유명한 평론가로는 콜리지(S. T. Coleridge)를 들 수 있다. 콜리지에 의하면 환상(fancy)은 수용적 차원과 관계되는데, 즉 감각적 지각에 기초한 단순한 기억과 재생산 능력을 말한다. 이와 달리 상상(imagination)은 창작적 차원과 관계되며, 여

4) Cf. Karl Homann, Zum Begriff Einbildungskraft nach Kant, in: Archiv für Begriffsgeschichte, Vol. 14(1970), pp. 266-302.

기서 상상은 일차적 상상과 이차적 상상으로 나뉜다. 일차적 상상은 우리가 사유 활동을 할 때 선험적으로 갖고 있는 그런 상상을 말하고, 이차적 상상은 자연의 무한한 창조 과정을 정신 속에서 반복해내며 파괴와 재구성 속에서 다양한 지각을 하나의 유기적인 통일성으로 가져가는 능력을 말하는데 이런 상상이 곧 창조적인 시적 활동의 근간이 된다. 이러한 콜리지의 구분은 워즈워스(W. Wordsworth)에 의해 간접적으로 비판되는데, 그 유명한『시학 서문』(Preface to Poems)에서 워즈워스는 독일의 셸링과 슐레겔 형제에 의존하여 환상을 사물의 본질로 들어가는 힘으로, 상상을 정신이 자연의 대상에 끼치는 영향으로 각각 정의하였다. 환상과 상상이 모두 긍정적으로 해석된 셈이다. 이 밖에 퍼시 셸리(P. B. Shelly)의 경우 상상은 가장 지고한 것으로 간주된다. 셸리에 의하면, 개개 부분들의 흐트러진 상태가 예술 작품 내에서 지양되는 까닭은 바로 상상이 질서 원칙으로서 작용하고 있기 때문이라는 것이다. 그런 의미에서 셸리는 상상을 인간이 만든 제도 기관들의 흐트러짐을 하나로 모을 수 있는 통제 원칙으로 간주하였는데, 즉 상상의 창조적 능력에 의해서만 흐트러진 지식에 하나의 질서 원칙을 부여할 수 있거나 혹은 원칙을 세울 수 있다는 것이다.

논리적, 합리적 사유를 중심으로 삼으면서 이를 보완하는 차원에서 환상이나 상상을 인정하려 했던 철학자들과는 달리 처음부터 예술과 상상력을 절대적인 것으로 삼았던 이는 독일 철학자 셸링(F. Schelling)이다. 피히테의 경우 성찰과 거의 같은 의미를 지니는 상상력은 “정립과 반정립, 유한자와 무한자 사이의 정 가운데에서 부유하는 능력으로서” 양자와 “접촉하지만 동시에 다시금 그 양자에 의해 내쫓기는” 특성을 지니지만,[5] 셸링의 경우 상상력은 양자와의 단순한 접촉을 넘어서 결합

5) J. G. Fichte, Grundlage der gesammten Wissenschaftslehre, in: Gesamtausgabe der Bayerischen Akademi der Wissenschaften, hrsg. v. Reinhard Lauth u. Hans Jacob, Stuttgart

하고 통합하는 힘을 지닌다. 셸링은 상상력(Einbildungskraft)을 자유롭게 활동하고 창조해내는 최고의 생산 능력, 즉 "절대적인 내재적 창조력의 원칙"(Prinzip der absoluten immanenten Schöpfungskraft)으로 정의하였다.[6] 상상력이야말로 기존 한계를 지속적으로 뛰어넘는 가운데 서로 화합할 수 없는 대상들까지도 이미지를 통해 창조하고 서로 매개하고 통합해낼 수 있는데, 그런 점에서 '하나로(ein) 형성하는(bilden) 힘(Kraft)'이라는 생산적 결합이라는 의미에서의 상상력(Einbildungskraft)이다. 요컨대, 유한한 것과 무한한 것, 현실적인 것과 이상적인 것, 자아와 대상, 의식과 무의식 등 서로 분리된 것을 하나로 가져오는 힘이 바로 상상력에 다름 아니다.[7]

18세기에서 19세기로의 전환기에 형성된 독일 낭만주의는 영국 낭만주의자들이나 독일 철학자들이 구분하려 했던 환상, 꿈, 광기, 창조 등을 모두 포함하는 넓은 의미에서의 상상력을 중시하였다. 그들은 상상력을 가장 근본적이고 최고의 능력으로 간주하였는데, 사회학적으로 말하면 독일 낭만주의는 모더니티가 낳은 각종 체계(사회의 부분 체계, 영역, 장르 등) 간의 경계를 해체하고 모든 것을 다시 용해하고 결합하는 "화학적인 정신"(chemischer Geist)과 같은 의미에서 상상력을 예찬하고 나섰던 것이다. 저자 미상의 「독일 관념론의 가장 오래된 체계 강령」에서 상상은 "미적 감각"과 동일시되기도 하는데, 그 미적 감각은 예술뿐만 아니라 철학, 역사에서도 근본적인 힘으로 요청되고 있다.[8] 마찬가지로 『그리스 포에지에 관한 연구』(1795/97)에서 슐레겔(F. Schlegel)은 미적 에너지

1964, Bd. I.2, p. 360 & p. 367.

6) F. v. Schelling, Ästhetik in der Uberlieferung von Henry Crabb Robinson (1802/03), hg. v. E. Behler, in: Philosophisches Jahrbuch 83 (1976), pp. 133-183, esp. p. 158(§ 34).

7) Cf. F. v. Schelling, System des transzendenten Idealismus, in: Werke. Band 2, Leipzig 1907, p. 300.

8) 이에 대해서는 이 책의 2장을 참조할 것.

가 넘쳐나는 인위적인 예술을 분석하는 가운데 "흥미로운"(interessant), "특성 있는"(charakteristisch), "개인적인"(individuell)이라는 근대의 미학적 성향을 주시하면서 그런 미적 에너지(일종의 상상력)에 의해 문학의 역사화, 역사의 문학화, 문학의 철학화, 철학의 문학화 같은 넘나들기가 시도되고 있다고 진단한다.

> 철학은 문학화하고 문학은 철학화한다. 역사는 문학으로서, 문학은 역사로서 다루어진다. 시문학의 장르들로 서로 그 규정을 교체한다. 서정적 분위기가 드라마의 대상이 되고, 드라마틱한 소재가 서정적 형식으로 밀어붙여진다. 이러한 무질서는 외적인 경계에만 머물지 않고 취향과 예술 전체 영역으로 확장되고 있다.[9]

이러한 장르들, 영역들, 체계들 간의 경계 해체 등은 1797년에 발표된 「아테네움」 단편에서 "낭만적 보편포에지"의 핵심적 특징으로 선언되는데, 그 선언은 다음과 같이 시작한다.

> 낭만적 포에지는 점진적 보편 포에지다. 그것의 개념 규정은 포에지의 모든 분리된 장르를 결합하고 포에지를 철학·수사학과 연결하는 것만이 아니다. 낭만적 포에지는 운문과 산문, 천부성과 비판, 인위적 포에지와 자연적 포에지를 서로 섞고 융합하며, 포에지를 생동감 있고 사회적으로 만들면서 동시에 삶과 사회를 포에틱하게 만들며, 위트를 포에틱하게 만들고 동시에 예술 형식에 모든 유의 풍부한 소재를 채워서 충만하게 포화시키고 유머의 표현을 통해 영혼을 불어넣으려 하며 또한 그렇게 해야만 한다. 낭만적 포에지는 포에틱한 것을 모두 포함한다.[10]

이와 같은 새로운 통합적이고 융합적인 시도로서의 낭만적 프로그램

---

9) F. Schlegel, Über das Studium der griechischen Poesie, in: Kritische Schriften, p. 123.
10) F. Schlegel, KA, Bd. II, p. 182.

이외에 슐레겔은 '낭만적이란 무엇인가'라는 질문을 던지면서 "감성적 소재를 상상적 형식으로 서술해내는 것"이라는 답변을 스스로 내놓는다. 그리고 그 "상상적 형식"의 가장 근원적 형태로서 슐레겔은 가령 다양한 이질적인 것들이 상호 동화되고 변형되는 '아라베스크' 같은 형식을 취한 예술 작품을 거론하고 있다. 예술가와 철학자의 차이를 지양시킨 슐레겔의 눈에는 스피노자조차도 호메로스, 단테와 같은 작가, 즉 상상력으로 예술 작품(신화)을 생산해내는 작가로 비추어진다.

> 제가 보기에는 스피노자도 저 우화의 늙은 사투르누스 비슷한 운명을 갖고 있었습니다. 새로운 신들은 그 뛰어난 스피노자를 과학의 지고한 왕좌에서 끌어내렸고, 그는 상상의 신성한 어둠 속으로 물러나서는 그곳에서 기거하면서 다른 거인족들과 함께 고상하게 추방되어 지냈던 것입니다. 그를 여기에 잡아두시오! 뮤즈의 노래 속에서 과거의 지배에 대한 그의 기억은 나직한 동경으로 녹아버립니다. 그는 시스템의 호전적인 장치를 벗어던지고는 호메로스와 단테와 함께 새로운 시학의 성전에서 공동생활을 하며 저 신적인 영감을 지닌 시인의 수호신이자 벗으로 함께 지냅니다.[11)]

또 다른 대목에서도 스피노자야말로 "포에지의 시작과 끝"이며, "상상력의 본래성과 영원성"[12)]을 위한 토대라고 강변되고 있으며, 아울러 "신비주의를 개별적인 방식으로 행하는 것에 대한 보편적 토대이자 근거"[13)]로서 스피노자가 언급되기도 한다. 그런데 사실 스피노자라는 이름은 철학자 스피노자를 가리키기보다는 일종의 환유(Metonymy)로서 이성적 체계에 대한 거부, 상상력의 옹호, 자연에 대한 옹호, 혼돈의 옹

---

11) Ibid., p. 315.
12) Ibid., p. 317.
13) Ibid., p. 321.

호, 개인적 신비주의 등과 같은 미학적 특성을 내포한다.

독일 낭만주의는 무엇보다도 상상력을 포에지(시문학)의 특질로 삼았다. 형식적 논리나 이론적 논증과는 달리 상상력은 다양한 이미지를 창조해내고 결합시키는 독특한 능력을 말하는데, 포에지만이 그러한 독특한 능력을 무한히 발산할 수 있다. 계몽주의에서 이성적 사유가 중시되었다면, 낭만주의에서는 그 이성의 자리에 상상적 관조와 이미지가 우선시되었다. 극단적일 경우 포에지에서는 이성까지도 지양되는데, 슐레겔에 의하면 포에지의 근원은 "이성적으로 사유하는 이성의 진행과 법칙을 지양하고 우리를 다시금 상상의 아름다운 혼돈, 즉 인간 본성의 본래적인 혼돈 속으로 옮겨 놓는 것"[14]이라고 선언되고 있다. 이와 비슷한 맥락에서 노발리스는 상상력을 "포에틱한 감각"이라고 불렀는데, 이는 기계적인 법칙에서 벗어나 있으며 대체로 비밀, 계시, 비현실 등을 파악하는 유일무이한 능력으로 간주된다.

> 상상력이란 … 본래 포에틱한 감각이 아닌가? … 상상력은 우리의 모든 감각을 대체할 수 있는 놀라운 감각이다. … 외적 감각이 기계적인 법칙하에 놓여 있는 것처럼 보인다면, 상상력은 분명 현재와 외부 자극의 접촉에 묶여 있지 않다.[15]

> 포에지의 감각은 신비주의의 감각과 비슷한 점을 공유한다. 그것은 고유한 것, 인격적인 것, 미지의 것, 비밀스러운 것, 계시될 수 있는 것, 필수적-우연적인 것에 대한 감각이다. 그것은 서술될 수 없는 것을 서술한다. 그것은 보이지 않는 것을 보며, 느낄 수 없는 것 등을 느낀다.[16]

14) Ibid.
15) Novalis, Schriften, Bd. II, p. 650.
16) Novalis, Schriften, Bd. III, p. 685.

인간은 기계적인 법칙으로 여러 가지를 결합할 수 있는 능력을 갖고 있지만, 노발리스는 그러한 능력과는 무관한 능력으로 상상력을 강조하고 있는 것이다. 그의 미학적 사유에서는 신비스러운 것, 비밀스러운 것에 대한 감각이 상상력과 일치됨으로써 상상력은 글자 그대로 특별한 능력으로 부각된다. 물론 상상력에 대한 강조는 피히테에서 시작되며, 독일 낭만주의는 피히테로부터 상당한 영향을 받은 바 있다. 피히테의 경우는 『지식론』(Wissenschaftslehre)에서 정립(Setzung)과 반정립(Entgegensetzung), 유한한 것과 무한한 것 사이에서 부유하는 힘으로서의 "생산적 상상력"(produzierende Einbildungskraft)이 강조되고 있으며 그 상상력은 절대적 자아에 귀속되고 있다. 그러나 『지식론』 이후 피히테는 상상력을 중시하지 않았으며 또한 상상력에 의해 만들어진 것은 결코 학문적인 인식의 대상이 될 수 없다는 입장을 취했다. 이 지점에서 낭만주의자들은 피히테와 결별하게 된다. 피히테와 달리 슐레겔, 노발리스는 "생산적 상상력" (produktive Imagination)을 더욱 중시하며 동시에 상상력을 모든 주객체, 모든 현실의 근원으로 간주하고 나선다. 이때 상상력은 바로 "자유롭게 존재하는 능력", "부유의 섬광" 등으로 부연되기도 한다.

> 자유롭게 존재하는 것이 자아의 경향이라면, 자유롭게 존재하는 능력은 바로 생산적인 상상이다. (…) 모든 존재, 존재 그 자체는 자유롭게 존재하는 것에 다름 아니다. 즉 필연적으로 서로 하나가 될 수 있고 필연적으로 분리될 수 있는 양 극단 사이에 부유하는 것 말이다. 이러한 부유의 섬광에서 모든 실재가 쏟아져 나온다. 그 부유의 섬광 속에 모든 것이 담겨져 있다. 부유의 섬광은 주체와 객체에 의해서 존재하는 것이 아니라, 객체와 주체는 부유의 섬광에 의해서 존재한다.[17)]

17) Novalis, Schriften, Bd. II, p. 266.

노발리스의 상상력 개념과 관련하여 만프레트 프랑크(M. Frank)는 자아의식의 절대성만을 강조하는 칸트, 피히테 식의 선험철학적 한계를 극복하기 위해 노발리스가 자아와 비아의 대립과 종합을 다름 아닌 "시간성"(Zeitlichkeit)으로서의 상상력에서 파악했음을 강조하고 나선다. 상상력은 한편으로 존재의 지양될 수 없는 결핍을 표현해내는데, 즉 근본적으로 자아에게 결핍되어 있는 토대는 과거 속에 놓여 있다. 다른 한편 상상력은 "공동체적 차원"으로서의 시간에 의하여 양자(즉 자아와 비아, 존재와 비존재, 감정과 성찰 등)를 결합시키는데, 이는 미래의 시간 속에 놓여 있다. 요컨대, 상상력은 시간의 흐름 속에서 과거와 미래를 결합시킨다. 현재의 부유라고 할 수 있는 상상력에서, 즉 과거와 미래를 오가는 시간의 흐름에서 양자의 동일성이 매개되는 바, 결국 자아의 자기매개는 어떤 본질적인 것이 아니라 '시간화'(Zeitigung) 과정 자체에 다름 아니다.[18)]

독일 낭만주의, 특히 노발리스로부터 상당한 시적 영향을 받은 보들레르는 다음과 같이 더욱 강력히 상상력을 중시하고 있는데, 이는 콜러지가 분리했던 환상(fancy)과 상상(imagination)을 다시금 통합하는 것처럼 보인다.

> 그것은 분석이며 종합이다. (…) 그것은 모든 피조물을 해체하며 정신의 아주 심오한 심연에서만 그 근거를 찾을 수 있는 규칙에 따라서 자신이 정렬해내는 축적된 자료들로써 상상력은 새로운 세계를 만들어내며 새로운 것의 감성을 불러일으킨다.[19)]

---

18) M. Frank, Das Problem "Zeit" in der deutschen Romantik: Zeitbewusstsein und Bewusstsein von Zeitlichkeit in der frühromantischen Philosophie und in Tiecks Dichtung, Paderborn 1972, p. 15. 아울러 다음도 참조할 것(H. Uerlings, Einbildungkraft und Poesie bei Novalis, in: Novalis. Poesie und Poetik, hrsg. v. H. Uerlings, Tübingen 2004, pp. 21-62, esp. pp. 24-25).

19) Ch. Baudelaire, Sämtliche Werke und Brife in 8 Bänden, hrsg. v. Friedhelm Kemp und

보들레르는 창조적 상상력(schöpferische Einbildungskraft, imagination créatrice)을 분석과 결합이 동시적으로 작동하는 행위로 설명하고 있으며, 여기서 특이한 점은 "아주 심오한 심연"에서만 그 규칙의 근거를 찾을 수 있기 때문에 결합이 어떤 규칙으로 이루어졌는지는 간단히 말할 수 없다고 한다.

물론 독일 낭만주의가 강조한 상상력은 19세기에 들어서 다시금 사회적으로 제한되거나 비현실적인 것으로 터부시된다. 19세기에 자연과학과 사회과학이 발달함으로써 과학적이고 합리적인 사유가 중시되었고, 예술 또한 사회, 자연, 환경 등을 가능한 한 있는 그대로 모방해내야 한다는 점에서 리얼리즘적 경향, 자연주의적 경향을 띠게 된다. 이러한 예술에서는 현실과 자연을 뛰어넘는 상상력보다는 있는 그대로 정확히 그려내는 모방력이 중시되었다(물론 리얼리즘적, 자연주의적 문학에서도 주관적 상상력은 결코 배제될 수 없었으며 현실 및 자연의 완전한 묘사의 불가능과 균열을 내포하고 있었다).

20세기 초 아방가르드(초현실주의, 다다이즘, 미래파)의 등장과 함께 다시금 예술적 상상력은 매우 중시되는데, 그 점은 브르통이 작성한 『초현실주의 선언문』에서 쉽게 읽을 수 있다. "상상력이 다시 그 옛 권한을 찾을 준비를 하고 있다. 상상력만이 무엇이 존재할 수 있는지를 나에게 보여주며, 그것은 무시무시한 구속에서 약간 벗어나는 것에 만족을 주며, 스스로를 기만하는 두려움 없이 상상력에 나 자신을 맡기는 것에도 만족을 준다."[20] 상징주의자 로트레아몽(Lautréamont)은 『말도로르의 노래』라는 소설에서 아름다움을 "해부용 탁자 위에서 재봉틀과 우산이 우연히 만나는 것과 같다"라고 규정한 바 있는바, 이러한 로트레아몽의 예술적 미를 자신들의 미학적 명제로 받아들이면서 초현실주의자들은

Claude Pichois, München 1989, Bd. V, p. 141.

20) André Breton, Die Manifeste des Surrealismus, Hamburg 1977, p. 15.

상상력을 통해 "근대적인 놀라움"(아라공, 브르통, 에른스트 등)을 추구하였다. 요컨대, 다양한 이질적인 것들을 서로 결합하는 힘을 초현실주의는 다름 아닌 꿈, 무의식, 상상, 공상, 충동에서 찾았던 것이다.

리얼리즘 예술에서 모방 능력을 강조했던 맑스주의도 사실 사회변혁을 위해서 상상력을 요구하기도 했다. 인간은 사회적 활동에서 다양한 방식으로 자신의 정신적, 실험적 능력을 전개하는데, 그 대표적인 능력이 바로 상상력이며 이 힘은 무엇보다도 예술에서 발현된다고 한다. 마찬가지로 레닌도 인간은 "혁명적인 꿈", 즉 상상력을 지닐 때 비로소 혁명적인 행동을 위한 본질적인 동기를 가질 수 있다고 말한 바 있다. 그런 선상에서 1968년 유럽의 학생운동 당시 대학 개혁, 여성해방, 노동운동 등을 하나로 묶어서 거대한 사회변혁을 꾀하고자 했던 이들이 내세운 구호는 다름 아닌 "상상을 권력에로"(Phantasie an die Macht)라는 것, 즉 비현실적인 것을 현실화하는 행위에 대한 요청이었다.

3. 이상과 같이 낭만주의가 강조한 상상은 어떤 미학적, 사회적 의미를 지니는 것일까? 그것은 세 가지 의미로 정리될 수 있다. 첫 번째로, 상상은 일차적으로 인간의 자유와 근원적 관계를 맺는다. 고전적인 의미지만 실러(Schiller)는 상상을 다음과 같이 정의한 바 있다. "상상의 관심사는 모든 법칙에서 벗어나 자유롭게 놀이하는 데 있다."[21] 인간의 자유를 확인하고 보장해줄 수 유일한 것이 바로 상상이며, 상상이 고갈되어 있거나 어떤 논리적, 이성적 법칙만을 따를 경우 그것은 곧 부자유한, 구속된 상태에 다름 아니다. 물론 실러는 그와 같은 상상이 실현될 수 있는 매개로 다름 아닌 예술을 주장했는데, 즉 "인간이 유희하는 곳에서만 인간은 인간이다"[22]라는 언술에서 그 유희의 장소는 바로 예술

21) F. Schiller, Über das Pathetische, in: Nationalausgabe, Bd. 20, p. 214.

22) F. Schiller, Über die ästhetische Erziehung des Menschen, in: Ibid., p. 359.

을 뜻하며 예술만이 인간에게 완전한 자유를 가져다줄 수 있다는 것이다. 인문학의 주된 대상은 어문학이고 어문학은 넓은 의미에서 예술적 대상들이다. 따라서 인문학 종사자(학생 및 교수)들에게 예술과 상상의 중요성은 아무리 강조해도 지나치지 않을 것이다. 예술, 상상, 자유가 서로 긴밀한 관계를 맺는 것도 바로 그런 연유에서다. 즉, 인간의 사유와 자유를 통제하고 억압하려는 제도나 장치에 다양한 방식으로 대항할 수 있는 유일한 수단이 바로 예술과 상상이며, 그런 점에서 유희적 예술과 상상의 발휘는 곧 인간의 자유를 지킨다는 것과 동일한 것이다.

두 번째는 유용성이나 필연성 논리에 저항할 수 있는 힘이 곧 상상이라는 점이다. 사실 상상의 세계는 자연 상태, 순수 상태, 무용(無用)의 상태와도 같다. 그러나 자연 상태로서의 상상의 세계는 오늘날 더욱 심화되는 경제적 자본 논리의 일방통행에 의해서 점점 더 위축되고 있으며, 그 결과 삶의 세계는 더욱더 삭막해지고 비루해지고 있다. 20세기 초부터 본격화된 자본 논리에 의해 침해되는 상상의 영역을 지키기 위해 프로이트는 『정신분석 입문 강연』에서 상상의 영역을 일종의 생태 보호 공원(Naturschutzpark)으로 비유하면서 다음과 같이 적고 있다.

> 인간은 외적 강요에서 벗어난 자유, 즉 자신이 현실에서 오래전에 포기한 그런 자유를 상상에서 계속 누리기 마련이다. (…) 상상의 정신적인 나라를 만드는 일은 '보호', '생태 보호 공원'의 설치에서 그 보상을 찾게 된다. 특히 농경, 교통, 산업의 요구가 대지의 본래 얼굴을 알 수 없을 정도로 재빠르게 변화시키려고 위협하는 곳에서 그렇다. 생태 보호 공원은 평소 도처에서 아쉽게도 필연성에 희생당하고 마는 저 옛 상태를 지켜준다. 그곳에서는 아무 쓸모없는 것이나 치명적인 것 등을 포함한 모든 것이 원하는 대로 번성하고 자라나도 된다. 현실원칙에서 벗어나는 그런 보호 공원은 다름 아닌 상상의 정신적인 나라다.[23]

---

23) S. Freud, Vorlesungen zur Einführung in die Psychoanalyse, Frankfurt am Main 1970, p. 293.

구태의연하게 들릴 수도 있지만 우리의 삶과 자연은 자본, 기술, 유용성 같은 이데올로기에 의해 도처에서 위협받고 있으며 그 결과 상상의 정신적 나라에서 자유를 펼칠 수 있는 가능성은 점점 더 위축되고 있다. 경제적, 합리적 차원에서 도시와 국가를 발전시켜야 하고 나아가 삶의 물질적 행복을 향상시켜야 한다는 생각이 필연적인 이념처럼 여겨짐으로써, 무용성, 상상, 자유의 가능성은 더욱더 억압당하고 있는 것이다. 상상의 정신적인 나라에서는 전혀 유용하지 않은 것(가령 카프카의 『변신』에서 '무용한 벌레'로 변신된 그레고르 잠자), 때론 극단적으로 치명적일 수 있는 것(가령 죽음에 대한 상상)도 허락될 수 있다고 강조한 프로이트의 시각은, 유용성의 논리로 모든 것을 재단하고 있는 현재적 상황을 비판적으로 반추해보는 계기를 준다. '지금, 여기서'는 무용하고 치명적인 것으로 보일지라도 시공간이 변한 후 그 무용적이고 치명적인 것이 오히려 사회를 위한 발전적 동인이 되었을 것이라는 뒤늦은 깨달음을 우리는 역사에서 무수히 발견할 수 있다. 가령 기이한 상상으로 병적이고 광적인 상태를 그려냈던 독일 낭만주의 작가 및 문학작품에 대하여 수많은 보수적인 비평가들은 인간과 사회를 어둡게 만드는 '사악한 예술'이라고 비판하였지만, 낭만주의 문학이야말로 프로이트가 후에 발견한 무의식 세계를 선취한 뛰어난 현대적인 문학이었다는 인식은 대표적인 뒤늦은 깨달음에 속한다.

세 번째로 상상에 의해 만들어진 것, 즉 상상적인 것(das Imaginäre)에 대한 새로운 인식과 의미 부여가 필요하다. 위에서 언급한 것처럼, 상상의 능력에 의해 만들어진 것 혹은 생산된 것은 과연 어떤 의미를 지니는 것일까? 이를 위해 무엇보다도 『상상적인 것』이라는 저서를 쓴 사르트르의 논의를 간단히 살펴보자. 사르트르에 의하면, 상상적 지각은 자기 자신의 지향적 행위와 자기 자신의 언어를 넘어서려는 의식이 서로 맺고 있는 이중 결합에서 나온 창발성(創發性)으로 경험된다. 상상적 지각의 규정 행위는 자유의 행위와도 같은바, 즉 특정한 '상황'에서 나온, 세계 속에서 특정한 존재 방식으로 실행된 행위다. 상상적 지각의 규정 행위는 단절이나 위반을 허락하지 않는 현실 세계의 총체성을 순간적으로 새로운 총체성으로 변화시킨다. 가령 상상적인 것으로서의 이미지를 보자. 이미지란 부재해 있는 것, 존재하지 않는 것으로 규정되기에 일종의 무(無)와도 같지만, 동시에 무로서의 이미지는 현실 세계의 부정/근절/무화(néantisation)의 의미를 지닌다. 그런데 비현실적인 이미지이자 동시에 현실 부정의 의미를 지닌 상상적인 것은 현실적인 지각 세계와 그 세계의 시공간에 대항하여 자율적으로 존재한다. 요컨대, 소설 같은 문학 텍스트는 그런 성격을 지닌다. 비현실적인 이미지 세계로서의 문학 텍스트는 자율적으로 존재하면서 창조적 표상과 잠재력을 독자에게 불러일으키기 때문에 일종의 "열린 상상적인 것"으로 작용하는 것이다.24)

사르트르를 한 단계 넘어서 상상적인 것, 허구적인 것, 현실적인 것의 상관관계에서 각각의 의미와 기능을 검토한 독일의 영문학자 볼프강 이저(W. Iser)는 『허구적인 것과 상상적인 것』(1991)이라는 저서에서 두 가지 점을 중시하고 있는데, 그 하나는 허구와 현실이라는 전통적인 이분법적 구분에서 탈피하는 것이며 다른 하나는 허구, 현실, 상상 등 모든 개념이 유기적인 관계를 맺는다는 것이다. 가령 상상적인 것은 연접한 표상 공간의 창조와 표상적 힘의 생산을 가리키며, 허구적인 것은 작용의 행위, 비현실적인 것의 창안, 생산물 등을 포괄하며, 그리고 현실적인 것은 확고하게 존재하는 것이 아닌, 그때그때 실제적으로 주어진 것을 가리킨다. 인간학적 차원에서도 이저는 인간을 매우 특이하게 정의하면서 그 세 개념 간의 관계를 만들어낸다. 즉 우리는 "존재하면서도 자기 자신을 소유하지 못한 기이한(exzentrisch) 인간", 즉 자기 자신, 자

24) Cf. Jean-Paul Sartre, Das Imaginäre. Phänomenologische Psychologie der Einbildungskraft, Hamburg 1994[1940].

신의 출생과 죽음, 삶의 세계와 현실 등 모든 것을 스스로 관장하지 못하는 일종의 "불확실성"(Unbestimmtheit, 미규정성)에 놓여 있는 인간이며, 문학과 예술은 그런 기이하고 불확실한 인간을 상상적 연출(Inszenierung)로써 구체적으로 형상화해내는 매개체인 것이다. 다시 말하면, 문학 텍스트는 인간의 즉물화나 인간의 조형성을 드러낸 단순한 작업의 결과물이 아니라 "인간의 기이한 상태를 적절하게 연출해내고, 형상화해내고, 현재화하고, 밖으로 옮겨놓는 매개물", 즉 인간이 관장하지 못한 것의 시뮬라크라(simulacra)에 다름 아니다.[25] 흐트러진 채, 불확실하고, 뚜렷한 준거 없는 상태로서의 상상적인 것이 꿈, 거짓, 환상을 통해 구체화되고, 글로 씌어진 텍스트의 세계를 통해 '마치 … 같은' 이미지의 세계가 되며, 아울러 이미지의 세계는 텍스트 내에서 다시 회귀하는 어떤 현실과 조우하게 된다. 중요한 점은, 허구적인 것으로서의 문학 텍스트는 단 하나만의 상상적인 것만을 지니는 것이 아니라 오히려 그 상상적인 것을 다양하게 펼친다는 것이다. 이때 다시금 독자의 역할이 강조되는데, 즉 상상적인 것을 다양하게 실용화하는 일은 바로 독자의 몫인 것이다.

4. 이상과 같이 세 가지 차원에서 상상의 의미를 살펴보았듯이, 넓은 의미에서 인문학과 상상은 불가분의 관계를 맺는다. 특히 인문학은 상상에 의해서 만들어진 허구적인 것으로서의 텍스트를 다루는 학문이며, 동시에 그런 허구적인 것을 자유롭게 읽고 자신의 것으로 만드는 수용자(독자)의 상상이 절대적으로 요구되는 학문이다. 씌어진 말의 내포(connotation)는 상상을 통해서 찾아질 수밖에 없으며 동시에 흔히 '여백의 의미'라고 불리는 것도 상상을 통해서 생산되어야만 한다. 상상에 의해서 의미가 재발견될 뿐만 아니라 새로운 맥락에서 새로운 의미까지도

25) Cf. Wolfgang Iser, Das Fiktive und das Imaginäre: Perspektiven literarischer Anthropologie, Frankfurt am Main 1991.

생산되어야만 한다. 독자가 상상의 새로운 입김을 불어넣지 않는다면 텍스트는 죽어 있는 문자 덩어리에 불과할 뿐이다. 죽어 있는 텍스트를 살아 있는 텍스트로 전환시켜주는 힘이 바로 독자의 상상이다.

텍스트와의 적극적인 대화와 상상은 무엇보다도 인문학에서 적극 요구되어 왔지만, 사실 오늘날의 경우 인문학을 넘어서 세계 전체, 삶의 모든 분야에서 상상이 더욱 강력히 요청되고 있다. 현실과 허구, 주체와 객체, 존재와 가상, 개념과 이미지 등의 전통적인 이분법이 해체된 현재적 상황에서 상상은 여느 때보다 더욱 활발하게 전개될 수 있다. 모든 문화적, 예술적 혁신은 바로 한 줌의 상상에 뿌리를 두고 있는바, "누구나 자신의 내면에 하나의 소설을 지니고 있다"(슐레겔), "누구나 예술가이어야만 한다"(노발리스) 같은 낭만주의자들의 언술은 엇비슷함이 반복되는 일상에서 벗어나 모든 분야에서 활동하는 개개인이 자신의 혁신적인 예술적 상상력을 적극 표출하기를 바라는 소망을 담고 있다.

색인